EN UN AÑO™

DEVOCIONAL PARA HOMBRES

EN UN AÑO™

DEVOCIONAL PARA HOMBRES

Sabiduría para cada día

CON STUART BRISCOE

Tyndale House Publishers
Carol Stream, Illinois, EE. UU.

Visita Tyndale en Internet: TyndaleEspañol.com y BibliaNTV.com.

Devocional en un año para hombres

Originalmente publicado en inglés en el 2000 como *The One Year Devotions for Men with Stuart Briscoe* por Tyndale House Publishers, Inc. con ISBN 978-0-8423-1920-1.

Edición en inglés: S. A. Harrison

Traducción al español: Belmonte Traductores (BelmonteTraductores.com)

Edición en español: Belmonte Traductores (BelmonteTraductores.com)

Para información acerca de descuentos especiales para compras al por mayor, por favor contacta a Tyndale House Publishers a través de espanol@tyndale.com.

ISBN 979-8-4005-1888-1

Impreso en Estados Unidos de América
Printed in the United States of America

32 31 30 29 28 27 26
7 6 5 4 3 2 1

Introducción

Una vez le pregunté a mi nieto de seis años:

—Stephen, ¿por qué crees que debemos aprender a leer?

Él pensó por un momento y respondió:

—Porque si aprendes a leer, te ayuda a ser inteligente y a saber palabras.

Stephen, al haber nacido en un país con un índice de alfabetización muy alto, tiene en ese sentido una enorme ventaja sobre aquellos que han nacido en circunstancias donde no hay acceso a la lectura.

Mark Twain dijo en una ocasión: «Aquel que no lee buenos libros no tiene ventaja alguna sobre aquel que no puede leerlos». Con esta afirmación, señaló una triste realidad en muchos países de Occidente: las personas han aprendido a leer, pero carecen de tiempo, interés o disciplina para aprovechar la oportunidad de leer y ser inteligentes y aprender palabras.

En especial me preocupan las personas que no leen las Escrituras con regularidad. Las Escrituras fueron escritas y preservadas para nosotros con el fin de que podamos «ser inteligentes» en cuanto a las cosas de Dios y «aprender palabras» sobre la vida y la muerte, la eternidad y el tiempo, este mundo y el que ha de venir, quién es Dios y qué ha hecho, lo que planea hacer y cómo encajamos nosotros en sus planes. Estas son cosas que no podemos aprender en ningún otro lugar. Estoy convencido de que la Biblia nos fue dada en nuestro propio idioma para que la leamos y aprendamos de ella todo lo que Dios quiere que sepamos y que necesitamos saber con urgencia. Pero aquel que no la lee no tiene ventaja alguna sobre aquel que no puede leer.

Hay diferentes maneras de leer la Biblia. Algunos lo hacen como un ejercicio meramente académico y otros con el único propósito de intentar probar o refutar su autenticidad. Pero mi interés es que la leamos con el propósito de beneficiarnos de ella en la vida diaria. A esto lo llamamos leer las Escrituras de manera *devocional*. Es leer con una mente inquisitiva y un espíritu sediento, anhelando conocer mejor a Dios y vivir más de acuerdo con sus principios. Cuando se lee la Biblia de esta manera, se convierte en una fuente de gozo y deleite, de ánimo y dirección, de corrección e instrucción.

Este libro está diseñado para fomentar la lectura diaria y devocional de la Biblia. Fue escrito teniendo en mente al varón ocupado, y a eso se deben las lecturas relativamente breves. Fue diseñado para el varón moderno, y a eso de deben las aplicaciones contemporáneas de las antiguas Escrituras. Y fue producido con la ferviente esperanza y oración de que, al leerlo, los hombres de hoy se sientan animados y desafiados a volverse sabios en las cosas de Dios y a aprender palabras que les permitan expresar su apreció por Dios por todas sus misericordias y comunicar a los demás lo que han descubierto de Dios y que ha transformado sus vidas.

Que nunca se diga de nosotros que tuvimos la capacidad de leer, y que tuvimos el libro más invaluable a nuestro alcance para poder leerlo, pero vivimos vidas bíblicamente analfabetas.

Stuart Briscoe

ENERO

LECTURA: *Salmo 50*

LO QUE DIOS QUIERE

Haz que la gratitud sea tu sacrificio a Dios y cumple los votos que le has hecho al Altísimo. Luego llámame cuando tengas problemas, y yo te rescataré, y tú me darás la gloria.

SALMO 50:14-15

A muchos hombres les cuesta trabajo relacionarse con sus esposas. Cuando descubren que hay un problema del que no se habían percatado y entonces tratan de averiguar de qué se trata, puede que les digan: «¡Deberías saber cuál es el problema! ¡El que no lo sepas es parte del problema!». A menudo, la queja de la esposa es que su esposo no le presta suficiente atención. Ella anhela que él se relacione con ella. No es que no aprecie lo que él le da o el trabajo que él hace por ella. Pero aún más que eso, lo quiere *a él*.

Dios tenía una queja parecida con respecto a su pueblo, Israel. Su pueblo era muy activo en sus prácticas religiosas, ofreciendo meticulosamente sacrificios de animales. Dios dijo: «No tengo quejas de tus sacrificios ni de las ofrendas quemadas que ofreces constantemente» (Salmo 50:8). Pero él no quería ni los toros ni los machos cabríos de sus establos y corrales. En realidad, no necesitaba nada de ellos. De hecho, aunque hubiera tenido alguna necesidad (¡que no era el caso!), sin duda no se las habría comunicado a ellos porque sus recursos son infinitamente mayores que cualquier necesidad. Más que a sus ofrendas, ¡los quería *a ellos*! A su pueblo se le había olvidado relacionarse con él, y él quería que regresaran.

Dios quería que su pueblo le diera las gracias (Salmo 50:14). Quería recibir gratitud porque decirle «gracias» es señal de una relación sana con él. Aquellos que reconocen quién es Dios en sus vidas y que saben cuánto dependen de que él intervenga en sus experiencias son personas que saben que todo lo que son y todo lo que tienen viene de él. Al reconocer esta conexión vital con Dios, rebosan de gratitud.

Dios también quería que su pueblo cumpliera sus promesas (Salmo 50:14). Fue Dios quien tomó la iniciativa y le dijo al pueblo de Israel que él sería su Dios fiel. En respuesta, ellos le aseguraron que serían su pueblo fiel. Nació una relación de extrema intimidad, pero el pueblo tendía a olvidar: los votos quedaban sin cumplir, las promesas eran ignoradas y la relación se deterioraba. Pero Dios anhelaba que su pueblo volviera a él.

Dios también quería que su pueblo confiara en él (Salmo 50:15). Imagina el dolor de Dios cuando sus hijos se meten en problemas y luego se alejan de él para buscar la ayuda de otras personas y cosas. Dios quiere que acudan a él y le pidan *su* ayuda. Está más que dispuesto a darla.

Lo que Dios quiere no es ningún misterio: quiere hijos agradecidos y fieles que confíen en él. Quiere personas que le cumplan sus promesas y que vivan en una relación activa con él. Quiere personas en quienes pueda deleitarse y que se deleiten en él. Nos quiere *a nosotros*.

LECTURA: *Isaías 1:1-20*

¿POR QUÉ BUSCAR PROBLEMAS?

¿Por qué buscar más castigo? ¿Se rebelarán para siempre?
Tienen la cabeza herida y el corazón angustiado.

ISAÍAS 1:5

El primo de Tom Sawyer, Sid, «no tenía una forma de ser aventurera ni problemática»[1]. Se ocupaba tranquilamente de sus asuntos, hacía sus tareas y no causaba ningún alboroto. Tom, en cambio, era diferente. Su especialidad era meterse en problemas. De vez en cuando, muy de vez en cuando, «se topaba con una conducta obediente», para gran alegría de su tía Polly, que tanto le aguantaba. Pero, incluso en esos casos, las cosas no siempre eran lo que parecían.

Es imposible imaginarnos un libro titulado *Las aventuras de Sid Sawyer*. ¿Quién querría leer sobre un niño ejemplar que nunca se mete en problemas, que nunca causa disturbios, que jamás se las ingenia para salir de un lío? Preferimos las travesuras y las peripecias de un pícaro aventurero. Pero, por muy atractivos que sean estos personajes, su conducta traviesa puede llegar a ser perjudicial.

¿Por qué hay quienes buscan problemas y se dirigen a ellos como misiles teledirigidos por el calor? Tal vez se deba a la emoción de enfrentarse con la autoridad. O quizás sea señal de un espíritu inquieto que busca una satisfacción que no se encuentra en actividades legítimas.

En la época del profeta Isaías, Dios le preguntó a su pueblo escogido: «¿Por qué buscar más castigo? ¿Se rebelarán para siempre?» (Isaías 1:5). La rebelión y la conducta inaceptable del pueblo estaban atrayendo el castigo de Dios. De hecho, el Señor estaba tan disgustado por su conducta que les dijo que incluso el burro y el buey reconocen y valoran a su dueño, pero el comportamiento de su pueblo ¡ni siquiera llegaba al nivel de esos animales serviles!

Dios es quien define lo que es una conducta aceptable e inaceptable, y es él quien impone el castigo apropiado cuando se quebrantan sus leyes. Si dudamos de la realidad del juicio de Dios, o si cuestionamos si el ser humano debe preocuparse por las consecuencias eternas de sus actos, basta una breve lectura de cómo trató Dios a Israel para demostrar la verdad. Dios muestra su justicia al actuar correctamente con su pueblo. Eso incluye asegurar que se enfrenten a las consecuencias de lo que hacen.

Pero la pregunta sigue en pie. ¿Por qué la gente sigue buscando el castigo? ¿Por qué insistimos en rebelarnos contra Dios? La respuesta se encuentra en las palabras de Isaías. Buscamos el castigo cuando recibimos de Dios todo lo que nos provee, pero no «reconocemos sus cuidados». Buscamos los problemas cuando, después de años de instrucción, «seguimos sin entender». Insistimos en la rebelión cuando, guiados por nuestro corazón malvado, decidimos rechazar «al Señor». Nos comportamos como el antiguo pueblo de Dios cuando nos separamos de su ayuda (Isaías 1:3-4).

Las personas que insisten en rebelarse y en buscar el castigo de Dios están buscando problemas. ¡Y eso no tiene nada de atractivo!

1 Mark Twain, *The Adventures of Tom Sawyer*. Publicado en español como *Las aventuras de Tom Sawyer*.

LECTURA: *Isaías 1:21-31*

VINO DILUIDO

Antes eras como la plata pura, ahora te has vuelto como escoria sin valor. Antes eras pura, ahora eres como el vino diluido en agua.

ISAÍAS 1:22

Jesús de Nazaret reveló sus poderes milagrosos en una boda en la que, para gran incomodidad de los anfitriones, el consumo de vino había superado con creces la cantidad disponible. Así que se acabó el vino, lo cual estaba a punto de convertirse en una fuente de gran consternación social. Entonces Jesús actuó y, para asombro de sus discípulos, convirtió el agua en vino (ver Juan 2:1-11). Jesús transformó lo ordinario y cotidiano en algo extraordinario y agradable. Salvó así la situación.

El pueblo de la antigua Jerusalén, muchos siglos antes, había hecho lo contrario. Convirtió su vino en agua: «Antes eras como la plata pura, ahora te has vuelto como escoria sin valor. Antes eras pura, ahora eres como el vino diluido en agua» (Isaías 1:22). Moral y espiritualmente, el pueblo de Jerusalén ya no era lo que solía ser. En la época de auge era reconocido por ser «tan fiel», como «centro de la justicia y la rectitud»; antes eran «como la plata pura» (1:21-22). Pero la escoria había contaminado la plata y el agua había diluido el vino. Se habían corrompido moral y espiritualmente.

Probablemente no ocurrió de golpe. No fue como si los habitantes de Jerusalén hubieran despertado una mañana y decidieron dejar de ser fieles, justos o rectos. Más bien hubo una erosión gradual de los valores, una falta de cuidado en los detalles y una paulatina confusión de lo que era correcto. A los asesinos no se los castigaba de forma adecuada, los ladrones alcanzaban posiciones de influencia, el soborno era excusado y el cuidado de los más necesitados quedaba en un lugar muy secundario en comparación con prestar atención a los más ambiciosos (1:22-23). Esto comenzó en la cúspide y fue impregnando toda la cultura, hasta dejarla corrupta y debilitada.

Dios estaba indignado. Tomó medidas decisivas y anunció que él mismo se encargaría de tratar la corrupción. El propósito de Dios era restaurar la pureza de su pueblo: «Levantaré el puño en tu contra; te derretiré para sacarte la escoria y te quitaré todas tus impurezas. Otra vez te daré buenos jueces, y consejeros sabios como los que antes tenías. Entonces Jerusalén volverá a ser llamada Centro de Justicia y Ciudad Fiel» (1:25-26). Por supuesto, esas promesas se cumplirían definitivamente cuando el reino mesiánico fuera establecido finalmente.

Lo que Dios prometió hace tanto tiempo para la ciudad de Jerusalén también lo promete hoy para cada persona. Cuando descubre que la plata se vuelve escoria y el vino se vuelve agua debido a la erosión de los valores, a la negligencia espiritual y a una mala disciplina moral, él habla. Promete actuar con firmeza para limpiar primero y luego restaurar. Su disciplina no es vengativa; es restauradora. Su juicio no nace de la ira, sino del amor. Busca redimir al que se arrepiente (1:27), a aquel que deja atrás el pecado y regresa a Dios con una fe renovada. A esas personas, Dios les quitará la escoria de la plata y volverá a darle fuerza al vino aguado. Pero aquel que no se arrepiente no lo experimentará. Su plata permanece como escoria, y su vino permanece diluido en agua.

LECTURA: *Isaías 2:6-22*

LA AYUDA DE LOS HUMANOS

No pongan su confianza en los simples humanos; son tan frágiles como el aliento. ¿Qué valor tienen?

ISAÍAS 2:22

En medio de toda la euforia del nuevo milenio, algunos anunciantes sí se dejaron llevar un poco. Por ejemplo, una empresa de tarjetas de crédito anunció que muy pronto encontraríamos una cura para todas las enfermedades, viviríamos doscientos años pero pareceríamos tener treinta, y pasaríamos nuestras vacaciones en Marte. Todo pagado a crédito por cortesía de la tarjeta de crédito de la empresa.

Está claro que los desarrollos del último siglo han sido extraordinarios, y las posibilidades de nuevos descubrimientos son magníficas. El ingenio humano es impresionante. Pero ¿de qué sirve vivir doscientos años si soy infeliz a los cincuenta? ¿De qué sirve parecer que tengo treinta si me siento horriblemente mal por dentro? ¿Y de qué sirve ir de vacaciones a Marte si lo único que voy a encontrar allí son rocas rojas y, además, cuando regrese quizás ya no tenga ni empleo ni familia? Hay que atender todo eso. Afortunadamente, Dios sí se ocupó de eso ¡hace muchos años!

El orgullo es un problema permanente en el ser humano. Cuanto más alcanzamos, más autosuficientes nos creemos. Cuanto más ingenio demostramos, más arrogantes nos volvemos. Dios no se deja impresionar porque sabe que todo proviene de él, que sin él nada somos, nada podemos y nada lograremos. Nosotros, sin embargo, no lo creemos, así que a veces tiene que tomar medidas enérgicas para que lo entendamos.

Eso fue justamente lo que ocurrió en la época del profeta Isaías, que prometió: «El orgullo humano será humillado, y la arrogancia humana será rebajada. Solo el SEÑOR será enaltecido» (Isaías 2:17). Por supuesto, Isaías se estaba refiriendo primero a sus contemporáneos. Lo que anunció se vivió en realidad cuando el pueblo de Dios fue derrotado y llevado al destierro (ver 2 Reyes 25:1-21).

Pero en un sentido más amplio, esta lección se aplica a todas las personas. ¿Y en qué consiste la lección? Que los humanos «son tan frágiles como el aliento» (Isaías 2:22). Por eso se nos advierte: «No pongan su confianza en los simples humanos [...] ¿Qué valor tienen?». La ayuda humana tiene muchos límites y es poco confiable. Por lo tanto, a fin de cuentas, necesitamos dejar de lado el orgullo y confiar en Dios. Entonces recibiremos su ayuda. ¡Será de ayuda para todo aquel que confía en él!

Si tu ambición es vivir hasta que tengas doscientos años y parecer que tienes treinta, quizás la tarjeta de crédito pueda ayudarte. Pero si lo que buscas es vivir para siempre y parecerte más a Jesús, ¡eso de nada te servirá!

LECTURA: *Isaías 3:25-4:6*

ALGUNOS HOMBRES BUENOS

Pero en aquel día, el retoño del SEÑOR será hermoso y glorioso. El fruto de la tierra será el orgullo y la gloria de todos los sobrevivientes de Israel.

ISAÍAS 4:2

En la hora undécima del día undécimo del mes undécimo del año 1918, las armas finalmente guardaron silencio en Europa. La Primera Guerra Mundial, por fin, había terminado. Diez millones de soldados habían muerto, la mayoría de ellos solteros o jóvenes casados. Oficiales jóvenes habían sufrido bajas desproporcionadamente elevadas. Fueron llamados «la generación perdida».

Entonces comenzó la batalla para hacer frente al futuro. Esto resultó particularmente difícil para las mujeres jóvenes. La «generación perdida» había sido la de sus esposos, prometidos y novios; y las esposas, prometidas y novias sabían que «la oportunidad de tener una pareja en la vida había desaparecido junto con ellos en el lodo de las trincheras»[2].

Una tragedia similar había ocurrido antes. Cuando Isaías predijo la caída de Jerusalén, que ocurrió en 586 a. C., escribió: «Los hombres de la ciudad morirán a espada, y sus guerreros morirán en batalla [...] Quedarán tan pocos hombres» (Isaías 3:25–4:1). ¿Y el resultado? «Siete mujeres pelearán por uno solo y le dirán: "¡Deja que todas nos casemos contigo! Nos ocuparemos de nuestra propia comida y ropa. Solo déjanos tomar tu apellido, para que no se burlen de nosotras diciendo que somos solteronas"» (4:1). ¡La escena de humillación y desesperación es difícil de imaginar!

Cualquier visitante de Europa hoy en día, sin embargo, puede notar que el continente se ha recuperado. Hombres, mujeres y niños están allí en abundancia. ¡Pero tomó tiempo! También tomó tiempo en Jerusalén. El profeta afirmó que la ciudad se levantaría de nuevo. De hecho, Isaías habló de un futuro glorioso antes de que ocurriera la caída: «Pero en aquel día, el retoño del SEÑOR será hermoso y glorioso. El fruto de la tierra será el orgullo y la gloria de todos los sobrevivientes de Israel» (4:2). Isaías, con una visión de profeta, miraba más allá de los siglos hacia el Mesías: al reino de Jesucristo.

Los sobrevivientes de la tragedia en Jerusalén estaban llamados a ser un «pueblo santo», cuya «inmundicia» había sido lavada (4:3-4). No era simplemente cuestión de supervivencia y luego un regreso a la vida de antes. La experiencia tan devastadora tuvo un propósito: abrir los ojos del pueblo a una nueva esperanza y bendición. La promesa era que aquel lugar, antes en ruinas, encontraría «refugio del calor del día y un albergue contra las tormentas y la lluvia» (4:6).

Las pruebas más difíciles de la vida pueden producir finalmente una bendición. Los traumas permiten que Dios trate nuestro pecado, nos limpie de iniquidad, nos llame al compromiso, fortalezca nuestra fe, afirme nuestros valores morales y nos aparte para llevar una vida santa. Cuando esas cosas ocurren, llegan las bendiciones. Esto no sucede de la noche a la mañana, y una generación perdida tampoco puede sustituirse al instante. Toma tiempo. Pero, por la gracia de Dios, así ocurre.

2 Norman Davies, *Europe: A History* (Europa: Una historia), p. 926.

LECTURA: *Isaías 5:8-25*

LA CIUDAD IMPÍA

La tumba se relame de expectativa y abre bien grande la boca. Los importantes y los humildes, y la turba de borrachos, todos serán devorados. [...] Pero el Señor *de los Ejércitos Celestiales será exaltado por su justicia; la santidad de Dios se demostrará por su rectitud.*

ISAÍAS 5:14, 16

Jerusalén pocas veces está fuera de las noticias. Nos hemos familiarizado con imágenes de ambulancias y camiones de bomberos en la escena de atentados y de controles de carreteras donde soldados israelíes registran e interrogan a trabajadores árabes o palestinos. Vemos a miembros del gabinete, en mangas de camisa y fumando sin parar, sentados y discutiendo problemas obstinados, y a diplomáticos entrando y saliendo del Hotel Rey David.

Hace más de 2700 años, Isaías escribió sobre Jerusalén. Incluso entonces la ciudad era de gran interés para el mundo conocido. Y, de manera significa, era el centro de la atención de Dios.

Y a Dios no le gustaba lo que veía allí. De hecho, anunció destrucción para la ciudad y sus habitantes. Los habitantes de Jerusalén participaban en cometer abusos comerciales atroces, particularmente en bienes raíces (Isaías 5:8). Eran una comunidad fiestera entregada a estilos de vida hedonistas (5:11-12). Estaban tan cautivados por su propio pecado que no lograban ver cuán lejos habían caído, y se burlaban de Dios por no intervenir en sus vidas (5:18-19). La moral pública estaba patas arriba, y la moral privada se había reestructurado para ajustarse a los gustos de cada persona (5:20). Los habitantes de Jerusalén se consideraban lo suficientemente astutos como para engañar a Dios. En realidad, muchos de ellos vivían en confusión alcohólica (5:21-22). Y Jehová había escogido esta ciudad como el lugar para darse a conocer a su pueblo especial, a fin de que ellos difundieran su conocimiento de Dios desde la hermosa ciudad a todas las naciones del mundo (ver Salmo 48).

Pero Dios ya había visto suficiente del desenfreno de Jerusalén, y estaba listo para tratar severamente con su amada ciudad y su pueblo. ¡No tenía alternativa! Dios es «el Santo de Israel» (Isaías 5:19), y su santidad tenía que ser demostrada y reconocida. Pero ¿cómo?

Isaías sabía la respuesta a eso. Escribió: «El Señor de los Ejércitos Celestiales será exaltado por su justicia. La santidad de Dios se demostrará por su rectitud» (5:16). «Santidad» significa «separación» o «ser apartado». Alec Motyer, en su comentario sobre Isaías, dice que santidad significa «pertenecer a otro orden de cosas [el divino]»[3]. Lo que aparta a Dios de la humanidad es su pureza moral, su rectitud. Pero esta rectitud tiene que ser manifestada, y se manifiesta a través de la justicia de Dios al tratar con la humanidad. Por lo tanto, Dios tuvo que ocuparse de Jerusalén. Su propia santidad, rectitud y justicia lo exigían.

Estas son palabras solemnes para que cualquier habitante de ciudad reflexione en ellas. Mientras que en el campo los hombres aún pueden acordarse del Dios de la naturaleza y reverenciarlo, en las junglas de cemento de la ciudad Dios puede perderse entre el ruido y el brillo, así que los hombres con frecuencia viven divorciados de él y casados con su pecado.

3 Alec Motyer, *The Prophecy of Isaiah* (La profecía de Isaías).

LECTURA: *Isaías 7:1-9*

NO TEMAS, MANTÉN LA CALMA

Israel no es más fuerte que Samaria, su capital, y Samaria no es más fuerte que Peka, hijo de Remalías, su rey. A menos que ustedes tengan una fe firme, no puedo hacer que permanezcan firmes.

ISAÍAS 7:9

Cuando el rey David y su hijo, el rey Salomón, habían muerto, su magnífico reino se dividió en dos: Israel al norte y Judá al sur. Durante ese período, los asirios se convirtieron en la fuerza dominante en la región. Para combatirlos, Israel formó una alianza con Aram (Siria), pero Judá se negó a unirse y en realidad mostró señales de inclinarse hacia Asiria. Esto impulsó a Israel y Aram a atacar Judá, pero no lograron capturar Jerusalén. Los habitantes de Jerusalén «temblaron de miedo, como tiemblan los árboles en medio de una tormenta» (Isaías 7:2). Y con razón porque los aliados del norte amenazaban con atacar de nuevo, decididos a capturar Jerusalén, derrocar al rey e instalar a su propio gobernante.

Isaías vivía en Jerusalén, y se le indicó que fuera a hablar con Acaz, el asustado rey de Judá. Llevó consigo a su hijo, cuyo extraño nombre (Shear-jashub) significaba «un remanente volverá». El nombre del niño era un mensaje tanto de buenas como de malas noticias. La buena noticia era que, pasara lo que pasara, un remanente *sobreviviría*. ¿La mala noticia? Sería un *remanente* ¡y estaría *regresando*!

El Señor le dio a Isaías un mensaje para Acaz: «Dile que deje de preocuparse; que no hay por qué temer a la ira feroz de esos dos tizones apagados» (Isaías 7:4). Los tizones en cuestión eran el rey de Israel y el rey de Aram, junto con sus ejércitos. Sin duda, dejar de preocuparse era más fácil decirlo que hacerlo, pero era el mensaje de Dios de todas maneras. Por lo tanto, al rey Acaz se le presentaron dos alternativas: podía buscar una solución política a su situación (un tratado con Asiria, lo cual asustaría a los reyes del norte y lo guardaría de un ataque asirio) o podía elegir una solución espiritual y confiar en que el Señor intervendría a su favor y protegería del daño el reino de Acaz.

¿Debía buscar una solución política o una solución espiritual? Probablemente ninguno de nosotros está llamado a tomar una decisión sobre un asunto tan importante como el destino del estado, pero sí nos encontramos en situaciones en las que es necesario decidir. Las opciones a menudo parecen ser hacer un trato o confiar en el Señor. Por lo general, las respuestas fáciles no están disponibles en tales situaciones; sin embargo, hay algo que podemos aprender del aprieto de Acaz. El Señor le dijo por medio de Isaías: «A menos que ustedes tengan una fe firme, no puedo hacer que permanezcan firmes» (Isaías 7:9). La clave es saber lo que el Señor está diciendo, o ha dicho, acerca de una situación. Si hay instrucciones claras, haz lo que Dios dice. Si él dice: «No hagas nada salvo confiar en mí», ese es el camino. En otros casos, la instrucción de Dios puede ser tomar un curso de acción determinado.

Confiar en Dios para que actúe en nuestro favor puede parecer más celestial que útil en la tierra, ¡pero sí tiene la ventaja de salir bien todas las veces!

LECTURA: *Salmo 111*

REVERENCIA

El temor del Señor es la base de la verdadera sabiduría; todos los que obedecen sus mandamientos crecerán en sabiduría. ¡Alábenlo para siempre!

SALMO 111:10

Los comediantes a menudo se ganan la vida siendo irreverentes. Se aprovechan del necio adagio que dice: «¡Nada es sagrado!». Algunos incluso promueven su humor como «irreverente», atrayendo así a quienes les gusta menospreciar aquello con lo que no están de acuerdo y restarle importancia a lo que quizás ni siquiera entienden. Hay, sin duda, cierta justificación para señalar los defectos de las personas pomposas y generar el tipo de humor que nos ayude a ver la alarmante brecha entre nuestra pretensión y nuestro desempeño real. Pero se exceden al menospreciar la autoridad legítima y ridiculizar la santidad. La reverencia tiene su lugar, y es un pobre hombre el que no logra reconocerlo y admitirlo.

El escritor del salmo reconoció la necesidad de la reverencia, en particular hacia Dios:

> El temor del Señor es la base de la verdadera sabiduría.
> Todos los que obedecen sus mandamientos crecerán en sabiduría.
> ¡Alábenlo para siempre!
> SALMO 111:10

Al contemplar al Señor, el salmista sabía que la reverencia a Dios es la única respuesta apropiada a su existencia, no solo en la adoración pública, sino también en los asuntos cotidianos del corazón. Relató las obras asombrosas del Señor y les enseñó a sus oyentes a «considerarlas» (111:2). Como ciudadano de Israel, la nación del pacto de Dios, se refería a los acontecimientos en la historia de la nación que demostraron claramente el poder y la majestad del Señor. Dios había rescatado maravillosamente a Israel de sus opresores egipcios (111:4); los había alimentado en el desierto (111:5); les había «mostrado su gran poder a su pueblo al entregarles las tierras de otras naciones» (111:6), es decir, la Tierra Prometida; y todo esto porque «siempre recuerda su pacto» (111:5). Cuando Dios hace promesas, ¡las cumple! El recuerdo de estos hechos generó una sensación de reverencia en el corazón del salmista, la cual animó a los demás adoradores a compartir.

Entonces, el escritor del salmo dirigió su atención a la entrega de la ley al pueblo de Israel. Esta fue una instrucción del más alto nivel, el medio por el cual el pueblo sabría cómo conducirse como pueblo de Dios. La ley era una revelación del carácter y los propósitos de Dios, y una exposición de las expectativas, promesas y advertencias del Altísimo. Él es el Dios que se comunica con gracia con sus criaturas que lo reverencian y lo obedecen.

Es digno de mención que este salmo fue compuesto para ser usado cuando «el pueblo justo» se reunía para adorar (111:1). En la mente del salmista, la reverencia en la adoración era de suma importancia. Deberíamos reflexionar sobre esto: podría llevarnos a asistir a la iglesia con regularidad y a tiempo, con el corazón preparado y con un espíritu de expectación, asombro y reverencia. Después de todo, esta es «la base de la verdadera sabiduría» (111:10). La irreverencia puede parecer ingeniosa y aguda, pero al final es la reverencia la que muestra que somos sabios.

LECTURA: *Marcos 2:23-3:6*

¡GRACIAS A DIOS QUE ES LUNES!

Después Jesús les dijo: «El día de descanso se hizo para satisfacer las necesidades de la gente, y no para que la gente satisfaga los requisitos del día de descanso. Así que el Hijo del Hombre es Señor, ¡incluso del día de descanso!».

MARCOS 2:27-28

«Gracias a Dios que es viernes» es un sentimiento común en el lugar de trabajo. No es que los viernes sean distintos a otros días; el sol sale y se pone como siempre. ¡Es solo que el viernes termina la semana laboral y comienza el fin de semana!

No siempre fue así. Las Escrituras dicen: «Tienes seis días en la semana para hacer tu trabajo habitual, pero el séptimo día es un día de descanso y está dedicado al Señor tu Dios» (Éxodo 20:9-10). Este es uno de los diez mandamientos, y el pueblo judío entendía la razón detrás de ello: Dios creó el mundo en seis días pero descansó el séptimo, y el hombre debía hacer lo mismo. En consecuencia, se les prohibía hacer cualquier trabajo en el día de descanso, y definieron el trabajo enumerando treinta y nueve acciones prohibidas. ¡El castigo por quebrantar esta ley era la muerte!

Un día de descanso, mientras Jesús y sus discípulos estaban ocupados en la obra del reino, los discípulos arrancaron un poco de trigo y lo comían mientras viajaban. Técnicamente, eso era «cosechar», una de las treinta y nueve actividades prohibidas por los rabinos. Así que era contrario a la ley judía básica, y sus oponentes lo desafiaron. Él respondió que el día de descanso fue hecho para el beneficio del hombre y, por lo tanto, era apropiado que sus discípulos hambrientos fueran alimentados. Entonces, para enojo de sus oponentes, dijo: «Así que el Hijo del Hombre es Señor, ¡incluso del día de descanso!» (Marcos 2:28).

Los cristianos ahora celebran un «día de descanso», un día de reposo y adoración, el primer día de la semana en lugar del último día, en conmemoración de la resurrección de Cristo (ver Mateo 28:1; Marcos 16:1-9; Lucas 24:1; Juan 20:1, 19; Hechos 20:7; 1 Corintios 16:2). El primer día de la semana se denominaba «el Día del Señor» en la época del Nuevo Testamento (ver Apocalipsis 1:10). Pero lo que les importa a las personas seculares no es un día de descanso en honor al Creador que descansó de su obra, sino un fin de semana lejos del trabajo y con libertad para hacer lo que deseen.

Jesús dijo que él es Señor incluso del día de descanso, y que el día de descanso fue hecho para el bienestar del hombre. Si las palabras de Jesús se aplican a la gente moderna, seguramente significan que nuestros tiempos de descanso del trabajo deben vivirse en reconocimiento consciente no solo del Creador que descansó, sino también de su Hijo que resucitó. Tal reconocimiento conduciría a la adoración y al servicio como actividad principal del fin de semana. Esto no solo serviría para renovar a las personas cansadas después de las luchas de la semana anterior, sino también para refrescarles con energía espiritual con la cual enfrentar la nueva semana. Cuando eso sucede, los renovados y fortalecidos no pueden esperar para regresar al trabajo. Incluso se les podría escuchar decir al irse: «¡Gracias a Dios que es lunes!».

LECTURA: *Marcos 3:7-19*

LA MULTITUD Y EL NÚCLEO

Tiempo después Jesús subió a un monte y llamó a los que quería que lo acompañaran. Todos ellos se acercaron a él.

MARCOS 3:13

Cuando se juntan multitudes, ya sea por algo sensacional o por la oferta de algo gratis, ¡pueden ser extremadamente difíciles de manejar! Entonces, el impulso interior del individuo por ser el primero, por ver todo lo que hay que ver o por obtener todo lo que hay que obtener, multiplicado por unos cuantos miles, se convierte en una fuerza prácticamente irresistible. También pueden ser muy volubles. Si reciben lo que buscan, pueden ser aduladores, mientras que si se les niega o se decepcionan, pueden volverse desagradables en un instante.

La «gran multitud» (Marcos 3:7) que siguió a Jesús cuando se dirigía al lago podía descontrolarse, y Jesús lo sabía. La gente estaba ansiosa por tocarlo en busca de sanidad, pero también había muchos trastornados y personas dominadas por fuerzas demoníacas. Sin duda, algunos de los enemigos declarados de Jesús estaban también entre la multitud. En otras palabras, la situación era potencialmente explosiva. Así que Jesús pidió tranquilamente a los discípulos que se aseguraran de que hubiera una barca disponible «para que la multitud no lo apretujara» (3:9).

Cuando el ministerio del día pasó sin incidentes, Jesús se dirigió a las colinas y «llamó a los que quería que lo acompañaran» (3:13) para que pudieran acompañarlo (3:14). Con toda probabilidad, no sabían lo que Jesús esperaba de ellos, pero pronto lo descubrieron. Ante todo, él buscaba «unos pocos hombres buenos» que colocaran una relación personal con él en lo más alto de su agenda. Así que «ellos se acercaron a él» (3:13), no a una institución ni a un movimiento, sino a una persona que capturaría sus corazones, cambiaría sus vidas y se convertiría en su razón de ser. Él se convirtió en su Salvador, su Señor, su amigo, su líder: su vida misma. Ese fue su llamado, y a eso respondieron ellos.

El centro del llamado de los discípulos era la compañía con Jesús, pero la circunferencia era una comisión para servir al mundo. Se les daría la tarea de difundir el mensaje de Cristo, prendidos por su experiencia personal con él, predicando su reino en círculos cada vez más amplios hasta los confines de la tierra (ver Mateo 28:18-20; Hechos 1:8). Sin embargo, esta comisión no estuvo exenta de un alto costo, ya que muchos de ellos murieron como mártires.

Jesús tenía sus multitudes, pero trabajó principalmente a través de un grupo central. Hay inconstancia en una multitud, pero fidelidad en el núcleo, con la triste excepción de Judas Iscariote. Hay un impulso en una turba que puede descontrolarse fácilmente, mientras que hay empuje y dirección en un núcleo dedicado que no se desvía de su propósito con facilidad. Donde no hay un núcleo dedicado, la multitud manda, ¡y qué indisciplinada es! Donde hay un núcleo comprometido, ese núcleo controla la acción. Jesús nos mostró esa verdad, ¡y la iglesia no debe olvidarla! En un mundo donde lo más grande a menudo se considera automáticamente lo mejor, la iglesia no debe olvidar que no es difícil atraer a una multitud de espectadores. El verdadero desafío es llamar a un núcleo de creyentes comprometidos.

LECTURA: *Marcos 3:20-35*

LA VIDA EQUILIBRADA

Cierta vez, Jesús entró en una casa y las multitudes empezaron a juntarse nuevamente. Pronto ni él ni sus discípulos encontraron un momento para comer. [...] [Jesús respondió:] «Todo el que hace la voluntad de Dios es mi hermano y mi hermana y mi madre».

MARCOS 3:20, 35

Vince Lombardi, el legendario entrenador de los Green Bay Packers, dijo una vez a sus jugadores que debían ordenar sus vidas estableciendo las siguientes prioridades:

1. Dios
2. Familia
3. Green Bay Packers

Las prioridades de Lombardi se consideran a menudo con gran aprobación, y sin duda es innovador oír a un entrenador de fútbol decirles unos deportistas profesionales que «pongan a Dios primero» y que se preocupen por sus familias, cuando es tan frecuente que los deportistas profesionales muestren poco interés por su familia y menos por su Creador. A muchos hombres les cuesta equilibrar todas las exigencias del trabajo, la familia y la adoración; pero yo tengo un problema con esta lista de Lombardi.

Me pregunto qué habría pasado si uno de los Packers le hubiera dicho al entrenador Lombardi: «Lo siento, entrenador, no podré jugar en el Supertazón el domingo. Siento que necesito llevar a mi familia a la iglesia. ¡Estoy poniendo a Dios y a la familia por delante de los Packers, tal como usted dijo!». Sospecho que ese jugador no habría sido un Green Bay Packer por mucho tiempo. Hacer listas de prioridades es encomiable, y la lista de Lombardi es mucho mejor que la de la mayoría, pero la vida no encaja en compartimentos de manera tan conveniente. Una vida perfectamente equilibrada no se logra con facilidad.

Quizás el deseo en sí esté equivocado. ¿Qué grado de «equilibrio» tenía la vida de Jesús y sus discípulos? Se nos dice que las multitudes que exigían su atención eran tan vastas, y sus necesidades tan grandes, que «ni él ni sus discípulos encontraron un momento para comer» (Marcos 3:20). Jesús y sus discípulos conocían la presión de la vida. En su caso, no era la presión de ganar más dinero ni la presión de ascender en la escala corporativa sacrificando familia y adoración en el camino. Ellos conocían la presión de estar conscientes de las necesidades de un mundo que clama y de estar preparados para atenderlas. Este tipo de presión aleja a las personas del equilibrio de una vida perfectamente balanceada. Te saltas comidas.

La propia familia de Jesús no aprobaba su estilo de vida. De hecho, «intentaron llevárselo. "Está fuera de sí", decían» (3:21). Los líderes religiosos fueron más allá y atribuyeron su estilo de vida a Satanás (3:22). Esto nos conduce a otro punto. Jesús y sus discípulos no solo estaban impulsados por las necesidades del mundo, sino que también reconocían que estaban en una batalla espiritual por las almas de hombres y mujeres. Luchar en esta batalla espiritual requería algo más que equilibrio: exigía todo lo que tenían.

Quizás el deseo de una vida equilibrada no sea tan equilibrado como parece. ¡Un poco de desequilibrio divino puede que no esté mal!

LECTURA: *Marcos 4:1-20*

CUÉNTANOS UNA HISTORIA

«El que tenga oídos para oír, que escuche y entienda [...] para que se cumplan las Escrituras: "Cuando ellos vean lo que hago, no aprenderán nada. Cuando oigan lo que digo, no entenderán. De lo contrario, se volverían a mí y serían perdonados"».

MARCOS 4:9, 12

A todas las personas, ya sean niños o ancianos, les encanta una historia. Mis nietos tienen algunas historias favoritas que me piden que les cuente una y otra vez. Como la de mi abuelo cuando era niño, que fue acusado por un vecino de lanzar un ladrillo a través de su ventana. Él lo negó, así que su papá lo castigó dos veces: una por romper la ventana y la segunda por negarlo. Solo había un problema: él no había lanzado el ladrillo. Por lo tanto, tras ser castigado por algo que no hizo, fue de inmediato a la casa del vecino ¡y lanzó el ladrillo a través de la ventana! He intentado encontrar la moraleja de esta historia para el beneficio de mis nietos, ¡pero no estoy seguro de haberlo logrado!

Hay un problema, por supuesto, al repetir las mismas historias. Los oyentes pueden familiarizarse tanto con ellas, conocer tan bien sus giros y vueltas y estar tan conscientes de su conclusión, que las historias pierden su impacto aunque sean agradables de escuchar. La familiaridad parece adormecer los sentidos, parecido a lo que sucede con los jóvenes que pasan horas interminables escuchando música a un nivel de decibelios alarmante. Su oído se adormece y sus percepciones se embotan.

Cuando Dios encargó a Isaías ir a predicar a su pueblo, le dio las órdenes más extrañas. Al parecer, Isaías debía proclamar el mensaje de Dios al pueblo sabiendo muy bien que no escucharían ni responderían (ver Isaías 6:9-10). A primera vista parece como si Dios estuviera preparando una trampa para su pueblo, al enviar un profeta pero sabiendo muy bien que ellos no prestarían atención. Pero no era así. Isaías predicó en términos inconfundiblemente sencillos, con gran pasión y preocupación. El intento de Dios de llegar al corazón de su pueblo era genuino. Al mismo tiempo, Dios sabía de antemano cómo responderían: sus corazones estaban insensibles al mensaje.

Cuando Jesús comenzó su ministerio en Galilea, encontró una situación similar (Marcos 4:12). Dijo que, cuando predicaba, era como un sembrador que sembraba semillas en tierra dura, en suelo poco profundo o entre espinos. La semilla no germinaba ni se reproducía como se esperaba. Solo unas pocas semillas cayeron en buena tierra y crecieron hasta madurar. No es de extrañar que Jesús les dijera a sus oyentes: «El que tenga oídos para oír, que escuche y entienda» (4:9).

Aquí hay una advertencia para nosotros que tenemos amplio acceso a la Palabra de Dios, que tenemos Biblias que podemos leer regularmente, que asistimos a servicios donde la Palabra se predica fielmente. Podemos familiarizarnos tanto con el mensaje, disfrutar tanto su sonido y deleitarnos en su belleza, que nos volvemos insensibles ante su significado e impacto.

La Palabra de Dios debe producir fruto abundante, y la cosecha de una vida transformada debería ser evidente. Si estamos dispuestos a oír la historia, deberíamos escuchar y entender.

LECTURA: *Marcos 4:21-25*

NUNCA DEJES DE APRENDER

A los que escuchan mis enseñanzas se les dará más entendimiento, pero a los que no escuchan, se les quitará aun lo poco que entiendan.

MARCOS 4:25

La gente habla a menudo de «dónde recibieron su educación». Por lo general, quieren decir «dónde asistieron a la escuela». Hablar de recibir una educación en estos términos sugiere que la educación está completa una vez que se ha logrado la graduación. También supone que, mientras las personas están en la universidad, están ocupadas educándose, ¡cuando muchas veces no tienen tiempo suficiente para asistir a clases sin interrumpir su vida social! Peter Drucker, el experto en gestión, dijo que una persona educada es alguien que ha aprendido a aprender y nunca deja de aprender. Quizás deberíamos hablar no de dónde recibimos educación, sino de cómo progresa nuestra educación.

Este era el sentido de la enseñanza de Jesús sobre la lámpara, la canasta y la cama (Marcos 4:21). Cuando una luz «entra» en una habitación, no se coloca de inmediato debajo de una canasta o de una cama. El propósito de la luz es ser vista y hacer posible la visión. Esconder una lámpara sería contraproducente. No solo fallaría en su objetivo de iluminar la habitación, sino que se aplicaría la ley de las consecuencias no intencionadas: ¡la lámpara prendería la *casa* en llamas!

La siguiente enseñanza de Jesús es esta: «Todo lo que está escondido tarde o temprano se descubrirá y todo secreto saldrá a la luz» (4:22). Esto sugiere que, aunque el objetivo de llevar luz no es ocultarla, eso fue precisamente lo que ocurrió en su ministerio. Las cosas ocultas serán reveladas pero solo a quienes se toman la molestia de escuchar.

No hay problema en determinar qué esperaba Jesús que escuchara la gente y cuál es el secreto que sería revelado: «El secreto del reino de Dios» (4:11). Jesús les decía a sus discípulos que, con su propia venida al mundo, ya había habido una gran revelación de los propósitos de Dios y de su reino, pero todavía había mucho más por revelar: la lámpara seguía debajo de la canasta y de la cama. Sus discípulos deben estar constantemente abiertos a nuevos descubrimientos de sus planes y propósitos. En otras palabras, ¡no deben dejar de aprender!

Jesús prometió: «A los que escuchan mis enseñanzas se les dará más entendimiento» (4:25). En otras palabras, quienes escuchan lo que Jesús les dice reciben aún más conocimiento sobre los propósitos eternos de Dios; sin embargo, Jesús también advirtió: «Pero a los que no escuchan, se les quitará aun lo poco que entiendan». Aquellos que no buscan la autorrevelación de Dios descubren que lo poco que habían aprendido desaparece lentamente.

Dios no tiene intención de dejar el mensaje del reino debajo de una cama. Lo pone a la vista, donde los discípulos cristianos nunca dejan de aprender. Y nunca se gradúan.

LECTURA: *Marcos 4:26-34*

CONOCE TUS LIMITACIONES

El reino de Dios es como un agricultor que esparce semilla en la tierra. Día y noche, sea que él esté dormido o despierto, la semilla brota y crece, pero él no entiende cómo sucede. La tierra produce las cosechas por sí sola.

MARCOS 4:26-28

Un famoso organista iba visitando varios pueblos pequeños dando recitales en las iglesias locales. En cada parada contrataba a un niño pequeño para que accionara manualmente el órgano. Después de un recital muy exitoso, el niño que había estado bombeando le dijo al organista: «Tuvimos un gran recital esta noche, ¿no es así?». El organista respondió: «*Tuve* un gran recital. ¡No nosotros! ¡Yo! ¡*Yo* tuve un gran recital esta noche!». A la noche siguiente, a mitad del recital, el órgano dejó de funcionar. Entonces apareció una carita detrás de la pantalla donde estaba la bomba. Con una sonrisa, el niño anunció: «No estamos teniendo un recital tan grandioso esta noche, ¿verdad?». El organista había desarrollado tanta confianza en sus propias habilidades que había pasado por alto su dependencia y había olvidado sus limitaciones.

Jesús se aseguró de que sus discípulos estuvieran conscientes de sus limitaciones. Habló de un agricultor que siembra su semilla y luego sigue con sus actividades normales mientras la semilla germina, se desarrolla y madura, ¡todo sin su ayuda e incluso sin entender cómo funciona el proceso! Jesús les dijo a sus discípulos: «Día y noche, sea que él esté dormido o despierto, la semilla brota y crece, pero él no entiende cómo sucede. La tierra produce las cosechas por sí sola» (Marcos 4:27-28).

Los discípulos ciertamente tenían un papel que desempeñar en esparcir la semilla de la Palabra, pero eran totalmente incapaces de producir los efectos duraderos de la Palabra en las vidas de las personas. Solo Dios puede hacer eso. El misterioso poder escondido en la semilla más humilde y seca, cuando se planta en buena tierra, tiene la capacidad de crecer y producir de maneras notables. Incluso en nuestro mundo científico y avanzado, todavía hay grandes misterios sobre la vida que las mentes más brillantes no han comprendido. Así es también con la obra del reino de Dios. El pueblo de Dios debe reconocer a qué está llamado, y hacerlo, y luego debe depender de Dios para hacer lo que solo él puede hacer. Y él lo hará.

Hay algo maravillosamente humilde en conocer tus limitaciones, y también liberador. Una vez que los discípulos habían presentado el mensaje, quedaban libres de responsabilidad por la respuesta de los oyentes. Debían plantar la semilla, pero no tenían que hacer que creciera. Y podían observar con asombro cómo lo hacía.

Pero se debe dar una palabra de precaución. El agricultor, a pesar de sus limitaciones, todavía estaba llamado a usar la hoz y cosechar el cultivo (4:29). Conocer tus limitaciones no es excusa para la pereza. ¡Saber lo que no puedes hacer no te permite dejar de hacer lo que estás llamado a hacer!

LECTURA: *Salmo 85*

ESCUCHA ATENTAMENTE

Presto mucha atención a lo que dice Dios el SEÑOR, pues él da palabras de paz a su pueblo fiel. Pero no le permitas volver a sus necios caminos.

SALMO 85:8

William Wordsworth, en su poema «La excursión», habló acerca de encontrarse con un niño pequeño que sostenía una caracola marina junto a su oído «a la cual, en silencio absoluto, su propia alma escuchaba intensamente». Aunque el niño vivía lejos del mar, al escuchar «oía murmullos» que «expresaban una unión misteriosa» con el océano. Como resultado, «su rostro pronto se iluminó de alegría».

Lograr que algunos niños escuchen algo, ya sea intensamente o de otra manera, es un desafío. La actividad, más que la contemplación, es su ritmo. Y, sin embargo, si se les pudiera persuadir, como ordenan los carteles del cruce ferroviario, de: «Detente, mira, escucha», se sorprenderían de lo que podrían escuchar.

Los hombres, al igual que los niños pequeños, también encuentran difícil detenerse, mirar y escuchar. No nos gusta detener lo que estamos haciendo, pues pensamos que es una pérdida de tiempo. No consideramos necesario mirar; creemos que ya sabemos. Nos resulta difícil escuchar porque, mientras otro habla, estamos formulando una réplica. Pero no escuchar intensamente puede significar perder el mensaje por completo o puede llevar a escucharlo solo parcialmente. Perder el mensaje por completo significa vivir en ignorancia; comprenderlo solo parcialmente puede significar vivir con confusión.

El escritor del salmo, por otro lado, había decidido prestar mucha atención a lo que dice Dios el Señor, porque había aprendido que el Señor «da palabras de paz a su pueblo fiel» (Salmo 85:8). En aquellos días, el Señor hablaba de manera directa y poderosa a través de los profetas que habían respondido a su llamado a «prestar mucha atención» al mensaje que Dios les entregaba. Entonces ellos debían transmitir el mensaje. Pero era una tarea difícil. La gente o no escuchaba o escuchaba a medias, e ignoraba las advertencias, predicciones, súplicas y promesas de los profetas. Por ello, les sobrevino el desastre. Habían vivido en tal agitación que su pregunta a Dios era: «¿Seguirás enojado con nosotros para siempre? ¿Extenderás tu ira a todas las generaciones?» (85:5). Aquellos que se habían tomado la molestia de escuchar habían aprendido que «la salvación de Dios está cerca de los que le temen» (85:9). Conocían el amor inquebrantable, la verdad, la justicia y la paz, «las bendiciones» (85:1) que el Señor se deleita en derramar sobre su pueblo. Pero también sabían que no debían «volver a sus necios caminos» (85:8).

Los hombres de hoy tienen la Biblia, predicadores consagrados y autores dotados que declaran el mensaje de Dios a cada paso. Si estos hombres intentan escuchar atentamente lo que Dios está diciendo, descubrirán que él todavía sigue ofreciendo «paz» y advierte contra los «caminos necios». Y, como los niños pequeños con caracolas marinas, sus rostros se «iluminarán de alegría».

LECTURA: *Isaías 29:1-14*

LA CIUDAD DE DAVID

Así que el Señor dice: «Este pueblo dice que me pertenece; me honra con sus labios, pero su corazón está lejos de mí. Y la adoración que me dirige no es más que reglas humanas, aprendidas de memoria».

ISAÍAS 29:13

«La Casa que construyó Ruth» es el Yankee Stadium en la ciudad de Nueva York. Babe Ruth no fue ni el arquitecto que diseñó la imponente estructura ni el contratista que la construyó; sin embargo, sus hazañas en el béisbol ubicaron el estadio en el mapa. No es que los aficionados que entran a «La casa que construyó Ruth» hablen de la ciudad de Nueva York. Es «La gran manzana». De la misma manera, Nueva Orleans es «La gran facilidad» y Londres, Inglaterra, es «El humo».

«La Ciudad de David», como sabe todo erudito del Antiguo Testamento, es Jerusalén. Pero el rey David no diseñó ni fundó la ciudad. Los jebuseos hicieron eso antes de que Israel llegara desde Egipto, pero David los conquistó, ocupó la ciudad y llevó a Jerusalén a las primeras páginas de la historia (ver 2 Samuel 5:6-7).

Siguiendo la tendencia de poner apodos a las grandes ciudades, Isaías llamó a Jerusalén, la Ciudad de David, «Ariel». Explicó que Ariel significa «un altar cubierto de sangre» (Isaías 29:2), ¡ciertamente un nombre extraño para una ciudad!

En el templo, el altar era un recordatorio constante de la necesidad de que el pecado fuera confesado y tratado mediante sacrificio, una clara señal de la eventual muerte de Cristo como sacrificio por nuestro pecado. Pero el altar también era una fuente continua de ánimo porque hablaba del perdón divino y de restauración. De la misma manera, «Ariel», es decir, Jerusalén, sería un recordatorio histórico tanto del juicio divino como de la restauración celestial.

Por desgracia, el pueblo de Jerusalén en la época de Isaías había rechazado durante tanto tiempo los recordatorios constantes del Señor sobre su pecado y sus ofertas de perdón que se había vuelto insensible. Rechazar la verdad durante mucho tiempo solo puede producir, tarde o temprano, un endurecimiento y quedar ciego a ella. «Ariel» estaba a punto de ver el juicio de Dios, pero no estaba dispuesto a recibir el perdón de Dios. Las promesas de Dios eran para ellos un libro «sellado» (29:11). Continuaban con sus actividades de adoración, pero no eran nada más que «reglas humanas, aprendidas de memoria» (29:13). El pueblo de Jerusalén practicaba ritos religiosos carentes de realidad y profesaba una fe sin ponerla en práctica. El Señor se quejaba: «Me honra con sus labios, pero su corazón está lejos de mí» (29:13).

El juicio prometido para Jerusalén finalmente llegó, pero la bendición prometida también llegó. Setecientos años después de Isaías, los ángeles anunciaron el nacimiento de Cristo «en Belén, la ciudad de David» (Lucas 2:11). Belén era la «ciudad de David». Fue allí donde David había nacido y allí, con la venida de Cristo, la esperanza de las bendiciones prometidas renació.

LECTURA: *Isaías 30:8-17*

TRANQUILIDAD Y CONFIANZA

Esto dice el SEÑOR Soberano, el Santo de Israel: «Ustedes se salvarán solo si regresan a mí y descansan en mí. En la tranquilidad y en la confianza está su fortaleza; pero no quisieron saber nada de esto».

ISAÍAS 30:15

Cuando los activistas ven que algo necesita arreglo, lo arreglan. Ven un problema, identifican una solución, establecen un plan estratégico, crean un presupuesto y objetivos y pasan a la acción. Los obstáculos se definen como problemas a resolver y los problemas se ven como oportunidades. Reina el espíritu del «sí se puede», y el optimismo es la única actitud legítima. En menos tiempo del que realmente se tarda, todo estará en marcha.

Jerusalén en la época de Isaías tenía su cuota de activistas. El problema era un hombre llamado Senaquerib, que disponía de un poderoso ejército asirio. ¡Y Jerusalén estaba en su punto de mira! La solución al problema era reunir suficiente poder para contrarrestar a los asirios. Los egipcios estaban cerca, y se sugirió una alianza estratégica con ellos. Esto sería costoso, pero se podrían enviar inmediatamente animales de carga con los sobornos y regalos necesarios (Isaías 30:6-7). Si se podía contar con la cooperación de Egipto, el problema estaba resuelto. ¡Ningún problema!

Mientras tanto, en Jerusalén, ¡Isaías estaba predicando! Isaías estaba convencido de que Egipto era inútil como fuente de ayuda, un «dragón inofensivo» con grandes dientes pero sin mordida. Isaías advirtió que enviar embajadores con animales de carga llenos de regalos era una pérdida de tiempo y dinero y que, si Judá persistía en esta «solución», solo era cuestión de tiempo hasta que todo colapsara «como una pared pandeada que explota y se cae» (30:13). El plan estratégico de Isaías, en cambio, era muy sencillo. Lo había recibido del Señor, quien dijo: «Solo si regresan a mí y descansan en mí. En la tranquilidad y en la confianza está su fortaleza» (30:15).

Los activistas no ven la sabiduría de «tranquilidad y confianza». Su doctrina es: «Dios ayuda a quienes se ayudan a sí mismos», aunque, por lo general, confían tanto en sus propias habilidades que la ayuda de Dios se ve pocas veces como significativa, ¡a menos que las cosas se salgan realmente de control! Los activistas de Jerusalén no respondían nada. «¡Dejen de ver visiones!», le gritaban a Isaías (30:10). Añadían: «Apártense de su senda estrecha. Dejen de hablarnos acerca del "Santo de Israel"» (30:11).

¿Es relevante esto? El Señor sin duda lo pensó así, porque le dijo a Isaías: «Escribe estas palabras; escríbelas en un libro. Así quedarán hasta el fin de los tiempos como testigo» (30:8). En otras palabras, mira lo que finalmente le pasó a Jerusalén, como Isaías dijo que sucedería, y aprende la lección que se aplica «hasta el fin de los tiempos».

La lección es esta: en toda situación, regresa al Señor, con tranquilidad y confianza, y espera que él actúe. ¡Y lo hará!

LECTURA: *Lucas 12:35-48*

HAY QUE RENDIR CUENTAS

Pero alguien que no lo sabe y hace algo malo, será castigado levemente. Alguien a quien se le ha dado mucho, mucho se le pedirá a cambio; y alguien a quien se le ha confiado mucho, aún más se le exigirá.

LUCAS 12:48

En las llamadas «Guerras de géneros», algunas mujeres han hecho declaraciones duras sobre los varones, ¡y los varones no se han quedado precisamente de brazos cruzados! Dicho esto, ambos bandos acertaron en algunas cosas. Por ejemplo, las mujeres que decían que los hombres necesitaban «conectar con su lado femenino» establecían un buen punto aunque se pasaron al expresarlo. Los varones sí necesitan reconocer que la masculinidad no significa tan solo ser machos musculosos que causan estragos. ¡Los hombres pueden y deben ser gentiles y considerados! Las mujeres también dijeron que los hombres deberían dejar de comportarse como vaqueros y llaneros solitarios, y que deberían estar dispuestos a ser lo suficientemente vulnerables para establecer amistades íntimas, ¡incluso para rendir cuentas a otros por sus acciones! La vulnerabilidad, la gentileza, la consideración y la rendición de cuentas, sin embargo, no son rasgos puramente femeninos. También son rasgos masculinos.

Durante su ministerio terrenal, Jesús se refirió a la rendición de cuentas más de una vez. Anunció tanto su partida hacia su Padre como su regreso para establecer su reino eterno. Usando la analogía de un rico propietario de tierras que se había ido lejos dejando sus asuntos al cuidado de un siervo de confianza, Jesús dijo que sus discípulos eran sus siervos y que, como el propietario, él volvería y evaluaría sus vidas. La venida de Jesús no sería anunciada con antelación, al igual que un ladrón no anunciaría su llegada para despojar al dueño de su propiedad. Era responsabilidad del siervo estar preparado. Jesús explicó: «Estén vestidos, listos para servir y mantengan las lámparas encendidas, como si esperaran el regreso de su amo de la fiesta de bodas» (Lucas 12:35-36).

La idea de ser responsables ante su amo es un desafío para los discípulos de Cristo. Sirve como un poderoso factor motivador, pero no está diseñada para infundir miedo en sus corazones. El Señor dijo que los estándares de evaluación se basarían en las oportunidades presentadas y en las respuestas a esas oportunidades. Usando un lenguaje dramático e hiperbólico, Jesús describió la suerte de los siervos que descaradamente abusan de sus posiciones (12:46-47). Además, explicó: «A quien se le ha dado mucho, mucho se le pedirá a cambio; y alguien a quien se le ha confiado mucho, aún más se le exigirá» (12:48).

Eso plantea una pregunta: ¿cuánto es mucho y cuánto más es aún más? Tal vez la respuesta se encuentra en la descripción que hace el Señor del tipo de siervo que él busca. Tenía en mente a un «siervo fiel y sensato» (12:42): «fiel» en el cumplimiento constante y alegre de deberes y obligaciones; y «sensato» en el sentido de que el siervo está muy consciente del impacto de la gracia, la concesión de privilegios y la oportunidad recibida.

Los siervos fieles y sensatos no tienen nada que temer; ¡su Señor también es fiel y sensato!

LECTURA: *Isaías 32:1-8*

HÉROES Y CELEBRIDADES

¡Miren! ¡Se acerca un rey justo!, y príncipes honrados gobernarán bajo su mando. [...] En aquel día, los necios que viven sin Dios no serán héroes; los canallas no serán respetados. Pues los necios hablan necedades y hacen planes malvados.

ISAÍAS 32:1, 5-6

¿Dónde se fueron todos los héroes? ¿Qué pasó con los Lincoln y los Washington, los Roosevelt y los Churchill? ¿Dónde están los hombres de valor, principios e integridad, que actúan con visión, empuje e iniciativa, y cuyos logros son evidentes, benéficos y de gran alcance? ¿Qué pasó con los grandes atletas que jugaban a pesar del dolor, que creían ser modelos a seguir para los jóvenes y que invertían sus vidas en sus comunidades, jugando para un solo equipo durante toda su carrera? La gente habla de la muerte de Dios. Pero ¿y la muerte de los héroes?

Os Guinness, en su libro *The Call* (*El llamamiento*), señala tres razones para la notoria ausencia de héroes. En primer lugar, vivimos en una era cínica que no respeta nada ni reverencia a nadie. Guinness escribió: «Como personas modernas, no buscamos el aura dorada, sino los pies de barro; no el ejemplo inspirador, sino el motivo cínico»[4]. En segundo lugar, vemos menos héroes por la sencilla razón de que ya no hay tantos. Hemos cambiado héroes por celebridades. Como todo el mundo sabe, las celebridades son tan solo personas que son famosas por ser, bueno, conocidas. No es que hayan logrado algo de gran trascendencia o que hayan invertido sus vidas en alguna empresa noble que mejore la condición de la humanidad. Simplemente estaban ahí haciendo algo cuando se encendieron las luces y comenzaron a grabar las cámaras. En tercer lugar, carecemos de héroes porque hemos perdido de vista a Dios como un participante activo en la vida humana. Así que carecemos de la capacidad de ver a Dios llamando a los hombres a vivir para él y su causa, que trasciende cualquier cosa que los humanos puedan imaginar. Tener ese llamamiento daba a las vidas de los hombres grandeza y nobleza de propósito, con el resultado de que muchos se convirtieron en verdaderos héroes.

En la época de Isaías, no era tanto que hubiera carencia de héroes. El problema era que el pueblo consideraba héroes a «necios impíos». Quizás esa sea una descripción más cercana a la verdad en nuestra cultura. No hay escasez de celebridades que son consideradas «héroes», cuyas palabras son registradas con admiración y cuyas acciones son seguidas con devoción servil. El problema es que muchos de ellos son increíblemente necios e impíos. ¡Y la gente no se ha dado cuenta todavía!

El profeta miró hacia un día futuro cuando «los necios que viven sin Dios no serán héroes; los canallas no serán respetados» (Isaías 32:5). Sería un tiempo en el que la sociedad se pondría de pie de nuevo. El bien sería reconocido como bien y el mal como mal, y la necedad sería reconocida como necedad y el logro como logro.

Ese día finalmente llegará cuando el «rey justo» (32:1) llegue para establecer su reino. Mientras tanto, el pueblo de Dios necesita reconocer que, en el mundo actual, cualquier necio puede convertirse en un «héroe», pero en la economía de Dios, ¡un verdadero héroe no es ningún necio!

4 Os Guiness, *The Call*. Publicado en español como *El llamamiento*.

LECTURA: *Jeremías 23:23-32*

SUEÑO Y SOÑADORES

Que estos falsos profetas cuenten sus sueños, pero que mis verdaderos mensajeros proclamen todas mis palabras con fidelidad. ¡Hay diferencia entre la paja y el grano!

JEREMÍAS 23:28

Un joven se estaba preparando para ayudar a misioneros en Europa. Poco antes de partir hacia su destino, tuvo un sueño tan vívido que pudo describirlo con todo detalle. Había visto una playa con una pequeña barca en la arena y a un joven sentado a la sombra de la barca. El soñador quedó tan impresionado que se sintió obligado a cambiar sus planes y pasar el verano en otro país. Así lo hizo, y un día de ese verano se encontró con una playa que reconoció como la que vio en su sueño. Allí, en la playa, estaba la barca y el joven que había visto en su sueño. Entablaron una conversación. El joven junto a la barca hizo preguntas sobre asuntos espirituales y ese día profesó su fe en Cristo. El último reporte de él indicaba que estaba activamente involucrado en una congregación local de creyentes. Dios puede comunicarse con nosotros a través de los sueños, ¡y lo hace!

¡Pero cuidado! Jeremías sabía muy bien que los soñadores que afirman tener un mensaje del Señor no deben ser aceptados necesariamente al pie de la letra. Hay quienes aseguran tener un mensaje de Dios que, en realidad, no poseen. Más bien, buscan autentificar sus propias imaginaciones y darles a sus ideas un sello divino. Si creemos en esas falsedades, el resultado puede ser una profunda confusión espiritual cuando más adelante se descubra que eran mentiras.

El problema es este: ¿cómo diferenciar entre un mensaje genuino revelado por Dios y el producto de una imaginación maligna o vana? La clave está en probar con las Escrituras lo que se dice. El Señor le dijo a Jeremías: «Que estos falsos profetas cuenten sus sueños, pero que mis verdaderos mensajeros proclamen todas mis palabras con fidelidad. ¡Hay diferencia entre la paja y el grano!» (Jeremías 23:28).

Cuanto más familiarizados estemos con lo que Dios dice en la Biblia, menos posibilidades habrá de ser desviados por profetas «con mucha labia» (23:31). Una vez que has probado el grano, reconocerás rápidamente la paja. (¡Una vez que has probado el maíz, reconocerás rápidamente la mazorca!). Estudiar las Escrituras con atención y aplicar deliberadamente sus verdades a nuestra vida puede parecer poco atractivo y tedioso si se compara con recibir revelaciones dramáticas y hacer predicciones imaginativas. Pero hay suficientes advertencias en las Escrituras sobre falsos profetas, sus mentiras y su destino final (23:39-40) para mantenernos alerta constantemente.

Las Escrituras son tan poderosas y atractivas, tan vivificantes y refrescantes, que las disfrutaremos como alimento básico para la nutrición espiritual. Y si el Señor, en alguna ocasión, nos da un sueño especial, ¡eso es el postre!

LECTURA: *Malaquías 2:1-12*

EL LLAMADO A LA FIDELIDAD

«Las palabras que salen de la boca de un sacerdote deberían conservar el conocimiento de Dios y la gente debería acudir a él para recibir instrucción, porque el sacerdote es el mensajero del SEÑOR de los Ejércitos Celestiales. No obstante, ustedes, sacerdotes, han abandonado los caminos de Dios. Sus instrucciones hicieron que muchos cayeran en pecado. Corrompieron el pacto que hice con los levitas», dice el SEÑOR de los Ejércitos Celestiales.

MALAQUÍAS 2:7-8

El único motín en la larga e ilustre historia de la Marina Real de Inglaterra tuvo lugar en 1933. Los salarios de los marineros habían sido reducidos en una medida política desesperada para evitar los efectos de la depresión nacional. Como represalia, los marineros atacaron a sus oficiales, pero los hombres de la Marina Real defendieron a los oficiales frente al resto de la tripulación. Como resultado, hasta hoy los Marines se alojan a bordo entre los oficiales y la tripulación para actuar como guardias de los oficiales y mantener la seguridad del barco. En la marina británica actual, esto es principalmente simbólico, pero simboliza una recompensa por la fidelidad. Es una fuente de orgullo y un factor importante en el inusual *espíritu de cuerpo* de la Marina Real.

Cuando el hijo del rey David, Absalón, organizó un motín contra su padre, muchos de los hombres del rey se pasaron al bando del joven revolucionario, pero el sacerdote Sadoc se mantuvo fiel y protegió al rey (ver 2 Samuel 15:1-37). Como resultado, él y sus descendientes fueron recompensados con el cargo de sacerdotes en Jerusalén hasta el tiempo del Destierro (ver Ezequiel 44:15 ss.). No cabe duda de que aceptaron este puesto con gran orgullo y, como hombres fieles, se esforzaron por cumplir sus funciones.

Por lo tanto, resulta una gran sorpresa leer lo que dijo Malaquías acerca de los sacerdotes en su tiempo, después de que Israel regresara del Destierro. Les recordó su posición privilegiada y sus profundas responsabilidades. Habían sido llamados a reverenciar grandemente al Señor, a permanecer «en temor» ante él, a transmitir al pueblo «la verdad de las instrucciones que recibieron», a vivir «vidas buenas y justas» delante del pueblo y a hacer volver a «muchas personas de sus vidas pecaminosas». Fueron llamados «a conservar el conocimiento de Dios» y a actuar como «mensajeros del SEÑOR de los Ejércitos Celestiales» (Malaquías 2:5-7).

Pero algo había salido mal. Habían «corrompido el pacto» (2:8), no habían vivido en obediencia y habían «mostrado favoritismo en su forma de llevar a la práctica mis instrucciones» (2:9). Como resultado, sus «instrucciones hicieron que muchos cayeran en pecado» (2:8). Esto fue un desastre monumental para Israel, y Dios no lo tomó a la ligera. Los hombres fieles se habían vuelto infieles.

Pedro escribió que los cristianos ahora son «sacerdotes del Rey» (1 Pedro 2:9). Eso significa que tenemos acceso al Padre a través del Hijo, que debemos ofrecer sacrificios a Dios consistentes en alabanzas y que estamos llamados a vivir de manera digna de nuestra elevada posición. Esto requiere fidelidad, como los Marines que se mantienen en sus puestos.

LECTURA: *Salmo 77*

UNA SENDA DESCONOCIDA

Te abriste camino a través del mar y tu sendero atravesó las poderosas aguas, ¡una senda que nadie sabía que estaba allí!

SALMO 77:19

Adolf Hitler creía que los judíos europeos eran diabólicos, que eran la encarnación del mal, parte de una gran conspiración que estaba detrás de todos los problemas de Europa. Por lo tanto, planeó su exterminio. Lo llamó la «solución final». Al principio, los judíos fueron reunidos en campos de trabajo donde sistemáticamente se les dejaba morir de hambre y eran obligados a trabajar hasta la muerte. El arco sobre la entrada del infame campo de Auschwitz tenía las palabras «Arbeit Macht Frei», que significan «El trabajo libera». Pero, en el código nazi, «libera» significaba «mata». A medida que los ejércitos de los Aliados se fortalecieron con la entrada de los Estados Unidos de América en la guerra, los nazis se dieron cuenta de que se enfrentaban a una posible derrota. Así que aceleraron las matanzas llevando a los judíos a cámaras de gas. Se calcula que el 67 % de los judíos europeos fueron exterminados por los nazis.

Aun así, muchos escaparon gracias a la ayuda de una red de individuos increíblemente valientes y comprometidos que lograron poner a salvo a los judíos aterrados. Eran escondidos bajo las narices de los nazis y, después, bajo la cobertura de la oscuridad, eran guiados por caminos y senderos conocidos solamente por los rescatadores, de una casa segura a otra, hasta que finalmente alcanzaban la libertad.

El Salmo 77 fue escrito por Asaf en las profundidades de la desesperación. No podía dormir y tampoco podía orar. No podía obtener una respuesta de Dios; no encontraba respuestas a sus preguntas. Incluso llegó a la conclusión: «Este es mi destino; el Altísimo volvió su mano contra mí» (Salmo 77:10). Pero entonces recordó los grandes acontecimientos de la historia judía. Y ningún judío de su tiempo pensaría en tales asuntos sin contemplar el Éxodo de Egipto y la milagrosa huida a través del mar Rojo. Asaf recordó: «Te abriste camino a través del mar y tu sendero atravesó las poderosas aguas, ¡una senda que nadie sabía que estaba allí!» (77:19).

Siempre es bueno que el pueblo del Señor recuerde en toda situación que, cuando la noche es oscura y toda esperanza está perdida, Dios conoce una senda de rescate y misericordia que nadie más sabe que está ahí. Muchos en el pueblo de Dios han vivido en circunstancias menos dramáticas que aquellas de marchar cruzando las aguas del mar Rojo o de los horrores del Holocausto. Ellos pueden testificar que fueron guiados a través de los peligros y de la desesperación por la mano infalible de Dios. Siempre, cuando es Dios quien guía, la senda desconocida conduce finalmente a la casa segura de su abrazo amoroso.

LECTURA: *Lucas 1:5-25*

UNA VEZ EN LA VIDA

Pero el ángel le dijo: «¡No tengas miedo, Zacarías! Dios ha oído tu oración. Tu esposa, Elisabet, te dará un hijo, y lo llamarás Juan […]; preparará a la gente para la venida del Señor».

LUCAS 1:13, 17

La mayoría de las personas nunca llegan a conocer al presidente o a la reina. La mayoría de los deportistas nunca llegan a jugar el Supertazón, la final de la Copa del Mundo, el campeonato de Wimbledon o los Juegos Olímpicos. Si tienen la fortuna de recibir esa clase de oportunidad, la saborean, pues saben que puede ser una experiencia única en la vida.

El sacerdote Zacarías tuvo una de esas experiencias cuando fue elegido para quemar incienso en el altar del templo de Jerusalén. En ese tiempo había aproximadamente 8000 sacerdotes en Israel. Estaban divididos en «divisiones» que rotaban las tareas del templo, incluyendo la quema de incienso por la mañana y por la tarde, parte de una tradición que se remontaba a los días de Aarón, el primer sumo sacerdote (ver Éxodo 30:7-8). Los sacerdotes eran escogidos dentro de su división mediante echar suertes. Un día, el nombre del anciano Zacarías fue llamado para esta tarea tan sagrada. Era su oportunidad única en la vida. Sin duda, Zacarías entró al Lugar Santo con una mezcla de entusiasmo y temor. Formaba parte de una tradición venerable y estaba tan cerca del Lugar Santísimo como cualquier hombre, aparte del sumo sacerdote, podía llegar. La majestuosidad de la presencia de Dios debía de ser casi abrumadora para él. ¡Y entonces sucedió!

El ángel Gabriel lo encontró junto al altar y le dijo: «Dios ha escuchado tu oración» (Lucas 1:13). Zacarías podría haber preguntado: «¿Qué oración?», pero de inmediato se le informó acerca del inminente nacimiento de un hijo en su vejez. Ahora, una experiencia única en la vida se había transformado de repente en una experiencia única en cien vidas. El dramático nacimiento de ese hijo era solo el preludio de una vida dedicada a un ministerio que «preparará a la gente para la venida del Señor» (1:17).

Zacarías hizo preguntas que probablemente nos parecerían perfectamente comprensibles, ¡pero el ángel las interpretó como señal de incredulidad (1:18-21)! Entonces quedó mudo, presumiblemente para que no pudiera expresar su incredulidad hasta que fuera evidente que Dios había cumplido lo que había prometido.

La mayoría de las personas no han visto ángeles... o al menos no los han reconocido como tales. Y la mayoría no ha recibido un mensaje tan directo del Señor como lo hizo Zacarías, pero todos los hijos de Dios han sido llamados a una relación con él y a un servicio en su nombre. Para algunos, la experiencia fue dramática e inolvidable; para otros, menos intensa. Pero para todos es una experiencia única en la vida, que nunca debe olvidarse y siempre debe atesorarse.

LECTURA: *Lucas 1:26-38*

OMNIPOTENCIA

Porque ninguna cosa será imposible para Dios.

LUCAS 1:37, NBLA

Durante la Segunda Guerra Mundial, la Marina Real de Inglaterra puso en servicio tres portaaviones llamados el *Illustrious* (Ilustre), el *Indefatigable* (Infatigable) y el *Indomitable* (Indomable). A pesar de estos nombres tan difíciles, es fácil captar el espíritu detrás de ellos. Estas eran las valientes palabras que la Marina Real usaba para describir su orgullo y tradición incluso en los días más oscuros de la guerra.

Los teólogos usan un trío de palabras igualmente difíciles pero nobles para describir a Dios. Dicen que él es omnipotente (todopoderoso), omnisciente (que todo lo sabe) y omnipresente (que está presente en todo lugar).

En una sorprendente conversación con Abraham, Dios afirmó ser todopoderoso. Anunció: «Yo volveré a verte dentro de un año, ¡y tu esposa, Sara, tendrá un hijo!» (Génesis 18:10). No sabemos cómo reaccionó Abraham, pero Sara simplemente se rio de la idea absurda, porque tanto ella como su esposo estaban muy avanzados en edad para tener hijos. Al leer los pensamientos no expresados de Sara, Dios desafió al anciano: «¿Por qué se rio Sara y dijo: "Acaso puede una mujer vieja como yo tener un bebé"? ¿Existe algo demasiado difícil para el SEÑOR?» (Génesis 18:13-14). La respuesta implícita: no, nada es demasiado difícil para el Señor. Dios estaba afirmando su omnipotencia.

Un mensaje similar fue entregado de manera clara y rotunda a una joven llamada María en la ciudad de Nazaret siglos después. Ella también se sorprendió al oír la noticia. Pero había una diferencia. Sara reaccionó por su vejez, ¡María por su virginidad! Las preguntas de María fueron respondidas con la firme y tranquilizadora declaración: «¡Pues nada es imposible para Dios!» (Lucas 1:37).

La doctrina de la omnipotencia divina no está exenta de sus perplejidades. Algunas personas dicen: «Si Dios es omnipotente, podría destruir todo el mal. Como no lo hace, debe ser o impotente o inmoral». Y otros se preguntan si la Biblia no se contradice cuando dice, por un lado, que «nada es imposible para Dios» pero, por otro lado, que le es imposible mentir (Hebreos 6:18).

Las declaraciones a Sara y a María sobre la omnipotencia divina deben considerarse en el contexto de la voluntad divina. Dios estaba declarando que nada lo detendría de hacer lo que él quería hacer. ¡Y ellas necesitaban creerlo!

Hay un gran desafío y un maravilloso consuelo en estas palabras. El desafío radica en que resistirse a Dios es poco menos que suicida. El consuelo inherente en la omnipotencia de Dios significa que al final él cumplirá su propósito. Como un majestuoso barco navegando por la tormenta, el temporal y la batalla, Dios es Ilustre, Infatigable, Indomable... ¡y Omnipotente!

LECTURA: *Lucas 1:38-45*

CREER Y SER BENDECIDO

Eres bendita porque creíste que el Señor haría lo que te dijo.

LUCAS 1:45

El emperador Constantino eligió como tutor para su hijo a un hombre sabio llamado Lactancio. Lactancio dijo lo siguiente sobre la idea de que la tierra no es plana:

> ¿Hay alguien tan insensato como para creer que existen hombres cuyos pasos están más altos que sus cabezas? ¿O que las cosas que para nosotros están en posición reclinada para ellos cuelgan en dirección invertida? ¿Que las cosechas y los árboles crecen hacia abajo? ¿Que la lluvia, la nieve y el granizo caen hacia arriba, hacia la tierra? ¿Y acaso alguien se asombra de que se mencionen los jardines colgantes entre las siete maravillas del mundo, cuando los filósofos inventan campos, mares, ciudades y montañas colgantes? También debemos explicar el origen de este error[5].

Claramente, ¡la geografía era la materia más débil de Lactancio! Que la tierra era plana era un principio rector en aquellos días, y pasó mucho tiempo antes de que algunos hombres intrépidos creyeran lo contrario. Los que sí creyeron se hicieron a la mar y descubrieron la abundancia de un mundo desconocido. Creyeron y fueron bendecidos.

Zacarías tuvo dificultad para creer que su esposa anciana concebiría, y quedó mudo hasta que nació el hijo prometido; sin embargo, cuando a María se le dijo que ella, aun siendo virgen, daría a luz a un hijo, su respuesta fue: «Soy la sierva del Señor. Que se cumpla todo lo que has dicho acerca de mí» (Lucas 1:38). Sin duda, la fe de María se fortaleció al saber del embarazo de Elisabet y fue a visitar a su amiga. De una manera notable, el bebé de Elisabet *en su vientre* saltó de alegría al reconocer la llegada de María y la importancia del niño que ella llevaba. Elisabet le dijo a María: «Eres bendita porque creíste que el Señor haría lo que te dijo» (1:45). María, como los exploradores del nuevo mundo, creyó y fue bendecida.

Por supuesto, hay una gran diferencia entre creer en una corazonada y creer en la Palabra de Dios. Y hay poca similitud entre creer en una hipótesis científicamente comprobada y confiar en una promesa dada por Dios. Pero eso es lo que Dios llama a su pueblo a hacer. En la medida en que creemos a Dios, experimentamos las bendiciones de sus promesas.

La fe de quienes dieron la vuelta al mundo requería comprar barcos, equiparlos, reclutar una tripulación y zarpar en dirección occidente con la esperanza de llegar al oriente. ¡Para muchos de sus amigos y enemigos eso no era otra cosa que una locura! Pero estaban en lo cierto. ¡Y fueron bendecidos!

Los hombres que desean conocer la bendición de Dios necesitan creer lo que profesan creer, ajustar sus velas y embarcarse en un viaje de descubrimiento. Si llegaran a sentir que les falta valor, ¡la joven mujer de Nazaret puede ofrecerles un modelo a seguir!

5 Lactacio, *Divine Institutes*, Libro III, capítulo 24. Publicado en español como *Instituciones divinas*.

LECTURA: *Lucas 1:46-56*

EL SANTO Y LA HUMILDE

¡Cuánto mi espíritu se alegra en Dios mi Salvador! Pues se fijó en su humilde sierva [...]. Pues el Poderoso es santo y ha hecho grandes cosas por mí.

LUCAS 1:47-49

La sociedad moderna recompensa generosamente a sus celebridades. Son bienvenidas en los mejores hoteles y se les perdona la peor conducta. Las limusinas más largas les esperan, las filas más cortas les confrontan y las cuentas bancarias más abultadas les sostienen. Sus admiradores se apresuran a interceptarles y los medios se aglomeran para entrevistarles. Los jóvenes les imitan, mientras que las personas mayores les toleran. Se les prodigan fama y fortuna, pero no se espera de ellas madurez ni responsabilidad. Viven vidas encantadas; si no siempre encantadoras, se acostumbran a disfrutar de los lujos de la vida y a no estar acostumbradas a lidiar con las necesidades de la vida. Para muchos de sus admiradores, su estatus es algo a lo que se debe aspirar y su posición exaltada algo que se debe anhelar.

María, la madre de Jesús, es conocida en todo el mundo. Ha sido el modelo de un millón de obras de arte, el tema de debates teológicos, el sujeto de encíclicas, el objeto de veneración. Se le han adherido dogmas, y supersticiones y creencias místicas se han agrupado a su alrededor. Pero ¿cómo se veía ella a sí misma?

Su cántico de alabanza fue dirigido lejos de sí misma. El tema de su corazón fue: «Oh, cuánto alaba mi alma al Señor. ¡Cuánto mi espíritu se alegra en Dios mi Salvador!» (Lucas 1:46-47). La razón de su adoración fue esta: «Pues se fijó en su humilde sierva» (v. 48). No tenía ilusiones acerca de sí misma ni confusión acerca del Señor: «Pues el Poderoso es santo y ha hecho grandes cosas por mí», afirmó (1:49). El Santo se había fijado en la humilde. Ella interpretó las «grandes cosas» que él había hecho por ella en el contexto de algo mucho más grande y majestuoso que sus propios intereses. Sabía que tenía que ver con su misericordia extendida «de generación en generación» (1:50); lo que había hecho por ella lo había hecho por «su siervo Israel», de acuerdo con lo que había prometido (1:54).

No había rastro de altivez en María. Su único motivo de honra y fama era que el Señor «exaltó a los humildes» (1:52). María no tenía espacio para la autocomplacencia porque sabía que el Señor «dispersó a los orgullosos» (1:51). No tenía reservas en alabar al Santo ni deseo de verse a sí misma de otra manera que como una humilde bienaventurada.

¡Qué aleccionador es darse cuenta de que el Señor se fija en los «humildes» y que son los «hambrientos» los que quedan satisfechos con las cosas buenas de su mano! ¡Qué triste es pensar que el Señor despedirá «con las manos vacías» a muchos de los «ricos» de hoy (1:53)! ¡Mejor ser humilde delante del Santo!

LECTURA: *Lucas 1:57-66*

PRESIÓN FAMILIAR

Zacarías pidió con señas que le dieran una tablilla para escribir y, para sorpresa de todos, escribió: «Su nombre es Juan».

LUCAS 1:63

El Día de Acción de Gracias de 1999 la tripulación de un barco pesquero en Florida rescató del océano Atlántico a Elián González, de seis años. El niño cubano estaba atado a una cámara de neumático sobre la que había flotado durante dos días. La pequeña embarcación en la que él y otras trece personas intentaban escapar de Cuba había volcado, y la mamá de Elián y otras diez personas habían perecido en el océano. Una vez en tierra firme y al cuidado de sus familiares en Miami, parecía que los problemas de Elián habían terminado; sin embargo, pronto se convirtió en la figura central de una enorme disputa entre su padre, que quería que regresara con él a Cuba, y sus familiares cubano-estadounidenses en Florida, que insistían en que, como era obvio que su madre había deseado que viviera en los Estados Unidos, debía quedarse. El bienestar de Elián desató un incidente internacional. Intervinieron presidentes, patriotas ondeaban banderas en manifestaciones, los políticos tomaban postura y Elián aprendió a usar la gorra de béisbol hacia atrás. Por fortuna, ¡no todos los desacuerdos familiares alcanzan tales proporciones!

La tradición milenaria exigía que el hijo recién nacido de Zacarías y Elisabet fuera circuncidado como evidencia de que había sido introducido a los privilegios y las responsabilidades del pacto de Dios con su pueblo, y la familia se reunió con alegría para presenciar el evento (Lucas 1:59). Pero los problemas comenzaron cuando surgió el tema del nombre del niño. La familia insistía en que debía llamarse como su padre, Zacarías, quien lamentablemente había perdido la voz durante el encuentro espiritual en el que se anunció el nacimiento del niño (1:8-20).

Para sorpresa de todos, Elisabet insistió en que el niño debía llamarse Juan, y su padre escribió en una tablilla que estaba de acuerdo (1:63). Y así fue porque eso era lo que el mensajero celestial había indicado (1:13).

Juan significa «Dios ha mostrado su favor». El significado de este nombre poco común, las notables circunstancias de su nacimiento y la recuperación instantánea de la voz de su padre no pasaron desapercibidos para la familia. Reconocieron que algo grande estaba por suceder, y por eso se preguntaron: «¿Qué llegará a ser este niño?» (1:66). Lo que Juan llegó a ser es historia, pero la valentía y el compromiso de sus padres de seguir las instrucciones divinas desempeñaron un papel fundamental en su desarrollo.

Los padres nunca deberían subestimar la importancia de su obediencia al Señor en la formación y el desarrollo de sus hijos. A veces, esto requiere mantenerse firmes incluso frente a sus propios seres queridos. Lo que importa en el largo plazo no es mantener contenta a la familia, sino asegurar que el niño sepa que «la mano del Señor estaba ciertamente con él» (1:66).

LECTURA: *Lucas 1:67-80*

PADRE E HIJO

Y tú, mi pequeño hijo, serás llamado profeta del Altísimo, porque prepararás el camino para el Señor. Dirás a su pueblo cómo encontrar la salvación mediante el perdón de sus pecados.

LUCAS 1:76-77

Las carreras de autos de serie son uno de los deportes con más espectadores en los Estados Unidos, pero nacieron en los días de la prohibición, cuando los contrabandistas, para poder entregar su licor ilegal a los bares clandestinos, «modificaban» los motores de sus autos para así poder dejar atrás a la policía. Cuando la necesidad de esos vehículos desapareció con la derogación de la prohibición en 1933, los autos modificados comenzaron a correr en las arenas de Florida, y finalmente nació la NASCAR. Algunos de los corredores estrella de hoy son los nietos de los conductores que lograron dejar atrás a la policía años atrás. La influencia paterna es más significativa de lo que a veces creemos.

Los padres sabios creen que el Señor tiene un plan para sus hijos varones y que su papel como padres es ayudar a los muchachos a descubrirlo y llevarlo a cabo. Este fue el enfoque de Zacarías hacia su «pequeño hijo» Juan. Hablando bajo el impulso del Espíritu Santo, Zacarías profetizó de Juan: «Prepararás el camino para el Señor» y «dirás a su pueblo cómo encontrar la salvación mediante el perdón de sus pecados» (Lucas 1:76-77). Él vio el papel que Juan debía desempeñar tan solo como una parte de un plan colosal que nació en los días de Abraham (1:73). Este plan solo podía describirse adecuadamente como «la luz matinal del cielo está a punto de brillar entre nosotros» (1:78).

Si un padre cree que su papel como padre ha terminado cuando proporciona un techo sobre la cabeza del niño, le pone comida en el estómago y lo hace terminar la escuela mientras asiste a la mayoría de sus partidos, ese padre debería reconsiderarlo. El niño, desde la perspectiva divina, es parte de un plan grandioso en el cual el padre ocupa un papel importante. La vida de un padre debe vivirse dando la debida consideración no solo a las dimensiones temporales y materiales de la existencia humana, sino también a los aspectos eternos y espirituales que sirven no solo para formar el carácter del joven, sino también para influir en otros para su bien eterno.

Está claro que no todos son un Juan y no todos los padres tienen el don profético de Zacarías. Pero, de la misma manera, ningún hijo es puramente una criatura de tiempo y espacio y ningún padre es solo un proveedor de sustancia material. Los padres son llamados a involucrarse en la vida de sus hijos, a criarlos «con la disciplina e instrucción que proviene del Señor» (Efesios 6:4). Puede que eso no signifique ponerlos detrás del volante de un auto de carreras NASCAR muy veloz, pero sí significará colocarlos en el camino hacia una vida plena.

LECTURA: *Salmo 89*

EL TRONO

Estableceré a tus descendientes como reyes para siempre; se sentarán en tu trono desde ahora y hasta la eternidad.

SALMO 89:4

En el año 1215 el rey Juan de Inglaterra viajó fuera de Londres a Runnymede, a orillas del río Támesis, y firmó la Carta Magna. ¡Tuvo que hacerlo! Sus barones le habían dicho que, si no la firmaba, se metería en graves problemas. Estaban cansados de sus impuestos elevados, de su liderazgo ineficaz y de su gobierno menos que espectacular. Así que lo obligaron a firmar. Al hacerlo, el rey Juan redujo severamente los poderes tradicionales de la monarquía. Muchas personas datan la decadencia monárquica a partir de 1215.

Los sistemas políticos ahora favorecen a las democracias sobre las monarquías. Dado los abusos de poder de estas últimas, mucho se puede decir en favor de las primeras. A medida que los tronos y los imperios han sido derrocados, sin embargo, el respeto por lo majestuoso prácticamente ha desaparecido. Esto quizás no sea políticamente significativo, pero sí tiene implicaciones espirituales.

En los días del Antiguo Testamento, los reyes eran ungidos por profetas, y los adornos de su reinado y el esplendor de su persona a menudo eran considerados reflejos de la gloria del Señor. Incluso la extravagancia de sus palacios, sus vestiduras y sus riquezas desmedidas eran consideradas evidencia del favor divino. La reina de Saba quedó maravillada por el esplendor de Salomón. Él había construido para sí mismo «un gran trono, decorado con marfil y revestido de oro puro [...] ¡No había trono en todo el mundo que pudiera compararse con el de Salomón!» (2 Crónicas 9:17, 19). Desde esa espléndida plataforma, Salomón gobernó su vasto imperio. Era poderoso, espléndido y majestuoso.

El reinado de Salomón, parte de la dinastía de David, llegó a su fin. Su trono se perdió y su imperio hace mucho tiempo que se dividió. Pero del trono de Dios se dice: «La rectitud y la justicia son el cimiento de tu trono» (Salmo 89:14), y él le prometió al rey David: «Estableceré a tus descendientes como reyes para siempre; se sentarán en tu trono desde ahora y hasta la eternidad» (89:4).

Cuando la dinastía de David se derrumbó, ¿quedó anulada la promesa? ¡De ninguna manera! Cientos de años después, a una humilde muchacha en Nazaret se le dijo por medio de un ángel: «Concebirás y darás a luz un hijo, y le pondrás por nombre Jesús [...] El Señor Dios le dará el trono de su antepasado David. Y reinará sobre Israel para siempre; ¡su reino no tendrá fin!» (Lucas 1:31-33). Un día, el hijo de María, Jesús, se sentará en su trono eterno en su reino eterno. A diferencia del trono de Salomón, no sabemos de qué está hecho el trono de Jesús, ¡pero sí sabemos que es majestuoso! Más importante aún es quien está sentado en el trono: ¡él será el centro de atención! Será maravilloso, majestuoso y magnífico. Y estaremos sobrepasados por la gloria y la majestad (ver Apocalipsis 4).

LECTURA: *Lucas 2:1-20*

SIÉNTATE Y PIENSA

Pero María guardaba todas estas cosas en el corazón y pensaba en ellas con frecuencia.

LUCAS 2:19

La esposa de un granjero, preocupada por el joven que trabajaba en el campo, le preguntó: «¿Qué haces en tu tiempo libre, Juan?». Él pensó por un momento y respondió: «A veces me siento y pienso, y otras veces solamente me siento». Este incidente ocurrió mucho antes de la llegada de la televisión. Si el joven hubiera vivido en la era de la televisión, quizás se habría convertido en un consumado «adicto al sofá». Pocas cosas en el mundo moderno están diseñadas con más eficacia que la televisión para pasar el tiempo sin lograr nada mientras la mente se atiborra de vacío.

Pero hay un lugar para la quietud. El silencio y la soledad son grandes bendiciones para el alma humana agotada. ¡Y son bienes muy escasos! Blaise Pascal, el brillante científico y filósofo francés, observó: «He descubierto que toda la infelicidad de los hombres surge de un solo hecho: que no pueden quedarse tranquilos en su propia habitación»[6].

María, sin embargo, sabía cómo quedarse tranquila en su propia habitación. Ella y José viajaron a Belén para el censo que César había ordenado. También lo hizo todo aquel cuya familia procedía de ese pueblo. Como resultado, no había lugar en la posada, y José y María acamparon en un establo. Allí dio a luz a un niño y fue visitada por un grupo de pastores bulliciosos que contaban historias de vastos coros angelicales en las cercanías. La historia atrajo gran atención de las multitudes en Belén, y toda la gente quedó asombrada. El pueblo estaba en un estado de excitación y maravilla; sin embargo, María encontró silencio y soledad. Ella «guardaba todas estas cosas en el corazón y pensaba en ellas con frecuencia» (Lucas 2:19).

Blaise Pascal lo habría aprobado. Y, sin duda, el Señor también. Probablemente, María estaba limitada en lo que podía hacer por sus nuevas responsabilidades como mamá y por las secuelas del parto, pero podría haberse quedado allí sentada, aturdida y sin expresión, con la mente llena de vacío. Resistió ese impulso. María no solo se sentó: ¡se sentó y pensó!

¡Y qué temas tan trascendentales llenaban su corazón! Los pastores le habían dado todos los detalles y ella «guardaba todas estas cosas en el corazón». Atesoraba pensamientos sobre el niño, los ángeles, el Mesías, el Señor, la paz en la tierra, el favor de Dios (vv. 11-14) y su propio papel en esos acontecimientos trascendentales.

Hay un lugar para el silencio y la soledad. Búscalo. Cuando lo encuentres, no te limites a sentarte: siéntate y piensa. Piensa en cosas como las que pensó María. Encontrarás tesoros para tu corazón.

6 Blaise Pascal, *Pensées*.

LECTURA: *Hebreos 2:5-15*

UN LÍDER PERFECTO

Dios —para quien y por medio de quien todo fue hecho— eligió llevar a muchos hijos a la gloria. Convenía a Dios que, mediante el sufrimiento, hiciera a Jesús un líder perfecto, apto para llevarlos a la salvación.

HEBREOS 2:10

Después de que la Alemania nazi se rindiera en 1945, la guerra en Europa llegó a su fin en medio de escenas de una celebración bien merecida. Poco después, se celebraron elecciones generales en el Reino Unido. Winston Churchill y su partido conservador fueron rotundamente derrotados en esas elecciones: Churchill fue destituido de su cargo. Dado su liderazgo ejemplar durante la guerra, la derrota de Churchill fue un cambio sorprendente. Muchos en el electorado británico habían sido influenciados por una caricatura en uno de los principales periódicos que mostraba una pistola con un dedo en el gatillo y el pie de foto: «¿De quién es el dedo en el gatillo?». La conclusión inequívoca que la gente sacó fue que Churchill era un gran líder en tiempos de guerra pero que no podía liderar en tiempos de paz. El hombre de la calle decía: «No pongas a Winnie de nuevo en el poder. Nos meterá en otra guerra». Era considerado el líder perfecto para la guerra pero no para la paz. Quizás tenían razón, porque las exigencias que hay sobre un líder varían según las circunstancias. Mucho depende de a quiénes se lidera y hacia dónde se les está guiando.

«Dios, para quien y por medio de quien todo fue hecho», vio su creación arruinada por la caída (ver Génesis 3). Determinó, sin embargo, que debía «llevar a muchos hijos a la gloria» (Hebreos 2:10). Hacerlo implicaba tratar con su pecado, derrotar el asombroso poder del diablo y guiar a la gente a la salvación eterna. Para eso, se necesitaba «un líder perfecto».

Para que esos objetivos se cumplieran, tenía que hacerse un sacrificio perfecto por los pecados; por lo tanto, había que encontrar un líder sin mancha, con todos los atributos necesarios de liderazgo, que estuviera dispuesto a sufrir la muerte por nosotros (2:9). Jesús, el perfecto Hijo de Dios, era ese líder. Era necesario que él «se hiciera de carne y sangre. Pues solo como ser humano podía morir, y solo mediante la muerte podía quebrantar el poder del diablo, quien tenía el poder sobre la muerte» (2:14). Por eso nació Jesús. «Únicamente de esa manera el Hijo podía libertar a todos los que vivían esclavizados por temor a la muerte» (2:15).

Churchill fue considerado por muchos un líder perfecto para tiempos de guerra pero no para tiempos de paz. Pero Jesús es un líder perfecto para todo tiempo. Fue el líder correcto para la mayor de todas las guerras, librada y ganada en la Cruz. Y, sin duda, es el único que puede guiar a las personas hacia la paz eterna que viene de ser rescatados del temor a la muerte. Jesús es el líder perfecto. ¡Síguelo!

FEBRERO

LECTURA: *1 Juan 1:1-4*

TESTIFICAR DE LA VERDAD

Les anunciamos al que existe desde el principio, a quien hemos visto y oído. Lo vimos con nuestros propios ojos y lo tocamos con nuestras propias manos. Él es la Palabra de vida.

1 JUAN 1:1

Cuando Marlon Brando, el famoso actor, fue llamado como testigo en el juicio por asesinato de su hijo Christian, se negó a prestar el juramento prometiendo «decir la verdad, toda la verdad y nada más que la verdad, así me ayude Dios». Citando escrúpulos religiosos (¡o la falta de ellos!), Brando se negó a invocar a Dios como testigo de que estaba diciendo la verdad. Se le permitió prometer sin hacer un juramento, y subió al estrado para testificar sobre lo que había visto y oído.

Cuando las sensibilidades religiosas estaban más marcadas de lo que están hoy en día, el mero pensamiento de jurar invocando el juicio de Dios era suficiente para asegurar que el testigo no mintiera. Para muchas personas, esos días pasaron hace mucho tiempo, pero la persona que miente en el estrado sigue cometiendo perjurio y sigue estando sujeta a enjuiciamiento.

Primera de Juan comienza con una declaración de testimonio personal. Es cierto que Juan no hizo ningún juramento, pero dado lo serio de la declaración, el propósito para el que se dio y la credibilidad del testigo en toda la iglesia, no hay duda de que se trata de una evidencia sobre Jesucristo de la máxima importancia.

Aquí no hay rumores. Con respecto a Jesús, Juan dijo: «Lo vimos con nuestros propios ojos y lo tocamos con nuestras propias manos» (1 Juan 1:1). Era conocimiento común entre los creyentes que Juan y sus colegas habían vivido cerca de Jesús durante su ministerio. Basado en su experiencia personal, Juan testificó sin vacilar que la vida de Jesús era tan ejemplar, sus obras tan milagrosas, sus palabras tan poderosas y su enseñanza tan transformadora, que Juan no tenía dudas de que Jesús era el que «existe desde el principio [...] la Palabra de vida. [...] él es la vida eterna» (1:1-2). Juan había sido testigo de la muerte de Jesús en la cruz, de las apariciones de Jesús después de su resurrección y de la ascensión de Jesús al cielo. No había duda en la mente de Juan: él lo había visto, oído, sentido y vivido plenamente. Por eso testificó.

El propósito de Juan al testificar era «para que ustedes tengan comunión con nosotros; y nuestra comunión es con el Padre y con su Hijo, Jesucristo» (1:3). Juan no solo quería que sus lectores creyeran como él, sino que también anhelaba que disfrutaran de Jesús como él lo había hecho. Esto haría que su alegría «fuera completa».

Compartir la verdad es una alegría, y experimentar la realidad es un deleite.

LECTURA: *1 Juan 2:1-6*

GRACIA BARATA

Mis queridos hijos, les escribo estas cosas, para que no pequen; pero si alguno peca, tenemos un abogado que defiende nuestro caso ante el Padre. Es Jesucristo, el que es verdaderamente justo.

1 JUAN 2:1

Dietrich Bonhoeffer, un joven pastor luterano en Alemania antes de la Segunda Guerra Mundial, se opuso con fuerza a las políticas de los nazis por profunda convicción cristiana. Debido a eso fue capturado por la Gestapo, encarcelado y finalmente ejecutado en abril de 1945, poco antes de que el campo de concentración donde estaba retenido (Flossenbürg) fuera liberado por los ejércitos aliados. Murió como mártir.

En su conocido libro *El costo del discipulado*, Bonhoeffer deploró lo que él llamaba «gracia barata». Definió «gracia barata» como «la predicación del perdón sin exigir arrepentimiento, el bautismo sin disciplina eclesiástica, la comunión sin confesión, la absolución sin confesión personal. La gracia barata es gracia sin discipulado, gracia sin la Cruz, gracia sin Jesucristo, vivo y encarnado»[7]. Bonhoeffer reconoció esto como un abuso de la doctrina bíblica de la gracia, esa maravillosa verdad de que Dios, por un corazón lleno de amor, se acerca a personas perdidas y pecadoras, las favorece de maneras que no merecen y les concede bendiciones que nunca podrían ganar. La preocupación de Bonhoeffer por la gracia barata estaba perfectamente enfocada, y vivió y murió conforme a sus convicciones.

El apóstol Juan expresó preocupaciones similares cuando escribió: «Les escribo estas cosas, para que no pequen» (1 Juan 2:1). Juan no estaba promoviendo la perfección sin pecado, y añadió de inmediato: «Pero si alguno peca, tenemos un abogado que defiende nuestro caso ante el Padre». Juan quería recordar a los creyentes que sus pecados no se perdonan para que puedan seguir en ellos de manera casual y satisfecha. Quería que experimentaran la libertad de la victoria sobre los pecados que antes los tenían cautivos.

Un recordatorio de que Jesús «es el sacrificio que pagó por nuestros pecados» (2:2) debería bastar para animar a los creyentes a tomar en serio el pecado y buscar la libertad de su esclavitud. ¿Quién puede pecar sin remordimiento al recordar que el castigo por el pecado es la muerte y que Jesús lo asumió en la muerte más horrenda: la Crucifixión?

Pero ¿cómo disfrutamos esta libertad y victoria sobre el pecado? Juan sugiere dos métodos infalibles. Primero, por amor al Señor Jesús emprendemos un estilo de vida caracterizado por la obediencia. «Los que obedecen la palabra de Dios demuestran verdaderamente cuánto lo aman» (2:5). Segundo, adoptamos intencionalmente al Señor Jesús como nuestro modelo a seguir. «Los que dicen que viven en Dios deben vivir como Jesús vivió» (2:6).

Nadie, y menos aún Dietrich Bonhoeffer, sugeriría que hacer estas cosas es fácil. ¡Mira hasta dónde llevaron a Bonhoeffer la obediencia y seguir a Jesús! Pero, si queremos evitar el abuso de la gracia de Dios, debemos aceptar las disciplinas del discipulado.

No hay nada barato en la gracia de Dios; es costosa, tanto para Cristo como para nosotros. ¡Y, sin embargo, tiene un gran valor!

7 Dietrich Bonhoeffer, *El costo del discipulado*.

LECTURA: *1 Juan 2:15-25*

LA ÚLTIMA HORA

Queridos hijos, llegó la última hora. Ustedes han oído que el Anticristo viene, y ya han surgido muchos anticristos. Por eso sabemos que la última hora ha llegado.

1 JUAN 2:18

En las últimas horas de 1999 muchas personas se preparaban para el fin del mundo. Creían que el mundo había sido creado en el 4004 a. C. Sumando los 2000 años d. C., calculaban que el mundo había existido poco más de 6000 años. Como mil años son como un día para Dios, y como Dios trabajó solo seis días en la creación, les parecía obvio que el mundo terminaría cuando el reloj marcara la medianoche del 1 de enero de 2000. Por supuesto, estaban equivocados.

Luego estaba el problema del Y2K. Existía una gran preocupación de que las computadoras no supieran si era 1900 o 2000, por lo que asesinos podrían salir antes de tiempo de prisión, ojivas nucleares podrían activarse por sí solas y plantas eléctricas en todo el mundo podrían apagarse. Abundaban las predicciones de un holocausto nuclear, una nueva era de hielo o anarquía desenfrenada. En realidad, no ocurrió nada catastrófico. Ocurrieron muy pocas cosas, salvo una celebración del día de Año Nuevo más grandiosa de lo habitual (y, para muchos, ¡un dolor de cabeza más grandioso de lo común!). Fue un monumental noevento.

Las predicciones sobre el fin del mundo han ido y venido, solo para demostrar ser inexactas una y otra vez. Se ha establecido cierto escepticismo con respecto a los escenarios del fin del mundo.

Hacia el final del primer siglo, el apóstol Juan escribió: «Queridos hijos, llegó la última hora. Ustedes han oído que el Anticristo viene, y ya han surgido muchos anticristos. Por eso sabemos que la última hora ha llegado» (1 Juan 2:18). Juan se dirigía a la creencia, común entre los cristianos, de que la historia humana no continuaría indefinidamente, que Dios pondría fin a este mundo tal como lo conocemos y eventualmente crearía «nuevos cielos y nueva tierra». Antes de que eso sucediera, una figura política importante, el Anticristo, aparecería en el escenario mundial. Él encarnaría todo lo que es antiDios y trataría de reemplazar a Dios por sí mismo. Pero sería derrotado y se establecería el reino eterno de Cristo (ver 2 Tesalonicenses 2:312; Apocalipsis 11:713; 13:118; 19:1121).

«Muchos anticristos» ya estaban en el mundo en la época de Juan, y él lo veía como el comienzo del fin. Los siguientes 1900 años solo han servido para aumentar su número, por lo que las personas prudentes evitan el escepticismo, le dan gracias a Dios por su misericordia al permitir que las cosas continúen, pero no olvidan ni por un momento que un día sonará la «última hora». Viven plenamente conscientes de que las fuerzas contrarias a Dios están activas y de que este estado de cosas no continuará indefinidamente. Anticipan el enfrentamiento inminente y la victoria final de Cristo.

Desde que sobrevivimos a la más reciente transición milenaria, la autoconfianza de la humanidad recibió un enorme impulso. Abunda el optimismo, aunque gran parte de él esté mal dirigido. Todo *llegará* a su fin. La llegada de la «última hora» es solo cuestión de tiempo.

LECTURA: *Efesios 2:11-18*

RELIGIÓN EXTERNA

No olviden que ustedes, los gentiles, antes estaban excluidos. Eran llamados «paganos incircuncisos» por los judíos, quienes estaban orgullosos de la circuncisión, aun cuando esa práctica solo afectaba su cuerpo, no su corazón.

EFESIOS 2:11

Las cosas no siempre son lo que parecen. Solíamos decir: «Una imagen vale más que mil palabras», pero ahora sabemos que, gracias a la tecnología moderna, una imagen puede no ser un reflejo fiel de la realidad. Por ejemplo, cuando una cadena de televisión que transmitía la celebración de Año Nuevo en Times Square al final de 1999 se dio cuenta de que la imagen mostraba el enorme logo de un competidor, simplemente borró el logo de la pantalla y superpuso el suyo propio. Millones «vieron» el nuevo logo en sus pantallas, aunque en realidad no estaba ahí.

La habilidad de proyectar lo que es claramente falso se ha desarrollado hasta convertirse en un arte, y no solo en el ámbito de la publicidad. Ha ocurrido en la religión durante miles de años. Por ejemplo, la definición clásica de un sacramento es «un signo exterior y visible de una gracia interior y espiritual». Lo que aparece está destinado a transmitir lo que es real. Pero, históricamente, esto siempre ha sido un problema. Un ejemplo se encuentra en la cultura judía antigua.

El antiguo pueblo judío estaba legítimamente orgulloso de su lugar especial en el plan de Dios. Él había establecido un pacto de amor con ellos, había iniciado líneas de comunicación únicas con ellos y había determinado que a través de ellos todas las naciones del mundo serían benditas (ver Génesis 12:1-3; Romanos 3:1-2). Recibieron promesas especiales, mandatos especiales y privilegios especiales. Eran especiales, ellos lo sabían y no dudaban en darlo a conocer a los demás.

En algunas ocasiones, su orgullo se apoderó de ellos. Humillaban a otros para exaltarse a sí mismos. Esto era especialmente evidente en su actitud hacia los no judíos, a quienes llamaban «paganos incircuncisos» (Efesios 2:11). La circuncisión no es un tema de conversación en las reuniones sociales, pero ellos se referían al hecho de que la circuncisión era tanto un signo como un sello de su relación especial con Dios. Era un signo que «significaba» que habían «cortado» todo lo que desagradaba a Dios. Era un sello que les recordaba las promesas del pacto de Dios e inspiraba confianza y seguridad. Era un signo exterior de una gracia interior.

Y el problema es que las cosas no siempre eran como parecían, pues la gracia interior no siempre estaba presente. Pablo les dijo a los efesios que los judíos «estaban orgullosos de la circuncisión, aun cuando esa práctica solo afectaba su cuerpo, no su corazón» (2:11).

El creyente está llamado a practicar los aspectos externos de la fe cristiana como símbolo de las realidades internas de la fe en Cristo. Los signos significan, y los símbolos simbolizan. Los signos que no significan nada y los símbolos que simbolizan una ficción son contradicciones. Se requiere congruencia entre el símbolo y la realidad. La alternativa es la hipocresía.

LECTURA: *Salmo 65*

¿ALEGRÍA O DIVERSIÓN?

¡Cuánta alegría para los que escoges y acercas a ti, aquellos que viven en tus santos atrios! ¡Qué festejos nos esperan dentro de tu santo templo!

SALMO 65:4

Algunas personas dicen que no les interesa la religión porque se están divirtiendo demasiado. Si, por casualidad, les sorprendes en un momento sombrío y lúgubre, puede que admitan que la vida de fe tiene valor, pero no quieren que se interponga en su vida de diversión. Incluso pueden admitir que, hacia el final de sus días, probablemente tomarán la religión un poco más en serio. ¡Después de haber disfrutado su diversión!

No es que estén en contra de la vida de fe, es solo que la ven como un obstáculo para divertirse. No necesariamente niegan la existencia de Dios; de hecho, incluso pueden invocarlo cuando están en apuros. Lo que les molesta es su reputación de aguafiestas solemne. ¡Piensan que Dios no es divertido!

Dios es serio, sin duda, y merece pensamiento serio y devoción profunda. Además, los asuntos de vida y muerte de los que Dios nos habla exigen que dejemos de juguetear y comencemos a encaminar nuestras vidas. Pero imaginar que estos asuntos serios son antitéticos a la alegría más profunda y al disfrute es malinterpretar gravemente la esencia de quién es Dios y lo que ofrece a su pueblo.

El escritor del salmo, hablando con realismo acerca de su vida, dijo: «Aunque nuestros pecados nos abruman, tú los perdonas todos. ¡Cuánta alegría para los que escoges y acercas a ti!» (Salmo 65:3-4). En verdad, no hay alegría profunda para quienes tienen una conciencia culpable, ¡por mucho que se diviertan! Sin embargo, hay una alegría indescriptible para la persona que conoce la liberación de la culpa y el alivio del perdón. Y, aunque muchas personas tienen la impresión de que la iglesia es aburrida, el salmista exclamó: «¡Qué festejos nos esperan dentro de tu santo templo!» (65:4). Irónicamente, son las personas que toman a Dios lo suficientemente en serio como para aprender las graves deficiencias de la vida de diversión quienes descubren la alegría de la vida perdonada.

La alegría que Dios da es infinitamente más duradera y disfrutable que la «diversión» disponible fuera de él. Quienes son perdonados descubren que el mundo está lleno de personas como ellos que se gozan en la bondad del Señor. El salmista celebró este hecho: «Los que viven en los extremos de la tierra quedan asombrados ante tus maravillas. Desde donde sale el sol hasta donde se pone, tú inspiras gritos de alegría» (65:8).

Cuando has experimentado el perdón de Dios y la liberación de una conciencia culpable, ¡no faltan personas con quienes compartir tu alegría! Y no hay lugar en la tierra donde no encuentres motivos para gozarte. Observa la Creación y verás que todas las cosas creadas «gritan y cantan de alegría» (65:13). ¡Eso es mucho mejor que simplemente divertirse!

LECTURA: *Isaías 63:7-14*

EL DIOS QUE SUFRE

Cuando ellos sufrían, él también sufrió, y él personalmente los rescató. En su amor y su misericordia los redimió; los levantó y los tomó en brazos a lo largo de los años.

ISAÍAS 63:9

En los viejos tiempos, se les permitía a los padres dar nalgadas a sus hijos sin ser acusados de abuso infantil. Mientras esos padres se preparaban para administrar el castigo que consideraran necesario, le decían al niño infractor: «¡Esto me va a doler más a mí que a ti!». Ningún niño lo creía. Pero, años después, esos niños se convirtieron en padres y comenzaron a entender el dolor que siente un padre.

A lo largo de su historia turbulenta, Israel había sentido con frecuencia el desagrado del Señor y había sido objeto de su disciplina. La culpa era totalmente de Israel. El «amor inagotable», la «gran bondad» y la «misericordia» de Dios eran evidentemente abundantes (Isaías 63:7), tanto que el Señor había dicho: «Ellos son mi pueblo. Ciertamente no volverán a traicionarme» (63:8). Pero lo hicieron, y él se vio obligado a disciplinarlos una vez más.

En su angustia, el pueblo de Dios se quejaba. Lo cuestionaban, queriendo saber dónde estaba él durante su aflicción (63:11-13). Recordaban las maneras en que los había salvado y guiado, provisto y cuidado, y se preguntaban dónde se había ido su gran Salvador (63:18-19). Al parecer, no se les ocurría preguntar: «¿qué hemos hecho para causar una situación tan triste?». Preferían preguntar: «¿dónde está Dios? ¿Qué está haciendo?».

La respuesta a esa pregunta era que él no estaba distante aunque se había apartado de ellos. En caso de que pensaran que podría estar lejos, necesitaban saber que «cuando ellos sufrían, él también sufrió» (63:9). El Señor era ciertamente un padre que disciplinaba, ¡pero le dolía más a él que a ellos! No es que sus hijos lo creyeran, ¡pero era cierto!

La disciplina no está pensada para el beneficio de quien la administra. No es un medio dado por Dios para descargar frustración. Cuando se administra correctamente, debe lograr la reforma de la persona disciplinada. El corazón de quien disciplina debe estar enfocado en el bienestar de los que son disciplinados. Sin ella, continuarían en sus caminos equivocados. El amor de un padre exige que se les reprenda, pero un corazón amoroso de padre no puede evitar sentir la angustia de su sufrimiento.

Recuerda: la próxima vez que recibas la disciplina del Señor, no te quejes. Le duele más a él que a ti.

LECTURA: *Isaías 64:1-12*

LAMENTOS

Estamos todos infectados por el pecado y somos impuros. Cuando mostramos nuestros actos de justicia, no son más que trapos sucios. Como las hojas del otoño, nos marchitamos y caemos, y nuestros pecados nos arrasan como el viento.

ISAÍAS 64:6

Benjamin Disraeli fue tanto novelista como un brillante estadista del siglo XIX que ocupó dos veces el cargo de primer ministro de Gran Bretaña. Escribió: «La juventud es un error; la adultez una lucha; la vejez un lamento». Al mirar hacia atrás a su tumultuosa vida, sin duda podía ver muchas razones para lamentarse. Su desastrosa aventura en inversiones especulativas lo cargó con deudas paralizantes, su cuestionable relación con una dama de la alta sociedad lo manchó de escándalo, sus escritos críticos sobre colegas causaron grandes conflictos en los negocios, y su política de «nunca te quejes y nunca des explicaciones» no siempre le ganó simpatía en la política. ¡Lamentos, sin duda, podía haber muchos!

Los lamentos también dominaban los pensamientos de Isaías mientras contemplaba su panorama social. Recordaba con alegría los días cuando el Señor descendió; «hiciste obras temibles, por encima de nuestras mayores expectativas». «¡Y cómo temblaron los montes!», exclamó Isaías (Isaías 64:3). Pero esos días habían pasado, y ahora anhelaba verlos regresar (64:1-2).

Isaías vivió en una época llena de personas impías. Confesó: «Pero has estado muy enojado con nosotros, porque no somos justos. Pecamos constantemente [...] nadie invoca tu nombre ni te ruega misericordia. Por eso tú te apartaste de nosotros y nos entregaste a nuestros pecados» (64:5, 7).

El pueblo había sido privilegiado más allá de toda medida. «Desde el principio del mundo, ningún oído ha escuchado, ni ojo ha visto a un Dios como tú, quien actúa a favor de los que esperan en él» (64:4). Pero no habían «esperado» en Dios. El Señor recibe «a quienes hacen el bien con gusto, a quienes siguen caminos de justicia» (64:5). Pero ellos se habían negado a hacer eso. Como resultado, eran como «las hojas del otoño», y «nos marchitamos y caemos» (64:6).

Pero el Señor no había cambiado; seguía siendo su Padre, era todavía el alfarero que los había formado. Si su lamento pasaba a ser verdadera conversión, las montañas podrían volver a temblar.

No todos los hombres esperan hasta la vejez para enfrentarse a sus lamentos. Las circunstancias alcanzan a algunos mucho antes en la vida, llevándolos a la contemplación solemne, la reevaluación y el profundo lamento. Los pensamientos de lo que podría haber sido inundan la mente. «Si tan solo» domina la reflexión, se reconocen errores pasados y se lamentan oportunidades perdidas. A veces, aunque no siempre, no es demasiado tarde para deshacer parte del daño y restaurar parte de la esperanza de años anteriores.

Para evitar una vejez llena de lamentos, aprende a arrepentirte pronto. Y, si ya es demasiado tarde para eso, arrepiéntete de todos modos. Más vale tarde que nunca. Nunca es demasiado tarde para la esperanza.

LECTURA: *Isaías 65:1-10*

¡AQUÍ ESTOY!

El SEÑOR dice: «Estaba listo para responder, pero nadie me pedía ayuda; estaba listo para dejarme encontrar, pero nadie me buscaba. "¡Aquí estoy, aquí estoy!", dije a una nación que no invocaba mi nombre».

ISAÍAS 65:1

En 1999 la revista *Christian History* encuestó a sus lectores y a historiadores cristianos. Los participantes en la encuesta fueron invitados a nombrar a los cinco cristianos más influyentes y conocidos. Por un margen considerable, C. S. Lewis fue el más mencionado.

Nacido en Belfast, Irlanda, en 1898, de padres amantes de los libros, el joven «Jack» Lewis se convirtió en un amante de los libros durante su infancia, inició una carrera académica en Oxford y se volvió un ateo convencido. ¡Comienzos extraños para un hombre votado como el más influyente en el crecimiento espiritual!

En 1929 Lewis abandonó su ateísmo y se convirtió en teísta pero no felizmente. Se describió a sí mismo como «un pródigo que es traído pateando, luchando, resentido y moviendo los ojos en todas direcciones buscando una oportunidad de escapar»[8]. Jack Lewis estaba experimentando el amor de Dios que lo atraía.

Dos años más tarde, Lewis se convirtió al cristianismo. Había estado conociendo a personas a quienes admiraba, solo para descubrir (para su horror) que eran cristianos. Había estado leyendo a sus autores favoritos, que le gustaban excepto por su cristianismo. Pero, a través de su influencia, su entendimiento de Dios aumentó. Llegó a reconocer que, si Dios es Dios, debe ser obedecido, no por la recompensa, sino simplemente porque él es Dios. Lewis escribió: «Si preguntas por qué debemos obedecer a Dios, a fin de cuentas la respuesta es: [porque Dios dice:] "Yo soy"». Lewis insistía en que no estaba buscando a Dios más de lo que un ratón busca un gato; pero Dios lo estaba buscando a él. Y él respondió, se sometió y el resto (como dicen) es historia.

Siempre debemos recordar que el impulso de pensar en Dios viene de él, y que el deseo de descubrir la verdad, la belleza y la realidad nace de él. Jesús dijo: «Nadie puede venir a mí a menos que me lo traiga el Padre, que me envió» (Juan 6:44). El Señor dijo a través de Isaías: «Estaba listo para responder, pero nadie me pedía ayuda; estaba listo para dejarme encontrar, pero nadie me buscaba. "¡Aquí estoy, aquí estoy!", dije a una nación que no invocaba mi nombre» (Isaías 65:1).

A través de las personas que Jack Lewis conoció, los libros que leyó, la belleza que vio en sus largas caminatas por el campo y el anhelo en su propio corazón que no encontraba satisfacción, Lewis finalmente escuchó decir al Señor: «Aquí estoy». Durante años no estaba buscando ni escuchando pero, cuando lo hizo, su vida se convirtió en un vehículo a través del cual el Señor comenzó a hablar.

Cada vida convertida se supone que debe ser un púlpito desde el cual el Señor proclame, claramente, a personas que quizás no están escuchando: «¡Aquí estoy!».

8 C. S. Lewis, *Surprised by Joy*. Publicado en español como *Cautivado por la alegría*.

LECTURA: *Isaías 66:17-23*

UN HECHO ASOMBROSO

Realizaré una señal entre ellos y enviaré a los sobrevivientes a que lleven mi mensaje a las naciones [...] y a todas las tierras más allá del mar que no han oído de mi fama ni han visto mi gloria. Allí declararán mi gloria ante las naciones.

ISAÍAS 66:19

John R. Mott nació en Livingston, Nueva York, en 1865. Mientras estudiaba en la Universidad de Cornell, conoció al misionero inglés J. K. Studd, quien lo condujo hacia «una fe razonable y vital». Poco después, Mott asistió a una conferencia dirigida por el famoso evangelista estadounidense Dwight L. Moody. Durante esa conferencia, Mott se unió a otros cien hombres que se ofrecieron voluntarios para dedicar sus vidas al servicio misionero en el extranjero.

En 1910, cuando Mott tenía cuarenta y cinco años, presidió la Conferencia Misionera de Edimburgo. En su discurso inaugural, Mott dijo: «Es un hecho asombroso y solemne que, incluso en el siglo xx, el gran mandamiento de Jesucristo de llevar el evangelio a toda la humanidad todavía esté tan ampliamente incumplido».

La influencia de Mott cambió de manera drástica la participación de la iglesia en las misiones mundiales. Viajó incansablemente por el mundo, convocando conferencias donde se presentaban las necesidades y oportunidades de la misión global y reclutando y formando a los muchos jóvenes que respondieron a su llamado. Casi un siglo después, sin embargo, sigue siendo «un hecho asombroso y solemne» que hay miles de millones de personas acerca de las cuales el Señor diría: «No han oído de mi fama ni han visto mi gloria» (Isaías 66:19).

El Señor quiso que su pueblo declarara su gloria ante las naciones», y prometió un día en el que los misioneros traerían personas de «todas las tierras» (66:19-20). Estas personas se convertirían en adoradores «semana tras semana y mes tras mes» (66:23), y algunos de ellos actuarían como «sacerdotes y levitas»: siervos del Dios vivo (66:21).

La iglesia necesita estudiar esta antigua imagen del pueblo de Dios en acción. En gran parte del mundo, hombres y mujeres todavía no han oído hablar de la fama de Dios ni han visto su gloria. ¿Cuál es el problema? ¿Por qué es así?

El Señor le dijo a Isaías: «Por eso reuniré a todas las naciones y a todos los pueblos, y ellos verán mi gloria. Realizaré una señal entre ellos y enviaré a los sobrevivientes a que lleven mi mensaje a las naciones» (66:18-19). Primero, Dios reúne a las personas para sí mismo. Entonces, les muestra una «señal», la Cruz y la tumba vacía, y «envía» a los que, gracias a la Cruz, «sobreviven» al juicio de Dios para ser sus mensajeros. Pero quienes nunca ven la importancia de la Cruz nunca entienden la necesidad de que hombres y mujeres sobrevivan al juicio y, en consecuencia, no ven motivo alguno para ser enviados como mensajeros.

Hay otro «hecho asombroso y solemne». Hay millones que han visto la señal de la cruz y han sobrevivido al juicio, pero cuando fueron enviados, nunca obedecieron. Y por eso hay tantos que no han oído hablar de la fama del Señor. ¡Qué vergüenza!

LECTURA: *Isaías 60:1-9*

LEVÁNTATE Y BRILLA

¡Levántate, Jerusalén! Que brille tu luz para que todos la vean. Pues la gloria del SEÑOR se levanta para resplandecer sobre ti.

ISAÍAS 60:1

Un hombre que ha estado en un campo de entrenamiento militar nunca olvidará el sonido de una corneta tocando el toque de diana. Los tonos duros y estridentes lo arrastraban a la difícil realidad de otro día de tener que enfrentar a los sargentos instructores, esos encantadores caballeros que seguían inmediatamente después de la corneta, golpeando las literas y gritando: «¡Vamos, inútiles perezosos! ¡Levántense y brillen!». Irónicamente, las dos cosas que más se resisten a hacer los reclutas en ese momento son levantarse y brillar.

Isaías no era un sargento instructor y no tocaba una corneta. Pero sí tenía un mensaje para Jerusalén: «¡Levántate, Jerusalén! ¡Que brille tu luz para que todos la vean! Pues la gloria del SEÑOR se levanta para resplandecer sobre ti» (Isaías 60:1). Jerusalén, la ciudad cuya historia era una sucesión de tragedias y pruebas, estaba recibiendo la promesa de días mejores. Esos días llegaron, en parte, después del regreso del destierro babilónico. Luego, siglos más tarde, en el 70 d. C., llegaron los romanos y devastaron la ciudad una vez más.

Isaías miraba a través de los siglos a algo más que la restauración física de la ciudad asediada. Pudo ver, con la visión sagaz de profeta, lo que el apóstol Juan vería mucho después y con mayor claridad: «Y vi la ciudad santa, la nueva Jerusalén, que descendía del cielo desde la presencia de Dios, como una novia hermosamente vestida para su esposo» (Apocalipsis 21:2). La nueva Jerusalén: la iglesia, la comunidad de creyentes, el grupo de los redimidos. El contraste con los impíos, que viven en «oscuridad negra como la noche» (Isaías 60:2), es marcado y sorprendente.

El llamado a la iglesia es «levántate y brilla», y la razón para este llamado es que «la gloria del SEÑOR se levanta para resplandecer sobre ti» (Isaías 60:1). Dios no espera que nadie se levante y brille con el resplandor del cielo en su rostro sin primero haber recibido su propio fulgor en la vida.

¿Cómo es el fulgor de Dios? Cuando se quita la carga de culpa de los hombros de una persona, comienza a desaparecer el ceño fruncido por la preocupación. Cuando se abraza la promesa de la vida eterna, la luz de la esperanza llena los ojos. Cuando se comprende la belleza de la gracia, una sonrisa tranquila de satisfacción interior ilumina el rostro. Cuando el Señor se convierte en una realidad presente en la vida del creyente, el corazón comienza a brillar con su pasión.

Cuando esto ocurre, la gente lo nota y se siente atraída. Isaías dijo: «Todas las naciones vendrán a tu luz; reyes poderosos vendrán para ver tu resplandor» (Isaías 60:3). Personas de todos los ámbitos de la vida serán atraídas hacia aquellos que se han levantado y están brillando. Porque ellos también buscan vida y belleza, esperanza y alegría. Pero, antes, la iglesia debe levantarse y brillar.

LECTURA: *Isaías 42:1-9*

LUZ EN CALABOZOS OSCUROS

Yo, el Señor, te he llamado para manifestar mi justicia [...] y te daré a mi pueblo, los israelitas, como símbolo de mi pacto con ellos. Y serás una luz para guiar a las naciones. Abrirás los ojos de los ciegos; pondrás a los cautivos en libertad, soltando a los que están en calabozos oscuros.

ISAÍAS 42:6-7

Enfermo en la casa de su amigo John Bray, Charles Wesley leyó el *Comentario sobre Gálatas* de Lutero. Sus ojos fueron abiertos a las maravillas de la gracia salvadora de Dios, y escribió en su diario: «Esto sé: ahora tengo paz con Dios»[9]. Compuso de inmediato un himno de acción de gracias al Señor: «Where shall my wondering soul begin?» (¿Dónde comenzará mi alma errante?), expresando su asombroso deleite por el amor de Cristo. Más de 7200 himnos fluyeron de su pluma, muchos de ellos compuestos a caballo al predicar él el evangelio sin descanso por Gran Bretaña. Solía llegar a su destino, saltar de su caballo y, sin saludar a nadie, entrar con prisa a la casa, gritando: «¡Pluma y papel, pluma y papel!».

Sus himnos eran reflexiones poéticas sobre las grandes verdades de la Biblia. Uno de los más queridos, «And Can It Be?» (¿Cómo puede ser?), es una de sus mayores reflexiones sobre la verdad espiritual, un testimonio de la gracia de Dios en su vida:

Por mucho tiempo yació mi espíritu encarcelado,
atado en pecado y en la noche natural;
tu mirada difundió un rayo vivificante;
¡desperté, la celda ardía en luz celestial!
Mis cadenas cayeron, mi corazón fue libre,
me levanté, salí y te seguí.

Parece muy probable que, al escribirlo, haya estado meditando en la profecía de Isaías sobre el siervo del Señor, quien sería «luz para guiar a las naciones», abriría «los ojos de los ciegos» y soltaría «a los que están en calabozos oscuros» (Isaías 42:6-7).

De joven estudiante en Oxford, Charles Wesley era conocido por su consagración y su compromiso con una vida recta. Ayudó a fundar el «Club Santo» y, unos años después, navegó a Georgia como misionero. Pero le llevó muchos años hacer las paces con Dios. Sus «calabozos oscuros» no estaban poblados por pecados flagrantes de la carne, pero su alma estaba oscura, llena de duda y de miedo, de luchas y de desesperación.

Cada hombre tiene sus propios calabozos oscuros, algunos más oscuros que otros. Cada uno necesita un «rayo vivificante» de parte de Dios, ya sea un destello de discernimiento cegador o el regalo de la gracia que amanece en el corazón en silencio. Para Wesley, el resultado fue que «se levantó, salió y siguió». Ese es el resultado que Dios desea.

Un hombre que sigue a Cristo es llamado a ser «una luz para guiar» (42:6). Es poco probable que un hombre moderno sea llamado a escribir himnos a caballo como medio de alumbrar a otros. Pero es muy probable que ser una luz implique testificar con claridad de la poderosa obra de la gracia de Dios en medio del ajetreo de la oficina o de la fábrica.

9 John Wesley, *The Journal of John Wesley* (El diario de John Wesley).

LECTURA: *Salmo 92*

UN CANTO POR LA MAÑANA Y POR LA NOCHE

Es bueno proclamar por la mañana tu amor inagotable y por la noche tu fidelidad.

SALMO 92:2

El compositor Franz Schubert murió en la miseria en Viena a la edad de treinta y un años, dejando nada más que su ropa y lo que su hermano llamó «piezas de vieja música». Resultó que esa «vieja música» contenía una serie de hermosos cantos (*lieder*) que se siguen interpretando hoy en día. Una de sus series de cantos más conocida estaba basada en veinte poemas escritos por un trompista viajero. No sabemos nada sobre las dificultades del trompista, pero sabemos lo suficiente de la vida de Schubert para maravillarnos de que un hombre que experimentaba tanto dolor y tristeza pudiera escribir música tan hermosa. Schubert escribió a un amigo: «Me siento la criatura más infeliz y desdichada del mundo... Cada noche, cuando me voy a dormir, espero no volver a despertar, y cada mañana me recuerda solo la tristeza de ayer»[10].

El antiguo libro de Salmos es otra serie de cantos. Los salmos se han usado durante milenios en la liturgia y en la vida del pueblo de Israel. El Salmo 92, por ejemplo, es un canto «para entonar el día de descanso» (Salmo 92, TÍTULO). Esto no significa que los antiguos adoradores cantaran alabanzas solo en el día de descanso. Los que siguen el pensamiento del salmista saben que «es bueno proclamar por la mañana tu amor inagotable y por la noche tu fidelidad» (92:2). Cada mañana, cada noche.

La gratitud de la mañana y la noche es buena, no solo porque levanta el alma abatida y hace que los justos «florezcan como palmeras» (92:12), sino también porque es una expresión que brota de un alma satisfecha. Ese alma puede decir: «Todo lo que has hecho por mí, SEÑOR, ¡me emociona!» (92:4), y maravillarse: «¡Oh SEÑOR [...] ¡cuán profundos tus pensamientos!» (92:5). El corazón agradecido es hecho «fuerte como un buey salvaje» y exclama: «Me has ungido con el mejor aceite» (92:10).

En contraste, el alma miserable multiplica su propio dolor. Schubert se acostaba temiendo la mañana siguiente, y despertaba reviviendo la tristeza del día anterior. Pero, si una persona no puede relatar la bondad del Señor, si no puede reconocerla en lo común, en los buenos y en los malos tiempos, no pensará en «dar gracias al SEÑOR, cantar alabanzas al Altísimo» (92:1).

Si te acuestas sintiéndote miserable, tienes muchas probabilidades de despertar triste, pero si recuestas tu cabeza sobre la almohada con gratitud, es más probable que recibas la mañana con gozo. ¡Y hasta puedes que cantes mientras te afeitas!

10 Carter Harman, *A Popular History of Music* (Una historia popular de la música).

LECTURA: *Efesios 1:3-14*

LUGARES CELESTIALES

Toda la alabanza sea para Dios, el Padre de nuestro Señor Jesucristo, quien nos ha bendecido con toda clase de bendiciones espirituales en los lugares celestiales, porque estamos unidos a Cristo.

EFESIOS 1:3

Un hombre le preguntó a su esposa: «¿Habrá golf en el cielo?». Ella sabiamente respondió: «Si es necesario para tu dicha eterna, ¡sí!». Su pregunta y la respuesta de ella sugieren que nuestra idea del cielo es todo lo que disfrutamos en la tierra, ¡solo que más intenso! Así que, si el jefe te regala boletos para el mejor lugar en el Supertazón, piensas que «te moriste y fuiste al cielo», mientras que la idea de cielo de tu esposa podría ser unos días en una isla tropical con cielo azul, arena blanca, océano color turquesa, sol cálido y cenas a la luz de las velas para dos. ¿Quién sabe? Pero las Escrituras hablan del cielo de una manera que no debe dejarse a la especulación ni relegarse a algún lugar en «el dulce más allá».

Dios «nos ha bendecido con toda clase de bendiciones espirituales en los lugares celestiales, porque estamos unidos a Cristo» (Efesios 1:3). Está claro que esto no está reservado para el futuro, porque Dios «nos levantó de los muertos junto con Cristo y nos sentó con él en los lugares celestiales» (2:6). Los tiempos verbales lo dicen todo: «Nos *levantó*»; «Nos sentó»; «*Estamos* unidos a Cristo Jesús». ¡Ya estamos ahí!

Cuando Dios salva a las personas, las transporta de donde estaban a donde estarán. Estaban «muertos», ahora están vivos. Estaban bajo el «enojo de Dios» (2:3), ahora están sentados «en los lugares celestiales». Así que, en un sentido, el cielo no es algo que anticipamos que será como lo mejor de la tierra pero mejor. En cambio, es algo que experimentamos ahora, ¡mientras podemos estar atravesando algunas de las peores cosas de la tierra!

¿Qué son entonces estos «lugares celestiales» (1:3)? John Stott sugiere acertadamente que los lugares celestiales son «el mundo invisible de la realidad espiritual»[11]. Es ahí donde experimentamos «toda bendición espiritual», y es ahí donde los «gobernantes y autoridades invisibles» están siendo instruidos por Dios (3:10). El énfasis está en la realidad espiritual.

Experimentar la vida en los lugares celestiales significa estar relacionado con el Cristo resucitado, tener acceso inmediato a él en su gloria y disfrutar seguridad en su amor. Es en este reino invisible de la realidad espiritual donde tienes todo lo que necesitas para vivir con sabiduría, gracia y bienestar. Por lo tanto, en lugar de pensar con anhelo en algo como playas vírgenes o buenos asientos en el Supertazón, ¿por qué no regocijarte en la abundancia de bendiciones que hacen que el reino invisible sea tan real como el material? Disfruta el lugar donde estás ahora mismo mientras vas en camino hacia donde llegarás tarde o temprano.

11 John R. W. Stott, *God's New Society* (La nueva sociedad de Dios).

LECTURA: *Efesios 2:1-10*

EL HOMBRE INSUMERGIBLE

Dios los salvó por su gracia cuando creyeron. Ustedes no tienen ningún mérito en eso; es un regalo de Dios. La salvación no es un premio por las cosas buenas que hayamos hecho, así que ninguno de nosotros puede jactarse de ser salvo.

EFESIOS 2:8-9

El *Titanic*, el barco más grande y lujoso de su tiempo, era el deleite de los constructores navales. Debido a que el barco tenía un doble casco que incluía dieciséis compartimentos estancos, el constructor del *Titanic* presumía de que el barco era insumergible, que «ni siquiera Dios podría hundir este barco». A la medianoche del 14 de abril de 1912, sin embargo, el gran barco, con 2224 almas a bordo, chocó contra un enorme témpano de hielo a veintidós nudos, y dos horas y media después descansaba en el fondo del Atlántico. Lo impensable había sucedido: lo insumergible se había hundido. Los constructores del *Titanic* tenían buenas razones para estar orgullosos de su trabajo, pero ninguna base para su jactancia. Por majestuoso que indudablemente fuera el *Titanic*, Dios era más que su rival.

Así ocurre con la humanidad. Hay una majestad innegable en el hombre, la cima de la creación de Dios, una singularidad que es innegable. Ninguna otra cosa en la creación se acerca. El hombre lo sabe, no tiene sentido negarlo, y es perfectamente apropiado que la humanidad se regocije en ello; sin embargo, cuando el hombre presume de habilidades que no posee, se mete en problemas. Como el *Titanic*, el hombre está lejos de ser insumergible.

Precisamente cuando el hombre se enfrenta a Dios descubre la imponente grandeza de la ley divina y la majestuosa gloria de las normas divinas. Es entonces cuando comienza a hacer agua y hundirse bajo el peso de la indignación divina y la carga del fracaso humano. Ningún esfuerzo por parte del hombre puede sacarlo a flote. Puede presumir de su superioridad, reclamar invencibilidad y creer en su propia suficiencia, pero se hundirá de todos modos. No puede navegar como debería y tampoco puede salvarse a sí mismo.

Es aquí donde interviene la gracia de Dios. Dios está dispuesto a hacer por el hombre lo que el hombre no puede hacer por sí mismo. La salvación no le llegará al hombre por sus propios esfuerzos, sino por la intervención de Dios. Pablo explicó: «Dios los salvó por su gracia cuando creyeron. Ustedes no tienen ningún mérito en eso; es un regalo de Dios [...] así que ninguno de nosotros puede jactarse de ser salvo» (Efesios 2:8-9).

Quizás lo más difícil para un hombre sea admitir que necesita ser salvado y que, si necesita ser salvado, no puede salvarse a sí mismo. Las jactancias orgullosas brotan demasiado fácilmente de los labios de un hombre cuando un llamado de auxilio sería más apropiado.

Otro barco, el *California*, estaba a menos de veinte millas del *Titanic* en apuros, pero su operador de radio no estaba escuchando, así que las llamadas de auxilio nunca se oyeron. Pero Dios siempre escucha.

LECTURA: *Efesios 2:11-22*

LIMPIEZA ÉTNICA

Pues Cristo mismo nos ha traído la paz. Él unió a judíos y a gentiles en un solo pueblo cuando, por medio de su cuerpo en la cruz, derribó el muro de hostilidad que nos separaba. [...] Cristo reconcilió a ambos grupos con Dios en un solo cuerpo por medio de su muerte en la cruz, y la hostilidad que había entre nosotros quedó destruida.

EFESIOS 2:14, 16

A primera vista, el término «limpieza étnica» parece ser sano y bienvenido. ¿Por qué no llevar a cabo una «limpieza» para deshacerse de la suciedad y la basura, y recuperar lo que es bello y puro? Pero la limpieza étnica no es lo que pretende ser; no es en lo más mínimo ni sana ni bienvenida. La limpieza étnica presupone que son las *personas* de una etnia en particular las que son suciedad y basura, y la limpieza que se pide consiste en deshacerse de esas personas.

La antigua República Federal Popular de Yugoslavia es un buen ejemplo. Creada en 1945 estaba formada por Serbia, Croacia, Eslovenia, Bosnia, Herzegovina y Macedonia, además de las regiones de Voivodina y Kosovo. Pero en 1992, después del colapso del comunismo, todas las repúblicas constituyentes declararon su independencia y se enfrentaron entre ellas. Estalló un periodo cruel, sangriento y asesino de violaciones, saqueos y matanzas masivas. Lo llamaron «limpieza étnica». En realidad, fue un intento de exterminio étnico y no tuvo nada de limpio.

En la época cuando se escribió el Nuevo Testamento habían existido tensiones étnicas entre judíos y gentiles durante siglos. Los judíos creían acertadamente que eran un pueblo especial; Dios se lo había dicho; pero no les dijo que eran superiores a los demás pueblos. De hecho, fueron llamados a ser siervos, no superiores, mientras llevaban al mundo la Buena Noticia de Dios. Pero se volvieron arrogantes. Entonces los gentiles se enfurecieron y, con el paso de los años, las tensiones étnicas estallaron en actos de crueldad escandalosa entre los dos grupos.

Después vino Jesús, un judío, seguido por Pablo, otro judío. Pablo escribió lo siguiente acerca de Jesús: «Pues Cristo mismo nos ha traído la paz. Él unió a judíos y a gentiles en un solo pueblo, cuando, por medio de su cuerpo en la cruz, derribó el muro de hostilidad que nos separaba [...] Cristo reconcilió a ambos grupos con Dios en un solo cuerpo por medio de su muerte en la cruz, y la hostilidad que había entre nosotros quedó destruida» (Efesios 2:14, 16).

Las personas involucradas en la limpieza étnica explicarán con ira que están vengando atrocidades históricas, pero tanto las atrocidades como la ira, tanto la brutalidad como la venganza, tienen otro nombre: pecado. Y la única manera de tratar con el pecado es mediante la muerte de Cristo y la disposición de los pecadores a acercarse a él con humildad para recibir perdón, a fin de conocer su poder transformador. Eso limpia sus almas y comienza a limpiar sus relaciones. Esa es la *verdadera* limpieza étnica.

Todos tenemos prejuicios y tensiones étnicas que podrían necesitar limpieza. Y hay tan solo un lugar donde se puede encontrar: la cruz de Cristo.

LECTURA: *Efesios 3:1-13*

PUNTO DE VISTA

Yo, Pablo, prisionero de Cristo Jesús por el bien de ustedes, los gentiles.

EFESIOS 3:1

Cuando tres barcos atracaron en el puerto de Boston el 16 de diciembre de 1773 con una valiosa carga de té, los habitantes de Boston estaban furiosos, y el té terminó en el puerto. Los estadounidenses se sintieron eufóricos por este acto de desafío, y los británicos indignados. Samuel Johnson, el hombre de letras británico, dijo: «El patriotismo es el último refugio de los sinvergüenzas». Unos meses después, Patrick Henry, el legislador de Virginia, animó vigorosamente el fervor patriótico. Mientras se arrodillaba ante el Congreso Continental, dijo: «¿Es tan querida la vida, o tan dulce nuestra paz, como para ser compradas al precio de cadenas y esclavitud? ¡Que Dios todopoderoso no lo quiera!». Entonces, poniéndose de pie de un salto, extendió de par en par sus brazos gritando: «¡Denme libertad!», y después, sosteniendo un puñal imaginario contra su pecho, añadió: «¡O denme muerte!». Johnson y Henry tenían dos puntos de vista totalmente diferentes sobre la Revolución Americana.

Cuando el apóstol Pablo llegó a Roma, a todos los que lo conocían les parecía que era un prisionero del César, condenado a muerte; pero Pablo pensaba de otra manera. Él dijo: «Yo, Pablo, prisionero de Cristo Jesús por el bien de ustedes, los gentiles» (Efesios 3:1). Pablo no era tan ingenuo como para ignorar el hecho de que estaba detenido a merced de un César tirano, pero en su mente era prisionero de Jesús. Si Jesús quería que fuera libre, ni siquiera César podía retenerlo; y, si no era liberado, era porque Jesús lo quería en cautiverio. El punto de vista de Pablo y el de los demás estaban claramente en desacuerdo.

Pablo añadió que también era prisionero «por el bien de ustedes, los gentiles» (3:1). En realidad, Pablo estaba en Roma porque, como ciudadano romano, tenía el derecho de apelar al César y había ejercido ese derecho. Pero eso no era lo importante para Pablo. Lo que importaba era que se le había dado la tarea de predicar el evangelio a los gentiles. Esto había molestado a los judíos, quienes habían provocado problemas para él, lo cual condujo a su casi linchamiento, a su rescate por la guarnición romana y a su eventual viaje a Roma (ver Hechos 21–28). En la opinión de Pablo, estaba en Roma simplemente porque Cristo quería que predicara a los gentiles allí.

En Roma, Pablo estaba en graves problemas, pero eso no le molestaba en lo más mínimo. No solo estaba seguro del señorío de Cristo, incluso sobre César; también estaba convencido de que su ministerio del evangelio era más importante que la vida misma.

Entonces, ¿quién tenía la razón? ¿Era él un desdichado desafortunado bajo sentencia de muerte o el siervo triunfante de Jesús, destinado a la gloria? ¡Tú decides!

LECTURA: *Efesios 3:14-21*

EL PLAN

Cuando pienso en todo esto, caigo de rodillas y elevo una oración al Padre.

EFESIOS 3:14

Cuando el general George Marshall, secretario de estado en la administración de Truman, dio el discurso de graduación en la Universidad de Harvard el 5 de junio de 1947, dijo: «Es lógico que los Estados Unidos hagan todo lo que esté a su alcance para ayudar en la recuperación económica del mundo, sin lo cual no puede haber estabilidad política ni paz asegurada». Europa en ese momento era, en palabras de Winston Churchill, «un montón de escombros, un osario, un terreno fértil para la peste y el odio». Estaba claro para Truman, Churchill y Marshall que, a menos que los Estados Unidos se involucraran en la reconstrucción de Europa, la Tercera Guerra Mundial no estaba muy lejos. Así nació el Plan Marshall para invertir doce mil quinientos millones de dólares en los estados destrozados de Europa, tanto amigos como enemigos. Nunca antes había existido un plan como el Plan Marshall.

¡Con una excepción! Pablo habló de la sabiduría y el alcance del plan de Dios. Este plan inmutable nació «incluso antes de haber hecho el mundo». Este plan significaba que Dios nos estableciera como «su familia», lo cual «le dio gran gusto hacerlo» (1:4-5). Es un plan «respecto a Cristo [...] Y el plan es el siguiente: a su debido tiempo, Dios reunirá todas las cosas y las pondrá bajo la autoridad de Cristo, todas las cosas que están en el cielo y también las que están en la tierra» (1:9-10). Por lo tanto, antes de la creación del mundo, Dios estaba ocupado planeando que el mundo, que finalmente se volvería contra él, fuera puesto de nuevo bajo su control soberano y misericordioso mediante la actividad de Cristo en el tiempo y el espacio.

Pero hay más. La iglesia también jugaría un papel importante en el plan. Pues es «su cuerpo» (1:23), a través del cual (como en todos los cuerpos) los deseos y las órdenes de «la cabeza» se cumplirán. Esta iglesia, parte integral del plan de Dios, estaría formada por el material más inesperado: aquellos que «estaban muertos [...] en pecado [...] obedeciendo al diablo [...] siguiendo los deseos de nuestras pasiones y la inclinación de nuestra naturaleza pecaminosa» y «objetos del enojo de Dios» (2:1-3). No solo eso, Cristo también reconciliaría a enemigos tradicionales con Dios y entre ellos «por medio de su muerte» (2:16), ¡y ellos se convertirían en la iglesia!

Así que Dios tiene un plan, un plan eterno, nacido antes de que comenzara el mundo, centrado en Cristo y su iglesia ¡que está formada por pecadores redimidos! ¡No es extraño que Pablo se maravillara de la sabiduría y el alcance de todo esto! Dios tiene un plan ¡y nosotros somos parte de él!

LECTURA: *Efesios 4:1-16*

UN CUERPO SANO

Él hace que todo el cuerpo encaje perfectamente. Y cada parte, al cumplir con su función específica, ayuda a que las demás se desarrollen, y entonces todo el cuerpo crece y está sano y lleno de amor.

EFESIOS 4:16

¿Qué tienen en común Florence Nightingale, Richard Simmons y Hillary Clinton? En el siglo XIX, mucho antes de que los soldados heridos en batalla recibieran algo más que atención médica mínima, Florence Nightingale y un grupo de «damas de bien» viajaron al campo de batalla de Crimea para cuidar a los heridos. Como resultado de su heroísmo y compasión, se estableció la primera escuela de formación de enfermeras en su nombre. Richard Simmons es la celebridad televisiva que se especializa en sacar a personas sedentarias de sus sillones y lograr que sigan un régimen de ejercicio aeróbico vigoroso. Y Hillary Clinton es bien conocida por su defensa de la atención médica subvencionada por el gobierno. ¿Qué tienen en común? Una preocupación por la salud del cuerpo, que es muy popular en el mundo occidental. Esto no es sorprendente, considerando que este mundo está lleno de cosas que son peligrosas para nuestra salud.

Pablo también estaba preocupado por cuestiones de salud. No solo dijo: «La iglesia es el cuerpo de Cristo» (Efesios 1:23), sino que también trabajó arduamente para comprobar que «todo el cuerpo crece y está sano y lleno de amor» (4:16). La atención cuidadosa al bienestar de la iglesia, el «cuerpo de Cristo», es necesaria si se quiere que sea vigoroso y sano. Pablo explicó cómo se logrará esto.

En primer lugar, debemos reconocer que «hay un solo cuerpo y un solo Espíritu, tal como ustedes fueron llamados a una misma esperanza gloriosa para el futuro» (4:4). No hay lugar en el evangelio de Pablo para el individualismo extremo. Los creyentes deben ocupar su lugar en la comunidad de creyentes, aquellos con quienes comparten las verdades más preciosas.

En segundo lugar, debemos reconocer que en la iglesia inevitablemente habrá diferencias grandes y pequeñas, pero la manera en la que las manejemos es crucial. Por eso se nos llama a ser «siempre humildes y amables. Sean pacientes unos con otros y tolérense las faltas por amor» (4:2).

En tercer lugar, debemos reconocer que el Señor ha dado líderes con dones a la iglesia y que esos líderes son responsables de «preparar a los santos para hacer la obra de Dios y edificar la iglesia, el cuerpo de Cristo» (4:12). Esto significa que cada uno de nosotros debería reconocer el papel de los líderes e identificar y cumplir su propio papel. Esta es la manera de desarrollar un cuerpo sano.

El hombre que está consciente de que forma parte del cuerpo de creyentes, cuyas actitudes contribuyen a un ambiente lleno de amor y cuidado, y que ejerce activamente sus dones en el ministerio, contribuye a la salud de la iglesia. ¡Y él también estará sano!

LECTURA: *Salmo 118*

CELEBRACIONES DE VICTORIA

Este es el día que hizo el SEÑOR; nos gozaremos y alegraremos en él. [...] ¡Den gracias al SEÑOR, porque él es bueno. Su fiel amor perdura para siempre.

EFESIOS 4:16

Cuando los Green Bay Packers derrotaron a los New England Patriots en el Supertazón en Nueva Orleans, las calles del barrio francés se llenaron poco después de aficionados alegres que celebraban la victoria. Por lo tanto, fue llamativo, al final del partido, ver a Reggie White, el ala defensiva All-Pro de los Packers, y a varios otros jugadores arrodillados en el estadio dando gracias al Señor. No todos apreciaron esta demostración de devoción; algunas personas se preguntaron en voz alta si se habría dado gracias a Dios si los Packers hubieran perdido. Pero existe un marcado contraste entre quienes celebran la victoria con fiestas y quienes celebran con acción de gracias.

El Salmo 118 registra la celebración de una victoria militar. El líder triunfante ha llevado a sus tropas al templo, y el sacerdote llama al pueblo de Israel a darle gracias al Señor (Salmo 118:1-3). Entonces el líder se dirige al pueblo: «En mi angustia oré al SEÑOR, y el SEÑOR me respondió y me liberó» (118:5). Como resultado de esta experiencia, exclama: «Es mejor refugiarse en el SEÑOR que confiar en la gente. [...] que confiar en príncipes» (118:8-9). «El fuerte brazo derecho del SEÑOR», dice el líder del ejército triunfante, «ha hecho proezas gloriosas» y «se levanta triunfante» (118:15-16).

El líder pide permiso para entrar al templo (118:19), y al abrirse las puertas, dice: «Estas puertas conducen a la presencia del SEÑOR, y los justos entran allí» (118:20). Entonces, los coros estallan en canto, alabando al Señor por las maravillas que ha hecho al rescatar al líder de las garras de la derrota y darle la victoria. «Esto es obra del SEÑOR, y es maravilloso verlo», cantan (118:23). Este día de celebración «es el día que hizo el SEÑOR». Por eso proclaman: «Nos gozaremos y alegraremos en él» (118:24). El líder victorioso pide una bendición a los sacerdotes, quienes responden: «Desde la casa del SEÑOR, los bendecimos» (118:26). El salmo termina con el líder honrando al Señor al animar al pueblo diciendo «den gracias al SEÑOR» (118:29).

La mayoría de los hombres nunca ganará una batalla o ni siquiera jugará en un Supertazón, pero todos pueden ganar pequeñas victorias en la vida. Lo que hagan entonces dice mucho sobre el tipo de hombres que son. Si salen a emborracharse, carecen de perspectiva, ¡y también de equilibrio! Si se arrodillan y le agradecen al Señor, se mantienen firmes y dignos.

LECTURA: *Proverbios 4:1-22*

PRESTA ATENCIÓN

Hijo mío, presta atención a lo que te digo. Escucha atentamente mis palabras. No las pierdas de vista. Déjalas llegar hasta lo profundo de tu corazón, pues traen vida a quienes las encuentran y dan salud a todo el cuerpo.

PROVERBIOS 4:20-22

En su novela utópica *La isla*, Aldous Huxley escribió: «Olvidas prestar atención a lo que está sucediendo. Y eso es lo mismo que no estar aquí y ahora». Para prestar atención, necesitamos estar conscientes y concentrarnos en los hechos que nuestros sentidos nos suministran en un momento dado. Pero es posible que estemos en una situación que nos resulta tan familiar que podamos «desconectar» de esos hechos y concentrarnos en algo que no está ni aquí ni ahora. Por ejemplo, manejar un automóvil es tan familiar y repetitivo que es posible que el conductor, de camino a casa, no tenga ningún recuerdo consciente del trayecto pero esté profundamente atento a la conversación con su pasajero.

Nuestra atención también puede distraerse de la experiencia «aquí y ahora» porque nuestros procesos antes de la observación ya han determinado que los hechos son extraños, aburridos o demasiado familiares. Cualquier evento insignificante puede parecer más importante porque es inusual o poco común. Por lo tanto, al escuchar un sermón profundo sobre temas eternos, un oyente distraído se dejará interrumpir fácilmente por un niño que llora o por el sonido de un teléfono celular. Con tantas posibilidades de que la atención divague, la necesidad de dar señales de «despertar» es profundamente importante. Por eso deben usarse con regularidad imperativos como «¡Cuidado!», «¡Escucha!» e instrucciones para prestar atención.

El autor de Proverbios ciertamente pensaba así. Escribió: «Hijo mío, presta atención a lo que te digo. Escucha atentamente mis palabras. No las pierdas de vista. Déjalas llegar hasta lo profundo de tu corazón, pues traen vida a quienes las encuentran y dan salud a todo el cuerpo» (Proverbios 4:20-22).

Como el autor de Proverbios, Dios es un padre que llama a su pueblo «hijos míos» (4:1). Dios nuestro Padre, en su voluntad misericordiosa, nos ha dado existencia y se preocupa profundamente por nuestro bienestar. Nosotros, siendo humanos, somos propensos, al igual que los niños, a permitir que nuestra atención divague. Consideramos asuntos de suma importancia demasiado familiares para merecer nuestra concentración, y cuestiones de poca importancia tan fascinantes que dominan nuestro pensamiento y cautivan nuestros deseos.

Se necesita una mente disciplinada para concentrarse en lo que Dios dice en su Palabra y permitir que la verdad de la Palabra encuentre un lugar profundo en los afectos, deseos y aspiraciones del espíritu humano. No prestar atención puede significar que pierdas el punto. Y eso podría implicar que pierdas tu camino. Escuchar es de suma importancia.

LECTURA: *Proverbios 6:1-23*

QUIEN SIEMBRA PROBLEMAS

Hay seis cosas que el SEÑOR odia, no, son siete las que detesta: los ojos arrogantes, la lengua mentirosa, las manos que matan al inocente, el corazón que trama el mal, los pies que corren a hacer lo malo, el testigo falso que respira mentiras y el que siembra discordia en una familia.

PROVERBIOS 6:16-19

Algunas personas parecen tener un olfato especial para los problemas. Sus vidas se tambalean de una crisis a otra. Aquellos que viven dentro de su esfera de influencia ven cómo sus propias vidas son arrastradas al borde del estrés y la contienda. A menudo son personas talentosas que tienen todas las herramientas para contribuir enormemente a la sociedad, pero su inclinación por los problemas deshace todo lo que podrían hacer de manera productiva.

Hubo una vez una estrella en el equipo campeón de la NBA, los Chicago Bulls. Año tras año lideraba la liga en rebotes y jugaba un papel clave en uno de los mejores equipos de baloncesto de la historia del juego. Al principio, su aspecto extravagante y su estilo de vida poco ortodoxo lo hicieron un favorito de los medios, y sus travesuras dentro y fuera de la cancha impulsaron su nombre a los titulares y a espectadores a los asientos. Pero, con el tiempo, su popularidad se desgastó. Equipos que necesitaban desesperadamente a un jugador con sus habilidades de rebote dejaron pasar la oportunidad de contratarlo y, finalmente, no pudo encontrar un lugar donde jugar. Causaba demasiados problemas. Una carrera prometedora se desplomó.

Hay personas problemáticas en todos los ámbitos de la vida: en la oficina, en la iglesia, en el Congreso y en equipos deportivos profesionales. Y las Escrituras tienen cosas contundentes que decir sobre ellas, en especial con respecto a la evaluación que el Señor hace de ellos.

La raíz de quien siembra problemas es la actitud: «ojos arrogantes» que revelan los pensamientos de la persona y «el corazón que trama el mal», lo cual se manifiesta en palabras. La actitud subyacente se muestra en acciones: «lengua mentirosa», «mentiras», «manos que matan al inocente» y «pies que corren a hacer lo malo» (Proverbios 6:17-19). Todo esto, final e inevitablemente, conduce a la discordia entre hermanos.

¿Dónde terminará todo? Un día, el problemático tendrá que enfrentarse con su jefe, su entrenador o sus electores y enfrentar las consecuencias. Pero un destino mucho más sombrío lo espera. Porque el Señor «odia» lo que hace y detesta lo que representa. En el juicio final, quien siembra problemas estará en grave dificultad cuando descubra que su logro principal en la vida fue crearse problemas profundos a sí mismo.

Pero el Señor se especializa en transformar a los problemáticos. Solo necesitan admitir que la envidia, los celos, la inseguridad, la ira (o cualquier otra dinámica profundamente arraigada que condujo a su comportamiento) es pecaminosa, y volverse a él en busca de perdón y fuerza para vivir en novedad de vida. ¡No hay nada tan refrescante como ver a un problemático convertido en un pacificador!

LECTURA: *Proverbios 8:1-11*

EN LA ENCRUCIJADA

¡Escuchen cuando la Sabiduría llama! ¡Oigan cuando el entendimiento alza su voz! La Sabiduría toma su puesto en las encrucijadas, en la cumbre de la colina, junto al camino.

PROVERBIOS 8:1-2

Un auto deportivo de color rojo brillante se detuvo bruscamente en una encrucijada en el campo, y el conductor le gritó a un anciano que estaba sentado en un banco: «¿Puede indicarme el camino a Londres, por favor?». «No, no puedo», respondió él. «Entonces, ¿cuál es el camino a Oxford?», preguntó. «No sabría decirlo», contestó el anciano. «No sabes mucho, ¿verdad?», dijo el joven con sarcasmo. «No, no sé mucho», replicó el hombre del lugar, poco comunicativo. «¡Pero yo no estoy perdido!».

El problema con las encrucijadas es que presentan opciones y requieren que se tomen decisiones, y a menos que tomes la decisión correcta, terminas completamente perdido. Es en las encrucijadas donde necesitamos a alguien que, a diferencia del anciano, tenga una palabra de sabiduría que impartir.

La vida está llena de encrucijadas; todo se trata de decisiones. Cuando somos jóvenes son otros quienes las toman por nosotros, con suerte, padres sabios y amorosos. A medida que los jóvenes crecen, necesitan aprender a tomar buenas decisiones. Muchas veces fallan en esto y sufren las consecuencias de por vida. Incluso en los años dorados, todavía hay encrucijadas que enfrentar: decisiones que se vuelven cada vez más difíciles a medida que las facultades disminuyen y los temores aumentan. La necesidad de decidir nunca termina; siempre hay una encrucijada a la vuelta de la esquina.

Por fortuna, hay una palabra del Señor sobre el tema: «¡Escuchen cuando la Sabiduría llama! ¡Oigan cuando el entendimiento alza su voz! La Sabiduría toma su puesto en las encrucijadas, en la cumbre de la colina, junto al camino» (Proverbios 8:1-2). Esta sabiduría también es llamada «buen juicio» y «entendimiento» (8:5), «cosas importantes» y lo «correcto» (8:6), «verdad» (8:7), y «consejo sano» (8:8). Esta sabiduría es más que conocimiento. Hay personas instruidas que carecen de sabiduría, y personas sin estudios que muestran la sabiduría de la cual hablan las Escrituras.

La clave se encuentra en Proverbios 9:10: «El temor del SEÑOR es la base de la sabiduría. Conocer al Santo da por resultado el buen juicio». La verdadera sabiduría está al alcance de aquellos que «temen al SEÑOR». Esto no significa vivir en terror mortal de una deidad fría y despiadada, sino amar con reverencia y asombro a un Dios grande y bondadoso que anhela involucrarse profundamente en el viaje de la vida y ser consultado en las encrucijadas de la vida.

El Señor ni siquiera espera a que pidamos dirección: «¡La Sabiduría llama! ¡Oigan cuando el entendimiento alza su voz!» (8:1); «¡Escúchenme! Tengo cosas importantes que decirles» (8:6). Es necesario un hombre sabio para escuchar la voz correcta y tomar las decisiones adecuadas. Así encontrará el camino correcto. Así tomará el camino más elevado.

LECTURA: *Proverbios 8:12-21*

MORALIDAD PÚBLICA Y PRIVADA

Yo, la Sabiduría, convivo con el buen juicio. Sé dónde encontrar conocimiento y discernimiento.

PROVERBIOS 8:12

Los candidatos presidenciales por lo general comienzan hablando de «los problemas»; sin embargo, a medida que la competencia se vuelve más reñida y hay más en juego, esos nobles conceptos como «los problemas» tienden a perderse en un mar de asuntos *personales*. Entonces, los anuncios de ataque llenan nuestras pantallas de televisión, y las acusaciones y contraacusaciones inundan el aire. No pasa mucho tiempo antes de que se «filtren» asuntos de conducta privada y se escuchen airadas réplicas. Generalmente, las réplicas afirman que lo que un hombre hace en su vida privada no es asunto del público.

La idea de que se pueda trazar una línea entre lo que un hombre es en privado y lo que hace en público merece explorarse. Tiene sus raíces en la opinión mayoritaria en los Estados Unidos de que no existen verdades absolutas: ¡el 72 % de los jóvenes estadounidenses lo cree así! Pasan por alto, por supuesto, lo absurdo de esta declaración autocontradictoria: ¡la declaración pretende ser una verdad absoluta!

Si no existe tal cosa como la verdad absoluta, cada uno puede crear su propia verdad y desarrollar su propia moralidad. Puede que, por cuestiones de apariencias e integración social, se necesiten algunos estándares públicos nebulosos, pero los estándares privados son precisamente eso: privados. Como no hay absolutos, esto puede significar que lo que es moralmente aceptable en privado ¡sea moralmente incorrecto en público!

El libro de Proverbios, sin embargo, dice lo contrario. En la verdad bíblica existe un vínculo ineludible entre la moralidad privada y la pública: «Todos los que temen al SEÑOR odiarán la maldad. Por eso odio el orgullo y la arrogancia, la corrupción y el lenguaje perverso» (Proverbios 8:13). El orgullo y la arrogancia son asuntos privados: tienen que ver con lo que un hombre es en su corazón cuando está solo. La corrupción y el lenguaje perverso pueden ser tanto privados como públicos. Pero la Sabiduría continúa diciendo: «Gracias a mí reinan los reyes y los gobernantes dictan decretos justos. Los mandatarios gobiernan con mi ayuda, y los nobles emiten juicios justos» (8:15-16). Estas son acciones públicas.

Tanto las motivaciones privadas como las acciones públicas brotan de la misma raíz: la sabiduría. No existe aquí una dicotomía. Lo que es correcto, es correcto, ya sea en público o en privado. Lo que es malo, es malo, lo vea alguien o no.

Los políticos son blancos fáciles en tales asuntos, pero el hombre común necesita examinar su propio corazón en cuanto a las posibles contradicciones entre lo que hace en público y lo que es en privado. La meta del hombre piadoso es «caminar en rectitud, por senderos de justicia» (8:20), tanto en la oscuridad de su recinto interior como bajo la luz del escrutinio público. Un mismo estándar aplica para todo.

LECTURA: *Proverbios 8:22-36*

APROBACIÓN

Pues todo el que me encuentra, halla la vida y recibe el favor del Señor. Pero el que no me encuentra se perjudica a sí mismo. Todos los que me odian aman la muerte.

PROVERBIOS 8:35-36

Se cuenta la historia de un joven pianista que hacía su debut profesional en una famosa sala de conciertos en una de las capitales de Europa. El elegante público respondió con entusiasmo a su interpretación, y al final del concierto le brindaron una estruendosa ovación de pie, pidiendo una repetición. Entre bastidores, el joven se negó a regresar al escenario a pesar de las súplicas del encargado y de los patrocinadores del concierto. «¡Pero te adoran!», le insistieron. «Están de pie». El joven respondió: «Lo sé, pero hay un hombre que sigue sentado. No se levantó». «¿Y qué importa un hombre en una sala llena de gente?», replicaron. Tranquilamente, contestó: «Él es el maestro, mi profesor». La aprobación que realmente importaba para el joven pianista estaba ausente.

En el corazón humano hay una sed de aprobación, un anhelo de pertenencia, un hambre de aceptación. Los niños buscan agradar a sus padres y se sienten inseguros si perciben desaprobación. Los adolescentes pasan de buscar la aprobación de los padres a buscar la de sus iguales. Necesitan estar con el grupo «adecuado», vestirse como ellos, escuchar lo que escuchan y conformarse a sus patrones de conducta, todo para obtener la aprobación del grupo.

Los hombres no dejan de lado fácilmente este deseo de ser aprobados por los demás. A nadie le gusta que lo consideren raro, ser marginado socialmente, ignorado o rechazado. La tragedia es que a veces los aplausos de la multitud ahogan la aprobación del Maestro.

La sabiduría dice: «¡Alegres son los que me escuchan, y están atentos a mis puertas día tras día, y me esperan afuera de mi casa! Pues todo el que me encuentra, halla la vida y recibe el favor del Señor» (Proverbios 8:34-35). La aprobación del Señor es la que importa. No es importante cuántos compañeros se pongan de pie a aplaudir o cuántos jefes den buenos reportes; si el Maestro no está complacido, todo es en vano. El mundo entero puede ponerse de pie, pero si el Señor permanece sentado, todo está perdido.

¿Cómo obtenemos la aprobación del Señor? Al escuchar atentamente lo que él nos dice, absorbiendo la verdad que proclama y poniéndola en práctica. Los problemas surgen cuando lo que él dice no concuerda con la audiencia a la que deseamos impresionar. Los adolescentes vacilan entre hacer lo correcto y comportarse de una manera que sea «bien vista». Los empresarios luchan entre hacer lo correcto y hacer «lo que sea necesario» para cerrar un trato, aun sabiendo que el Señor no aprueba los métodos usados.

En resumen, se reduce a esto: ¿a quién queremos agradar? ¿De quién anhelamos la aprobación?

LECTURA: *Proverbios 9:1-18*

ENSEÑAR A LOS ENSEÑABLES

Instruye a los sabios, y se volverán aún más sabios.
Enseña a los justos, y aprenderán aún más.

PROVERBIOS 9:9

El difunto Tom Landry, legendario entrenador de fútbol americano de los Dallas Cowboys, solía decirles a sus jugadores que el trabajo del entrenador es enseñar a hombres adultos a hacer lo que no quieren hacer para que puedan convertirse en lo que siempre han querido ser. Cualquiera que haya pasado por el rigor del entrenamiento no tiene dificultad en recordar las cosas que no quería hacer y que el entrenador le exigió hacer. Muchos de los que aspiran a ser deportistas han soñado con levantar el trofeo del campeonato, pero han tenido pesadillas recordando los músculos adoloridos, los ligamentos desgarrados, las repeticiones interminables y las largas horas en las camillas de tratamiento. Ha habido algunos cuyo talento natural era tan grande que pensaron que podrían llegar a la cima solo con su habilidad, solo para descubrir que la habilidad no era suficiente para llevarlos a lo más alto.

Ocurre lo mismo en la vida. Proverbios dice: «Instruye a los sabios, y se volverán aún más sabios. Enseña a los justos, y aprenderán aún más» (Proverbios 9:9). El hombre sabio es lo bastante sabio como para conocer sus propias debilidades, mientras que el necio se niega a reconocer sus faltas o supone que puede tener éxito en la vida sin prestarles atención. El sabio, en su sabiduría, ha aprendido tanto que reconoce cuánto hay por aprender y cuánto no sabe. En contraste, el necio piensa que lo sabe todo o supone que sabe lo suficiente, y que lo que no sabe no le hará daño. Los sabios están abiertos a la corrección; de hecho, «corrige a los sabios, y te amarán». Ese no es el caso de quienes se burlan del aprendizaje: «No te molestes en corregir a los burlones; solo ganarás su odio» (9:8).

Por supuesto, los hombres sabios no nacen sabios. En algún momento atendieron y respondieron a la invitación: «Dejen atrás sus caminos de ingenuidad y empiecen a vivir; aprendan a usar el buen juicio» (9:6). Sin duda, muchos de ellos antes habían cedido a los encantos de la necedad y creyeron: «¡El agua robada es refrescante; lo que se come a escondidas es más sabroso!» (9:17). La aventura de comer fruto prohibido era tan emocionante, la alegría de tomar una atajo para lograr resultados fáciles parecía tan astuta, y las prácticas deshonestas que habían superado a las honestas rendían tan ricos dividendos, que los necios no veían el desgaste del alma ni la espiral descendente del carácter.

Pero ¿dónde comenzar a ser sabio? «El temor del Señor es la base de la sabiduría. Conocer al Santo da por resultado el buen juicio» (9:10). Conoce al Señor, y llegarás a conocerte a ti mismo. Al hacerlo, aprendes cómo aprender y nunca dejas de aprender.

LECTURA: *Salmo 12:1-8*

ESPECIES EN PELIGRO DE EXTINCIÓN

¡Auxilio, oh SEÑOR, porque los justos desaparecen con rapidez! ¡Los fieles se han esfumado de la tierra!

SALMO 12:1

Cuando llegaron marineros portugueses a la isla de Mauricio en el océano Índico en 1507, vieron un ave grande y bastante torpe llamada el dodo. Pesaba veintidós kilos aproximadamente, y tenía un enorme pico negro y plumaje gris azulado. Pero tenía una gran desventaja: no podía volar. Sus alas cortas y regordetas no estaban hechas para la aviación. Esto bien pudo haber contribuido a su desaparición. Mucho antes de que comenzáramos a pensar en especies en peligro de extinción, el dodo había desaparecido por completo, y solo se pueden encontrar restos fragmentados del ave como reliquias en museos europeos. De ahí la expresión: «Tan muerto como el dodo».

El dodo no era una de las aves más hermosas de la creación de Dios, pero es triste que se haya extinguido. Tenía un papel que desempeñar, y en su desaparición toda la creación es un poco más pobre. Mientras los ambientalistas han trabajado arduamente para preservar especies en desaparición, a menudo para disgusto de los desarrolladores de tierras, el constante avance del «progreso» ha contribuido a la implacable tendencia de retroceso ambiental. El dodo no es la única cosa que está muerta para siempre.

David se preocupaba por otra posible especie en peligro. Clamó: «¡Auxilio, oh SEÑOR, porque los justos desaparecen con rapidez! ¡Los fieles se han esfumado de la tierra!» (Salmo 12:1). Sin duda, podemos conceder a David cierta licencia poética aquí: los fieles no han desaparecido por completo de la tierra. Pero, desde donde él estaba, comenzaba a preguntarse eso. Todas las tendencias iban en la dirección equivocada.

David mencionó concretamente el problema de la mentira. «Los vecinos se mienten unos a otros: se halagan con la lengua y se engañan con el corazón» (12:2). Habló de «esta generación mentirosa» (12:7) y se lamentó no solo de que la gente pensara que la verdad era irrelevante, sino también porque decían con descaro: «Mintamos todo lo que queramos, dicen. Son nuestros los labios; ¿quién puede detenernos?» (12:4).

La gente piadosa no miente porque cree que la verdad es preciosa y que las personas son importantes. La persona que miente degrada a quien recibe la mentira. La mentira está diseñada para obtener una ventaja o para evitar consecuencias válidas de la mala conducta. La gente piadosa piensa demasiado bien de los demás como para querer obtener una ventaja injusta sobre ellos, y sabe que la mala conducta tiene consecuencias que deberían asumir con justicia. Por eso no miente.

En nuestros días, como en los de David, no se honra la verdad, la mentira es endémica, las relaciones están siendo destruidas, la sociedad se fragmenta, la piedad es menospreciada y el futuro se ve sombrío. Deberíamos orar: «¡Auxilio, oh Señor, los piadosos son una especie en peligro de extinción!». Y deberíamos procurar vivir en la verdad nosotros mismos.

LECTURA: *Filipenses 1:27-2:4*

HAZ ALGO ÚTIL CON TU VIDA

Sobre todo, deben vivir como ciudadanos del cielo, comportándose de un modo digno de la Buena Noticia acerca de Cristo. Entonces, sea que vuelva a verlos o solamente tenga noticias de ustedes, sabré que están firmes y unidos en un mismo espíritu y propósito, luchando juntos por la fe, es decir, la Buena Noticia.

FILIPENSES 1:27

Es posible ganarse bien la vida sin llegar a armar una gran vida, trabajar duro para proporcionar todos los ingredientes de una existencia cómoda sin llegar a reunirlos en una vida con propósito y significado. Es posible pasar gran parte de la vida preguntándote: «¿Cuál es el sentido de todo esto?», y esperar a jubilarte con esta esperanza: «Ahora sí puedo hacer algo útil con mi vida». ¡Pero una vida real comienza mucho antes de eso!

Una buena vida, como una sinfonía clásica, tiene un tema principal. Ese tema se abre camino a lo largo de la pieza musical en una variedad de formas. A veces se desvanece en el trasfondo, solo para reaparecer más adelante con fuerza renovada y fresca expresión.

El tema básico de Pablo para los filipenses fue: «Sobre todo, deben vivir como ciudadanos del cielo, comportándose de un modo digno de la Buena Noticia acerca de Cristo» (Filipenses 1:27). En ese tiempo, muchos de los que vivían en Filipos eran romanos. Roma era su hogar; Filipos era una colonia distante en la que estaban obligados a vivir y trabajar. Para ellos, la analogía de Pablo resultaba fácil de entender. Desde que habían aceptado la Buena Noticia, se habían convertido en «ciudadanos del cielo», con residencia temporal en la colonia de la tierra. Sus corazones pertenecían al cielo aunque sus hogares estaban en la tierra. Sus anhelos y aspiraciones, sus metas y afectos estaban enraizados en la eternidad aunque, por necesidad, residían en el tiempo.

Esa lealtad central se mostraba en la disposición de los filipenses a tomar posición por lo que creían. Pablo esperaba encontrarlos «firmes y unidos en un mismo espíritu y propósito, luchando juntos por la fe, es decir, la Buena Noticia» (1:27). Quería que estuvieran dispuestos a arriesgar sus vidas y a reconocer que en Cristo habían encontrado una causa por la cual valía la pena vivir y, en consecuencia, también valía la pena morir. Ellos entendían el «privilegio de sufrir» por Cristo (1:29). No estaban solos: vivían constantemente en la presencia del Cristo resucitado. Experimentaban gran «estímulo en pertenecer a Cristo», mucho «consuelo en su amor» y «la comunión en el Espíritu» (2:1). Estaban aprendiendo a no ser «egoístas» ni a tratar de «impresionar a nadie», y lo que significa ser verdaderamente «humildes» e «interesarse en los demás» (2:3-4).

Todo esto se debía a que los filipenses habían comprendido la maravilla de la humillación de Cristo hasta llegar a la Cruz, lo cual les daba un modelo maravilloso de cómo dar utilidad a la vida. Entregas tu vida a Dios, como lo hizo Jesús, y entonces él te la devuelve llena de sí mismo. Esa es la diferencia entre ganarse la vida y hacer algo útil con la vida.

LECTURA: *Filipenses 2:5-18*

UN MUNDO OSCURO

Lleven una vida limpia e inocente como corresponde a hijos de Dios y brillen como luces radiantes en un mundo lleno de gente perversa y corrupta.

FILIPENSES 2:15

Alexander Pope, el poeta lisiado del siglo XVIII, escribió versos lúgubres describiendo su mundo tal como lo veía:

La religión sonrojada vela sus fuegos sagrados,
y sin darse cuenta la moralidad expira.
Ni la llama pública, ni la privada se atreve a brillar;
ni chispa humana queda, ni atisbo divino.
¡He aquí! Tu temido imperio, Caos, es restaurado;
la luz muere ante tu palabra no creada.
¡Tu mano, gran Anarca! Deja caer el telón,
Y la oscuridad universal lo sepulta todo[12].

El apóstol Pablo y Alexander Pope posiblemente compartían una visión similar sobre la oscuridad del mundo, pero Pablo no se contentó con escribir versos lúgubres al respecto. ¡Él veía la oscuridad como una oportunidad para brillar! Pablo animaba a sus amigos: «Lleven una vida limpia e inocente como corresponde a hijos de Dios y brillen como luces radiantes en un mundo lleno de gente perversa y corrupta» (Filipenses 2:15). Algunos hombres se conforman con maldecir la oscuridad, pero Pablo la desafiaba.

¿Cómo pueden los hombres brillar en un mundo oscuro? Ante todo, es cuestión de obediencia absoluta. «Brillar como luces» no es una sugerencia, ¡es una orden! En su ausencia, Pablo instruyó a sus amigos: «Esfuércense por demostrar los resultados de su salvación obedeciendo a Dios con profunda reverencia y temor» (2:12). El problema para muchas personas es que el temor a los perversos supera el temor al Señor, y la atracción de la oscuridad es más poderosa que el «deseo y el poder para que hagan lo que a él le agrada» (2:13). Incluso si se puede superar el miedo a los hombres y la atracción de la oscuridad, ¿cómo se encuentra la fuerza para vivir «vidas limpias e inocentes» en un ambiente tan contaminado?

Las palabras de Pablo abordan este tema de manera magistral. La clave de toda vida espiritual se encuentra en la morada del Señor en nosotros. El creyente necesita saber que «Dios trabaja en ustedes», impartiendo tanto «el deseo y el poder para que hagan lo que a él le agrada» (2:13). Esto no justifica un enfoque pasivo de la vida que diga: «Si él vive en mí y va a hacerlo, ¡que lo haga!». Más bien, inspira a los desanimados, temerosos e insuficientes a obedecer, sabiendo que Dios no solo inspira el deseo, sino que también capacita la acción. Y entonces la luz brilla intensamente.

12 Alexander Pope, «The Triumph of Dulness» (El triunfo de la simpleza), de *The Dunciad*.

MARZO

LECTURA: *Filipenses 2:19-30*

EL PAPEL SECUNDARIO

No cuento con nadie como Timoteo, quien se preocupa genuinamente por el bienestar de ustedes. Todos los demás solo se ocupan de sí mismos y no de lo que es importante para Jesucristo.

FILIPENSES 2:20-21

Una cosa que se puede decir a favor de los Premios de la Academia, los Oscar, es que, aunque reconocen la calidad estelar y probablemente han hecho tanto como cualquier otra cosa para elevar a las personas al estatus de superestrellas, no pasan por alto el valor del papel secundario. Los Oscar se conceden a «mejor película» y «mejor actor», pero también se da reconocimiento al «mejor vestuario» y «mejor actor secundario».

Esto no es solo una cuestión de imparcialidad; es el reconocimiento del hecho de que no habría superestrellas sin alguien que desempeñe el papel de apoyo. ¡No hay mariscales de campo superestrellas sin linieros ofensivos! Los violinistas virtuosos necesitan a alguien que toque bien el segundo violín.

Pablo se habría horrorizado al pensar que finalmente alcanzaría el estatus de superestrella en la iglesia mundial; sin embargo, es un hecho. Se reconoce ampliamente, hasta donde podemos saber, que ningún hombre, con la obvia excepción del Señor Jesús, ha hecho más que Pablo para establecer el reino eterno. Y, aun así, con solo echar un vistazo casual a las cartas de Pablo se revela su profunda deuda con su elenco de apoyo.

Tomemos a Timoteo, por ejemplo. Este joven era ejemplar. Pablo dijo: «No cuento con nadie como Timoteo, quien se preocupa genuinamente por el bienestar de ustedes. Todos los demás solo se ocupan de sí mismos y no de lo que es importante para Jesucristo» (Filipenses 2:20-21). Pablo había encontrado en Timoteo un espíritu afín. Pablo, quien nunca dudaba en admitir sus momentos de desánimo, en realidad miraba a este joven para animarse (2:19) y lo consideraba un «hijo» en sus años avanzados.

Luego estaba Epafrodito, «un verdadero hermano, colaborador y compañero de lucha» (2:25). Cuando Pablo se sentía solo, necesitaba un hermano a su lado. Cuando el trabajo era abrumador, necesitaba otro par de manos. Y, cuando la batalla arreciaba, necesitaba a alguien cuidando su flanco. Y ahí estaba el joven Epafrodito: un hermano, un colaborador y un soldado.

Los filipenses conocían bien a su apóstol, y cuando se preocuparon por él, enviaron a Epafrodito. Pablo reconoció con gratitud que Epafrodito había llegado «para ayudarme en mi necesidad» (2:25). A pesar de su grave enfermedad, Epafrodito, que estaba más preocupado por la angustia de su familia que por su propia condición, perseveró fielmente. Ni siquiera una enfermedad mortal lo detuvo.

Pablo se las arregló de maravilla sin la web, el celular, el fax o la computadora, ¡pero dudo mucho que hubiera podido arreglárselas sin sus Timoteo y Epafrodito! Tampoco pueden los hombres de hoy.

LECTURA: *Filipenses 3:1-16*

DERECHO A PRESUMIR

Pues los que adoramos por medio del Espíritu de Dios somos los verdaderos circuncisos. Confiamos en lo que Cristo Jesús hizo por nosotros. No depositamos ninguna confianza en esfuerzos humanos.

FILIPENSES 3:3

A los hombres les encanta presumir. Los ancianos entretienen a sus nietos con «historias de guerra» sobre hazañas atrevidas en tierras extranjeras, mientras que los padres más jóvenes les cuentan a sus hijos sobre proezas atléticas y actuaciones deslumbrantes de años ya lejanos. Los hombres de moral inferior presumen de conquistas sexuales y los hombres de intelecto superior lo hacen de honores académicos. La necesidad de impresionar parece estar integrada en la testosterona.

Cuando se trata de su vida espiritual, los hombres tienden a ser más reticentes. Si se les presiona para hablar acerca de su religión, pueden recurrir a presumir de una herencia que ya no siguen y de rituales con los que ya no se identifican. Quizás quieran dar a entender que llevan vidas que, aunque lejos de la perfección, se acercan lo suficiente como para pasar la prueba.

Hubo un tiempo en que el apóstol Pablo tenía derecho a presumir de asuntos religiosos. Su respuesta a la tradición religiosa en la que había nacido había sido extraordinaria. Se atrevió a decir con respecto a su estatus y práctica religiosa: «Aunque, si alguien pudiera confiar en sus propios esfuerzos, ese sería yo. De hecho, si otros tienen razones para confiar en sus propios esfuerzos, ¡yo las tengo aún más!» (Filipenses 3:4). Pablo entonces enumeró su herencia, su compromiso y sus actividades, cosas que impresionarían a cualquiera.

¡Pero después renunció a todo eso! «Antes creía que esas cosas eran valiosas, pero ahora considero que no tienen ningún valor debido a lo que Cristo ha hecho» (3:7). ¡Pablo dejó de presumir! En su lugar, nació una actitud humilde y confiada. Fue su encuentro con Cristo lo que marcó la diferencia. Pablo declaró sencillamente: «Llego a ser justo por medio de la fe en Cristo» (3:9). Comenzó a ver posibilidades ilimitadas en su nueva relación con el Señor: «Quiero conocer a Cristo y experimentar el gran poder que lo levantó de los muertos. Quiero sufrir con él» (3:10). Y esperaba con anhelo llegar a experimentar «la resurrección de los muertos» (3:11). Todo por causa de Cristo, ¡y no por sí mismo!

Para no caer en la trampa de presumir de su nueva fe, sin embargo, Pablo añadió rápidamente: «No quiero decir que ya haya logrado estas cosas ni que ya haya alcanzado la perfección; pero sigo adelante a fin de hacer mía esa perfección para la cual Cristo Jesús primeramente me hizo suyo» (3:12).

Al parecer, Pablo sospechaba que algunos de sus lectores quizás no estuvieran «de acuerdo en estas cosas» (3:15), así que agregó: «Pero debemos aferrarnos al avance que ya hemos logrado» (3:16).

Tal vez algunos de los hombres entre los lectores de Pablo todavía querían presumir. Es difícil dejar ese hábito. Pero tiene que morir.

LECTURA: *Filipenses 3:17-4:3*

ENEMIGOS DE LA CRUZ

Pues ya les dije varias veces y ahora se los repito de nuevo con lágrimas en los ojos: hay muchos cuya conducta demuestra que son verdaderos enemigos de la cruz de Cristo. Van camino a la destrucción. Su dios es su propio apetito, se jactan de cosas vergonzosas y solo piensan en esta vida terrenal.

FILIPENSES 3:18-19

En una de las orillas del río Neva en San Petesburgo (anteriormente Leningrado), en Rusia, se levanta el imponente edificio verde, dorado y blanco llamado el Palacio de Invierno, que incluye el Museo del Hermitage. La invaluable colección de arte de la emperatriz Catalina II que se exhibe allí incluye numerosas obras religiosas creadas por los grandes maestros. Entre ellas se destacan las representaciones de la crucifixión de Cristo.

Resulta irónico que, durante la época del régimen marxista, estas obras maestras artísticas dieran un testimonio dramático y silencioso del Salvador crucificado, a quien las autoridades del país se empeñaban con gran esfuerzo en negar. Los hombres que en su corazón eran «enemigos de la cruz de Cristo» (Filipenses 3:18) se veían confrontados con desgarradoras imágenes de la agonía de Cristo y de la devastación y desesperación de sus seguidores. Pero sus corazones permanecieron inmutables.

Es difícil imaginar cómo alguien, al contemplar representaciones de la Cruz, podría sentir algo menos que compasión y dolor por quien colgaba allí. Y, sin embargo, a lo largo de los siglos no han faltado detractores y quienes rechazan la Cruz.

Pablo ciertamente se encontró con «enemigos de la cruz» en su tiempo, y sabía reconocerlos, incluso cuando ellos intentaban proyectar un amor por Cristo y por su cruz en la comunidad cristiana. Pablo dijo: «Hay muchos cuya conducta demuestra que son verdaderos enemigos de la cruz de Cristo» (3:18). Era su conducta la que los delataba.

El comportamiento de los enemigos de la Cruz no necesita ser abiertamente antagonista, como lo fue el de los marxistas en el poder en Leningrado. Pablo describió cómo suelen comportarse los enemigos: «Su dios es su propio apetito; se jactan de cosas vergonzosas y solo piensan en esta vida terrenal» (3:19). Son puramente sensuales, absolutamente desvergonzados y totalmente seculares. En la sociedad moderna, se les considera totalmente aceptables y perfectamente normales. Entonces, ¿cuál es el problema?

Cristo murió en la cruz para tratar con el pecado del hombre. El pecado es el poder que pervierte la sensualidad humana, adormece su sentido de vergüenza y lo engaña haciéndole creer que este mundo es la realidad, en lugar de ser una sombra de la verdadera existencia. Pero los enemigos de la cruz no ven necesidad de perdón, ¡y resienten a quienes sugieren que sí lo necesitan! Prefieren la autocomplacencia al autosacrificio modelado en la Cruz, y consideran a los seguidores de Cristo personas tristemente equivocadas que se están perdiendo lo bueno de la vida. Incluso pueden intentar convertir al cristiano del «error» de su camino.

Trágicamente, «van camino a la destrucción» (3:19). No es de extrañar que Pablo hablara de ellos «con lágrimas en los ojos» (3:18).

LECTURA: *Filipenses 4:4-9*

¡ALÉGRENSE!

Estén siempre llenos de alegría en el Señor. Lo repito, ¡alégrense!

FILIPENSES 4:4

Los líderes de las iglesias están muy conscientes de que los desacuerdos entre los participantes en la vida de la iglesia son comunes. La música es una de las áreas de mayor controversia. Un ministro tuvo un problema con su coro, que decidió no participar en las reuniones a menos que sus exigencias fueran atendidas. Él respondió escribiendo un himno que incluía la línea: «¡Que se nieguen a cantar aquellos que nunca conocieron a nuestro Señor!». Esto quizás ayudó al ministro a sentirse mejor, pero probablemente hizo poco por resolver el conflicto. Los estilos musicales varían de manera tan drástica y los gustos han sido moldeados por experiencias tan diferentes, que la música con demasiada facilidad se convierte en un campo de batalla, en una prueba de ortodoxia espiritual o en un criterio para determinar qué constituye la verdadera adoración. No es de extrañar que alguien haya dicho: «Cuando el diablo fue expulsado del cielo, aterrizó en el balcón del coro de la iglesia».

A pesar de las luchas y el dolor que rodean a la música en la iglesia, sigue siendo uno de los mayores medios para expresar alabanza, dar gracias y generar gozo en la compañía del pueblo de Dios. Y la alabanza, el gozo, la gratitud y el deleite son partes integrales de la vida del creyente.

Esto no debería sorprendernos porque ¡Dios es un Dios alegre! Sofonías nos dice: «Pues el SEÑOR tu Dios vive en medio de ti. Él es un poderoso salvador. Se deleitará en ti con alegría. Con su amor calmará todos tus temores. Se gozará por ti con cantos de alegría» (Sofonías 3:17). ¿Un Dios que canta? ¿Un Dios alegre? ¡Sin duda! Entonces, por supuesto, su pueblo debe ser un pueblo gozoso y alegre.

Pablo, escribiendo desde la cárcel, insistió: «Estén siempre llenos de alegría en el Señor. Lo repito, ¡alégrense!» (Filipenses 4:4). Cobra un tono aún más conmovedor al darnos cuenta de que estas palabras fueron escritas en una lúgubre celda de prisión por un hombre bajo sentencia de muerte. Al parecer, «siempre» en la mente de Pablo significaba ¡*siempre*! Pero ¿no es esto poco realista? ¿No se nos permite tener «días malos»? De hecho, ¿acaso Pablo no se desanimó, se deprimió y hasta se desesperó de la vida en alguna ocasión? Sí, así fue, pero no se estaba contradiciendo. Observa con cuidado lo que realmente dijo: «Estén siempre llenos de alegría en el Señor». Estar «en el Señor» es estar consciente de formar parte de su salvación, de ser guardados en su amor, sostenidos por su gracia, consolados con su compasión, convencidos de su fidelidad y seguros en su mano.

No es en nuestras circunstancias donde encontramos la capacidad de estar «llenos de alegría». Las circunstancias a menudo no lo permiten. El gozo y la alegría habitan «en el Señor» en medio de nuestras circunstancias. Esto es algo digno de cantar ¡y en lo que podemos estar de acuerdo!

LECTURA: *Salmo 18:1-25*

LAS PALABRAS SON PALABRAS

Te amo, SEÑOR; tú eres mi fuerza.

SALMO 18:1

En *Otelo*, la obra de Shakespeare, cuando el acomodado senador de Venecia supo que su amada hija se había casado con un moro (un hombre de descendencia africana), se sintió indignado. Al comprender que no podía deshacer lo que ella había hecho, sin embargo, el senador escuchó el consejo del duque, quien le dijo: «El robado que sonríe le roba algo al ladrón». Así que, como solemos decir, decidió «poner buena cara y aguantar». Pero luego su hija dijo que su lealtad era ahora hacia su esposo y no hacia su padre. Sin duda dolido, el senador respondió:

Las palabras son palabras; nunca he oído aún
que el corazón magullado sea traspasado por el oído.

Reconociendo el estado emocional en el que estaba el senador, debemos ser comprensivos con él. Pero ¿podemos acaso aceptar que «las palabras son palabras» en el sentido de que tan solo son sonidos que emanan de la laringe? ¿Que el corazón no es tocado, herido, elevado o conmovido por las palabras? Seguro que no. Las palabras pueden ser armas que hieren, medicina que sana, mensajeras que transmiten buenas noticias o instrumentos para tocar una melodía alegre.

El salmista David lo sabía cuando, en un elevado estado de emoción el día en que finalmente fue rescatado de sus enemigos implacables, escribió en palabras sencillas, claras y directas: «Te amo, SEÑOR» (Salmo 18:1). Pero no se conformó con eso. David luego usó palabras pintorescas y precisas para explicar lo que pensaba del Señor: «El SEÑOR es mi roca, mi fortaleza y mi salvador; mi Dios es mi roca, en quien encuentro protección. Él es mi escudo, el poder que me salva y mi lugar seguro» (18:2).

David pudo haber dicho sencillamente que había pasado por tiempos difíciles. En lugar de eso escribió: «Me enredaron las cuerdas de la muerte; me arrasó una inundación devastadora. La tumba me envolvió con sus cuerdas; la muerte me tendió una trampa en el camino» (18:4-5). Y la descripción que hizo de la respuesta del Señor fue dramática y memorable, escrita en términos de terremoto, fuego, nubes de tormenta, relámpagos y truenos (18:7-19). David usó tales palabras para que el coro pudiera cantarlas al pueblo. Así, también ellos tendrían sus corazones prendidos de amor por el Señor al imaginarlo, al Invisible, como una roca, un escudo, una fortaleza y un refugio. Se conmoverían al «sentir» el dolor que David había soportado y al «ver» la poderosa respuesta del Señor.

Nosotros también usamos palabras. Pero ¿con qué efecto? ¿Para alabar, herir, sanar o entusiasmar? Cuida tus palabras. Di «las palabras son palabras» si quieres; pero las palabras son maravillosas.

LECTURA: *Proverbios 20:1-21*

EL REGALO DE LOS OJOS Y LOS OÍDOS

Los oídos para oír y los ojos para ver: ambos son regalos del SEÑOR.

PROVERBIOS 20:12

Hellen Keller nació en 1880. Cuando todavía no había ni cumplido dos años, tuvo unas fiebres y perdió el oído y la vista. Piénsalo: ¡no podía ver, oír ni hablar! Aun así, se destacó a tal grado que se graduó *cum laude* de Radcliffe College. Ella dijo: «Los problemas de la sordera son más profundos y complejos, si no más importantes, que los de la ceguera. La sordera es una desgracia mucho peor, pues significa la pérdida del estímulo más vital, el sonido de la voz, que trae el lenguaje, pone en movimiento los pensamientos y nos mantiene en la compañía intelectual del hombre»[13].

La pequeña dama podría encontrarse en una discusión si regresara al mundo de hoy. Ahora decimos: «Una imagen vale más que mil palabras», y se nos dice que con la llegada de la televisión las personas son más visuales. Aun así, podemos afirmar que perder la vista o el oído tiene efectos trascendentales en la vida humana.

El escritor de Proverbios no entró en comparaciones sobre el valor relativo del ojo y del oído porque creía: «Los oídos para oír y los ojos para ver: ambos son regalos del SEÑOR» (Proverbios 20:12). Necesitamos apreciar estos dones. Necesitamos aprovechar la oportunidad que Dios nos da de disfrutar las maravillas del mundo creado, desplegadas ante nuestros ojos con tanta abundancia y grandeza. Necesitamos escuchar la riqueza de conocimiento, belleza y experiencia disponible a través de nuestros oídos.

En lugar de dar por sentados la vista y el oído, estas facultades sensoriales y lo que nos proporcionan deberían cobrar todavía mayor significado al verlas como dones de Dios. Estamos tan acostumbrados a ver y oír como a respirar o al funcionamiento del sistema cardiovascular, por eso no prestamos atención a ninguno de ellos hasta que algo anda mal, claro está. Pero comenzar un día con los ojos literalmente bien abiertos y los oídos atentos, para no perderse ni una visión ni un sonido, es vivir en un nivel más elevado. Hacerlo de vez en cuando enriquecerá la vida porque Dios planeó que así fuera. Al final del día, reflexionar sobre lo que has visto y oído, y darle gracias al Dador de los dones que lo hizo posible, es vivir con un sentido más agudo de alegría y con un sentido más profundo de adoración.

No todo lo que se oye es provechoso: «No andes con los que hablan de más» (20:19). «Los ojos arrogantes», junto con otras cosas, «son pecado» (21:4). ¿Recuerdas a los tres monos? ¡«No oír el mal, no ver el mal, no hablar el mal!». Ellos tenían razón.

13 *Encyclopaedia Britannica* 5:1131.

LECTURA: *Proverbios 21:17-31*

LA BÚSQUEDA DE LA JUSTICIA

El que busca la justicia y el amor inagotable encontrará vida, justicia y honor.

PROVERBIOS 21:21

Benjamin Franklin, el hijo sabio e ingenioso de un candelero de Filadelfia, levantó la vista después de firmar su nombre en el pergamino y dijo: «Bien, caballeros, ahora debemos apoyarnos juntos, o sin duda alguna nos apoyaremos separados». La fecha era 2 de agosto de 1776. Franklin y los otros miembros del Congreso Continental acababan de firmar la Declaración de Independencia, que habían aprobado el 4 de julio.

A pesar de su tono jocoso, Franklin estaba muy consciente de que lo que él y sus colegas habían hecho sería visto por muchos en el gobierno británico como un acto de traición y rebelión, y que bien podrían sufrir gravemente por sus acciones. Pero estaban convencidos de la justicia de su causa y de la necesidad de derrocar al régimen tiránico de Jorge III para que los hombres y las mujeres de los trece estados pudieran gozar de «vida, libertad y la búsqueda de la felicidad».

Todos persiguen algo, con distintos grados de intensidad y éxito. La mayoría anhela la felicidad. Tristemente para muchos, la felicidad resulta desesperadamente esquiva. Mientras el mundo moderno produce una vasta variedad de juguetes para que la gente se entretenga y asegura que ser feliz es el objetivo más noble en la vida, la búsqueda de la felicidad se ha convertido en una obsesión nacional, y proporcionar los medios para alcanzarla se ha transformado en una industria lucrativa. A pesar de todo, sin embargo, la infelicidad abunda.

Proverbios sugiere un camino mejor: «El que busca la justicia y el amor inagotable encontrará vida, justicia y honor» (21:21). Si en lugar de «felicidad» perseguimos «justicia», la dirección de la búsqueda cambia de inmediato. La justicia es la cualidad de vida que procura agradar a Dios. La felicidad suele centrarse en agradarse a uno mismo. Mientras la felicidad se enfoca en *sentirse* bien, la justicia está comprometida con *ser* bueno y *hacer* el bien. Esta es una gran diferencia, ya que es posible sentirse bien mientras se hace el mal.

Ser bueno y el hacer el bien se orientan, respectivamente, hacia el cielo y hacia la tierra. Ser bueno produce gozo al Padre, mientras que hacer el bien produce bendición a los necesitados. Proverbios lo llama «justicia y amor inagotable», y cuando se buscan con diligencia y perseverancia, producen su propia recompensa: aquel que las persigue realmente alcanza lo que busca y encontrará «vida, justicia y honor».

Mientras Thomas Jefferson escribió en la Declaración de Independencia sobre un derecho dado por Dios a perseguir la felicidad, el escritor de Proverbios estableció un mandato divino de perseguir la justicia. Persigue la felicidad y quizás la encuentres o quizás no. Persigue la justicia, y la encontrarás; y mucho, mucho más. Y probablemente no terminarás en la horca por ello, ¡así que aférrate a ella!

LECTURA: *Proverbios 22:1-16*

HOMBRE RICO, HOMBRE POBRE

El rico y el pobre tienen esto en común: a ambos los hizo el SEÑOR.

PROVERBIOS 22:2

En 1999 Kevin Brown era el lanzador estrella del equipo de béisbol de Los Angeles Dodgers. Esa temporada, Brown inició 35 juegos. Su salario ese año fue de 10.714.286 dólares. Suponiendo que, como promedio, lanzó cien veces por juego, ¡ganó más de 3000 dólares cada vez que hizo un lanzamiento! A modo de comparación, un joven que ganaba el salario mínimo en 1999 necesitaba trabajar aproximadamente 600 horas para obtener la misma cantidad. ¡Hombre rico, hombre pobre!

Y, sin embargo, según los estándares de quienes viven en algunas partes del Tercer Mundo, el joven que voltea hamburguesas está relativamente bien acomodado. El Banco Mundial, ya en 1978, definió la «pobreza absoluta», o sea, la condición en la que vivían cerca de mil millones de personas en ese entonces, como «una condición de vida tan caracterizada por la desnutrición, el analfabetismo, la enfermedad, los entornos miserables, la alta mortalidad infantil y la baja esperanza de vida, que queda por debajo de cualquier definición razonable de dignidad humana». John Stott afirma que, mientras más de una quinta parte de la población mundial «carece de las necesidades básicas para sobrevivir», aproximadamente la misma cantidad «vive en abundancia y consume cerca de cuatro quintas partes de los ingresos mundiales». Algunos economistas y políticos abogan por la redistribución de la riqueza, lo que significa gravar a los ricos y dar a los pobres. Los críticos de este enfoque señalan que a menudo lo único que eso logra es atrapar a los pobres en una dependencia de la que no pueden escapar.

En tiempos pasados, algunos comentaristas afirmaban con seguridad que Dios había hecho a unos pobres y a otros ricos deliberadamente, y que todos debían estar conformes con su suerte. Más recientemente, la pobreza crónica que sufren muchas personas preciosas creadas por el Señor ha sido condenada como un profundo «mal social» que debería preocupar a todo hijo de Dios.

El escritor de Proverbios tuvo una visión que a menudo falta en estos debates político-económico-sociales. Escribió: «El rico y el pobre tienen esto en común: a ambos los hizo el SEÑOR» (Proverbios 22:2). Una consecuencia del hecho de que tanto ricos como pobres fueron creados por Dios es que ninguno, ni rico ni pobre, es dejado de lado ni es insignificante a los ojos del Señor. También significa que nadie, sin importar cuál sea su estatus económico, está fuera del alcance y del propósito de la redención de Dios. Y significa que nadie debería verse obligado a vivir en la degradación y el hambre cuando aquellos que viven en el lujo podrían ayudar a aliviar su situación.

Cuando un hombre acepta estas verdades, busca maneras prácticas de implementarlas. El modo de hacerlo variará de un caso a otro, pero una cosa será constante: el reconocimiento de que «si Dios me hizo a mí, y también los hizo a ellos, estamos en esto juntos». ¡El Señor nos hizo a todos!

LECTURA: *Proverbios 23:19-35*

DIOS Y LOS GENES

Hijo mío, presta atención y sé sabio: mantén tu corazón en el camino recto.

PROVERBIOS 23:19

El amanecer del siglo XXI ha sido testigo de otro amanecer: el primer esbozo del genoma humano completo. Estamos sabiendo que el código genético determina nuestras características físicas, el número de nuestros dedos, el color de nuestros ojos, nuestra capacidad para los idiomas y nuestra capacidad para almacenar información y recordarla. Aunque estamos solamente en los márgenes de descubrir las maravillas de este aspecto de nuestra creación, hay quienes ya han decidido que algunos de nuestros genes determinan nuestras tendencias conductuales. Eso les ha llevado a concluir que el hombre no es responsable de sus actos; es sencillamente un desafortunado almacén de genes que determinan su conducta y trazan su destino.

Sea cual sea la influencia que nuestra composición genética tenga sobre nuestra conducta, ciertamente no anula la clara enseñanza bíblica de que somos personas responsables a quienes Dios ha delineado con precisión las conductas aceptables por las cuales, en última instancia, debemos rendir cuentas. Así lo dice Proverbios: «Hijo mío, presta atención y sé sabio: mantén tu corazón en el camino recto» (Proverbios 23:19). Proverbios no niega que tengamos tendencias de comportamiento, pero sí afirma que tenemos responsabilidades de comportamiento.

En el pasado, los predicadores solían hablar de «pecado que nos hace tropezar», basados en una expresión que se encuentra en Hebreos 12:1: «Quitémonos [...] el pecado que tan fácilmente nos hace tropezar». Los predicadores se referían a los pecados habituales que las personas encuentran particularmente difíciles de superar. En tiempos más recientes, bajo la influencia de la psicología, la tendencia ha sido hablar de «conductas adictivas», que pueden manifestarse de muchas formas. Proverbios, aunque no usa este término, ciertamente habla de ello cuando insiste: «No andes de juerga con borrachos ni festejes con glotones» (23:20); «y por dormir tanto, vestirán harapos» (23:21). «Una prostituta es una trampa peligrosa; la mujer promiscua es tan peligrosa como caer en un pozo estrecho». (23:27). La embriaguez, la glotonería, la pereza y las desviaciones sexuales pueden describirse como «pecado que nos hace tropezar» o como «conductas adictivas»; de cualquier manera, están mal.

Ser cautivo de un pecado que hace tropezar o estar atado por una conducta adictiva es aterrador: conduce a «angustia», «tristeza» y «moretones sin motivo» (23:29). Pero hay esperanza. El hombre que responde a la invitación de Dios: «Hijo mío, dame tu corazón» (23:26), y que procura adquirir la verdad, «sabiduría, disciplina y buen juicio» (23:23), encontrará que las cadenas de la conducta adictiva y del pecado que hace tropezar se rompen. Dios promete que puede darle al hombre el poder de hacer lo correcto incluso cuando su inclinación natural sea equivocada. Y, a pesar de lo que puedan decir sus genes, eso es lo que declara su Dios.

LECTURA: *Proverbios 24:23-34*

MIRAR Y APRENDER

Entonces, mientras miraba y pensaba en lo que veía, aprendí esta lección: un rato más de sueño, una breve siesta, un pequeño descanso con los brazos cruzados... entonces la pobreza te asaltará como un bandido; la escasez te atacará como un ladrón armado.

PROVERBIOS 24:32-34

Hay un famoso grabado de J. W. Steel de un joven sentado con su barbilla entre sus manos, mirando fijamente una tetera sobre una fogata. El muchacho es James Watt, y está sentado en la casa de sus padres en Greenock, Escocia, a principios del siglo XVIII, observando con fascinación mientras el vapor procedente del agua que hierve levanta la tapa de la tetera con un sonido de repiqueteo. Su madre conversa con una amiga, sin darse cuenta de lo que su hijo está viendo, pero el muchacho observa con atención lo que sucede ¡y reflexiona sobre ello! Está mirando y aprendiendo, observando y contemplando. Reconoce el poder del vapor para generar energía y las posibilidades de aprovechar esa energía y canalizarla hacia una actividad útil.

A unos cien kilómetros al sur de Greenock, y veinticuatro años después del nacimiento de James Watt en 1736, nació William Wordsworth en la región de los Lagos, en Inglaterra. De niño, libre de restricciones en su hogar rústico, Wordsworth vagaba por las colinas y junto a los lagos, mirando y aprendiendo. En su madurez escribió:

Porque he aprendido
a mirar la naturaleza, no como en la hora
de la juventud irreflexiva; sino escuchando a menudo
la callada, triste música de la humanidad,
no áspera ni hiriente, aunque de amplio poder
para corregir y someter[14].

Wordsworth, el poeta, había aprendido a mirar y aprender de manera muy distinta a Watt, el ingeniero. Pero ambos se destacaron entre sus contemporáneos, que caminaban por la vida como si llevaran los ojos vendados ante sus lecciones visuales. Ambos pudieron observar el mundo, meditar en el significado de lo que veían y aprender de ello.

El escritor de Proverbios habló de pasar junto a una viña descuidada. Lo que antes había sido un campo bien cuidado y productivo ahora yacía desperdiciado y estéril. Reflexionó sobre lo que veía y aprendió una lección de ello: «Un rato más de sueño, una breve siesta, un pequeño descanso con los brazos cruzados [...] entonces la pobreza te asaltará como un bandido, la escasez te atacará como un ladrón armado» (Proverbios 24:33-34).

Watt observó, y su mente práctica tradujo los datos en principios científicos. Wordsworth miró, y de lo que vio extrajo lecciones sobre los movimientos internos del corazón humano. El escritor de Proverbios contempló un campo abandonado, vio la insensatez de las acciones de otro hombre y aprendió de los errores ajenos.

Se ha dicho que un hombre con educación es aquel que ha aprendido a aprender y nunca deja de hacerlo. También ha aprendido a mirar y nunca deja de mirar. Por lo tanto, si aprendes a mirar, mirarás y aprenderás. Y entonces, como Watt, Wordsworth y el escritor de Proverbios, transmitirás a otros las lecciones de mirar y aprender.

14 **William Wordsworth, de *Lines Composed a Few Miles above Tintern Abbey* (Escrito a unos kilómetros de Tintern Abbey).**

LECTURA: *Proverbios 25:11-28*

¡LAS COSAS QUE DICE LA GENTE!

Decir mentiras acerca de otros es tan dañino como golpearlos con un hacha, herirlos con una espada o lanzarles una flecha afilada.

PROVERBIOS 25:18

Los acontecimientos durante la Guerra de Independencia Americana habían convencido a los federalistas de que era necesario un gobierno más grande para la seguridad y el bienestar de la nación que nacía. Sus opositores en el debate sobre la Constitución pensaban lo contrario, y hacían presión para el reconocimiento de los derechos de los individuos. Se alcanzó un compromiso cuando a los opositores se les aseguró que, si ayudaban a aprobar la Constitución, uno de los primeros actos del nuevo gobierno sería promulgar una Carta de Derechos. Así se hizo, y el derecho a la libertad religiosa, la libertad de reunión y la libertad de expresión quedaron reflejados en la Constitución. ¡La libertad de expresar una opinión, de compartir una convicción y de comunicar una idea debe ser valorada!

Pero estas libertades no son libertades para abusar de ellas. Proverbios está lleno de enseñanzas útiles sobre el tema. Por ejemplo: «El consejo oportuno es precioso, como manzanas de oro en canasta de plata» (Proverbios 25:11). La palabra correcta, dicha de la manera adecuada y en el momento oportuno, es un regalo digno de atesorar. Una palabra que muestre el camino en un momento de desesperación, una verdad que corrija un malentendido, una explicación que disipe la niebla de la confusión y un recordatorio que anime al espíritu decaído y restaure el alma agotada; todo esto es «como manzanas de oro en canasta de plata».

También: «La crítica constructiva es, para quien la escucha, como un pendiente u otras joyas de oro» (25:12). La crítica inválida es destructiva y degradante, pero la correcta debe ser recibida y puesta en práctica. Si se deja a un hombre en un error sin corrección, se hundirá en más equivocaciones. Las acciones no examinadas pueden contener elementos que anulen su valor. Los malos hábitos, formados inconscientemente, terminan por aprisionar al que no los advierte, pero la crítica válida, debidamente atendida, es un beneficio y una bendición en tales circunstancias.

Por otro lado: «Decir mentiras acerca de otros es tan dañino como golpearlos con un hacha, herirlos con una espada o lanzarles una flecha afilada» (25:18). Hablar con error y decir una mentira tienen en común que comunican algo que no es verdad, pero la diferencia es que lo primero es involuntario, mientras que lo segundo es intencionado. La mentira está diseñada para engañar, denigrar o poner injustamente a otro en desventaja. Un error en el habla no es más que una equivocación. Es en la intención detrás de la falsedad donde se encuentra el impacto dañino de la mentira. Por lo tanto, las palabras pueden contener «consejo oportuno», «crítica válida» o ser claramente «mentiras». Pueden animar o desanimar, edificar o destruir.

Es bueno valorar tu libertad de expresión. Aún mejor es cuidar lo que dices.

LECTURA: *Salmo 15*

ATENCIÓN A LA ASISTENCIA

SEÑOR, ¿quién puede adorar en tu santuario? ¿Quién puede entrar a tu presencia en tu monte santo?

SALMO 15:1

Algunas iglesias son frías y correctas, decorosas y muertas. En tales lugares de adoración se pone el énfasis en lo asombroso de Dios, en su santidad y en la reverencia debida a él. Los adoradores entran con pisadas silenciosas y la mirada abatida mientras recorren su camino hacia un banco sagrado, donde se arrodillan en reflexión solemne.

Otras iglesias anuncian lo que tienen para ofrecer, con afirmaciones entusiastas como: «¡El fin de tu búsqueda de una iglesia amigable!». Si quien pasa por allí llegara a la entrada de un lugar de adoración así, se vería arrastrado por una multitud apresurada, recibido cordialmente por un ujier estratégicamente ubicado, conducido personalmente al centro juvenil para dejar a los niños y luego llevado a un banco cálido donde le estrechan la mano con afecto y lo envuelven en una conversación animada. Mientras tanto, el preludio musical lucha desesperadamente por hacerse escuchar.

Solo Dios conoce el corazón, así que solo él puede decir quién está adorando de verdad. Pero hay algo que sí se puede afirmar con certeza: antes de que el adorador llegue a la entrada del santuario, debería preguntar: «SEÑOR, ¿quién puede adorar en tu santuario? ¿Quién puede entrar a tu presencia en tu monte santo?» (Salmo 15:1). En la adoración formalizada del santuario de Jerusalén, los adoradores hacían esa pregunta al llegar a la entrada del templo, y el sacerdote respondía con una lista de diez requisitos que pueden resumirse así:

1. Tomar en serio la ley de Dios.
2. Ordenar la vida de acuerdo con ella.
3. Realizar buenas obras prácticas.
4. Ser conocidos por la integridad en el hablar.
5. Mostrar una vecindad cálida y una disposición servicial bien comprobada.
6. Evitar quedar atrapados en alianzas impías.
7. Apoyar a quienes sirven al Señor.
8. Decir lo que piensan y pensar lo que dicen.
9. Cumplir «sus promesas aunque les cueste».
10. Tener tratos comerciales intachables.

Tomados en serio, estos requisitos podrían provocar la mayor y más precipitada caída en la asistencia a la iglesia en la historia. Pero no están diseñados para mantener alejadas a las personas de la adoración, sino para atraer a los preparados a ella. La palabra clave es «preparados».

El Señor quiere que su pueblo dedique tiempo a examinar su corazón para identificar las cosas que han hecho y que no deberían haber hecho, y las que dejaron de hacer y deberían haber hecho. De esta manera se asegura una actitud humilde y arrepentida, nace un anhelo de perdón y se fomenta de nuevo un sentido de deleite en la gracia de Dios. Y entonces comienza la adoración.

¡Asistir a la iglesia requiere atención cuidadosa!

LECTURA: *1 Pedro 1:1-12*

PRUEBAS FEROCES

Estas pruebas demostrarán que su fe es auténtica. Está siendo probada de la misma manera que el fuego prueba y purifica el oro, aunque la fe de ustedes es mucho más preciosa que el mismo oro. Entonces su fe, al permanecer firme en tantas pruebas, les traerá mucha alabanza, gloria y honra en el día que Jesucristo sea revelado a todo el mundo.

1 PEDRO 1:7

El 18 de julio del 64 d. C. se desató un gran incendio en la antigua ciudad de Roma, que destruyó más de la mitad de la ciudad. Un gran número de ciudadanos perdió la vida. Aunque el emperador estaba fuera de la ciudad en ese momento, circulaban rumores de que él había ordenado el fuego para lograr sus propios propósitos. Tácito, el historiador romano, nos dice que Nerón «señaló como culpables, y afligió con los más exquisitos tormentos, a aquellos que eran odiados por sus abominaciones y llamados "cristianos" por el pueblo». «Después de escenas de gran crueldad», continúa Tácito, el pueblo romano comenzó a sentir compasión por los cristianos, creyendo que sufrían injustamente «para saciar la crueldad de Nerón».

La noticia de estos acontecimientos sin duda se difundió rápidamente por las provincias del imperio, donde vivían muchos cristianos. Así que el apóstol Pedro, quien, junto con Pablo, moriría a manos del asesino Nerón, escribió una carta de aliento, quizás suponiendo que una persecución similar estallaría en las provincias. Pedro escribió: «Su fe, al permanecer firme en tantas pruebas, les traerá mucha alabanza, gloria y honra en el día que Jesucristo sea revelado a todo el mundo» (1 Pedro 1:7).

La idea de ser desgarrados por perros, crucificados o «quemados como antorchas para iluminar la noche», como lo relató Tácito, era suficiente para atemorizar hasta al alma más valiente; por eso Pedro recordó a sus lectores tres verdades cristianas principales que habrían de fortalecerlos para la prueba.

En primer lugar, los cristianos no debían olvidar *lo que Dios había hecho* en sus vidas. Pedro escribió: «Dios Padre los conocía y los eligió desde hace mucho tiempo, y su Espíritu los ha hecho santos. [...] ustedes fueron limpiados por la sangre de Jesucristo« (1:2). Incluyéndose a sí mismo, Pedro agregó: «Es por su gran misericordia que hemos nacido de nuevo» (1:3). El Padre, el Hijo y el Espíritu Santo habían estado participado activamente en su salvación. Así que debían cobrar ánimo, pues estaban seguros bajo el cuidado del Dios trino.

En segundo lugar, los lectores de Pedro necesitaban recordar *lo que Dios les había prometido*: «una herencia que no tiene precio [...] que no puede cambiar ni deteriorarse» (1:4). Aunque sus circunstancias cambiaran drásticamente y sufrieran la muerte y la descomposición de sus cuerpos, nada alteraría su herencia eterna prometida.

En tercer lugar, debían tener presente *lo que Dios estaba haciendo*. Él permitía las pruebas para que su fe fuera «probada de la misma manera que el fuego prueba y purifica el oro» (1:7). Es posible que los lectores de Pedro prefirieran salvar su vida en lugar de probar su fe, pero Pedro les recordó que, para Dios, «la fe de ustedes es mucho más preciosa que el mismo oro» (1:7). ¡Su fe era aún más valiosa que su propia vida!

El pensamiento de la persecución puede hacer que el corazón se acelere, pero saber lo que Dios está haciendo a través de las pruebas ayuda a su pueblo a no perder el paso.

LECTURA: *1 Pedro 1:13-22*

DIOS NO TIENE FAVORITOS

Recuerden que el Padre celestial, a quien ustedes oran, no tiene favoritos. Él los juzgará o los recompensará según lo que hagan. Así que tienen que vivir con un reverente temor de él durante su estadía aquí como «residentes temporales».

1 PEDRO 1:17

Cuando los artistas representan la justicia, ella viste una túnica muy blanca, se mantiene erguida y con una venda en los ojos, sostiene una balanza en una de sus manos y una espada en la otra. El simbolismo es claro. La justicia es pura, recta e imparcial, y castiga solo a aquellos a quienes el peso de la evidencia condena. No tiene favoritos, no tolera ninguna injusticia, acepta solamente la verdad y su equidad es impecable.

Cuando muchas personas observan el tipo de justicia que se aplica en el mundo moderno, ven, sin embargo, un panorama distinto. En ocasiones, la justicia parece ser capaz de mirar por encima de su venda y reconocer la etnicidad, pues no hay duda de que un número desproporcionadamente alto de minorías siente la espada de la justicia. Y su balanza parece inclinarse a favor de los ricos, ya que el mejor abogado que el dinero puede comprar suele ser mucho más hábil para persuadirla que un defensor público recién graduado de la facultad de derecho. ¡Y este es el estado de cosas en tierras donde la justicia es venerada! En aquellas donde la justicia no es admirada, poco o ningún intento se hace por administrarla de verdad. No es extraño, entonces, que muchos pueblos oprimidos y maltratados clamen por justicia.

Pero hay buenas noticias acerca de la justicia de Dios: «Recuerden», escribió el apóstol Pedro, «que el Padre celestial, a quien ustedes oran, no tiene favoritos. Él los juzgará o los recompensará según lo que hagan» (1:17). Pedro no estaba hablando, en este contexto, del juicio de Dios que determinará si el destino eterno del pecador será el cielo o el infierno. Más bien, Pedro se refería al tipo de vida que se espera de quien ha recibido el perdón de sus pecados gracias a la obra de Dios. Como Pedro recordó a sus lectores: «Pues ustedes saben que Dios pagó un rescate para rescatarlos de la vida vacía que heredaron de sus antepasados. [...] fue con la preciosa sangre de Cristo, el Cordero de Dios, que no tiene pecado ni mancha» (1:18-19). Y así Pedro les aseguró: «Al obedecer la verdad», de la Buena Noticia, «ustedes quedaron limpios de sus pecados» (1:22).

La evaluación imparcial de Dios de la que aquí se habla tiene que ver con la vida después de que «han nacido de nuevo» (1:23). Dios con toda razón espera una vida de obediencia de su hijo. ¡La vida del hijo de Dios debe reflejar el parecido de familia! Por eso Dios les dice a sus hijos: «Sean santos, porque yo soy santo» (1:16).

El creyente no necesita temer que sus pecados serán juzgados. Estos ya fueron tratados mediante la muerte de Cristo. Pero la vida redimida del creyente sí será examinada por un Juez que no tiene favoritos, pero llama hijos a quienes examina, y nos ama sin fin.

LECTURA: *1 Pedro 1:23-2:8*

NACIDO DE NUEVO

Han nacido de nuevo pero no a una vida que pronto se acabará. Su nueva vida durará para siempre porque proviene de la eterna y viviente palabra de Dios.

1 PEDRO 1:23

Jimmy Carter era relativamente desconocido fuera de su estado natal de Georgia cuando anunció que quería presentarse a la presidencia de los Estados Unidos. Muchas personas quedaron sorprendidas, no solo porque no sabían quién era él, sino también porque les dijo a los reporteros que había «nacido de nuevo». A menudo, cuando la gente no entiende algo lo ridiculiza, y eso fue precisamente lo que ocurrió en el caso de Carter. Hablar de ser «nacido de nuevo», sin embargo, se propagó como un incendio, y en muy poco tiempo todos usaban el término. Un deportista que se recuperaba de una lesión se convertía en un deportista «nacido de nuevo», un empresario que salía de la bancarrota era «nacido de nuevo» cuando iniciaba un nuevo negocio. Y así sucesivamente. Cuanto más se hablaba de ser nacido de nuevo, menos significado tenía, y como resultado, una verdad espiritual suprema se ha devaluado en la comprensión popular.

Cuando Pedro escribió «han nacido de nuevo» (1 Pedro 1:23), se refería a algo que Dios hace en la vida de un hombre y que determina su destino eterno y transforma su vida diaria. Es una «nueva vida», tanto porque trasciende la muerte y califica a la persona para el cielo, como porque transforma su vida en la tierra en el camino hacia el cielo.

De la misma manera en que un bebé llora pidiendo leche (2:2), así también el hombre nacido de nuevo, habiendo «probado la bondad del Señor» (2:3), anhela alimento espiritual «para que crezcan a una experiencia plena de la salvación» (2:2). Una de las evidencias de que un hombre está recibiendo el alimento correcto es que su conducta cambia. No se trata de ponerse un manto religioso ni de hacer una representación espiritual, sino de una obra profunda del Espíritu que transforma actitudes y acciones. Un hombre nacido de nuevo no solo finge ser bueno, porque ha dejado atrás «todo engaño, hipocresía, celos y toda clase de comentarios hirientes» y «toda mala conducta» (2:1).

La presidencia de Jimmy Carter estuvo plagada de problemas y no fue reelegido para un segundo mandato, pero es ampliamente considerado el mejor expresidente que los Estados Unidos han tenido, debido a su trato piadoso con las personas, su generosa preocupación por los necesitados y su andar humilde en lugares de gran influencia. Los hombres pueden ridiculizar la afirmación de haber nacido de nuevo, pero respetan a un hombre que lo vive.

LECTURA: *1 Pedro 2:9-17*

VIAJE AL EXTRANJERO

Procuren llevar una vida ejemplar entre sus vecinos no creyentes. Así, por más que ellos los acusen de actuar mal, verán que ustedes tienen una conducta honorable y le darán honra a Dios cuando él juzgue al mundo.

1 PEDRO 2:12

Viajar al extranjero puede ser estresante para quienes no tienen experiencia en ello. La comunicación es difícil, las costumbres son extrañas y la moneda es confusa. El Departamento de Estado de los Estados Unidos publica regularmente boletines que explican las condiciones que prevalecen en varios países, advirtiendo a las personas en contra de viajar a algunos de ellos y aconsejándoles cómo comportarse en otros. Prestar atención a lo que dicen esos boletines puede ahorrarle mucha tristeza al viajero.

El apóstol Pedro escribió instrucciones similares a sus amigos que vivían en el Imperio romano, en circunstancias que no eran nada favorables y, en ocasiones, claramente peligrosas. Él dijo: «Queridos amigos, ya que son "extranjeros y residentes temporales", les advierto que se alejen de los deseos mundanos, que luchan contra el alma» (1 Pedro 2:11). Pedro estaba consciente de los peligros físicos muy reales, pero su principal preocupación era advertir a su gente sobre los males espirituales a los que estarían expuestos. Le preocupaba más la seguridad de sus almas que la seguridad de sus cuerpos.

Los enemigos que Pedro identificó primero eran los enemigos internos, no los externos. Los lectores de Pedro sin duda se encontrarían con personas llenas de malas intenciones, pero a él le preocupaban principalmente los peligros que planteaban los malos deseos en sus propios corazones. Sin duda, Pedro coincidía con su amigo Santiago, quien explicó: «Cuando sean tentados, acuérdense de no decir: "Dios me está tentando". Dios nunca es tentado a hacer el mal y jamás tienta a nadie. La tentación viene de nuestros propios deseos, los cuales nos seducen y nos arrastran. De esos deseos nacen los actos pecaminosos, y el pecado, cuando se deja crecer, da a luz la muerte. Así que no se dejen engañar, mis amados hermanos» (Santiago 1:13-16).

Pero también había peligros externos. Por eso Pedro agregó: «Procuren llevar una vida ejemplar entre sus vecinos no creyentes. Así, por más que ellos los acusen de actuar mal, verán que ustedes tienen una conducta honorable y le darán honra a Dios cuando él juzgue al mundo» (1 Pedro 2:12). Quizás Pedro estaba siendo optimista al asegurarles a sus amigos que sus vecinos no creyentes «le darán honra a Dios». No todos los ciudadanos de un país tratan bien a los extranjeros, ¡y no todos los no creyentes en el mundo responden positivamente a los fieles!

Las autoridades ejecutaron a Pedro poco después de que él escribiera estas palabras. Como resultado, su afirmación de que los funcionarios del estado existen para que «castiguen a aquellos que hacen el mal y a que honren a los que hacen el bien» (2:14) debió de haber suscitado preguntas entre los jóvenes creyentes que vivían en tiempos peligrosos. Pero es simplemente otro ejemplo de las pruebas de las que Pedro ya había hablado (1:5-7) y del «trato injusto» que los creyentes a veces deben enfrentar (2:19).

Ya sea que los enemigos estén en nuestro propio corazón, en las oficinas de gobierno o en la casa de al lado, el llamado del cristiano es claro: Vivir «vidas ejemplares», «respetar a todos» y mostrar una «conducta honorable». Esto contribuirá en gran manera al reino de Dios, ya sea «en casa» o «en el extranjero».

LECTURA: *1 Pedro 2:18-25*

SUFRIR POR HACER EL BIEN

Dios se complace cuando ustedes, siendo conscientes de su voluntad, sufren con paciencia cuando reciben un trato injusto.

1 PEDRO 2:19

Thomas Jefferson, al redactar la Declaración de Independencia, identificó varias «verdades»; o sea, «que todos los hombres son creados iguales; que son dotados por su Creador de ciertos derechos inalienables; que entre estos están la vida, la libertad y la búsqueda de la felicidad». ¡Thomas Jefferson, sin embargo, fue dueño de esclavos, comerció con ellos e incluso los formó durante toda su vida! Él afirmó que la esclavitud corrompía más al dueño que lo que oprimía al esclavo, pero no hizo nada para emancipar a sus propios esclavos. Se cree, en general, que tranquilizó su conciencia por razones puramente económicas: ¡no podía permitirse liberarlos! Hoy en día, a la gente le resulta difícil conciliar tales inconsistencias.

La actitud del Nuevo Testamento hacia la esclavitud plantea problemas similares en las mentes modernas; sin embargo, es necesario comprender que la esclavitud en tiempos romanos era muy distinta de la que se vivió en la América colonial. Muchos esclavos romanos llegaron a ocupar puestos de autoridad y poder; otros incluso tenían esclavos propios. Muchos, al ser liberados, alcanzaban la ciudadanía romana; sin embargo, seguían siendo esclavos.

En este contexto, los escritores del Nuevo Testamento no promovieron la abolición de la esclavitud. Lo que sí hicieron fue elevar la dignidad de los esclavos como hombres y mujeres creados a imagen de Dios, amados por él y redimidos por Cristo. Muchos esclavos romanos se convirtieron en fervientes creyentes, e incluso algunos llegaron a puestos de liderazgo en la iglesia primitiva.

Fue en este marco que Pedro escribió: «Ustedes, los que son esclavos, deben someterse a sus amos con todo respeto. Hagan lo que ellos les ordenan, no solo si son bondadosos y razonables, sino también si son crueles» (1 Pedro 2:18). Pedro no estaba defendiendo una sumisión servil, degradante y destructora del alma. Él explicó: «Pues Dios se complace cuando ustedes, siendo conscientes de su voluntad, sufren con paciencia cuando reciben un trato injusto» (2:19). Un esclavo tendría pocas opciones más que «soportar» un trato injusto. Tenía poco o ningún recurso, ¡ya que nadie velaba por sus derechos civiles! Pero soportar con paciencia por motivos de conciencia era algo único. Un espíritu dispuesto a someterse debía brotar de la convicción moral de que responder con represalias, maldecir o amenazar «con vengarse» (2:23) era fundamentalmente incorrecto. Por muy atractiva que pudiera ser la idea de guardar resentimiento, el esclavo cristiano, por cuestión de principios, debía abstenerse, por la sencilla razón de que eso era equivocado a los ojos de Dios.

Si el esclavo pensaba que este ideal era inalcanzable, se le señalaba el ejemplo de Jesús, quien «no respondía cuando lo insultaban ni amenazaba con vengarse cuando sufría. Dejaba su causa en manos de Dios, quien siempre juzga con justicia» (2:23). Si el Maestro soportó el maltrato con paciencia, ¡cuánto más debería hacerlo el esclavo!

En los negocios modernos no existen esclavos, pero abundan las oportunidades de ser maltratados y de responder de una manera que puede agradar o no agradar a Dios. Las experiencias que atraviesan los empleados hoy cuando los «golpean» (2:20) no son físicas, pero sí duelen. Nos causan dolor, pero nuestra reacción puede ser del agrado de Dios.

LECTURA: *1 Pedro 3:1-12*

UNA VIDA FELIZ

Las Escrituras dicen: «Si quieres disfrutar de la vida y ver muchos días felices, refrena tu lengua de hablar el mal y tus labios de decir mentiras. Apártate del mal y haz el bien. Busca la paz y esfuérzate por mantenerla».

1 PEDRO 3:10-11

En una ocasión, a unos huelguistas en una línea de piquetes les preguntaron: «¿Por qué están en huelga? ¿Qué quieren exactamente?». Ellos respondieron: «No estamos seguros, pero no regresaremos al trabajo hasta que lo consigamos». Probablemente querían lo que todos los hombres quieren, «disfrutar de la vida y ver muchos días felices» (1 Pedro 3:10). Pedro tenía algunos consejos para ellos acerca de este tema.

Algunos hombres piensan que ser feliz y apartarse del mal son cosas mutuamente excluyentes. Su percepción de una vida dedicada a hacer lo que Dios les ha llamado a hacer (3:9) es sumamente negativa; sin embargo, como Dios nos creó para vivir, él es quien sabe cómo debe vivirse y disfrutarse la vida. Así que un hombre sabio acepta que hay ciertas cosas que Dios quiere que hagamos, y que al hacerlas se encuentra la verdadera felicidad.

Esta felicidad está relacionada con el hecho de que «los ojos del Señor están sobre los que hacen lo bueno, y sus oídos están abiertos a sus oraciones» (3:12). Saber esto produce una gran sensación de paz y bienestar. Por el contrario, si un hombre decide ir en contra de lo que Dios quiere, descubre que «el Señor aparta su rostro de los que hacen lo malo». El sentimiento resultante de pérdida y vacío es la antítesis de una vida placentera y de «muchos días felices».

Dios quiere que el hombre establezca principios morales basados en su Palabra y que «se esfuerce por mantener» las relaciones humanas. En el mundo moderno, los hombres suelen pensar que pueden determinar por sí mismos lo que está bien o mal, y que lo que Dios tiene que decir es, en esencia, irrelevante. Ese no es el camino hacia una vida feliz. Solamente Dios determina lo que es bueno y lo que es malo, y se espera que el hombre conozca la diferencia y elija apartarse «del mal y hacer el bien» (3:11).

Ya que la vida se vive en términos de relaciones, la calidad de la vida está directamente relacionada con la calidad de esas relaciones. Las relaciones son frágiles, y las posibilidades de fragmentación y frustración resultantes son enormes. Pero elegir amarse unos a otros, ser compasivos y humildes, negarse a pagar «mal por mal» y esforzarse por mantener la paz contribuirá enormemente a una vida plena (3:8-9, 11).

El hombre que no está seguro de lo que quiere debe darse cuenta de que, en el fondo, lo que desea es ser feliz. Así que debe buscar la felicidad a la manera de Dios. De esa forma sabrá qué quiere *y* cómo obtenerlo. Eso, sin duda, ¡lo hará feliz de verdad!

LECTURA: *Salmo 138*

NO ME ABANDONES

El Señor llevará a cabo los planes que tiene para mi vida, pues tu fiel amor, oh Señor, permanece para siempre. No me abandones, porque tú me creaste.

SALMO 138:8

En 1463 las autoridades de la catedral de Florencia, en Italia, adquirieron un bloque de mármol blanco inmenso. Encargaron a un escultor de Siena que tallara una figura que sería exhibida de manera prominente; sin embargo, el mármol era tan defectuoso que el escultor abandonó la tarea. Se contrató a otro artista florentino, pero él también consideró imposible la obra y se rindió. El bloque de mármol fue almacenado en un depósito, donde permaneció casi cuarenta años hasta que preguntaron a un prodigio de veintiséis años si podía hacer algo significativo con aquel mármol abandonado y mutilado. Él respondió que sí podía. Cuatro años más tarde, la obra maestra, la estatua del «David», fue revelada. Miguel Ángel había transformado aquel mármol «sin valor» en algo majestuoso.

El David original, el rey de Israel que dio nombre a la estatua, escribió una vez: «El Señor llevará a cabo los planes que tiene para mi vida, pues tu fiel gran amor, oh Señor, permanece para siempre. No me abandones, porque tú me creaste» (Salmo 138:8). De la misma manera que Miguel Ángel trabajó un bloque defectuoso de mármol hasta terminar la tarea que otros habían abandonado, así el Señor miró al imperfecto David y sabía lo que quería hacer de él.

David también lo sabía, por eso pudo decir: «El Señor llevará a cabo los planes que tiene para mi vida». La seguridad de que el Señor tenía un plan y que era capaz de llevarlo a cabo era el fundamento de la vida de David. Esta certeza surgía de una convicción firme expresada en estas palabras: «Porque tú me creaste». David razonaba que su Creador tenía un propósito al formarlo; el divino artista tenía una visión de lo que él podía llegar a ser y, en consecuencia, no estaba dispuesto a abandonarlo. No se trataba de un mero deseo ilusorio, porque el Señor había mostrado su «fiel amor» que «permanece para siempre».

Esto no significaba que la vida de David fuera un lecho de rosas. Al contrario, David testificaba que estaba «rodeado de dificultades» (138:7), pero su confianza en el amor inagotable y la fidelidad del Señor (138:2) era tal que seguía contando con que el Señor terminaría lo que había comenzado.

En los días oscuros de la vida no es inusual sentirse abandonado, como si uno hubiera sido dejado en el almacén de la existencia ignorado, sin cumplir su propósito, inacabado. En momentos así, es apropiado clamar como David: «No me abandones», pero debemos hacerlo con la seguridad que él expresó basada en su convicción: «Porque tus promesas están respaldadas por todo el honor de tu nombre» (138:2).

Así como la estatua de David da testimonio silencioso de la destreza de Miguel Ángel, el creyente confiado y constante habla en voz alta de la fidelidad del Maestro.

LECTURA: *Proverbios 26:1-12*

ARGUMENTOS

No respondas a los argumentos absurdos de los necios o te volverás tan necio como ellos. Responde a los argumentos absurdos de los necios o se creerán sabios en su propia opinión.

PROVERBIOS 26:4-5

El 14 de junio de 1643 el Parlamento inglés aprobó una ley que limitaba la publicación de libros y exigía que todas las imprentas tuvieran licencia. A los honorables miembros del Parlamento les preocupaba el número de libros «escandalosos, sediciosos y liberales» que estaban siendo publicados, incluyendo un panfleto sobre el divorcio del gran poeta John Milton. Él respondió a esta acción gubernamental publicando, sin licencia, un artículo titulado «Areopagitica», en el cual cuestionó la decisión argumentando que se debía fomentar el aprendizaje, que el libre intercambio de ideas es necesario y que los intentos de impedir la publicación de libros sin licencia serían tan inútiles como tratar de encerrar a los cuervos cerrando las puertas del parque. Milton dijo: «Concédanme la libertad de saber, de expresar y de argumentar libremente según la conciencia, por encima de todas las libertades». ¡La libertad de argumentar!

Pero no toda discusión es provechosa. En Proverbios se dice: «No respondas a los argumentos absurdos de los necios o te volverás tan necio como ellos». Si estamos de acuerdo con Milton en que deberíamos tener libertad para argumentar, también debemos tener en cuenta que se deben seguir ciertas normas al hacerlo. De lo contrario, discutir se convierte en un ejercicio inútil. Además, el pensamiento y la expresión podrían rebajarse al nivel de la gente insensata. ¡Es mejor renunciar a la libertad de discutir que discutir y degradarse en el proceso!

La siguiente afirmación en Proverbios, sin embargo, parece contradecir la primera: «Responde a los argumentos absurdos de los necios o se creerán sabios en su propia opinión». Entonces la pregunta es: «¿Debemos discutir con un necio o no discutir con un necio?». Y la respuesta es: «¡Ambas cosas!».

Quizás la mejor manera de sincronizar ambas afirmaciones sea decir lo siguiente: en asuntos de poca importancia, no vale la pena entrar en un debate que puede degenerar en una pelea verbal; sin embargo, en asuntos de profunda relevancia no debemos permitir que afirmaciones absurdas queden sin respuesta. Una afirmación absurda que no se corrige puede reforzar al necio en su necedad y difundir tonterías peligrosas entre personas desprevenidas y poco reflexivas. No discutir en tales casos equivale a ser culpable de fomentar la ignorancia.

La clave para una discusión exitosa es saber sobre qué vale la pena discutir, tener certeza de lo que se dice, saber cuándo hablar y cuándo guardar silencio, expresarse con cortesía y estar dispuesto a reconocer si uno está equivocado. Esa es una buena razón para argumentar bien.

LECTURA: *Proverbios 27:1-10*

AMIGOS

Las heridas de un amigo sincero son mejores que muchos besos de un enemigo.

PROVERBIOS 27:6

Julio César fue atacado por sesenta conspiradores a la entrada del Senado romano el 15 de marzo del 44 a. C. Cuando estaba ocurriendo eso, vio a Marcus Junius Brutus apresurarse hasta él con su propia daga desenvainada. Quedó sorprendido, y clamó con angustia: «¿Et tu, Brute?» («¿Tú también, Brutus?»). César había perdonado, amado y confiado en Brutus, que antes era un enemigo, pero se había unido a los asesinos y había clavado su daga en el pecho del dictador. Aunque César había perdonado a muchos de sus oponentes derrotados, no había hecho amigos genuinos.

Harry S. Truman, el trigésimo tercer presidente de los Estados Unidos, tuvo un problema similar. Él dijo: «Si quieres un amigo en Washington, D. C., ¡consigue un perro!». Aunque los emperadores y los presidentes enfrentan dificultades particulares para hacer amigos, la mayoría de los hombres también encuentra complicado establecer y mantener amistades genuinas. El motivo puede ser que la amistad requiere tiempo, esfuerzo y vulnerabilidad. El trabajo exige gran parte del tiempo y la energía de un hombre, y muchos consideran la vulnerabilidad algo poco masculino. Por eso, los hombres suelen conformarse con conocidos y colegas, dejando las verdaderas amistades sin desarrollar.

Que esta es una grave carencia seria en la vida de un hombre se evidencia en la enseñanza de Proverbios: «Las heridas de un amigo sincero son mejores que muchos besos de un enemigo» (Proverbios 27:6). El beso de Judas en el huerto de Getsemaní fue, en apariencia, un saludo y una muestra de afecto, pero en realidad fue el infame acto de un enemigo sin escrúpulos. Habría sido mejor ser herido por la espada torpe de Pedro que traicionado por el beso engañoso de Judas.

No es que la herida de un amigo deba provenir de una espada; puede venir de decir verdades difíciles, cosas que necesitamos escuchar y que solamente quienes nos aman lo suficiente como para preocuparse más por nuestro bienestar que por nuestros sentimientos o por su propia posición como amigos se atreverían a decirnos. Pero «el dulce consejo de un amigo es mejor que la confianza propia» (27:9). El consejo incómodo de un amigo verdadero es sincero y genuino. Solo quien confía y ha sido digno de confianza conoce las intenciones que están detrás de una crítica constructiva o un consejo correctivo.

Un amigo genuino tiene un valor incalculable. Por eso, «nunca abandones a un amigo, sea tuyo o de tu padre» (27:10). Llegará el momento, en medio de las incertidumbres de la vida, cuando el apoyo, el ánimo, el consejo y la ayuda escaseen. Ese es el momento en que las amistades duraderas dan fruto. En Washington, o en cualquier otro lugar, un perro está bien: lamerá tu cara y te traerá las pantuflas. Pero solo un amigo te dará lo que realmente necesitas.

LECTURA: *Proverbios 28:1-13*

HONESTIDAD: ¿ES LA MEJOR POLÍTICA?

Es mejor ser pobre y honesto que ser rico y deshonesto.

PROVERBIOS 28:6

«La honestidad es la mejor política» es un aforismo muy conocido, pero no comunica lo que Richar Whateli, el arzobispo de Dublín, quiso decir en realidad. La cita completa dice lo siguiente: «La honestidad es la mejor política, pero quien es gobernado por esa máxima no es un hombre honesto»[15]. En la mente del arzobispo, decir «la honestidad es la mejor política» es hablar desde un punto de vista puramente pragmático, no necesariamente ser guiado por el principio de que la honestidad es intrínsecamente correcta y la deshonestidad es innatamente equivocada.

Es cierto que «la honestidad es la mejor política» puede que no sea más que una conclusión fría y calculadora. La persona que cree que «la honestidad es la mejor política» puede no estar haciendo una declaración moral, e incluso podría estar dispuesta a actuar de manera deshonesta si piensa que eso le dará beneficios. Así es como un hombre fundamentalmente deshonesto puede suscribirse a la idea de que «la honestidad es la mejor política».

Proverbios dice que «es mejor ser pobre y honesto que ser rico y deshonesto» (Proverbios 28:6). Esto no significa que todos los pobres sean honestos ni que todos los ricos sean deshonestos. Pero, en igualdad de condiciones, la deshonestidad ha demostrado a veces conducir a ventajas económicas, mientras que la honestidad puede implicar en ocasiones una desventaja financiera.

El punto central, sin embargo, es que las ventajas obtenidas mediante la deshonestidad exigen un alto precio al hombre deshonesto. Ese precio es la perturbación de la conciencia, el temor a ser descubierto, la complicación del problema con encubrimientos y más mentiras y la rendición final de cuentas delante de Dios. El hombre honesto no paga ese precio; aunque pueda ser pobre económicamente, es rico moralmente.

La deshonestidad en los tratos financieros es robo, y la deshonestidad en los negocios es arrogancia. ¿Qué podría ser más arrogante que la actitud del mentiroso que miente para obtener ventaja y que, en efecto, dice: «Tú no mereces la verdad, y yo soy quien decide lo que mereces»?

Pero la deshonestidad en el vínculo matrimonial es destrucción. El adúltero usa el cuerpo de su amante sin considerar su dignidad, y destruye su autoestima. Abusa del amor de su esposa sin pensar en su dolor, y destruye su capacidad de confiar. ¡Es fundamentalmente incorrecto!

El hombre honesto pagará sus impuestos y será más pobre, actuará con justicia en los negocios y quizás pierda una oportunidad, será fiel a su esposa y nunca probará el fruto prohibido. Pero sabrá que, ante los ojos de su Dios, hizo lo correcto; que no contribuyó a la «corrupción moral» (28:2) de su sociedad y que no condujo a «la gente buena por mal camino» (28:10). Para él, no se trata de una política práctica; es cuestión de integridad espiritual.

15 *Oxford Dictionary of Quotations*, segunda ed., p. 565.

LECTURA: *Proverbios 29:11-18*

LOS HIJOS Y LA DISCIPLINA

Disciplina a tus hijos, y te darán tranquilidad de espíritu y alegrarán tu corazón. Cuando la gente no acepta la dirección divina, se desenfrena. Pero el que obedece la ley es alegre.

PROVERBIOS 29:17-18

La rosa cultivada, esa flor más fragante y más hermosa, ha capturado la imaginación de poetas y de compositores a lo largo de los siglos; sin embargo, las rosas que no se cuidan enseguida se malogran. Pierden su fragancia, los brotes se deterioran, abundan espinos y zarzas y nadie escribe sobre su belleza. Necesitan las tijeras de poda que las cultive y les devuelva su hermosura.

Los niños «se malogran» cuando no son expuestos a una disciplina útil (Proverbios 29:18). Esto crea problemas para sus padres, para ellos mismos y para todos los que se cruzan en su camino. Sus padres sufren vergüenza y deshonra pública a causa de su comportamiento (29:15). Los hijos, al no obedecer la ley de Dios ni siquiera la de sus padres, no son felices (29:18). Por lo tanto, si los padres quieren hacer lo correcto por sus hijos y al mismo tiempo evitarse muchos dolores de cabeza, deberían escuchar lo que enseñan las Escrituras: «Disciplinar a un niño produce sabiduría» (29:15) y «disciplina a tus hijos, y te darán tranquilidad de espíritu y alegrarán tu corazón» (29:17).

La disciplina no está pensada para beneficio de los padres, como una forma de desahogar sus frustraciones, sino para el bien de los hijos. Su propósito es librar a los jóvenes de la insensatez y guiarlos hacia la sabiduría. Busca mostrarles el camino correcto y animarlos a que lo sigan.

Muchos niños parecen tener un instinto natural para la necedad y una aversión hacia la sabiduría. Esto se debe a que tienen una inclinación innata hacia hacer su voluntad, ser independientes y satisfacer sus propios deseos. La disciplina está diseñada para ayudarles a comprender que, como miembros responsables de la raza humana, no pueden vivir de manera sabia y correcta si están absorbidos en sí mismos, enfocados en imponer su voluntad y decididos a no aceptar ninguna oposición. Ese tipo de vida es una ofensa a Dios, una vergüenza para los padres y, a fin de cuentas, destructiva para el propio joven.

Una gran pregunta en la cultura occidental moderna es esta: «¿cuál es la manera correcta de disciplinar a un hijo?». En la época del Antiguo Testamento, la respuesta era usar la «vara de corrección», es decir, aplicar castigo físico al joven infractor. En tiempos recientes, esto se ha considerado una forma de abuso infantil. Algunos responderían: «Por eso hemos creado una sociedad permisiva». ¡Ambos puntos de vista tienen algo de razón!

Más recientemente, la crianza se ha enfocado en explicar al niño qué conductas son inaceptables, señalar las consecuencias naturales y apelar a su sentido moral. Tal vez una paráfrasis de Proverbios sería una respuesta adecuada a este enfoque: «Las palabras por sí solas no corrigen al niño; pueden ser entendidas, pero no obedecidas» (29:19).

Los padres que se esmeran en mostrar a sus hijos lo que deben obedecer descubrirán que ellos mismos reciben lo que tanto necesitan: ¡paz mental! Y, lo que es más importante, el hijo tendrá paz en su corazón y en su vida.

LECTURA: *Proverbios 30:1-16*

SATISFACCIÓN

Oh Dios, te ruego dos favores; concédemelos antes de que muera. Primero, ayúdame a no mentir jamás. Segundo, ¡no me des pobreza ni riqueza! Dame solo lo suficiente para satisfacer mis necesidades.

PROVERBIOS 30:7-8

A finales del siglo XIX los médicos usaban sanguijuelas en el tratamiento de diversas enfermedades. Los gusanos de color verde y marrón eran colocados sobre el paciente, y la ventosa a cada extremo de la anatomía de la sanguijuela se ponía a trabajar. La saliva de la sanguijuela contiene un anticoagulante para evitar que la sangre coagule, un anestésico para que el paciente (¡la víctima!) no sienta molestias y una sustancia que dilata los vasos sanguíneos para facilitar el flujo de sangre. ¡Las sanguijuelas son chupadoras muy sofisticadas!

La insatisfacción es como una sanguijuela. Agur, uno de los autores de Proverbios, dijo: «La sanguijuela tiene dos bocas que chupan, y gritan: "¡Más, más!". Hay tres cosas que nunca se sacian; no, son cuatro las que nunca dicen: "¡basta!": la tumba, la matriz estéril, el desierto árido y el fuego abrasador» (Proverbios 30:15-16).

La persona que nunca está satisfecha, que clama constantemente por «más, más», probablemente esté anestesiada ante el hecho de que, al concentrarse en lo que *no* tiene, es incapaz de disfrutar lo que *sí* posee. Mientras tanto, el gozo, el deleite, la satisfacción y la gratitud se escapan libremente de sus pensamientos, dejándolo agotado y espiritualmente anémico.

La imagen de la sanguijuela basta para describir la actitud y la condición del hombre insatisfecho. Pero las analogías adicionales como la tumba, el vientre estéril, el desierto árido y el fuego abrasador, subrayan la gravedad de su situación. No solo su alma insatisfecha no encuentra satisfacción, sino que su propia insatisfacción engendra más insatisfacción, y se hunde en la tumba de un gozo muerto mientras los fuegos de sus deseos insaciables lo consumen. Su vida se vuelve estéril y árida como un desierto, y los anhelos de su alma claman sin ser oídos, respondidos ni satisfechos. Entonces, ¿qué puede hacerse al respecto?

Agur elevó una oración madura, que debería ser repetida por toda persona en cuanto a su situación financiera y su condición espiritual: «Oh Dios, te ruego dos favores; concédemelos antes de que muera. Primero, ayúdame a no mentir jamás. Segundo, ¡no me des pobreza ni riqueza! Dame solo lo suficiente para satisfacer mis necesidades. Pues si me hago rico, podría negarte y decir: "¿Quién es el SEÑOR?". Y si soy demasiado pobre, podría robar y así ofender el santo nombre de Dios» (30:7-9). El hombre pobre, que comprensiblemente no está satisfecho con su pobreza, puede verse tentado a robar para sobrevivir. Su insatisfacción puede llevarlo a un ciclo interminable de problemas. Por eso Agur sabiamente ora para ser librado de la pobreza. Pero también deben atenderse las patologías de la abundancia, porque la abundancia y la riqueza no solo generan un deseo de tener más, sino también una peligrosa tendencia a la autosuficiencia. El hombre que lo tiene todo, aunque quiera más todavía, puede llegar a pensar que no necesita a Dios. Así que Agur ora para ser librado también de la abundancia, y pide tener solo lo necesario para satisfacer sus necesidades (30:8).

Las sanguijuelas de la insatisfacción te debilitarán, pero las vitaminas del contentamiento te sostendrán.

LECTURA: *Proverbios 31:10-31*

LA MUJER VIRTUOSA

¿Quién podrá encontrar una esposa virtuosa y capaz? Es más preciosa que los rubíes.

PROVERBIOS 31:10

Naomi Wolf escribió en un libro reciente: «No hay chicas buenas; todas somos chicas malas». Ella sugería que, ya que es ese el caso, las mujeres deberían admitirlo, la sociedad debería aceptarlo y todos deberían seguir adelante con sus vidas. Probablemente, las ideas tradicionales de virtud y decoro, gracia y belleza femeninas deberían tirarse por la borda, y se debería permitir a las mujeres comportarse como, bueno, ¡como hombres!

Si eso llegara a suceder, la búsqueda de una mujer virtuosa se volvería aún más desafiante de lo que aparentemente lo era en los tiempos en que se escribió el libro de Proverbios. En él leemos: «¿Quién podrá encontrar una esposa virtuosa y capaz?» (Proverbios 31:10). Dado que se describe como «más preciosa que los rubíes», parece que no había muchas mujeres «virtuosas y capaces» disponibles. Se aconsejaba a los hombres, sin embargo, que buscaran una mujer así, porque el esposo de una mujer virtuosa y capaz «puede confiar en ella, y ella le enriquecerá en gran manera la vida. Esa mujer le hace bien y no mal, todos los días de su vida» (31:11-12).

A medida que se describe a esta «mujer de Proverbios 31», sus virtudes y capacidades destacan con claridad. De hecho, parece casi una supermujer. No es de extrañar que una mujer así, una vez encontrada, ¡sea un tesoro invaluable! Quizás no se espera que una sola mujer manifieste todas las características descritas aquí, pero su confiabilidad, su laboriosidad, su previsión, su sabiduría, su generosidad, su buena reputación, su fe, su bondad, su cuidado de los hijos y su amor por su esposo son cualidades que un hombre debería buscar en una esposa, y virtudes que debería valorar y cultivar una vez que ella haya decidido compartir su vida con él.

Lamentablemente, los hombres suelen considerar que el atractivo físico de una mujer es su cualidad más importante, y pueden pasar por alto aspectos mucho más valiosos de su persona. Deberían recordar que «el encanto es engañoso, y la belleza no perdura, pero la mujer que teme al Señor será sumamente alabada» (31:30). En otras palabras, la apariencia externa de una mujer no es insignificante, pero su disposición interior es infinitamente más importante. Y esa disposición nace de un corazón entregado al Señor. En otras palabras, ¡su fe importa más que su rostro!

Algunas feministas como Naomi Wolf pueden estar convencidas de que todas las mujeres son «malas», pero están equivocadas. Dios tiene a sus mujeres, y un hombre sabio que haya buscado, conquistado y amado a una de ellas jamás la dejará ir, y la tratará de tal manera que ella nunca querrá apartarse de él.

LECTURA: *Salmo 121*

MONTAÑAS

Levanto la vista hacia las montañas; ¿viene de allí mi ayuda? ¡Mi ayuda viene del S*EÑOR, quien hizo el cielo y la tierra!*

SALMO 121:1-2

Algunos hombres consideran que las montañas son residencias sagradas de seres espirituales. Tratan sus cumbres con deferencia. Por lo tanto, una expedición británica se detuvo a poca distancia de la cumbre del Kanchenjuga a petición del gobierno de Sikkim porque se creía que allí vivían los dioses. Otros hombres, como el gran líder militar Aníbal, ven las montañas como un obstáculo que debe superarse. En el tercer siglo, organizó su ejército y lo condujo a través de los Alpes desde España hasta el norte de Italia, una hazaña espectacular y más impresionante todavía por el hecho de que los suministros del ejército fueron transportados por elefantes a través de las montañas. Otros hombres, en cambio, al mirar las elevadas cumbres, ven en ellas un desafío que debe ser aceptado. Así, cuando a un alpinista le preguntaron por qué intentaba escalar el Everest, respondió sencillamente: «Porque está ahí».

El salmista, al contemplar las montañas, se hizo la pregunta: «¿viene de allí mi ayuda?» (Salmo 121:1). Mientras realizaba su peregrinaje, subiendo por el escarpado camino hacia Jerusalén, una ciudad asentada entre montañas, tal vez se preguntó si Jerusalén y todo lo que representaba era la respuesta a sus sentimientos de inseguridad. O quizás el salmista acababa de participar en un tiempo de adoración festiva en la Ciudad Santa, y al contemplar las montañas que debía cruzar de regreso a casa, vino a su mente esta pregunta.

La respuesta no tarda en llegar, y dirige la atención del salmista hacia el Señor, quien hizo las montañas; de hecho, es «quien hizo el cielo y la tierra» (121:2). El Señor es quien da origen a todas las cosas, en quien todo subsiste y por quien todo continúa existiendo.

Al enfrentarnos a las montañas de la vida, nuestra ayuda viene del Señor. Las montañas son austeras, imponentes e inmovibles. Por eso, es comprensible que algunos lleguen a pensar que Aquel que creó las montañas, y todo lo demás, es también así: austero, distante e inamovible. Pero el salmista insiste en lo contrario. El Señor es quien «te cuida» (121:5). No es un Dios lejano; «está a tu lado». No es indiferente; está atento a nuestra condición y está consciente de nuestras necesidades. No es insensible; sus oídos están abiertos a nuestro clamor.

Las montañas de la vida pueden ofrecer promesas de aventura o proyectar sombras de temor, pero nada de lo que ofrezcan o amenacen puede cambiar el hecho de que «el SEÑOR te protege al entrar y al salir, ahora y para siempre» (121:8). Aníbal cruzó sus montañas con la ayuda de elefantes. Para cruzar las nuestras, ¡tenemos al Señor!

LECTURA: *Marcos 6:6-13*

APRENDIZAJE MEDIANTE LA PRÁCTICA

Después Jesús fue de aldea en aldea enseñando a la gente. Reunió a sus doce discípulos, comenzó a enviarlos de dos en dos y les dio autoridad para expulsar espíritus malignos.

MARCOS 6:6-7

Cuando Sócrates enseñaba a sus pupilos en la antigua Grecia, no estaba de pie sobre un podio mientras ellos estaban sentados en filas tomando notas diligentemente. En cambio, hacía que participaran en un diálogo estructurado. Hoy en día, los estudiantes de posgrado en la Escuela de Negocios de Harvard realizan estudios de caso, los alumnos de secundaria trabajan en proyectos en equipo y los estudiantes de medicina aprenden a través de residencias prácticas. Existen muchas maneras de aprender.

Jesús, el maestro por excelencia, a veces enseñaba mediante monólogos y otras veces por medio del diálogo. En ocasiones contaba parábolas, que eran básicamente estudios de caso. Pero lo más sorprendente de los métodos de enseñanza de Jesús fue su compromiso con el aprendizaje mediante la práctica.

En la formación de los doce discípulos, llegó un momento en que Jesús decidió que era hora de enviarlos a una misión. En ese punto, los discípulos estaban lejos de ser predicadores o maestros experimentados. De hecho, ni siquiera comprendían plenamente su propio mensaje, como se evidenció cuando quedaron totalmente sorprendidos por la crucifixión de Jesús y más asombrados todavía por su resurrección, ¡a pesar de que él les había dicho repetidamente durante su entrenamiento que eso sucedería! Tampoco demostraron gran habilidad al enfrentarse a espíritus malignos, ni mostraron madurez para manejar las disputas que surgían entre ellos. ¡Pero Jesús los envió de todos modos!

Se les dijo que viajaran en parejas, presumiblemente para brindarse apoyo mutuo, y se les dieron indicaciones precisas sobre viajar con poco equipaje y conformarse con el alojamiento que se les ofreciera. Debido a la urgencia de su misión, no tendrían tiempo para preocuparse por comodidades materiales, y como debían estar en constante movimiento para alcanzar al mayor número posible de personas, no podían permitirse cargas innecesarias.

Se les encargo a los discípulos que expulsaran «espíritus malignos» (Marcos 6:7). Esto seguramente les causó cierta consternación, pero recibieron la autoridad misma de Jesús, tan poderosa como quien se la concedía. Además, se les dijo que no perdieran tiempo hablando con quienes no quisieran escucharlos, llegando incluso a «sacudirse el polvo de los pies» al salir de un pueblo que los rechazara, una práctica que los judíos solían realizar al abandonar territorio pagano.

Por lo tanto, salieron con una sensación de misión, urgencia, dependencia, temor y expectativa. Inseguros en su mente y poco preparados en sus propias fuerzas, fueron en obediencia a Jesús y en dependencia de él. Fueron una bendición, y ellos mismos fueron bendecidos. Sirviendo mientras avanzaban, aprendieron mientras trabajaban. Los métodos de enseñanza de Dios no han cambiado.

LECTURA: *Marcos 6:14-29*

CONCIENCIA

Herodes respetaba a Juan y lo protegía porque sabía que era un hombre bueno y santo. Herodes se inquietaba mucho siempre que hablaba con Juan, pero aun así le gustaba escucharlo.

MARCOS 6:20

Allan Bloom, en su libro *The Closing of the American Mind* (*El cierre de la mente americana*), probablemente tomó prestada la famosa frase de Shakespeare: «La conciencia, así, hace a todos cobardes». Bloom escribió: «La conciencia es cobarde, y las faltas que no tiene fuerza suficiente para impedirlas, a menudo tiene la justicia suficiente para castigarlas con acusación»[16].

La historia de Juan el Bautista y Herodes Antipas es un comentario fascinante sobre la observación de Bloom. Herodes y Juan se conocían bien. Por motivos de conciencia, Juan había sido muy sincero al oponerse al matrimonio de Herodes con Herodías, la esposa de su hermano Felipe (Marcos 6:17). Herodías, comprensiblemente molesta por esta condena pública, persuadió a Herodes para que encarcelara a Juan; pero incluso en la cárcel, Juan no se dejó silenciar. Continuaba diciéndole a Herodes: «Es contra la ley de Dios que te cases con la esposa de tu hermano» (6:18). Había algo en la integridad de Juan que atraía a Herodes, y «le gustaba escucharlo» (6:20) aunque Juan dijera cosas que él no quería oír. A Herodías, sin embargo, no le gustaba en lo más mínimo, y cuando Herodes (sin duda en un momento imprudente, impulsivo y posiblemente inducido por el vino) le ofreció a la hija de Herodías cualquier cosa que pidiera, «hasta la mitad de mi reino», ella pidió la cabeza de Juan en una bandeja. Y la obtuvo, para pesar de Herodes, quien por miedo a perder prestigio accedió a su petición (6:23-26).

Cuando Jesús apareció en escena, la gente supersticiosa decía: «Este debe de ser Juan el Bautista que resucitó de los muertos» (6:14). El rumor llegó a oídos de Herodes, y este poderoso hombre «quedó perplejo» por lo que escuchaba (Lucas 9:7). El gobernador de toda Galilea y Perea estaba atormentado por una conciencia culpable. Juan, a quien él había ejecutado, «era un hombre bueno y santo» (Marcos 6:20). Mientras Herodes se sentaba en su trono real con la conciencia intranquila, Juan había ido a la tumba con la conciencia limpia.

No hay duda de que Juan tenía sus defectos, pero la cobardía no era uno de ellos. Herodes, en cambio, estaba lleno de defectos, y su conciencia no tenía la fuerza suficiente para impedirlos. No podemos saber con certeza si la conciencia de Herodes tenía la justicia necesaria para acusar sus faltas. Al menos, ¡estaba perplejo!

El asunto para mí, y para todo hombre moderno, es cómo mantener viva la conciencia y dónde encontrar el valor para responder a ella. En el caso de Juan, la respuesta se hallaba en su compromiso con la verdad y en su relación con el Espíritu de Dios. A fin de cuentas, todo se reduce a esto: si mi conciencia me convierte en un cobarde o si mi compromiso con la verdad me da el valor de la convicción: si soy un Herodes o un Juan.

16 Allan Bloom, *The Closing of the American Mind*. Publicado en español como *El cierre de la conciencia americana*.

LECTURA: *Marcos 6:30-44*

NO SOLO DE PAN

Cuando Jesús salió de la barca, vio a la gran multitud y tuvo compasión de ellos porque eran como ovejas sin pastor. Entonces comenzó a enseñarles muchas cosas.

MARCOS 6:34

Al comienzo del siglo xx un grave problema dividió a la iglesia estadounidense. Algunos de los ministros «liberales», que habían sido influenciados por teólogos alemanes, predicaban que la misión de la iglesia era lidiar con los males de la sociedad y, así, establecer el reino de Dios. Por otro lado, cristianos más tradicionales o «conservadores» creían que la tarea de la iglesia no era tanto cambiar la suerte del hombre en la tierra, sino lograr que el hombre fuera adecuado para el cielo. El segundo enfoque, más conservador, se denominó «castillos en el aire para después de morir» por parte de quienes eran contrarios a él, mientras que el primer enfoque, más liberal, se denominó «el evangelio social» por parte de sus detractores.

Los intentos de establecer el reino de Dios mediante la ingeniería social en nombre de Cristo pasaron por tiempos difíciles durante las grandes guerras mundiales del siglo xx, cuando se dieron a conocer las atrocidades perpetradas por las llamadas naciones cristianas. Por lo tanto, a medida que avanzaba el siglo xx, las iglesias liberales, que habían adoptado el evangelio social, entraron en un grave declive, mientras que las iglesias conservadoras, que predicaban el evangelio de la salvación del pecado y la esperanza de la vida eterna, prosperaron.

Hacia finales del siglo xx, sin embargo, muchas de las mismas iglesias que habían reaccionado negativamente ante el evangelio social de los liberales comenzaron a replantearse su comprensión de la misión de la iglesia. Leyeron pasajes como el de la «Alimentación de los cinco mil» y no pudieron pasar por alto el hecho de que Jesús atendía tanto las necesidades físicas como las espirituales.

Cuando Jesús vio «la gran multitud, tuvo compasión de ellos porque eran como ovejas sin pastor. Entonces comenzó a enseñarles muchas cosas» (Marcos 6:34). Jesús atendió las necesidades espirituales de la gente proclamándoles la verdad del reino de Dios, pero pronto se hizo evidente que el pueblo tenía hambre. Entonces, para sorpresa de sus discípulos, Jesús dijo: «Denles ustedes de comer» (6:37). Los discípulos dudaron de si la multitud hambrienta era realmente su responsabilidad, ¡pero Jesús no tuvo ninguna duda! Así que los envió a buscar lo que pudieran, y ellos reunieron recursos lamentablemente insuficientes. Jesús los aceptó gustoso, los bendijo de manera maravillosa y el pueblo fue alimentado ¡físicamente!

Hoy en día existe un consenso general en que la misión de la iglesia implica preocuparse tanto por las necesidades físicas como por las espirituales de las multitudes; pero ahí termina el acuerdo. Algunos dicen que debemos alimentar a las multitudes para que escuchen el evangelio. Otros dicen que debemos alimentarlas porque tienen hambre, lo escuchen o no. Incluso otros afirman que solo debemos alimentar a quienes respondan al evangelio.

Todo aquel que come debería recordar a quienes padecen hambre. Y todo aquel que se goza en el evangelio debería tener compasión por aquellos que no lo han escuchado ni una sola vez. ¡Jesús lo hizo!

LECTURA: *Marcos 6:45-56*

LENTOS EN APRENDER

Todavía no entendían el significado del milagro de los panes. Tenían el corazón demasiado endurecido para comprenderlo.

MARCOS 6:52

Se ha dicho que un partido de fútbol profesional es un evento en el que once hombres con una necesidad desesperada de descanso son criticados por una multitud de personas con una necesidad desesperada de hacer ejercicio. Criticar es considerablemente más fácil que participar. Y también es mucho más fácil criticar a los primeros discípulos que haber vivido sus vidas. Pero su historia está incluida en las Escrituras para nuestra edificación, así que debemos tener cuidado de no pasar por alto las lecciones que deberíamos aprender de sus errores. Después de todo, aprender a través de los errores es un método educativo común, ¡y resulta mucho menos doloroso cuando se basa en los errores de otros!

Después de alimentar a los cinco mil, Jesús envió a los discípulos delante de él, pero mientras cruzaban el mar de Galilea se toparon con una gran tormenta y temieron por sus vidas. Jesús decidió regresar por la ruta más rápida: caminando sobre el agua. Cuando llegó a la altura de la barca y «su intención era pasarlos de largo» (Marcos 6:48), los discípulos lo vieron, pero pensaron que era una aparición. Cuando «gritaron de terror pues pensaban que era un fantasma», él se volteó hacia ellos y les dijo: «No tengan miedo! ¡Tengan ánimo! ¡Yo estoy aquí!». Entonces subió a la barca y el viento se calmó (6:49-51).

Claramente, los discípulos habían sido testigos oculares de otro milagro, pero hay dos aspectos extraños en esta historia que merecen explorarse. Primero, ¿por qué la intención de Jesús era «pasarlos de largo» en su momento de necesidad? Segundo, ¿por qué Marcos registra que «todavía no entendían el significado del milagro de los panes. Tenían el corazón demasiado endurecido para comprenderlo» (6:52)?

El salmista, al hablar de cómo el Señor trató con su pueblo en el desierto, escribió: «Hizo que lloviera maná para que comieran; les dio pan del cielo. ¡Se alimentaron con comida de ángeles! Dios les dio todo lo que podían consumir» (Salmo 78:24-25). También escribió: «Te abriste camino a través del mar y tu sendero atravesó las poderosas aguas, ¡una senda que nadie sabía que estaba allí!» (Salmo 77:19). Con sus acciones, Jesús estaba viviendo exactamente lo que las Escrituras decían acerca de Dios: caminó «a través del mar» y les dio «comida de ángeles [...] todo lo que podían consumir». Jesús estaba mostrando ante sus propios ojos las cosas increíbles que las Escrituras atribuían a Dios mismo.

Pero los discípulos todavía no creían que Jesús fuera realmente Dios con ellos. Su comprensión de él estaba en una etapa embrionaria y por eso su fe necesitaba seguir siendo fortalecida. Los discípulos no carecían de información sobre Jesús, sino de aplicación. Conocían bien lo que las Escrituras decían acerca de Dios. Creían que Dios podía hacer cosas maravillosas. Su historia nacional les recordaba que él había mostrado su poder una y otra vez a favor de sus antepasados, pero les costaba creer que realmente estaba con ellos en medio de la tormenta y que su presencia debería disipar sus temores y llenarlos de confianza.

Pero seamos amables en nuestra crítica y aprendamos de ellos con rapidez. ¿Quién de nosotros no lucha con lo mismo?

LECTURA: *Marcos 7:1-13*

CEREMONIAS Y TRADICIONES

Este pueblo me honra con sus labios, pero su corazón está lejos de mí. Su adoración es una farsa porque enseñan ideas humanas como si fueran mandatos de Dios.

MARCOS 7:6-7

La mayoría de los padres requieren que sus hijos se laven las manos antes de las comidas. En muchas ocasiones, esto parece crear una gran dificultad para los niños si hemos de juzgar por su falta de entusiasmo para obedecer. Pero la higiene básica exige que se cumpla el ritual antes de manipular los alimentos. Es una cuestión de higiene, y nada más.

En la época de Jesús, lo que había comenzado como una práctica de higiene básica se había convertido en algo muy distinto. El simple lavado de manos antes de comer o al regresar a la casa tras ir al mercado se había transformado en una ceremonia elaborada con un supuesto significado espiritual. En lugar de limitarse a eliminar la suciedad al seguir «el ritual judío de lavarse las manos antes de comer» (Marcos 7:2), los judíos religiosos creían que con esa acción aseguraban una pureza religiosa delante de Dios. Al realizar sus abluciones al regresar del mercado, pensaban que reafirmaban su separación divinamente aprobada del mundo contaminante.

Con el tiempo, estas «tradiciones antiguas» (7:3) adquirieron tanta importancia que la posición espiritual de una persona se evaluaba según su adhesión al ritual, o la falta de ella. En algunos casos, quien no cumplía con el ritual por cualquier motivo era considerado ceremonialmente impuro y, por lo tanto, excluido de la adoración.

Este era el trasfondo de la pregunta que los líderes de Jerusalén plantearon cuando viajaron para confrontar a Jesús: «¿Por qué tus discípulos no siguen nuestra antigua tradición? Ellos comen sin antes realizar la ceremonia de lavarse las manos» (7:5). Jesús respondió con sorprendente vehemencia: «¡Hipócritas! Isaías tenía razón cuando profetizó acerca de ustedes, porque escribió: "Este pueblo me honra con sus labios, pero su corazón está lejos de mí. Su adoración es una farsa porque enseñan ideas humanas como si fueran mandatos de Dios"» (7:6-7).

Jesús estaba sacando a la luz el viejo problema del ritual religioso vacío de realidad espiritual. La acusación de hipocresía estaba plenamente justificada. En aquellos tiempos, un hipócrita era literalmente un actor que expresaba una emoción sosteniendo una máscara frente a su rostro. El ritualismo religioso hace exactamente eso: muestra exteriormente algo que puede no existir en el interior. Ese era el problema: los líderes religiosos de Jerusalén carecían de una verdadera espiritualidad. ¡Estaban fingiendo!

La práctica de rituales religiosos, como el bautismo o la comunión, debe ser alentada, siempre que el acto externo represente una realidad interior; pero si ese acto familiar ha degenerado en un símbolo vacío, lo que pretende ser una experiencia espiritual puede ser solamente una distorsión grotesca. Lo que exteriormente parece demostrar una profunda espiritualidad puede ser, en realidad, una mentira evidente. El ritual religioso está destinado a representar una realidad espiritual, no a sustituirla.

Así que aquí tienes un ejercicio saludable: examina los rituales religiosos en los que has participado en el pasado o en los que todavía participas; explora su significado profundo y comprueba si ese significado es tan real en tu corazón como lo es la práctica en tu vida.

ABRIL

LECTURA: *Marcos 7:14-23*

TUS PENSAMIENTOS

Es lo que sale de su interior lo que los contamina.

MARCOS 7:20

Si el mundo está mejorando o empeorando es un tema de debate en el cual no se producirá un acuerdo; pero no cabe duda de que hay muchas cosas que van tristemente mal en nuestro mundo. La evidencia es inconfundible. El debate sobre este tema gira en torno a la pregunta: «¿por qué?». Algunos dicen que la cultura occidental está contaminada, y que su influencia corruptora y sutil es la responsable de las conductas y la ética personal tan deplorables que observamos. La solución, entonces, sería cuestión de reformar la cultura. Otros sostienen que, como la cultura es creada por los seres humanos, son los seres humanos quienes están corrompidos. Por lo tanto, la solución se encuentra en el corazón humano.

Este debate ya se encontraba en plena efervescencia durante el ministerio terrenal de Jesús, aunque de una manera ligeramente distinta. Los religiosos de la época sostenían con firmeza que las cosas externas eran las responsables de la corrupción moral y espiritual, y que, si se tenía el debido cuidado de evitar esas influencias externas, la pureza moral y espiritual estaba garantizada. Sobre esta base, habían establecido elaborados códigos de conducta. El resultado fue una observancia minuciosa de rituales religiosos diseñados para garantizar una conducta correcta y una sociedad sana.

Entonces apareció Jesús. Él desafió esa manera de pensar y dijo al pueblo: «Lo que entra en el cuerpo no es lo que contamina; ustedes se contaminan por lo que sale de su corazón» (Marcos 7:15). Incluso sus discípulos se mostraron confundidos ante esta declaración tan radical, por lo que le pidieron en privado que la explicara con más detalle. Jesús lo hizo con toda claridad. Señaló que la comida, la cual ellos consideraban un ejemplo de influencia externa contaminante, no podía ser responsable de corromper el carácter y la conducta de una persona, ya que entra en el estómago y luego es expulsada del cuerpo (7:19). En cambio, dijo: «Ustedes se contaminan por lo que sale de su corazón [...] Es lo que sale de su interior lo que los contamina» (7:15, 20).

Jesús enseñó que los males de la sociedad nacen en el corazón humano: «Pues de adentro, del corazón de la persona, salen los malos pensamientos, la inmoralidad sexual, el robo, el asesinato, el adulterio, la avaricia, la perversidad, el engaño, los deseos sensuales, la envidia, la calumnia, el orgullo y la necedad» (Marcos 7:22).

Una manera moderna de expresar esta misma idea sería así:

Vigila tus pensamientos porque se convierten en palabras.
Vigila tus palabras porque se convierten en acciones.
Vigila tus acciones porque se convierten en hábitos.
Vigila tus hábitos porque se convierten en carácter.
Vigila tu carácter porque se convierte en tu destino.

Las consecuencias sociales de la conducta desviada que nace en el corazón humano son profundamente serias, pero su gravedad palidece ante las consecuencias eternas del pecado. Tus pensamientos pueden corromper a la sociedad; pero, más importante aún, pueden condenar tu alma.

LECTURA: *Salmo 33:1-22*

CANTOS NUEVOS DE ALABANZA

Que los justos canten de alegría al Señor; les corresponde a los puros alabarlo. Alaben al Señor con melodías de la lira; toquen música para él en el arpa de diez cuerdas.

SALMO 33:1, 3

Guerras de adoración es un nuevo término sagrado en el diálogo cristiano. Es difícil imaginar algo más desalentador que ver a cristianos pelearse por el tema de la adoración; pero eso ocurre. «Guerra» puede que sea una palabra demasiado emotiva para describir lo que ha sucedido, pero «pelea» es una palabra un poco débil dada la emoción que genera este tema.

El problema tiene sus raíces en la tendencia a equiparar la música con la adoración. No hace muchos años, los líderes de canto fueron reemplazados por líderes de adoración, aunque con poca diferencia evidente en su función. Las personas lo bastante mayores para recordar a los antiguos líderes de canto a veces se preguntan acerca de su metamorfosis en líderes de adoración y todo lo que implica ese cambio. Por supuesto, la música ha sido, y sigue siendo, un medio poderoso para expresar alabanza y comunicar un mensaje. Es un aspecto legítimo de la adoración; pero adorar es mucho más que música, e implica más que alabanza.

Quizás la pregunta central y la mayor causa de conflicto es esta: «¿qué constituye exactamente música de adoración?». En gran medida, las diferencias de opinión sobre este tema son generacionales. Los jóvenes han crecido en una era dominada por una potente industria musical que llena cada momento del día con música, la mayoría de ella contemporánea; por lo tanto, sus gustos musicales están firmemente establecidos, y a menudo tienen poco conocimiento o interés por la música que no sea de estilo contemporáneo. Mientras tanto, los mayores, que crecieron con la «música de iglesia», miran los nuevos estilos con diversos grados de sospecha y rechazo.

Entonces, ¿qué hacer? El salmista nos da algunas pistas. En primer lugar, dijo: «Que los justos canten de alegría al Señor» (Salmo 33:1). La música tiene un lugar obligatorio en la adoración, y debe estar dirigida al Señor. En segundo lugar, el salmista animó al pueblo a entonarle «un cántico nuevo» (33:3). Así que hay lugar para la música contemporánea. Pero, en tercer lugar, la música debe hacerse con excelencia; los músicos que aspiran a dirigir la adoración deben aprender a tocar «con destreza" (33:3). Y, en cuarto lugar, los líderes de canto (¡o de adoración!) deberían recordar constantemente que sus cantos y todo lo que hagan en la adoración debe basarse en «la palabra del Señor», que «es verdadera» para todos, sin importar gustos musicales o preferencias generacionales (33:4).

La única guerra que la iglesia está llamada a pelear es la guerra contra el mal. La única restricción sobre el estilo de adoración de la iglesia es que sea compatible con la verdad. La única explicación para las «guerras de adoración» es que el maligno ha desviado nuestro enfoque. Por lo tanto, regresemos al camino correcto.

LECTURA: *Génesis 7:1-24*

NOÉ Y EL DILUVIO

Cuando todo estuvo preparado, el SEÑOR le dijo a Noé: «Entra en el barco con toda tu familia, porque puedo ver que, entre todas las personas de la tierra, solo tú eres justo».

GÉNESIS 7:1

Una de las piezas de literatura más antiguas conocidas para el hombre se llama la *Epopeya de Gilgamesh*. Gilgamesh, el héroe de la historia, era un rey que no quería morir. Según la historia, esta trágica inundación había sido provocada por los dioses, quienes estaban enojados porque la raza humana se estaba multiplicando con demasiada rapidez y hacía tanto ruido que perturbaba la paz y tranquilidad de los dioses; pero no todos los dioses estaban a favor de esta «solución final» al problema del ruido. Uno de ellos, Ea, rompió filas y advirtió a Utnapishtim sobre la tragedia inminente. Avisado con anticipación, Utnapishtim construyó un barco y, junto con su familia, escapó de la destrucción.

Esta antigua historia ha sido preservada durante milenios en tablillas de arcilla. Lo interesante del relato son sus notables similitudes con la historia de Noé, así como sus marcadas diferencias. Nadie sabe cuál de las dos versiones del relato del diluvio fue escrita primero; pero queda claro que ambas historias reflejan un acontecimiento histórico, transmitido oralmente antes de ser registrado por escrito. Pero ahí terminan las semejanzas. La historia de Gilgamesh trata sobre dioses peleones, mezquinos y egoístas, que reflejan las acciones y actitudes corruptas de los hombres que los imaginaron. El relato bíblico, en cambio, narra las acciones llenas de gracia de un Dios santo, profundamente afligido por el pecado humano, que extiende su misericordia, salva a Noé y a su familia y hace una promesa solemne de no volver a destruir la tierra con un diluvio.

Según la *Epopeya de Gilgamesh*, cuando Utnapishtim vio que el clima empeoraba, subió a su barco y aseguró las escotillas; pero, según el relato bíblico, Noé escuchó al Señor ordenarle: «Entra en el barco con toda tu familia, porque puedo ver que, entre todas las personas de la tierra, solo tú eres justo» (Génesis 7:1). Cuando Noé estuvo dentro con su familia y los animales, «el SEÑOR cerró la puerta detrás de ellos» (7:16).

La salvación de Noé se basó en la gracia del Señor, quien vio en él a un hombre que caminaba en justicia delante de Dios. Noé no era perfecto, pero era obediente, amoroso y confiado. Fue instruido por el Señor para construir el arca, y lo hizo. Cuando fue invitado por el Señor a entrar en el barco, respondió. Y, una vez dentro, fue asegurado por el propio Señor, ¡quien personalmente selló la entrada!

Cuando las calamidades de la vida nos sobrepasan, hay quienes no tienen a dónde acudir. Como Gilgamesh, que no sabía cómo enfrentar la vida, buscan consuelo en personas que han tenido mejor suerte. Pero quienes conocen al Señor, como Noé, confían en él y lo encuentran suficiente en su momento de necesidad. Ellos flotan mientras otros se hunden.

LECTURA: *Génesis 8:1-22*

DESPUÉS DE LA INUNDACIÓN

Dios se acordó de Noé y de todos los animales salvajes y domésticos que estaban con él en el barco. Envió un viento que soplara sobre la tierra, y las aguas del diluvio comenzaron a retirarse.

GÉNESIS 8:1

Las inundaciones que barrieron Mozambique en marzo de 2000 fueron descritas por trabajadores de ayuda humanitaria como el peor desastre natural que habían visto jamás. Tras muchos días de lluvias ciclónicas, el río Limpopo se desbordó. Mozambique, que es prácticamente la llanura aluvial del suroriente de África, quedó inundado. Decenas de miles de personas indefensas fueron arrastradas por las aguas, desaparecieron pueblos y las cosechas fueron devastadas. Los que sobrevivieron encontraron un refugio precario en las copas de los árboles o en los techos de las casas, que a veces colapsaban bajo el peso de las personas. Los esfuerzos de rescate se vieron obstaculizados por la burocracia, la corrupción y la falta de suministros. Después de la inundación, los brotes de malaria y fiebre tifoidea se cobraron muchas vidas. El espectro del hambre se cernía sobre la tierra afligida. La desesperanza y la impotencia predominaban.

La devastación en Mozambique sin duda llevó a algunas personas a pensar en el Diluvio registrado en las Escrituras. En aquel diluvio, la destrucción fue sin precedentes y nunca se ha vuelto a repetir. Aunque no se puede atribuir una causa teológica a la inundación de Mozambique, sí conocemos la causa del diluvio bíblico. Dios, al observar «la magnitud de la maldad humana«, dijo específicamente: «Borraré de la faz de la tierra a esta raza humana que he creado» (Génesis 6:5, 7).

En Mozambique, los supervivientes encaramados en los árboles esperaban sin fin con la esperanza de que uno de los pocos helicópteros en acción viera su situación y los rescatara. En el caso de Noé, Dios se acordó de él «y de todos los animales salvajes y domésticos que estaban con él en el barco. Envió un viento que soplara sobre la tierra, y las aguas del diluvio comenzaron a retirarse» (Génesis 8:1). Después de enviar cuidadosamente un cuervo y una paloma para reconocer el terreno, Noé y su familia, los únicos supervivientes humanos del Diluvio, desembarcaron en obediencia directa al mandato divino: «Todos ustedes salgan del barco» (8:16). Entonces Noé «construyó un altar al Señor y allí sacrificó como ofrendas quemadas los animales y las aves que habían sido aprobados para ese propósito. Al Señor le agradó el aroma del sacrificio» (8:20-21). Después, el Señor prometió que el curso normal de las estaciones y de la vida diaria nunca volvería a ser interrumpido. Solo por la gracia de Dios, la humanidad recibió una nueva oportunidad de comenzar de nuevo, de renacer.

La devastación causada por las inundaciones en Mozambique nos recuerda los horrores del diluvio de Noé, el cual, a su vez, señala la gravedad del pecado humano y del juicio divino. La escasez de ayuda humanitaria en el suroriente de África contrasta notablemente con el rescate lleno de gracia que Dios concedió a Noé. Es sobre el oscuro telón de fondo del pecado y del juicio donde la gracia brilla con más fuerza.

LECTURA: *Génesis 9:8-17*

EL ARCO IRIS

«He puesto mi arco iris en las nubes. Esa es la señal de mi pacto con ustedes y con toda la tierra. [...] Este arco iris es la señal del pacto que yo confirmo con todas las criaturas de la tierra».

GÉNESIS 9:13, 17

William Wordsworth vivió en el Distrito de los Lagos, en Inglaterra. Allí, dadas la humedad y las lluvias constantes, los arco iris aparecen a menudo en los cielos oscuros. Escribió:

Mi corazón salta de gozo cuando contemplo
un arco iris en el cielo.
Así fue cuando mi vida comenzó;
así es ahora que soy un hombre;
así sea cuando envejezca,
o déjame morir[17].

Dado su amor por la naturaleza y su visión poética, el poeta Wordsworth sin duda se gozaba en la belleza del arco iris y extraía profundas lecciones de su contemplación. Un científico reconoce que la luz, al refractarse a través de la humedad, produce un rayo de color. En medio de una lluvia, muchos rayos refractados en ángulos ligeramente diferentes a través de muchas gotas de agua producen todos los colores del espectro, formando arcos concéntricos alrededor del sol. Y eso, en esencia, es un arco iris.

Dos puntos de vista totalmente distintos: uno poético y otro científico. Pero existe otra forma de ver el arco iris. Dios le dijo a Noé: «He puesto mi arco iris en las nubes. Esa es la señal de mi pacto con ustedes y con toda la tierra. [...] Este arcoíris es la señal del pacto que yo confirmo con todas las criaturas de la tierra» (Génesis 9:13, 17).

La observación científica le ha permitido al ser humano explorar el mundo, indagar en sus misterios, aprovechar sus riquezas y dominar su poder, en muchos casos para su propio beneficio. Y la imaginación poética ha hecho mucho para enriquecer nuestras almas. Pero solo la revelación divina puede llevar al hombre a las dimensiones más profundas y ricas de la vida y en el conocimiento de la eternidad. Si Dios no nos lo dijera, nunca habríamos adivinado que el arco iris es un mensaje del Creador del universo, que proclama su amor fiel y su compromiso eterno con el pacto que hizo libremente con la humanidad.

Algunos hombres que se dedican a la observación científica del mundo no alcanzan a ver la evidencia del Creador en lo que él mismo creó. Y otros, cuyas imaginaciones poéticas los llevan a volar por los cielos de la fantasía, a menudo aterrizan en regiones que están lejos del Señor. Pero el científico que conoce y entiende las cosas de Dios adora mientras observa las maravillas de la Creación, y la imaginación del poeta creyente se eleva a alturas inimaginables cuando reconoce las huellas de Dios por todas partes.

La próxima vez que veas un arco iris, no te limites a ver refracciones de humedad ni a buscar una olla de oro. En su lugar, adora a Dios y agradécele por sus promesas.

17 William Wordsworth, «My Heart Leaps Up» (Mi corazón salta).

LECTURA: *Génesis 11:1-9*

CONVERSACIÓN Y CONFUSIÓN

El SEÑOR los dispersó por todo el mundo, y ellos dejaron de construir la ciudad. Por eso la ciudad se llamó Babel, porque fue allí donde el SEÑOR confundió a la gente con distintos idiomas. Así los dispersó por todo el mundo.

GÉNESIS 11:8-9

Deborah Tannen ha escrito un par de libros sobre el tema de la conversación[18]. En el primero, explicaba las dificultades que experimentan las personas al comunicarse entre sí. En el segundo, detallaba un área particularmente difícil: ¡la comunicación entre hombres y mujeres! No existe hombre ni mujer en el mundo que no haya experimentado problemas en ese ámbito. ¡Y la doctora Tannen hablaba de las dificultades de comunicación entre personas que usan el mismo idioma!

Los problemas relacionados entre personas que hablan diferentes idiomas son aún mayores. Que se lo pregunten o a quien haya intentado razonar con un agente de aduanas en un país extranjero o a un enfermo que haya tratado de explicarle sus síntomas a un médico en otro idioma.

Pero la confusión entre las lenguas fue intencionada. ¡Dios la causó! El libro de Génesis registra: «Hubo un tiempo en que todos los habitantes del mundo hablaban el mismo idioma y usaban las mismas palabras» (Génesis 11:1).

Hasta ahí todo iba bien. A medida que la raza humana se multiplicaba, sin embargo, aumentaba no solo en número, sino también en ambición. Declararon: «Vamos, construyamos una gran ciudad para nosotros con una torre que llegue hasta el cielo. Eso nos hará famosos y evitará que nos dispersemos por todo el mundo» (11:4). Parece que ya había señales de fragmentación entre las personas, algo que les resultaba inquietante; por lo tanto, decidieron tomar medidas para revertir esa tendencia. Los medios que eligieron para lograr ese objetivo fueron tanto espectaculares como egoístas. Llamarían la atención sobre su propia grandeza construyendo un edificio impresionante en su diseño y ejecución: un templo para adorarse a sí mismos. Todos los que lo vieran reconocerían su mensaje: «Mientras permanezcamos unidos, somos invencibles. Nada está fuera de nuestro alcance. El cielo es el límite».

No hay nada intrínsecamente malo en la ambición, y no cabe duda de que a Dios le agrada ver a sus criaturas usar la imaginación y el ingenio que él les dio. Pero la imaginación y el ingenio tienen sus límites. Cuando el ser humano se siente tan cautivado por su propia grandeza que olvida la verdad innegable de que es un fragmento diminuto de una creación inmensa, totalmente dependiente de la gracia de Dios para su supervivencia y salvación, necesita ser detenido. De lo contrario, no construirá tanto edificios que proclamen su grandeza como monumentos que exhiban su necedad.

Dios decidió mantener a la raza humana en balance, así que nos dio una multitud de lenguas para impedir que nos comunicáramos claramente entre nosotros (11:7). El resultado ha sido tanto frustrante como revelador. El lado negativo de la confusión de lenguas es el malentendido, que causa fricción y división. El lado positivo es que el malentendido nos recuerda constantemente que no somos tan inteligentes como creemos ser. ¡Y sobre eso no debería haber ninguna confusión!

18 Deborah Tannen, *That's Not What I Meant!* (¡Eso no es lo que quise decir!) y *You Really Don't Understand* (De verdad no entiendes).

LECTURA: *Génesis 11:27-12:8*

RECLAMAR LA PROPIEDAD

El SEÑOR se le apareció a Abram y le dijo: «Daré esta tierra a tu descendencia». Y Abram edificó allí un altar y lo dedicó al SEÑOR, quien se le había aparecido.

GÉNESIS 12:7

En la época de la fiebre del oro en California, los mineros se apresuraban a reclamar tierras que creían que contenían su fortuna. Antes que ellos, en la época de los colonizadores, los exploradores llegaban a costas extranjeras y, ante las miradas curiosas de los pueblos indígenas, plantaban la bandera de sus soberanos. En tiempos más recientes, después de grandes batallas, las tropas victoriosas levantaban su estandarte sobre el territorio conquistado; por ejemplo, los marines estadounidenses en Iwo Jima, un acontecimiento inmortalizado en la famosa fotografía (y posterior estatua) tomada al día siguiente del hecho real.

Milenios antes, Abram recibió instrucciones del Señor de que debía dejar su hogar en Ur de los caldeos y dirigirse hacia un destino que se le mostraría en el camino. En una muestra extraordinaria de obediencia y fe, así lo hizo. Su viaje se detuvo en Harán hasta la muerte de su padre. Entonces el Señor le habló directamente y le dijo: «Deja tu patria y a tus parientes y a la familia de tu padre, y vete a la tierra que yo te mostraré» (Génesis 12:1). Y Abram obedeció. Cuando finalmente llegó a Siquem, el lugar hacia el cual había estado viajando sin saberlo, el Señor se le apareció y confirmó que ese era el lugar que había escogido, diciéndole: «Daré esta tierra a tu descendencia» (12:7).

Abram no tenía una bandera, ni existía una oficina a la que pudiera acudir para reclamar la propiedad, pero dejó su marca en el lugar: «Y Abram edificó allí un altar y lo dedicó al SEÑOR, quien se le había aparecido» (12:7). Después continuó hacia Betel, y «allí edificó otro un altar y lo dedicó al SEÑOR, y adoró al SEÑOR» (12:8). Cuando los exploradores coloniales plantaban sus banderas y reclamaban vastos territorios, tenían poco con qué justificar sus pretensiones, aparte de su propia arrogancia y su pólvora. En el caso de Abram, los cananeos ocupaban la tierra cuando él llegó, pero fue porque el Señor (dueño legítimo de esa tierra desde el principio) la había prometido a los descendientes de Abram, que él actuó en fe y obediencia.

Al considerar las promesas que Dios le hizo a Abram, es notable que ninguna de ellas podía comprobarse con algún grado de certeza. Convertirse en «una gran nación» (12:2) parecía altamente improbable; ser bendecido, hacerse famoso y convertirse en «una bendición para otros» (12:2) estaban muy lejos de la realidad que él experimentaba en ese momento. No había nada tangible, salvo los altares, que daban testimonio silencioso de la fe y la obediencia de Abram.

Todos creemos en algo. A lo largo del camino de la vida, cada uno de nosotros ha levantado testigos silenciosos de lo que más valoramos: un negocio, un edificio, un barco o un libro. Siéntate y mira atrás para ver las cosas que has dejado en tu recorrido. Hablarán por sí solas sobre el viaje que has hecho y el lugar al que has llegado.

LECTURA: *Génesis 13:1-18*

MANTENER EL RUMBO

Toda la región está a tu disposición. Escoge la parte de la tierra que prefieras, y nos separaremos. Si tú quieres la tierra a la izquierda, entonces yo tomaré la tierra de la derecha. Si tú prefieres la tierra de la derecha, yo me iré a la izquierda.

GÉNESIS 13:9

Cuando el avión se sale de la pista o un tren salta por las vías o un barco se desvía de su rumbo, se cierne el desastre. Y, cuando los hombres pierden su visión, pueden perder la dirección rápidamente y cometer grandes errores. Las reputaciones se manchan con facilidad, y las posiciones de influencia ganadas con esfuerzo se pierden rápidamente. Cuando esos hombres son siervos del Señor, la causa del Señor sufre un revés. El pueblo de Dios se convierte en un blanco fácil de burla y desprecio.

Después de que Abram llegó a Canaán, una gran hambruna lo obligó a trasladarse nuevamente, esta vez a Egipto (Génesis 12:10). No hay indicio alguno de que no debiera haber ido allí; el sentido común indicaba que debía hacerlo. Pero, una vez en Egipto, Abram perdió el rumbo. Perdió de vista el cuidado del Señor, y su fe victoriosa fue vencida por el miedo: un miedo que lo llevó a decir medias verdades que en realidad eran mentiras. Eso, a su vez, avergonzó y enfureció al faraón y terminó con la expulsión ignominiosa de Abram de Egipto.

Más triste pero más sabio, Abram y su séquito viajaron «hacia el norte, al Neguev [...] Desde el Neguev, continuaron viajando por tramos hacia Betel y armaron sus carpas entre Betel y Hai, donde habían acampado antes. Era el mismo lugar donde Abram había construido el altar, y allí volvió a adorar al Señor» (13:1, 3-4).

Una vez más enfocado en adorar al Señor, Abram fue puesto a prueba casi de inmediato. Pronto se hizo evidente que la región donde vivía no podía sostener tanto sus rebaños como los de Lot. Surgieron disputas entre los que cuidaban los animales de ambos, y Abram dio un paso al frente con una propuesta sabia y generosa. Le dijo a Lot: «Toda la región está a tu disposición. Escoge la parte de la tierra que prefieras, y nos separaremos. Si tú quieres la tierra a la izquierda, entonces yo tomaré la tierra de la derecha, Si tú prefieres la tierra de la derecha, yo me iré a la izquierda» (13:9).

Lot eligió de inmediato las mejores tierras para sí, y Abram se estableció en la tierra menos fértil. Podría haber hecho valer su autoridad. Podría haberle recordado a Lot que él, Abram, era el escogido del Señor y que Lot solo estaba allí porque lo acompañaba. Pero no lo hizo. Abram sabía en su corazón que, aun cuando la Tierra Prometida no pareciera prometedora, el Señor de la promesa era fiel, y que la respuesta correcta a la fidelidad es una plenitud de fe.

El momento de debilidad de Abram en Egipto lo había llevado al borde del desastre. Había aprendido una lección amarga, pero incluso su vergonzosa expulsión resultó ser una bendición porque lo devolvió al lugar de adoración.

Cualquier hombre es capaz de descarrilar. El hombre sabio es aquel que sabe cómo regresar al rumbo correcto.

LECTURA: *Salmo 23*

TODOS LOS DÍAS DE MI VIDA

El Señor es mi pastor; tengo todo lo que necesito.

SALMO 23:1

Cuando el profeta Isaías lamentó: «Todos nosotros nos hemos extraviado como ovejas; hemos dejado los caminos de Dios para seguir los nuestros» (Isaías 53:6), no era un cumplido ser comparado con las ovejas. Las ovejas tienen una exasperante tendencia a extraviarse y, con bastante frecuencia, a meterse en serios problemas. Los seres humanos tienen la misma inclinación. Pero no todas las ovejas se pierden; algunas parecen encontrar el antídoto contra su inquietud: se establecen bajo el cuidado vigilante de un pastor. Eso es precisamente lo que los hombres también necesitan.

David, como sabemos, no era ajeno a las ovejas. Pasó muchas horas largas y solitarias pastoreando en las colinas que rodean Belén, protegiendo su rebaño de leones y osos, y guiándolo hacia el agua y el pasto. Las sencillas palabras del salmo más famoso de David captan la belleza de la vida de una oveja bajo el cuidado amoroso de un pastor o, más exactamente, el esplendor de la vida de un hombre que vive bajo el pastoreo del Señor.

La capacidad de decir «tengo todo lo que necesito» (Salmo 23:1) es algo poco común en la sociedad consumista actual. Somos bombardeados por una publicidad hábilmente diseñada que juega con nuestros miedos y deseos más profundos, y que difumina la línea entre necesidades y deseos, entre lo necesario y lo superfluo. Cada vez es más difícil encontrar descanso «en verdes pastos» y paz «junto a arroyos tranquilos» (23:2). Los hombres luchan contra el ajetreo en la jungla de cemento de la vida moderna.

El hombre que puede afirmar con verdad «El Señor es mi pastor» (23:1) también puede hablar del impacto que esta verdad fundamental ha tenido en su vida. Y no solo de vez en cuando, sino todos los días de su vida (23:6). Conocer el lugar donde las «fuerzas» puede renovarse y donde se puede hallar dirección por «sendas correctas» (23:3) da seguridad y ánimo en medio de la incertidumbre moderna. Un hombre puede tener esta confianza incluso cuando la vida lo lleva a pasar «por el valle más oscuro» (23:4) o a vivir en presencia de sus enemigos (23:5). Cuando el Señor es nuestro pastor, él nos concede la gracia de no temer y de poder decir: «Mi copa se desborda de bendiciones» (23:4-5). Experimentar esto es vivir a un nivel que pocos hombres conocen.

Si alguien objeta que todo esto suena demasiado bueno para ser verdad, la respuesta debe ser: ¡lo es! Es decir, lo es, a menos que sea el Señor quien pastoree. Entonces, su «bondad y su amor inagotable» (23:6) seguirán incluso a las ovejas más propensas a desviarse, como perros pastores divinamente guiados.

Y eso no es todo. Cuando todos los días de su vida lleguen a su fin, el hombre bien pastoreado vivirá en la casa del Señor por siempre (23:6). ¡Qué manera de llegar al final del camino!

LECTURA: *Marcos 9:35-50*

DE CORAZÓN A CORAZÓN

Jesús se sentó y llamó a los doce discípulos y dijo: «Quien quiera ser el primero debe tomar el último lugar y ser el sirviente de todos los demás».

MARCOS 9:35

Los buenos entrenadores saben que, cuando las cosas van muy mal, es necesario convocar una reunión de equipo. Eso también sucede en las familias; el papá decide que es momento de convocar a todos para hablar de normas familiares. Y las empresas hacen lo mismo; la gerencia cierra la operación por un día, reúne al personal y aborda los asuntos que necesitan ser enfrentados.

Hay un gran precedente para este enfoque. Jesús lo hizo con sus discípulos: «Se sentó y llamó a los doce discípulos» (Marcos 9:35), ¡y comenzó a repasar algunas de las cosas que había decidido que necesitaban un énfasis especial!

Jesús comenzó con el tema del orden jerárquico espiritual, que aparentemente preocupaba a los discípulos. Dijo: «Quien quiera ser el primero debe tomar el último lugar y ser el sirviente de todos los demás» (9:35). Ellos no podían discutirlo porque Jesús lo modelaba con su ejemplo. Luego abordó su actitud elitista hacia el ministerio. Se habían encontrado con alguien que usaba el nombre de Jesús para expulsar demonios, pero como no pertenecía a los Doce, «le dijimos que no lo hiciera» (9:38). Jesús les dijo que eso era un error. Si el hombre actuaba genuinamente en el nombre de Jesús, es decir, desde una verdadera relación con Cristo, no había ningún problema con que realizara el mismo tipo de ministerio que Jesús y sus doce discípulos.

Después, Jesús dirigió su atención al tema de hacer tropezar a otros en su vida espiritual. Les dijo: «Si tú haces que uno de estos pequeños que confían en mí caiga en pecado, sería mejor que te arrojaran al mar con una gran piedra de molino atada al cuello» (9:42). Palabras duras, sin duda. Los pequeños a los que se refería podían ser los niños que estaban reunidos o creyentes jóvenes, como el hombre que echaba fuera demonios. En cualquiera de los casos, el mensaje era claro. Usando un lenguaje simbólico y dramático para enfatizar su punto, Jesús advirtió sobre las consecuencias del pecado, no solo en cuanto al daño que les causa a los demás, sino también con respecto al destino eterno del pecador. El propósito de esa conversación sincera era recordarles a sus discípulos que estaban llamados a ser especiales, a ser «sal», y que corrían el peligro de volverse comunes, ¡de perder su sabor!

Las actitudes y acciones hablan con fuerza y tienen un impacto profundo, a veces perjudicial, en otras personas. En lugar de ser responsables de hacer que otra persona «caiga en pecado», se debe imponer una disciplina personal estricta. De ese modo, los hombres que siguen a Jesús pueden mantener su carácter semejante al de Cristo. ¡A Jesús le gusta que su sal sea salada!

LECTURA: *Marcos 10:1-16*

MATRIMONIO Y DIVORCIO

Desde el principio de la creación «Dios los hizo hombre y mujer». «Esto explica por qué un hombre deja a su padre y a su madre, y se une a su esposa, y los dos se convierten en uno solo». [...] Ya no son dos sino uno.

MARCOS 10:6-8

Desde el principio de la Creación, Dios ordenó leyes físicas para el universo. La ley de la gravedad y las leyes de la termodinámica son realidades establecidas. Cuando las reconocemos y nos adherimos a ellas en nuestras vidas diarias, demuestran ser muy beneficiosas y aseguran que la vida se desarrolle con fluidez. Sin embargo, si intentamos contravenir las leyes naturales —por ejemplo, saltando desde un rascacielos o sentándonos sobre una estufa caliente—, ocurren cosas negativas y se sufren las consecuencias.

De la misma manera, Dios estableció leyes sociales para el bienestar de quienes tenemos el privilegio de vivir en su maravilloso mundo. Jesús recordó a quienes lo cuestionaban algunas de estas leyes fundamentales cuando fue desafiado con una pregunta. La pregunta, formulada para «tenderle una trampa», fue: «¿Está bien permitir que un hombre se divorcie de su esposa?» (Marcos 10:2). En nuestra sociedad actual, dado el alto índice de divorcios, casi se da por sentado que un hombre puede divorciarse de su esposa cuando y por la razón que desee.

Pero no era así en la época de Jesús. De hecho, el tema del divorcio era motivo de intensos debates. Algunos rabinos, como Hillel, enseñaban que el divorcio era legítimo por las razones más triviales o superficiales... pero solo para los varones. Otros, como Shamai, adoptaban una postura más conservadora y condenaban las enseñanzas y actitudes de hombres como Hillel.

Quienes cuestionaban a Jesús intentaban hacer que dijera algo sobre el tema que luego pudieran usar en su contra. Jesús respondió, como solía hacerlo, con otra pregunta: «¿Qué dijo Moisés en la ley sobre el divorcio?» (10:3). Ellos contestaron: «Bueno, él lo permitió» (10:4). Jesús estableció que el divorcio fue permitido en la época de Moisés pero solo como una «concesión ante la «dureza del corazón» de las personas (10:5). En otras palabras, no era el ideal de Dios. Jesús explicó de inmediato: «Pero desde el principio de la creación "Dios los hizo hombre y mujer"». "Esto explica por qué un hombre deja a su padre y a su madre, y se une a su esposa, y los dos se convierten en uno solo"» (10:6-8).

El ideal de Dios es muy claro. Un hombre y una mujer se unen en matrimonio, tienen hijos a quienes crían en el amor y la seguridad de un hogar; esos hijos eventualmente dejan el hogar, se casan, tienen sus propios hijos, y así continúa el ciclo de la vida y el bienestar humanos. Al igual que las leyes naturales establecidas por Dios, estos principios sociales están diseñados para el bien de la humanidad. Y, como con las leyes físicas, se sufren consecuencias negativas cuando intentamos contravenirlas.

La sociedad necesita obedecer las leyes de Dios sobre el matrimonio y la familia. Pero ¿y las personas que desobedecen y terminan divorciadas? Ellas también necesitan cuidado. De hecho, uno de los mayores desafíos que enfrenta la iglesia contemporánea es este: «¿Cómo podemos mantener los principios divinos del matrimonio y la familia, y al mismo tiempo cuidar de aquellos cuyos matrimonios han fracasado y cuyas familias están hechas pedazos?». ¡Esa es una pregunta sobre la que debemos reflexionar seriamente!

LECTURA: *Hebreos 12:1-13*

CORRER LA CARRERA

Ya que estamos rodeados por una enorme multitud de testigos de la vida de fe, quitémonos todo peso que nos impida correr, especialmente el pecado que tan fácilmente nos hace tropezar. Y corramos con perseverancia la carrera que Dios nos ha puesto por delante. Esto lo hacemos al fijar la mirada en Jesús, el campeón que inicia y perfecciona nuestra fe.

HEBREOS 12:1-2

Cuando, en el 490 a. C., los griegos obtuvieron una gran victoria sobre los persas, uno de los soldados victoriosos presuntamente corrió los cuarenta kilómetros desde Maratón hasta Atenas para llevar la buena noticia a sus compatriotas. Muchos años después, en 1896, el Comité Olímpico moderno introdujo una carrera pedestre de larga distancia y la llamaron «maratón». En 1924, se estandarizó la distancia de la carrera en cuarenta y dos kilómetros. Esta carrera se ha convertido en el evento final de los Juegos Olímpicos modernos, un cierre apropiado para muchas hazañas atléticas. Al terminar su agotadora carrera, los corredores dan la vuelta a la pista entre los vítores del público en las gradas llenas.

Los lectores originales de las cartas del Nuevo Testamento estaban familiarizados con los antiguos juegos olímpicos, precursores de los modernos, por lo que no tuvieron dificultad en entender el mensaje cuando leyeron: «Por lo tanto, ya que estamos rodeados por una enorme multitud de testigos de la vida de fe, quitémonos todo peso que nos impida correr, especialmente el pecado que tan fácilmente nos hace tropezar. Y corramos con perseverancia la carrera que Dios nos ha puesto por delante» (Hebreos 12:1). ¡Nosotros tampoco deberíamos tener dificultad para captar el mensaje! El entrenamiento riguroso, la ropa adecuada, las tácticas hábiles y un enorme dominio propio y autodisciplina son factores esenciales en las carreras de larga distancia modernas. Y el hecho de que la carrera se realice frente a grandes multitudes de espectadores aumenta la intensidad del evento para los competidores.

De la misma manera, al creyente moderno se le exhorta a «correr» la vida de fe con seriedad. No debe entrar en la carrera de manera casual ni participar en ella con desgana. Debe correrla con intensidad y perseverancia.

El corredor moderno de larga distancia puede mirar atrás y recordar las hazañas de grandes atletas como el corredor checo Emil Zátopek, quien ganó los cinco mil metros, los diez mil metros y el maratón en los Juegos Olímpicos de 1952. De igual modo, el creyente actual es animado a recordar las hazañas de fe de hombres como Abraham y Noé, Pablo y Esteban, y a sentirse alentado y desafiado por sus ejemplos.

Por encima de todo, los creyentes deben mantener su mirada en Jesús, «el campeón que inicia y perfecciona nuestra fe» (Hebreos 12:2), quien está sentado en la meta. Fue él quien nos mostró el camino: soportó el dolor, completó su tarea con firmeza y finalmente triunfó sobre el enemigo. Y es siguiéndolo a él como corremos, bajo su atenta mirada y su amoroso cuidado. Es por él que competimos y hacia él dirigimos nuestra carrera en la vida. No nos entregará una medalla de oro física, pero podemos anticipar una gloriosa bienvenida al final de nuestra carrera. ¡Terminar bien y verlo a él será recompensa suficiente!

LECTURA: *1 Corintios 1:1-18*

LAS COSAS PRINCIPALES

Amados hermanos, les ruego por la autoridad de nuestro Señor Jesucristo que vivan en armonía los unos con los otros. Que no haya divisiones en la iglesia. Por el contrario, sean todos de un mismo parecer, unidos en pensamiento y propósito.

1 CORINTIOS 1:10

La Guerra de Vietnam sigue siendo uno de los capítulos más problemáticos y exasperantes de la historia de los Estados Unidos. Tras haber sido arrastrada a lo que el general De Gaulle advirtió al presidente Kennedy que sería un «pantano», la nación más poderosa del mundo fue derrotada de modo contundente por un grupo relativamente pequeño de campesinos guerrilleros. Desde aquellos tristes días se han realizado innumerables análisis, pero se cree ampliamente que el desacuerdo entre los políticos y los generales fue una de las principales causas del problema. El ejército estadounidense tenía los medios y la voluntad para destruir la infraestructura vietnamita, pero los políticos no tuvieron la determinación. El resultado fue la discordia y prevaleció la incertidumbre. En marcado contraste con la ambivalencia estadounidense hacia la guerra, Ho Chi Minh triunfó gracias a su firme determinación y a sus objetivos inquebrantables.

La falta de enfoque y el conflicto interno significan derrota para cualquier organización, incluida la iglesia. Tomemos como ejemplo la iglesia en Corinto. Los creyentes corintios habían sido bendecidos con «los dones inmerecidos» que Dios les había dado, enriquecidos «con toda la elocuencia y todo conocimiento» (1 Corintios 1:4-5); estaban ubicados estratégicamente en una de las regiones más influyentes del mundo antiguo, y habían sido enseñados y entrenados por el gran apóstol Pablo. Pero esta iglesia fracasó rotundamente en alcanzar su potencial. Hubo varias razones, pero encabezaban la lista las dos más destructivas: la falta de enfoque y el conflicto interno.

La iglesia en Corinto había sido bendecida con un buen ministerio, no solo de Pablo, sino también de figuras destacadas como Pedro y Apolos. Pedro, Pablo y Apolos eran diferentes, por supuesto: tenían temperamentos y personalidades distintas, y sin duda cada uno de ellos atraía a diferentes grupos dentro de la iglesia. Esto no tiene nada de malo ni inusual. Lo que sí *estaba* mal era el espíritu de división que se había desarrollado entre los creyentes. Algunos decían: «Yo soy seguidor de Pablo». Otros: «Yo soy de Apolos». Otros: «Yo sigo a Pedro». Y otros más: «Yo sigo únicamente a Cristo» (1:12). El resultado fue falta de armonía, dispersión de la energía espiritual en luchas internas y una reputación de conflicto y desorden. ¡Qué imagen tan poco atractiva para proyectar ante una ciudad escéptica y necesitada!

En medio de esas luchas partidistas se había perdido el sentido de lo principal, lo que realmente importaba. Pero no para Pablo. Él les recordó a los corintios: «Cristo no me envió a bautizar, sino a predicar la Buena Noticia, y no con palabras ingeniosas, por temor a que la cruz de Cristo perdiera su poder» (1:17). Las cosas principales (la «Buena Noticia» y la «cruz de Cristo») eran el enfoque que la iglesia había perdido. Las cosas principales habían dejado de ser las cosas principales.

Mires donde mires, el mismo principio se mantiene: enfoque, cohesión y compromiso conducen a la victoria. Turbulencia, contienda y confusión prometen derrota.

LECTURA: *1 Corintios 1:18-31*

SABIDURÍA Y NECEDAD

Ya que Dios, en su sabiduría, se aseguró de que el mundo nunca lo conociera por medio de la sabiduría humana, usó nuestra predicación «ridícula» para salvar a los que creen.

1 CORINTIOS 1:21

Cuando el hombre necesita sabiduría sobre los misterios de la vida, es comprensible que a menudo acuda a grandes mentes en la búsqueda de respuestas. Ocasionalmente recibe ayuda, pero con mayor frecuencia su confusión aumenta y su desconcierto se profundiza. Una de las grandes mentes del siglo xx fue la de Lord Bertrand Russell, un filósofo. Él escribió:

> El hombre es el producto de causas que no tuvieron previsión del fin que estaban logrando... Su origen, su desarrollo, sus esperanzas y temores, sus amores y sus creencias no son más que el resultado de combinaciones accidentales de átomos... Ningún fuego, ningún heroísmo, ninguna intensidad de pensamiento o sentimiento puede preservar una vida individual más allá de la tumba... Todas estas cosas, si no son completamente indiscutibles, son al menos tan seguras que ninguna filosofía que las rechace puede esperar mantenerse en pie[19].

¿Cómo podía el brillante Lord Russell estar tan seguro de que ninguna vida individual puede ser preservada más allá de la tumba? No lo explicó. Por supuesto que no podía hacerlo; ¡no podía! Tal conocimiento no pertenece al filósofo; pertenece a Aquel que habita en la eternidad y que revela su verdad al ser humano en Cristo. De hecho, los filósofos que ignoran la Buena Noticia deberían prestar atención a la Palabra del Señor, que revela precisamente lo que ellos no pueden conocer por medio de la razón humana. Como escribió Pablo: «Dios ha hecho que la sabiduría de este mundo parezca una ridiculez» (1 Corintios 1:20).

Fue un acto de bondad divina que Dios determinara «que el mundo nunca lo conociera por medio de la sabiduría humana» (1:21), porque eso habría dado ventaja al genio y habría dejado en desventaja al hombre común. Un cielo poblado exclusivamente por los brillantes no formaba parte del plan divino. Por el contrario, para que todos pudieran ser bendecidos, Dios decidió usar la predicación «ridícula» para salvar a los que creen (1:21). Todos, ya sean brillantes o sencillos, son capaces de creer.

Por supuesto, no es simplemente el acto de creer lo que produce salvación. Un hombre puede creer fervientemente en mentiras y confiar sinceramente en el error. La salvación viene por creer en el mensaje de que «Cristo fue crucificado» (1:23) y que él es quien «nos hizo justos ante Dios», quien puede hacernos «puros y santos» y quien, mediante su muerte y resurrección, «nos liberó del pecado» (1:30). Es la fe en Cristo y en su obra la que nos introduce en las bendiciones eternas que Dios ha preparado.

Bertrand Russell ofrece este consejo: «Solo sobre el firme fundamento de la desesperación inquebrantable puede edificarse con seguridad la morada del alma»[20]. Cristo ofrece la seguridad de la salvación eterna. ¿A quién eliges creer? ¡Piénsalo!

19 Bertrand Russell, «A Free Man's Worship» (La adoración de un hombre libre).
20 Russell, «A Free Man's Worship».

LECTURA: *1 Corintios 2:1-16*

LA CRUZ

Decidí que, mientras estuviera con ustedes, olvidaría todo excepto a Jesucristo, el que fue crucificado. [...] No, la sabiduría de la que hablamos es el misterio de Dios, su plan que antes estaba escondido, aunque él lo hizo para nuestra gloria final aún antes que comenzara el mundo.

1 CORINTIOS 2:2, 7

La bandera del Reino Unido, denominada Union Jack, está compuesta por las banderas de Inglaterra, Irlanda del Norte y Escocia unidas una sobre otra. Cada una de estas banderas representa al santo patrón del país: Jorge de Inglaterra, Patricio de Irlanda, David y Andrés de Escocia. Cada santo está representado por una cruz.

La cruz se ha convertido en un símbolo ampliamente reconocido que aparece a menudo en banderas, se incorpora en la arquitectura de las iglesias o simplemente se usa como una pieza de joyería. Pero su significado original ha sido, en gran medida, pasado por alto, lo cual no es sorprendente cuando recordamos lo que realmente era la cruz. En la época del Imperio romano, la cruz era un medio de ejecución tan torturante, vil y cruel que ningún ciudadano romano podía ser crucificado. Es realmente asombroso que un instrumento tan horrendo de tortura se haya convertido en un símbolo tan precioso para tantos. Pero ¿cómo sucedió eso?

La respuesta no se encuentra en la cruz en sí misma, sino en una ejecución en particular: la de un humilde y joven artesano, Jesús de Nazaret, cuya valiente predicación desafió el statu quo religioso en Jerusalén hace casi dos milenios. Pero incluso su crucifixión por sí sola no explica el respeto tan extendido hacia las cruces, hasta que recordamos que la razón principal de la hostilidad del liderazgo religioso hacia él fue que afirmaba ser Dios. Sus afirmaciones cobraron una fuerza innegable cuando su tumba quedó vacía, su cuerpo desapareció y muchas personas declararon haberlo visto resucitado de entre los muertos.

Los discípulos de Jesús, que inicialmente lo abandonaron durante las aterradoras horas de su arresto, juicio y ejecución, fueron transformados de manera extraordinaria después de las apariciones reportadas. Comenzaron a proclamar con valentía y claridad que Jesús era el Mesías prometido, que había muerto por los pecados del mundo, había resucitado y triunfado sobre el pecado, la muerte y el infierno. Este poderoso mensaje se extendió por todo el Imperio romano.

El apóstol Pablo, cuya labor fue decisiva para la expansión de este mensaje, dijo que su misión era olvidar todo «excepto a Jesucristo, el que fue crucificado» (1 Corintios 2:2). Pablo afirmó que, si quienes mataron a Jesús hubieran entendido lo que estaban haciendo, «no habrían crucificado a nuestro glorioso Señor» (2:8). Aunque no lo sabían, uno de los «secretos profundos de Dios» (2:10) se estaba cumpliendo. Porque fue en la cruz donde Jesús murió por los pecados de todos los hombres y donde hizo posible el perdón y la vida eterna para todos los que creen.

El secreto ya no está oculto. El mensaje ha sido revelado, y hoy muchos miran más allá del símbolo para comprender el significado de la cruz. Habiendo sido perdonados, lo aman y sirven a él. Reverencian, con toda razón, la cruz y a Aquel de quien habla esa cruz.

LECTURA: *Salmo 62*

ESPERAR EN SILENCIO

Espero en silencio delante de Dios, porque de él proviene mi victoria.

SALMO 62:1

Cuando los hombres van de compras, por lo general saben lo que quieren, lo agarran, lo llevan a la caja, lo pagan y se van. Misión cumplida. Cuando las mujeres van de compras, no necesariamente buscan algo específico. Disfrutan ver lo que hay disponible, probárselo, compararlo, comprarlo, llevarlo a casa, probárselo otra vez y luego devolverlo. Sin duda existen excepciones a estos estereotipos, ¡pero no muchas!

Si un hombre se encuentra de compras con su esposa, tendrá mucho tiempo para contemplar su destino mientras espera lo que le parece una cantidad de tiempo interminable, ¡pero para su esposa parecerán solo unos minutos! En tales situaciones, los hombres suelen ser impacientes. Si otro desafortunado pasa por algo similar, compartirán su dolor y se compadecerán el uno del otro. ¡Los hombres no son muy buenos para esperar!

Pero David sí sabía esperar. Él dijo: «Espero en silencio delante de Dios, porque de él proviene mi victoria» (Salmo 62:1). La diferencia es notable. Por un lado, un hombre espera con impaciencia a que su esposa haga algo que a él no le interesa, e incluso puede desaprobar activamente. Por otro lado, un hombre espera *delante* de Dios para que intervenga en asuntos que son de vital importancia para él.

Esperar «delante de Dios» sugiere hacerlo en un lugar y con una actitud específica. Es esperar en una postura de adoración y dependencia, en lugar de simplemente quedarse esperando a que algo ocurra. Esperar delante de Dios implica concentrarse activamente en quién es él y en lo que está haciendo en el mundo mientras esperamos que lleguen sus respuestas.

Los hombres que están acostumbrados a tener el control de sus propias vidas, y de la vida de otros, encuentran especialmente difícil esperar delante de Dios. Dirán que «el tiempo es dinero» y, mientras se supone que están esperando, esperan recibir respuestas de inmediato. Pero David había llegado al punto de reconocer que no podía resolver su problema: «Cuántos enemigos contra un solo hombre» (62:3). Sabía que su única esperanza estaba en la intervención del Señor.

Dios actúa a su propio ritmo y a su propia manera. Ninguna cantidad de impaciencia cambiará la velocidad ni el modo en que Dios cumplirá sus propósitos. Por lo tanto, cuando la única dirección a la que puedes volverte es al Señor, y la única manera de mirar es hacia arriba, recuerda esperar *delante* de él mientras esperas en él. Dios actuará. Y no seas impaciente, porque su reloj siempre marca el tiempo perfecto.

LECTURA: *Génesis 24:1-27*

MANO DERECHA

«Oh Señor, Dios de mi amo, Abraham —oró—. Te ruego que hoy me des éxito y muestres amor inagotable a mi amo, Abraham».

GÉNESIS 24:12

Los asistentes especiales de los grandes hombres se acostumbran a que les encarguen tareas extraordinarias; por lo tanto, también deben ser hombres de calidad. Con frecuencia, los grandes hombres acaparan toda la atención y los asistentes quedan cómodamente en un segundo plano; pero sin el hombre tras el telón, el protagonista principal muchas veces tendría dificultades para desempeñar su función.

Abraham fue un gran hombre; y tuvo un asistente verdaderamente excepcional. Hay razones para creer que el nombre del asistente de Abraham era Eliezer (ver Génesis 15:2). Sea cual fuere su nombre, el asistente de Abraham era «el hombre que estaba a cargo de su casa» y «su siervo más antiguo» (24:2).

Abraham encargó a su asistente una tarea muy difícil. Se le indicó que encontrara una esposa adecuada para el hijo de su señor. ¡Imagina! No solo debía encontrar una joven que el jefe aprobara, sino también una que, sin duda, agradara al joven.

Vale la pena notar que, si en efecto el hombre era Eliezer, la llegada del hijo de su señor le había arrebatado la posibilidad de heredar las vastas riquezas de Abraham. En muchas circunstancias, eso habría sido motivo suficiente para despertar un profundo resentimiento hacia el hijo de su amo, ¡pero este hombre era un hombre noble!

Su tarea no fue facilitada por las instrucciones específicas que recibió ni por las severas restricciones impuestas a su elección. No se le permitió llevar consigo al joven, y tampoco podía buscar esposa fuera de la familia de Abraham. Esto implicaba viajar una distancia considerable, de regreso al lugar donde Abraham había vivido antes de que Dios lo llamara a la Tierra Prometida.

Cuando pidió ayuda a Abraham, se le dijo al asistente: «El Señor, Dios del cielo [...] enviará a su ángel delante de ti y se encargará de que encuentres allí una esposa para mi hijo» (24:7). Con esa promesa, inició su camino de fe.

Al llegar a la región donde vivía la familia de Abraham, se dio cuenta de cuán difícil sería encontrar a la joven correcta. Así que oró, pidiéndole a Dios que hiciera exactamente lo que Abraham le había dicho que haría. Y Dios lo hizo. Rebeca, la hermosa elegida del Señor, apareció en escena, demostró ser una mujer digna y aceptó la propuesta.

El protagonista de esta historia no es el gran hombre: Abraham. No, el verdadero protagonista es el hombre silencioso, modesto, fiel, orante y confiable que trabajó tras bambalinas: el hombre que honró y sirvió a su amo terrenal y que amó y confió en su Señor celestial. Nuestro mundo necesita más hombres como él.

LECTURA: *Génesis 24:59-67*

MEDITACIÓN

Una tarde, mientras [Isaac] caminaba por los campos y meditába.

GÉNESIS 24:63

Los hombres ocupados viven a un ritmo rápido. Su tiempo es precioso, sus tareas son numerosas y las exigencias que hay sobre sus hombros son continuas. No hay horas suficientes en el día, y sospechan que puede que no haya años suficientes en sus vidas para lograr todo lo que tienen que hacer. Así que los negocios, la productividad, la administración del tiempo, el cumplimiento de plazos y «mantener todas las bolas en el aire» llegan a definir el estilo de vida de este tipo de hombre. Se descuida la salud, el matrimonio sufre por falta de atención, los hijos se vuelven unos desconocidos y la vida espiritual se pierde entre el ajetreo. Este hombre no es ajeno a la situación ni tampoco indiferente a ella. De hecho, se promete a sí mismo hacer los cambios necesarios para darle más sentido a su vida y restaurar cierto equilibrio en sus días. Tristemente, esas promesas a menudo quedan sin cumplir. Un ataque al corazón, un retiro forzoso o una ruptura matrimonial puede llevarlo finalmente a un tiempo de reflexión y contemplación. Más vale tarde que nunca, por supuesto; pero cuánto mejor habría sido si hubiera reconocido el valor de la contemplación y la meditación antes en su vida.

Isaac conocía el valor de la contemplación. Ser hijo de Abraham, sin duda, tenía sus ventajas, y presumiblemente, ser su heredero implicaba muchas responsabilidades. Con los años avanzados de su padre y el reciente fallecimiento de su madre, Isaac no podía evitar reflexionar sobre su futuro. ¡A eso se sumaba su inminente matrimonio con una mujer a la que nunca había conocido! No es de extrañar que «caminaba por los campos y meditaba» (Génesis 24:63).

Sin duda, Isaac tenía muchas cosas compitiendo por su atención, y ciertamente había numerosos asuntos que requerían reflexión cuidadosa y decisiones sabias. Pero, a menos que se tomara el tiempo para despejar su mente, alejarse de las distracciones y concentrar su atención, existía la posibilidad real de que su vida siguiera el camino del hombre ocupado y poco reflexivo: el camino de la confusión inevitable y la decepción final.

Isaac necesitaba pensar en el significado del pacto que Dios había hecho con su padre, un pacto que también lo incluía a él. Podía reflexionar provechosamente en cómo su padre había manejado el difícil problema con Lot. Y las malas decisiones de Lot, junto con su angustiosa huida de las consecuencias, ciertamente merecían un grado de meditación.

Los hombres de hoy deberían imitar a Isaac, incorporando en sus vidas momentos de reflexión y disciplinando su mente para concentrarse en asuntos que no estén dictados por la urgencia del momento. Los temas apremiantes exigirán atención y la recibirán, pero se necesitan tiempos de meditación para tratar los asuntos espirituales, morales y eternos. Los mensajes ruidosos y espectaculares captarán la atención, pero es en los campos tranquilos donde se produce la meditación en los asuntos verdaderamente importantes.

LECTURA: *Ezequiel 2:1-10*

MISIÓN: IMPOSIBLE

«Hijo de hombre —me dijo—, te envío a la nación de Israel, un pueblo desobediente que se ha rebelado contra mí. Ellos y sus antepasados se han puesto en mi contra hasta el día de hoy».

EZEQUIEL 2:3

Misión: Imposible ocupa un lugar especial en los anales del drama en televisión. Al principio de cada programa se distribuían tareas misteriosas, y lo que era catalogado de imposible se volvía posible, aunque improbable, antes de que terminara el capítulo semanal.

La misión de Ezequiel le fue asignada de una manera mucho más dramática que la de los agentes de *Misión: Imposible*. Él recibió una visión de la gloria de Dios tan abrumadora que cayó «con rostro en tierra» (Ezequiel 1:28). En esa posición, poco digna pero perfectamente comprensible, Ezequiel estaba en el lugar ideal para oír la voz del Señor. Fue allí, en una postura de reverente sumisión, donde escuchó: «Levántate, hijo de hombre [...] quiero hablarte» (2:1). La voz, por supuesto, era la voz de Dios. No era una voz cualquiera, ni las palabras eran palabras ordinarias. Contenían el mismo poder necesario para obedecerlas. Ezequiel testificó: «El Espíritu entró en mí mientras me hablaba y me puso de pie» (2:2).

Hoy en día, los hombres rara vez se encuentran postrados como reacción a oír la voz de Dios; pero tienen a su alcance la Palabra escrita de Dios, que, cuando se lee, se medita, se aprende y se asimila profundamente, no solo ordena, sino que también da el poder para obedecer. La Palabra atendida libera el poder necesario.

Ezequiel pronto descubrió cuánto necesitaba ese poder único del Espíritu actuando a través de la Palabra. Dios le dijo: «Te envío a la nación de Israel, un pueblo desobediente que se ha rebelado contra mí [...] Son un pueblo terco y duro de corazón [...] no te escucharán, ¡porque son totalmente rebeldes!» (2:3-4, 7). La naturaleza de su misión era, esencialmente, hablar a personas que no querían escuchar y que, incluso si escuchaban, no obedecerían. ¡Misión imposible!

Podría preguntarse con razón: «Entonces, ¿cuál era el propósito de enviarlo?». La respuesta de Dios fue: «Ya sea que te escuchen o se nieguen a escuchar [...] al menos sabrán que han tenido un profeta entre ellos» (2:5). El sentido de que supieran que habían escuchado a un profeta no sería evidente de inmediato; pero más adelante, cuando las palabras de Ezequiel se cumplieran, el pueblo comprendería que lo que estaban viviendo no era casualidad: era exactamente lo que Dios había dicho y determinado que sucediera. En otras palabras, aprenderían que, incluso cuando las cosas parecen salir mal, Dios sigue teniendo el control.

La misión de Ezequiel era imposible, sí, pero también profundamente práctica. Y su mensaje era inconfundible: Dios tiene el control, sabe lo que hace y cumplirá su propósito. ¡Tan solo observa!

LECTURA: *Génesis 25:28-34*

ACEPTAR LA RESPONSABILIDAD

Jacob le dio a Esaú guiso de lentejas y algo de pan. Esaú comió, y luego se levantó y se fue. Así mostró desprecio por sus derechos de hijo mayor.

GÉNESIS 25:34

El título de «Príncipe de Gales» se otorga tradicionalmente al hijo mayor del monarca reinante del Reino Unido. Este príncipe nace en privilegio. Desde su nacimiento se le prepara para la corona, mientras que sus hermanos y hermanas solo se preparan para la vida como miembros de la realeza. A la muerte del progenitor reinante, el príncipe heredero se convertirá en rey, disfrutará de todos los símbolos de la majestad y asumirá sus responsabilidades.

Cuando murió Jorge V, su hijo, el Príncipe de Gales, se convirtió en Eduardo VIII. Pero se había enamorado de una mujer estadounidense divorciada con quien deseaba casarse, un matrimonio que el gobierno británico no permitiría. Así que el rey tuvo que decidir entre el trono o la mujer, el deber o el deseo. Eligió lo segundo, abdicó y se casó con la señora Wallis Simpson. Juntos vivieron el resto de sus vidas en París como el duque y la duquesa de Windsor.

Los antiguos hebreos tenían un sistema llamado «primogenitura». De modo similar a las leyes que regían la sucesión real británica, garantizaba los derechos especiales del primogénito y también estipulaba sus responsabilidades correspondientes. Esaú era el primogénito de Isaac; Jacob era su hermano gemelo. De hecho, el hermano menor nació «agarrando con la mano el talón de Esaú» (Génesis 25:26). Esaú, por su posición de primogénito, tenía el privilegio de mantener y sostener la extraordinaria herencia espiritual que Dios había concedido primero a su abuelo Abraham y luego a su padre Isaac. También tenía derecho, a la muerte de su padre, a recibir el doble de la herencia de su considerable patrimonio.

Pero Esaú mostraba poco interés por los privilegios y las responsabilidades de su posición favorecida en la familia. Jacob, en cambio, mostraba gran interés en ambos. Conociendo la limitada visión y el escaso sentido de responsabilidad de Esaú, Jacob se propuso realizar la tarea sorprendentemente sencilla de quitarle los derechos del primogénito a su hermano mayor. Un día, cuando Esaú regresó hambriento de la caza, olió el guiso de Jacob y se cerró un trato. Jacob terminó con la primogenitura ¡y Esaú con un plato de guiso! Así de poco valoraba Esaú su privilegio y responsabilidad. Su actitud y su falta de prioridades eran realmente desconcertantes. «Esaú comió, y luego se levantó y se fue. Así mostró desprecio por sus derechos de hijo mayor» (25:34).

Cuando los apetitos sensuales de un hombre lo dominan, cambiará los valores eternos por satisfacerlos. Prefiere saciar esos deseos antes que cumplir con su responsabilidad ante Dios. Tal hombre es como Esaú: «inmoral» y «profano». Un día, ese hombre llorará «con lágrimas amargas» (Hebreos 12:16-17). Eso es preocupante.

LECTURA: *Ezequiel 34:1-16*

CUANDO FALTA LIDERAZGO

Ustedes beben la leche, se visten con la lana y matan a los mejores animales, pero dejan que sus rebaños pasen hambre.

EZEQUIEL 34:3

Es un hecho muy conocido que, durante la Segunda Guerra Mundial, los líderes nazis del Tercer Rich, en particular Hermann Göring, «Die nummer Zwei» (el número dos después de Hitler) estaban ocupados robando a los países ocupados sus tesoros artísticos y guardándolos en escondites secretos para sus colecciones personales. Y está bien documentado que dictadores más recientes han acumulado grandes tesoros para sí mismos en las bóvedas de bancos suizos, a costa de su propio pueblo. De hecho, muchos de ellos, al ver disminuir su poder y popularidad, desviaron su atención de los asuntos del estado para concentrarse en asegurar su propia posición y velar por su bienestar personal.

Este abuso de poder no es algo nuevo. Ezequiel se quejó, en nombre del Señor, acerca de «los pastores, los líderes de Israel» (Ezequiel 34:2). En aquellos tiempos, los líderes eran frecuentemente llamados «pastores», y Ezequiel detalló, en lenguaje gráfico, las objeciones del Señor a su conducta: «¡Qué aflicción les espera a ustedes, pastores, que se alimentan a sí mismos en lugar de alimentar a sus rebaños! ¿Acaso los pastores no deben alimentar a sus ovejas? Ustedes beben la leche, se visten con la lana y matan a los mejores animales, pero dejan que sus rebaños pasen hambre» (34:2-3). Al centrarse en sus propios intereses, los líderes de Israel habían descuidado salir a buscar «a las descarriadas y perdidas [...] Nadie salió a buscarlas» (34:4, 6). El desagrado del Señor hacia estos líderes fallidos era evidente. Les dijo: «Ahora me declaro enemigo de esos pastores y los haré responsables de lo que le sucedió a mi rebaño» (34:10).

Si Dios sitúa a los hombres en posiciones de liderazgo, espera que tomen sus roles en serio y los desempeñen con integridad y gracia. Que un líder muestre más interés en sus propios asuntos que en los de su «rebaño», y se absorba tanto en su propia vida que deje de atender las necesidades y los intereses de quienes están bajo su cuidado, merece el desagrado divino.

Todo hombre que ha contraído matrimonio ha recibido de Dios un papel de pastor en la vida de su esposa. El hombre que usa a su esposa para sus propios fines, exigiéndole favores sexuales, esperando de ella servicios serviles, insistiendo en que cumpla todos sus caprichos y satisfaga todos sus deseos sin pensar en su bienestar, debe responder a la pregunta: «¿Acaso no deben los pastores alimentar a sus ovejas?». Si no responde ahora, ¡tendrá que responder más tarde!

LECTURA: *Ezequiel 34:11-31*

OVEJAS Y CABRAS

Buscaré a mis perdidas y las traeré sanas y salvas de regreso a casa. Vendaré a las heridas y fortaleceré a las débiles. Sin embargo, destruiré a las gordas y poderosas; ¡a ellas también les daré de comer, pero juicio! En cuanto a ti, rebaño mío, esto dice el SEÑOR Soberano a su pueblo: juzgaré entre un animal del rebaño y otro, y separaré a las ovejas de las cabras.

EZEQUIEL 34:16-17

Las personas que creen que han sido abusadas buscan justicia. El abusado quiere que el mal sea castigado y se le recompense con el bien. Cuando la maldad ha triunfado, busca restitución. Donde el bien se ha pasado por alto, busca reconocimiento.

Como contraste, las personas que han abusado de otros buscan misericordia. Cuando sus malas acciones pasan desapercibidas, esperan que siga siendo así. Cuando sus ofensas salen a la luz, esperan no ser descubiertos. Si esas personas son llevadas ante la justicia, buscan misericordia. Cuando se les concede misericordia, los abusados claman: «¿Dónde está la justicia?». Cuando los abusadores son tratados con firmeza, se quejan: «¿Dónde está la misericordia?».

En la época de Ezequiel, hubo quejas similares dirigidas contra el Señor. El pueblo decía: «El Señor no hace lo correcto». A esto el Señor respondió: «Yo juzgo a cada uno de ustedes según sus acciones» (Ezequiel 33:20). Las «acciones» a las que se refería eran las relaciones que el pueblo de Israel tenía entre sí. Todos pertenecían a la misma nación, todos eran beneficiarios del mismo pacto y todos sufrían el mismo castigo por su infidelidad. Pero ahí terminaba la similitud. A la distancia, todos parecían iguales, pero el Señor conocía la diferencia y prometió que separaría «a las ovejas de las cabras» (34:17). El Señor trataría con las «gordas y poderosas» que abusaban de las «heridas» y las «débiles« (34:16). ¿Cuál sería el trato del Señor hacia los abusadores? Prometió alimentarlos, pero darles de comer juicio (34:16).

La indignación del Señor y su juicio prometido se dirigían contra aquellos cuyas acciones mostraban poco respeto por los demás. Siguiendo la analogía de las ovejas y las cabras, él se quejó: «¿No les basta quedarse con los mejores pastizales? ¿También tienen que pisotear lo que queda? [...] ¿Por qué mi rebaño tiene que comer lo que ustedes han pisoteado y beber el agua que han ensuciado?» (34:18-19).

Hoy llamamos justicia social a preocupaciones de esta naturaleza. Siempre ha sido una preocupación del Señor, pero no necesariamente ha sido una preocupación de su pueblo. El Señor envió repetidamente a sus profetas para recordar a su pueblo que debían tratar a su prójimo con justicia. Y les recordaba constantemente que no ejercer justicia significaba exponerse a la justicia divina; pero repartían injusticia y ansiaban misericordia. Nada ha cambiado.

Por fortuna para nosotros, nuestro Señor justo y recto está lleno de compasión y gracia. Cuando comprendemos esto y recibimos su misericordia, demostramos una preocupación genuina por la justicia. Eso es lo que separa a las ovejas de las cabras, y a los hombres de los niños.

LECTURA: *Salmo 30:1-12*

SALUD Y RIQUEZA

Oh Señor mi Dios, clamé a ti por ayuda, y me devolviste la salud.

SALMO 30:2

El dicho de Benjamin Franklin: «Acostarse temprano y levantarse temprano hacen al hombre sano, rico y sabio» contiene más que una pizca de verdad. Es difícil decir si existe una correlación exacta entre los buenos hábitos de sueño y «la buena vida», pero el epigrama de Franklin sin duda identificaba tres áreas de preocupación para los hombres en todas las edades: salud, riqueza y sabiduría.

Los temas relacionados con la salud, la riqueza y la sabiduría se tratan con frecuencia en las páginas de las Escrituras. David, por ejemplo, dijo: "Oh Señor mi Dios, clamé a ti por ayuda, y me devolviste la salud» (Salmo 30:2). No tenemos detalles sobre sus dolencias, pero fueron lo suficientemente graves como para que dijera: «Me levantaste de la tumba, oh Señor; me libraste de caer en la fosa de la muerte» (30:3).

Muchos hombres han recobrado sus sentidos espiritualmente hablando cuando su salud falló. La sanidad de su cuerpo los llevó a la limpieza de su alma, y han vivido para darle gracias a Dios por la enfermedad. ¡Algunos hombres solo miran arriba cuando están postrados en cama! Pero, si lo pensamos bien, si le damos gracias a Dios por la sanidad también deberíamos alabarlo por la salud. La salud es una sanidad continua. Dadas las complejidades de nuestro cuerpo, la abundancia de virus y la frecuencia de los accidentes, es realmente sorprendente que estemos sanos la mayor parte del tiempo; pero la mayoría de nosotros lo estamos. Vivimos la vida suponiendo que la buena salud que disfrutamos continuará sin interrupciones. De hecho, la consideramos un derecho y no un privilegio. El problema es que, cuanto más disfrutamos de buena salud, menos dependemos del Señor para mantenerla; cuanto menos conocemos el sufrimiento, menos acudimos al Señor en busca de ayuda.

Así como ocurre con la salud, ocurre con la riqueza. La salud perdida de David, una vez restaurada, lo llevó a la adoración y al agradecimiento. Y su riqueza perdida lo llevó a una conclusión similar. Él dijo: «Cuando yo tenía prosperidad, decía: "¡Ahora nada puede detenerme!". Tu favor, oh Señor, me hizo tan firme como una montaña» (30:6-7). Pero, tristemente, la prosperidad que el Señor le había concedido lo apartó de una vida de obediencia y confianza: «Después te apartaste de mí, y quedé destrozado» (30:7).

La pérdida de la salud puede sacudirnos; la pérdida de la riqueza también. Es una medicina drástica, pero los hombres absortos en sí mismos responden a poco más que eso. Cuando el Señor restaura la salud y la riqueza perdidas y los hombres responden alabando al Señor, adquieren sabiduría. Así que sé sabio: acuéstate temprano, pero levántate para bendecir al Señor.

LECTURA: *1 Corintios 5:1-13*

ESCÁNDALOS SEXUALES

Deben expulsar a ese hombre y entregárselo a Satanás, para que su naturaleza pecaminosa sea destruida y él mismo sea salvo el día que el Señor vuelva.

1 CORINTIOS 5:5

El mundo pagano en el que vivía Pablo era similar al nuestro, en particular en que era una sociedad saturada de sexo. Corinto, concretamente, era una ciudad conocida por su promiscuidad sexual. La iglesia cristiana se había establecido en todo el Imperio romano y se distinguía del resto de la sociedad por sus convicciones. La visión cristiana del sexo como un don divino para disfrutarse exclusivamente dentro del marco del matrimonio monógamo y heterosexual era bien conocida y ampliamente despreciada.

Los creyentes en la iglesia corintia eran una desafortunada excepción. Se enorgullecían de su «libertad», la cual había dado un giro particularmente desagradable. Uno de los hombres de la congregación «vive en pecado con su madrastra» (1 Corintios 5:1). Si esto no era lo suficientemente grave, la iglesia se sentía orgullosa de ser lo bastante «espiritual» como para aceptar lo que estaba sucediendo. Pablo consideró necesario señalarles que incluso los paganos habrían puesto un límite a ese tipo de conducta. La iglesia estaba tan desconectada de la realidad espiritual que no solo no había hecho nada con respecto al comportamiento de ese hombre, sino que además estaba muy orgullosa de no haberlo hecho. Él les dijo: «Deberían estar llorando de dolor y vergüenza» (5:2).

Pablo no tenía ninguna duda sobre la acción que la iglesia debía tomar: el hombre debía ser expulsado de la membresía de la iglesia al menos por dos razones. En primer lugar, su expulsión del ambiente espiritual protector de la comunidad de creyentes lo «entregaría a Satanás» no para destruirlo, sino «para que su naturaleza pecaminosa sea destruida y él mismo sea salvo el día que el Señor vuelva» (5:5). Esta medida drástica tenía la intención de ser correctiva, no vengativa. En segundo lugar, su expulsión contrarrestaría el grave peligro que su permanencia representaba para la comunidad. Pablo preguntó: «¿No se dan cuenta de que ese pecado es como un poco de levadura que impregna toda la masa?» (5:6). ¡Esta es una consideración muy seria, sin duda!

Este tipo de enseñanza es poco común en muchas iglesias, lo que generalmente produce uno de dos resultados. En algunas de ellas, los escándalos sexuales son cuidadosamente ignorados o rápidamente perdonados. En otras, la iglesia inicia una especie de caza de brujas donde se hiere a los caídos, los creyentes se aíslan de todo contacto con los pecadores y surge una iglesia dura, severa, separatista e irrelevante.

No hay nada nuevo en cuanto a la conducta sexual escandalosa, dentro o fuera de la iglesia. Y tampoco falta enseñanza en las Escrituras sobre cómo enfrentarla. Tristemente, a menudo falta una disciplina firme y amorosa que valore la integridad de la iglesia, y también una preocupación sincera y compasiva por la persona que ha errado y que valore su redención. Contrariamente a la creencia popular, el amor y la disciplina no se excluyen mutuamente. La iglesia necesita ambas cosas.

LECTURA: *1 Corintios 6:1-11*

RESOLUCIÓN DE CONFLICTOS

¿No se dan cuenta de que los que hacen lo malo no heredarán el reino de Dios? No se engañen a sí mismos. [...] Algunos de ustedes antes eran así; pero fueron limpiados; fueron hechos santos; fueron hechos justos ante Dios.

1 CORINTIOS 6:9, 11

Las calcomanías para autos pueden comunicar mensajes que de otro modo quizás no serían escuchados, pero ¡nunca tomes tu teología de ellas! Por ejemplo, considera este mensaje popular que suele verse en una calcomanía: «Los cristianos no son perfectos, son solo perdonados». La idea de que los cristianos son dolorosamente conscientes de su pecaminosidad es correcta, y también saben cuán necesario es el perdón. Asimismo, los cristianos también afirman que, aunque sus pecados son perdonados, eso no significa que vivan una vida de perfección constante. Pero sugerir que los cristianos son «*solo* perdonados» es, sin duda, no entender el punto. Los cristianos son perdonados, no son perfectos, pero son más que «solo perdonados»: son llamados y capacitados para una vida nueva.

Pablo explicó esta verdad de manera directa y clara. Después de enumerar algunos de los comportamientos pecaminosos comunes de su tiempo, conductas que descalifican a quienes las practican de participar en el reino de Dios, concluyó: «Algunos de ustedes eran así; pero», y ese «pero» es enorme, «fueron limpiados; fueron hechos santos; fueron hechos justos ante Dios al invocar el nombre del Señor Jesucristo y por el Espíritu de nuestro Dios» (1 Corintios 6:11). Los corintios eran, sin duda, pecadores perdonados, pero a la luz de que habían sido «limpiados», «hechos santos» y «hechos justos ante Dios», se esperaba de ellos un estándar de vida más elevado.

Por ejemplo, algunos de los cristianos corintios trataban de resolver sus diferencias llevándose unos a otros ante los tribunales. No había nada inusual en que los corintios se demandaran entre sí, pero Pablo dijo que ese comportamiento no era aceptable para los creyentes. Los cristianos, dijo él, un día «van a juzgar al mundo» y también «juzgaremos a los ángeles» (6:2-3), por lo que deberían ser capaces de resolver sus conflictos entre ellos sin recurrir a la justicia de los incrédulos.

Hasta qué punto los cristianos modernos deberían aplicar este principio en sus vidas comerciales es un tema de debate serio y con desacuerdos genuinos. Pero, al menos, los cristianos deberían estar dispuestos a «aceptar la injusticia y dejar el asunto como está» y a dejarse «estafar» (6:7). A nadie le gusta ser tratado injustamente o ser estafado, y la reacción natural es hacer lo que sea necesario para evitarlo. Pero el punto de Pablo es que los cristianos deben responder a las injusticias de la vida de maneras que no son «normales». Han sido «hechos santos» para algo diferente. Su modelo, por supuesto, es Jesús, quien sufrió una injusticia monumental en la cruz sin quejarse. Y su capacitación proviene del Espíritu Santo. Los cristianos no son «solo perdonados»; sin duda, ¡son diferentes!

LECTURA: *1 Corintios 6:12-20*

LOS LÍMITES DE LA LIBERTAD

Ustedes no pueden decir que nuestro cuerpo fue creado para la inmoralidad sexual. Fue creado para el Señor, y al Señor le importa nuestro cuerpo [...] porque Dios los compró a un alto precio. Por lo tanto, honren a Dios con su cuerpo.

1 CORINTIOS 6:13, 20

La libertad de expresión no nos permite gritar «¡fuego!» en medio de una sala de cine llena de gente. La libertad de religión no nos concede el derecho de hacer sacrificios humanos. La libertad de movimiento también tiene límites: tu derecho a mover el puño termina donde comienza mi nariz. En otras palabras, la libertad tiene límites. Por eso, una afirmación embriagante como «yo puedo hacer cualquier cosa» simplemente no es cierta. Incluso si lo fuera, tal libertad tendría que manejarse con extrema prudencia. A veces, la libertad puede convertirse en la libertad de hacer daño, y como dijo Pablo, «no todo les conviene» (1 Corintios 6:12). ¡Y eso sin mencionar si les conviene a los demás!

Además, el ejercicio de una libertad puede llegar a dominarte. Irónicamente, entonces te conviertes en esclavo de esa libertad. Tomemos el caso de la llamada liberación sexual. No es raro que la «libertad sexual» se convierta en adicción sexual. Esta situación aleja al hombre de la enseñanza de Pablo: «No debo volverme esclavo de nada» (6:12).

Aun dejando de lado la posibilidad de que la libertad conduzca a la esclavitud, los límites de la libertad sexual deben entenderse con claridad. Se podría argumentar que, del mismo modo que cuando el cuerpo tiene hambre es correcto comer lo que esté disponible, cuando los apetitos sexuales se despiertan es correcto tener relaciones sexuales. De hecho, ese era uno de los argumentos de los corintios; pero contenía un error fatal. Porque, aunque es correcto decir que «la comida se hizo para el estómago, y el estómago, para la comida», no es correcto deducir que nuestros cuerpos fueron hechos para el sexo. Por el contrario, el cuerpo fue «creado para el Señor, y al Señor le importa nuestro cuerpo» (6:13).

La comida y el estómago pasarán pero nuestros cuerpos no. «Y Dios nos levantará de los muertos con su poder, tal como levantó de los muertos a nuestro Señor» (6:14). Los cuerpos fueron hechos para el Señor y para la eternidad. De hecho, Pablo les dice a los corintios: «¿No se dan cuenta de que su cuerpo es el templo del Espíritu Santo, quien vive en ustedes y les fue dado por Dios?» (6:19). Como resultado, también puede decirse: «Sus cuerpos en realidad son miembros de Cristo» (6:15).

Los cristianos corintios, que antes de su conversión habían practicado libremente la promiscuidad sexual, en ocasiones incluso en nombre de la religión, debían reconsiderar su moralidad sexual. En resumen, necesitaban reconocer que «la inmoralidad sexual es un pecado contra el propio cuerpo» y que debían honrar a Dios «con su cuerpo» (6:18, 20). En términos prácticos, eso significaba: «Huyan del pecado sexual» porque para los cristianos está fuera de los límites.

LECTURA: *1 Corintios 7:1-16*

EL MATRIMONIO IMPORTA

Dado que hay tanta inmoralidad sexual, cada hombre debería tener su propia esposa, y cada mujer su propio marido. [...] Sin embargo, quisiera que todos fueran solteros, igual que yo; pero cada uno tiene su don específico de Dios, unos de una clase y otros de otra.

1 CORINTIOS 7:2, 7

El matrimonio es una idea divina. Desde el principio de la Creación, Dios ordenó que un varón y una mujer debían entregarse el uno al otro en una relación matrimonial de amor y cuidado mutuo. Dios dejó claro que el matrimonio debía ser un pilar fundamental de la sociedad.

Pero en la sociedad corintia, como en nuestras sociedades modernas, había personas que, por diversas razones, no deseaban casarse. Glorificaban el estado de soltería y creían que era un estilo de vida superior. Le preguntaron a Pablo su opinión, y él estuvo de acuerdo: «Es cierto que es bueno abstenerse de tener relaciones sexuales» (1 Corintios 7:1). Pablo fue aún más allá y dijo: «Quisiera que todos fueran solteros, igual que yo» (7:7). Pero, habiendo dicho esto, dejó claro que no consideraba que la soltería fuera moralmente superior al matrimonio. Por el contrario, afirmó: «Pero cada uno tiene un don específico de Dios, unos de una clase y otros de otra» (7:7). A quienes tienen el don del matrimonio, Pablo les dice: «Cada hombre debería tener su propia esposa, y cada mujer su propio marido» (7:2).

Desde el punto de vista de Pablo, el lado negativo de la soltería era que, si los deseos sexuales naturales no se controlaban adecuadamente, las personas solteras, en particular las que vivían en el ambiente sexualmente cargado de Corinto, serían vulnerables a las tentaciones de la actividad sexual ilícita. En lugar de permitir que eso ocurriera, deberían casarse y disfrutar de relaciones sexuales satisfactorias dentro del matrimonio.

Pero el matrimonio tampoco está libre de dificultades. Es especialmente complicado cuando uno de los cónyuges se convierte al cristianismo después de casarse. En lugar de enfrentar las tensiones que esa situación generaba, algunos en Corinto optaban por abandonar sus matrimonios y recurrir al divorcio. Los cristianos que estaban considerando esa salida pasaban por alto, o ignoraban, el hecho de que un cónyuge creyente «da santidad» a su matrimonio, y que los hijos de esa unión crecen bajo una influencia piadosa (7:14).

El cristiano, teniendo todo esto en cuenta, no debería divorciarse; pero si el cónyuge incrédulo decide abandonar el matrimonio, el creyente «no está ligado» a permanecer con esa persona (7:15).

En lo que respecta al matrimonio, la sociedad occidental moderna guarda notables similitudes con la sociedad grecorromana de aquel tiempo; por lo tanto, no es difícil aplicar las enseñanzas de Pablo y los mandamientos específicos de Cristo.

El matrimonio es bueno y, en circunstancias especiales, la soltería es una bendición. Pero el matrimonio no es fácil. En ciertos casos limitados el divorcio es permisible, pero también crea grandes problemas. Así que honra el matrimonio, respeta la soltería y evita el divorcio. Y recuerda: «Dios los ha llamado a ustedes a vivir en paz» (7:15).

LECTURA: *1 Corintios 8:1-13*

¿QUÉ SABES?

Mientras que el conocimiento nos hace sentir importantes, es el amor lo que fortalece a la iglesia. El que afirma que lo sabe todo, en realidad, no es que sepa mucho; pero la persona que ama a Dios es a quien Dios reconoce.

1 CORINTIOS 8:1-3

No es necesario decir que los antiguos griegos eran excepcionalmente listos. Cualquiera que haya leído a sus filósofos, haya visto sus obras teatrales, haya estudiado sus edificios, haya aprendido sus matemáticas o contemplado su arte reconoce sus habilidades únicas. ¡El problema estaba en que algunos de ellos eran tan inteligentes que creían que lo sabían todo!

Parte de ese tipo de pensamiento también se había infiltrado en la iglesia. En Corinto había miembros que no solo creían haber alcanzado un «conocimiento» perfecto, ¡sino que además pensaban que todos los demás debían estar de acuerdo con ellos (1 Corintios 8:1)! Las personas que adoptaban esta actitud se sentían muy importantes. ¡Estaban muy impresionadas consigo mismas!

Por muy inteligentes que fueran, los corintios tenían puntos ciegos que era necesario señalar. En primer lugar, como dijo Pablo: «El que afirma que lo sabe todo, en realidad, no es que sepa mucho» (8:2). En segundo lugar, «mientras que el conocimiento nos hace sentir importantes, es el amor lo que fortalece» (8:1). Los corintios necesitaban aprender que quien se impresiona con la grandeza de su conocimiento debería estar consciente de la profundidad de su ignorancia. También necesitaban recordar que, si el conocimiento no va acompañado de amor, puede volverse desesperadamente destructivo en lugar de admirable. Ser inteligente no es toda la historia.

He aquí un ejemplo. Los templos griegos a menudo servían también como restaurantes y era allí donde los corintios salían a comer. El hecho de que parte del ritual en el templo incluyera ofrecer una porción de la comida a un ídolo no les preocupaba demasiado. Eran personas sabias y liberadas, ¿recuerdas? Sabían que el ídolo no era más que un pedazo de madera o piedra; así que, mientras la comida fuera buena, no había problema. Los cristianos estaban particularmente conscientes de que «un ídolo no es en verdad un dios y que hay solo un Dios» (8:4), y por eso iban al templo a disfrutar de una buena comida.

Pero algunos de ellos no estaban tan seguros. Razonaban que ir al templo significaba, de algún modo, participar en la adoración de ídolos y que, por lo tanto, era incorrecto que fueran allí. No solo consideraban que era perjudicial para ellos asistir a ese tipo de eventos sociales, sino que además pensaban que ningún otro cristiano debería hacerlo. Así que la iglesia de Corinto tenía una controversia entre manos: «¿Comer o no comer?»; esa era la cuestión.

Desde un punto de vista puramente intelectual, Pablo al parecer estaba de acuerdo con quienes no veían nada de malo en comer en el templo. Él dijo: «Sabemos que un ídolo no es en verdad un dios» (8:4). Pero Pablo abordó el asunto desde otra perspectiva. ¿Qué sucede cuando una conclusión intelectual resulta profundamente ofensiva para un hermano en la fe? Entonces, el amor hacia ese hermano se convierte en un factor más importante; en este caso, incluso más importante que el conocimiento acerca del asunto.

El conocimiento no lo es todo. ¡El amor también importa! Así que las personas sabias que no aman todavía tienen mucho que aprender. ¡No son tan inteligentes como pensaban!

LECTURA: *1 Corintios 9:1-14*

DERECHOS E INJUSTICIAS

Tanto el que ara como el que trilla el grano puedan esperar una porción de la cosecha. [...] Si ustedes sostienen a otros que les predican, ¿no deberíamos tener nosotros aún mayor derecho a que nos sostengan? Pero nunca nos hemos valido de ese derecho. Preferiríamos soportar cualquier cosa antes que ser un obstáculo a la Buena Noticia acerca de Cristo.

1 CORINTIOS 9:10, 12

Cuanto más civilizado es un país, más civilizada tiende a ser su gente. Cuanto más reconoce una cultura la importancia del individuo, más reconocen sus ciudadanos la necesidad de tratar bien a los demás. Ya que los seres humanos tienen una gran capacidad para comportarse mal, sin embargo, no siempre se tratan unos a otros educadamente. Por eso el gobierno interviene y comienza a legislar la conducta basándose en derechos humanos y civiles reales o percibidos. Entonces, los individuos y las empresas se cuidan mucho de no transgredir la ley, porque no cumplir con esas normas puede acarrear graves sanciones.

En el primer siglo, al parecer, ¡no existía legislación que protegiera los derechos civiles de los predicadores! No es que no tuvieran derechos; sí los tenían, como cualquier otra persona. Simplemente, nadie se había tomado la molestia de protegerlos del posible abuso. Esto significaba que los predicadores podían ser tratados injustamente; la pregunta era: «¿cómo debían responder?».

Pablo habló con mucha claridad a los corintios sobre el tema de los derechos de los predicadores. ¡Lo que dijo debería ser lectura obligada para todos los líderes de iglesias! Aunque algunos miembros de la congregación cuestionaban sus credenciales y capacidades, no había duda de que él era un verdadero apóstol. Incluso aquellos que no querían reconocerlo no podían negar que la única razón por la que habían llegado a la fe era que Pablo había ejercido un ministerio apostólico entre ellos. «Esta es mi respuesta a los que cuestionan mi autoridad», dijo (1 Corintios 9:3).

Pablo entonces preguntó a la iglesia corintia si él y los demás apóstoles no tenían ciertos derechos básicos, como recibir apoyo, ánimo y remuneración adecuada por su trabajo. Señaló que los soldados no pagan sus propios gastos, que los agricultores comen parte de sus cosechas y que los pastores beben la leche de sus rebaños. ¿No era evidente, entonces, que un predicador debía ser sostenido adecuadamente por las congregaciones que se beneficiaban de su ministerio? Y, por si alguien todavía tenía dudas, Pablo les recordó que la ley de Dios dice lo mismo (9:8-9). Su conclusión fue que los obreros cristianos deberían ser sostenidos por aquellos a quienes sirven (9:10). ¡Los obreros cristianos tienen sus derechos!

Pero, significativamente, Pablo añadió: «Nunca nos hemos valido de ese derecho. Preferiríamos soportar cualquier cosa antes que ser un obstáculo a la Buena Noticia acerca de Cristo» (9:12). Pablo creía que estaba mal negar los derechos, pero que era correcto seguir adelante al ser tratado injustamente. ¡Muy bien dicho, Pablo!

LECTURA: *Salmo 25*

TODO EL DÍA

Guíame con tu verdad y enséñame, porque tú eres el Dios que me salva. Todo el día pongo en ti mi esperanza.

SALMO 25:5

Algunos individuos son personas madrugadoras. Despiertan frescos, renovados y listos para enfrentar el día, pero cuando llega la noche, el entusiasmo y la energía comienzan a desgastarse. Otros tardan un poco más en comenzar el día, pero cuando el resto de su familia y amigos ya están listos para descansar, ellos apenas están tomando impulso y con ganas de continuar. Pero ambos tipos de personas deben atravesar el día; y hacerlo bien. El mediodía puede ser el momento más difícil para ambos.

Entre los madrugadores están aquellos que han desarrollado la disciplina de tener un tiempo de lectura devocional, meditación y oración antes de enfrentar los desafíos del día. Hay mucho que admirar en este enfoque, ¡aunque no tanto si ya tienes dificultad para levantarte a tiempo para ir al trabajo! Las personas nocturnas, por su parte, pueden reservar con la misma facilidad un momento durante el almuerzo o antes de acostarse para realizar ejercicios espirituales específicos.

George Herbert, el pastor y poeta anglicano del siglo XVI, dio uno de los mejores consejos. Escribió:

Haz un resumen por la noche de lo que hiciste durante el día.
Y por la mañana, de lo que tienes que hacer.
Viste y desviste tu alma[21].

La idea de vestir y desvestir el alma, así como vestimos y desvestimos el cuerpo, tiene un atractivo especial porque señala que todo el día debe vivirse a la luz y en el poder de nuestra relación con el Señor. Esto requiere tanto preparación como evaluación. El día presentará muchos desafíos y oportunidades variados para los cuales debemos estar preparados y sobre los cuales debemos reflexionar.

Quizás David lo expresó mejor: «Todo el día pongo en ti mi esperanza» (Salmo 25:5). No mostró preferencia por la devoción matutina o la reflexión nocturna, pero su compromiso con la comunión diaria con el Señor y la concentración en él probablemente requería ambas.

La preparación y la evaluación espiritual deberían facilitar la concentración espiritual durante el día. La concentración espiritual consiste en poner nuestra confianza en el Señor «todo el día». Si se objetara o que un cirujano ocupado no puede estar pensando en el Señor mientras extrae un tumor o que un conductor de camión no puede estar orando mientras conduce un enorme tráiler a cien kilómetros por hora, la objeción, por supuesto, sería válida; pero es posible estar consciente del Señor y tener una sensación interior de dependencia de él mientras se realizan estas tareas.

Si todos los hombres, incluyendo conductores y cirujanos, comienzan su día esperando conscientemente al Señor, y tienen en mente que al final del día hablarán con él sobre lo sucedido, estarán conscientes de vivir ante el Señor «todo el día». Si surge una crisis, sus instintos los dirigirán de inmediato al Señor. Y, al final del día, cuando el paciente esté cosido o el camión estacionado, escucharán al Señor decir: «Bien hecho».

21 George Herbert, «The Temple» (El templo).

MAYO

LECTURA: *Génesis 37:1-36*

EMOCIONES

Jacob amaba a José más que a sus otros hijos porque le había nacido en su vejez. Por eso, un día, Jacob mandó a hacer un regalo especial para José: una hermosa túnica. Pero sus hermanos lo odiaban porque su padre lo amaba más que a ellos. No dirigían ni una sola palabra amable hacia José.

GÉNESIS 37:3-4

De todas las emociones, el amor es la más grande; pero hay un lado oscuro en el amor. Si está mal dirigido o es mal aplicado, el amor puede conducir a la fealdad de los celos, el ardor de la ira o el frío implacable del odio.

Jacob es un claro ejemplo. «Amaba a José más que a sus otros hijos porque le había nacido en su vejez» (Génesis 37:3). Como expresión de su amor, Jacob le dio a José «un regalo especial: una hermosa túnica». La reacción de los demás hermanos fue tan predecible como despreciable. «Pero sus hermanos lo odiaban porque su padre lo amaba más que a ellos. No dirigían ni una sola palabra amable hacia José» (37:4).

Si sus hermanos simplemente lo hubieran excluido, es probable que José hubiera soportado la hostilidad fraternal y no se habría hecho más daño, pero las emociones desenfrenadas no permanecen estáticas; por lo tanto, cuando los hermanos vieron la oportunidad de deshacerse de José, decidieron aprovecharla. Dijeron: «Vamos, matémoslo y tirémoslo en una de esas cisternas» (37:20). Lo que no entendían era cuán profundo era el pozo que estaban cavando para ellos mismos.

El plan secreto de Rubén para rescatar a su hermano requería que los demás hermanos aceptaran su argumento ingenuo: «¿Para qué derramar sangre? Solo tirémoslo en esta cisterna vacía, aquí en el desierto. Entonces morirá sin que le pongamos una mano encima» (37:22). En esencia, el argumento, que aceptaron con entusiasmo, era: «No lo matemos, ¡dejémoslo morir! Así no seremos culpables de matarlo»; aunque, en realidad, serían culpables de dejarlo morir de manera intencionada y cruel. Cuando el odio toma el control, el pensamiento claro desaparece. La insensibilidad era claramente parte de su odio, porque después de dejar a José en su «tumba» prevista, continuaron con sus vidas sin inmutarse, incluso «se sentaron a comer» (37:25).

Mientras tanto, Judá mostraba un leve remordimiento de conciencia. «¿Qué ganaremos con matar a nuestro hermano? Tendríamos que encubrir el crimen. En lugar de hacerle daño, vendámoslo a esos mercaderes ismaelitas» (37:26-27). Así que ahora, en lugar de evitar matarlo dejándolo morir, lo desterrarían al olvido para que muriera fuera de la vista y de la memoria. Y no serían culpables de nada. ¡Ni hablar! Porque inventaron una historia de que José había muerto atacado por un animal salvaje. Luego se lo contaron a su padre, quien «hizo duelo por su hijo» mientras la «su familia intentó consolarlo, pero él no quiso ser consolado» (37:34-35). El consuelo nacido de la hipocresía no consuela.

El odio que se disfraza de cualquier cosa que no sea odio solo cava pozos para los odiados y para los que odian. El odio es el pozo.

LECTURA: *Génesis 40:1-23*

ASUNTO DE DIOS

—Anoche los dos tuvimos sueños —contestaron ellos—,
pero nadie puede decirnos lo que significan.
—La interpretación de los sueños es asunto de Dios
—respondió José—. Vamos, cuéntenme lo que soñaron.

GÉNESIS 40:8

Mientras Sigmund Freud, el doctor vienés, escuchaba a sus pacientes, se fue interesando cada vez más en el fenómeno de los sueños. Eventualmente, escribió su libro *La interpretación de los sueños*. Los hallazgos de Freud fueron fascinantes y también controvertidos. Hasta la fecha, tiene tanto admiradores como detractores.

José, asimismo, se relacionaba con personas que le contaban sus sueños. Aunque nunca escribió un libro sobre el tema (hasta donde sabemos), sí hizo una declaración clara acerca de la interpretación de los sueños: «La interpretación de los sueños es asunto de Dios», les dijo a dos de sus compañeros de prisión. «Cuéntenme lo que soñaron» (Génesis 40:8). Freud seguramente habría dicho «Cuéntame lo que soñaste», pero se habría burlado de cualquier sugerencia de que Dios debiera intervenir en los asuntos internos de la vida de un hombre.

La diferencia de perspectiva entre Freud y José no podría ser más fundamental ni más profunda. Resalta la cuestión milenaria sobre si Dios interviene activamente o no en la vida de las personas, sobre si Dios está presente o no en el mundo hoy. Freud era ateo, por lo que no se preocupaba por la cuestión de la intervención de Dios en el mundo. Ya había decidido que, como Dios no existe, no podía pensarse en su participación. Pero muchos hombres que no son para nada ateos dudan de que Dios se comunique con los hombres hoy. No cuestionan su existencia, pero sí su participación y, en consecuencia, su relevancia.

Cuando la esposa de Potifar trató de seducir a José, él respondió: «Sería un gran pecado contra Dios» (39:9). Cuando se le pidió que interpretara los sueños del faraón, dijo: «No está en mis manos el poder para hacerlo [...] pero Dios puede decirle» (41:16). Más adelante, al mirar atrás en su vida, José dijo: «Dios me hizo olvidar todas mis angustias» y «Dios me hizo fructífero en esta tierra de mi aflicción» (41:51-52). Y, cuando finalmente se enfrentó a sus hermanos y habló sobre su trato hacia él, les dijo: «Fue Dios quien me envió a este lugar, ¡y no ustedes!» (45:8). José sabía que su vida era asunto de Dios.

El Dios amoroso y fiel participa activamente en los asuntos cotidianos del hombre, pero quien vive sin estar consciente de esto debe esforzarse por encontrar otras maneras de reconciliarse con las eventualidades de la vida. El destino ciego o la suerte pueden parecer consuelos posibles, pero es mucho mejor confiar en el Señor del universo, quien se establece en las vidas de los hombres día a día. Y allí realiza sus maravillas.

LECTURA: *Génesis 41:1-40*

PERO DIOS...

El faraón le dijo:
—Anoche tuve un sueño, y nadie aquí puede decirme lo que significa; pero me enteré de que cuando tú oyes un sueño puedes interpretarlo.
—No está en mis manos el poder para hacerlo —respondió José—, pero Dios puede decirle lo que su sueño significa y darle tranquilidad.

GÉNESIS 41:15-16

Algunas de las palabras más largas en el idioma español significan muy poco para los hombres modernos, mientras que algunas de las más cortas están llenas de significado. Por ejemplo, hubo un tiempo en que «desestablismentarianismo» era una palabra de máxima importancia en los asuntos de la iglesia, pero desde entonces ha caído en el olvido. Sin embargo, ¡la palabra *pero* sigue muy vigente! Técnicamente, *pero* es un adversativo. Introduce algo diferente, plantea un punto de vista distinto, ofrece un contraste. *Pero* puede introducir lo correcto frente a lo incorrecto, el bien frente al mal, la verdad frente al error. Por eso *pero* es una palabra tan significativa: la vida está llena de contrastes, diferencias y distintos puntos de vista. Los contrastes —entre verdad y error, bien y mal, correcto e incorrecto— resaltan las diferencias.

A José se le presentó la tarea de interpretar los sueños del faraón. Al enterarse de las expectativas del faraón, señaló rápidamente que no podía hacer lo que se esperaba de él, ya que no era experto en la interpretación de sueños: «Pero Dios puede decirle [...] y darle tranquilidad», añadió (Génesis 41:16).

Si *pero* es una palabra importante, «pero Dios» es una afirmación inmensa. En este caso señalaba la diferencia entre las capacidades humanas y las divinas. Donde el esfuerzo y la habilidad del hombre fallaban, las capacidades de Dios brillaban. Donde la insuficiencia de los hombres era evidente, la suprema suficiencia de Dios se manifestaba.

José estaba completamente seguro de esto. Muchos hombres llegan al límite de sus recursos y se rinden. No ven esperanza de solución a sus problemas ni alternativas a su desesperación y desaliento. *Pero* Dios lo cambia todo. El hombre creyente sabe que no debe rendirse cuando llega al final de sí mismo. Está consciente no solo de sus propias limitaciones, *sino también* de la presencia, la sabiduría, el poder y la gracia de Dios. Sabe que él no puede, ¡*pero Dios* sí puede!

Es perfectamente posible creer en la presencia de Dios en la vida diaria sin cruzar el puente del *pero Dios* que lleva de la desesperación a la confianza. Hay una diferencia entre creer que Dios puede actuar y confiar en que Dios actuará.

Lo que distinguía a José era la combinación de una total falta de confianza *en sí mismo pero* una completa confianza *en Dios*. Tenía una fe segura y cierta en Dios pero no en sí mismo. El faraón egipcio reconoció a un hombre extraordinario cuando lo vio. Y no hay nada más extraordinario que un hombre que conoce sus límites y al Dios ilimitado, y que combina ambos. Ese hombre, como José, utiliza el término pequeño-grande: «Pero Dios». El hombre no puede, *pero Dios* sí puede, ¡y lo hará!

LECTURA: *Génesis 41:25-40*

PREVENIDO, PREPARADO

Esto sucederá tal como lo he descrito, pues Dios ha revelado de antemano al faraón lo que está por hacer.

GÉNESIS 41:28

Cuando la temporada anual de huracanes llega a los Estados Unidos, los pronosticadores del Servicio Meteorológico Nacional observan cuidadosamente los sistemas en desarrollo para que los habitantes de la costa de los estados del suroriente sepan qué esperar. Con el paso de los años, cada vez más personas han comenzado a tomar en serio estos pronósticos. Esto no siempre fue así. Siempre ha habido quienes ignoran las advertencias de evacuar áreas propensas a inundaciones graves u otros desastres naturales. En algunos casos, han pagado por su imprudencia con sus vidas. Estar prevenido es estar armado, pero la preparación no es automática. Se requiere acción responsable. ¡De antemano!

La interpretación de los sueños del faraón por parte de José señala esta verdad con mucha claridad. Él le dijo al gobernante: «Dios ha revelado de antemano al faraón lo que está por hacer» (Génesis 41:28). Entonces, después de dar detalles gráficos sobre la enormidad del problema inminente, José añadió: «Por lo tanto, el faraón debería encontrar a un hombre inteligente y sabio, y ponerlo a cargo de toda la tierra de Egipto» (41:33). Primero, hubo una declaración sobre las intenciones de Dios. Después vino la sugerencia sobre la acción adecuada. José también le dijo al faraón lo que ocurriría si seguía las sugerencias: «De esa manera, habrá suficiente para comer cuando lleguen los siete años de hambre sobre la tierra de Egipto. De lo contrario, el hambre destruirá la tierra» (41:36). Las opciones eran claramente evidentes; las decisiones estaban inequívocamente expuestas.

El faraón estaba prevenido, pero ¿se prepararía? El registro muestra que sí lo hizo, y que eligió a José, «un hombre inteligente y sabio», para liderar el programa.

Uno de los grandes misterios de la relación entre Dios y los humanos es la cuestión de la soberanía divina y la responsabilidad humana. Las Escrituras están llenas de referencias al dominio supremo de Dios en los asuntos de los hombres, demostrando sin ambigüedad que él es verdaderamente el Señor soberano; pero, al mismo tiempo, Dios instruye a los hombres sobre cómo responder a lo que él dice, y espera que lo hagan con obediencia alegre y confianza gozosa. Sus acciones son importantes y significativas. Intentar armonizar estos aspectos de la verdad revelada de Dios suele ser notoriamente difícil.

Dios hará lo que dice que hará. Como Dios, es perfectamente libre para hacerlo, y permite que las personas lo sepan con la esperanza de que tomen las medidas necesarias para estar preparados y armados.

Incluso cuando las complejidades del debate filosófico y teológico plantean preguntas sin respuesta, es posible tener una fe sencilla en que Dios es tan confiable como su palabra. Y las respuestas prudentes, responsables y rápidas ¡son eminentemente prácticas! Esto no significa que debamos ignorar las preguntas complejas, sino que no deberíamos perder tiempo debatiendo cuando es momento de actuar; de la misma manera que un huracán que se aproxima ¡no es ocasión para un debate exhaustivo sobre la precisión de los pronósticos meteorológicos!

LECTURA: *Génesis 42:1-38*

DIOS Y LA CULPABILIDAD

Hablando entre ellos, dijeron: «Es obvio que estamos pagando por lo que le hicimos hace tiempo a José. Vimos su angustia cuando rogaba por su vida, pero no quisimos escucharlo. Por eso ahora tenemos este problema».

GÉNESIS 42:21

Los sentimientos de culpabilidad no desaparecen fácilmente. Son perfectamente capaces de levantar su cabeza a lo largo de toda la vida.

Sin duda, ese fue el caso con los hermanos de José. Habían pasado años desde que trataron tan mal a su hermano. Mientras seguían cuidando sus rebaños, luchando contra los elementos y enfrentando las vicisitudes de su duro estilo de vida, José había llegado a ser el primer ministro de Egipto. La hambruna se había extendido hasta la tierra de sus hermanos, y ellos eran impotentes para detener sus estragos. De hecho, parecían haberse sumido en una depresión y parálisis tan profundas que su anciano padre los reprendió: «¿Por qué están ahí sin hacer nada, mirándose uno a otro? He oído que hay grano en Egipto. Desciendan a Egipto y compren suficiente grano para que sigamos con vida. De no ser así, moriremos» (Génesis 42:1-2).

Desesperados, los hermanos llegaron a la corte del faraón y, sin saberlo, se encontraron con su propio hermano. José los reconoció de inmediato aunque ellos no lo reconocieron a él. El trato que José les dio, que incluyó una breve detención y severas acusaciones de espionaje, los llevó a decir entre ellos: «Es obvio que estamos pagando por lo que le hicimos hace tiempo a José. Vimos su angustia cuando rogaba por su vida, pero no quisimos escucharlo. Por eso ahora tenemos este problema» (42:21). Bajo la presión de las circunstancias, no tardaron en surgir su culpa y su vergüenza. Supusieron rápidamente que existía una conexión real entre su comportamiento pasado y sus dificultades actuales, y que el vínculo entre ambos debía ser Dios mismo.

Dios estuvo muy presente en los pensamientos de los hermanos cuando finalmente se les permitió regresar a casa, sin Simeón. En el camino, descubrieron con horror que el dinero que habían pagado por el grano seguía en el fondo de sus sacos (42:25). Se dieron cuenta de que serían acusados de robo, y su reacción inmediata fue: «¿Qué nos ha hecho Dios?» (42:28). Reconocieron su culpa delante de Dios, sintieron su desagrado por sus acciones y comprendieron correctamente que su grave situación era consecuencia de su pecado.

Los hombres culpables están en graves problemas cuando dejan de preocuparse por sus malas acciones. Pueden haber reprimido sus sentimientos de culpa y continuado con su vida, satisfechos consigo mismos, pero la culpa no resuelta sigue actuando en sus almas, acosándolos en los momentos más inesperados, deprimiéndolos y debilitándolos en otros.

La única manera segura de manejar la culpabilidad es enfrentarla, tal como hicieron los hermanos de José. Luego, confesarla al Señor, que lo sabe todo, y pedir su perdón. Finalmente, ver cómo él levanta la carga de culpa y otorga gozo y paz.

LECTURA: *Génesis 43:1-14*

BRECHA GENERACIONAL

Cuando el grano que habían traído de Egipto estaba por acabarse, Jacob dijo a sus hijos:
—Vuelvan y compren un poco más de alimento para nosotros.
Pero Judá dijo:
—El hombre hablaba en serio cuando nos advirtió: "No volverán a ver mi rostro a menos que su hermano venga con ustedes".

GÉNESIS 43:2-3

En la turbulenta década de 1960 la gente hablaba sobre la «brecha generacional». Siempre ha habido diferencias entre generaciones. Es un viejo problema, pero durante los años sesenta se le dio un nombre nuevo y mucha atención. Los jóvenes decidieron no solo discrepar de sus ancianos, sino también rechazar lo que decían quienes tenían autoridad. El resultado fue un enfrentamiento entre aquellos que tenían el poder y aquellos que resentían que se usara para su aparente perjuicio.

Incluso en la época de Jacob, la brecha entre generaciones ya era claramente evidente. Jacob había estado al mando de su familia durante mucho tiempo. Estaba acostumbrado a decirles a sus hijos qué hacer y a esperar que obedecieran, pero a medida que los días y las semanas de hambre pasaban y el suministro de alimento disminuía, era evidente que se avecinaba un enfrentamiento entre el anciano y sus hijos.

Jacob quería que sus hijos regresaran a Egipto a comprar más comida (Génesis 43:2). Judá, el portavoz de la generación más joven, dijo: «El hombre hablaba en serio cuando nos advirtió: "No volverán a ver mi rostro a menos que su hermano venga con ustedes"» (43:3). Luego añadió con firmeza: «Pero si no dejas que Benjamín vaya, nosotros tampoco iremos» (43:5). Por razones comprensibles, Jacob no estaba dispuesto a escuchar la explicación de su hijo. Jacob dijo que Benjamín no iría, y Judá respondió, en efecto, que si Benjamín no iba, nadie iría, con el probable resultado de que todos morirían.

Sintiendo que estaba entre la espada y la pared, Jacob «se lamentó» de su propio dolor y se quejó de que sus hijos hubieran mencionado a su otro hermano ante el gobernante egipcio. Con sorprendente egocentrismo, Jacob preguntó: «¿Por qué fueron ustedes tan crueles conmigo?» (43:6). Judá, mostrando mucho sentido común, razonó nuevamente con su padre, le dio garantías personales y le recordó que, si hubieran actuado cuando debían, ya podrían haber hecho el viaje varias veces. Finalmente, Jacob cedió y entregó el control a los hombres más jóvenes. Entonces les dio sabias instrucciones para su viaje, pero la decisión de Jacob estuvo lejos de ser tomada con gracia. «Si no queda otro remedio» marcó el tono de su rendición (43:11). «Si tengo que perder a mis hijos, que así sea» dominó su pensamiento (43:14). Esto no es lo mismo que sugerir que los hijos siempre tuvieran la razón y el padre siempre estuviera equivocado. Es comprensible que Jacob estuviera pasando un mal día. Afortunadamente, sus hijos estaban actuando mejor.

Llega un momento en que los hombres mayores deben permitir que la generación más joven tome el liderazgo. Si entregan las riendas con alegría, podrán ver con gozo cómo los jóvenes tienen éxito. Si no lo hacen, ampliarán la brecha generacional hasta hacer de ella un abismo que se convierte en la tumba de los proyectos prometedores.

LECTURA: *Salmo 18*

AYUDA Y GRANDEZA

Me has dado tu escudo de victoria. Tu mano derecha me sostiene; tu ayuda me ha engrandecido.

SALMO 18:35

En la larga e ilustre historia del pueblo judío, ningún hombre brilla más que el rey David. Sus grandes victorias contra enemigos abrumadores, su administración del vasto reino, su interés por la adoración verdadera de Jehová, su establecimiento y desarrollo de Jerusalén como capital de la nación, sin mencionar su extraordinario legado espiritual en el libro de Salmos; todos estos logros señalan inequívocamente a su grandeza, como rey y también como hombre.

David siempre estuvo dispuesto a hablar con gran entusiasmo acerca de las maneras en que el Señor había intervenido en su vida. Escribió: «Me rescató de mis enemigos poderosos, de los que me odiaban y eran demasiado fuertes para mí. Me atacaron en un momento de angustia, pero el SEÑOR me sostuvo» (Salmo 18:17-18). Los hombres que están en proceso de celebrar grandes victorias, como David cuando escribió este salmo, pocas veces hablan de sus momentos más débiles y de cómo fueron liberados de ellos. Los hombres que triunfan tienden más a hablar de lo que hicieron para lograr sus hazañas. David nunca minimizó el papel significativo que él mismo había desempeñado en las victorias que obtuvo, pero siempre regresaba a su tema principal: darle a Dios el crédito por actuar en él y a través de él. «Me diste victoria sobre los que me acusaban. Me nombraste gobernante de naciones; ahora me sirve gente que ni siquiera conozco» (18:43).

El secreto del éxito de David estaba en la obra que el Señor había hecho en su vida; pero el Salmo 18 tiene una sorpresa para nosotros. En medio de todo el lenguaje dramático que habla de guerra y victoria, David dijo: «Tu ayuda me ha engrandecido» (18:35). ¿Ayuda? ¿Haciéndolo *grande*? ¡Eso es una sorpresa! David testificó del hecho asombroso de que su propia grandeza se debía directamente a la ayuda del Señor.

Cuando miramos la vida de David y la forma en que Dios obró en ella, ¡la ayuda no es lo primero que viene a la mente! Pero tal vez los momentos más grandes de David no fueron cuando triunfaba en los campos de batalla. Puede ser que los momentos más influyentes en su experiencia con Dios no fueran cuando «la tierra se estremeció y tembló» o cuando «se sacudieron los cimientos de las montañas» (18:7). Quizás David fue más grande cuando perdonó la vida de Saúl, no una, sino dos veces (1 Samuel 24 y 26). O cuando recibió en su casa a Mefi-boset, el lisiado sobreviviente de la destruida dinastía de Saúl (2 Samuel 9). O cuando protegió con su propia vida al sobreviviente de una de las masacres sin sentido de Saúl (1 Samuel 22:23). Este gran rey guerrero tenía una gran mansedumbre. Era una mansedumbre que había aprendido del gran Dios, que es manso.

Hasta el día de hoy, los grandes hombres son caballeros. ¡Y los hombres mansos son verdaderamente grandes!

LECTURA: *1 Corintios 12:1-31*

REFLEXIONES DEL CREADOR

A cada uno de nosotros se nos da un don espiritual para que nos ayudemos mutuamente. [...] Todos ustedes en conjunto son el cuerpo de Cristo, y cada uno de ustedes es parte de ese cuerpo.

1 CORINTIOS 12:7, 27

Quizás el mayor misterio en el cristianismo es la doctrina de la Trinidad. Los intentos por explicar cómo Dios es uno y al mismo tiempo existe en tres personas (Padre, Hijo y Espíritu Santo) han sido, por lo general, menos que convincentes. Parte del motivo es que explicamos algo desconocido trazando una analogía con algo conocido. Sin embargo, nada explica adecuadamente la Trinidad: cómo Dios existe en una unidad caracterizada por la diversidad. Pero es verdad.

Por otro lado, el mundo creado en el que vivimos está lleno de ejemplos de unidad en la diversidad y de diversidad en la unidad, y estos ejemplos son reflejos del Creador. Tomemos, por ejemplo, el cuerpo humano. Como sabemos, está compuesto por una gran cantidad de partes diversas. Todas ellas tienen un lugar y una función especiales y únicos. De hecho, cuanto más aprendemos sobre el cuerpo humano, más complejo y detallado comprendemos que es. Pablo observó: «El cuerpo humano tiene muchas partes, pero las muchas partes forman un cuerpo entero» (1 Corintios 12:12). Esto parece obvio, pero Pablo lo dijo con un propósito muy importante: quería mostrar cómo la iglesia, el cuerpo de Cristo, refleja las características de unidad y diversidad de Dios. Usando el cuerpo humano como punto de partida, Pablo añadió: «Lo mismo sucede con el cuerpo de Cristo» (12:12).

Al igual que los miembros del cuerpo humano, todos los miembros del cuerpo de Cristo tienen un papel único que desempeñar en la vida y la salud de la iglesia. Pablo lo expresó claramente: «Todos ustedes en conjunto son el cuerpo de Cristo, y cada uno de ustedes es parte de ese cuerpo» (12:27).

No todos los miembros de la iglesia han comprendido que son una parte necesaria de ella. Muchos se sienten perfectamente cómodos sin desempeñar ningún papel visible en la vida de la iglesia, excepto, tal vez, ¡el papel de espectador! Pero el hecho sigue siendo que, así como en el cuerpo humano, cada miembro de la iglesia ha sido dotado de manera única no solo con un papel, sino también con los medios para cumplirlo. La capacidad para servir en la iglesia se encuentra en los «dones espirituales» únicos otorgados por el «mismo Espíritu», y estos dones se conceden a cada uno de nosotros «para que nos ayudemos mutuamente» (1 Corintios 12:4, 7).

Si el cuerpo, tanto físico como espiritual, ha de mantenerse sano y funcionar eficazmente, cada parte del cuerpo debe cumplir su tarea. Una iglesia está sana cuando todos sus miembros funcionan como fueron diseñados para hacerlo. ¡Cristo actúa mejor a través de su cuerpo!

LECTURA: *1 Corintios 13:1-13*

LO MÁS IMPORTANTE

Tres cosas durarán para siempre: la fe, la esperanza y el amor; y la mayor de las tres es el amor.

1 CORINTIOS 13:13

La psicología moderna no siempre está de acuerdo con la Biblia, pero en un área sí existe cierto grado de acuerdo. Los psicólogos nos dicen que hay dos cosas principales que la gente necesita para vivir una vida plena y eficaz. La primera es la capacidad de expresar amor, y la segunda es la oportunidad de experimentar amor. La persona que no puede o no quiere amar estará marchita en sus relaciones. El hombre que no es amado, o que no sabe lo que es ser amado, estará limitado en lo más profundo de su alma. Fuimos creados para las relaciones, así que estar atrofiados en lo relacional es estar empobrecidos en lo personal, marchitos en lo emocional y afectados en lo social.

La Biblia usa una terminología diferente, pero expresa la misma idea. Los cristianos corintios estaban muy entusiasmados con su capacidad para usar dones espirituales extraordinarios y participar en muchas actividades espirituales emocionantes, pero Pablo les dijo: «Si pudiera hablar todos los idiomas del mundo y de los ángeles pero no amara a los demás, yo solo sería un metal ruidoso o un címbalo que resuena» (1 Corintios 13:1). Pablo reforzó esta idea diciendo: «Si tuviera el don de profecía y entendiera todos los planes secretos de Dios y contara con todo el conocimiento, y si tuviera una fe que me hiciera capaz de mover montañas, pero no amara a otros, yo no sería nada» (13:2). Reconocía que no serviría de nada a nadie, incluso si pudiera mover montañas solo con hablarles, si lo hacía sin amor (13:2).

Pablo concluyó: «Tres cosas durarán para siempre: la fe, la esperanza y el amor; y la mayor de las tres es el amor» (13:13). Las cosas que «durarán para siempre» son los factores fundamentales y eternos de la experiencia humana, sin los cuales dejamos de funcionar como deberíamos. La fe es parte instintiva de nuestra naturaleza: no podemos sobrevivir sin confiar. La esperanza también es necesaria: es lo que nos mantiene adelante en tiempos de desesperación y desaliento. Y nunca llegará un momento en que el amor deje de ser lo más importante. Porque el amor es el lenguaje de nuestras relaciones, tanto con Dios como con los demás, ¡el amor es lo más importante!

Siendo así, un hombre haría bien en familiarizarse con la enseñanza bíblica sobre el amor: qué es y cómo actúa. Luego debería tomar en serio la instrucción del apóstol: «¡Que el amor sea su meta más alta!» (14:1). Esto no significa, por supuesto, que los dones sean insignificantes o que el ministerio no tenga importancia. Simplemente significa que el amor es lo que les da eficacia. En realidad, el amor es lo que hace que el mundo gire y que nuestras vidas avancen; para siempre.

LECTURA: *1 Corintios 14:1-12*

COMUNICACIÓN

Amados hermanos, si yo fuera a visitarlos y les hablara en un idioma desconocido, ¿de qué les serviría a ustedes? En cambio, si les llevo una revelación o un conocimiento especial o una profecía o una enseñanza, eso sí les sería de ayuda.

1 CORINTIOS 14:6

Recientemente leí sobre un viejo caballero que había viajado hasta la Costa Oeste de los Estados Unidos en carreta de bueyes cuando era un muchacho y regresó a la Costa Este en avión al final de su vida. Durante su vida se habían producido cambios drásticos en el mundo occidental. No hace tanto tiempo, los Estados Unidos eran una sociedad agraria, donde la gente vivía de la tierra y en la tierra. Luego llegó la Revolución Industrial, cuando se aprovechó la fuerza del vapor y la electricidad. Con el tiempo, la vida se volvió considerablemente más fácil. En años recientes, hemos entrado en la era de las comunicaciones: la información es poder y riqueza, y fortunas se ganan y se pierden en cuestión de momentos. Aunque los tiempos cambian, algunas cosas nunca cambian. Incluso cuando los medios de comunicación evolucionan, las reglas básicas de la comunicación permanecen iguales.

Por eso, las cosas que Pablo les dijo a los corintios sobre la comunicación hace dos mil años siguen siendo relevantes hoy en día. En la iglesia en Corinto, el tema era el hablar en lenguas. En la actualidad sigue siendo un tema de debate. El día de Pentecostés (ver Hechos 2), los discípulos hablaron acerca de Cristo de tal manera que personas que hablaban distintos idiomas pudieron entenderlos. Ocurrió un tipo de milagro, ya sea un milagro de hablar o de oír (Hechos 2:7-13). Más tarde, los cristianos corintios descubrieron que tenían un don espiritual, «la capacidad de hablar en lenguas» (1 Corintios 14:2). Algunos creen que era el mismo don que se manifestó en Pentecostés. Otros sugieren que esta habilidad no estaba relacionada con lenguas humanas, sino que era un don de expresión extática usada en la adoración, comprensible solo para Dios y para la persona que tuviera el correspondiente don espiritual de interpretación. Sea cual fuera la naturaleza del don de lenguas, como suele llamarse, a Pablo le preocupaba que los no creyentes asistieran al servicio de adoración donde se usaba este don: «Si yo fuera a visitarlos y les hablara en un idioma desconocido, ¿de qué les serviría a ustedes?» (14:6). La primera y más importante regla de la comunicación no ha cambiado a lo largo de los siglos: si quieres transmitir tu mensaje, ¡habla el idioma de tu audiencia!

Una de las críticas hacia la iglesia es que a veces dedica tiempo a responder preguntas que nadie hace y lo hace en un lenguaje que nadie habla. Eso contradice la regla básica de la comunicación. También es un ejercicio inútil. La comunicación efectiva requiere una expresión clara y una escucha perceptiva. Sin claridad, no puede haber comprensión. Y, sin comprensión, de poco sirve una expresión clara. El desafío de la iglesia es usar los medios modernos de comunicación, los cuales las personas modernas escucharán, para transmitir con claridad el mensaje antiguo.

LECTURA: *1 Corintios 14:13-25*

CRISTIANOS LOCOS

Si los incrédulos o la gente que no entiende esas cosas entran en la reunión de la iglesia y oyen a todos hablando en un idioma desconocido, pensarán que ustedes están locos.

1 CORINTIOS 14:23

Ser cristiano nunca ha sido fácil. Al principio, los cristianos eran tratados con crueldad y grandes números perdieron su vida. Incluso cuando no eran atacados físicamente, los cristianos eran a menudo malentendidos y malinterpretados. Por ejemplo, eran acusados de ser caníbales porque, cuando tomaban la Comunión, hablaban de comer la carne y beber la sangre del Señor Jesús (ver 1 Corintios 11:23-26). También se les acusaba de ser ateos porque no adoraban a los dioses paganos. Quizás lo peor de todo era que se les acusaba de incesto, ya que los «hermanos» se casaban con las «hermanas». Los cristianos estaban básicamente indefensos ante tales acusaciones. No tenían los medios ni el poder para enfrentarse a las autoridades que se oponían a ellos.

En otras situaciones, sin embargo, los cristianos sí podían hacer algo con respecto a las acusaciones que se les presentaban. Por ejemplo, las personas que visitaban los servicios de adoración donde los cristianos se comportaban de manera aparentemente descontrolada y excéntrica se sentían, comprensiblemente, confundidas y ofendidas por lo que veían. Pablo dijo: «Aun así, si los incrédulos o la gente que no entiende esas cosas entran en la reunión de la iglesia y oyen a todos hablando en un idioma desconocido, pensarán que ustedes están locos» (1 Corintios 14:23). En situaciones como las que vivían los primeros cristianos en un entorno hostil, puede que no hubiera mucho que pudieran hacer frente a acusaciones de maldad basadas en malentendidos o tergiversaciones maliciosas; pero sí podían responder a las acusaciones de estar «locos» cuando llevaban a cabo su adoración sin considerar qué pensarían los incrédulos presentes entre ellos.

La solución de Pablo fue directa. Primero, si Dios te ha dado el don de hablar en éxtasis, úsalo en la adoración pero no de manera que los incrédulos piensen que estás loco. Un modo de hacerlo, por supuesto, es ejercer el don en la devoción privada; pero si los dones se van a usar en un servicio público de adoración y hay incrédulos presentes, al menos debemos explicarles lo que está ocurriendo. En términos modernos, eso significa ser «sensible hacia el que busca». Segundo, asegúrense de que sus servicios de adoración se lleven a cabo de manera que los incrédulos sean alcanzados espiritualmente para que «al escuchar, sus pensamientos secretos quedarán al descubierto y caerán de rodillas y adorarán a Dios declarando: "En verdad, Dios está aquí entre ustedes"» (14:25).

Pablo tuvo experiencias sin precedentes con el Señor (ver 2 Corintios 12:1-10), y aun así mantenía un asombroso equilibrio con respecto a la adoración colectiva: «Pero en una reunión de la iglesia, para ayudar a otros preferiría hablar cinco palabras comprensibles que diez mil palabras en un idioma desconocido» (1 Corintios 14:19). Estas veinticuatro palabras deberían tenerse siempre presentes en la iglesia contemporánea.

Hay un lugar para la adoración privada y también hay un lugar para la proclamación pública. Ambas deben ser valiosas para el corazón del pueblo de Dios e integrantes esenciales de su caminar cristiano. Si la gente te llama loco por vivir de esa manera, que así sea. Si te llama loco por cualquier otra razón, ¡haz cambios!

LECTURA: *1 Corintios 14:26-40*

ADORACIÓN CON ORDEN

Recuerden que la gente que profetiza está en control de su espíritu y puede turnarse con otros. Pues Dios no es Dios de desorden sino de paz, [...] pero asegúrense de que todo se haga de forma apropiada y con orden.

1 CORINTIOS 14:32-33, 40

En los deportes están quienes conocen las jugadas y desempeñan sus roles meticulosamente. Y también están quienes, con un destello de genialidad espontánea, pueden ganar un partido. ¡O perderlo! En los negocios hay personas que manejan los detalles y ponen orden en la empresa, mientras que otras se impacientan con la rutina diaria pero tienen la habilidad de ganar contratos. Y también hay algunos que prosperan en los detalles y la estructura y otros disfrutan la espontaneidad y la inspiración.

En un mundo ideal, la forma y la libertad coexisten de modo cooperativo. Se complementan mutuamente y producen un ambiente armonioso en el cual trabajar y un resultado eficaz hacia los objetivos propuestos. En el mundo real, no siempre es tan sencillo. Por ejemplo, observemos la iglesia. La mayoría de los creyentes estaría de acuerdo en que el privilegio y la responsabilidad de la iglesia es adorar a Dios: alabarlo y servirlo, honrar su nombre, proclamar su grandeza y promover su causa. Pero, cuando se trata de ponerse de acuerdo sobre qué constituye una adoración verdaderamente «espiritual», surgen grandes diferencias, ¡y a menudo permanecen ahí! De hecho, las diferencias pueden ser tan marcadas que incluso existe un término para describirlas: «guerras de adoración», ¡un verdadero oxímoron!

Los corintios nos ofrecen un ejemplo antiguo de este problema recurrente. Por temperamento, inclinación y preferencia, ellos pertenecían al grupo de los espontáneos y libres. Un servicio de adoración en la iglesia corintia habría sido animado y entusiasta, poco estructurado e impredecible, incluso rozando lo caótico. Se animaba a los adoradores a participar y liderar en el servicio, pero lamentablemente esto ocurría con frecuencia sin la debida cortesía ni respeto. Como resultado, surgieron conflictos entre los miembros de la iglesia acerca de la manera en que se desarrollaban los servicios de adoración.

Por eso, Pablo estableció algunas «reglas de adoración» para los cristianos corintios: «No más de dos o tres deberían hablar en lenguas. Deben hablar uno a la vez y que alguien interprete lo que ellos digan [...] Que dos o tres personas profeticen y que los demás evalúen lo que se dice [...] Las mujeres deben guardar silencio durante las reuniones de la iglesia» (1 Corintios 14:27, 29, 34). Los tres grupos mencionados debían ejercer «control sobre su espíritu», lo cual significaba estar tan dispuestos a guardar silencio como a hablar. Si los profetas profetizaban todos al mismo tiempo, si los que hablaban en lenguas lo hacían sin interpretación y si las mujeres hacían preguntas en voz alta, el resultado sería ruido y caos. Una situación así no honraba a Dios ni edificaba a la iglesia. Por eso Pablo instruyó: «Pero asegúrense de que todo se haga de forma apropiada y con orden» (14:40).

Pablo no era ni un enemigo de la espontaneidad ni un amante del control. Su único deseo era ver cómo la forma abrazaba la libertad y la estructura permitía la espontaneidad. Ese sigue siendo un objetivo noble para la iglesia hoy en día. También es un objetivo desafiante.

LECTURA: *1 Corintios 15:1-11*

LO PRINCIPAL

Amados hermanos, permítanme recordarles la Buena Noticia que ya les prediqué. En ese entonces, la recibieron con gusto y todavía permanecen firmes en ella.

1 CORINTIOS 15:1

Si los jugadores de un equipo deportivo comienzan a experimentar dificultades entre ellos fuera de la cancha, las posibilidades de que se desempeñen bien en la cancha se verán en peligro. Lo mismo se aplica a un negocio, una familia o una iglesia. Los buenos líderes saben eso y, por lo tanto, emplean tiempo y esfuerzo considerables en buscar maximizar las buenas relaciones y minimizar las fricciones personales. Los buenos líderes logran esto recordando constantemente al grupo cuáles son sus objetivos y ayudándolos a concentrarse en lo que es de mayor importancia. Los buenos líderes enseñan a su gente que «lo principal es mantener lo principal como lo principal»[22].

Pablo, como hemos visto, estaba tratando con un grupo particularmente conflictivo dentro de la iglesia de Corinto. Estaban divididos por varios temas. Todos estos asuntos, en opinión de Pablo, eran menos importantes que «lo principal». Por lo tanto, después de abordar algunos de los temas que los estaban dividiendo y recordarles que estaban llamados a amarse unos a otros, Pablo dirigió nuevamente su atención a enfocar su mirada en lo más importante. Escribió: «Ahora, amados hermanos, permítanme recordarles la Buena Noticia que ya les prediqué. En ese entonces, la recibieron con gusto y todavía permanecen firmes en ella» (1 Corintios 15:1). Lo principal no era quién era el mejor líder, ni quién tenía qué don, ni qué ministerio era más importante. Lo principal era que Dios había hecho algo en la historia humana que cambió sus vidas para el tiempo y la eternidad, y que había hecho saber a los corintios lo que él había hecho por medio de la predicación de la Buena Noticia. Sin la Buena Noticia no habría iglesia, ni dones, ni ministerio, ni apóstoles, ni salvación ni perdón. De hecho, sin la Buena Noticia ¡ni siquiera existiría la iglesia de Corinto para discutir sobre cosas menos importantes!

¿Y cuál es exactamente esta Buena Noticia? «Cristo murió por nuestros pecados tal como dicen las Escrituras. Fue enterrado y al tercer día fue levantado de los muertos, tal como dicen las Escrituras» (15:3-4). Esa es la Buena Noticia. Muchos hombres han muerto valientemente, algunos incluso de manera voluntaria o en sustitución de otros; pero nadie ha muerto con la intención de resucitar de la muerte por su propio poder. Nadie, excepto Jesús (ver Juan 10:17-18), lo cual demuestra que su muerte fue única. Fue tan única que solo ella podía servir como base para el perdón de los pecados.

Lo principal es que Cristo murió para traer perdón y resucitó de entre los muertos, venciendo al pecado, a la muerte, al diablo y al infierno. Mientras Pablo viviera, nunca dejaría de recordarlo.

Cuando el Cristo resucitado ocupa el centro, sabes qué cosas son periféricas. Nunca confundas una con la otra.

22 Fuente anónima.

LECTURA: *Salmo 81*

ABRE BIEN TU BOCA

Fui yo, el SEÑOR tu Dios, quien te rescató de la tierra de Egipto.
Abre bien tu boca, y la llenaré de cosas buenas.

SALMO 81:10

G. K. Chesterton, uno de los grandes escritores de Gran Bretaña, opinaba que una mente abierta es como una boca abierta: solamente es útil cuando está cerrada conteniendo algo de sustancia. Tristemente, algunas personas parece que solo abren su boca para meter en ella sus pies.

El escritor del salmo tenía una idea mejor. Exhortó al pueblo en el nombre del Señor: «Abre bien tu boca, y la llenaré de cosas buenas» (Salmo 81:10). Esta instrucción se dio en el contexto de una celebración religiosa. El pueblo de Dios estaba «obligado por los decretos de Israel» a estar preparado para celebrar un festival «en la luna llena» (81:3-4). El propósito del ciclo regular de festivales y celebraciones era recordarle al pueblo lo que Dios había hecho en la vida de sus antepasados, para que no olvidaran quién es el Señor ni se desviaran de sus caminos.

El Señor nunca se cansaba de recordarle a su pueblo: «Pues fui yo, el SEÑOR tu Dios, quien te rescató de la tierra de Egipto» (81:10). Y consideró necesario darles «severas advertencias», diciéndoles constantemente: «Jamás debes tener un dios extranjero» (81:8-9). Pero, trágicamente, la historia del pueblo estaba llena de ejemplos de desobediencia voluntaria. El Señor dijo con tristeza: «Pero no, mi pueblo no quiso escuchar; Israel no quiso que estuviera cerca» (81:11).

Los festivales y las celebraciones estaban integrados en la vida de la nación para hacer que regresaran a lo esencial y avivar sus corazones hacia la adoración y la obediencia. Pero había algo en el pueblo de Dios que periódicamente los llevaba a negarse a creer que su seguridad y su gozo dependían del Señor. Encontraban otras maneras de vivir que les resultaban más agradables, y por eso tenían que ser llevados una y otra vez al punto de recordar a Dios.

Fue en esa posición que se les dijo que abrieran bien su boca. Esto ciertamente se refería a que se unieran en cánticos de «alabanzas a Dios» (81:1), una práctica que calienta el corazón más frío y anima al espíritu más abatido. Pero también significaba que debían «abrir su boca», en sentido espiritual, para alimentarse de la verdad que se les presentaba y asimilar interiormente la Buena Noticia de la salvación de Dios.

A diferencia del antiguo Israel, la ley de nuestro país no establece la obligación de la adoración regular, pero la ley espiritual más fundamental enseña que la adoración constante es necesaria para el bienestar integral. Y no es una carga; de hecho, la adoración regular es como ser alimentado con «el mejor trigo» (81:16). ¡Tiene buen sabor! Es algo con lo que vale la pena cerrar una boca abierta.

LECTURA: *Éxodo 3:1-15*

¿PUEDO TENER TU ATENCIÓN?

«Esto es increíble —se dijo a sí mismo—. ¿Por qué esa zarza no se consume? Tengo que ir a verla de cerca».

ÉXODO 3:3

Cuanto más ocupado está un hombre, más difícil es captar su atención. Cuanto más alto sube en la jerarquía, más obstáculos hay que atravesar para conversar con él. Cuando al comienzo de un vuelo se le pide que preste atención a los anuncios sobre las normas de seguridad, él, habiéndolo escuchado todo antes, sigue leyendo la sección financiera de su periódico. Cuando regresa a su casa y su hija adolescente intenta hablar con él, está demasiado ocupado descargando las últimas noticias sobre su portafolio de acciones y sus equipos deportivos favoritos. Y, una vez que comienza el partido de fútbol en la televisión, su esposa sabe que es inútil tratar de que escuche sus preocupaciones sobre un grifo que gotea o un hijo con problemas. Muy a menudo, en este mundo, cuando la pregunta es: «¿Puedo tener tu atención?», la respuesta es: «No».

Aunque el ritmo de vida era más lento, mucho más lento, en tiempos bíblicos, tampoco siempre era fácil captar la atención de las personas en aquellos días. En particular, si Dios quería decir algo, a menudo recurría a hacer algo drástico, como aparecerse a Moisés en un arbusto que ardía sin consumirse. «Esto es increíble —se dijo a sí mismo—. ¿Por qué esa zarza no se consume? Tengo que ir a verla de cerca» (Éxodo 3:3). Tras haber captado la atención de Moisés, el Señor comenzó entonces a comunicarle lo que quería decir: que estaba plenamente consciente de la difícil situación de su pueblo en Egipto, que tenía toda la intención de rescatarlo ¡y que Moisés sería el líder de esa liberación!

Suponiendo que el Señor desea comunicarse con el hombre moderno y sabiendo que no siempre es fácil captar su atención, la pregunta es: «¿Cómo capta el Señor nuestra atención hoy?». Nadie da testimonio de haber visto arbustos que arden sin consumirse; pero algunos hombres de Dios brillan intensamente sin agotarse. Muestran recursos inusuales que les permiten mantenerse firmes bajo presión, resistir la tentación, mostrar alegría frente a la adversidad y conservar la calma en medio del desastre. Son alentadores incansables, apoyos constantes y ejemplos consistentes para todos. ¡Y no se queman!

Ver a uno de los hombres de Dios brillar intensamente en acción hace que otros se detengan y se maravillen. Ese es el momento de explicar que, aunque no tiene nada de especial el arbusto que arde, sí tiene algo extraordinariamente especial el fuego que arde en su interior. La esencia de la vida del creyente es, como explicó Pablo: «Ya no vivo yo, sino que Cristo vive en mí» (Gálatas 2:20). Ser un arbusto que arde sin consumirse atrae la atención.

LECTURA: *Éxodo 4:10-18*

LA IMPACIENCIA DE DIOS

—¡Ahora ve! Yo estaré contigo cuando hables y te enseñaré lo que debes decir.
Pero Moisés suplicó de nuevo:
—¡Te lo ruego, Señor! Envía a cualquier otro.
Entonces el SEÑOR se enojó con Moisés.

ÉXODO 4:12-14

Shakespeare dijo que nunca hubo un filósofo que pudiera soportar un dolor de muelas con paciencia. Incluso un filósofo tiene sus límites. Solo está dispuesto a soportar hasta cierto punto. Lo mismo ocurrió con Job. Su paciencia era legendaria, pero llegó un momento en que había escuchado suficiente a sus «consoladores», cuyo consuelo no necesitaba. La mayoría de los hombres no tienen dificultad en identificar (o al menos responder) los límites de su propia tolerancia y paciencia. Pero ¿qué hay de Dios? ¿Existen límites a su paciencia?

Esta es una pregunta inquietante porque la paciencia de Dios no solo la enseñan claramente las Escrituras, sino que también ha sido ampliamente experimentada por aquellos que han recibido su perdón y abrazado su gracia. La paciencia de Dios a menudo se da por sentada por quienes no lo aman. ¿Dónde está el hombre, sea cual sea su convicción religiosa o la ausencia de ella, que no suponga que Dios, si existe, tiene una paciencia ilimitada? Por lo tanto, el impío continuará con un estilo de vida que sabe en su corazón que no es correcto bajo la suposición o la esperanza de que al final saldrá impune. Piensa o que Dios no existe o que Dios es tan paciente que todo está permitido.

Inquietante o no, la pregunta sobre los límites de la paciencia de Dios merece una respuesta. La respuesta se encuentra en la discusión continua que Moisés tuvo con el Señor acerca de su llamado a ir a Egipto y confrontar al faraón. Moisés planteó una pregunta tras otra, excusa tras excusa, hasta que finalmente dijo desesperado: «¡Te lo ruego, Señor! Envía a cualquier otro» (Éxodo 4:13).

¡Eso fue suficiente! Dios había escuchado bastante. «Entonces el SEÑOR se enojó con Moisés» (4:14). El límite de la paciencia de Dios se alcanzó cuando Moisés se negó obstinadamente a hacer lo que el Señor le había ordenado. Moisés había sido atraído por la presencia de Dios en el arbusto, había escuchado la voz de Dios, había recibido sus promesas, había visto sus milagros y le habían dicho que a Dios no le importaba que fuera torpe con las palabras, ¡pues él le daría las palabras para hablar! Aun así, Moisés resistió el llamado de Dios e intentó con todas sus fuerzas evitar ser lo que Dios quería que fuera. Eso fue lo que provocó la impaciencia de Dios.

Aunque Moisés fue impaciente, el Señor le dio a Aarón como portavoz y aun así envió a Moisés ante el faraón. Y Moisés fue. Tal vez, a través de la demostración de la impaciencia divina, ¡Moisés finalmente entendió el mensaje!

La paciencia de Dios es legendaria. ¿Dónde estaríamos sin ella? Pero no es inagotable, y no debe ser abusada ni darse por sentada. ¡Es mejor buscar agradarle que poner a prueba su paciencia!

LECTURA: *Éxodo 5:1-23*

LADRILLOS SIN PAJA

Ya no les provean paja para hacer los ladrillos. ¡Hagan que ellos mismos vayan a buscarla! Pero exíjanles que sigan fabricando la misma cantidad de ladrillos que antes. No reduzcan la cuota. Son unos perezosos; por eso claman: «Déjanos ir a ofrecer sacrificios a nuestro Dios».

ÉXODO 5:7-8

Nelson Mandela, en su libro *El largo camino hacia la libertad*, escribió acerca de sus años como prisionero en Robben Island, Sudáfrica. Cada mañana, los internos marchaban hacia el patio de la cárcel vistiendo camisetas y pantalones cortos ligeros, sin ropa interior ni calcetines, donde se les ordenaba que convirtieran piedras del tamaño de pelotas de vóleibol en gravilla a martillazos. La primera semana se les ordenó llenar un enorme cajón hasta la mitad. La segunda semana tenía que estar tres cuartos lleno, y la tercera semana completamente lleno. Finalmente, la tarea se volvió imposible. Los estaban llevando intencionalmente hasta el límite; pero, en lugar de quebrarse, los prisioneros decidieron hacer una huelga de lentitud. A pesar de las graves amenazas de los guardias, la huelga continuó hasta que los guardias se vieron obligados a ceder.

Los prisioneros del faraón, los israelitas, también fueron llevados al límite. Se les exigía producir una cuota de ladrillos cada día y se les proporcionaban los materiales básicos, incluida la paja picada. Entonces Moisés y Aarón se presentaron ante el faraón y dijeron: «Esto dice el Señor, Dios de Israel: "Deja salir a mi pueblo para que celebre un festival en mi honor en el desierto"» (Éxodo 5:1). El faraón respondió que no conocía al Dios de Israel y que no veía ninguna razón para que el pueblo dejara de trabajar para adorarlo. Para mostrar su desagrado, el faraón ordenó a los capataces y supervisores: «Ya no les provean paja para hacer los ladrillos. ¡Hagan que ellos mismos vayan a buscarla! Pero exíjanles que sigan fabricando la misma cantidad de ladrillos que antes. No reduzcan la cuota» (5:7-8). Los prisioneros del faraón, sin embargo, no se atrevieron a hacer una huelga de lentitud. A diferencia de los prisioneros sudafricanos, los hebreos corrían el riesgo de ser asesinados y también de ser golpeados; así que sus sufrimientos simplemente aumentaron. Si se quejaban, eran azotados hasta someterse.

Los israelitas culparon a Moisés y Aarón por aumentar su sufrimiento: «¡Que el Señor los juzgue y los castigue por habernos hecho repugnantes a los ojos del faraón y sus funcionarios!» (5:21). Pero Moisés sabía que él y Aarón estaban obedeciendo las órdenes de Dios, así que se quejó ante Dios: «Señor, ¿por qué trajiste toda esta desgracia a tu propio pueblo? ¿Por qué me enviaste?» (5:22). A simple vista, las quejas de todos parecen bastante razonables; tras bambalinas, sin embargo, Dios estaba actuando. Estaba preparando el escenario para que el faraón aprendiera una gran lección sobre la soberanía de Dios. No iba a ser fácil; mucha gente iba a sufrir.

En la lucha entre el bien y el mal, a menudo parece que el mal está ganando y que las personas buenas sufren injustamente. Pero recordemos que Mandela finalmente fue liberado y se convirtió en presidente de Sudáfrica, y que los hijos de Israel fueron liberados y se dirigieron a la Tierra Prometida. El faraón, que ordenó hacer ladrillos sin paja, resultó ser un hombre de paja.

No importa cuán difícil sea la lucha, podemos tener la certeza de que, al final, ¡Dios gana!

LECTURA: *Éxodo 11:1-10*

CAMBIO TOTAL

El SEÑOR había hecho que los egipcios miraran con agrado al pueblo de Israel. Además, Moisés era considerado un gran hombre en la tierra de Egipto, y tanto los funcionarios del faraón como el pueblo egipcio lo respetaban.

ÉXODO 11:3

A pesar de lo que pienses de Fidel Castro, el exlíder comunista de Cuba, tienes que admitir que tenía poder permanente. Pese a todos los esfuerzos de los Estados Unidos para derrocarlo, incluyendo el funesto episodio de Bahía de Cochinos y más de cuarenta años de sanciones económicas, siguió manteniendo el control. Mientras tanto, los presidentes Kennedy, Johnson, Nixon, Ford, Carter, Bush y Clinton salieron de la presidencia. Aunque el comunismo doctrinario ya no dominaba en sus antiguos bastiones, este hecho no detuvo a Castro. ¡Nada parecía moverlo o cambiarlo! Sin duda, sus enemigos, y no tenía pocos, se preguntaban qué sería necesario para derrocarlo y llevar libertad al pueblo cubano.

Seguro que los israelitas se preguntaron cómo sería posible cambiar el corazón del faraón, el cruel tirano que dominaba sus vidas durante su cautividad en Egipto. Incluso una serie de desastres divinamente inspirados solo había servido para fortalecer la determinación del faraón de oprimirlos y había avivado su antipatía hacia el Señor y su pueblo. El Señor dijo: «El corazón del faraón es obstinado, y todavía se niega a dejar salir al pueblo» (Éxodo 7:14). Con cada desastre sucesivo, el patrón de terquedad y endurecimiento del corazón del faraón hacía necesaria una confrontación mayor. Pero el Señor estaba actuando a través de todo, decidido a cambiar las cosas de tal manera que, al final, el faraón suplicaría a los hijos de Israel que se fueran.

El Señor ya estaba desarrollando un cambio para Moisés. Despreciado incluso por su propio pueblo en algún momento (ver 6:9-12), Moisés ahora «era considerado un gran hombre en la tierra de Egipto, y tanto los funcionarios del faraón como el pueblo egipcio lo respetaban» (11:3). La actitud de los egipcios hacia el resto de los israelitas también había experimentado una transformación notable: «El SEÑOR había hecho que los egipcios miraran con agrado al pueblo de Israel».

Que Dios sea totalmente capaz de intervenir en los asuntos humanos no es cuestionable, y que lo haga está ampliamente documentado. Los métodos que emplea a veces son difíciles de aceptar o incluso de entender, pero sus objetivos siempre son correctos y sus medios justos. Que los prisioneros fueran liberados del control del faraón era justo, y que el faraón fuera castigado por su intransigencia también era correcto. Pero la obstinación continua del faraón y su antipatía implacable hicieron necesarios desastres cada vez mayores hasta que finalmente cedió.

Dios está comprometido a cambiar las cosas como deben ser, y lo hará. Todo régimen represivo caerá algún día. ¡El del faraón cayó! Siendo así, nosotros que no vivimos bajo la tiranía del faraón ni el régimen de Castro, pero sí encontramos nuestras situaciones laborales pesadas o nuestro clima social desafiante, deberíamos animarnos. Dios está actuando, y al final, se asegurará de que lo justo sea recompensado y lo injusto castigado. Pero él actúa a su ritmo, no al nuestro, y no está limitado por el tiempo: ¡tiene la eternidad a su disposición!

LECTURA: *Éxodo 12:1-28*

LA PASCUA

Sus hijos preguntarán: «¿Qué significa esta ceremonia?». Y ustedes contestarán: «Es el sacrificio de la Pascua del SEÑOR, porque él pasó de largo las casas de los israelitas en Egipto. Y aunque hirió de muerte a los egipcios, salvó a nuestras familias».

ÉXODO 12:26-27

Hay muchos elementos para educar a los niños además de enviarlos a la escuela. El ejemplo de los padres, por ejemplo, tiene un impacto profundo en la formación del enfoque de la vida que tiene un niño. Los padres sabios saben esto y ordenan sus vidas intencionadamente de maneras que comuniquen el mensaje correcto a los niños. Esto incluye el desarrollo de rituales y tradiciones familiares que crearán «momentos de enseñanza». La comunidad judía, quizás más que cualquier otro segmento de la sociedad occidental, comprende esto.

Han transcurrido más de tres mil años desde la inauguración de la Pascua, cuando los israelitas aún eran esclavos en Egipto. En ese tiempo, el Señor le dijo a Moisés: «Cuando entren en la tierra que el SEÑOR ha prometido darles, seguirán celebrando esta ceremonia» (Éxodo 12:25). La Pascua todavía se celebra en las familias judías el día catorce del primer mes (12:6), Nisán en el calendario hebreo, y se presta especial cuidado para explicar a los niños exactamente qué se conmemora. Se exige que el padre de familia responda a las preguntas de sus hijos, que surgen de los rituales de la cena de Pascua. En las familias judías modernas, la enseñanza necesaria se llama «Hagadá», y está diseñada para ayudar al padre a dar una explicación correcta.

Jesús se aseguró de observar la Pascua con sus discípulos, y no es casualidad que la traición, crucifixión y resurrección de Jesús ocurrieran durante el tiempo de la celebración anual. Esto ha llevado a los cristianos a ver la Pascua como una prefiguración de la muerte de Cristo. El cordero de la Pascua era sacrificado y su sangre rociada en los postes de las puertas para que los hijos de Israel pudieran encontrar refugio y así escapar del juicio (Éxodo 12:22-23). De manera similar, los cristianos encuentran refugio a través de la sangre derramada, la muerte del Señor Jesús como su única esperanza de salvación y protección frente al juicio de Dios. Por eso los cristianos en Occidente celebran la Pascua alrededor de la misma época.

A la luz de las tradiciones, que datan de más de tres mil años y que han llevado a la celebración moderna de la Pascua cristiana, podría valer la pena plantear dos preguntas: «¿cómo conmemoran hoy las familias el acontecimiento de la Pascua?» y «¿cómo pueden los hombres modernos explicar eficazmente a sus hijos el significado de esta gran festividad cristiana?». Con tradiciones familiares apropiadas y significativas, la Pascua puede ser un gran momento de enseñanza para los niños. No hay duda de que, con la estimulación adecuada, los niños harán las preguntas correctas. Y no debería caber duda de que, con la oportunidad adecuada, los padres modernos deberían tener las respuestas correctas sobre los asuntos profundos de la vida. Sus hijos no se merecen nada menos.

LECTURA: *Éxodo 12:29-50*

EL MENSAJE DE LA MUERTE

Esa medianoche, el SEÑOR hirió de muerte a todos los primeros hijos varones de la tierra de Egipto, desde el hijo mayor del faraón, el que se sentaba en su trono, hasta el hijo mayor del preso en el calabozo. Incluso mató a las primeras crías de todos sus animales. Entonces el faraón, sus funcionarios y todo el pueblo de Egipto se despertaron durante la noche, y se oyó un lamento desgarrador por toda la tierra de Egipto. No había ni una sola casa donde alguien no hubiera muerto.

ÉXODO 12:29-30

¿Qué tienen en común Karl Marx, Sigmund Freud y Albert Einstein? Sin duda, todos ellos aparecen de manera destacada en las listas de las personas más influyentes del siglo XX. Las doctrinas políticas de Karl Marx forman el fundamento del imperio soviético, que afectó las vidas de millones. Las teorías de Sigmund Freud sobre la personalidad y el comportamiento humano han cambiado la manera en que las personas son vistas y cómo se abordan los problemas humanos en todo el mundo occidental. La teoría de la relatividad de Einstein ayudó a llevar al mundo a la era nuclear, y aún estamos por descubrir todas las implicaciones de su trabajo.

Pero estos tres hombres tienen algo más en común: los tres eran judíos. Esto nos recuerda el impacto de gran alcance que el pueblo judío ha tenido a lo largo de su historia. Los judíos han dejado una huella notable considerando su número relativamente pequeño. Probablemente sea cierto decir (con disculpas a Churchill) que nunca en la historia de la humanidad ¡tantos han sido impactados tan profundamente por tan pocos!

Este pueblo, el pueblo judío, fue una vez esclavo en Egipto durante 430 años. Finalmente fueron liberados de su cautiverio tras una demostración desesperada de fuerza por parte del gobernante de aquel país. A pesar de las infinitas oportunidades para dejar ir al pueblo, el faraón de Egipto se negó. Finalmente fue advertido: «Esto dice el SEÑOR: "Hoy, a la medianoche, pasaré por el corazón de Egipto. Todo primer hijo varón de cada familia de Egipto morirá, desde el hijo mayor del faraón, el que se sienta en su trono, hasta el hijo mayor de la sirvienta más humilde que trabaja en el molino. Incluso la primera cría de todos los animales morirá"» (11:4-5). El faraón se negó a ceder, llegó el juicio y el desastre se extendió por toda la tierra. Cada hogar fue afectado: «Se oyó un lamento desgarrador por toda la tierra de Egipto» (12:30).

El cambio en el faraón fue sorprendente. Cuando Moisés y Aarón se le acercaron por primera vez, él había declarado con soberbia que no conocía al Señor y, por lo tanto, no tenía intención de acceder a sus pedidos. Luego, a medida que la serie de desastres golpeaba, simplemente trató de imitarlos como muestra de su propia independencia y poder. Pero, cuando la muerte finalmente golpeó de cerca, no solo instó a que el pueblo se fuera, sino que le suplicó a Moisés: «Váyanse, pero bendíganme al salir» (12:32).

La muerte predica un mensaje poderoso sobre la mortalidad y las limitaciones humanas. Tristemente, la mortalidad es el único mensaje que algunos hombres comprenden. La mayor contribución judía (la muerte vivificante y resurrección de Jesús) a menudo es pasada por alto. La historia judía muestra que Dios interviene en los asuntos humanos, que se interesa por el destino de la humanidad y que se comunica con nosotros de toda manera posible, incluso a través de la muerte misma. La muerte a menudo es amarga, a veces sangrienta, pero a través de Cristo tiene el potencial de ser bendita.

LECTURA: *Salmo 97*

AMEN AL SEÑOR, ODIEN EL MAL

¡Ustedes, los que aman al SEÑOR, odien el mal! Él protege la vida de sus justos y los rescata del poder de los perversos.

SALMO 97:10

Durante el cierre de campaña para una reelección, un senador sureño visitó un pequeño pueblo en el interior de su estado. El problema que exigía más atención en estas elecciones deslucidas era este: la caza de la ardilla. El pueblo estaba profundamente dividido por este asunto. Algunos creían que tenían derecho a cazar a los pequeños animales; otros pensaban que la práctica era una barbaridad y debería prohibirse. Así que se le pidió al senador que declarara su posición sobre el tema. Después de pensar cuidadosamente, y probablemente después de revisar las encuestas, respondió: «Algunos de mis amigos son cazadores de ardillas, y algunos de mis amigos piensan que la caza de ardillas debería prohibirse. Si revisan cuidadosamente mi historial, y no olviden que me postulo basándome en él, sabrán que, como hombre de principios, estoy firmemente del lado de mis amigos».

La historia puede tener valor como sátira de la política moderna, ¡pero no como una guía para vivir con principios! En asuntos de verdadera importancia, un hombre de principios no puede estar a favor de algo y de su opuesto al mismo tiempo. De hecho, el grado en que un hombre demuestra su posición sobre algo a menudo se revela mejor por la postura que adopta frente a lo opuesto.

El escritor del salmo nos da un gran ejemplo. Escribió: «¡Ustedes, los que aman al SEÑOR, odien el mal!» (Salmo 97:10). Hay muchas maneras en que un hombre muestra su amor por el Señor. Se le enseña que ame al Señor con todo su corazón, con toda su mente, con toda su alma y con todas sus fuerzas (Deuteronomio 6:5; Lucas 10:27). Esas son formas positivas de amar al Señor; pero el amor también puede expresarse de manera negativa. Al odiar lo que Dios odia, expresamos amor por quién es Dios.

El salmista dice: «La rectitud y la justicia son el cimiento de su trono» (Salmo 97:2). Evidentemente, la injusticia y la maldad son contrarias a su naturaleza y, por lo tanto, son malas. El Señor «protege la vida de sus justos y los rescata del poder de los perversos» (97:10). Así, preocuparse por el bienestar de los justos y oponerse al ejercicio injusto del poder es bueno y correcto, mientras que lo contrario es malo.

El hombre moderno puede detectar rastros de injusticia en su propio trato hacia los demás, y puede verlos en funcionamiento en las instituciones de su cultura. Por ello, tiene muchas oportunidades de mostrar que odia la injusticia y la maldad. Cuando un hombre ve el abuso de poder y la opresión de los piadosos, debería estar al frente de quienes se oponen y procuran rectificar la situación.

Amar a Dios incluye odiar lo que él odia, y eso significa tomar una postura firme contra el mal.

LECTURA: *Juan 14:1-14*

VIENDO AL INVISIBLE

Jesús respondió: «Felipe, ¿he estado con ustedes todo este tiempo, y todavía no sabes quién soy? ¡Los que me han visto a mí han visto al Padre! Entonces, ¿cómo me pides que les muestre al Padre?».

JUAN 14:9

Hace no muchos años, las aerolíneas a menudo quedaban en tierra debido a la falta de visibilidad. Ahora, mediante la tecnología por satélite, es posible no solo saber exactamente dónde están cuando vuelan a ciegas, sino también ser capaces de «ver» un aeropuerto envuelto en niebla y oculto de la vista. Ese no es el caso de ver al Invisible, pero sin duda es cuestión de ser capaces de ver lo que está oculto.

Jesús hizo muchas declaraciones notables sobre su relación con el Padre. Un día, en respuesta a la petición de Felipe de mostrarle al Padre, Jesús afirmó: «¡Los que me han visto a mí han visto al Padre!» (Juan 14:9). La importancia de esta afirmación se comprende al recordar que Juan, en la introducción de su Evangelio, dijo: «Nadie ha visto jamás a Dios» (1:18).

Esto era ciertamente cierto para Moisés, quien le pidió al Señor: «Te suplico que me muestres tu gloriosa presencia» (Éxodo 33:18). A Moisés se le respondió: «No podrás ver directamente mi rostro, porque nadie puede verme y seguir con vida» (Éxodo 33:20). Ezequiel, en sus extrañas visiones de Dios, nunca vio al Señor directamente, sino «una figura con apariencia de hombre» (Ezequiel 1:26). Incluso Isaías, quien escribió: «Vi al Señor», ofreció una descripción limitada de lo que vio: estaba «sentado en un majestuoso trono, y el borde de su manto llenaba el templo» (Isaías 6:1). Incluso estos hombres privilegiados no pudieron ver a Dios cara a cara de manera claramente definida y describible.

Entonces llegó Jesús, anunciando: «Solamente yo lo he visto, el que Dios envió» (Juan 6:46). Hasta ese momento, las «cualidades invisibles» de Dios, como su «poder eterno y su naturaleza divina», se habían manifestado en la Creación (Romanos 1:20). Pero ahora Jesús había venido para revelar, en su propia persona y usando un lenguaje comprensible para los humanos y de manera descifrable por la humanidad caída, cómo es realmente Dios. Por ejemplo, Jesús mostró a los humanos, quienes tienen una idea limitada del amor, lo que el amor verdaderamente es. La Creación no podía hacer eso. Jesús no apareció envuelto en misterio, como el Padre se había manifestado a los profetas, dando destellos seductores y aterradores de sí mismo. En cambio, cargaba a los niños en sus brazos y lloraba junto a las tumbas de los seres queridos. Al hacerlo, nos mostró que Dios, cuyo poder se percibe en terremotos y huracanes, tiene una compasión capaz de consolar el corazón roto. Y, al ir a la Cruz, Jesús extendió sus brazos y acogió a todos los que alguna vez vendrán a él. ¡Qué espectáculo!

LECTURA: *Juan 15:1-17*

VERDADEROS DISCÍPULOS

Cuando producen mucho fruto, demuestran que son mis verdaderos discípulos. Eso le da mucha gloria a mi Padre.

JUAN 15:8

El Rincón del Orador en Hyde Park, Londres, es el lugar donde cualquiera puede pararse sobre una tarima y decir cualquier cosa horrible o inaceptable que venga a su mente. Algunos de los oradores hablan principalmente para sí mismos, pero los oradores más dramáticos atraen a una multitud. Hay algo en la naturaleza humana que es incorregiblemente curioso, y la curiosidad atrae a una multitud.

Este fue ciertamente el caso en el ministerio del Señor. Jesús no tuvo dificultad en atraer multitudes, pero eso no significaba que las personas se convirtieran fácilmente en sus discípulos. Hubo varias ocasiones en que las multitudes que disfrutaban de sus milagros se alejaron cuando Jesús comenzó a hacer aplicaciones prácticas (ver Juan 6:66).

Jesús conocía los corazones de quienes se agolpaban a su alrededor y podía diferenciar fácilmente entre los que se sentían superficialmente atraídos por el espectáculo y los que eran verdaderos discípulos. Él dijo: «Cuando producen mucho fruto, demuestran que son mis verdaderos discípulos» (15:8). Físicamente, el fruto es la expresión exterior de la vida que está oculta dentro del árbol. Espiritualmente, el fruto del que Jesús hablaba es la manifestación práctica de la vida que él pone en los corazones de sus verdaderos discípulos.

El discipulado es una cuestión de creer pero no *solo* de creer. También significa comportarse de una manera que, según dijo Jesús, «le da mucha gloria a mi Padre» (15:8). Los verdaderos discípulos procuran vivir de tal manera que dirijan a otros hacia Dios y demuestren el poder de Dios y su obra en los seres humanos.

Los verdaderos discípulos le dan gloria a Dios al negarse a vivir para sí mismos. Hay muchas maneras prácticas en que esto se evidencia. Jesús identificó una de las más claras cuando dijo: «Este es mi mandamiento: ámense unos a otros de la misma manera en que yo los he amado. No hay un amor más grande que el dar la vida por los amigos» (15:12-13). ¡Un estilo de vida amoroso y sacrificial es una poderosa evidencia del verdadero discipulado! Para algunos, esto puede sonar poco atractivo o sin alegría, pero Jesús dijo que conduce a una vida en la que «desbordarán de gozo» (15:11).

¿Cuál es el secreto? Jesús lo explicó: «Ciertamente, yo soy la vid; ustedes son las ramas. Los que permanecen en mí y yo en ellos producirán mucho fruto» (15:5). El verdadero discipulado significa mantener una relación íntima con el Señor viviente, una relación tan cercana y necesaria como la que existe entre la rama y la vid. Las ramas separadas son estériles y están muertas. Los verdaderos discípulos no son estériles porque no son necios: ¡permanecen unidos a la vid! Saben que, como dijo Jesús, «tampoco pueden ser fructíferos a menos que permanezcan en mí» (15:4). Por eso se mantienen siempre cerca, confiando y obedeciendo a Dios.

Dependencia y obediencia son las palabras clave del discipulado cristiano. Independencia y desobediencia son las cosas que arruinan la comunión, destruyen el fruto y empañan el gozo. Por lo tanto, examina tu fe y revisa tu obediencia.

LECTURA: *Juan 16:1-15*

TRANSICIÓN

Les he dicho estas cosas para que no abandonen su fe. [...] Les digo estas cosas ahora para que, cuando sucedan, recuerden mi advertencia. No las mencioné antes porque todavía iba a estar un tiempo más con ustedes».

JUAN 16:1, 4

Cuando se retira un jugador estrella, se sustituye a un CEO eficaz o muere un pastor que trabajó por mucho tiempo, el equipo, el negocio o la iglesia enfrenta un período potencialmente crítico de ajuste. A menos que el vacío en el liderazgo se llene con cuidado y prontitud, siempre existe la posibilidad de que la organización o institución pierda impulso y que sus miembros pierdan el ánimo.

Jesús era muy consciente de esta posibilidad cuando habló con sus discípulos acerca de su inminente partida. Él dijo: «Les he dicho estas cosas para que no abandonen su fe» (Juan 16:1); pero eso no significaba un cambio en sus planes, pues Jesús reiteró: «Ahora me voy a aquel que me envió» (16:5). En pocas palabras, les aseguró que, aunque él se fuera, ¡no debía haber desviación de la fe!

Existía una posibilidad real de que los discípulos, sin líder, tuvieran serios problemas en su fe. Jesús había pensado cuidadosamente en la transición que sus discípulos iban a experimentar y se aseguró de prepararlos para que fuera exitosa. «Los expulsarán de las sinagogas», les advirtió (16:2). Para las personas modernas, una situación así podría no ser gran cosa: en las raras ocasiones en que podrían ser excomulgadas, simplemente dejarían de ir a la iglesia, acudirían a otra ¡o incluso comenzarían la suya propia! Pero la perspectiva de ser excomulgados de la sinagoga era una amenaza muy real para los discípulos del primer siglo. Significaba ostracismo social, aislamiento familiar y la posibilidad de puertas cerradas para conseguir empleo. Y había incluso posibilidades más serias: las hostilidades podían intensificarse hasta el punto de que, como Jesús predijo, «quienes los maten pensarán que están haciendo un servicio santo para Dios» (16:2).

Jesús explicó que su partida era ventajosa para ellos porque abría la puerta a una dimensión completamente nueva de experiencia espiritual. Les prometió: «En realidad, es mejor para ustedes que me vaya porque, si no me fuera, el Abogado Defensor no vendría. En cambio, si me voy, entonces se lo enviaré a ustedes» (16:7). Se refería al Espíritu Santo. El Espíritu Santo no solo les brindaría consuelo y guía en su dolor y confusión, sino que también garantizaría la continuidad. Jesús prometió: «Él no hablará por su propia cuenta [...] Me glorificará porque les contará todo lo que reciba de mí» (16:13-14). Los discípulos no debían tener miedo a quedar sin líder, indefensos o sin poder. Tampoco debían preocuparse de que la causa a la que se habían comprometido quedara sin rumbo. El Espíritu Santo sería su guía, su líder y su poder.

¿Por qué, entonces, el cambio? ¿Y cuál era la ventaja de que Jesús se fuera? Precisamente esto: cuando vino el Espíritu Santo, en lugar de que Jesús caminara a su lado, ellos disfrutaron del Espíritu viviendo dentro de ellos y actuando poderosamente a través de ellos. No solo fue una transición; ¡fue también una transformación!

¿Qué podría ser más emocionante y estimulante para el discípulo moderno que saber que el Cristo que caminó por las orillas de Galilea ahora, a través del Espíritu, camina con él y reside en él mientras se dirige a la oficina?

LECTURA: *Juan 17:1-26*

EL PADRENUESTRO

Después de decir todas esas cosas, Jesús miró al cielo y dijo: «Padre, ha llegado la hora. Glorifica a tu Hijo para que él, a su vez, te dé la gloria a ti».

JUAN 17:1

Jesús les dijo a sus discípulos: «No actúen cuando oren, ¡y no parloteen cuando oren!». Les enseñó a apartarse y orar en privado (ver Mateo 6). También les dio la oración modelo que comúnmente se llama el Padrenuestro (Mateo 6:9-13). Seguramente es un nombre inapropiado. El Señor mismo nunca habría orado: «Perdónanos nuestros pecados» (Mateo 6:12), ¡porque él nunca pecó (Hebreos 4:15)! Sería mejor llamar a Mateo 6:9-13 «la oración de los discípulos».

El título «el Padrenuestro» debería reservarse para la oración notable y detallada de Jesús registrada en Juan 17. Este pasaje es un reporte de Jesús en oración. Alguien ha llamado a esto el Lugar Santísimo de las Escrituras, el santuario más sagrado, porque a través de esta conversación íntima de Dios el Hijo con Dios el Padre podemos ver el corazón de Dios.

Mientras oraba, Jesús levantó sus ojos al cielo y abrió su corazón al Padre. Primero oró por sí mismo: «Yo te di la gloria aquí en la tierra, al terminar la obra que me encargaste». ¡Qué declaración! Entonces le pidió al Padre: «Ahora, Padre, llévame a la gloria que compartíamos antes de que comenzara el mundo» (Juan 17:4-5). Después de dejar a un lado su gloria eterna y venir a la tierra para vivir en obediencia, incluso hasta la muerte sacrificial en la cruz, el Señor Jesús le pidió al Padre que lo restaurara a la gloria. Esta petición nos da una pequeña idea del precio que Jesús pagó al dejar el cielo por la tierra. También muestra la expectación con la que se preparaba para regresar al Padre.

Luego Jesús oró por el pequeño grupo de discípulos que serían el núcleo de la iglesia. Un día, la iglesia alcanzaría todos los rincones del mundo y a cada grupo étnico. Jesús expresó preocupación por el bienestar de sus discípulos en el ambiente elegido para su misión evangelizadora: un mundo hostil. Ellos necesitarían estar firmemente fundamentados en las Escrituras, en el amor y en la unidad; de lo contrario, no podrían resistir las presiones a las que serían expuestos.

En tercer lugar, y de manera más notable, Jesús oró «por todos los que creerán en mí por el mensaje de ellos» (17:20). Se refería a aquellos que llegarían a la fe como resultado de la predicación apostólica del evangelio. En otras palabras, hablaba de ti y de mí. Por nosotros oró al Padre: «Te pido que todos sean uno, así como tú y yo somos uno, es decir, como tú estás en mí, Padre, y yo estoy en ti. Y que ellos estén en nosotros, para que el mundo crea que tú me enviaste» (17:21). Verán evidencia de vidas cambiadas por el poder transformador de la vida en unión con Dios, directamente atribuible a la venida, muerte y resurrección de Cristo.

El Padrenuestro no solo nos muestra los deseos de su corazón, sino también lo que él desea que sean los deseos de nuestro corazón: que anhelemos compartir su gloria, que seamos sostenidos en el camino hacia esa gloria y que, en todo, manifestemos su gloria.

LECTURA: *Juan 18:1-27*

UN HOMBRE LLAMADO PEDRO

Jesús le dijo a Pedro: «Mete tu espada en la vaina. ¿Acaso no voy a beber de la copa de sufrimiento que me ha dado el Padre?».

JUAN 18:11

Hay que levantarse el sombrero ante Simón Pedro. De pie en un huerto de olivos apartado en mitad de la noche, de repente se vio confrontado por «los principales sacerdotes y los fariseos [...] un grupo de soldados romanos y guardias del templo [...] con antorchas encendidas, linternas y armas» (Juan 18:3). Llegaron buscando a Jesús. Sin amedrentarse, Pedro dio un paso al frente y sacó su espada. Recuerda que se enfrentaba a un batallón de soldados romanos duros, entrenados y armados. Sin dejarse intimidar por las imposibles probabilidades en su contra, Pedro lanzó un golpe al objetivo más cercano: un desafortunado sirviente llamado Malco, a quien le cortó la oreja de inmediato. Antes de que tuviera tiempo para dirigir su atención hacia otro, y antes de que la guardia sorprendida reaccionara, Jesús dijo: «Mete tu espada en la vaina. ¿Acaso no voy a beber de la copa de sufrimiento que me ha dado el Padre?» (18:11).

Pedro tenía abundancia de valor natural pero una notoria falta de entendimiento espiritual. En una escala del 1 al 10, Pedro alcanzaba un sólido 10 en lo que se considera masculinidad genuina. Nadie iba a intimidarlo, y nadie iba a hacerle daño a su amigo. Tristemente, sin embargo, en esta ocasión obtuvo un 0 en discernimiento espiritual.

A Pedro se le había dicho repetidamente que Jesús sufriría. Poco tiempo antes, había compartido una cena de despedida con Jesús, durante la cual el Maestro explicó cuidadosamente que sería traicionado (13:18-30). De hecho, Jesús había identificado al traidor: Judas Iscariote (13:26). También le había dicho a Pedro: «Dentro de poco, ya no me verán más; pero tiempo después, me verán de nuevo» (16:16). Pero, al parecer, nada de esto había quedado grabado en su mente. Pedro se sentía más cómodo blandiendo una espada contra fuerzas abrumadoras que tratando de comprender los misterios de la verdad espiritual. En nuestros días se dice: «Sin agallas no hay gloria». Pedro mostró las agallas, pero perdió la gloria.

Las cosas tampoco mejoraron después. Mientras Jesús era llevado, Pedro lo siguió de lejos y terminó en el patio de la casa del sumo sacerdote, junto al fuego (18:15-18). Cuando lo confrontaron acerca de su relación con el prisionero, lo negó: tres veces. El mismo hombre que se había enfrentado a un batallón romano no pudo soportar las preguntas de los curiosos.

Como muchos hombres, el valor de Pedro era inconstante. Podía lanzarse a pelear con cualquiera, pero mantenerse firme era más difícil. A veces, el verdadero desafío para el creyente no está en mostrar valentía física frente a una confrontación, sino en demostrar valentía moral y espiritual.

LECTURA: *Juan 19:28-42*

DISCÍPULOS SECRETOS

José de Arimatea, quien había sido un discípulo secreto de Jesús (por temor a los líderes judíos), pidió permiso a Pilato para bajar el cuerpo de Jesús. Cuando Pilato concedió el permiso, José fue a buscar el cuerpo y se lo llevó. Lo acompañó Nicodemo, el hombre que había ido a ver a Jesús de noche. Llevó consigo unos treinta y tres kilos de ungüento perfumado, una mezcla de mirra y áloe.

JUAN 19:38-39

Son asombrosas las diferentes reacciones a una misma situación. Tan pronto como quedó claro que su líder estaba siendo crucificado, Pedro y otros discípulos destacados de Jesús se escondieron. El miedo y la desesperación los dominaron; la autopreservación y la supervivencia guiaron su pensamiento. Habían estado relacionados públicamente con Jesús durante más de tres años, pero ahora, por miedo, lo negaron. Mientras tanto, José de Arimatea y Nicodemo el fariseo, quienes se habían mantenido ocultos con respecto a su compromiso con Jesús, al fin actuaron cuando Jesús fue tratado de manera tan injusta.

Nicodemo es identificado cuidadosamente como «el hombre que había ido a ver a Jesús de noche» (Juan 19:39). Cuando fue a Jesús (Juan 3), aparentemente estaba intrigado por él y deseoso de saber más; pero le costó comprender o aceptar lo que Jesús le dijo: «Te digo la verdad, a menos que nazcas de nuevo, no puedes ver el reino de Dios» (3:3). No sabemos si Nicodemo respondió de manera definitiva al mensaje de Jesús en ese momento, pero sí sabemos que más adelante tomó una postura valiente al desafiar los intentos del Concilio gobernante, del cual él mismo era miembro, de arrestar a Jesús (7:50). Tenemos buenas razones para creer que, para cuando Jesús fue crucificado, Nicodemo ya era uno de sus discípulos.

José de Arimatea, también miembro del Concilio gobernante, «esperaba la venida del reino de Dios» (Lucas 23:51). De hecho, «había sido un discípulo secreto de Jesús (por temor a los líderes judíos)» (Juan 19:38). Para el momento de la muerte de Jesús, sin embargo, también estuvo dispuesto a tomar una posición: «No había estado de acuerdo con la decisión y las acciones de los otros líderes religiosos» (Lucas 23:51).

Sabemos que la hostilidad del Concilio hacia Jesús fue intensa e implacable, y que su poder era muy grande. Cualquiera que se identificara públicamente con Jesús corría el riesgo de ser expulsado de la sinagoga y, por lo tanto, de la vida social judía, un castigo que pocos estaban preparados para enfrentar. Nicodemo y José, como miembros del Concilio, tenían todavía más que perder (su posición y prestigio) al tomar abiertamente partido por Jesús, sin mencionar el peligro de morir junto con él. Esto explica por qué José había sido un «discípulo secreto».

No se nos dice en qué momento estos dos hombres de convicción y carácter llegaron al punto de comprometerse plenamente con Jesús. Es muy posible que Nicodemo y José hubieran hablado sobre la sorprendente enseñanza de Jesús acerca del nuevo nacimiento como la única entrada al reino. Hay evidencia de que ambos fueron comprendiendo gradualmente que su fe secreta debía expresarse mediante acciones públicas. Los terribles acontecimientos de la crucifixión de Jesús les dieron esa oportunidad, ¡y la aprovecharon!

Llega un momento en que el miedo debe ser vencido por el amor y la vacilación superada por la convicción. Nicodemo y José mostraron cómo hacerlo, mientras que, tristemente, Pedro y sus amigos no estuvieron a la altura.

LECTURA: *Salmo 57*

DESPIERTA AL AMANECER

Mi corazón está confiado en ti, oh Dios; mi corazón tiene confianza.
¡Con razón puedo cantar tus alabanzas! ¡Despiértate, corazón mío!
¡Despiértense, lira y arpa! Con mi canto despertaré al amanecer.

SALMO 57:7-8

Después de una noche larga y solitaria en una cueva oscura y húmeda, nada levanta más el ánimo que el amanecer de un nuevo día. La oscuridad da paso a la luz, y el sol aparece sobre el horizonte y después muestra una luz cegadora. Las aves entonan sus cantos corales al amanecer, gozándose en un nuevo día y un nuevo comienzo. Belleza, calidez, brillo y esperanza hacen desaparecer el temor y la incertidumbre de la oscura noche.

Una experiencia como esta inspiró a David a escribir este salmo (Salmo 57). Su enemigo, Saúl, y tres mil soldados escogidos (ver 1 Samuel 24:2) perseguían a David como «leones feroces que con avidez devoran a sus presas humanas» (Salmo 57:4). En los oscuros rincones de la cueva, David había encontrado un refugio frío y sin consuelo, y sin embargo saludó el amanecer con un canto (57:8). Como le dijo al Señor, había aprendido, por experiencia larga y amarga en circunstancias similares, a esconderse «bajo la sombra de tus alas hasta que haya pasado el peligro» (57:1).

Cuando todo parecía perdido, David se enfocó en «Dios, quien cumplirá su propósito para mí» (57:2). Cuando la traición y los celos desquiciados de Saúl convirtieron su vida en una noche interminable de sufrimiento, el salmista fugitivo se recordó a sí mismo: «Mi Dios enviará su amor inagotable y su fidelidad» (57:3). Y, cuando David consideró su precaria situación, declaró: «Mi corazón está confiado en ti, oh Dios [...] ¡Con razón puedo cantar tus alabanzas!» (57:7).

Mil años después de que este salmo fuera escrito, el más grande descendiente de David yacía en una cueva oscura y húmeda; una tumba, en realidad. Jesús había estado rodeado de «leones» que rugían por su destrucción, cuyas mentiras amargas y acusaciones malvadas desgarraron su alma «como lanzas y flechas, y sus lenguas cortan como espadas» (Salmo 57:4). Jesús había sufrido la violenta tormenta de la crucifixión hasta que finalmente, con plena confianza, clamó: «¡Padre, encomiendo mi espíritu en tus manos!» (Lucas 23:46).

Los leones creyeron haber logrado «devorar» la carne humana de Jesús. Y sí, lograron matarlo. Pero en la mañana del domingo después del oscuro fin de semana, «cuando amanecía el nuevo día» (Mateo 28:1), hubo un gran terremoto, la piedra que cubría la tumba fue removida y Jesús resucitó de entre los muertos. Desde ese día hasta hoy, la oración de David, «que tu gloria brille sobre toda la tierra» (Salmo 57:5, 11), se ha cumplido gloriosamente. Cuando Jesús resucitó, disipó la oscuridad de la muerte e inundó nuestro futuro con la luz de la esperanza.

El hombre que se sienta tembloroso en su cueva debe recibir cada amanecer con un canto y una oración: un canto de alabanza y una oración para que, durante ese día, el Señor sea exaltado «por encima de los cielos más altos» (57:5, 11).

LECTURA: *Lucas 24:1-12*

NO ES TONTERÍA

Así que regresaron corriendo de la tumba [...]. Fueron María Magdalena, Juana, María la madre de Santiago y varias mujeres más quienes contaron a los apóstoles lo que pasó. Pero a los hombres el relato les pareció una tontería, y no les creyeron..

LUCAS 24:9-11

Gladys Aylward era una sirvienta diminuta, sin educación académica y carente de cualquier habilidad destacable aparte de la capacidad de hacer tareas de poca importancia; pero creía que Dios le había llamado a ser misionera en China. Por lo tanto, envió una solicitud a una junta misionera que buscaba potenciales reclutas, fue entrevistada y rechazada. El respetado comité que la evaluó y la rechazó apenas intentó ocultar su asombro ante la idea de que una joven tan poco adecuada pensara, aunque fuera por un momento, que ellos estarían interesados en enviarla a China como representante de Cristo. Sin inmutarse, Gladys compró un boleto de tren para cruzar Rusia y Siberia y, después de suficientes aventuras como para llenar un libro de viajes, finalmente llegó a China y emprendió una carrera misionera excepcional, caracterizada por un servicio incansable y un valor sin límites. El comité la había rechazado, ¡pero ella tenía razón acerca de su llamado!

María Magdalena, Juana, María la madre de Jacobo y varias otras mujeres (Lucas 24:10) habrían entendido bien la experiencia de la señorita Aylward con la junta misionera. Ellas también se presentaron ante un grupo respetado, los apóstoles, para contarles lo que habían visto y oído. Aquella mañana habían ido al sepulcro de Jesús, preguntándose cómo podrían mover la piedra que cubría la entrada. Al llegar, descubrieron que la piedra ya había sido removida, la tumba estaba vacía y el cuerpo no estaba allí. Profundamente confundidas y angustiadas, las mujeres se sobresaltaron al ver a unos ángeles que les preguntaron: «¿Por qué buscan entre los muertos a alguien que está vivo?» (24:5). Los ángeles les recordaron que Jesús había dicho en repetidas ocasiones que resucitaría, y les confirmaron que eso era exactamente lo que había sucedido.

Las mujeres, comprensiblemente, corrieron de regreso «a contarles a los once discípulos y a todos los demás lo que había sucedido» (24:9), ¡solo para ser despectivamente ignoradas! Para los apóstoles, «el relato les pareció una tontería, y no les creyeron» (24:11). No importaba que los mismos discípulos, que habían huido del lugar, no estuvieran precisamente en posición de criticar a las mujeres que habían mostrado valor y devoción considerables. ¡Pero las mujeres tenían razón!

Existe un gran peligro en descartar como tontería aquello que no entendemos. Y hay gran arrogancia en menospreciar como irrelevante el testimonio sincero de un hermano o una hermana cuya experiencia difiere de la nuestra. Es demasiado fácil rechazar lo que no estamos dispuestos a descubrir.

Pedro, sin embargo, salió en silencio de la habitación y corrió al sepulcro para ver por sí mismo. Fue algo muy acertado, porque al ver la tumba vacía comenzó a reconsiderar su postura y, finalmente, se encontró con el Señor resucitado (24:34).

Como descubrió Pedro, no tiene sentido rechazar como tontería aquello que al principio no comprendemos. En cambio, tiene sentido escuchar lo que otros dicen y ver cómo podría tener sentido. ¡Eso sí que es sentido común!

LECTURA: *1 Tesalonicenses 4:13-5:11*

DESPUÉS DE MORIR

Ya que creemos que Jesús murió y resucitó, también creemos que cuando Jesús vuelva, Dios traerá junto con él a los creyentes que hayan muerto.

1 TESALONICENSES 4:14

Hubo un hombre que comenzó a hacer ejercicio regularmente cuando tenía unos veinte años, dejó de fumar cuando tenía unos treinta, reguló su peso cuando tenía cuarenta, y de todas formas murió antes de llegar a los cincuenta. Así dice el relato que cuentan los hombres a quienes no les gusta hacer ejercicio, no quieren dejar de fumar y se niegan a vigilar su peso. Estos hombres están ignorando la evidencia bien documentada de que una vida disciplinada puede añadir años a la existencia de una persona. Tienen razón, sin embargo, en que, sin importar las precauciones que se tomen, los hombres finalmente «de todas formas mueren».

Dado lo inevitable de la muerte, resulta sorprendente que los hombres, quienes normalmente planean su vida con tanto cuidado, presten tan poca atención a su muerte y a lo que hay más allá de ella. Muchos se conforman con esperanzas vagas o bromas superficiales sobre el tema; pero eso no es sabio. Los hombres que acostumbran hacer planes a cinco, diez o quince años no deberían descuidar un plan de años infinitos, por simple prudencia.

Aparentemente, los cristianos en Tesalónica no estaban ignorando el tema de la muerte. En la iglesia de esa ciudad había gran inquietud acerca de la muerte y lo que sucede después; por eso, Pablo les transmitió información que había recibido «de parte del Señor» (1 Tesalonicenses 4:15). Tomando como punto de partida la resurrección de Cristo, Pablo les dijo: «Pues, ya que creemos que Jesús murió y resucitó, también creemos que cuando Jesús vuelva, Dios traerá junto con él a los creyentes que hayan muerto» (4:14). En esta declaración se encuentran varias verdades poderosas: primero, Jesús resucitó de entre los muertos; segundo, regresará con gran gloria; tercero, los cristianos van a estar con Cristo cuando mueren; y cuarto, cuando Cristo regrese, traerá consigo a aquellos que ya están con él.

Estas verdades están destinadas a consolar a quienes lamentan la pérdida de sus seres queridos, para que «no se entristezcan como los que no tienen esperanza» (4:13). Es natural que las personas en duelo se preocupen por sus amados fallecidos. Pablo aseguró a los tesalonicenses que, cuando el Señor regrese «con un grito de mando, con voz de arcángel y con el llamado de trompeta de Dios» (4:16), vendrá *acompañado* de los creyentes que han muerto y vendrá *a buscar* a los que aún están vivos en la tierra. Entonces tendrán una gran reunión con Cristo y entre ellos mismos.

¿El resultado de esta enseñanza? «Anímense unos a otros con estas palabras» (4:18). Pero recordemos: esto es para quienes se preparan para la eternidad.

LECTURA: *1 Timoteo 6:11-21*

EL ARTE DE VIVIR

Tú, Timoteo, eres un hombre de Dios; así que huye de todas esas maldades. Persigue la justicia y la vida sujeta a Dios, junto con la fe, el amor, la perseverancia y la amabilidad. Pelea la buena batalla por la fe verdadera. Aférrate a la vida eterna a la que Dios te llamó y que declaraste tan bien delante de muchos testigos.

1 TIMOTEO 6:11-12

El doctor Samuel Johnson, un conocido escritor del siglo XVIII e ingenioso conversador, pasó más de ocho años trabajando en un diccionario del idioma inglés que, cuando quedó terminado, incluía definiciones y ejemplos de cuatro mil palabras. Este hijo de librero tuvo una historia de amor duradera con los libros y las palabras, y destacados entre sus libros estaban la Biblia y el Libro de Oración Común. Al final de su vida, Johnson afirmó que el propósito de los libros es enseñar el arte de vivir; por lo tanto, quizás sería más preciso decir que tuvo un amor duradero por aprender el arte de vivir.

Johnson insistía: «Lo nuevo es rechazado porque la mayoría no quiere ser enseñada; y lo conocido es despreciado porque no se considera suficientemente que los hombres necesitan más ser recordados que informados»[23]. Aunque la búsqueda de nuevo conocimiento es encomiable e importante, la aplicación del conocimiento antiguo suele ser más fructífera.

Sin duda, Johnson habría aprobado los recordatorios de Pablo a Timoteo, diseñados para ayudar al joven en el arte de vivir. Ante todo, Timoteo necesitaba recordar: «Le perteneces a Dios». Entender esto implica cuatro cosas. Primero, si le perteneces a Dios no puedes pertenecerte a ti mismo: has entregado el control de tu vida a tu Creador y Redentor. Segundo, las preocupaciones de tu vida son más asunto de Dios que tuyas. Tercero, pertenecer a Dios conduce, de manera inevitable y evidente, a la necesidad de huir de todas las maldades y seguir lo que es justo y bueno. Cuarto, esta necesidad de huir del mal requiere una disciplina orientada a una vida piadosa, compuesta de fe, amor, perseverancia y amabilidad (1 Timoteo 6:11).

En segundo lugar, Timoteo también necesitaba recordar que vivir como creyente en un entorno incrédulo sería una lucha, especialmente al cumplir su llamado de proclamar la Buena Noticia del evangelio. Pablo llamó a esa lucha una «batalla», pero era una «buena batalla» (6:12) en la que se esperaba que Timoteo participara.

En tercer lugar, Timoteo debía recordar que nunca debía aflojar su agarre sobre «la vida eterna a la que Dios te llamó y que declaraste tan bien delante de muchos testigos» (6:12). Habiendo profesado su fe en Cristo y testificado solemnemente sobre la salvación que lleva a la vida eterna, Timoteo no debía olvidar que había recibido una nueva vida, ni que había tomado una postura moral y espiritual por Cristo.

No cabe duda de que había muchas cosas nuevas que Timoteo podía aprender, pero Pablo decidió que necesitaba ser recordado de las antiguas más aún. El apóstol sabía que los recordatorios constantes sobre las lecciones fundamentales contribuyen en gran medida al arte de vivir.

23 *The Rambler* (El vagabundo), No. 2.

JUNIO

LECTURA: *Filipenses 3:4-11*

CONVERSIÓN

Todo lo demás no vale nada cuando se le compara con el infinito valor de conocer a Cristo Jesús, mi Señor. Por amor a él, he desechado todo lo demás y lo considero basura a fin de ganar a Cristo y llegar a ser uno con él. Ya no me apoyo en mi propia justicia, por medio de obedecer la ley; más bien, llego a ser justo por medio de la fe en Cristo. Pues la forma en que Dios nos hace justos delante de él se basa en la fe.

FILIPENSES 3:8-9

Durante los tensos y amargos días de la Guerra de Vietnam, Cassius Marcellus Clay, el audaz joven fenómeno del boxeo de peso pesado, anunció que se había unido a la Nación del Islam y que había cambiado su nombre a Muhammad Ali. Se negó a ingresar en los Servicios Armados, reclamando la exención sobre la base de que era un ministro de religión. Como resultado, le quitaron sus títulos de boxeo y fue declarado culpable bajo la Ley de Servicio Selectivo.

Al principio, muchos pensaron que la acción de Ali era solo otra forma de evadir el servicio militar, que no había ocurrido una conversión genuina. Pero hasta el final de su vida, siguió profesando lealtad al islam.

Tan dramática como fue la conversión de Ali, palidece en comparación con la conversión de Saulo de Tarso. Él también experimentó un cambio de nombre, de Saulo a Pablo, pero ese fue el menor de los cambios que atravesó. Por nacimiento, herencia y formación, Saulo de Tarso era un judío fariseo orgulloso, brillante e intenso, cuyas convicciones lo llevaron a convertirse en el principal perseguidor de la naciente iglesia cristiana. En sus propias palabras dijo: Soy «¡un verdadero hebreo como no ha habido otro! [...] perseguía con crueldad a la iglesia, y en cuanto a la justicia, obedecía la ley al pie de la letra» (Filipenses 3:5-6).

La conversión de Saulo significó que cambió por completo su manera de pensar acerca de las cosas más importantes de su vida. La gran cuestión en su mente era: ¿cuál es el modo en que Dios nos hace «justos delante de él» (3:9)? Tradicionalmente, se le había enseñado, y él creía fervientemente, que la rectitud ante Dios se lograba guardando la ley divina. Esto dependía de su «propia justicia, por medio de obedecer la ley» (3:9). Por eso Saulo era tan fervoroso como «miembro de los fariseos, quienes exigen la obediencia más estricta a la ley judía» (3:5). Pero cuando comprendió que Jesús era el Hijo de Dios que había muerto en la cruz como sacrificio por el pecado, reconoció que, en lugar de esforzarse por asegurar su propia salvación (¡algo imposible!), debía «ser justo por medio de la fe en Cristo» (3:9). Él mismo testificó: «Antes creía que esas cosas eran valiosas, pero ahora considero que no tienen ningún valor debido a lo que Cristo ha hecho» (3:7). Entendió que la salvación no se basaba en sus propios esfuerzos, sino en la obra de Cristo. No sorprende, entonces, que Saulo renunciara a una religión que ignoraba la muerte y resurrección sacrificial de Cristo y que abrazara con todo su corazón al Señor Jesús vivo y su causa.

Cuando un hombre se convierte verdaderamente a Cristo, su vida cambia y él cambia su mundo.

LECTURA: *Apocalipsis 1:1-18*

AUTORREVELACIÓN

Yo soy el que vive. Estuve muerto, ¡pero mira! ¡Ahora estoy vivo por siempre y para siempre! Y tengo en mi poder las llaves de la muerte y de la tumba.

APOCALIPSIS 1:18

El último libro de la Biblia, conocido comúnmente como Apocalipsis (revelación, divulgación), en realidad debería llamarse «Una revelación de Jesucristo» (Apocalipsis 1:1). Esa revelación significa que Jesús se da a conocer a su pueblo. ¡Fue su autorrevelación intencional!

Esta importante revelación le fue concedida a Juan en tiempos difíciles, por causa de los cristianos que vivían en el mundo romano. Juan la envió como una carta a siete iglesias con el propósito de animarles en su fe. La carta fue escrita para fortalecer su determinación y prepararles para las luchas que estaban enfrentando.

La revelación que Jesús hizo de sí mismo fue especialmente significativa para los cristianos que recibieron la carta por primera vez, porque Jesús les estaba recordando quién es él. Quería asegurarse de que entendieran que él es digno de su confianza, que está comprometido con su bienestar y que tiene garantizada su victoria final sobre las fuerzas del mal que se alzaban con tanta hostilidad en su contra.

Los tiempos han cambiado, pero el mensaje de la revelación de Jesús no ha cambiado, ¡ni tampoco nuestra necesidad de oírlo! Jesús no ha cambiado, y los cristianos siguen siendo llamados a vivir como cristianos, como seguidores de Cristo, en un mundo que a menudo demuestra tanto indiferencia hacia él como una constante oposición. Este mundo no siempre es un lugar cómodo para los discípulos de Jesús.

Mientras Juan intentaba describir lo indescriptible, una visión del Señor triunfante, usó las palabras limitadas que tenía a su disposición y pintó un cuadro dramático lleno de símbolos y metáforas coloridas. Pero solo tenemos un pálido reflejo de lo que realmente vio. Cuando transmitió el mensaje que Jesús le dio, sin embargo, las palabras fueron claras y poderosas: «¡No tengas miedo! Yo soy el Primero y el Último. Yo soy el que vive. Estuve muerto, ¡pero mira! ¡Ahora estoy vivo por siempre y para siempre! Y tengo en mi poder las llaves de la muerte y de la tumba» (1:17-18). Jesús quería que su pueblo supiera que, como el «Primero y el Último», él estaba íntimamente involucrado en el comienzo de todas las cosas y tiene el control hasta el final de todas ellas. Como «el que vive», es distinto de todos los dioses muertos adorados por los demás. Pero no era simplemente «uno que vive»: ¡había muerto! Y no solo estaba vivo, sino vivo después de la muerte, «por siempre y para siempre». Gracias a su muerte y resurrección, Jesús venció a la muerte y ahora tiene autoridad sobre la muerte y la tumba. Sin duda, palabras muy alentadoras para los cristianos que enfrentaban la posibilidad de morir a manos de un emperador enloquecido.

Han pasado casi dos mil años desde que Jesús se reveló a sí mismo. Han sido siglos de desafíos, dificultades, triunfos y victorias. Aquel pequeño grupo de apóstoles se ha convertido en una iglesia de millones en todo el mundo. Y cada miembro de esa iglesia necesita recordar lo que cada generación ha reconocido: simplemente, quién es Jesús. Él es el «Primero», quien da sentido a la existencia; el Salvador que ofrece salvación a los que no pueden salvarse a sí mismos; y «el que vive», que imparte poder a los redimidos. Y, finalmente, es el «Último», quien garantiza nuestro destino eterno.

LECTURA: *Juan 21:1-23*

SEÑOR, ¿QUÉ VA A PASAR CON ÉL?

Pedro le preguntó a Jesús:
—Señor, ¿qué va a pasar con él?
Jesús contestó:
—Si quiero que él siga vivo hasta que yo regrese, ¿qué tiene que ver contigo? En cuanto a ti, sígueme.

JUAN 21:21-22

Los niños pequeños se molestan si sospechan que no obtendrán lo mismo que sus hermanos y amigos. Enseguida gritan: «¡No es justo!». Con el tiempo, crecen y se convierten en hombres, pero eso no significa necesariamente que dejen atrás la tendencia a resentir cualquier cosa que sospechen que es desigual. Por eso, los millonarios jugadores de béisbol quieren renegociar sus contratos si un nuevo fichaje firma uno aparentemente mejor. Los prisioneros escriben cartas de queja por el trato desigual que reciben en sus lugares de reclusión. Y si un hombre que hace fila en el aeropuerto ve que alguien se cuela delante de él, expresará su descontento en tonos fuertes y airados.

Pedro habría encajado bien en compañía de personas así. Jesús le había dicho a Pedro, de manera algo enigmática: «Cuando seas viejo, extenderás los brazos, y otros te vestirán y te llevarán adonde no quieras ir» (Juan 21:18). Entonces Pedro vio a Juan cerca y preguntó: «Señor, ¿qué va a pasar con él?» (21:21). Jesús le estaba anunciando a Pedro que su futuro no sería fácil, y Pedro quería saber si él sería el único que lo pasaría mal, especialmente en comparación con Juan, de quien todos sabían que tenía una relación especial con el Señor.

La respuesta de Jesús fue directa y clara: «Si quiero que él siga vivo hasta que yo regrese, ¿qué tiene que ver contigo?» (21:22). En lenguaje sencillo, ¡eso significaba que lo que Jesús decidiera hacer con Juan no era asunto de Pedro! El futuro de Juan era un asunto estrictamente entre Jesús y Juan. De la misma manera, el futuro de Pedro estaba en las manos de Jesús, y por lo tanto solo concernía a Jesús y a Pedro. Lo que Jesús le había revelado a Pedro sobre su propio futuro era todo lo que él necesitaba saber.

Jesús añadió: «En cuanto a ti, sígueme» (21:22). A la luz del futuro al que Pedro estaba siendo llamado, no podía permitirse distracciones con respecto al llamado fundamental y absorbente de seguir a Jesús. Ese era el mismo desafío que había recibido años antes junto al lago, y su llamado no había sido revocado ni modificado.

Tratar de entender los caminos de Dios en la vida de otras personas puede resultar desconcertante. Podemos sentirnos molestos o confundidos, pero hay algo que siempre ayuda: debemos dejar que Jesús haga su parte, que es guiar, y nosotros hacer la nuestra, que es seguir. Eso nos mantendrá en el camino correcto.

LECTURA: *Salmo 66*

FE DE TRINCHERA

Ahora vengo a tu templo con ofrendas quemadas para cumplir los votos que te hice, sí, los votos sagrados que hice cuando me encontraba en graves dificultades.

SALMO 66:13-14

Se entiende comúnmente que no hay ateos en trincheras. Los hombres que muestran poco interés en la espiritualidad y la eternidad a veces son movidos repentinamente a orar cuando se encuentran bajo fuego. Se sabe de otros que han experimentado conversiones dramáticas bajo la amenaza de la horca. Este fenómeno es similar al descrito por Samuel Johnson en su famosa observación: «Cuando un hombre sabe que será colgado en quince días, su mente se concentra de manera extraordinaria»[24]. En muchos casos, las promesas hechas a Dios en la trinchera se cumplen cuando los disparos cesan; pero no siempre. Y, cuando se han conmutado las sentencias de muerte, algunos condenados, aliviados, lamentablemente han olvidado los compromisos que hicieron con Dios bajo presión.

El salmista, al relatar las difíciles circunstancias por las que había pasado su nación, observó: «Pasamos por el fuego por la inundación, pero nos llevaste a un lugar de mucha abundancia» (Salmo 66:12). Esta situación ofreció a la gente la oportunidad de expresar un gran agradecimiento mediante la verdadera adoración, obediencia, confianza y servicio. También permitió que se revelaran las promesas superficiales mediante acciones descuidadas o ingratas.

El Señor había advertido a su pueblo sobre tal posibilidad cuando Moisés les dio sus últimas instrucciones, poco antes de entrar en la Tierra Prometida. Les dijo que su llegada al «lugar de abundancia» era «cuando debes tener mucho cuidado. En tu abundancia, ten cuidado de no olvidar al Señor tu Dios al desobedecer los mandatos, las ordenanzas y los decretos» (Deuteronomio 8:11).

El salmista pudo testificar: «Ahora vengo [...] para cumplir los votos que te hice, sí, los votos sagrados que hice cuando me encontraba en graves dificultades» (Salmo 66:13-14). Aquí no se trata de una fe de trinchera, sino de un profundo aprecio por la misericordia extendida y la gracia recibida. Era plenamente consciente de que el Señor no le guitó «su amor inagotable» (66:20). El salmista mostró su gratitud primero en la calidad de su respuesta. No hay nada de renuencia, indiferencia o formalidad fría aquí. Trajo «lo mejor de [sus] carneros» (66:15), a diferencia de algunos de sus compatriotas que ofrecían «animales lisiados y enfermos» (Malaquías 1:8). Su aprecio se evidenció repetidamente en su deseo de compartir su experiencia de la bondad de Dios con otros: «Vengan y escuchen, todos ustedes que temen a Dios, y les contaré lo que hizo por mí» (66:16).

¿Qué mejor respuesta puede tener un hombre ante el amor inagotable del Señor que mostrar gratitud inagotable al que nunca le ha fallado? Los fuegos, las inundaciones, las trincheras y las acciones que siguen revelarán la calidad de la fe de un hombre.

24 Samuel Johnson, *Letter to Bosuwell* (Carta a Bosuwell), 19 de septiembre de 1777.

LECTURA: *Éxodo 13:1-16*

BURROS DEDICADOS

Para recuperar la primera cría de un burro, podrán pagar rescate al Señor entregando como sustituto un cordero o un cabrito; pero si no pagan rescate para recuperarlo, tendrán que quebrarle el cuello al animal. Sin embargo, tienen la obligación de pagar rescate por todo primer hijo varón.

ÉXODO 13:13

Cuando la Mayoría Moral, bajo el liderazgo de Jerry Falwell, llegó a los titulares, muchas personas sospecharon que el movimiento era en realidad un brazo del Partido Republicano. Esto significaba que los demócratas comprometidos no siempre estaban encantados con sus declaraciones y actividades. Una de esas personas, afortunadamente sin carecer de sentido del humor, escribió a una revista nacional pidiéndole al editor que informara a Jerry Falwell que «si Jesús hubiera querido que votáramos por los republicanos, ¡habría entrado en Jerusalén montado en un elefante!». Por supuesto, el burro es el símbolo de los demócratas y el elefante el de los republicanos. Los lectores atentos recordarán que Jesús entró en Jerusalén montado en un burro.

Se puede argumentar que Dios busca burros dedicados. Los hijos de Israel fueron liberados de la tiranía del faraón en Egipto solo después de que el ángel del Señor matara al primer hijo varón de cada familia egipcia mientras perdonaba a los israelitas. En conmemoración de esta liberación tan dramática, Dios ordenó que todos los primeros hijos varones en Israel fueran dedicados al Señor. Así como los primeros hijos varones egipcios perecieron durante el Éxodo, los primeros hijos varones israelitas debían su vida a la protección del Señor y, por gratitud, debían ser dedicados a él. La expresión «deberás presentar al Señor todo primer hijo varón y toda primera cría macho de los animales» (Éxodo 13:12) significaba que debían ser sacrificados como ofrenda de acción de gracias, con dos excepciones notables: los primeros hijos varones y los burros podían ser redimidos. Esto significa que un animal sustituto podía ser sacrificado en su lugar. La razón de esta excepción en el caso de los hijos es evidente. En el caso de los burros, lo es menos. El burro era un «animal de trabajo» tan valioso que sacrificarlo pondría seriamente en peligro el bienestar del pueblo. Por eso, los burros debían ser perdonados. Esta idea de un sacrificio sustituto se hace eco de las palabras de Pablo: «Por lo tanto, amados hermanos, les ruego que entreguen su cuerpo a Dios por todo lo que él ha hecho a favor de ustedes. Que sea un sacrificio vivo y santo, la clase de sacrificio que a él le agrada» (Romanos 12:1).

A veces Dios llama a los hombres a entregar su vida por él y por su causa: hacer el sacrificio máximo. Más a menudo, el Señor no nos pide morir por él: algo que puede lograrse en un instante. Más bien, nos llama a vivir para él: un asunto que requiere toda una vida de servicio. ¡Dios está buscando burros dedicados!

LECTURA: *Éxodo 13:17-14:4*

DESVÍOS DIVINOS

Cuando por fin el faraón dejó salir a los israelitas, Dios no los guio por el camino principal que atraviesa el territorio filisteo, aunque esa era la ruta más corta a la Tierra Prometida. Dios dijo: «Si los israelitas llegaran a enfrentar una batalla, podrían cambiar de parecer y regresar a Egipto».

ÉXODO 13:17

Aunque es verdad que la distancia más corta entre dos puntos es una línea recta, no siempre es verdad que una línea recta conduce a la mejor ruta. El destino elegido por Dios para su pueblo liberado era la Tierra Prometida, y «la ruta más corta hacia la Tierra Prometida» seguía la costa del Mediterráneo desde Egipto (Éxodo 13:17). Pero había un problema con esa ruta: pasaba directamente por el territorio filisteo, y era imposible que los filisteos permitieran que la enorme multitud de israelitas cruzara su territorio sin oponer resistencia. Por supuesto, para Dios todas las cosas son posibles, ¡pero no todas lo eran para los israelitas!

En la opinión de Dios, ellos no estaban preparados para una batalla; por lo tanto, en lugar de enviarlos por la ruta más corta, y la más difícil, los condujo por un desvío divino. Los conocía lo suficiente como para saber que, por más contentos que estuvieran de escapar de Egipto y sus sufrimientos, probablemente habrían preferido regresar a la esclavitud antes que luchar por sus vidas. Habrían evitado el problema inmediato, lo cual no solo los habría llevado a dificultades mayores, sino que también les habría robado su destino divino. Es probable que los israelitas no apreciaran esto en ese momento; al comenzar a experimentar los rigores de la vida en el desierto dejaron claro que no estaban muy entusiasmados con su nuevo entorno y sus aventuras. Aquello a lo que fueron conducidos estaba lejos de ser agradable. Sin duda, se sintieron desanimados por las dificultades y las demoras del camino, pero tal vez olvidaron que aquello de lo que habían sido salvados era infinitamente peor, ¡y que aquello hacia lo que se dirigían era infinitamente mejor!

Los desvíos, las decepciones y las demoras pocas veces son agradables; pero si provienen verdaderamente de Dios, son motivados por percepciones ocultas a la vista humana y basados en planes divinos que el hombre no siempre comprende en su momento. Una persona puede ver su objetivo inmediato y lanzarse hacia él con energía y entusiasmo, solo para encontrarse con obstáculos y frustraciones. Lo que quizás no vea es el peligro que acecha en el camino, los desastres que se esconden en su ruta y de los cuales solo puede ser librado mediante la demora y el desvío.

LECTURA: *Éxodo 14:5-31*

QUÉDATE QUIETO Y AVANZA

Moisés les dijo: «No tengan miedo. Solo quédense quietos y observen cómo el SEÑOR los rescatará hoy. Esos egipcios que ahora ven, jamás volverán a verlos. El SEÑOR mismo peleará por ustedes. Solo quédense tranquilos». Luego el SEÑOR le dijo a Moisés: «¿Por qué clamas a mí? ¡Dile al pueblo que se ponga en marcha!».

ÉXODO 14:13-15

¡Es asombroso cuán rápidamente olvidan los hombres! Solo unos días después de suplicar a los israelitas que se fueran, tras el horroroso desastre de la muerte del primer hijo varón, el faraón y sus hombres lamentaron la decisión: «¿Qué hemos hecho al permitir que todos estos esclavos israelitas se fueran?, se preguntaban» (Éxodo 14:5). Entonces los egipcios movilizaron al ejército y salieron tras los esclavos que huían. Mientras tanto, cuando los israelitas se dieron cuenta de que los ejércitos egipcios iban tras ellos, se volvieron contra Moisés y lo acusaron de haberlos llevado al desierto en contra de su voluntad, diciendo: «¡Es mejor ser un esclavo en Egipto que un cadáver en el desierto!» (Éxodo 14:12).

Con una fe y una confianza notables, Moisés le dijo al pueblo aterrorizado: «No tengan miedo. Solo quédense quietos y observen cómo el SEÑOR los rescatará hoy» (14:13). Y eso fue exactamente lo que el pueblo hizo, probablemente paralizado por el miedo. Pero entonces el Señor le ordenó a Moisés: «¡Dile al pueblo que se ponga en marcha!» (14:15). Así que Moisés, que acababa de decirles que se quedaran quietos, ahora les decía que avanzaran.

Cuando Moisés les dijo al pueblo que se quedara quieto, estaba enfatizando que «el SEÑOR mismo peleará por ustedes. Solo quédense tranquilos» (14:14). Y, tal como resultó, ¡tenía toda la razón! Pero al mismo tiempo, para que pudieran ver lo que Dios haría, era necesario que se movieran a través de las aguas abiertas hacia el otro lado del mar.

Hay cosas en la vida que solo Dios puede manejar y situaciones en la experiencia diaria para las cuales el ser humano no tiene respuesta. Pero Dios sí tiene las respuestas. Reconocer esto a veces lleva a una persona a «quedarse quieta» y ver lo que Dios puede hacer y hará. Es una cuestión de confianza, de fe. Al mismo tiempo, aunque el hombre no pueda resolver sus problemas, Dios puede decirle que se ponga en movimiento para que él pueda resolverlos. Entonces se convierte en una cuestión de obediencia.

De hecho, toda experiencia espiritual se trata de fe y obediencia. No son conceptos incompatibles. El poder para obedecer se hace disponible cuando confiamos en que Dios actuará. Sin fe no hay obediencia; y sin obediencia, evidentemente, no hay fe. Así que, como dice el antiguo himno: «Confía y obedece». O, si se prefiere, quédate quieto y avanza.

LECTURA: *Éxodo 15:19-21*

LA PROFETISA MIRIAM

La profetisa Miriam, hermana de Aarón, tomó una pandereta, se puso al frente, y todas las mujeres la siguieron, danzando y tocando sus panderetas.

ÉXODO 15:20

Cuando Moisés era un bebé, su madre dio el paso extraordinario de dejarlo flotando en una canasta en el río Nilo (ver Éxodo 2:1-10). No fue un caso de poner en peligro al niño; fue un caso de colocar a Moisés sobre la misericordia de Dios. La madre de Moisés, sin embargo, también actuó con prudencia al enviar a la hermana mayor de Moisés para que vigilara al bebé desde la orilla del río. A estas alturas, no se menciona el nombre de la hermana, pero más adelante sabemos que Moisés tenía una hermana llamada Miriam y un hermano llamado Aarón; por lo tanto, es razonable suponer que la hermana en esta historia era Miriam.

Aparentemente, Miriam fue llamada y dotada por el Señor para ser profetisa. Aarón cumplió un papel similar. Cuando Moisés se quejó de que no tenía facilidad de palabra y que prefería no ir ante el faraón con el mensaje de Dios, el Señor le dijo: «Aarón será tu vocero ante el pueblo. Él será tu portavoz, y tú tomarás el lugar de Dios ante él al decirle lo que tiene que hablar» (Éxodo 4:16). Más adelante, el Señor amplió su llamado a Aarón y le dijo a Moisés: «Tu hermano Aarón será tu profeta. Dile a Aarón todo lo que yo te mande, y Aarón deberá ordenarle al faraón que deje salir de su territorio al pueblo de Israel» (Éxodo 7:1-2). No cabe duda de que Miriam se veía a sí misma de la misma manera, ya que junto con Aarón declaró: «¿Ha hablado el SEÑOR solamente por medio de Moisés? ¿Acaso no ha hablado también a través de nosotros?» (Números 12:2). Por lo tanto, hay todas las razones para creer que el ministerio de Miriam consistía en atender al Señor, escuchar su palabra y anunciarla al pueblo.

Después de la gran victoria sobre el ejército egipcio, Moisés dirigió al pueblo en un «cántico al SEÑOR» (Éxodo 15:1). Lamentablemente, aunque tenemos las palabras triunfantes del cántico, no tenemos la música; ¡pero sí sabemos que tenía ritmo! Tanto ritmo que Miriam tomó una pandereta y «se puso al frente, y todas las mujeres la siguieron, danzando y tocando sus panderetas» al cantar el coro del himno (Éxodo 15:20).

No se necesita mucha imaginación para reconocer que, si Miriam reapareciera y actuara de esa manera en ciertos sectores de la iglesia actual, causaría bastante conmoción. En otros, sería toda una heroína. Rápidamente se convertiría en el centro de controversia porque ejercía un ministerio profético, usaba percusión en la adoración ¡y consideraba apropiado danzar delante del Señor!

Aquellos de nosotros que cuestionamos tales prácticas hoy haríamos bien en considerar el ejemplo de Miriam, mientras que quienes la toman como modelo deberían recordar que incluso los profetas tienen defectos, y que los oradores dotados a veces también se equivocan (ver Números 12:1-16).

LECTURA: *Éxodo 16:1-36*

PAN DIARIO

El SEÑOR le dijo a Moisés: «He oído las quejas de los israelitas. Ahora diles: "Por la tarde tendrán carne para comer, y por la mañana tendrán todo el pan que deseen. Así ustedes sabrán que yo soy el SEÑOR su Dios"».

ÉXODO 16:11-12

Puede haber pocas escenas más lamentables que la de niños hambrientos con los vientres hinchados en brazos de madres demacradas cuyas heridas están llenas de moscas. Mediante la televisión, la mayoría de las personas están familiarizadas con tales imágenes, incluso si nunca han viajado a regiones donde hay hambruna.

No debería ser difícil imaginar el miedo que se apoderó del corazón de los israelitas cuando, un mes después de comenzar su travesía por el desierto, se dieron cuenta de que no tenían una fuente visible de alimento. El hambre los miraba de frente. Comprensiblemente, se volvieron contra Moisés: «¡Si tan solo el SEÑOR nos hubiera matado en Egipto! —protestaban—. Allá nos sentábamos junto a las ollas llenas de carne y comíamos todo el pan que se nos antojaba; pero ahora tú nos has traído a este desierto para matarnos de hambre» (Éxodo 16:3).

Moisés, con toda la razón, pudo señalar que no era culpa suya que se encontraran en una situación tan peligrosa. Él no había querido el trabajo de guiarlos por el desierto; fue idea de Dios; por lo tanto, si había que culpar a alguien, ¡debía ser al Señor! Pero, al mismo tiempo, si Dios los había sacado de Egipto, era lógico suponer que tenía planes para cuidarlos en el desierto. Y así fue. El Señor dijo: «Haré llover alimento del cielo para ustedes» (Éxodo 16:4). Le dio al pueblo instrucciones detalladas sobre el suministro diario, incluyendo instrucciones concretas sobre cómo recoger y almacenar aquel alimento tan extraño. Los israelitas lo llamaron «maná», que significa «¿Qué es esto?». Incluso cuarenta años después, ¡aún no sabían exactamente qué era!

El Señor tenía la intención de proveerles lo que necesitaban día a día. Debían confiar en él recolectando solo la comida necesaria para cada jornada, y confiar en que el día anterior al sábado él proveería el doble para que no tuvieran que recoger nada en el día de descanso. «Sin embargo, algunos no hicieron caso» (Éxodo 16:20). Pensaron que sabían más y perdieron la oportunidad de confiar en Dios.

Cuando Jesús enseñó a sus discípulos a orar, incluyó entre las peticiones legítimas: «Danos hoy el alimento que necesitamos» (Mateo 6:11). Jesús les recordó que Dios es digno de confianza para darnos lo que necesitamos, cuando lo necesitamos. Él no promete satisfacer nuestros deseos. ¡Promete satisfacer nuestras necesidades! No promete un refrigerador lleno, solo el alimento de hoy. Cada día aprendemos a confiar y descubrimos el contentamiento. Tristemente, si, como los israelitas, no escuchamos, nuestro maná puede convertirse en gusanos (Éxodo 16:20).

LECTURA: *Éxodo 17:1-7*

APRENDER DE LA HISTORIA

Moisés llamó a aquel lugar Masá (que significa «prueba») y Meriba (que significa «discusión»), porque el pueblo de Israel discutió con Moisés y puso a prueba al Señor diciendo: «¿Está o no el Señor aquí con nosotros?».

ÉXODO 17:7

A los jóvenes pocas veces les interesa la historia. Su pasado tiene poco interés, y su futuro se aproxima de forma incitadora. Las personas de más edad muestran mayor interés en el tema. Su futuro que se aproxima es más corto que su pasado que se desvanece, por lo que su interés en la historia se entiende fácilmente. Pero los jóvenes deberían comprender que las lecciones de la historia están diseñadas para salvarlos de cometer errores en el futuro. Como afirmó George Santayana: «Aquellos que no recuerdan el pasado están condenados a repetirlo»[25].

Esto es ciertamente verdad desde una perspectiva bíblica. Tomemos, por ejemplo, el incidente en Masá y Meriba. El agua escaseaba, y los israelitas, comprensiblemente, estaban entrando en pánico. Como de costumbre, descargaron su frustración sobre el paciente Moisés, quien, una vez más, acudió al Señor en busca de una solución. El Señor respondió de inmediato con una intervención milagrosa. Le dijo a Moisés: «Golpea la roca, y saldrá agua a chorros» (Éxodo 17:6). Moisés lo hizo, ¡y así fue!

Pero, para ese momento, la paciencia del Señor se estaba agotando. El pueblo redimido estaba «poniendo a prueba al Señor» (Éxodo 17:2). Como resultado de su constante murmuración, desconfianza, discusiones y desafío hacia el Señor, finalmente perdieron el derecho a entrar en la Tierra Prometida. En lugar de disfrutar la vida que el Señor había planeado para ellos con abundancia, murieron en la desesperación del desierto.

El salmista David, usando este episodio de la historia de Israel, sintió la necesidad de recordarles a sus contemporáneos: «No endurezcan el corazón como lo hizo Israel en Meriba, como lo hizo el pueblo en el desierto de Masá» (Salmo 95:8). Sin disculparse, extrajo una profunda lección del pasado de Israel. Explicó que, del mismo modo que los viajeros del desierto se rebelaron contra el Señor y perecieron allí, la gente de su tiempo estaba «endureciendo el corazón» y enfrentando las mismas consecuencias. Por eso los exhortó con angustia: «¡Si tan solo escucharan hoy su voz!» (Salmo 95:7). Más de mil años después, el autor de la carta a los Hebreos retomó este incidente, aplicó la exhortación de David y advirtió a los cristianos del primer siglo: «Por lo tanto, amados hermanos, ¡cuidado! Asegúrense de que ninguno de ustedes tenga un corazón maligno e incrédulo que los aleje del Dios vivo» (Hebreos 3:12).

La lección de la historia es simplemente esta: no des por sentado a Dios. No abuses de su gracia. No pongas a prueba su paciencia. Quienes lo hacen pueden descubrir su ira. Y eso significaría, como dijo el Señor: «Nunca entrarán en mi lugar de descanso» (Hebreos 3:11). Una afirmación relevante, ¡tengas o no interés en la historia! Porque, si hay algo que todos anhelan, es poder finalmente descansar en paz.

25 George Santayana, *The Life of Reason*, vol. 1. Publicado en español como *La vida de la razón*.

LECTURA: *Salmo 34*

LA SOMBRA DE LA VERGÜENZA

Los que buscan su ayuda estarán radiantes de alegría; ninguna sombra de vergüenza les oscurecerá el rostro.

SALMO 34:5

W. H. Auden hablaba en uno de sus poemas sobre «los rostros en la barra» y cómo reflejaban las vidas de sus dueños, «que nunca han sido felices o buenos»[26]. Las perspectivas de Auden eran precisas. Mientras algunos ojos brillan con inteligencia, muchos otros parecen cansados de mirar. Mientras en algunas bocas asoma constantemente una sonrisa, en otras los labios se curvan hacia abajo en un gesto de amargura. Y las cejas de muchos están permanentemente fruncidas por la preocupación, en lugar de mostrar los músculos relajados propios de una vida satisfecha.

El salmista David reconocía que los rostros, incluyendo el suyo, cuentan una historia. Él dijo: «Los que buscan su ayuda estarán radiantes de alegría; ninguna sombra de vergüenza les oscurecerá el rostro» (Salmo 34:5). Creía que mirar al Señor cambia la manera en que uno se ve. Pablo expresó una idea similar cuando escribió: «Así que, todos nosotros, a quienes nos ha sido quitado el velo, podemos ver y reflejar la gloria del Señor. El Señor, quien es el Espíritu, nos hace más y más parecidos a él a medida que somos transformados a su gloriosa imagen» (2 Corintios 3:18).

A lo largo de su vida, David enfrentó peligros y tristezas que lo llevaron a una confianza más profunda y a una mayor dependencia del Señor. Como resultado, pudo decir: «Oré al Señor, y él me respondió; me libró de todos mis temores» (Salmo 34:4). Había una conexión directa entre mirar al Señor en oración y la alegría radiante que se reflejaba en el rostro de David cuando fue liberado de los temores que lo habían atenazado. Los músculos faciales, antes acostumbrados a estar tensos por la ansiedad, se relajaron por la alegría, ¡y el rostro de David se volvió resplandeciente!

En el pasado, el miedo había distorsionado las facciones de David y la vergüenza había oscurecido su rostro. La carga del pecado no perdonado se había manifestado en la pesadez de una culpa sin alivio. Pero, al mirar al Señor en busca de perdón, fue liberado de la culpa y de la vergüenza. Y prometió a otros que, si ellos también miraban al Señor, «ninguna sombra de vergüenza les oscurecerá el rostro» (Salmo 34:5). La mirada furtiva del que teme ser descubierto desaparecería, y el ceño fruncido del que vive con miedo se desvanecería.

Cuando todo ha sido expuesto y perdonado, ya no hay nada que temer. La libertad y el alivio relajan el rostro y nacen las sonrisas.

Los rostros en la barra de la vida pertenecen a personas que buscan consuelo en su dolor, anhelan amistad en su soledad y esperan alegría en medio de sus decepciones. Necesitan una sonrisa, un toque, un mensaje de aliento. ¿Quién mejor para ofrecerlo que aquel que puede decir con convicción: «Prueben y vean que el Señor es bueno» (Salmo 34:8)?

26 W. H. Auden, «September 1, 1939» (1 de septiembre de 1939).

LECTURA: *Hebreos 6:1-12*

PROGRESO ESPIRITUAL

Dejemos de repasar una y otra vez las enseñanzas elementales acerca de Cristo. Por el contrario, sigamos adelante hasta llegar a ser maduros en nuestro entendimiento. [...] Así que, si Dios quiere, avanzaremos hacia un mayor entendimiento.

HEBREOS 6:1, 3

Después de que una joven mamá metió a su niño pequeño en la cama, hizo las oraciones, le llevó su vaso de agua y finalmente bajó las escaleras para tener unos momentos para ella sola, oyó un golpe seco en el piso de arriba. Ella corrió al cuarto de su hijo y lo encontró aturdido en el piso. Al levantarlo, le preguntó: «¿Qué pasó?». Él respondió: «Me caí de la cama porque me quedé demasiado cerca de donde me subí».

Los destinatarios de la carta a los Hebreos estaban en un peligro similar en cuanto a su fe en Cristo recién encontrada. Habían sido instruidos en «las enseñanzas elementales acerca de Cristo»: cosas como «el arrepentimiento de las malas acciones y de tener fe en Dios [...] enseñanza acerca de los bautismos, la imposición de manos, la resurrección de los muertos y el juicio eterno». Ahora era momento de que avanzaran «hacia un mayor entendimiento» (Hebreos 6:1-2). En ningún momento se sugiere que estos temas sean insignificantes; al contrario, son y siguen siendo de suma importancia para la vida de fe. Pero hay más, mucho más, por descubrir y experimentar. ¡No avanzar equivale a quedarse demasiado cerca del punto de entrada!

El autor de la carta continúa describiendo las graves consecuencias de la indiferencia y el descuido espiritual. Tal actitud puede endurecer el corazón hasta llevarlo a la apostasía total. Las cosas que antes se consideraban preciosas son negadas, y el amor de Cristo, que antes motivaba y movilizaba una vida de confianza y obediencia, se degrada hasta convertirse en ira, apatía y hostilidad hacia Cristo y su causa.

Los temas tratados aquí se refieren al estado de quienes rechazan deliberadamente lo que antes abrazaron y niegan lo que alguna vez afirmaron. Si rechazan el amor de Cristo, «lo clavan otra vez en la cruz» (Hebreos 6:6), no hay otra base para su perdón. Si niegan la obra misericordiosa del Espíritu, no hay otro poder que los atraiga de nuevo al Salvador.

No se está sugiriendo, sin embargo, que quienes aman sinceramente al Señor y quieren servirle, aunque lo hagan de manera imperfecta, ni aquellos que luchan con su falta de fe y se preocupan por su vida inconsistente, deban vivir con miedo de caer fuera de la gracia. «Dios no es injusto» (Hebreos 6:10). Él conoce nuestra fragilidad y comprende nuestras luchas.

El hombre que decide no quedarse demasiado cerca de donde comenzó no necesita temer que caerá en apostasía. Dios lo sostendrá firmemente.

LECTURA: *Hebreos 6:13-20*

ANCLA PARA EL ALMA

Dios ha hecho ambas cosas: la promesa y el juramento. Estas dos cosas no pueden cambiar, porque es imposible que Dios mienta. Por lo tanto, los que hemos acudido a él en busca de refugio podemos estar bien confiados aferrándonos a la esperanza que está delante de nosotros. Esta esperanza es un ancla firme y confiable para el alma; nos conduce a través de la cortina al santuario interior de Dios.

HEBREOS 6:18-19

Un símbolo señala más allá de sí mismo a algo importante. Por ejemplo, la bandera de los Estados Unidos simboliza los cincuenta estados actuales con estrellas y los trece estados originales con barras. El símbolo más común de la fe cristiana es la cruz, que señala sin error alguno hacia la doctrina central del cristianismo: que el Señor Jesús murió y resucitó para nuestra redención. Pero en los primeros días de la iglesia cristiana era común utilizar otros símbolos importantes. En las catacumbas de Roma, donde fueron sepultados muchos cristianos, los murales pintados mostraban con frecuencia una paloma, un pez y un ancla. La paloma simboliza al Espíritu Santo; la palabra griega para «pez» es un acróstico de las palabras griegas que significan «Jesucristo, Hijo de Dios, Salvador»; y el ancla representa seguridad en medio de las tormentas de la vida.

El autor de la carta a los Hebreos eligió el símbolo del ancla para hablar sobre la veracidad de la Palabra de Dios, la certeza de sus promesas y la integridad de su persona. Abraham fue un gran ejemplo. Cuando el Señor reiteró al patriarca su propósito de darle muchos descendientes, le dijo: «Ya que me has obedecido y no me has negado ni siquiera a tu hijo, tu único hijo, juro por mi nombre que ciertamente te bendeciré» (Génesis 22:16-17). Dios no solo hizo una promesa, sino que la confirmó con un juramento hecho en su propio nombre, pues no existía un nombre mayor, asegurando que cumpliría lo prometido. Y, con el tiempo, ¡lo hizo!

Este ejemplo, y muchos otros a lo largo de la historia, deberían bastar para convencer incluso al corazón más escéptico de que lo que Dios dice, lo cumple; lo que promete, lo realiza; y aquello a lo que se compromete, tiene plena disposición y poder para llevarlo a cabo.

Reconocer esto fortalece la confianza de un hombre. Si hemos «acudido a [Dios] en busca de refugio, podemos estar bien confiados aferrándonos a la esperanza que está delante de nosotros» (Hebreos 6:18). No importa cuán poca confianza tenga en sus propias habilidades, tal hombre no tiene motivo para dudar de las capacidades de Dios. Sin importar cuán poco confiables le hayan resultado los hombres, en su corazón conoce la integridad del Señor; por eso enfrenta la vida con esperanza y los desafíos con confianza. Sabe que, al depender de quién es el Señor y al confiar en lo que él ha prometido, su ancla resistirá. Las tormentas podrán soplar, pero su ancla se mantiene firme. La vida podrá arrastrarlo, ¡pero su ancla no cederá!

LECTURA: *Hebreos 7:1-14*

UN HOMBRE LLAMADO MELQUISEDEC

Consideren, entonces, la grandeza de este Melquisedec. Incluso Abraham, el gran patriarca de Israel, reconoció esto al entregarle la décima parte de lo que había capturado en la batalla.

HEBREOS 7:4

La relación entre el Antiguo Testamento y el Nuevo Testamento se ha descrito como sigue: «El Nuevo está oculto en el Antiguo, y el Antiguo es revelado en el Nuevo». Hay buenas razones para creer que esta es una evaluación precisa de la relación, como puede verse claramente en la manera en que Jesús «los guio por los escritos de Moisés y de todos los profetas, explicándoles lo que las Escrituras decían acerca de él mismo» (Lucas 24:27), y en la forma en que pasajes del Antiguo Testamento fueron interpretados en el Nuevo para mostrar que tenían mensajes que solamente se entenderían en la época del Nuevo Testamento.

Un ejemplo de cómo el Antiguo Testamento es revelado en el Nuevo se encuentra en la interpretación de la historia de Melquisedec. Este personaje bastante enigmático aparece brevemente en el relato bíblico cuando se encuentra con Abraham después de la famosa victoria de este sobre cinco reyes (Génesis 14:17-20). Melquisedec era «rey de la ciudad de Salem y también sacerdote del Dios Altísimo» (Hebreos 7:1). Bendijo a Abraham por lo que había hecho, y Abraham, a su vez, le dio a Melquisedec el diez por ciento de su botín. No hay registro de la ascendencia ni de la descendencia de Melquisedec, y su nombre significa «rey de justicia». «Salem», el nombre de la ciudad que él gobernaba, significa «paz».

Estos son los detalles, declarados e implícitos, que el autor de Hebreos aplica a Cristo. Debido a que Melquisedec recibió los diezmos de Abraham y lo bendijo, se le consideró superior a Abraham. Y, como no hay registro de su genealogía, se le ve tipológicamente como alguien que vive perpetuamente. Además, dado que Leví, el padre del sacerdocio judío, existía, por así decirlo, «en el cuerpo de Abraham» (7:10), el sacerdocio levítico era inferior al sacerdocio de Melquisedec, ¡precisamente porque Abraham era inferior a Melquisedec!

Debe admitirse que esta interpretación resulta difícil de comprender para los occidentales. La aplicación de esta historia por parte del autor de Hebreos utiliza la tipología, un método de interpretación de las Escrituras que no se usa comúnmente hoy en día aunque era habitual en la época de la iglesia del primer siglo. El objetivo de todo esto en Hebreos era mostrar que el sacerdocio judío (levítico) no podía ofrecer la salvación que solo el sacerdocio eterno de Jesús (según el orden de Melquisedec) podía proveer. Por lo tanto, los judíos que se habían sentido atraídos por Cristo pero estaban en peligro de apartarse de él debían reconocer que solo Cristo puede ofrecer salvación. Si se apartaban de él, no encontrarían esperanza en ningún otro sistema. Esto es algo que el propio Jesús subrayó cuando dijo: «Yo soy el camino, la verdad y la vida; nadie puede ir al Padre si no es por medio de mí» (Juan 14:6).

LECTURA: *Hebreos 7:15-28*

JESÚS, EL SUMO SACERDOTE

Dado que Jesús vive para siempre, su sacerdocio dura para siempre. Por eso puede salvar —una vez y para siempre— a los que vienen a Dios por medio de él, quien vive para siempre, a fin de interceder con Dios a favor de ellos.

HEBREOS 7:24-25

Si las personas asisten a la iglesia solamente en Navidad y Pascua, es muy posible que nunca lleguen más allá de pensar sobre Jesús como un bebé que nació en un establo y lo acostaron en un pesebre, creció, fue crucificado y resucitó, y más o menos desapareció de la escena dejando algunas enseñanzas muy buenas que no deberían tomarse demasiado en serio.

Pero muchas personas que asisten regularmente a la iglesia no solo en Navidad y Pascua suelen pasar por alto otra dimensión importante del ministerio del Salvador: la que se celebra en el Día de la Ascensión. El pleno significado del nacimiento, la muerte y la resurrección de Jesús no puede comprenderse sin un entendimiento sólido de su ministerio continuo como Señor resucitado. Su obra no terminó cuando resucitó de entre los muertos. Él regresó al cielo, donde continúa su ministerio hasta hoy y por toda la eternidad.

Tomando como base la rica historia del pueblo judío, el autor de Hebreos comparó la obra del Señor resucitado con la de un sacerdote humano. Una de las desventajas evidentes de un sacerdote humano es que está sujeto a la muerte, y cuando muere, su ministerio sacerdotal termina. Jesús, en cambio, es «sacerdote para siempre» (Hebreos 7:17). Su sacerdocio permanente se ejerce «por el poder de una vida que no puede ser destruida» (7:16), y «su sacerdocio dura para siempre» (7:24). En términos prácticos, esto significa que puede salvar a las personas «para siempre» (7:25) porque su sacerdocio no tiene fin ni interrupción.

Aquellos que han puesto su fe en el Señor Jesús pueden decir con certeza que han sido salvados. Lo saben como una experiencia pasada, pero necesitan más que eso. Deben enfrentar la vida día a día, y constantemente se encontrarán con cosas que pueden robarles el gozo y obstaculizar su crecimiento. Necesitan saber lo que significa ser salvos de manera continua. Necesitan no solo una salvación en el pasado, sino también una experiencia de liberación espiritual en el presente. Para hacer esto posible, Jesús «vive para siempre, a fin de interceder con Dios a favor de ellos» (7:25) para aplicar los beneficios de su muerte diariamente a quienes creen en él.

Ser consciente de que el Señor Jesús está orando por él en todo momento hará que un cristiano esté más atento a los recursos divinos que tiene a su disposición gracias a la intercesión de Jesús. Seguro en este conocimiento, estará mejor equipado para vivir con sabiduría y rectitud cada día. Y disfrutará los beneficios de la Navidad y la Pascua todos los días, no solo una vez al año.

LECTURA: *Hebreos 8:1-13*

CUANDO DIOS DICE: «HARÉ»

Este es el nuevo pacto que haré con el pueblo de Israel en ese día, dice el SEÑOR: Pondré mis leyes en su mente y las escribiré en su corazón. Yo seré su Dios, y ellos serán mi pueblo.

HEBREOS 8:10

En el servicio matrimonial tradicional, el ministro le pregunta al novio: «¿Aceptas a esta mujer como tu legítima esposa?». Se requiere al novio que responda a esta pregunta diciendo: «Sí, acepto». Entonces se hacen preguntas parecidas a la novia. Después de la respuesta: «Sí, quiero» y el intercambio de votos, se declara a la pareja marido y mujer. Se ha establecido el pacto del matrimonio. Si ambos cumplen sus promesas, pueden vivir una vida de enriquecimiento mutuo, deleite y apoyo. Sin embargo, tristemente, el «sí, quiero» con frecuencia se convierte en «no quiero». El pacto se rompe, el matrimonio se disuelve y la familia se desintegra.

Israel había roto repetidamente el pacto que Dios había hecho con ellos, pero Dios no se rindió con su pueblo rebelde. Él propuso un «nuevo pacto» en el que hizo muchas promesas que comenzaban con «haré». Estas promesas deben ser comprendidas y aceptadas.

«Haré un nuevo pacto» (Hebreos 8:8) significaba que Dios tomaría una iniciativa que solo él podía tomar. El ser humano caído no podía iniciar una nueva relación con una deidad ofendida, pero Dios sí podía iniciar una nueva relación con sus criaturas caídas; y lo hizo. Era un pacto diseñado y establecido por él mismo.

«Pondré mis leyes en su mente» (8:10) prometía grabar la verdad de las promesas de Dios en lo más profundo de la mente de su pueblo. En lugar de mirar leyes grabadas en piedra, como en el antiguo pacto, el pueblo de Dios tendría siempre a su alcance la comprensión de la verdad.

«Las escribiré en su corazón» (8:10) prometía no solo entendimiento de lo que Dios decía y requería, sino también la seguridad de que el pueblo de Dios podría responder con obediencia confiada. Las leyes escritas en piedra, que están más allá de la capacidad humana para obedecerlas, solo producen frustración. La verdad escrita en la mente y grabada en el corazón ofrece comprensión, capacidad y la posibilidad de un cumplimiento gozoso.

«Yo seré su Dios» (8:10) no era una promesa nueva, pero necesitaba ser reiterada. El pueblo de Dios debió haberse preguntado muchas veces acerca de su condición, considerando su rebeldía y su hostilidad hacia él.

«Perdonaré sus maldades» (8:12) fue una palabra misericordiosa para corazones angustiados. Hasta la fecha, Dios ofrece libertad de la culpa y liberación de la vergüenza, para que los perdonados puedan vivir en novedad de vida.

«Nunca más me acordaré de sus pecados» (8:12) ofrecía algo que ningún ser humano puede ofrecer. Podemos prometer perdonar, ¡pero no podemos prometer olvidar! ¡Dios promete ambas cosas!

Bienaventurada es la esposa cuyo esposo cumple sus «haré». Más bienaventurado aún es aquel que conoce al Dios del pacto, cuyo «haré» nunca se convertirá en «no haré».

LECTURA: *Hebreos 9:1-14*

DETRÁS DEL VELO

Cristo ahora ha llegado a ser el Sumo Sacerdote por sobre todas las cosas buenas que han venido. Él entró en ese tabernáculo superior y más perfecto que está en el cielo, el cual no fue hecho por manos humanas ni forma parte del mundo creado. Con su propia sangre —no con la sangre de cabras ni de becerros— entró en el Lugar Santísimo una sola vez y para siempre, y aseguró nuestra redención eterna.

HEBREOS 9:11-12

Cuando Dios liberó a los israelitas de su esclavitud en Egipto, tenía en mente algo más que corregir una horrible injusticia social. La intención de Dios era que el pueblo liberado entrara en la Tierra Prometida y que allí fuera establecido como un pueblo único. Su estilo de vida debía demostrar a los pueblos vecinos que los israelitas estaban apartados para Dios de manera específica y especial.

Dios no perdió tiempo en enseñar al pueblo lo que eso significaba durante los primeros días de su travesía por el desierto. Entregó a Moisés instrucciones detalladas acerca de una estructura especial y portátil llamada el tabernáculo, que el pueblo debía construir y que ocuparía una posición central en el campamento cuando estuvieran detenidos y en las filas cuando marcharan hacia su destino. Dios dijo: «Haz que los israelitas me construyan un santuario para que yo habite en medio de ellos. Deberán construir el tabernáculo y su mobiliario exactamente según el modelo que te mostraré» (Éxodo 25:8-9).

Los detalles dados a Moisés sobre la arquitectura, los materiales y los muebles pueden parecer a primera vista extravagantes e innecesarios, considerando que los esclavos recién liberados se dirigían hacia la Tierra Prometida. Con el tiempo, sin embargo, se demostraría que los detalles del tabernáculo estaban diseñados específicamente para representar principios espirituales. El pueblo difícilmente podría dejar de ver y apreciar estos principios mientras el tabernáculo se construía y se mantenía visible en medio de ellos.

El tabernáculo estaba dividido en dos secciones separadas por un grueso velo. Los sacerdotes entraban y salían diariamente de la primera sección, pero ninguno tenía permitido pasar detrás del velo durante la liturgia diaria. Solo el sumo sacerdote podía entrar detrás del velo, y eso únicamente un día al año, el Día del Perdón, y bajo las condiciones más estrictas. La lección ineludible para los israelitas era que la presencia de Dios no podía ser tratada con ligereza ni de manera casual. Los pecados del pueblo eran ofensivos para un Dios santo y, como resultado, el ser humano estaba separado de Dios y solo podía acercarse a él en la forma que Dios mismo establecía y permitía.

Este ritual tan solemne no solo representaba la santidad de Dios ante los hijos de Israel, sino que también prefiguraba la maravillosa obra de Cristo en la cruz. Cuando Jesús murió y resucitó, entró en la presencia directa de Dios como nuestro Sumo Sacerdote. Al hacerlo, pasó detrás del velo, al Lugar Santísimo, y «aseguró nuestra redención eterna» (Hebreos 9:12). Solo Jesús pudo ofrecerse «a sí mismo a Dios como sacrificio perfecto por nuestros pecados» (9:14). Por lo tanto, solo Jesús podía entrar en la presencia de Dios y hacer posible que los hombres perdonados pudieran hacerlo también. Jesús retiró el velo y abrió el acceso para que los hombres perdonados se encontraran con Dios. Dios ya no está oculto ni distante. Ahora, los hombres que antes estaban separados de él por el pecado pueden, por medio de Cristo, disfrutar de una intimidad con Dios que satisface sus anhelos más profundos y responde a sus necesidades más hondas.

LECTURA: *Salmo 36*

RÍOS DE DELICIAS

¡Qué precioso es tu amor inagotable, oh Dios! Todos los seres humanos encuentran refugio a la sombra de tus alas. Los alimentas con la abundancia de tu propia casa y les permites beber del río de tus delicias. Pues tú eres la fuente de vida, la luz con la que vemos.

SALMO 36:7-9

Las diferencias entre varones y mujeres han sido bien documentadas, ¡y exageradas! Se nos dice, con cierta justificación, que los hombres son de Marte y las mujeres son de Venus. Debería señalarse que no todos los hombres y las mujeres encajan bien en estos estereotipos estelares. Se ha visto a hombres cuidando a niños, ¡y ahora hay mujeres que juegan al rugby!

En los días del Lejano Oeste en los Estados Unidos, los hombres solían pararse afuera de las puertas de las iglesias, supuestamente para proteger a las mujeres que adoraban de posibles ataques de indígenas. Al menos, ¡eso decían! Tal vez era un intento de justificar su tradicional desdén masculino hacia la religión y su creencia de que las actividades espirituales eran cosa de mujeres. «Los hombres van a los bares, las mujeres se sientan en los bancos»: esa era más o menos su forma de pensar.

Este tipo de estereotipo espiritual no es inusual incluso hoy en día. Muchos hombres actuales tendrían dificultad para imaginar de qué hablaba David cuando dijo del Señor: «Todos los seres humanos encuentran refugio a la sombra de tus alas. Los alimentas con la abundancia de tu propia casa y les permites beber del río de tus delicias». Hablar de «la sombra de tus alas» y «el río de tus delicias» suena demasiado delicado para los hombres impulsados por la testosterona.

Y, sin embargo, fue David, que no carecía de la masculinidad tradicional, quien escribió esas palabras. Habló del Señor en contraste con sus observaciones sobre los hombres. Su vida fue dura, llena de encuentros cercanos con los «ciegos de presunción», los «perversos» y las actividades «retorcidas y engañosas» de los hombres (36:2-4). Él sabía lo suficiente acerca de cómo «a los malvados el pecado les susurra en lo profundo del corazón» y de la incapacidad de los impíos para «ver lo perversos que son en realidad» (36:1-2), como para comprender que los hombres, a pesar de su arrogancia, no son las criaturas poderosas que imaginan ser.

Existen cualidades de carácter y experiencias de vida que los hombres harían bien en explorar y descubrir. Cualidades como el amor inagotable, la fidelidad, la justicia y la rectitud (36:5-6), que enriquecen la vida y ennoblecen el alma. Pero, para que esto suceda, los hombres necesitan «corazón sincero» (36:10): un corazón lo suficientemente sincero como para admitir necesidad y carencia, para confesar pecado e injusticia, lo bastante humildes para abandonar las actitudes de autosuficiencia y lo bastante realistas para reconocer la necesidad de encontrar refugio «a la sombra de tus alas» (36:7). Los hombres necesitan corazones que reconozcan su sed espiritual y que, sin vergüenza, se vuelvan hacia Aquel que es «la fuente de vida, la luz con la que vemos» (36:9). Hacer esto no es negar la singularidad masculina; es descubrir la plenitud divina.

LECTURA: *Éxodo 25:1-22*

EL ARCA

Coloca dentro del arca las dos tablas de piedra grabadas con las condiciones del pacto que te entregaré. Luego pon la tapa de la expiación encima del arca. Allí me encontraré contigo y te hablaré desde encima de la tapa de la expiación, entre los querubines de oro que están suspendidos sobre el arca del pacto. Desde allí te daré mis mandatos para el pueblo de Israel.

ÉXODO 25:21-22

El arca que se popularizó en la película *En busca del arca perdida* era un pequeño cofre de madera con unas medidas aproximadas de un metro de longitud, setenta centímetros de anchura y otros setenta centímetros de altura y estaba cubierta de oro. Cuando el templo de Jerusalén fue destruido por los romanos en el 70 d. C., el arca desapareció. No se sabe nada sobre su paradero, pero sí se sabe mucho sobre su significado. ¡Al menos Hollywood acertó en la parte de que estaba perdida!

El arca, por diseño divino, fue creada para simbolizar la presencia real y santa del Señor, primero en el tabernáculo en el desierto y luego en el templo de Jerusalén. Dios había dicho específicamente: «Haz que los israelitas me construyan un santuario para que yo habite en medio de ellos» (Éxodo 25:8). El Señor estaba expresando su deseo de manifestar su presencia entre su pueblo durante su peregrinación terrenal. El Dios trascendente, creador y sustentador del universo, que habita en un resplandor glorioso y majestuoso, apartado del pecado y separado de los pecadores, desea ser conocido íntimamente y asegurar a su pueblo, por medio de su presencia, su amor y cuidado por ellos. Esta es una verdad que toda generación debería reverenciar.

A pesar del deseo expresado por el Señor de tener cercanía con su pueblo, no debía haber familiaridad ni ligereza de parte de ellos. Él estaba entre ellos, pero seguía siendo santo. El arca debía colocarse en el Lugar Santísimo, donde solo el sumo sacerdote podía entrar, y eso únicamente una vez al año en el momento establecido y de la manera apropiada. Esa manera apropiada incluía rociar el lugar con la sangre de un sacrificio inocente destinado a limpiar los pecados del pueblo. La tapa del arca, que tenía dos «querubines» de oro labrados a martillo, se conocía como la «tapa de la expiación» (25:20), el lugar del trono divino acerca del cual Dios prometió: «Allí me encontraré contigo» (25:22). Debajo de la tapa estaban «las dos tablas de piedra grabadas con las condiciones del pacto» (25:21), ¡la única base sobre la cual el hombre podía encontrarse con Dios!

El ser humano pecador no puede entrar en la presencia divina según sus propios términos cuando y como quiera. Solo puede hacerlo según las condiciones establecidas por el Santo. Del arca aprendemos que un Dios santo desea cercanía con su pueblo pecador pero solo porque él decidió acercarse a ellos y esto solo cuando estos se acercan confesando su pecado y buscando su perdón sobre la base de un sacrificio sustitutivo.

El arca puede estar perdida, pero su simbolismo y significado jamás deben perderse para nosotros, porque Cristo es la realidad de la cual el arca fue solo una sombra.

LECTURA: *Éxodo 28:1-30*

TODOS BIEN VESTIDOS

Manda llamar a tu hermano Aarón y a sus hijos Nadab, Abiú, Eleazar e Itamar. Apártalos de los demás israelitas para que me sirvan y sean mis sacerdotes. Hazle a Aarón vestiduras sagradas que irradien belleza y esplendor.

ÉXODO 28:1-2

«Todos bien vestidos y sin lugar donde ir» fue el comentario sarcástico de William Allen White sobre la desaparición del Partido Progresista cuando, en 1916, Theodore Roosevelt se retiró de la campaña presidencial. Cenicienta, por supuesto, tenía el problema contrario: todo listo para irse y ningún vestido que ponerse.

El sumo sacerdote de Israel no tenía ninguno de esos problemas porque se le dieron instrucciones estrictas y detalladas sobre la vestimenta que debía usar siempre que realizara sus deberes sacerdotales. Los sacerdotes fueron apartados «de los demás israelitas», y su tarea era ministrar al Señor (Éxodo 28:1). Las «vestiduras sagradas» hechas para Aarón, el sumo sacerdote, irradiaban «belleza y esplendor», diseñadas para distinguirlo «como un sacerdote apartado para mi servicio [de Dios]» (28:2-3). No debía haber duda alguna sobre la identidad de Aarón ni sobre la dignidad de su oficio. Él era el hombre de Dios, y su apariencia y conducta debían reflejar su estatus único como representante del hombre ante Dios y de Dios ante el hombre. El hombre común, al ver al sumo sacerdote con sus espléndidas vestiduras, reconocería de inmediato algo de la grandeza del Señor a quien él servía.

El efod (28:6) y el pectoral (28:15) llevaban piedras preciosas en las que estaban grabados los nombres de las doce tribus de Israel. Cuando el sumo sacerdote, vestido especialmente para la ocasión, entraba en la presencia del Señor en el Lugar Santísimo, al Señor «le recordaba» (28:29) su pueblo. Dentro del pectoral se colocaban dos objetos misteriosos llamados Urim y Tumim, que se usaban «para determinar la voluntad del SEÑOR para su pueblo» (28:30).

En realidad, el Señor no necesitaba que le recordaran las necesidades de su pueblo, pues él estaba presente entre ellos mientras viajaban por el desierto; mientras se vestía, sin embargo, las piedras ornamentales servían como recordatorio para Aarón de que el Señor nunca se olvida de su pueblo. Y, cuando Aarón se presentaba ante el Señor llevando simbólicamente sobre sus hombros y sobre su corazón el peso del pueblo, estaba presentando esa carga delante de Dios. Cuando se utilizaban el Urim y el Tumim, se hacía una poderosa declaración de dependencia del Señor y del deseo de conocer y hacer su voluntad.

Aarón estaba todo bien vestido y tenía un lugar a donde ir; ¡y algo especial que hacer! Lo mismo sucede con todas las personas que en la actualidad profesan el nombre de Cristo. Lo representan por medio de su conducta y su manera de vivir. Presentan delante del Señor los nombres de quienes tienen necesidad y buscan constantemente su guía mientras ministran a los demás. Tales acciones los apartarán «de los demás israelitas» (28:1).

LECTURA: *Éxodo 32:1-14*

FE INCONSTANTE

Cuando los israelitas vieron que Moisés tardaba tanto en bajar del monte, se juntaron alrededor de Aarón y le dijeron: «Vamos, haznos dioses que puedan guiarnos. No sabemos qué le sucedió a ese tipo, Moisés, el que nos trajo aquí desde la tierra de Egipto».

ÉXODO 32:1

Cuando el jefe está fuera de la ciudad, la gente en la oficina demuestra el viejo dicho: «Cuando el gato no está, juegan los ratones». Sin embargo, a menudo se extraña mucho el buen liderazgo, y por lo general se da la bienvenida al regreso del jefe.

Para los hijos de Israel, Moisés era el jefe. Era un recordatorio visible de la presencia del Señor en medio de ellos, una expresión tangible de la guía de Dios en sus vidas. Por eso, aunque en ocasiones amenazaron con rechazar su liderazgo y regresar a Egipto, se pusieron muy nerviosos cuando él se ausentó para encontrarse con el Señor en el monte Sinaí. Dijeron: «No sabemos qué le sucedió a ese tipo, Moisés, el que nos trajo aquí desde la tierra de Egipto» (Éxodo 32:1). Su desconcierto era comprensible: habían quedado sin líder en medio de un vasto desierto.

Su reacción también fue comprensible aunque no aceptable. Entraron en pánico y decidieron tomar el asunto en sus propias manos. Se acercaron a Aarón y le dijeron: «Vamos, haznos dioses que puedan guiarnos» (32:1). Su plan era volver al tipo de adoración idolátrica que habían dejado atrás en Egipto.

Sorprendentemente, Aarón accedió. Les pidió: «Quítenles a sus esposas, hijos e hijas los aretes de oro que llevan en las orejas y tráiganmelos» (32:2). El pueblo obedeció, y el oro donado fue fundido para hacer un becerro de oro. Increíblemente, ¡el pueblo declaró que esa estatua era «los dioses» que los habían sacado de Egipto! Aarón, entonces, construyó un altar y anunció: «¡Mañana celebraremos un festival al Señor!» (32:5). Pero la situación se descontroló cuando el «festival al Señor» se convirtió rápidamente en desenfrenadas «diversiones paganas» (32:6). El Señor se indignó, Moisés se horrorizó, Aarón fue reprendido, el becerro fue molido hasta convertirse en polvo y muchos del pueblo murieron como resultado de su inconstancia.

Cuando las personas entran en pánico, recurren a medidas desesperadas. Recurren a lo que imaginan que será una solución inmediata aunque sea ilógica o incluso inmoral. Abandonan sus principios, niegan sus compromisos y toman decisiones apresuradas de las que luego deben arrepentirse con el tiempo.

Lo que más se necesita en esos momentos es una mente serena y una convicción firme. Imagina cómo habría cambiado la situación si el pueblo hubiera acudido a Aarón diciendo: «Aarón, tenemos miedo, no estamos seguros, no sabemos a dónde ir. Moisés ha desaparecido; ¿qué debemos hacer?». Aarón podría haber respondido: «No tengo las respuestas a sus preguntas. Entiendo su temor, y yo también tengo miedo. Pero esto sí sé: el Señor nos ha traído hasta aquí y no nos abandonará. Ha sido fiel en el pasado, y lo será en el futuro. Así que confiaremos y no temeremos».

La fe inconstante se derrumba, pero la fe firme florece.

LECTURA: *Éxodo 32:15-35*

ACEPTAR LA RESPONSABILIDAD

Por último, se dirigió a Aarón y le preguntó:

—¿Qué te hizo este pueblo para que lo llevaras a caer en un pecado tan grande?

—No te disgustes tanto, mi señor —contestó Aarón—. Tú sabes bien qué mala es esta gente. [...] Así que yo les dije: "Los que tengan joyas de oro, que se las quiten". Cuando me las trajeron, no hice más que echarlas al fuego, ¡y salió este becerro!

ÉXODO 32:21-22, 24

Incluso los presidentes han sido conocidos por aprovechar la oportunidad de eludir la responsabilidad. El presidente Nixon dejó el cargo insistiendo: «No soy un ladrón». El presidente Clinton respondió a sus acusadores diciendo, por un lado: «Depende de lo que se entienda por "es"» y, por otro lado, haciendo una vaga admisión de culpa: «Se cometieron errores». Ambos hombres podrían, con toda razón, haberse puesto de pie y decir: «Lo hice. Me equivoqué. Lo siento. Acepto toda la responsabilidad por mis actos». Lamentablemente, cuando los hombres insisten en que no son responsables de sus actos, a menudo no se dan cuenta de que se convierten en nada más que víctimas indefensas en un mundo cruel. ¡No es una postura muy varonil!

Aarón y Moisés nos presentan un marcado contraste en este sentido. Cuando se le confrontó por su conducta durante el episodio del becerro de oro, Aarón respondió: «No te disgustes tanto, mi señor [...] Tú sabes bien qué mala es esta gente» (Éxodo 32:22). En otras palabras, aunque Aarón no dijo exactamente: «El diablo me obligó a hacerlo», efectivamente estaba diciendo: «¡El pueblo me empujó a hacerlo!». No era culpa de Aarón; era culpa de esa «mala gente». Pero su ingenuidad dio un paso más cuando añadió: «Así que yo les dije: "Los que tengan joyas de oro, que se las quiten". Cuando me las trajeron, no hice más que echarlas al fuego, ¡y salió este becerro!» (32:24). ¡Claro, salió el becerro! ¡Entonces fue culpa del fuego!

Seguramente Aarón sabía que había cedido bajo la presión cuando debía guiar al pueblo. Y seguramente sabía que nadie creería que un fuego, por sí solo, produce un becerro de oro. ¡A menos que quisiera sugerir que el becerro se hizo solo! El disimulo de Aarón solo agravó su fracaso, cuando un simple reconocimiento de su culpabilidad y aceptación de responsabilidad habrían abierto el camino hacia la sanidad y la restauración.

¡Moisés fue al extremo opuesto! Se presentó ante el Señor para interceder por el pueblo. No minimizó la gravedad de su pecado ni negó la necesidad de juicio. Pero dijo al Señor: «Ahora, si solo perdonaras su pecado; pero si no, ¡borra mi nombre del registro que has escrito!» (32:32). ¿Estaba sugiriendo Moisés tácitamente que creía tener alguna responsabilidad por el fracaso del pueblo y que, por lo tanto, debía asumir parte de la culpa? No lo sabemos, pero sí podemos ver claramente la diferencia entre un hombre que no admite su propio fracaso y uno que llega al extremo de asumir el fracaso de los demás. ¡No tenemos dificultad en reconocer al verdadero hombre!

LECTURA: *Éxodo 33:1-23*

COMPRENDER A DIOS

Dentro de la carpa de reunión, el Señor *hablaba con Moisés cara a cara, como cuando alguien habla con un amigo. Después, Moisés regresaba al campamento, mientras que su asistente, el joven Josué, hijo de Nun, permanecía en la carpa de reunión.*

ÉXODO 33:11

El universo del cual somos una parte está lleno de vastos misterios. No conocemos su edad, solamente podemos suponer su tamaño, y hay abundante especulación con respecto a los detalles de su generación. Dicho eso, no hay ninguna duda de que, en años recientes, nuestro conocimiento del universo ha aumentado de manera drástica. Han quedado atrás los días en que Galileo tuvo conflictos con la iglesia por el lugar de la Tierra en el sistema solar, y los marineros ya no temen al estrecho de Gibraltar por miedo a acercarse al borde de una Tierra plana. Sabemos que la Tierra gira alrededor del sol y no al revés; sabemos que la Tierra es un globo. Aunque nuestro conocimiento del universo ha aumentado exponencialmente, sin embargo, nuestro conocimiento de Dios no lo ha hecho.

¿Quién podría decir que el ser humano moderno conoce al Dios eterno con más intimidad que Moisés? Moisés se reunía regularmente con el Señor «cara a cara, como cuando alguien habla con un amigo» (Éxodo 33:11). Y ¿qué hombre moderno se atrevería a afirmar que conoce al Cristo resucitado mejor que el apóstol Pablo, quien tuvo un encuentro con Cristo en el camino de Damasco?

Puede haber dos razones para esto. En primer lugar, el ser humano moderno tal vez no tiene el mismo anhelo de conocer y comprender a Dios que tenían sus antepasados. Aunque los avances de la ciencia han ampliado nuestro entendimiento de cómo funciona el mundo, y las maravillas de la tecnología han enriquecido enormemente nuestra vida material, el resultado ha sido una tendencia a adorar la creación en lugar del Creador, a amar lo material más que al Hacedor. En segundo lugar, Dios ha establecido tradicional e históricamente límites a su propia autorrevelación. A Moisés, con quien hablaba «como cuando alguien habla con un amigo» (33:11), Dios le dijo: «No podrás ver directamente mi rostro, porque nadie puede verme y seguir con vida» (33:20). La petición de Moisés de tener una visión más plena del Señor para poder estar mejor equipado para servirle era completamente comprensible. La respuesta del Señor fue un recordatorio de que, por muy íntima que sea la relación de una persona con Dios, el ser humano tiene un límite en su capacidad para conocerlo.

La revelación completa de la majestad y la gloria divinas deberá esperar hasta que el ser humano sea glorificado en la presencia eterna de Dios. Mientras tanto, el hombre moderno debería contrarrestar su conocimiento limitado del Señor buscando conocerlo mejor, reconociendo que el hambre por conocer a Dios refleja un anhelo por la eternidad y un deseo por lo supremo que nunca podrá satisfacerse en el tiempo ni en el espacio. En esta vida, lo mejor que podemos esperar es ver a Dios «por detrás» (33:23). En la eternidad, lo veremos cara a cara.

LECTURA: *Éxodo 34:1-35*

LA AUTOBIOGRAFÍA DE DIOS

El SEÑOR pasó por delante de Moisés proclamando: «¡Yahveh! ¡El SEÑOR! ¡El Dios de compasión y misericordia! Soy lento para enojarme y estoy lleno de amor inagotable y fidelidad. Yo derramo amor inagotable a mil generaciones, y perdono la iniquidad, la rebelión y el pecado. Pero no absuelvo al culpable, sino que extiendo los pecados de los padres sobre sus hijos y sus nietos; toda la familia se ve afectada, hasta los hijos de la tercera y cuarta generación».

ÉXODO 34:6-7

De vacaciones en un parque nacional, una madre y su pequeño se enfrentaron de repente a un gran oso en un sendero angosto. La madre había sido influenciada por una secta que creía que, si ejercías la fe suficiente, nada podría hacerte daño. Así que, mirando al oso, le dijo a su hijo: «Comprendes que el oso no puede hacernos daño, ¿cierto?». El pequeño niño respondió: «Sí, mamá, sé que el oso no puede hacernos daño y tú sabes que el oso no puede hacernos daño. Pero ¿qué sabe el oso?». En una situación así, las opiniones de la madre y del niño eran irrelevantes: ¡solo importaba la opinión del oso! (Estoy seguro de que te gustaría saber qué pasó después, ¡pero nunca escuché el resto de la historia!).

Muchos hoy en día tienen opiniones bien formadas sobre Dios. Las comparten con sus amigos y compañeros de trabajo y se consuelan al descubrir que otros piensan igual. Pero hay un problema: lo que importa no es ni lo que yo pienso ni lo que mis amigos piensan de Dios. La pregunta crucial es: ¿qué piensa Dios acerca de Dios? Todo lo demás es, en esencia, irrelevante. Por fortuna, no se nos ha dejado a solo conjeturar sobre el asunto.

Un día, Dios publicó una brevísima autobiografía para Moisés en el monte. Primero, «proclamando: "Yahvé, el SEÑOR"» (Éxodo 34:5-6). Esto fue un recordatorio de que su nombre describe quién es. El nombre «Yahvé», que significa «Yo soy», comunica su existencia eterna y su autosuficiencia. Como nombre personal de Dios, también expresa su deseo de tener una relación con su pueblo.

Si el nombre «Yahvé» transmite su grandeza y majestad, la descripción de él como «el Dios de compasión y misericordia» nos recuerda que es accesible, que se preocupa profundamente por nuestro bienestar y que está siempre dispuesto a acercarse a nosotros.

«Lento para enojarme» describe la justicia, la misericordia y la gracia de Dios en un balance perfecto. Su justicia exige que toda infracción de su voluntad y todo rechazo de su carácter merezcan su indignación y desaprobación divina. Su decisión de hacer al ser humano responsable de sus actos implica que cada acción tiene consecuencias. Pero la manifestación «lenta» de su justa ira es un recordatorio constante de que les da a las personas amplia oportunidad para arrepentirse y ser perdonadas.

«Lleno de amor inagotable y fidelidad» expresa claramente el compromiso total de Dios con sus propósitos, su carácter inmutable y su absoluta confiabilidad.

El amor de Dios, que trasciende cualquier concepto humano de amor, no significa que él absuelve «al culpable». De hecho, Dios declara que el pecado tendrá repercusiones por generaciones (34:7).

Muchas personas intentarán escribir la biografía de Dios, pero muy pocas leerán su autobiografía. Está escrita con claridad, sin embargo, y es fácil comprender cuán bueno y cuán misericordioso es el Señor.

LECTURA: *Salmo 116:1-19*

CÓMO DECIR: «GRACIAS»

¿Qué puedo ofrecerle al SEÑOR por todo lo que ha hecho a mi favor? Levantaré la copa de la salvación y alabaré el nombre del SEÑOR por salvarme. Cumpliré las promesas que le hice al SEÑOR en presencia de todo su pueblo.

SALMO 116:12-14

Hay ocasiones en las que la vida es tan abundante, que incluso los hombres ariscos sonríen y los más desagradecidos están agradecidos. Los sentimientos de bienestar que brotan del alma exigen ser expresados. Momentos así son difíciles para el ateo porque no tiene a quién agradecer. Para el creyente no existe tal problema, pues él sabe a quién dar gracias; pero a menudo se pregunta cómo puede expresar su gratitud de manera adecuada.

El salmista hizo la pregunta: «¿Qué puedo ofrecerle al SEÑOR por toda su bondad por todo lo que ha hecho a mi favor?» (Salmo 116:12). En otras palabras: «¿Qué se le puede dar a un Dios que lo tiene todo?».

Afortunadamente, el salmista pudo responder su propia pregunta. En primer lugar, dijo: «Levantaré la copa de la salvación» (116:13). Esto se refiere al compromiso del salmista de participar en la adoración formal y regular, donde acciones como levantar una copa de vino simbolizaban de manera visual y solemne las profundas experiencias del corazón. Él dirá «gracias» haciendo de la adoración comunitaria en la congregación de los creyentes una prioridad. Un hombre moderno hace algo similar cuando deja de lado el golf del domingo por la mañana para asistir al culto dominical en la iglesia con su familia, y cuando participa de la Comunión como una expresión externa del conocimiento interno de que sus pecados han sido perdonados por el sacrificio del Señor Jesús en la cruz.

En segundo lugar, el salmista añade: «Alabaré el nombre del SEÑOR» (116:13). Ya había dicho: «Amo al SEÑOR porque escucha mi voz y mi oración» (116:1). El amor necesita oportunidades para expresarse, y la alabanza formal brinda esas oportunidades. Aunque el salmista no tiene dificultad para expresar su amor, muchos hombres no son tan hábiles con las palabras. Por eso deben entender cuán importante es estar presentes cuando el pueblo de Dios levanta su voz en alabanza, cantando himnos y cánticos que expresan su alegría.

En tercer lugar, el salmista declara: «Cumpliré las promesas que le hice al SEÑOR en presencia de todo su pueblo» (116:14). Él sabe que aunque los hombres hacen grandes promesas en momentos de peligro o de gozo extremo, tienden a olvidarlas cuando la emoción pasa. El salmista, sin embargo, no actúa así. Él cumplirá sus promesas, y lo hará de manera que todos sepan que es un hombre de integridad y devoción.

Puedes jugar golf solo, pero es mejor hacerlo con amigos. Puedes adorar a Dios a solas, pero es mejor hacerlo junto con el pueblo de Dios. Así es como dices «gracias» al Dios que te salvó.

LECTURA: *Hebreos 11:1-40*

¿QUÉ ES LA FE?

La fe demuestra la realidad de lo que esperamos; es la evidencia de las cosas que no podemos ver.

HEBREOS 11:1

Todo el mundo cree algo. La vida diaria no es posible sin el ejercicio de la fe, la confianza y la dependencia. Una actividad tan trivial como manejar por una carretera requiere fe en que las señales de tráfico son confiables, confianza en que otros conductores son confiables y confianza en que cuando tienes frente a ti un semáforo en verde, la dirección contraria lo mostrará en rojo; ¡y que quienes se acercan al rojo se detendrán! Fe al nivel de la vida corriente es común, pero la fe se ejercita también a un nivel mucho más elevado.

Después de que las primeras generaciones de cristianos «recién aprendían acerca de Cristo», su fe fue fortalecida para que pudieran permanecer «fieles aunque tuvieron que soportar terrible sufrimiento» (Hebreos 10:32). Su fe se manifestó en una «firme confianza en el Señor» (10:35). Toda su vida podía resumirse en la antigua declaración: «Mis justos vivirán por la fe», una fe que asegura la salvación (10:38-39).

La importancia de la fe no puede sobrestimarse y nunca debe subestimarse. Pero ¿qué es la fe?

La fe es creer que algo que se nos ha dicho que es verdad. La convicción de que es verdad se basa en que la fuente de esa información es digna de confianza. La confianza se deposita en aquello que se considera verdadero, hasta el punto de que el creyente comienza a esperar con anhelo la realización de lo que cree. De este modo, la fe se convierte en «la evidencia de las cosas que no podemos ver» (11:1). Esta seguridad confiada comienza a cautivar el pensamiento del creyente, de modo que, aun cuando las consecuencias de su fe se convierten en un desafío, o incluso en una amenaza para su bienestar físico, no vacila: permanece fiel. Porque quienes están llenos de fe son, por definición, fieles.

Si alguna vez somos tentados a aceptar la filosofía común de que «ver es creer», debemos recordar que, en realidad, gran parte de nuestro «ver» está determinado por nuestro «creer». Cuando Jesús caminó sobre el agua hacia los discípulos, ellos no creían que las personas pudieran caminar sobre el agua (¡y quién podría culparlos!), pero sí creían en fantasmas. Por lo tanto, ¡lo que creían determinó lo que vieron! Creer fue ver. Porque la fe «es la evidencia de las cosas que no podemos ver» (11:1).

Ningún ser humano estuvo presente al principio de la Creación; nadie vio lo que sucedió. Por eso, la especulación y la exploración científica continúan sin cesar hasta la fecha. Pero el creyente acepta que «por la fe entendemos que todo el universo fue formado por orden de Dios» (11:3). La vida del creyente gira en torno a creer en cada dimensión. La gran cuestión es: ¿en quién y en qué crees?

LECTURA: *Hebreos 12:1-13*

LA LUCHA CONTRA EL PECADO

Ustedes aún no han dado su vida en la lucha contra el pecado.

HEBREOS 12:4

Cada cuatro años, los Juegos Olímpicos proporcionan oportunidades sin precedente para que deportistas de primera categoría de cada rincón de la Tierra compitan unos contra otros para ganar premios deportivos supremos. Es tanto lo que hay en juego, que muchos han sido tentados a hacer trampa; y otros incluso han sucumbido a esa tentación. Incluso el venerable Comité de los Juegos ha sido agarrado realizando prácticas impropias, si no ilegales.

Originalmente, en la antigua Grecia, solo los hombres podían competir, y solo después de demostrar que habían cumplido con estrictas reglas obligatorias de entrenamiento y dieta, y que se habían preparado a fondo para el honor de participar. No solo los juegos estaban reservados a los atletas masculinos, sino que también la asistencia estaba limitada exclusivamente a espectadores varones. Además, los deportistas debían competir desnudos. Literalmente se les exigía quitarse «todo peso» que pudiera impedirles correr con perseverancia «la carrera que Dios nos ha puesto por delante» (Hebreos 12:1).

El autor de Hebreos usó esta analogía con gran eficacia al comparar la experiencia cristiana con una carrera que debe correrse ante «una enorme multitud de testigos» (Hebreos 12:1). Los «testigos» a los que se refiere probablemente eran los «mártires» (la palabra griega para «testigo» es *martys*), quienes ya habían dado su vida por la causa de Cristo.

El peso que debemos dejar de lado incluye «el pecado que tan fácilmente nos hace tropezar» (12:1). El pecado puede y debería ser eliminado porque obstaculiza el crecimiento espiritual muy «fácilmente». Debe tratarse con seriedad. Al creyente se le aconseja identificar su talón de Aquiles espiritual: esa área vulnerable de su vida que requiere atención cuidadosa y constante.

Además, los creyentes deben recordar la «lucha contra el pecado» (12:4). Esta lucha puede volverse tan intensa que incluso puede llevarlos a perder la vida. Cuando los creyentes resisten el pecado, a veces quienes viven en él reaccionan con violencia y oposición.

El pecado puede impedir que un hombre corra bien la carrera, «la vida de fe» (12:1), y solo puede ser vencido fijando «la mirada en Jesús» (12:2). Jesús también sufrió. Él murió por nuestros pecados, ¡y es por él y por su causa que corremos la carrera! Él es el juez supremo, y solo él puede mantenernos en el camino correcto.

LECTURA: *Hebreos 12:14-29*

UNA RAÍZ DE AMARGURA

Cuídense unos a otros, para que ninguno de ustedes deje de recibir la gracia de Dios. Tengan cuidado de que no brote ninguna raíz venenosa de amargura, la cual los trastorne a ustedes y envenene a muchos.

HEBREOS 12:15

La rivalidad entre hermanos es una cosa. El antagonismo continuo, implacable y amargo entre hermanos es algo totalmente diferente. Los desafíos sanos entre hermanos que compiten por atención, disfrutan de la rivalidad y comparan sus habilidades ayudan a desarrollar la madurez de un joven en sus relaciones; pero incluso en las mejores relaciones entre hermanos pueden surgir malentendidos. Las mejores relaciones pueden deteriorarse rápidamente si la rivalidad se deja crecer y se convierte en una amarga enemistad.

Tal fue el caso de Esaú y su hermano Jacob. Jacob no era un modelo de virtud, pero tenía una sensibilidad espiritual que su hermano mayor no poseía. Esaú era un hombre «inmoral» y «profano» (Hebreos 12:16). Fue inmoral al insistir en tomar dos esposas extranjeras que «amargaron la vida de Isaac y Rebeca» (Génesis 26:35); tanto, que su madre dijo: «¡Estoy harta de estas mujeres hititas de aquí! Preferiría morir antes que ver a Jacob casado con una de ellas» (Génesis 27:46). Esaú fue profano porque «cambió sus derechos de primer hijo varón por un simple plato de comida» (Hebreos 12:16), un acto que quizás no parezca tan grave hoy en día, pero en su tiempo representaba un rechazo monumental de su herencia y privilegio espiritual.

Esaú, por supuesto, era libre de vivir como quisiera, pero no era libre de elegir las consecuencias de su estilo de vida. Así que, cuando se dio cuenta de lo que había perdido —«la bendición de su padre»— y la buscó con «lágrimas amargas» (Hebreos 12:17), se volvió profundamente resentido. Mientras él había llevado a sus padres a situaciones que les causaron amargura, terminó cosechando amargura cuando las consecuencias de sus propios actos lo alcanzaron.

Su «arrepentimiento», sin embargo, no sirvió de nada. Lo hecho, hecho estaba, y no podía deshacerse. ¡Así es la vida! El pecado tiene consecuencias, y pueden ser amargas. Además, parece que las «lágrimas amargas» de Esaú no eran de verdadero arrepentimiento por su pecado, sino de tristeza por las consecuencias. Esto no es nada raro. Muchos hombres se lamentan por tener que soportar las consecuencias amargas de sus actos sin estar dispuestos a reconocer su pecado como lo que es, pecado, y a apartarse de él con un sincero deseo de procurar llevar «una vida santa» (Hebreos 12:14).

Un Esaú amargado y no arrepentido puede convertirse en una «raíz venenosa de amargura» que al final «envenene a muchos» (12:15). Una raíz amarga es un desastre porque esparce su amargura, afecta la manera en que otros perciben las cosas, destruye relaciones, siembra desunión y genera rencor.

La advertencia aquí es clara: «Cuídense unos a otros» (12:15), ¡porque esa raíz amarga podrías ser tú!

LECTURA: *Hebreos 13:1-7*

DINERO, SEXO Y PODER

Honren el matrimonio, y los casados manténganse fieles el uno al otro. Con toda seguridad, Dios juzgará a los que cometen inmoralidades sexuales y a los que cometen adulterio. No amen el dinero; estén contentos con lo que tienen, pues Dios ha dicho: «Nunca te fallaré. Jamás te abandonaré». [...] Acuérdense de los líderes que les enseñaron la palabra de Dios. Piensen en todo lo bueno que haya resultado de su vida y sigan el ejemplo de su fe.

HEBREOS 13:4-5, 7

En la época de la iglesia del primer siglo, era común que los creyentes sufrieran intensas dificultades por causa de su fe, incluso el martirio. Emperadores romanos como Diocleciano se enfurecieron con el crecimiento de la naciente iglesia y causaron gran dolor, daño, crueldad y muerte a los indefensos seguidores de Jesús. Pero entonces, en el 312 d. C., Constantino se convirtió en emperador y abrazó el cristianismo. Muy pronto, los cristianos, en lugar de ser una minoría perseguida, se transformaron en una mayoría variada y mixta. La dedicación a Cristo se debilitó y la iglesia se corrompió. La respuesta de muchos fue huir al desierto, donde se apartaron no solo del mundo, sino también de la mundanalidad de la iglesia. Allí hicieron tres votos: pobreza, castidad y obediencia. Consideraban que el abuso del dinero, el sexo y el poder eran la raíz de los problemas dentro de la iglesia.

Se ha dicho que el tiempo avanza, pero las cosas nunca cambian. Y, hasta cierto punto, eso es verdad. Es un hecho que los problemas en la iglesia moderna suelen estar relacionados con el abuso del dinero, del sexo y del poder, los mismos problemas que enfrentaron los primeros ascetas. ¡Pero debemos notar que esos mismos problemas también confrontaban a los escritores del Nuevo Testamento!

Honren el matrimonio, y los casados manténganse fieles el uno al otro. Con toda seguridad, Dios juzgará a los que cometen inmoralidades sexuales y a los que cometen adulterio» (Hebreos 13:4). Esta es una afirmación sobre la santidad del matrimonio, establecida por Dios, y sobre el carácter pecaminoso de toda actividad sexual, ya sea heterosexual u homosexual, fuera del matrimonio.

«No amen el dinero; estén contentos con lo que tienen» (13:5). Esta es una advertencia contra dejarse absorber tanto por el dinero y por todo lo que puede proporcionar, que uno termine enamorándose de obtenerlo y gastarlo, de acumularlo y desperdiciarlo.

«Acuérdense de los líderes que les enseñaron la palabra de Dios. Piensen en todo lo bueno que haya resultado de su vida y sigan el ejemplo de su fe» (13:7). Esta es no solo una exhortación para quienes siguen, sino también un desafío para quienes ejercen el poder del liderazgo. Deben recordar que el privilegio de liderar no debe ser abusado, sino usado para guiar y animar a otros, de modo que crezcan en piedad mediante la enseñanza de las palabras y el ejemplo.

Mientras existan hombres, habrá luchas relacionadas con el dinero, el sexo y el poder. Y, mientras existan hombres cristianos, habrá quienes sepan usar y no abusar de los tres. Ese es nuestro llamado.

LECTURA: *Hebreos 13:8-16*

JESUCRISTO ES EL MISMO

Jesucristo es el mismo ayer, hoy y siempre.

HEBREOS 13:8

La vida puede dar giros y cambios alarmantes en cuestión de momentos. Un accidente de tráfico se lleva una vida, la cita con el medico identifica una enfermedad crítica, una llamada al despacho del gerente comunica un despido, una caída en el Mercado de Valores señala la ruina económica o una llamada telefónica anuncia un arresto. De repente y sin advertencia, la vida queda patas abajo irrevocablemente.

Hay un encanto especial en la breve pero poderosa declaración: «Jesucristo es el mismo ayer, hoy y siempre» (Hebreos 13:8). Por supuesto, aunque la afirmación es completa en sí misma, también debe entenderse en su contexto. «Ayer», Jesucristo fue Aquel en quien confiaron los líderes de la iglesia en sus primeros días. El autor de Hebreos insistió: «Acuérdense de los líderes que les enseñaron la palabra de Dios. Piensen en todo lo bueno que haya resultado de su vida y sigan el ejemplo de su fe» (13:7). Al recordar a los primeros líderes de la iglesia y sus vidas consagradas, los lectores podían reconocer la fidelidad de Jesús, quien se había mostrado digno de confianza a lo largo de toda su experiencia. Por eso, en medio de sus pruebas presentes, el autor exhorta a los cristianos a reconocer que Jesús sería para ellos todo lo que había sido para la generación anterior de sus líderes.

Como resultado, «hoy» debían evitar ser cautivados «por ideas nuevas y extrañas» (13:8-9). Si Jesús había sido todo lo necesario para una vida plena y poderosa en tiempos pasados, nada había cambiado. Él seguiría siendo suficiente también para el presente. Así que las «ideas nuevas» que se estaban difundiendo no solo eran innecesarias, sino también inaceptables si de algún modo reducían la suficiencia del Señor Jesús en la vida de los creyentes. Además, esta verdad no cambiaría jamás. «Siempre», Jesús seguiría siendo el mismo.

La vida está llena de incertidumbres. Pero, en medio de la incertidumbre, hay alguien que es seguro, inconmovible, firme como una roca, confiable, constante y totalmente digno de confianza. Henry Francis Lyte probablemente tenía en mente Hebreos 13:8 cuando escribió en su famoso himno «Quédate conmigo»:

Cambio y decadencia veo a mi alrededor;
Oh tú, que no cambias, quédate conmigo.

Siempre existe cierta fascinación por las nuevas ideas. Para muchas personas, la novedad es un antídoto contra el aburrimiento. Aquello que se vuelve predecible y permanente pierde su encanto, y la gente busca emocionarse, renovarse y sentirse revitalizada con algo diferente. Pero lo que necesitan es ser renovados y fortalecidos cada día en el conocimiento de que Cristo, el todo suficiente, está con ellos. De este modo, cuando lleguen los cambios, Cristo estará al frente y en el centro: inmutable. Y, en medio de un mundo cambiante, ellos podrán ser hallados confiando y prosperando; sin cambiar.

JULIO

LECTURA: *Hebreos 13:17-25*

LIDERAZGO ESPIRITUAL

Obedezcan a sus líderes espirituales y hagan lo que ellos dicen. Su tarea es cuidar el alma de ustedes y tienen que rendir cuentas a Dios. Denles motivos para que la hagan con alegría y no con dolor. Esto último ciertamente no los beneficiará a ustedes.

HEBREOS 13:17

Hay muchas dimensiones en el liderazgo, pero una de las más evidentes es que el liderazgo requiere «seguimiento». Si nadie está siguiendo, queda claro que nadie está liderando. Entonces la clave de todo liderazgo es la relación: entre quienes ejercen el liderazgo de manera que otros deseen seguirlos y aquellos que están dispuestos a seguir a esos líderes. Es una relación en la que el líder despierta en los demás el deseo de seguir, y los seguidores responden con alegría y disposición a las iniciativas del líder.

La tarea de los «líderes espirituales» es «cuidar el alma» y modelar un estilo de vida que produzca mucho bien y que otros deseen imitar (Hebreos 13:17). El cuidado de las almas requiere un corazón lleno de compasión e interés, un espíritu de siervo, la capacidad de enseñar tanto con palabras como con el ejemplo, y la disposición de decir a las personas lo que no quieren oír y de guiarlas hacia donde no desean ir cuando sea necesario. Todo esto surge de un deseo genuino de ver a las personas fortalecidas y edificadas en su caminar de fe. Tal como explicó el autor de Hebreos: «Y ahora, que el Dios de paz —quien levantó de entre los muertos a nuestro Señor Jesús, el gran Pastor de las ovejas [...]— los capacite con todo lo que necesiten para hacer su voluntad» (Hebreos 13:20-21). Este debería ser el objetivo de todo líder espiritual.

El bienestar espiritual de los líderes es también sumamente importante. Proviene, en primer lugar, de su fe ejemplar en el Señor (13:7). En segundo lugar, surge del hecho de que saben que «tienen que rendir cuentas a Dios» (13:17). Los líderes que confían tanto en sí mismos que no sienten necesidad de depender del Señor para cumplir su labor están destinados al fracaso. El cuidado de las almas requiere integridad, discernimiento, sabiduría espiritual y la energía interior necesaria para producir cambio. Los líderes que olvidan que las personas a quienes sirven pertenecen al Señor, que son sus ovejas, corren el riesgo de abusar de ellas o utilizarlas para sus propios fines. Además, los líderes que ignoran su responsabilidad final ante el Señor pueden caer en la negligencia, la insensibilidad o la carnalidad.

Los seguidores, por su parte, deben recordar: «Obedezcan a sus líderes espirituales y hagan lo que ellos dicen» (13:17). La obediencia no es fácil para muchos. Prefieren la independencia antes que la obediencia. Resienten cualquier cosa que les exija algo. Y, si dicen seguir con esa actitud, hacen del liderazgo una pesadilla si no una imposibilidad. Pero los seguidores dispuestos dan a los líderes motivo para guiar «con alegría y no con dolor» (13:17). Y eso es para beneficio de todos.

LECTURA: *Salmo 67:1-7*

¡QUE DIOS NOS BENDIGA!

Que Dios tenga misericordia y nos bendiga; que su rostro nos sonría con favor.

SALMO 67:1

Según la costumbre judía, el Salmo 67 se recitaba al término del día de descanso, el día apartado cada semana concretamente para el reposo, la reflexión, la adoración y la acción de gracias. Al final de este tiempo, la gente oraba: «Que Dios tenga misericordia y nos bendiga; que su rostro nos sonría con favor» (Salmo 67:1).

La petición del salmista y de aquellos que, hasta la fecha, recitan este salmo se basa claramente en la antigua bendición pronunciada por Aarón y transmitida a lo largo de los siglos: «Que el SEÑOR te bendiga y te proteja; que el SEÑOR sonría sobre ti y sea compasivo contigo; que el SEÑOR te muestre su favor y te dé su paz» (Números 6:24-26). La naturaleza exacta de la bendición solicitada fue detallada por Moisés. Dios bendeciría sus «ciudades» y «campos», «hijos» y «cosechas», «manadas» y «rebaños», «canastas de frutas» y «paneras». De hecho, Dios bendeciría todo, «vayas donde vayas y en todo lo que hagas» (Deuteronomio 28:3-6). Todas estas bendiciones eran físicas, pero también se prometían bendiciones espirituales. Al contemplar sus bendiciones materiales, los israelitas reconocían las dimensiones espirituales de su bendición otorgada por un Dios misericordioso y lleno de gracia. En las bendiciones materiales podían percibir cómo el Señor les sonreía «con favor» (Salmo 67:1).

Pero la oración de los adoradores iba mucho más allá de la preocupación por las bendiciones personales. Más allá de los límites de sus propias vidas existían «pueblos» y «naciones» que también necesitaban la bendición de Dios sobre sus vidas. Así, después de buscar su propia bendición, los adoradores añadían: «Que se conozcan tus caminos en toda la tierra y tu poder salvador entre los pueblos por todas partes» (67:2). Quienes experimentan las bendiciones de Dios sobre sus vidas nunca deben enamorarse tanto de su condición bendecida como para ignorar un mundo exterior que carece de lo que ellos disfrutan en abundancia.

¿Qué amplía la visión del receptor de la bendición divina? Es el reconocimiento de que el Señor guía «a los pueblos del mundo» (67:4). El egoísmo arraigado impide tener una visión que se extienda más allá de las fronteras uno mismo, pero el recordatorio de que «toda la tierra» es preciosa para el Señor sirve para corregir ese desequilibrio. Quienes prueban las bendiciones de Dios comienzan a percibir su latido, y el clamor de su corazón se convierte en: «Que las naciones te alaben, oh Dios» (67:5).

No hay mejor manera de terminar un día de adoración y bendición que buscando la bendición para un mundo que carece de ella. ¡Y qué bendición hay en ser una bendición!

LECTURA: *Deuteronomio 8:1-20*

LOS PELIGROS DE LA ABUNDANCIA

Cuando hayas comido hasta quedar satisfecho, asegúrate de alabar al SEÑOR tu Dios por la buena tierra que te ha dado. Sin embargo, ¡ese es el momento cuando debes tener mucho cuidado! En tu abundancia, ten cuidado de no olvidar al SEÑOR tu Dios al desobedecer los mandatos, las ordenanzas y los decretos que te entrego hoy.

DEUTERONOMIO 8:10-11

Hay una vieja frase que dice: «He sido pobre, y he sido rico. Ser rico es mejor». Quienes han experimentado tanto pobreza como abundancia probablemente estarían de acuerdo, y quienes solamente han experimentado pobreza sin duda creen que la abundancia es mucho más atractiva. Pero hay peligros en la abundancia. Esto lo comprendió plenamente el autor de Proverbios, quien dijo: «¡no me des pobreza ni riqueza! Dame solo lo suficiente para satisfacer mis necesidades. Pues si me hago rico, podría negarte y decir: "¿Quién es el SEÑOR?". Y si soy demasiado pobre, podría robar y así ofender el santo nombre de Dios» (Proverbios 30:8-9). ¡Una actitud notablemente madura y poco común!

El Señor le dijo a Moisés que advirtiera a los hijos de Israel sobre los peligros únicos que enfrentarían al prepararse para entrar en una tierra llena de promesas y abundancia. En sus jornadas por el desierto, habían sido probados severamente por el Señor «para [enseñarles] que la gente no vive solo de pan, sino que vivimos de cada palabra que sale de la boca del SEÑOR» (Deuteronomio 8:3). Alimentarse de «cada palabra que sale de la boca del SEÑOR» significa, entre otras cosas, confiar en sus promesas y obedecer sus mandamientos. A causa de la extrema necesidad que el pueblo experimentó en el árido desierto, no tuvo otra opción más que confiar en el Señor; solo él les proporcionó alimento, y se vieron obligados a obedecer debido a la estricta disciplina impuesta durante su viaje. Pero una vez que entraran en la Tierra Prometida, la vida sería diferente. Moisés les dijo: «Es una tierra donde abunda el alimento y no falta nada» (8:9). Por eso se les instruyó: «Cuando hayas comido hasta quedar satisfecho, asegúrate de alabar al SEÑOR tu Dios por la buena tierra que te ha dado» (8:10). También se les advirtió: «¡ese es el momento cuando debes tener mucho cuidado! En tu abundancia, ten cuidado de no olvidar al SEÑOR tu Dios al desobedecer los mandatos, las ordenanzas y los decretos que te entrego hoy» (8:11). Después de los años de pobreza, en los que habían aprendido obediencia y dependencia, ahora serían introducidos a la abundancia, donde debían responder con alabanza y gratitud. La abundancia, sin embargo, a veces provoca orgullo en lugar de alabanza. El pueblo de Israel fue advertido contra la tentación de pensar que era sus «propias fuerzas y energías» lo que los hacía prosperar, cuando en realidad es el Señor quien da «las fuerzas para obtener riquezas» (8:17-18).

Cuanto más exitosos se vuelven los hombres, más tienden a ser autosuficientes. Cuanto más sabios se vuelven, más agradecidos son al Señor que les dio el éxito y las riquezas.

LECTURA: *Deuteronomio 11:1-17*

HÁBITOS DEL CORAZÓN

Cuando hayas comido hasta quedar satisfecho, asegúrate de alabar al Señor tu Dios por la buena tierra que te ha dado. Sin embargo, ¡ese es el momento cuando debes tener mucho cuidado! En tu abundancia, ten cuidado de no olvidar al Señor tu Dios al desobedecer los mandatos, las ordenanzas y los decretos que te entrego hoy.

DEUTERONOMIO 11:13-14

El 11 de mayo de 1831, un sociólogo francés llamado Alexis de Tocqueville llegó a Nueva York para una visita de ocho meses a la entonces joven y fascinante nación de los Estados Unidos de América. Cuando regresó a su hogar, escribió *La democracia en América*, que se publicó primero en francés en cuatro volúmenes. Quedó profundamente impresionado con muchas de las cosas que vio en los Estados Unidos, aunque le preocupaba el «individualismo», una palabra nueva en aquellos tiempos. Le interesaba especialmente lo que llamó los «hábitos del corazón» del pueblo estadounidense. Con esto se refería a las opiniones e ideas que «moldean los hábitos mentales» y forman las «disposiciones morales e intelectuales de los hombres»[27].

Moisés no usó los mismos términos, pero claramente estaba preocupado por los «hábitos del corazón» entre los israelitas. Les dijo: «Si obedeces cuidadosamente los mandatos que te entrego hoy y si amas al Señor tu Dios y lo sirves con todo tu corazón y con toda tu alma» (Deuteronomio 11:13), el resultado sería una experiencia bendecida en la Tierra Prometida. Por otro lado, les advirtió: «Pero ten cuidado. No dejes que tu corazón sea engañado y entonces te alejes del Señor y sirvas y rindas culto a otros dioses» (11:16). Las consecuencias de permitir que sus corazones se alejaran del Señor serían severas.

Los hábitos del corazón se forman cuando la mente adopta ciertos principios, las emociones responden a ellos y se toman decisiones basadas en esos principios. En el caso de los israelitas, era necesario que reconocieran lo que sabían de Dios por la manera en que él había tratado con ellos. Debían responder adecuadamente a su bondadosa provisión y cuidado, y entrar con él en un pacto de confianza y obediencia. Con el paso del tiempo, esos entendimientos, sentimientos y decisiones se convertirían en hábitos, y sus estilos de vida reflejarían su amor sincero por Dios, manifestado en una adoración de todo corazón. Por el contrario, si permitían que en sus corazones se formaran opiniones y deseos basados en las religiones que honraban a otros dioses, sus hábitos y sus estilos de vida se volverían incompatibles con su lealtad declarada al Señor. En otras palabras, todo estaba relacionado con los hábitos de su corazón.

Los creyentes modernos deben ser conscientes de los hábitos de su propio corazón. Debemos tomarnos el tiempo para examinar las fuentes de nuestras opiniones y evaluar la naturaleza de nuestros deseos. Debemos estar dispuestos a hacernos preguntas difíciles sobre las razones de nuestras decisiones y comprobar cuidadosamente los resultados de nuestras acciones. Los hábitos del corazón de un hombre influyen profundamente en el mundo que habita y en quienes lo rodean.

27 **Alexis de Tocqueville, *Democracy in America*, citado en Robert Bellah, et al., *Habits of the Heart*. Publicados en español como *La democracia en América y Hábitos del corazon*.**

LECTURA: *Deuteronomio 11:16-32*

EDUCAR A TUS HIJOS

Comprométete de todo corazón a cumplir estas palabras que te doy. Átalas a tus manos y llévalas sobre la frente para recordarlas. Enséñalas a tus hijos [...] para que, mientras el cielo esté sobre la tierra, tú y tus hijos prosperen en la tierra que el SEÑOR juró dar a tus antepasados.

DEUTERONOMIO 11:18-19, 21

Los padres han expresado con frecuencia preocupación acerca de las escuelas públicas. En sus quejas señalan violencia, mala conducta, la disponibilidad de drogas, normas de disciplina y enseñanza en declive, la ausencia de principios espirituales y la comunicación evidente de material que creen que es inapropiado o claramente equivocado. Muchos padres han respondido retirando a sus hijos de las escuelas y enseñándoles en casa. La educación en el hogar ha crecido notablemente en popularidad durante los últimos años del siglo XX y los primeros del siglo XXI. Los críticos de este método se sorprendieron cuando los tres primeros lugares del Concurso Nacional de Deletreo del 2000 fueron ganados por niños educados en casa, uno de los cuales había obtenido el segundo lugar en la Competencia Nacional de Geografía la semana anterior.

Los padres con una orientación espiritual que educan a sus hijos en casa suelen señalar que, cuando Moisés instruyó a los hijos de Israel acerca de la vida en la Tierra Prometida, les dijo a los padres no solo: «Comprométete de todo corazón a cumplir estas palabras que te doy», sino también: «Enséñalas a tus hijos» (Deuteronomio 11:18-19). Moisés se refería, por supuesto, a las cosas que el Señor le había dicho que comunicara al pueblo. No todos aplican estas instrucciones de la misma manera que lo hacen los padres que educan en casa, pero todo padre responsable debería aplicarlas con seriedad.

El punto de Moisés era que, para que los hijos de Israel vivieran bien en la Tierra Prometida, debían honrar al Señor con vidas caracterizadas por una obediencia amorosa y confiada. Se les dijo que escribieran las palabras del Señor (11:20) y: «Átalas a tus manos y llévalas sobre la frente para recordarlas» (11:18). Esto servía como un recordatorio visual de que sus pensamientos y acciones debían estar en armonía con los deseos y las expectativas del Señor.

El Señor no dejó nada al azar en cuanto a la enseñanza de los principios divinos a los hijos. Les dijo a los padres: «Habla de ellas en tus conversaciones cuando estés en tu casa y cuando vayas por el camino, cuando te acuestes y cuando te levantes» (11:19). El Señor les señalaba que la disciplina de la instrucción matutina y vespertina, por ejemplo durante el desayuno y antes de dormir, es invaluable y que la vida está llena de momentos buenos para enseñar.

Tanto en casa como durante un viaje, los padres sabios deben, con palabras y con el ejemplo, aprovechar las oportunidades para responder a las preguntas de sus hijos, despertar su curiosidad y corregir sus malentendidos. ¿Y cuál es el propósito de este tipo de educación? «para que, mientras el cielo esté sobre la tierra, tú y tus hijos prosperen» (11:21). ¡Eso debería ser un incentivo más que suficiente!

LECTURA: *Daniel 7:1-14*

EL VENCEDOR

Mientras continuó mi visión esa noche, vi a alguien parecido a un hijo de hombre descender con las nubes del cielo. Se acercó al Anciano y lo llevaron ante su presencia. Se le dio autoridad, honra y soberanía sobre todas las naciones del mundo, para que lo obedecieran los de toda raza, nación y lengua. Su gobierno es eterno, no tendrá fin. Su reino jamás será destruido.

DANIEL 7:13-14

El Oriente Medio está repleto de las ruinas de grandes civilizaciones. Milenios después, sigue siendo posible captar alguna idea de su magnificencia perdida hace tanto tiempo. Más recientemente, el siglo xx vio el ascenso y la caída del poderoso Tercer Reich y también el derrumbe del tirano Imperio soviético bajo Stalin. La lección que aprendemos de las ruinas es esta: los grandes imperios pasan. Incluso las potencias humanas más temibles florecen y se desvanecen.

Daniel, en una de sus notables visiones, vio la caída de cuatro poderosas y temibles bestias que representaban a cuatro grandes imperios. Mientras esto sucedía, él observó «mientras colocaban unos tronos en su lugar, y el Anciano se sentó a juzgar» (Daniel 7:9). En contraste con los gobernantes cuyos imperios pasan y que inevitablemente desaparecen de la escena de sus triunfos, el «trono ardiente» estaba ocupado por un «Anciano» de cuya presencia brotaba «un río de fuego» (7:9-10). Sin duda, esta es una representación simbólica de Dios mismo: eterno, poderoso, inmensamente majestuoso, soberano sobre todo y preparado para ejecutar juicio sobre las naciones y los imperios.

Posiblemente, Daniel se preguntó quién ocuparía el trono colocado junto al «trono ardiente». Si así fue, no permaneció mucho tiempo en la incertidumbre. Vio «a alguien parecido a un hijo de hombre descender con las nubes del cielo. Se acercó al Anciano y lo llevaron ante su presencia» (7:13). Daniel no dijo específicamente que esta persona, que parecía «un hijo de hombre», se sentara efectivamente en un trono junto al Anciano, pero sí afirmó que a esta persona «se le dio autoridad, honra y soberanía sobre todas las naciones del mundo» (7:14). Por lo tanto, no es irracional suponer que el trono estaba preparado para él.

Pero ¿quién era esta persona recibida en la presencia del Señor, que por un lado mostraba atributos divinos al venir «con las nubes del cielo» (7:13), y que al mismo tiempo se veía «parecido a un hijo de hombre» (7:13)? ¿Cuál era la identidad de aquel que, habiendo entrado en la presencia divina, recibió un «reino» cuyo «dominio es eterno, no tendrá fin» (7:14)? Sin duda, se trata del Señor Jesús ascendido, quien, habiendo completado su obra redentora en la tierra, ¡regresó al Padre y fue exaltado al lugar de más alto honor!

Daniel nos enseña que, incluso en la hora más oscura de la tierra, el «Anciano» y su compañero en el trono siguen teniendo el control, edificando silenciosamente el reino que «jamás será destruido» (7:14). ¡Sabemos quién vence al final!

LECTURA: *Miqueas 4:1-13*

CUANDO LAS GUERRAS CESARÁN

El Señor mediará entre los pueblos y resolverá conflictos entre naciones poderosas y lejanas. Ellos forjarán sus espadas para convertirlas en rejas de arado y sus lanzas en podaderas. No peleará más nación contra nación, ni seguirán entrenándose para la guerra.

MIQUEAS 4:3

En 1919, al final de la Primera Guerra Mundial se formó la Liga de Naciones con la idea de prevenir más hostilidades. Tristemente, el proyecto no pudo detener el estallido de la Segunda Guerra Mundial en 1939; y la Liga se derrumbó. Al final de la Segunda Guerra Mundial se creó las Naciones Unidas, con un propósito muy parecido: «Ahorrar a generaciones posteriores el azote de la guerra, que dos veces en nuestra vida ha causado una tristeza indescriptible a la humanidad»[28]. Aunque las Naciones Unidas todavía existe y ha hecho mucho bien, tampoco ha logrado alcanzar su objetivo declarado. Cuando el régimen soviético colapsó, un acontecimiento que el presidente George H. W. Bush describió como el inicio de «un nuevo orden mundial», solo pasaron unos meses antes de que Saddam Hussein invadiera Kuwait y estallara la Guerra del Golfo. La historia humana demuestra que, incluso con las mejores intenciones y la más firme determinación del mundo, ha sido imposible para el hombre poner fin a la guerra.

A la luz de esto, las palabras del profeta Miqueas adquieren un significado especial: «No peleará más nación contra nación, ni seguirán entrenándose para la guerra» (Miqueas 4:3). Miqueas señalaba un tiempo de paz sin precedentes, que ocurriría después de que el pueblo de Dios sufriera una etapa de angustia y vergüenza en el destierro. Hablaba de la restauración de un remanente despreciado, de la reconstrucción de la destruida ciudad de Jerusalén y del establecimiento de un nuevo reino.

En la época de Jesús, el pueblo de Israel aún esperaba esa restauración. Antes de la crucifixión de Jesús, los discípulos estaban convencidos de que Jesús cumpliría la profecía de Miqueas al liberar a Israel de la ocupación romana y traerles paz y prosperidad, pero sus esperanzas se desvanecieron cuando él murió. Después de que él resucitó de la muerte, los discípulos regresaron rápidamente a sus antiguas expectativas y preguntaron a Jesús: «Señor, ¿ha llegado ya el tiempo de que liberes a Israel y restaures nuestro reino?» (Hechos 1:6). Jesús dejó claro en su respuesta que su reino no era de esa clase. Más bien, indicó que la profecía de Miqueas se cumpliría cuando su reino eterno, habitado por los redimidos, fuera establecido.

Este es el reino por el cual los cristianos oran repetidamente: «Que tu reino venga pronto» (Mateo 6:10), y del cual Jesús dijo: «Mi reino no es un reino terrenal» (Juan 18:36). Las guerras cesarán algún día pero no sino hasta que llegue el reino eterno de Cristo. Hasta entonces, las palabras de Pablo resuenan con fuerza: «Hagan todo lo posible por vivir en paz con todos» (Romanos 12:18). Puede que no podamos detener las guerras, pero por la gracia de Dios podemos obedecer este mandato y hacer «todo lo posible por vivir en paz con todos».

28 Del preámbulo de la Carta de las Naciones Unidas.

LECTURA: *Génesis 49:1-28*

LO QUE VA A SUCEDER

El cetro no se apartará de Judá, ni la vara de mando de sus descendientes, hasta que venga aquel a quien le pertenece, aquel a quien todas las naciones honrarán.

GÉNESIS 49:10

Los granjeros estarían muy contentos si pudieran predecir con exactitud qué tiempo hará. Los inversores darían cualquier cosa por saber con antelación exactamente cómo se comportará el mercado. Y los líderes en todos los sectores, tanto públicos como privados, no dudarían en emplear «futuristas» para prever las megatendencias del futuro y así poder actuar en consecuencia. Conocer el futuro puede ser claramente ventajoso.

En ocasiones, los patriarcas del Antiguo Testamento fueron bendecidos con esta habilidad poco común, y la usaron para transmitir bendiciones a sus hijos que, entre otras cosas, comunicaban información sobre el futuro. Un ejemplo clásico de esto ocurrió cuando «Jacob hizo llamar a todos sus hijos y les dijo: "Júntense alrededor de mí, y les diré lo que le ocurrirá a cada uno de ustedes en los días venideros"» (Génesis 49:1). Solo podemos imaginar las emociones mezcladas con las que los hijos de Jacob se reunieron para escuchar las palabras de su padre; si su futuro se parecía a su pasado, les esperaba una mezcla de experiencias muy variadas. Uno por uno, en orden de nacimiento, Jacob habló a cada uno de ellos en presencia de todos sus hermanos.

Las palabras de Jacob a Judá son particularmente significativas para nosotros hoy. Comenzó alabando las evidentes habilidades de liderazgo de Judá, reconocidas por sus hermanos y que las generaciones futuras también reconocerían. «Tus hermanos te alabarán [...] Todos tus parientes se inclinarán ante ti» (49:8). El estilo de liderazgo directo de Judá sería fuerte, «como a una leona: ¿quién se atreverá a despertarla?» (49:9). Luego, mirando mucho más hacia el futuro, Jacob profetizó: «El cetro no se apartará de Judá [...] hasta que venga aquel a quien le pertenece» (49:10).

El Evangelio de Mateo comienza con una tabla genealógica que muestra claramente que el gran rey David, quien reinó sobre Israel en su apogeo, era descendiente de Judá (ver Mateo 1:3-6). A la luz de la historia posterior de la tribu de Judá, no cabe duda de que Jacob, en su visión profética, estaba «viendo» el reinado de David cuando dijo que la vara de mando «no se apartará de sus descendientes» (Génesis 49:10). Pero las palabras que añadió acerca de aquel a quien le pertenece el cetro, «a quien todas las naciones honrarán» apuntaban mucho más allá de David, hacia su descendiente más famoso: Jesús (ver Mateo 1:3-16).

La visión de Jacob anticipaba un día aún por llegar, cuando «el hijo mayor de David, más grande que David mismo», reinará eternamente[29]. ¡Jacob lo sabía hace tres mil años! Los hombres sabios aún lo saben hoy: han visto el futuro revelado en las Escrituras acerca del triunfo final del Señor Jesús y han confiado su destino eterno a él. Han realizado la acción correcta, ¡como un granjero prudente o un inversionista sabio!

29 James Montgomery, «Hail to the Lord's Anointed» (Alabado sea el ungido del Señor), 1821.

LECTURA: *Salmo 24*

PUERTAS ANTIGUAS

¡Ábranse, portones antiguos! Ábranse, puertas antiguas, y dejen que entre el Rey de gloria. ¿Quién es el Rey de gloria? El SEÑOR, fuerte y poderoso; el SEÑOR, invencible en batalla.

SALMO 24:7-8

En el arco que hay sobre las puertas del infame campo de concentración nazi de Auschwitz se lee hasta el día de hoy el eslogan: «Arbeit Macht Frei»: «El trabajo libera». Dado que el destino previsto para las personas desafortunadas que fueron conducidas al campo era trabajar hasta morir, el eslogan resulta una macabra broma sobre la libertad a través de la muerte, lo que agrava todavía más el horror de la escena. Es difícil imaginar una entrada más desesperanzadora en cualquier lugar del mundo. Nos recuerda la entrada al infierno en *La Divina Comedia* de Dante. Según Dante, las puertas del infierno llevan la inscripción: «Abandonen toda esperanza, ustedes que entran aquí». Ambas imágenes, tanto las personas conducidas a Auschwitz hacia su muerte como los impenitentes arrastrados hacia la desesperanza del infierno, son estremecedoras en extremo.

Estas imágenes de desesperanza contrastan marcadamente con el tono del Salmo 24, que habla de las puertas del «monte del SEÑOR» (24:3), las puertas de la presencia de Dios. Probablemente, el salmo fue escrito para celebrar el día en que David llevó el arca del pacto al monte Moriah, el lugar donde más tarde se construiría el templo (ver 2 Samuel 6:12-19). Incluso desde la época de la travesía por el desierto, cuando los hijos de Israel marchaban desde Egipto hacia la Tierra Prometida, ellos seguían al arca, creyendo que esta les garantizaba la victoria sobre sus enemigos (ver Números 10:33-36). Los hijos de Israel consideraban al Señor el «Rey de gloria [...] el SEÑOR, fuerte y poderoso; el SEÑOR, invencible en batalla» (Salmo 24:8). La entrada del arca en el templo simbolizaba la entrada de Dios mismo; por lo tanto, era un gran motivo de regocijo. ¡Estas puertas estaban recibiendo al «Rey de gloria»!

El monte Moriah había sido apartado para la adoración del Señor, a quien pertenecen la tierra «y todo lo que hay en ella» (Salmo 24:1). Reconocer el gobierno soberano de Dios requería que las personas se presentaran ante él en adoración. Entonces surgía la pregunta: «¿Quién puede subir al monte del SEÑOR? ¿Quién puede estar en su lugar santo?» (24:3). Un Creador y Redentor tan glorioso y poderoso no podía ser abordado con ligereza ni de manera irreverente. A los aspirantes a adoradores se les dijo: «Solo los de manos limpias y corazón puro, que no rinden culto a ídolos y nunca dicen mentiras» (24:4).

En otras palabras, solo aquellos que reconocen sus impurezas y engaños, y han buscado y encontrado perdón, pueden entrar por la puerta y adorar como debieran. A los que lo hacen se les promete que «recibirán la bendición del SEÑOR y tendrán una relación correcta con Dios su salvador» (24:5).

Una visión de la majestad del Señor y una actitud humilde ante él como «Salvador» califican a una persona para entrar y adorar al Dios de Israel (24:5-6). Quienes entran por esta puerta no abandonan la esperanza; ¡descubren la gloria!

LECTURA: *Apocalipsis 5:1-14*

UN NUEVO CANTO

Y cantaban un nuevo canto con las siguientes palabras: «Tú eres digno de tomar el rollo y de romper los sellos y abrirlo. Pues tú fuiste sacrificado y tu sangre pagó el rescate para Dios de gente de todo pueblo, tribu, lengua y nación. Y la has transformado en un reino de sacerdotes para nuestro Dios. Y reinarán sobre la tierra».

APOCALIPSIS 5:9-10

A través de la larga historia de la iglesia cristiana han cambiado muchas cosas, pero nada ha cambiado más que los estilos musicales en la adoración. Cada generación y cada cultura diferente ha buscado estilos de adoración que sean relevantes y agradables para los adoradores y para el Señor. Como resultado, nuevos cantos han pasado a formar parte del repertorio eclesiástico junto a los antiguos favoritos. Esto se refleja claramente en el himnario anglicano estándar, que lleva por título *Himnos, antiguos y modernos*.

En la dramática visión celestial de Juan, «los veinticuatro ancianos [...] cantaban un nuevo cántico con las siguientes palabras: "Tú eres digno de tomar el rollo y de romper los sellos y abrirlo. Pues tú fuiste sacrificado y tu sangre pagó el rescate para Dios de gente de todo pueblo, tribu, lengua y nación"» (Apocalipsis 5:8-10). En el lenguaje bíblico, «un nuevo cántico» anunciaba una nueva revelación o un descubrimiento más profundo de la verdad, y este caso no fue la excepción. La alabanza de los ancianos fue rápidamente acompañada por «las voces de miles de millones de ángeles alrededor del trono» (5:11). La razón de tanto canto y adoración era que, finalmente, un hombre se había presentado para romper los sellos y abrir el rollo que estaba «en la mano derecha de aquel que estaba sentado en el trono» (5:1). Este rollo sellado «con siete sellos» (5:1) contenía la historia de la humanidad. Había permanecido cerrado, sin ser comprendido, hasta que este hombre se adelantó para abrirlo y dar a conocer los propósitos eternos del Señor que estaba sentado en el trono. ¡Esto fue motivo de gran alabanza, gratitud y júbilo! Era una nueva experiencia que merecía un nuevo cántico.

El único hombre «digno de abrir el rollo y sus siete sellos» fue identificado como «el León de la tribu de Judá, el heredero del trono de David» (5:5). Este es el mismo que fue anunciado por el padre de Judá, Jacob, cuando pronunció bendiciones sobre Judá poco antes de morir (Génesis 49:9-10). La descripción del «León» es inusual: como un «Cordero que parecía que había sido sacrificado, pero que ahora estaba de pie», con «siete cuernos y siete ojos, que representan los siete aspectos del Espíritu de Dios» (5:6). Esta descripción, sin embargo, es profundamente simbólica de Jesús, quien entregó su vida como sacrificio voluntario y que ahora ha resucitado de entre los muertos, investido con la autoridad perfecta y completa de Dios y con la sabiduría y el entendimiento plenos del Espíritu. En otras palabras, él es la figura central de la historia humana y el único que puede darle sentido.

Los nuevos cantos de adoración deberían reflejar percepciones frescas del asombro de los propósitos de Dios y deberían ser expresiones de adoración hacia él. El estilo no es irrelevante, pero la sustancia es lo esencial.

LECTURA: *Apocalipsis 11:1-19*

JUICIO Y RECOMPENSA

Las naciones se llenaron de ira, pero ahora el tiempo de tu ira ha llegado. Es tiempo de juzgar a los muertos y de recompensar a tus siervos, los profetas, y también a tu pueblo santo y a todos los que temen tu nombre, desde el menos importante hasta el más importante. Es tiempo de destruir a todos los que han causado destrucción en la tierra.

APOCALIPSIS 11:18

Visto desde el espacio, el planeta Tierra parece pequeño y frágil. Un fragmento infinitesimal en la inmensidad, parece ser un planeta idílico, el escenario de paz y tranquilidad. Sin embargo, sabemos que su historia es de tensión y hostilidad interminables, fragmentación y conflicto tanto pequeños como cataclísmicos. ¿Cómo puede algo tan pequeño y hermoso estar tan lleno de disensión y de un dolor inmenso? Y ¿en qué terminará todo? ¿Se convertirá el frágil planeta mismo en víctima del desorden de sus habitantes?

La especulación sobre tales preguntas ha continuado a lo largo de los siglos, pero en tiempos más recientes, a medida que la inclinación del ser humano hacia la autodestrucción ha ido de la mano de su pericia tecnológica, las predicciones sobre la desaparición del planeta a causa de la acción intencional o accidental del propio hombre han crecido en volumen e intensidad. Aunque las especulaciones dicen una cosa, sin embargo, la revelación dice otra.

El libro de Apocalipsis, que es la visión de Juan sobre el cielo, incluye percepciones acerca del futuro. En un momento describe «fuertes voces que gritaban en el cielo: "Ahora el mundo ya es el reino de nuestro Señor y de su Cristo, y él reinará por siempre y para siempre"» (Apocalipsis 11:15). Además el Señor es identificado como el «Señor Dios, el Todopoderoso, el que es y que siempre fue» (11:17). Esta designación, que habla del poder absoluto y de la eternidad de Dios, sugiere que, durante la agitada historia del planeta Tierra, el Señor todopoderoso no ha ejercido su poder y autoridad en toda su plenitud; de otro modo, habría puesto fin a toda rebelión y eliminado toda disensión y fragmentación. Pero las cosas no siempre son como parecen. Juan ve el cielo y el futuro, donde se dice del Señor: «Ahora has tomado tu gran poder y has comenzado a reinar» (11:17). El pueblo de Dios ha orado durante siglos: «Que tu reino venga pronto» (Mateo 6:10). Este gran reino universal vendrá, y «él reinará por siempre y para siempre».

Pero ¿qué sucederá con los poderes rebeldes? Juan dice: «Las naciones se llenaron de ira, pero ahora el tiempo de tu ira ha llegado» (Apocalipsis 11:18). El Señor, Dios todopoderoso ejecutará juicio y destruirá «a los que han causado destrucción en la tierra». Pero el mensaje para el pueblo de Dios es positivo y alentador: «Señor Dios, el Todopoderoso, [recompensarás] a tus siervos, los profetas, y también a tu pueblo santo y a todos los que temen tu nombre, desde el menos importante hasta el más importante» (11:17-18).

Dios tiene el control. Aunque a veces no lo parezca, él es verdaderamente «Señor Dios, el Todopoderoso». Cuando llegue el momento, asumirá su gran poder y traerá juicio y recompensa. Asegúrate de saber cuál de los dos estará en tu futuro.

LECTURA: *Apocalipsis 19:1–21*

EL CABALLO BLANCO

Entonces vi el cielo abierto, y había allí un caballo blanco. Su jinete se llamaba Fiel y Verdadero, porque juzga con rectitud y hace una guerra justa. [...] Llevaba puesta una túnica bañada de sangre, y su título era «la Palabra de Dios». [...] En la túnica, a la altura del muslo, estaba escrito el título: «Rey de todos los reyes y Señor de todos los señores».

APOCALIPSIS 19:11, 13, 16

Incontables ejércitos han marchado por la tierra de Israel a lo largo de los siglos, pero no todos los ejércitos han llegado para luchar. Cuando Palestina era un protectorado británico, antes de que se fundara el moderno estado de Israel en 1948, había allí tropas británicas para mantener la ley y el orden. El general Gordon, su oficial al mando, también era un cristiano devoto. El día que condujo a sus tropas a Jerusalén, al llegar a la puerta de la ciudad antigua desmontó del caballo blanco en el que cabalgaba y entró caminando por la puerta guiando al caballo. Explicó a sus tropas: «La única persona con derecho a entrar en Jerusalén montada en un caballo blanco es "el Rey de reyes y Señor de señores"».

El general Gordon se refería al pasaje de hoy en Apocalipsis 19. En el lenguaje simbólico de Juan, el jinete del caballo blanco «se llamaba Fiel y Verdadero», «su título era la Palabra de Dios» y «en la túnica, a la altura del muslo, estaba escrito el título: "Rey de todos los reyes y Señor de todos los señores"» (Apocalipsis 19:11, 13, 16). Estas descripciones pueden parecer extrañas al oído moderno, pero estos títulos y nombres expresan simbólicamente las siguientes verdades: su poder y autoridad superan a todos los poderes de los gobernantes de este mundo; su condición como aquel que revela los propósitos y planes del propio Dios es imponente; y su carácter, a diferencia del de los reyes y señores de este mundo, es totalmente confiable, sin engaño ni falsedad. «Juzga con rectitud y hace una guerra justa» (19:11).

Pero ¿quién es esta figura impresionante y misteriosa? Juan identificó a «la Palabra» como Jesús cuando escribió: «En el principio la Palabra ya existía. La Palabra estaba con Dios, y la Palabra era Dios [...] Y hemos visto su gloria» (Juan 1:1, 14). Luego, en su visión del «Hijo del Hombre», Juan observó que «y una espada aguda de doble filo salía de su boca» (Apocalipsis 1:16). Él es Jesús, el Señor resucitado y triunfante, cuyo reino no pasará. Juan lo ve en el papel de un rey guerrero a punto de ejercer juicio sobre sus enemigos, algo que ocurrirá al final de los tiempos. Esta es una dimensión del ministerio de Cristo que a menudo se pasa por alto, se ignora o incluso se rechaza. Pero debe recordarse que su juicio será justo: «Él juzga con justicia». Además, «llevaba puesta una túnica bañada de sangre» (19:13), un recordatorio vívido de que quien finalmente juzgará vino primero para ser nuestro Salvador. El juicio se reservará para quienes rechacen su gracia salvadora y repudien su gobierno justo. Él cabalga un imponente caballo blanco, pero por los humildes y arrepentidos descenderá con gracia.

LECTURA: *Apocalipsis 21:1-8*

TODAS LAS COSAS NUEVAS

Él les secará toda lágrima de los ojos, y no habrá más muerte ni tristeza ni llanto ni dolor. Todas esas cosas ya no existirán más. Y el que estaba sentado en el trono dijo: «¡Miren, hago nuevas todas las cosas!». Entonces me dijo: «Escribe esto, porque lo que te digo es verdadero y digno de confianza».

APOCALIPSIS 21:4-5

Los políticos modernos a menudo terminan sus discursos con una floritura retórica que promete un mundo mejor «para nuestros hijos y nietos». Tales sentimientos tocan un punto sensible en la mayoría de los corazones; ¿quién no desea un mundo mejor para las siguientes generaciones? Los políticos pueden comprometerse a terminar con la pobreza, proporcionar educación de calidad, poner fin a la guerra o establecer un seguro de salud para todos. Todos ellos son sentimientos nobles pero desesperadamente difíciles de lograr.

Es interesante notar que «el que estaba sentado en el trono» no prometió hacer de este un mundo mejor; ¡anunció uno nuevo! Dijo: «¡Miren, hago nuevas todas las cosas!» (Apocalipsis 21:5). Eso es precisamente lo que Juan vio. Él escribe: «Entonces vi un cielo nuevo y una tierra nueva, porque el primer cielo y la primera tierra habían desaparecido» (21:1). La razón de esta acción tan drástica (la desaparición de lo viejo y la creación de lo nuevo) se explica así: el mundo antiguo y sus males «ya no existirán más» (21:4). Los males que impregnan este viejo mundo caído nunca podrán ser erradicados por el mejor gobierno ni por los políticos más ilustrados. El mal está demasiado arraigado. Este mundo no será finalmente perfeccionado a medida que el mal sea abolido poco a poco. Este mundo tal como lo conocemos será abolido, y uno nuevo será establecido en su lugar. Ese es el mensaje de la visión de Juan sobre el fin.

Pero ¿quién puede lograr tal hazaña y producir un ambiente donde «no habrá más muerte ni tristeza ni llanto ni dolor» (21:4)? La respuesta es «el que estaba sentado en el trono», cuya autodescripción es: «Yo soy el Alfa y la Omega, el Principio y el Fin» (21:5-6). Es lógico pensar que el único que puede provocar legítimamente la desaparición de este mundo es aquel que lo hizo existir; y el único que puede tratar con el problema del mal, que es responsable de todo lo que está mal en este mundo, es aquel que es intrínsecamente santo, justo y recto: ¡el Alfa y la Omega! Y él lo hará.

Esta visión de la conquista definitiva del mal y el establecimiento de un cielo nuevo y una tierra nueva ha llevado a algunos a suponer que no hay nada que hacer con respecto a los males de este mundo; pero la compasión y el amor insisten en que, aunque no podamos erradicar el mal, ciertamente podemos aliviarlo. Y nunca debemos olvidar que, cuando las promesas políticas de un mundo mejor decepcionan, la seguridad divina de un mundo nuevo nos ayuda a mantener la esperanza en medio de la muerte, la tristeza, el llanto y el dolor.

LECTURA: *Apocalipsis 21:9-27*

METÁFORAS MIXTAS

Uno de los siete ángeles que tenían las siete copas con las últimas siete plagas se me acercó y me dijo: «¡Ven conmigo! Te mostraré a la novia, la esposa del Cordero». Así que me llevó en el Espíritu a una montaña grande y alta, y me mostró la ciudad santa, Jerusalén, que descendía del cielo, desde la presencia de Dios.

APOCALIPSIS 21:9-10

Un parlamentario británico dijo una vez: «Huelo una rata, la veo flotando en el aire, y la atraparé en el barro». Se refería a que sospechaba que algo no iba bien, y tenía la intención de descubrir qué era incorrecto y ponerle fin. Sin embargo, transmitió sin querer a la literatura un gran ejemplo de metáfora mixta. Lo que dijo inventó en color lo que le faltaba en claridad, algo que las metáforas, tanto mixtas como no mixtas, tienden a hacer. Pero, si la claridad sufre, puede que se pierda el punto que se quiere establecer.

Juan registró una excelente metáfora mixta cuando escribió acerca de un ángel que le dijo: «¡Ven conmigo! Te mostraré a la novia, la esposa del Cordero» (Apocalipsis 21:9). No tenemos manera de saber qué esperaba ver Juan, pero el ángel, según nos cuenta, «me mostró la ciudad santa, Jerusalén, que descendía del cielo, desde la presencia de Dios» (21:10). Por lo tanto, la novia era una ciudad bien conocida, situada en un lugar geográfico histórico, y sin embargo estaba descendiendo del cielo. ¡Ciertamente, la descripción de Juan no carecía de color!

Las dimensiones de la ciudad muestran con bastante claridad que no se trataba de una Jerusalén literal: «Era cuadrada, que medía lo mismo de ancho que de largo. En realidad, medía 2220 kilómetros de largo, lo mismo de alto y lo mismo de ancho» (21:16). Las doce puertas llevaban «los nombres de las doce tribus de Israel», y «la muralla de la ciudad estaba fundada sobre doce piedras, las cuales llevaban escritos los nombres de los doce apóstoles del Cordero» (21:12, 14). Así que la «ciudad», de alguna manera simbólica, estaba edificada sobre el pueblo histórico de Israel y sobre la obra apostólica del liderazgo de la iglesia primitiva. La relación con la ciudad de los apóstoles sugiere que la ciudad está relacionada con la iglesia, algo que se vuelve muy claro cuando recordamos que la iglesia es descrita en las Escrituras como la novia de Cristo (Efesios 5:25-27), ¡exactamente como se describe la ciudad!

Así que Juan vio una visión de la gloria futura del pueblo de Dios, la novia de Cristo. Esta gloria es algo que solo puede venir de Dios porque solo él puede hacer de aquellos que por naturaleza estaban alejados de él su propio pueblo. Dios nos estaba diciendo que, a pesar del tumulto de las luchas de este mundo, la iglesia sobrevivirá y triunfará. Será una iglesia gloriosa, como lo sugiere la abundancia de joyas en su descripción. También será una iglesia global, pues «las naciones caminarán a la luz de la ciudad» (21:24). Y será una iglesia agradecida, compuesta enteramente por «los que tengan su nombre escrito en el libro de la vida del Cordero» (21:27). ¡Y sobre eso no hay mensajes mixtos!

LECTURA: *Apocalipsis 22:1-21*

ADORACIÓN A LOS HÉROES

Yo, Juan, soy el que vio y oyó todas estas cosas. Cuando las oí y las vi, me postré para adorar a los pies del ángel que me las mostró. Pero él dijo: «No, no me adores a mí. Yo soy un siervo de Dios tal como tú y tus hermanos los profetas, al igual que todos los que obedecen lo que está escrito en este libro. ¡Adora únicamente a Dios!».

APOCALIPSIS 22:8-9

Los padres desesperados, al observar la conducta de sus hijos varones, suelen decir con un tono de resignación en su voz: «Los muchachos serán muchachos». Otros han señalado: «Los muchachos serán muchachos pero, si eres paciente, los muchachos serán hombres». Aun así, la mayoría de los hombres admitirían que hay un pequeño muchachito acechando en algún lugar en su masculinidad madura.

Tomemos, por ejemplo, la adoración a los héroes. Es comprensible que los niños usen la ropa deportiva popularizada por sus superestrellas favoritas, pero resulta bastante sorprendente cuando un corredor de bolsa de mediana edad usa ropa similar los fines de semana. Quizás los hombres nunca dejan realmente de adorar a sus héroes. Puede ser que los hombres vean en aquellos cuyas vidas parecen más grandes que la vida misma algo atractivo a lo que aspiran, algo fascinante que admiran.

Esto puede ser inofensivo en sí mismo, pero la adoración de Juan hacia el ángel que lo guio a través de las complejidades y misterios de su visión fue inaceptable. Juan relata: «Yo, Juan, soy el que vio y oyó todas estas cosas. Cuando las oí y las vi, me postré para adorar a los pies del ángel que me las mostró» (Apocalipsis 22:8). ¡Un caso claro de adoración al héroe en el más alto grado! Pero el ángel le dijo: «No, no me adores a mí. Yo soy un siervo de Dios tal como tú y tus hermanos los profetas, al igual que todos los que obedecen lo que está escrito en este libro. ¡Adora únicamente a Dios!» (22:9). La adoración de Juan hacia el héroe provocó dos respuestas. Primero, no debía adorar a un ángel. Segundo, debía adorar únicamente a Dios.

Muchos héroes deportivos modernos difícilmente podrían confundirse con ángeles, por lo que la admiración excesiva que a menudo se les otorga está fuera de lugar, en particular si quienes se entregan a la adoración de héroes no reconocen que la adoración le pertenece exclusivamente a Dios, a quien le corresponde por derecho. «¡Adora únicamente a Dios!» fue la orden breve pero inequívoca del ángel. Y es una palabra breve e inequívoca también para los hombres de hoy.

Es interesante notar a lo largo del libro de Apocalipsis con qué frecuencia la adoración se asocia con «postrarse» (ver Apocalipsis 4:10; 5:8; 7:11; 19:10; 22:8). Esto sugiere que, cuando un hombre comprende verdaderamente quién es Dios, queda asombrado por ese descubrimiento. Cuando un hombre reconoce lo que significa adorar, se postrará con humildad y gozo a los pies del Maestro en una actitud de sumisión y servicio voluntarios.

El ángel conectó dos temas vitales en sus instrucciones sobre la adoración. Explicó que la verdadera adoración surge de un corazón obediente. Cuando los antiguos adoradores de héroes se convierten en verdaderos adoradores, a su vez se transforman en los verdaderos héroes que los jóvenes necesitan imitar mientras aprenden a adorar a Aquel que verdaderamente merece adoración.

LECTURA: *Salmo 135*

UNA GENERACIÓN CADA VEZ

Pues el SEÑOR escogió a Jacob para sí, a Israel, como su tesoro especial.

SALMO 135:4

No es una coincidencia que algunos de los grandes jugadores de béisbol en la actualidad sean los hijos de antiguas leyendas del béisbol, que muchos de los pilotos de carreras de autos sean los hijos y nietos de los pioneros originales de las carreras, que los hijos de excampeones de boxeo de pesos pesados se estén ganando la vida ahora en el cuadrilátero o incluso que algunos de nuestros mejores predicadores sean hijos de predicadores. No cabe duda de que una generación puede transmitir su interés y pasión, su conocimiento y disciplina, a la siguiente generación. Las decisiones de cada generación pueden tener un impacto duradero y profundo.

Lo que es cierto en el mundo natural ciertamente también lo es en el ámbito espiritual. Las Escrituras expresan una clara expectativa de que la herencia espiritual será valorada por cada generación y transmitida a la siguiente. El salmista dijo: «Que cada generación cuente a sus hijos de tus poderosos actos» (Salmo 145:4). Esta exhortación expresa la expectativa de que cada generación conozca las historias sobre los tratos de Dios con la raza humana y que valore esas historias lo suficiente como para transmitirlas. También supone que cada generación se interesará lo bastante en el bienestar espiritual de la generación siguiente como para dedicar tiempo a instruirla en las cosas del Espíritu.

Cada generación debe reconocer la importancia de la comunicación entre los mayores y los más jóvenes si se desea mantener la continuidad de los principios, las prioridades y los valores de vida en una sociedad determinada. Tristemente, en la cultura contemporánea muchos jóvenes tienen un contacto mínimo con sus mayores, pero una interacción máxima con sus iguales. El resultado es una subcultura con poco o ningún sentido de historia o de la herencia, de valores trascendentes o realidades espirituales.

Se ha dicho que la fe cristiana nunca está a más de una generación de la extinción. Tal vez sea una afirmación alarmista, pero contiene un elemento de verdad. En la actualidad existen culturas del mundo occidental que han experimentado un declive progresivo en la formación espiritual a lo largo de tres generaciones, hasta el punto de que estas culturas, que antes eran bastiones de la fe, se han convertido en sociedades poscristianas, campos misioneros tan oscuros como cualquier sociedad primitiva.

La respuesta ante tal amenaza es sencilla: todo hombre que trae un hijo al mundo debería aceptar el privilegio y la responsabilidad de asegurarse de que su hijo reciba un conocimiento práctico del Señor, de sus tratos con la humanidad, de su oferta de salvación y de las alegrías de vivir en comunión vital con él. Nadie puede garantizar que la próxima generación llegará a la fe, pero todos pueden asegurarse de que tenga la oportunidad de hacerlo.

LECTURA: *1 Corintios 3:5-17*

EL EDIFICIO DE DIOS

El que planta y el que riega trabajan en conjunto con el mismo propósito. [...] Pues ambos somos trabajadores de Dios; y ustedes son el campo de cultivo de Dios, son el edificio de Dios. Por la gracia que Dios me dio, yo eché los cimientos como un experto en construcción.

1 CORINTIOS 3:8-10

Tres hombres que trabajaban en un edificio estaban haciendo la misma clase de trabajo. Un día, se les pidió que describieran el trabajo que hacían. Uno de ellos dijo: «Yo echo tierra en una carretilla, la llevo al otro lado del lugar y la vacío». El segundo dijo: «Yo vengo a trabajar para ganarme la vida, para poner comida en la mesa y un techo sobre las cabezas de mis hijos. Luego me voy a casa». El tercero dijo: «Tengo el privilegio de estar construyendo una catedral». El primero veía su trabajo como una tarea tediosa; el segundo, como un medio para un fin. Pero el tercero tenía un sentido de grandeza y propósito en lo que hacía.

Cuando Pablo habló de su trabajo y del de sus compañeros, dijo: «[Nosotros] trabajamos «en conjunto con el mismo propósito». Ese propósito era edificar «el edificio de Dios» (1 Corintios 3:8-9). Él podría haber descrito su labor como subirse a un barco, viajar a una nueva ciudad, predicar, ser golpeado y encarcelado y luego seguir adelante. Pero veía el panorama completo: estaba construyendo «el edificio de Dios», la iglesia.

Pablo quería que los corintios reconocieran y reverenciaran la iglesia. Les dijo: «¿No se dan cuenta de que todos ustedes juntos son el templo de Dios y que el Espíritu de Dios vive en ustedes?» (3:16).

Pero él y sus compañeros apóstoles no estaban solos en esta obra. Afirmó: «Yo eché los cimientos [...] Ahora otros edifican encima» (3:10). Y tuvo palabras severas para quienes continuaban la tarea de edificar «el templo de Dios». Debían «tener mucho cuidado». Había que ejercer gran diligencia para asegurarse de construir sobre el cimiento correcto, el único fundamento legítimo para la iglesia: «Jesucristo» (3:11). Obviamente, cualquier edificio levantado sin un cimiento adecuado no puede mantenerse en pie. De la misma manera, cualquier iglesia que se aparte del amor, la adoración y el servicio al Señor Jesús no puede pretender ser una iglesia genuina.

Pablo era muy consciente de los peligros de la apostasía, pero también le preocupaba la manera en que las iglesias se comportarían como iglesia ¡y el tipo de trabajo que harían! Dijo que algunos trabajos son como «oro, plata o piedras preciosas» que, cuando se prueban en el fuego, sobreviven. Otros se asemejan a «madera, heno o paja» (3:12); no pueden resistir un fuego ardiente. ¿El punto de Pablo? «El fuego mostrará si la obra de alguien tiene algún valor» (3:13).

La vida de la iglesia no es ni trivial ni rutinaria: es la obra de Dios. Estamos construyendo el edificio de Dios, y él espera un trabajo de calidad.

LECTURA: *1 Corintios 12:1-13*

CAPACIDADES ESPECIALES

Amados hermanos, con respecto a la pregunta acerca de las capacidades especiales que el Espíritu nos da, no quiero que lo malentiendan. [...] Es el mismo y único Espíritu quien distribuye todos esos dones. Solamente él decide qué don cada uno debe tener.

1 CORINTIOS 12:1, 11

La mayoría de las cosas se desvanecen en las neblinas de la historia, recordadas en el mejor de los casos solo por algunas personas, si es que alguna, pero algunas cosas especiales perduran. Las obras de Leonardo da Vinci, Mozart y William Shakespeare son muy valoradas hoy en día, mucho tiempo después de que estos hombres hayan fallecido. Estos hombres tenían habilidades especiales que le daban a su trabajo un valor especial y les aseguraron un lugar especial en el mundo de los logros.

Una de las realidades más notables de la historia humana es la supervivencia y el crecimiento de la iglesia cristiana. La iglesia fue fundada por Jesús, quien pasó su vida dentro de una esfera de influencia limitada. Fue confiada a un pequeño grupo de hombres que, al principio, fracasaron miserablemente en promover su causa; pero la iglesia se ha extendido hasta los cuatro rincones del mundo, alcanzando a miles de millones y transformando la sociedad dondequiera que su influencia ha llegado. Desde un punto de vista humano, esto es un logro extraordinario. Hay algo especial en la iglesia.

Pero lo que la hace especial puede ser una sorpresa para muchos. No es necesariamente que la iglesia esté compuesta por personas notables. Por el contrario, Pablo nos dice que está formada intencionalmente por pocos que sean «sabios a los ojos del mundo o poderosos o ricos» (1 Corintios 1:26). La pregunta que entonces debe hacerse es: «¿Cómo pudo la iglesia llegar a ser tan extraordinaria, tan única y tan especial, estando formada por personas comunes y corrientes?»

La respuesta se encuentra en la afirmación de Pablo «acerca de las capacidades especiales que el Espíritu nos da» (12:1). La iglesia es especial porque está compuesta por personas ordinarias que han recibido «capacidades especiales» del Espíritu Santo.

La efectividad de la iglesia está directamente relacionada con su comprensión de la importancia de estos dones especiales del Espíritu Santo. Es importante notar que estas «capacidades especiales» nos son dadas. La enorme cantidad de personas que forman la iglesia en todo el mundo es impresionante, pero lo que resulta infinitamente más impresionante es la verdad de que todas esas personas han recibido capacidades especiales del Espíritu Santo. Esto significa que hay una enorme cantidad de potencial espiritual latente en la iglesia.

Estas capacidades varían del mismo modo en que los miembros del cuerpo humano difieren entre sí. «Es el mismo y único Espíritu quien distribuye todos estos dones. Solamente él decide qué don cada uno debe tener» (12:11).

Cada hombre debería ser consciente de sus capacidades especiales y ponerlas en práctica. Y, cuando una iglesia llena de personas hace esto, ¡es realmente especial.

LECTURA: *1 Corintios 2:1-16*

SABIDURÍA SECRETA

Cuando estoy con creyentes maduros, sí hablo con palabras de sabiduría, pero no la clase de sabiduría que pertenece a este mundo o a los gobernantes de este mundo, quienes pronto son olvidados. No, la sabiduría de la que hablamos es el misterio de Dios.

1 CORINTIOS 2:6-7

Hay una clase de sabiduría conocida como «la astucia la calle». Es la sabiduría del niño de la calle que no tiene un hogar y una familia y aprende a sobrevivir en un entorno despiadado y hostil sin amor y según su ingenio. En este inframundo, prospera.

Después está la sabiduría del estudiante de filosofía en una universidad de élite. Estudia las discusiones de Sócrates, aprende las conclusiones de Platón y se familiariza con el pensamiento clásico y su aplicación al mundo moderno. El niño de la calle, astuto más allá de lo imaginable en su jungla de cemento, estaría tan perdido en el salón de clase como el estudiante lo estaría en los barrios marginales de la ciudad. Ambos han acumulado sabiduría, pero cada uno posee una sabiduría irrelevante para el mundo del otro.

Cuando Pablo predicó el evangelio en Corinto, conocía bien la sabiduría de los filósofos clásicos, pero evitó usar su lenguaje y decidió no recurrir a sus argumentos. Hizo esto por una razón muy importante. Estaba hablando de una sabiduría tan ajena para los griegos de Corinto como la «sabiduría» del niño de la calle y la del estudiante de filosofía lo son entre sí. Pablo no estaba hablando sin sabiduría; por el contrario, dijo: hablamos «con palabras de sabiduría, pero no la clase de sabiduría que pertenece a este mundo o a los gobernantes de este mundo, quienes pronto son olvidados» (1 Corintios 2:6). En cambio, «la sabiduría de la que hablamos es el misterio de Dios» (2:7).

Los grandes filósofos griegos, que habían usado su considerable capacidad intelectual para reflexionar sobre los grandes temas de la existencia humana, en el mejor de los casos solo pudieron especular sobre las respuestas. Habían intentado descifrar «el misterio de Dios», algo que solo Dios podía revelar. Estas especulaciones causaron enormes dificultades a los pensadores clásicos. El misterio de Dios giraba en torno a Jesús muriendo en la cruz por los pecados del mundo. Este concepto resultaba tan repugnante para los griegos de Corinto que muchos lo rechazaron como una necedad. Su problema era que confiaban únicamente en la razón humana e ignoraban la obra misteriosa del Espíritu Santo. Pero, como dijo Pablo, «solo los que son espirituales pueden entender lo que el Espíritu quiere decir» (2:14). Y solo quienes tienen el Espíritu de Dios pueden comprender lo que Dios, en su sabiduría, está diciendo.

La astucia de la calle no sirve en las universidades de élite, y el pensamiento clásico es inútil en los barrios pobres. Pero la sabiduría secreta de Dios es relevante en ambos lugares, y transforma vidas dondequiera y cuandoquiera que es aceptada.

LECTURA: *Gálatas 5:16-25*

VIVIR UNA VIDA NUEVA

Dejen que el Espíritu Santo los guíe en la vida. Entonces no se dejarán llevar por los impulsos de la naturaleza pecaminosa. [...] Los que pertenecen a Cristo Jesús han clavado en la cruz las pasiones y los deseos de la naturaleza pecaminosa y los han crucificado allí.

GÁLATAS 5:16, 24

Cuando un hombre se casa, se embarca en una vida nueva. Más adelante, cuando se jubila, comienza otra vida nueva. Si finalmente pierde a su esposa, comienza otra vez. La vida significa cambios, cambios y decisiones.

Los cambios más drásticos en la vida, como el matrimonio, la jubilación o la pérdida de un ser querido, requieren ajustes profundos; pero ninguno es tan transformador como el cambio que ocurre cuando una persona entrega su vida a Cristo. Pablo describe esto como una nueva vida en el Espíritu Santo y llama al creyente a vivir en consecuencia (Gálatas 5:16). La diferencia fundamental en esta nueva vida se describe como no dejarse llevar «por los impulsos de la naturaleza pecaminosa» y comenzar a vivir guiado por el Espíritu Santo (5:16). Esto implica seguir «la guía del Espíritu en cada aspecto de nuestra vida» (5:25). Se presentan claramente dos opciones: seguir la naturaleza pecaminosa que «desea hacer el mal» (5:17) o vivir de manera que el Espíritu Santo controle nuestras vidas (5:22).

Los nuevos creyentes a menudo se sorprenden al descubrir, después de que la emoción inicial de entregar su vida a Cristo se ha atenuado un poco, que les resulta difícil vivir esa nueva vida. Esperaban que todo sería fresco, nuevo y maravilloso, y que de alguna manera serían transportados a una especie de espiritualidad estratosférica y libre de dolor, lucha, preocupación o derrota. Deben aprender que, aunque ahora están en Cristo, «estas dos fuerzas», la naturaleza pecaminosa y el Espíritu Santo, «luchan constantemente entre sí, entonces ustedes no son libres para llevar a cabo sus buenas intenciones» (5:17).

Esto puede parecer una noticia desalentadora, pero es importante comprender que el creyente no está impotente en medio de esta lucha. Tiene la libertad y el poder de decidir si será dominado por la naturaleza pecaminosa o guiado por el Espíritu de Dios. De hecho, está llamado a tomar esa decisión o, más precisamente, a tomar una serie continua de decisiones.

Elegir «seguir la dirección del Espíritu Santo» incluye reconocer que al decir sí a Cristo, el creyente ha dicho no a los pecados por los cuales Cristo murió. Ha «clavado en la cruz las pasiones y los deseos de [su] naturaleza pecaminosa», y continúa diciendo no a ellos (5:24). Al mismo tiempo, dice sí a la obra bondadosa del Espíritu Santo que habita en él. Al hacerlo, descubre que está viviendo una vida nueva, una vida rica, plena, una vida que honra a Dios y bendice a las personas.

LECTURA: *2 Corintios 3:1-18*

UNA CARTA DE CRISTO

Es evidente que son una carta de Cristo que muestra el resultado de nuestro ministerio entre ustedes. Esta «carta» no está escrita con pluma y tinta, sino con el Espíritu del Dios viviente. No está tallada en tablas de piedra, sino en corazones humanos.

2 CORINTIOS 3:3

Los presidentes de los Estados Unidos, tras sus períodos de mandato, a menudo establecen una biblioteca presidencial donde se archiva su correspondencia para la posteridad. Por motivos similares, las cartas de figuras literarias a menudo son publicadas a título póstumo, y los seguidores de personas notables pagarán grandes cantidades de dinero solo para poseer una de esas cartas.

Sería una pérdida de tiempo especular sobre el posible valor de mercado de una de las cartas de Jesús, porque no existe ninguna. Es decir, no hay ninguna escrita con tinta sobre pergamino.

Sin embargo, Pablo les dijo a los cristianos corintios: «Es evidente que son una carta de Cristo que muestra el resultado de nuestro ministerio entre ustedes. Esta «carta» no está escrita con pluma y tinta, sino con el Espíritu del Dios viviente. No está tallada en tablas de piedra, sino en corazones humanos» (2 Corintios 3:3). ¡Esta es una declaración extraordinaria! La razón por la que Pablo la escribió fue porque su autenticidad estaba siendo cuestionada en la iglesia de Corinto. Algunas personas, que no creían que él fuera realmente un apóstol, le exigían que mostrara sus credenciales. Su respuesta fue que las vidas transformadas de los corintios eran sus credenciales. Ellos mismos eran la evidencia de la obra de Dios a través de Pablo en sus corazones. No necesitaba cartas de recomendación cuando toda la congregación estaba compuesta por cartas vivientes escritas por el propio Cristo.

Para reforzar su punto, Pablo les recordó a sus lectores lo que ocurrió cuando Dios grabó una carta «de leyes escritas [...] grabadas en piedra» (3:6-7). Pablo se refería, por supuesto, a la ley dada a Moisés. Esa ley había servido para condenar al pueblo porque la habían quebrantado constantemente; pero ahora Dios ha establecido un «nuevo camino» a través de Cristo. En lugar de traer condenación y muerte, el nuevo pacto «nos hace justos ante Dios» (3:9). Son las personas que han sido hechas justas ante Dios las que se convierten en las cartas de Cristo que otros pueden leer.

Pero ¿qué leen los demás en estas cartas humanas? Primero, Pablo señala: «Ya que este nuevo camino nos da tal confianza, podemos ser muy valientes» (3:12). Otros ven una confianza que no es arrogante ni está basada en uno mismo, sino una alegría segura en la promesa de Dios: que él aceptará a todos los que se acerquen a él por medio de su Hijo. Otros también perciben la libertad que disfrutan los hijos de Dios: «Donde está el Espíritu del Señor, allí hay libertad» (3:17). No se trata de la libertad para hacer lo que uno quiera, sino de la libertad para hacer lo que se debe. Y lo más importante: cuando otros leen estas cartas de Cristo, aprenden acerca de Cristo y adquieren una visión de él: «El Señor, quien es el Espíritu, nos hace más y más parecidos a él a medida que somos transformados a su gloriosa imagen» (3:18).

Estas cartas no son para ser archivadas y acumular polvo. Son para ser leídas públicamente, donde puedan transformar a quienes las lean. Nosotros, los que creemos, somos cartas de Cristo, firmadas, selladas y entregadas con amor.

LECTURA: *2 Timoteo 1:1-14*

AVIVA EL FUEGO

Te recuerdo que avives el fuego del don espiritual que Dios te dio cuando te impuse mis manos. Pues Dios no nos ha dado un espíritu de temor y timidez, sino de poder, amor y autodisciplina. Así que nunca te avergüences de contarles a otros acerca de nuestro Señor [...]. Con las fuerzas que Dios te da prepárate para sufrir conmigo a causa de la Buena Noticia.

2 TIMOTEO 1:6-8

Existe una tendencia entre los creyentes de colocar a los héroes de la fe en pedestales que ellos, los héroes, nunca habrían ocupado. Esto es especialmente cierto de los héroes de la fe cuyas vidas están registradas en la Biblia. Tendemos a pensar en estos héroes bíblicos como personas que siempre estaban en lo más alto, pero las Escrituras se esfuerzan por mostrar que, en realidad, ellos también sufrieron los mismos tipos de desánimo, decepción, desilusión y dificultad que nosotros. El valor de estos hombres y estas mujeres no se encuentra en que estuvieran libres de los problemas que nos aquejan, sino en observar cómo los enfrentaron y cómo lograron vivir bien a pesar de ellos.

Tomemos a Timoteo como ejemplo. Timoteo fue un protegido del gran apóstol Pablo, quien habló de él con los términos más afectuosos, pero eso no impidió que el apóstol identificara posibles debilidades en la vida de Timoteo y hablara de ellas con firmeza y amor. Así, escribió en su carta a Timoteo: «Te recuerdo del don espiritual que Dios te dio cuando te impuse mis manos» (2 Timoteo 1:6). Aparentemente, incluso Timoteo era capaz de dejar que su llamado y su capacitación divina se apagaran hasta convertirse en una llama débil en lugar de un fuego ardiente. Pablo añadió: «Pues Dios no nos ha dado un espíritu de temor y timidez, sino de poder, amor y autodisciplina» (1:7). Timoteo vivía en tiempos difíciles, y Pablo esperaba que empeoraran (¡y tenía razón!). Por eso era comprensible que Timoteo, como la mayoría de las personas, sintiera cierto temor al considerar su llamado y el entorno en el que debía vivirlo. Quizás su timidez se hacía más evidente en su aparente renuencia a hablar abiertamente de Cristo. Por eso Pablo le recordó: «Nunca te avergüences de contarles a otros acerca de nuestro Señor» (1:8).

Es importante notar que Pablo no le estaba dando simplemente un discurso motivacional. También le estaba recordando principios espirituales fundamentales que Timoteo debía aplicar para vivir bien en medio de sus dificultades naturales. Le recordó «el don espiritual que Dios [le] dio», «la fe y el amor que [tiene] en Cristo Jesús» y, en especial, «el poder del Espíritu Santo, quien vive en nosotros» (1:6, 13-14).

Este héroe bíblico, Timoteo, no fue un héroe porque fuera inmune al miedo o ajeno al peligro. Fue un héroe porque sufrió como sufren los hombres comunes y, gracias al poder de capacitación del Espíritu Santo, fue capaz de mantenerse firme y finalmente triunfar. Nosotros también podemos hacerlo.

LECTURA: *Salmo 33:1-22*

COSMONAUTAS Y ASTRONAUTAS

Que todo el mundo tema al SEÑOR y todos estén ante él con temor reverente. Pues cuando habló, el mundo comenzó a existir; apareció por orden del SEÑOR.

SALMO 33:8-9

En los primeros tiempos de la carrera espacial, había mucho más en juego que los derechos a presumir en lo tecnológico. La USSR y USA, con sus ideologías rivales y contradictorias, estaban en guardia mutuamente en una gran lucha por los corazones y las mentes de la raza humana. Cuando los cosmonautas soviéticos regresaron de su estancia en el espacio, reportaron obedientemente que no habían visto ninguna señal de Dios y, por lo tanto, concluyeron que él no estaba allí. Pero cuando un grupo de astronautas estadounidenses, orbitando la Tierra, leyeron ante millones de oyentes pasajes de los Salmos que exaltaban las maravillas de la Creación y de su Creador, transmitieron un poderoso mensaje acerca de la presencia y el poder de Dios. Es imposible decir si las opiniones de alguien sobre la existencia de Dios cambiaron a raíz de estas declaraciones opuestas. Lo cierto es que, cuando algunos miran la Creación ven al Creador, mientras que otros, observando los mismos hechos, ven solamente creación.

El salmista estaba claramente en el mismo bando que los astronautas, no en el de los cosmonautas. Dijo: «Que todo el mundo tema al SEÑOR; y todos estén ante él con temor reverente. Pues cuando habló, el mundo comenzó a existir; apareció por orden del SEÑOR» (Salmo 33:8-9).

El salmista fue más lejos todavía. No creía en un Creador que, después de haber creado el mundo, se retiró y dejó la creación a su suerte. Por el contrario, escribió: «El SEÑOR mira desde el Cielo y ve a toda la raza humana. Desde su trono observa a todos los que viven en la tierra. Él hizo el corazón de ellos, así que entiende todo lo que hacen» (33:13-15). La idea de un Señor activamente observador era preciosa para el salmista. Aunque el comportamiento de la humanidad muchas veces desafía la comprensión, ¡el Señor entiende todo lo que hacen! Sin duda, es sabio que los hombres se familiaricen, al menos de manera básica, con lo que las Escrituras dicen acerca de la percepción de Dios sobre la humanidad. Quienes así lo hacen pueden hallar gran consuelo y esperanza en la cercanía y el entendimiento de Dios.

Los hombres también pueden hallar consuelo al conocer las intenciones de Dios hacia la humanidad. Estas intenciones se insinúan cuando el salmista dice: «Pero el SEÑOR vela por los que le temen, por aquellos que confían en su amor inagotable» (33:18). Él tiene la intención de amarlos sin cesar y vigilarlos continuamente, ¡a aquellos que «ponen su esperanza en el SEÑOR»!

Los cosmonautas soviéticos vieron solo un universo mecánico, mientras que los astronautas vieron una creación que reflejaba a su Creador. ¿Con quién preferirías volar tú?

LECTURA: *Números 16:1-15*

LUCHA DE PODER

Cierto día, Coré, hijo de Izhar, quien era descendiente de Coat, hijo de Leví, conspiró con Datán y Abiram, hijos de Eliab, junto con On, hijo de Pelet de la tribu de Rubén. Ellos provocaron una rebelión contra Moisés junto con otros doscientos cincuenta jefes de la comunidad, quienes eran miembros prominentes de la asamblea. Todos se unieron contra Moisés y Aarón y les dijeron: «¡Ustedes han ido demasiado lejos! El SEÑOR santificó a la comunidad entera de Israel y él está con todos nosotros. ¿Qué derecho tienen ustedes para actuar como si fueran superiores al resto del pueblo del SEÑOR?».

NÚMEROS 16:1-3

Chuck Colson, el exasesor de la Casa Blanca, dijo: «Poder, privilegio, posición, prestigio y fiestas: estos son los beneficios de la política». Sin duda, hay muchos hombres que entran en política con un profundo deseo de mejorar el bienestar de su sociedad; pero, para otros, son los «beneficios» los que los atraen a la vida política. La oportunidad de ejercer poder y ganar prestigio trae consigo sus propias recompensas. Por supuesto, quienes tienen el poder no lo entregan fácilmente, y quienes lo desean no siempre usan los métodos más benignos para conseguirlo. El resultado suelen ser luchas de poder, y pueden ser muy desagradables (las elecciones presidenciales son un buen ejemplo).

Coré es un claro ejemplo de la política basada en la lucha por el poder. Coré era un levita con responsabilidades y privilegios especiales, pero eso no le bastaba. Resentía la autoridad de Moisés, alegando que todos eran iguales y que, por lo tanto, Moisés no tenía derecho a ejercer liderazgo sobre nadie. Coré dijo: «¡Ustedes han ido demasiado lejos! El SEÑOR santificó a la comunidad entera de Israel y él está con todos nosotros. ¿Qué derecho tienen ustedes para actuar como si fueran superiores al resto del pueblo del SEÑOR?» (Números 16:3). Para reforzar su argumento, Coré incitó «una rebelión contra Moisés, junto con otros doscientos cincuenta jefes de la comunidad» (16:2).

Como suele suceder en asuntos de conflicto, había una pizca de verdad en lo que los descontentos decían. El pueblo de Israel había sido apartado por el Señor para sí mismo, y ciertamente el Señor estaba con todos ellos. En eso, los que protestaban tenían razón.

Pero Coré y sus compañeros fueron los que realmente fueron «demasiado lejos» (16:7). Aunque todos habían sido apartados para el Señor en un sentido, cada uno también tenía un lugar asignado dentro del plan divino. Pero ellos no estaban dispuestos a aceptar esto: querían elevarse por encima de su posición y negarle a Moisés la suya. Coré era un levita, no un sacerdote. Moisés era el líder de Israel, no un subordinado de Coré y sus doscientos cincuenta rebeldes. Y fue el Señor quien había determinado esos roles. Como Moisés les señaló a Coré y a su grupo: «¡es contra el SEÑOR que tú y tus seguidores se rebelan!» (16:11). Coré y sus colaboradores estaban intentando una jugada de poder. En respuesta, el Señor dejó clara la autoridad de Moisés de una manera contundente. Lamentablemente, no todas las luchas de poder se resuelven con tanta rapidez.

La autoridad suprema le pertenece al Señor y él delega según su voluntad; por lo tanto, acepta lo que él te concede y evita aferrarte a lo que no te corresponde. De lo contrario, podrías estar luchando contra Dios. ¡Y podrías salir quemado!

LECTURA: *Números 16:16-50*

ENTRE LOS VIVOS Y LOS MUERTOS

Aarón hizo como Moisés le dijo y corrió entre el pueblo. La plaga ya había comenzado a matar a la gente, pero Aarón quemó el incienso y purificó al pueblo. Se puso entre los vivos y los muertos y se detuvo la plaga.

NÚMEROS 16:47-48

Cuando el presidente Reagan sobrevivió por poco a un intento de asesinato el 30 de marzo de 1981, lo llevaron rápidamente a un hospital de Washington, DC, herido de gravedad. Cuando llegó su esposa Nancy, Reagan remarcó con un humor extraño: «Cariño, olvidé esquivarlo». Las personas que son atacadas a tan corta distancia generalmente no tienen oportunidad de esquivar el golpe. De hecho, rara vez logran evitar una bala. Si tienen la fortuna de hacerlo, son mucho más cuidadosas en el futuro.

Los hijos de Israel esquivaron una «gran bala», en sentido figurado, cuando Coré y sus seguidores rebeldes desafiaron el liderazgo de Moisés y Aarón; o, más precisamente, el liderazgo del Señor. Cuando Moisés y Aarón comprendieron la magnitud de la ira del Señor contra el pueblo de Israel, «cayeron rostro en tierra y rogaron: "¡Oh Dios, tú eres el Dios que da aliento a todas las criaturas! ¿Tienes que enojarte con todo el pueblo cuando solo un hombre peca?"» (Números 16:22). El Señor respondió a su intercesión advirtiendo al pueblo que se apartara de Coré y de sus compañeros conspiradores. Cuando la tierra se abrió y los tragó, el pueblo «esquivó la bala».

Asombrosamente, sin embargo, «tan pronto como la mañana siguiente, toda la comunidad de Israel comenzó de nuevo a murmurar contra Moisés y Aarón diciendo: "¡Ustedes mataron al pueblo del Señor!"». (16:41). ¡Algunas personas nunca aprenden! Si en ese momento Moisés y Aarón hubieran levantado las manos y renunciado, habría sido completamente comprensible. Desde el principio habían sido falsamente acusados de abusar de su autoridad. Respondieron sometiéndose a un escrutinio público en el que fueron plenamente vindicados. Luego intercedieron con gracia por el pueblo y los libraron de un destino terrible. Además, fueron instrumentos para que el pueblo viera que el Señor realmente estaba actuando en medio de ellos. Y, como recompensa, fueron acusados de matar al pueblo del Señor.

Pero no se rindieron. En cambio, «Moisés dijo a Aarón: "Rápido, toma un recipiente para quemar incienso y ponle carbones encendidos del altar. Agrégale incienso y llévalo entre el pueblo para purificarlos y hacerlos justos ante el Señor. El enojo del Señor ya arde contra ellos y la plaga ha comenzado"» (16:46). Con la plaga ya extendiéndose, Aarón «se puso entre los vivos y los muertos y se detuvo la plaga» (16:48).

El liderazgo de Moisés y Aarón fue cuestionado por hombres menores, pero su conducta en medio del desastre y su desempeño en una tarea ingrata, entre un pueblo desagradecido, fueron ejemplares. Literalmente se colocaron entre los vivos y los muertos, y no se escondieron ni vacilaron. Un liderazgo así no se critica; se sigue.

LECTURA: *Números 17:1-13*

DIOS Y LA AUTORIDAD

Coloca las varas en el tabernáculo delante del arca que contiene las tablas del pacto, donde me encuentro contigo. Entonces, de la vara del hombre que yo elija saldrán brotes y finalmente pondré fin a las murmuraciones y a las quejas de este pueblo en contra de ustedes.

NÚMEROS 17:4-5

Nos encanta quejarnos del gobierno, pero solo hay una cosa peor que el gobierno: no tener ningún gobierno. Un estado de anarquía ha existido de vez en cuando en países como Sudán, Ruanda, Burundi e Indonesia, donde la ley y el orden colapsaron y el temor, la violencia, la matanza y la destrucción tomaron el control. Aunque quizás no nos gusten quienes están en puestos de autoridad, los necesitamos para mantener la paz.

Hubo un tiempo en la historia de Israel en que el desorden llegó a tal punto que «cada uno hacía le parecía correcto según su propio criterio» (Jueces 21:25). Los que resentían que se les dijera lo que podían o no podían hacer disfrutaron sin duda la libertad de vivir sin restricciones y entregarse con entusiasmo a una vida sin freno alguno. Pero esta no era una situación nueva. A lo largo de su historia, los israelitas habían mostrado una clara preferencia por la libertad de hacer lo que querían y un rechazo definido hacia cualquier forma de autoridad. Incluso en los primeros días, después de su asombrosa liberación de la esclavitud en Egipto, cuando se esperaría que estuvieran extasiados con el liderazgo y la dirección divina, mostraron una aversión constante al liderazgo de Dios a través de Moisés y Aarón.

El asunto era tan grave para Dios que le explicó a Moisés cómo «poner fin a las quejas contra mí y evitará más muertes» (Números 17:10). Es importante notar que, desde la perspectiva de Dios, las quejas del pueblo contra Moisés y Aarón eran, en realidad, quejas contra él mismo. Moisés y Aarón no fueron autoelegidos ni elegidos democráticamente; fueron designados divinamente; por lo tanto, cuestionarlos era cuestionar a Dios, y rebelarse contra ellos era rebelarse contra el Santo de Israel.

Los israelitas se mostraban reacios a aceptar la autoridad de Dios ejercida por medio de Moisés y Aarón, así que Dios decidió que era necesario un enfrentamiento definitivo. Indicó a Moisés que recogiera «doce varas de madera, una por cada jefe de las tribus de los antepasados de Israel» (17:2). Estas varas representaban al líder de cada tribu. Luego Moisés las colocó en el tabernáculo, siguiendo las instrucciones del Señor. A la mañana siguiente, la vara que pertenecía a Aarón y a la tribu de Leví «había retoñado, echado flores, florecido y producido almendras maduras» (17:8). De entre todos los líderes de Israel, cuando se trataba del sacerdocio, Aarón era el elegido de Dios: el hombre principal. No es que la vara de Aarón fuera especial; Aarón era especial porque Dios lo había designado, y la vara milagrosa fue el medio por el cual Dios lo demostró al pueblo sin dejar lugar a dudas.

En nuestros tiempos, los hombres aún resienten la autoridad y prefieren la ausencia de restricciones. Suponen equivocadamente que esto conduce a la libertad y a la plenitud de vida. Es cierto que la autoridad puede ser mal utilizada y derivar en opresión, pero, entendida correctamente y aplicada con justicia, la autoridad es una delegación divina para el bien del hombre. A los hombres puede no gustarles, pero Dios la exige. Un hombre puede pensar que hacer lo que le parece correcto es el mejor camino. Tristemente, no se da cuenta de que es el camino hacia abajo, ¡rápidamente!

LECTURA: *Números 20:1-13*

MILAGRO EN MERIBA

Luego él y Aarón mandaron a llamar al pueblo a reunirse frente a la roca. «¡Escuchen, ustedes rebeldes! —gritó—. ¿Acaso debemos sacarles agua de esta roca?». [...] Sin embargo, el SEÑOR les dijo a Moisés y a Aarón: «¡Puesto que no confiaron lo suficiente en mí para demostrar mi santidad a los israelitas, ustedes no los llevarán a la tierra que les doy!».

NÚMEROS 20:10, 12

Que se produjo un gran milagro en Meriba no puede cuestionarse. La inmensa multitud de israelitas que viajaban por el árido desierto habían llegado al límite de su paciencia; ¡y de su provisión de agua! Por lo tanto, hicieron lo que surgió de modo natural. Culparon a Moisés y Aarón y exclamaron otra letanía de lamentos y quejas. Ellos dijeron, con bastante claridad: «¡Esta tierra no tiene grano ni higos ni uvas ni granadas ni agua para beber!» (Números 20:5). No podemos, por supuesto, minimizar la gravedad de su situación: no tener agua en un desierto árido significa desastre. Moisés y Aarón no desestimaron las quejas. Fueron inmediatamente al tabernáculo y se postraron en oración delante del Señor. ¿Qué otra cosa podían hacer?

El Señor les indicó que reunieran al pueblo y «háblale a la roca y de ella brotará agua. De la roca proveerás suficiente agua para satisfacer a toda la comunidad y a sus animales» (20:8). De la roca brotó agua como se había prometido, el pueblo y su ganado quedaron satisfechos como se había predicho, ¡y todos se fueron a casa contentos! ¿Verdad? ¡Incorrecto!

Mientras ocurría el gran milagro, también sucedió algo de gran importancia. A Moisés y Aarón, después de cuarenta largos años guiando al pueblo por el desierto, se les prohibió entrar en la Tierra Prometida. Este sorprendente giro de los acontecimientos ocurrió porque, como el Señor les explicó a Moisés y Aarón: «No confiaron lo suficiente en mí para demostrar mi santidad a los israelitas» (20:12). El problema era una falta de confianza que, de alguna manera, restaba valor a la maravilla de la acción de Dios en favor de su pueblo. Pero ¿qué era exactamente esta falta de confianza? Se evidenció en lo que dijo Moisés, tal vez en un arranque de frustración e ira: «¡Escuchen, ustedes rebeldes! [...] ¿Acaso debemos sacarles agua de esta roca?» (20:10). Ahora bien, los predicadores no deberían hablarle así a su pueblo, pero el lenguaje intemperante de Moisés no era el problema. La cuestión era que Moisés estaba dando a entender que sacar agua de las rocas era *su* especialidad, no la de Dios.

En ese momento, Dios ya se había hartado de Moisés. El propósito de Dios al permitir que el pueblo llegara a la desesperación por la falta de agua era mostrar su «santidad», su singularidad. Moisés arruinó eso al dar a entender que él estaba haciendo el trabajo.

Es triste que el milagro del agua que brotaba se viera empañado por lo que salió de la boca de Moisés. Los hombres que hablan de manera imprudente y reaccionan impulsivamente corren el riesgo, como Moisés, ¡de perderse lo mejor de Dios!

LECTURA: *Números 20:14-29*

EL VALOR DE LOS PARIENTES

El rey de Edom dijo: «¡Quédense fuera de mi territorio o saldré a su encuentro con mi ejército!». [...] Y como Edom no les permitió a los israelitas atravesar su país, se vieron obligados a regresar.

NÚMEROS 20:18, 21

Podemos escoger a nuestros amigos, incluso si no tenemos una libertad de elección similar con nuestros parientes. En muchos casos, nuestros amigos más cercanos son también nuestros parientes más cercanos, pero la experiencia demuestra que no es inusual que existan tensiones entre quienes comparten una herencia y una genética común. En una familia extensa, con frecuencia los orígenes de las tensiones se remontan a tiempos lejanos, pero las generaciones siguientes mantienen vivas esas tensiones al recordar e incluso exagerar desaires e insultos. En casos extremos, esto ha llegado a derivar en conflictos sangrientos.

Existían fuertes tensiones entre los israelitas y los edomitas. Eran «parientes» (20:14), descendientes de los hermanos Jacob y Esaú; pero la enemistad no resuelta de Esaú hacia Jacob se convirtió en un rencor amargo de Edom hacia los descendientes de Jacob. Si Edom e Israel hubieran podido evitarse mutuamente, todo habría estado bien. Pero en la larga travesía desde Egipto hacia la Tierra Prometida, el territorio de Edom ofrecía una ruta conveniente. Así que Moisés «envió embajadores al rey de Edom» (20:14), pidiéndole cortésmente permiso para que los israelitas pudieran transitar por el territorio edomita. Les recordó su parentesco, relató las dificultades de Israel y las bendiciones de la intervención divina, y prometió que no se causaría daño a la economía ni a la infraestructura del país. El rey de Edom no solo rechazó la solicitud, sino que también amenazó con emprender acciones militares si Moisés y su pueblo invadían su territorio. Ante la posibilidad de un conflicto, los israelitas, decidiendo en esta ocasión que «la discreción es la mejor parte del valor», dieron media vuelta y emprendieron otro fatigoso desvío.

Aunque era comprensible que el rey de Edom estuviera nervioso por permitir que esta multitud de personas, junto con sus rebaños y manadas, atravesara su tierra, la intensidad y la forma de su reacción hablan mucho sobre su estado de ánimo. Había antagonismos profundos en juego. De lo contrario, habría mezclado su aprensión natural con preocupación por el bienestar de sus parientes y habría intentado ayudarlos de alguna manera aunque no pudiera permitirles pasar por su territorio.

Quizás los edomitas todavía resentían la manera en que, años atrás, su antepasado Esaú había sido maltratado por su hermano Jacob, antepasado de los israelitas, y no estaban dispuestos a «dejar que lo pasado quede en el pasado». En casos así, alguien debe decidir que ya es suficiente y, en lugar de prolongar el distanciamiento, tomar medidas para resolver la tensión.

No siempre será posible hacer que tus parientes sean tus mejores amigos, pero sin duda vale la pena esforzarse para asegurar que no se conviertan en tus peores enemigos.

LECTURA: *Números 21:1-20*

LA SERPIENTE EN UN POSTE

El SEÑOR *le dijo a Moisés: «Haz la figura de una serpiente venenosa y átala a un poste. Todos los que sean mordidos vivirán tan solo con mirar la serpiente». Así que Moisés hizo una serpiente de bronce y la ató a un poste. ¡Entonces los que eran mordidos por una serpiente miraban la serpiente de bronce y sanaban!*

NÚMEROS 21:8, 9

Para la mente moderna, las serpientes no parecen ser símbolos apropiados de sanidad. Y, hasta la fecha, una serpiente en un poste es un símbolo de la profesión médica. La mitología griega cuenta la historia de Escolapio, un venerado sanador, que usaba serpientes en su práctica de sanidad. Estatuas de este personaje mitológico lo muestran sosteniendo una vara con una serpiente enroscada en ella. En tiempos antiguos, el culto a la serpiente era una de las sectas más comunes en todo el Oriente Medio. La conexión que pueda existir entre el culto, la mitología y la historia bíblica de Moisés y las serpientes no está clara. Como veremos, sin embargo, Jesús tomó la historia en serio, y nosotros también deberíamos hacerlo.

Los israelitas, una vez más, se sentían decepcionados y frustrados, por lo que volvieron a culpar a Moisés, quien acababa de recibir el golpe devastador de que no se le permitiría entrar en la Tierra Prometida. El pueblo se quejaba de todo, incluso de la comida que Dios les proveía milagrosamente cada día. Como resultado, fueron expuestos a las serpientes; muchos fueron mordidos y no pocos murieron.

El pueblo reconoció que su pecado había contribuido a su mala situación, se arrepintió y pidió a Moisés que intercediera por ellos en oración, lo cual él hizo. Moisés recibió una palabra del Señor: «Haz la figura de una serpiente venenosa y átala a un poste. Todos los que sean mordidos vivirán tan solo con mirar la serpiente» (Números 21:8). El resultado fue asombroso: «¡Entonces los que eran mordidos por una serpiente miraban la serpiente de bronce y sanaban!» (21:9). Aquellos que miraron el poste en obediencia a la palabra de Dios y confiando en su promesa fueron sanados.

Al parecer, la serpiente de Moisés se conservó para las generaciones futuras. En la época de de Ezequías, llegó a ser objeto de culto idolátrico (2 Reyes 18:4). El pueblo había caído en el problema milenario de sustituir el objeto de la adoración por un mero instrumento de ella. Estaban venerando una serpiente de bronce sobre un poste de madera en lugar de confiar en el Dios eterno que está en el trono celestial.

Siglos después, Jesús le dijo a Nicodemo: «Y, así como Moisés levantó la serpiente de bronce en un poste en el desierto, así deberá ser levantado el Hijo del Hombre, para que todo el que crea en él tenga vida eterna» (Juan 3:14-15). Jesús estaba repitiendo el principio antiguo de la bendición. Es Dios quien sana tanto el cuerpo como el alma en respuesta a la fe y la obediencia, dentro del contexto de su plan eterno. Y regularmente utiliza tanto la medicina moderna como la predicación tradicional para lograrlo.

LECTURA: *Salmo 73*

UN DÍA EN EL SANTUARIO

Entré en tu santuario, oh Dios, y por fin entendí el destino de los perversos. En verdad, los pones en un camino resbaladizo y haces que se deslicen por el precipicio hacia su ruina. [...] Cuando te levantes, oh SEÑOR, te reirás de sus tontas ideas como uno se ríe por la mañana de lo que soñó en la noche.

SALMO 73:17-18, 20

¿Recuerdas a Idi Amin, el infame carnicero de Uganda? Lo último que oí fue que estaba sentado ante una piscina en Arabia Saudita, viendo televisión por satélite. ¿Y Papa Doc, el dictador haitiano destituido? Se estableció en una hermosa villa en el sur de Francia. ¡Algunas personas ciertamente caen de pie!

Dondequiera que Asaf, el autor del salmo, mirara, veía que los orgullosos prosperan «a pesar de su maldad» (Salmo 73:3). Parecen inmunes al dolor, gozan de buena salud, parecen no tener problemas, ganan dinero sin esfuerzo, tienen «todo lo que su corazón desea» (73:7) y, mientras tanto, «se burlan y hablan solo maldades [...] Se jactan contra los cielos mismos, y sus palabras se pasean presuntuosas por toda la tierra» (73:8-9). En marcado contraste, Asaf, que había intentado vivir rectamente delante del Señor, testificaba: «En todo el día no consigo más que problemas; cada mañana me trae dolor» (73:14). Debía admitir: «Envidiaba a los orgullosos cuando los veía prosperar a pesar de su maldad» (73:3). Era un gran misterio para él que la vida de los impíos fuera tan tranquila, mientras que la vida de los justos estuviera llena de problemas. Este misterio lo confundía tanto que se encontraba arrastrado por la envidia, incluso cuestionando: «¿Conservé puro mi corazón en vano? ¿Me mantuve en inocencia sin ninguna razón?» (73:13). Como los justos a su alrededor, estaba «desconcertado y confundido», preguntando: «¿Acaso el Altísimo sabe lo que está sucediendo?» (73:10-11).

«Entonces», escribió Asaf, «entré en tu santuario, oh Dios, y por fin entendí el destino de los perversos» (73:17). Entrar en el lugar de adoración y en la presencia de Dios apartó a Asaf de un entorno puramente materialista y secular que había impregnado profundamente su pensamiento, y enfocó su atención en cuestiones espirituales como el «destino» y el significado de la vida presente (73:17). Cuando los beneficios materiales y los placeres seculares dominaban su pensamiento y se convertían en los criterios para evaluar la «buena vida», no conocía más que desesperación y desilusión. Pero al recordar que la vida es más que «cosas», comprendió que aquellos que parecen tenerlo tan bien en realidad no lo tienen tanto, y que los placeres de su vida presente son solo «tontas ideas» y «sueños» (73:20).

Aun así, Asaf necesitaba la seguridad de que la vida piadosa es la vida correcta. Comenzó a pensar de manera realista: «Puede fallarme la salud y debilitarse mi espíritu» (73:26). Debería haber dicho «fallará» y «se debilitará». Eso lo llevó a pensar en el «cielo» y generó una exclamación triunfante: «¿A quién tengo en el cielo sino a ti? Te deseo más que cualquier cosa en la tierra» (73:25).

Con el cielo en sus pensamientos, Asaf regresó al camino correcto: más triste pero más sabio, más fuerte y firme, calmado y sereno, contento y confiado. Ya no envidiaba a los impíos; más bien, probablemente los compadecía. ¡Una visita al santuario de Dios puede hacer eso!

LECTURA: *Lucas 2:25-40*

VIEJOS Y AUDACES PROFETAS

He visto tu salvación, la que preparaste para toda la gente. Él es una luz para revelar a Dios a las naciones, ¡y es la gloria de tu pueblo Israel!

LUCAS 2:30-32

En la fraternidad de los pilotos dicen: «Hay viejos pilotos y hay pilotos audaces. Pero no hay pilotos viejos y audaces». Quienes deciden volar por intuición corren el riesgo de llegar a su descanso de modo prematuro.

Lo mismo no se aplica necesariamente a los profetas. Existen profetas viejos y audaces. Simeón es un gran ejemplo. Había vivido mucho tiempo y se había ganado una reputación de justicia y devoción. «Era justo y devoto, y esperaba con anhelo que llegara el Mesías y rescatara a Israel. El Espíritu Santo estaba sobre él» (Lucas 2:25). Aunque era de edad avanzada, no pasaba su tiempo recordando «los buenos tiempos». En cambio, «esperaba con anhelo» la venida del Mesías y los días de gloria que seguirían. Esto no significaba que viviera en una ilusión acerca de que sus días estaban contados: estaba plenamente convencido de que «no moriría sin antes ver al Mesías del Señor» (2:26). Tan pronto como vio a Jesús, Simeón oró tranquilamente: «Señor Soberano, permite ahora que tu siervo muera en paz» (2:29). En otras palabras, aquí había un anciano que envejecía con gracia.

Pero Simeón también era un hombre audaz. Refiriéndose al niño Jesús en sus brazos, oró al Señor delante de María y José, con la perspicacia que le daba el Espíritu: «Él es una luz para revelar a Dios a las naciones, ¡y es la gloria de tu pueblo Israel!» (2:32). Palabras audaces, sin duda. Este niño, según aquel anciano valiente, no era otro que el Mesías. Además de ser la gloria de Israel, estaba a punto de llevar luz al mundo, tanto a Israel como a tierras más allá de Israel. No es de extrañar que José y María quedaran asombrados.

Pero había más. Simeón continuó: «Este niño está destinado a provocar la caída de muchos en Israel, y también el ascenso de muchos otros. Fue enviado como una señal de Dios, pero muchos se le opondrán» (2:34). Simeón se atrevía a sugerir no solo que el Mesías no sería exclusivo de un judaísmo de élite, sino que era lo suficientemente audaz para decir que se opondrían a él secciones del judaísmo y que el Mesías sería su ruina. Y, hablando la verdad con amor, no ocultó a María la dura noticia, incluso en el día más feliz, de que «una espada atravesará tu propia alma» (2:35).

Los hombres viejos y audaces hablan la verdad en amor, guiados por el Espíritu y con la riqueza de la experiencia. Son tesoros nacionales. ¡Necesitamos más de ellos!

AGOSTO

LECTURA: *Lucas 2:41-52*

CRIAR A UN ADOLESCENTE

Sus padres no sabían qué pensar.
—Hijo, ¿por qué nos has hecho esto? —le dijo su madre—. Tu padre y yo hemos estado desesperados buscándote por todas partes.
—¿Pero por qué tuvieron que buscarme? —les preguntó—. ¿No sabían que tengo que estar en la casa de mi Padre?
Pero ellos no entendieron lo que les quiso decir.

LUCAS 2:48-50

James Dobson, un psicólogo cristiano muy apreciado y autor de éxitos de ventas sobre temas familiares, citó el sentimiento: «Yo solía tener cuatro teorías y no tenía hijos. Ahora tengo cuatro hijos y no tengo teorías». Aunque muchas personas se han beneficiado mucho de los consejos del doctor Dobson sobre la crianza de los hijos, hablando con realismo, criar hijos adolescentes no es como trazar un dibujo uniendo los números; es cuestión de moldear a una persona, de ayudar en el desarrollo de una persona de valor eterno. Y cada persona es diferente.

Tenemos muy poca información sobre los años de adolescencia de Jesús, pero sí contamos con el relato de un incidente significativo que tuvo lugar, lleno de gran valor para los padres modernos. Jesús, de doce años, había viajado desde Galilea a Jerusalén para la festividad de la Pascua. Al concluir la celebración, la multitud de galileos emprendió el regreso a casa atravesando el desierto de Judea, bajando hasta Jericó y subiendo por el valle del Jordán. Durante el primer día de viaje, sus padres supusieron que él estaba con otros amigos o familiares entre los viajeros. Fue solo al final del día cuando se dieron cuenta de que no estaba allí. Había desaparecido. Entonces, desanduvieron sus pasos hasta Jerusalén (un viaje de un día), lo buscaron durante tres días y finalmente dieron con el niño. Él estaba tranquilo, ocupado en discusiones teológicas con los maestros de la ley. Cuando ellos lo reprendieron, respondió con calma: «¿Por qué tuvieron que buscarme? ¿No sabían que tengo que estar en la casa de mi Padre?» (Lucas 2:49).

No era la primera vez que se registraba que un par de padres hablando con su hijo «no entendieron lo que les quiso decir» (2:50). La raíz del problema estaba en que los padres no comprendían a su hijo, y el hijo tenía poca percepción de lo que había en el corazón de sus padres. Esa es la raíz de muchos problemas al criar adolescentes.

Todos regresaron a Nazaret, donde él «vivió en obediencia a ellos», y María «guardó todas esas cosas en el corazón» (2:51). (Pero ¡no sabemos qué hizo José!) El niño respondía a las preocupaciones parentales, mientras que los padres reflexionaban sobre el desarrollo del hijo.

El desarrollo del niño se dio de manera balanceada y honrando a Dios: «Crecía en sabiduría y en estatura, y en el favor de Dios y de toda la gente» (2:52). En otras palabras, se desarrolló físicamente, intelectualmente, espiritualmente y socialmente. Y ningún padre podría pedir más que eso.

Sin duda, ese debería ser el objetivo de los padres. La manera de lograrlo variará según cada hijo; pero, en todo caso, los niños necesitan ser receptivos y los padres, reflexivos. Los padres imperfectos nunca crían hijos perfectos, pero los padres maduros les dan a sus hijos ventajas monumentales.

LECTURA: *Lucas 3:1-20*

LA ÉTICA DE CREER

Demuestren con su forma de vivir que se han arrepentido de sus pecados y han vuelto a Dios. No se digan simplemente el uno al otro: «Estamos a salvo porque somos descendientes de Abraham». Eso no significa nada, porque les digo que Dios puede crear hijos de Abraham de estas mismas piedras. Ahora mismo el hacha del juicio de Dios está lista para cortar las raíces de los árboles. Así es, todo árbol que no produzca buenos frutos será cortado y arrojado al fuego.

LUCAS 3:8-9

Un pequeño muchacho jugaba en el piso cerca de la radio, que transmitía un servicio religioso. Mientras la voz del ministro entonaba las palabras del Credo de los apóstoles («Creo en Dios...»), el muchacho sin levantar la vista o ni siquiera pausar su juego, añadió: «Yo también», y siguió adelante como si nada hubiera ocurrido. Obviamente familiarizado con el ritual y cómodo con el concepto de Dios, el niño no tuvo dificultad en declarar su fe. Pero su afirmación, que sin duda era verdadera, resultaba extrañamente vacía: era más reflexiva que reflexionada.

Aunque este tipo de enfoque hacia la creencia en Dios es perfectamente comprensible en un niño pequeño, actitudes similares son tan problemáticas como comunes en los adultos. Muchos profesan creer en Dios, pero algunos lo dicen de tal manera que parece tener poco impacto en la forma en que viven sus vidas. Su atención no se desvía de sus «juguetes» ni por una fracción de segundo. Ciertamente, creer en Dios debería al menos provocar reflexión y una pausa para pensar.

Esta era una de las preocupaciones de Juan el Bautista. Él denunciaba con fuerza el nominalismo de la religión de su tiempo. Sus contemporáneos no solo creían en Dios, sino que creían ser los favoritos de Dios. «Estamos a salvo porque somos descendientes de Abraham», afirmaban. En cierto sentido, tenían razón; Dios había hecho un pacto especial con Abraham y ellos eran efectivamente sus descendientes. Pero, como les señaló Juan: «Eso no significa nada, porque les digo que Dios puede crear hijos de Abraham de estas mismas piedras» (Lucas 3:8). Reclamar una relación especial con Dios sin evidenciarla con una vida de humilde sumisión y confianza en él, solo los hace merecedores del juicio divino. Juan les advirtió con seriedad: «Todo árbol que no produzca buenos frutos será cortado y arrojado al fuego» (3:9).

¡Esto captó la atención de los oyentes de Juan! Cuando le preguntaron qué debían hacer (3:10), Juan explicó que la gente debía demostrar que «se había arrepentido de sus pecados y vuelto a Dios para ser perdonada» (3:3). Debían demostrar su cambio mediante la manera en que trataban a los demás (3:11-14).

Los pecadores verdaderamente perdonados son personas profundamente arrepentidas y transformadas. No continúan insensiblemente en su pecado, ni aceptan su perdón de manera descuidada. En cambio, aprenden a aborrecer el pecado que antes amaban y comienzan a amar a quienes despreciaban. Los ricos se vuelven generosos, los corruptos se vuelven honestos, los poderosos se vuelven amables, los descontentos se vuelven satisfechos y los despiadados se vuelven misericordiosos. Todo esto porque realmente creen. Para parafrasear a Juan: «¡Tengan cuidado aquellos cuya fe no se refleja en sus actos!».

LECTURA: *Lucas 4:1-13*

RESISTIR LA TENTACIÓN

Jesús, lleno del Espíritu Santo, regresó del río Jordán y fue guiado por el Espíritu en el desierto, donde fue tentado por el diablo durante cuarenta días. Jesús no comió nada en todo ese tiempo y comenzó a tener mucha hambre.

LUCAS 4:1-2

El humorista Flip Wilson solía hacerse pasar por una señora llamada Geraldine, quien explicaba que nada era realmente su culpa porque, según decía ella: «¡El diablo me obligó a hacerlo!». En términos más sofisticados, el brillante y trágico irlandés, Oscar Wilde, escribió en *El abanico de Lady Windermere*: «No pude evitarlo. Puedo resistirlo todo excepto la tentación». Wilde y Wilson tenían poco en común, pero sí compartían una cosa: una aparente creencia en que la tentación es algo que les ocurre a las personas, contra lo cual están indefensas y por lo cual no se les puede hacer responsables.

Las Escrituras discrepan categóricamente. La tentación es real, pero no debe ser descartada a la ligera como inevitable ni ceder a ella sin resistencia como invencible. La tentación es una parte integral de la vida, que Dios permite intencionalmente, diseñada para presentar al ser humano la oportunidad de decidir entre hacer lo correcto o elegir el error. Vencer la tentación es un examen superado con excelencia, mientras que sucumbir a ella es una cobarde capitulación ante el mal y una derrota rotunda para el bien.

Jesús mostró el camino para triunfar sobre la tentación. Hambriento, cansado y solo tras cuarenta días y cuarenta noches de ayuno en el desierto, se le ofreció la oportunidad de romper su ayuno convirtiendo una piedra en pan. Era una tentación nada sutil de tomar el control por su cuenta en lugar de confiar en Aquel en cuyas manos se había entregado. Su respuesta, «la gente no vive solo de pan» (Lucas 4:4), mostró que no estaba dispuesto a abandonar a Dios por pan. Jesús 1, Satanás 0.

Luego, se le ofreció poder y prestigio a cambio de creer una mentira y participar en una adoración fraudulenta. Su respuesta, «Adora al Señor tu Dios y sírvele únicamente a él» (4:8), rechazó al diablo y reafirmó su compromiso con la verdad y su desprecio por el abuso del poder y la fama. Jesús 2, Satanás 0.

Finalmente, se le dio la oportunidad de «demostrar» su fe mediante un acto de absoluta irresponsabilidad. De pie en el «punto más alto del templo» se le animó a «tirarse» (4:9), un acto supuestamente legitimado por una interpretación dudosa del Salmo 91. Él respondió: «No pondrás a prueba al Señor tu Dios» (4:12). Jesús 3, Satanás 0. Así que el diablo se retiró; al menos por un tiempo.

Se podría objetar que no somos Jesús, por lo que no se nos puede exigir resistir a Satanás como él lo hizo. Es legítimo responder que tampoco nos enfrentamos a Satanás de la misma manera. Pero, más significativamente, sí tenemos el Espíritu y sí tenemos la Palabra de Dios. Jesús venció por «el poder del Espíritu Santo» (4:14) y el hábil uso de «las Escrituras». Por la gracia de Dios, ¡nosotros también podemos hacerlo!

LECTURA: *Lucas 4:14-30*

FIELES E INCONSTANTES

Enseñaba con frecuencia en las sinagogas y todos lo elogiaban. [...] Al oír eso la gente de la sinagoga se puso furiosa. Se levantaron de un salto, lo atacaron y lo llevaron a la fuerza hasta el borde del cerro sobre el cual estaba construida la ciudad. Querían arrojarlo por el precipicio.

LUCAS 4:15, 28-29

El jugador que marca el gol ganador en un partido y comete un error fatal en el siguiente partido pasa de ser un héroe a ser una cabra apurada. El problema no radica tanto en él, pues él hace todo lo posible cuando marca el gol ganador y también cuando comete un error sin querer. Cuando marca no es Superman, y cuando falla es solamente humano. El problema está en la multitud. Lo elogian a los más altos niveles un momento y al siguiente lo hunden en lo más profundo. Cuando les gusta lo que hace, le son fieles; pero cuando algo sale mal, su inconstancia sale a la luz.

Nadie conocía mejor la inconstancia de las multitudes que Jesús. Tras su encuentro con el maligno en el desierto, pronto se hizo muy conocido y apreciado en la región de Galilea. «Enseñaba con frecuencia en las sinagogas y todos lo elogiaban» (Lucas 4:15). Cuando Jesús regresó a su hogar de infancia, Nazaret, le pidieron que leyera las Escrituras en la sinagoga y sorprendió a todos al aplicar directamente las palabras de Isaías a sí mismo. Al final de la lectura de Isaías 61:1-2, dijo: «La Escritura que acaban de oír ¡se ha cumplido este mismo día!» (4:21). La gente de su sinagoga natal reaccionó con aprecio por «la gracia con la que salían las palabras de su boca» (4:22) y con incredulidad porque conocían su origen y no podían entender cómo podía decir lo que decía. Pero «todos hablaban bien de él» (4:22).

Jesús, sin embargo, comenzó a desafiarlos de maneras que no agradecieron. Les dejó claro que, del mismo modo que Elías y Eliseo no realizaron sus ministerios en Israel, él tampoco había hecho milagros en su ciudad natal porque «ningún profeta es aceptado en su propio pueblo» (4:24). Con esto quería decir, y la gente lo entendió, que así como Israel no estaba preparado para responder a Elías y Eliseo, los vecinos de Nazaret no estaban dispuestos a responder a su mensaje. Al escuchar esto, «la gente de la sinagoga se puso furiosa. Se levantaron de un salto, lo atacaron y lo llevaron a la fuerza hasta el borde del cerro sobre el cual estaba construida la ciudad. Querían arrojarlo por el precipicio» (4:28-29). ¡Eso sí es una multitud inconstante!

Hoy en día es improbable que alguien te arroje por un precipicio, pero sí es posible que le digas la verdad a un amigo y él reaccione de manera exagerada. Tanto los admiradores como los amigos pueden ser volubles cuando se enfrentan a los hechos.

LECTURA: *Lucas 4:31-41*

AUTORIDAD Y PODER

Pero Jesús lo reprendió: «¡Cállate! —le ordenó—. ¡Sal de este hombre!». En ese mismo momento, el demonio arrojó al hombre al suelo mientras la multitud miraba; luego salió de él sin hacerle más daño. La gente, asombrada, exclamó: «¡Qué poder y autoridad tienen las palabras de este hombre! Hasta los espíritus malignos lo obedecen y huyen a su orden».

LUCAS 4:35-36

¿Cuál es la diferencia entre un maestro ineficaz y un acosador en el patio de la escuela? El primero tiene autoridad sin poder, mientras que el segundo tiene poder sin autoridad. El maestro, en virtud de su posición, puede esperar con razón ser tratado con respeto y cortesía. Si no se comunica esa cortesía, tiene el poder de hacer cumplir sus deseos en los alumnos recalcitrantes. Si es intimidado por sus alumnos o carece del apoyo de sus superiores, sin embargo, puede que no esté dispuestos o no sea capaz de hacer valer su autoridad. Por tanto, aunque está vestido de autoridad, se le arrebata el poder.

Por otro lado, el acosador sabe cómo imponer su voluntad y lograr que los demás hagan lo que él desea. No tiene derecho a hacerlo, pero lo que le falta en autoridad lo compensa con creces con poder. Nuestro mundo está lleno de autoridades ineficaces y acosadores sumamente eficaces.

Cuando Jesús fue a Capernaúm, enseñaba al pueblo y ellos notaron que «hablaba con autoridad» (Lucas 4:32). Esto quedó claramente ilustrado en el modo en que trató con «un hombre poseído por un demonio» (4:33). Jesús ordenó al polémico demonio: «¡Cállate! ¡Sal de este hombre!» (4:35). Y el demonio obedeció. La respuesta de la multitud fue: «¡Qué poder y autoridad tienen las palabras de este hombre!» (4:36). Jesús no era un maestro ineficaz ni un tirano descontrolado. Poseía toda la autoridad del cielo y, a través del Espíritu, tenía todo el poder que la acompañaba.

Los discípulos de hoy necesitan estar plenamente conscientes de su autoridad y poder. Una vez que responden al llamado de Cristo y toman sobre sí su nombre, reciben al bendito Espíritu Santo. Inmediatamente poseen tanto poder como autoridad. Al declarar la palabra de Cristo y actuar en su nombre son investidos con su autoridad. En la medida en que representan correctamente las palabras que Cristo habló, declaran su palabra con autoridad. Al representarlo a él y su causa de manera fiel, actúan en su nombre. No les falta autoridad alguna. ¡Deben creerlo y vivir en el gozo de ello! Pero, para demostrar la realidad de su autoridad en Cristo, también deben manifestar el poder del Espíritu de Cristo en sus vidas. El Espíritu habita en ellos para capacitarlos. Así, conscientes de su llamado y de su empoderamiento, los discípulos modernos viven sus vidas. No viven como maestros intimidados ni como acosadores de patio de escuela, sino como seguidores de Aquel de quien se dijo: «¡Qué poder y autoridad tienen las palabras de este hombre!». Su poder y autoridad le pertenecen a Cristo, en cuyo nombre actúan.

LECTURA: *Salmo 125*

EL SEÑOR QUE RODEA

Así como las montañas rodean a Jerusalén, así rodea el SEÑOR a su pueblo, ahora y siempre.

SALMO 125:2

Cualquiera que haya servido en el ejército y haya soportado una marcha en ruta sabe que ayuda cantar mientras avanzas. Los instructores de entrenamiento militar saben bien esto y animan a los hombres a cantar, normalmente canciones con letras inapropiadas.

Los peregrinos que subían por los escarpados cerros de Judea hacia la ciudad de Jerusalén también sabían que cantar les ayudaba a lo largo del camino, pero las canciones que ellos cantaban tenían un tono mucho más noble. Se enfocaban en el propósito de la marcha: los peregrinos se dirigían a la ciudad santa, a la casa del Señor, para adorar. Los cantos que cantaban se llamaban «cánticos de ascenso» porque estaban escritos para ser entonados en el camino hacia Jerusalén durante la celebración de uno de los festivales. El Salmo 125 es uno de estos cánticos.

Mientras los adoradores se dirigían a Jerusalén, no podían dejar de notar que la ciudad estaba rodeada de montañas. Desde un punto de vista militar, Jerusalén estaba estratégicamente ubicada en una posición fácilmente defendible. Esto llevó a los peregrinos a cantar: «Los que confían en el SEÑOR están seguros como el monte Sion; no serán vencidos, sino que permanecerán para siempre» (Salmo 125:1). Al vivir en tiempos en los que nunca estaban lejos de ejércitos invasores o bandas de bandidos, los peregrinos eran muy conscientes de su seguridad durante el viaje hacia Jerusalén. El monte Sion era tan seguro como se podía estar en aquellos días, pero vivir en el Señor era todavía más seguro. Por eso cantaban: «Así como las montañas rodean a Jerusalén, así rodea el SEÑOR a su pueblo, ahora y siempre» (Salmo 125:2). La razón de esta actitud triunfante, reflejada en su alegre canto, era simplemente que sabían que «los perversos no gobernarán la tierra de los justos, porque entonces los justos podrían ser tentados a hacer el mal» (Salmo 125:3). Pero esto no significaba que los justos fueran inmunes a los problemas ni estuvieran exentos de los golpes y ataques de los hombres malvados. Lejos de eso. Pero sí significaba que el Señor que los rodeaba estaba al cuidado de ellos incluso en sus dificultades y no los dejaría indefensos. Como se prometía, se podía confiar en que el Señor escucharía la oración: «Haz bien a los que son buenos, a los que tienen el corazón en armonía contigo» (125:4) y que respondería positivamente.

Aquellos que preferían recurrir «a caminos torcidos» (125:5) eran libres de hacerlo, porque el Señor no se impone a nadie. Pero los torcidos deben esperar eventualmente ser alejados de la presencia del Señor. No así los que «confían en el SEÑOR» (125:1). Ellos tendrán paz (125:5): podrán descansar con el conocimiento especial de que están seguros en el Señor.

Así que, incluso si hoy estás subiendo una cuesta, prueba a cantar mientras avanzas.

LECTURA: *Josué 1:1-18*

INTERÉS PROPIO

Josué reunió a la tribu de Rubén, a la tribu de Gad y a la media tribu de Manasés. Les dijo: [...] Sus esposas, hijos y animales pueden permanecer aquí, en la tierra que Moisés les asignó, al oriente del río Jordán; pero los guerreros fuertes, completamente armados, deben guiar a las otras tribus hasta el otro lado del Jordán para ayudarlas a conquistar su territorio.

JOSUÉ 1:12, 14

Algunas personas piensan que Dios le dio a Israel dos mandamientos cuando les dijo que amaran a su prójimo como a sí mismos. Mandamiento número uno: ámate a ti mismo. Mandamiento número dos: ama a tu prójimo. El argumento dice que, como algunas personas tienen una baja autoestima, necesitan aprender a amarse a sí mismas antes de poder amar a otra persona. Pero, aparte del hecho de que las Escrituras no dicen nada semejante, el sentido común nos dice que todas las personas, por baja que sea su autoestima, están gobernadas en cierta medida por el interés propio y los instintos de conservación. La realidad es que el interés propio está detrás de gran parte de lo que hace que el mundo gire.

El interés propio también era una realidad en el mundo antiguo. En su camino hacia la Tierra Prometida, los hijos de Israel atravesaron y conquistaron el territorio que se encontraba en las orillas orientales del río Jordán. Algunos de los hombres que participaron en las batallas decidieron que preferían quedarse allí en lugar de continuar con el resto del pueblo, cruzar el Jordán y comenzar la lenta y difícil tarea de ocupar la tierra que Dios les había dado. Después de todo, tenían grandes rebaños y ganados, era buena tierra ¡y estaba allí para tomarla! Así que pidieron ser excusados de la ocupación de Canaán y que se les permitiera establecerse, asegurar a sus familias y continuar con sus vidas. ¡El interés propio reinaba por completo!

Moisés no se mostró nada complacido al escuchar su petición, y les dijo sin rodeos que eran como los que cuarenta años antes se habían negado a entrar en la tierra. Los llamó «raza de pecadores, haciendo exactamente lo mismo» (Números 32:14). También les dijo: «¿Significa esto que ustedes pretenden quedarse aquí mientras sus hermanos cruzan el río y combaten sin su apoyo?» (Números 32:6). Obviamente, sospechaba que el interés propio estaba actuando. Pero los hombres de las tribus respondieron: «Nosotros simplemente queremos construir corrales para nuestros animales y ciudades fortificadas para nuestras esposas e hijos. Después tomaremos las armas e iremos al frente de nuestros hermanos israelitas a la batalla, hasta que los llevemos seguros a su tierra» (Números 32:16-17). Como estaban dispuestos a cargar con su parte en la lucha, Moisés aceptó su propuesta. Tal como Josué les recordó más adelante, los hombres cumplieron su promesa, y el interés propio fue sometido al interés del Señor en su obra y al bienestar de los demás. Y así fue como amaron al Señor y a su prójimo como a sí mismos.

El instinto de conservación es bueno. El interés propio siempre estará presente. Pero el ensimismamiento debe verse tal como es: una inmadurez desbordada. Cuidar y amar a los demás de manera sacrificial es el único modo de crecer.

LECTURA: *Josué 3:1-17*

JUICIO POR AGUA

Era la temporada de la cosecha, y el Jordán desbordaba su cauce. Pero en cuanto los pies de los sacerdotes que llevaban el arca tocaron el agua a la orilla del río, el agua que venía de río arriba dejó de fluir y comenzó a amontonarse a una gran distancia de allí, a la altura de una ciudad llamada Adán, que está cerca de Saretán. Y el agua que estaba río abajo desembocó en el mar Muerto hasta que el lecho del río quedó seco. Después, todo el pueblo cruzó cerca de la ciudad de Jericó.

JOSUÉ 3:15-16

En los tribunales de justicia occidentales, el sistema contencioso se supone que ha de establecer la inocencia o la culpabilidad del acusado. La acusación presenta su caso, la defensa lo desafía y presenta su propia versión de los acontecimientos, y entonces el juez o el jurado evalúa las pruebas y llega a un veredicto. Ha habido demasiados casos en los que los inocentes han sido condenados y los culpables liberados como para tener total confianza en el sistema tal como existe hoy, pero aun así, es mucho mejor que los métodos utilizados en el antiguo Cercano Oriente. En aquellos tiempos, los tribunales determinaban la culpabilidad o inocencia del acusado simplemente arrojándolo a un río. Si el acusado se ahogaba, era culpable; si no lo hacía, ¡era inocente! A esto se le llamaba juicio por agua.

Josué les dijo a los hijos de Israel, cuando se acercaban al río Jordán en tiempo de crecida: «Hoy sabrán que el Dios viviente está entre ustedes» (Josué 3:10). Josué se refería a una prueba por agua que el propio Señor pasaría. Se les ordenó a los sacerdotes preparar «el arca del pacto que pertenece al Señor de toda la tierra» (3:11) y llevarla al centro del Jordán. El simbolismo era poderoso: el Señor mismo se estaba colocando en el agua. Era su propio juicio por agua. «Pero en cuanto los pies de los sacerdotes que llevaban el arca tocaron el agua a la orilla del río, el agua que venía de río arriba dejó de fluir y comenzó a amontonarse a una gran distancia de allí, a la altura de una ciudad llamada Adán [...] Y el agua que estaba río abajo desembocó en el mar Muerto hasta que el lecho del río quedó seco» (3:15-16). El pueblo cruzó y el arca fue llevada a tierra seca. Lo más significativo es que el Señor fue mostrado como «el Dios viviente» no solo para Israel, sino también para los aterrados habitantes de la región, cuya última esperanza de detener al ejército israelita, que era el río Jordán, no solo había fracasado, sino que además había servido como evidencia de la singularidad del Señor y de su pueblo.

El pueblo de Israel había oído de sus antepasados acerca del cruce del mar Rojo, pero esa era la historia de sus padres. La nueva generación necesitaba su propia demostración del poder y la soberanía del Señor, y el Señor se la dio.

Cada generación necesita aprender las lecciones de la historia, la historia del trato de Dios con su pueblo a través de los tiempos, pero también necesita ver en su propio tiempo y a su propia manera la evidencia de que el Señor sigue siendo «el Dios viviente» que se enfrenta a toda oposición y demuestra que él es el Señor. ¡Y Dios lo provee!

LECTURA: *Josué 4:1-24*

MONUMENTOS CONMEMORATIVOS

Las usaremos para levantar un monumento conmemorativo. En el futuro, sus hijos les preguntarán: «¿Qué significan estas piedras?». Y ustedes podrán decirles: «Nos recuerdan que el río Jordán dejó de fluir cuando el arca del pacto del SEÑOR *cruzó por allí». Esas piedras quedarán como un recordatorio en el pueblo de Israel para siempre.*

JOSUÉ 4:6-7

El Monumento a los Veteranos de Vietnam y la Tumba del Soldado Desconocido en Washington recuerdan a las personas los hombres y las mujeres que perdieron sus vidas en servicio a su país. Del mismo modo, el Monumento a los Caídos en Whitehall, Londres, hace recordar a aquellos cuyas vidas fueron cortadas en la causa de proteger y servir a su patria. En las tierras de todo el mundo se erigen esculturas para ayudar a las personas a recordar a los héroes del pasado, pero es muy fácil que las generaciones siguientes se familiaricen tanto con los monumentos que su significado se pierda. En la mente de la mayoría, el Día de los Caídos en los Estados Unidos ya no tiene nada que ver con las guerras extranjeras, ¡sino con el comienzo del verano! Pero, al olvidar nuestra historia, no solo pasamos por alto el gran costo de los beneficios que disfrutamos, sino que también corremos el riesgo de repetir los errores del pasado de los que no aprendimos. Los monumentos conmemorativos tienen un propósito fundamental.

Dios ordenó a su antiguo pueblo construir memoriales en momentos significativos. Quería que pudieran recordar los acontecimientos importantes. Pocos eventos fueron tan trascendentales para los israelitas como el cruce del Jordán, que marcó el fin de cuarenta años profundamente tristes y el comienzo de una nueva era: la vida en la tierra de la antigua promesa. Por eso el Señor le dijo a Josué que organizara a doce hombres que representaran a las doce tribus, y que cada uno tomara una piedra del centro del Jordán y usarlas «para levantar un monumento conmemorativo» (Josué 4:6). El monumento fue construido como recordatorio: «En el futuro, sus hijos les preguntarán: "¿Qué significan estas piedras?". Y ustedes podrán decirles: "Nos recuerdan que el río Jordán dejó de fluir cuando el arca del pacto del SEÑOR cruzó por allí"» (4:7). El Señor insistió en que las generaciones siguientes no quedaran sin conocer su trato con su pueblo.

Los buenos padres no solo aprenden el significado de los monumentos conmemorativos y lo transmiten, sino que también reconocen el valor de crear recuerdos dentro de sus propias familias para que los hijos no crezcan ignorando su herencia. Los buenos padres se esfuerzan por despertar la curiosidad de sus hijos en dirección a las cosas que necesitan aprender. ¡Y nada es más importante que los hijos crezcan conociendo al Señor! Por eso, los buenos padres agradecen a Dios por los monumentos divinamente establecidos, como el domingo (el día del Señor para comenzar cada semana), y el sencillo memorial del pan y el vino que conmemora el más grande de los acontecimientos. Y transmiten esos recuerdos a quienes, algún día, los transmitirán nuevamente.

LECTURA: *Josué 2:1-21; 6:15-25*

EL VALOR DE UNO

Jericó y todo lo que hay en la ciudad deben ser destruidos por completo como una ofrenda al Señor. Solo se les perdonará la vida a Rahab, la prostituta, y a los que se encuentren en su casa, porque ella protegió a nuestros espías. [...] Así que Josué le perdonó la vida a la prostituta Rahab y a los parientes que estaban en su casa, porque ella escondió a los espías que él había enviado a Jericó. Y Rahab vive con los israelitas hasta el día de hoy.

JOSUÉ 6:17, 25

La película galardonada con un premio, *Salvar al soldado Ryan*, presenta un intento valiente de salvar la vida de un soldado individual en el fragor de una gran batalla. Con efectos dramáticos y representaciones intensas de la guerra moderna, la película causa un fuerte impacto emocional. También ha recibido críticas de quienes señalan que es muy poco probable que, en medio del fragor del combate moderno, se arriesgue a un escuadrón de soldados para salvar la vida de una sola persona.

Puede que sea así, pero la historia de Rahab de Jericó muestra que, a los ojos de Dios, el valor de una sola persona es inmenso. Cuando los espías de Josué entraron en Jericó para planear la invasión y la toma de la ciudad, se alojaron en la casa de Rahab, quien luego salvó sus vidas. Asumiendo un gran riesgo personal, ella se interpuso entre los espías y aquellos que querían hacerles daño.

La motivación de Rahab era clara. Les dijo a los espías: «El Señor su Dios es el Dios supremo arriba, en los cielos, y abajo, en la tierra» (Josué 2:11). Admitió que los habitantes de Jericó vivían aterrorizados ante el avance de los israelitas, y sus acciones podrían haberse interpretado como una «conversión conveniente» para salvarse a sí misma. Pero los espías le creyeron y prometieron que ella y su familia serían salvadas cuando la ciudad fuera tomada, siempre que identificara claramente su casa dejando una «cuerda de color escarlata colgada de la ventana» (2:18).

Rahab hizo lo que se le había indicado y los israelitas cumplieron lo que habían prometido. En la terrible batalla que siguió, cuando los invasores «fueron directo al ataque de la ciudad y la tomaron», y luego procedieron a destruirla por completo (6:20-21), Rahab y su familia no fueron olvidados ni pasados por alto. Alguien recibió la tarea de encontrar su casa en medio del caos, abrirse paso entre la batalla y sacarla físicamente del peligro. ¿Por qué? Precisamente porque los hombres de Israel eran hombres de palabra y porque ella era valiosa a los ojos del Señor.

Y ¿cuán valiosa era? Increíblemente, Rahab aparece en la genealogía del Señor Jesús (ver Mateo 1:5). A pesar de su pasado complicado, tanto el autor de Hebreos (Hebreos 11:31) como Santiago (Santiago 2:25) la mencionan como un ejemplo de fe en acción.

En el fragor de la batalla, los individuos suelen considerarse prescindibles; pero en el tierno corazón de Dios, los individuos nunca son prescindibles. Cada uno de nosotros tiene un valor infinito para él. Y, en el conflicto y el ruido de la vida moderna, Dios nunca pierde de vista a los que le pertenecen.

LECTURA: *Josué 14:1-15*

A MEDIAS O CON TODO EL CORAZÓN

Los hermanos que me acompañaron asustaron tanto al pueblo que nadie quería entrar en la Tierra Prometida. Por mi parte, seguí al SEÑOR mi Dios con todo mi corazón. Así que, ese día, Moisés me prometió solemnemente: «La tierra de Canaán, por donde recién caminaste, será tu porción de tierra y la de tus descendientes para siempre, porque seguiste al SEÑOR mi Dios con todo tu corazón».

JOSUÉ 14:8-9

Cuando se acercan las etapas finales de una competencia deportiva y los contendientes están a la par, a menudo es cuestión de quién lo quiere con más fuerza, ¡de quién tiene más hambre! Si no hay diferencia entre las habilidades físicas, la preparación y las destrezas de los atletas, la ventaja decisiva suele depender del corazón: del lugar donde habitan el deseo y la determinación, donde residen el compromiso y el valor.

Si el corazón marca la diferencia en las competencias deportivas, también marca una diferencia enorme en la experiencia espiritual. Tomemos como ejemplo a Caleb, un hombre que siguió al Señor su Dios con todo su corazón (ver Josué 14:9). A la edad de ochenta y cinco años todavía era reconocido y respetado por su compromiso. Nacido en la tierra de Egipto e hijo de padres que vivían en servidumbre, Caleb decidió en algún momento de su vida ser un seguidor del Señor con todo su corazón. Tenía de sobra ejemplos de seguidores a medias a su alrededor. Sin duda, al reconocer su tibieza y compararla con sus propias convicciones acerca del Señor, determinó que nada menos que una entrega completa de su vida al Señor sería aceptable.

El tipo de compromiso que Caleb tenía en mente implicaba mantenerse firme tanto en los malos tiempos como en los buenos. Ese compromiso lo sostuvo en el corto y en el largo plazo. Cuando otros retrocedían por temor, él avanzaba por fe. Los obstáculos que detenían a los demás lo impulsaban a seguir adelante. Las promesas de Dios debían reclamarse por completo. No pidió ayuda para eliminar a los enemigos de su tierra; simplemente pidió la oportunidad de enfrentarlos y expulsarlos, «tal como el SEÑOR dijo» (14:12). Y, cuando surgían dificultades, él se encontraba no entre la multitud, sino al frente, hablando con convicción y guiando a sus hombres (ver Números 14:5-9, 24).

A menudo se ha señalado que existen al menos tres tipos de personas: las que hacen que las cosas sucedan, las que observan cómo suceden y las que preguntan «¿qué pasó?». ¡No se necesita otorgar ningún premio para reconocer a qué grupo pertenecía Caleb!

¿Puede una persona naturalmente indecisa o de corazón dividido llegar a ser un seguidor del Señor de todo corazón? Si es así, ¿qué se necesita? La respuesta es esta: si Dios es quien dice ser y puede cumplir lo que ha prometido, él es digno de nuestra obediencia amorosa y confiada. De eso está hecha la entrega total del corazón.

LECTURA: *Josué 23:1-16*

EL PELIGRO DEL ÉXITO

El SEÑOR ha expulsado a naciones grandes y poderosas a favor de ustedes, y hasta ahora nadie ha podido derrotarlos. Cada uno de ustedes hará huir a mil hombres del enemigo, porque el SEÑOR su Dios pelea por ustedes tal como lo prometió. Así que asegúrense de amar al SEÑOR su Dios.

JOSUÉ 23:9-11

Las victorias de ayer no garantizan los triunfos de mañana. La serie de victorias de Napoleón se detuvo en Waterloo, y la implacable marcha de Hitler hacia el oriente llegó a su fin en las ruinas de Stalingrado. Los campeones de cualquier deporte saben que todas las rachas ganadoras llegan a su fin, e incluso el vendedor más exitoso sabe que algún día no será capaz de cerrar el trato.

A veces, la atmósfera embriagadora de victorias continuas contribuye a los factores que conducen a una eventual derrota. La confianza apropiada degenera en arrogancia, el respeto saludable por el oponente se endurece y se convierte en un desprecio insano, y la preparación cuidadosa cede su lugar a actitudes descuidadas y a un enfoque superficial.

Josué, el general experimentado, lo sabía. Sus fuerzas habían probado durante mucho tiempo la emoción de la victoria; por eso, hacia el final de su vida, Josué le recordó al liderazgo de Israel: «El SEÑOR ha expulsado a naciones grandes y poderosas a favor de ustedes, y hasta ahora nadie ha podido derrotarlos» (Josué 23:9). El énfasis estaba en el Señor, así que añadió: «El SEÑOR su Dios pelea por ustedes tal como lo prometió» (23:10). Parecería impensable que los israelitas, cuyas victorias habían sido tan espectaculares que claramente eran obra del Señor, pudieran alguna vez olvidar su total dependencia de la intervención divina en sus asuntos. Pero los ejércitos victoriosos suelen volverse descuidados, y los equipos ganadores tienden a apartarse de aquello que los llevó al éxito. Israel no fue la excepción. Por eso, Josué insistió: «Así que asegúrense de amar al SEÑOR su Dios» (23:11). Ganar la guerra es una cosa; mantener la paz es otra muy distinta. Pero el mismo principio de confiar, obedecer y amar al Señor se aplica a ambas.

Josué tuvo la previsión de reconocer que el Israel victorioso podía llegar a caer. Reconoció que aún quedaban enemigos no derrotados en medio de ellos, enemigos que desearían con todas sus fuerzas poner fin a la racha de victorias de Israel. Por eso planteó la posibilidad, casi impensable, de que llegara el día en que el Señor «ya no expulsara a esos pueblos», y advirtió que podrían convertirse en «una red y una trampa para ustedes, como un látigo en la espalda y como zarzas con espinas en los ojos, y ustedes desaparecerán de la buena tierra que el SEÑOR su Dios les ha dado» (23:13).

Josué no imaginaba que el ejército triunfante de Israel se volvería de pronto incompetente, ni que sus líderes experimentados perderían misteriosamente sus habilidades estratégicas. Era algo más grave. Veía llegar el día en que los ejércitos dejarían de depender del Señor y llegarían a confiar tanto en sí mismos que dejarían de amarlo y honrarlo; un día en que caerían en la complacencia y la desobediencia y se encaminarían hacia el desastre. Esa es la manera más segura de convertir las victorias de ayer en las derrotas de mañana. Es, en otras palabras, ¡el modo de arrebatar la derrota de las fauces de la victoria!

LECTURA: *Salmo 27*

CONVERSACIONES CON EL SEÑOR

Escúchame cuando oro, oh Señor; ¡ten misericordia y respóndeme! Mi corazón te ha oído decir: «Ven y conversa conmigo». Y mi corazón responde: «Aquí vengo, Señor».

SALMO 27:7-8

Cuando Billy Graham era un joven evangelista, lo invitaron a conocer a Winston Churchill, el gran líder británico en tiempos de guerra, durante la Cruzada Harringay en Londres. Él quedó sin duda sorprendido y satisfecho de recibir tal invitación. Aunque mantuvo una estricta confidencialidad sobre los detalles de su reunión con el primer ministro, el doctor Graham habló más tarde acerca de lo que sintió al ser conducido a la residencia del primer ministro en el número 10 de Downing Street. En presencia de una figura tan eminente, el joven Graham se sintió inseguro, quizás incluso inadecuado.

El rey David también recibió un día una invitación que lo llenó de alegría, pero sin duda le causó cierta incertidumbre. David escribió: «Mi corazón te ha oído decir: "Ven y conversa conmigo". Y mi corazón responde: "Aquí vengo, Señor"» (Salmo 27:8). ¡Una invitación para «venir y conversar con» el Señor! David era plenamente consciente de la eminencia y la majestad del Señor, y no necesitaba que nadie le recordara sus humildes orígenes como pastor en los campos de Belén. Sin duda, experimentó una profunda sensación de insuficiencia al entrar en el santuario para tener su encuentro con el Señor.

Pero David recordó: «El Señor es mi luz y mi salvación, entonces ¿por qué habría de temer? El Señor es mi fortaleza y me protege del peligro, entonces ¿por qué habría de temblar?» (27:1). David había sido invitado a conversar con Aquel que una y otra vez le había demostrado estar de su lado. Por eso podía acercarse a esa reunión no de manera casual o irreverente pero tampoco con temor ni con nerviosismo. Tranquila y confiadamente, podía presentarse ante el Señor y expresar lo que había en su corazón.

Y ¿qué había en su corazón? David deseaba, por encima de todo, aprender el secreto de vivir disfrutando conscientemente de la presencia del Señor. «Lo único que le pido al Señor —lo que más anhelo— es vivir en la casa del Señor todos los días de mi vida, deleitándome en la perfección del Señor y meditando dentro de su templo» (27:4). Esta es una petición inusual para un rey, un guerrero, un hombre activo, un hombre del pueblo. Pero es una expresión genuina y profunda de anhelo espiritual por una comunión más cercana con el Señor. David quería conversar con Dios sobre las incertidumbres de su vida y buscar la seguridad de su guía, su cuidado y su protección constantes. «No me des la espalda», pidió. «Enséñame cómo vivir, oh Señor» (27:9, 11).

Todo hombre tiene una invitación abierta para conversar con Dios. Es una invitación a abrir su corazón al Señor y expresarle lo que hay en su interior. Sería extraño que alguien dejara pasar una invitación así.

LECTURA: *Rut 1:14-22*

AMARGURA Y GRACIA

Pero Rut respondió:
—No me pidas que te deje y regrese a mi pueblo. A donde tú vayas, yo iré; dondequiera que tú vivas, yo viviré. Tu pueblo será mi pueblo, y tu Dios será mi Dios. [...]
—No me llamen Noemí —contestó ella—. Más bien llámenme Mara, porque el Todopoderoso me ha hecho la vida muy amarga.

RUT 1:16, 20

La familiaridad con los asuntos espirituales por muchos años puede engendrar desconsideración por ellos. Las disciplinas de la vida espiritual pueden volverse cotidianas; entonces, son descuidadas y al final llegan a caer en un estado de grave desuso. La oración es olvidada, la adoración pierde su atracción y el servicio es gravoso; entonces, el resultado es alejamiento del pueblo de Dios. A veces, un creyente de muchos años llega a cansarse de las cosas del Señor y se vuelve una carga para quienes lo rodean. En cambio, el nuevo creyente, recién despertado a la realidad espiritual y profundamente agradecido por la gracia recibida, vive con gozo. La oración es un deleite, la adoración una alegría, el servicio un privilegio y la comunión una bendición.

¿Qué ocurre cuando un creyente de larga trayectoria, que vive una vida sin gozo ni consuelo, se encuentra con un nuevo creyente que vive en la alegría de la salvación? Esta parece haber sido la situación en la notable relación entre Noemí y Rut. La mujer mayor, originaria de Belén, había partido con su familia durante una gran hambruna. La familia se estableció en la tierra de Moab (tradicionalmente un lugar poco hospitalario para la gente de Judá) y parece que vivió allí unos diez años. Durante ese tiempo, sus hijos se casaron con mujeres moabitas, algo que no se esperaba del pueblo de Dios. Luego, la tragedia golpeó tres veces: Noemí perdió no solo a su esposo, sino también a sus dos hijos. Al decidir que ya no tenía nada por lo que vivir en Moab, y al enterarse de que las cosas habían mejorado en Judá, Noemí decidió regresar a su pueblo natal.

Una de sus nueras de Noemí decidió quedarse en Moab, pero la otra, Rut, acompañó a su suegra de regreso a Belén. Rut estaba totalmente comprometida con el bienestar de Noemí. Incluso declaró: «Tu pueblo será mi pueblo, y tu Dios será mi Dios [...] ¡Que el Señor me castigue severamente si permito que algo nos separe, aparte de la muerte!» (Rut 1:16-17). ¡Rut se había convertido en una seguidora fiel de Jehová! Se había alejado intencionalmente de la adoración a los dioses moabitas y se había vuelto al Señor para recibir salvación. De su corazón fluían compromiso y compasión, sin duda como resultado de su nueva fe.

Al llegar a Belén, Noemí se negó a responder a su nombre (que significa «agradable»), porque dijo: «El Todopoderoso me ha hecho la vida muy amarga» (1:20). Exigió que de ahí en adelante la llamaran «Mara» (que significa «amarga»). En esencia, Noemí decía: «¿Cómo pueden llamar agradable a mi vida? Ha sido muy amarga». La creyente de antaño se había vuelto triste y amargada por las circunstancias de la vida, mientras que la nueva creyente se volvía cada vez más dulce.

En la comunidad de creyentes, se supone que quienes han recorrido el camino por más tiempo deben mostrar el rumbo a los recién llegados. Pero, a veces, ¡sucede exactamente al revés!

LECTURA: *Mateo 1:1-17*

GENEALOGÍA

Salmón fue el padre de Booz (su madre fue Rahab). Booz fue el padre de Obed (su madre fue Rut). Obed fue el padre de Isaí.

MATEO 1:5

No hace mucho tiempo era costumbre que las familias registraran su historial familiar en una Biblia familiar especial. Se anotaban nacimientos, defunciones, matrimonios y otros eventos importantes, y esta información servía como un recurso estupendo y preciso para establecer una genealogía. Por desgracia, con la desaparición de los tiempos devocionales familiares en muchos hogares, las viejas Biblias familiares han recorrido el camino de los dinosaurios. Por tanto, las genealogías son difíciles de investigar y preservar.

En la antigüedad, sin embargo, el mantenimiento de registros genealógicos era un asunto de gran importancia. Esto se hace evidente al leer los relatos bíblicos. Por ejemplo, Esdras el escriba fue identificado como «hijo de Seraías, hijo de Azarías», con nada menos que otras catorce referencias de «hijo de» que lo vinculaban con el primer sumo sacerdote, Aarón (Esdras 7:1-5). No debía quedar ninguna duda en la mente de nadie de que Esdras era un miembro legítimo de la familia sacerdotal. De manera similar, las genealogías de Jesús que se encuentran en los Evangelios son las más importantes de toda la Biblia, y en ciertos aspectos, las más sorprendentes. Mateo trazó la línea familiar terrenal de Jesús hasta Abraham y David, mientras que Lucas siguió el linaje del Salvador hasta Adán. Mateo deseaba mostrar que Jesús pertenecía a la línea real de David, mientras que Lucas, al presentar a Jesús como descendiente de «Adán, hijo de Dios» (Lucas 3:38), ofreció una perspectiva mucho más universal. Pero quizás lo más llamativo de ambas genealogías es la inclusión de mujeres en la de Mateo. Las mujeres pocas veces aparecían en las genealogías judías, ¡sin embargo Mateo incluyó a cuatro! Y no solo eso: las cuatro mujeres probablemente eran consideradas gentiles en su época, y cada una de ellas tenía antecedentes que las habrían hecho poco aceptables ante los judíos tradicionales. Tamar y Rahab fueron prostitutas, Betsabé fue adúltera y Rut era moabita.

Solo podemos especular sobre por qué Mateo decidió incluir a estas cuatro mujeres. Tal vez quiso demostrar que Dios utiliza a las personas más improbables para llevar a cabo sus planes. ¡Asombroso! Tal como Pablo les explicó a los corintios, Dios «escogió lo despreciado por el mundo —lo que se considera como nada— y lo usó para convertir en nada lo que el mundo considera importante» (1 Corintios 1:28). En el caso de Rut, aunque provenía de un pueblo despreciado y muchos en su tiempo la habrían pasado por alto, demostró tanto una nobleza de carácter extraordinaria como una fidelidad y una entrega ejemplares.

Sin duda, lo que Dios busca es una persona cuyo corazón esté en paz delante de él, ¡sin importar su raza, su clase social o su pasado!

LECTURA: *Lucas 7:11-17*

MILAGROS

¡El joven muerto se incorporó y comenzó a hablar! Y Jesús lo regresó a su madre. Un gran temor se apoderó de la multitud, y alababan a Dios diciendo: «Un profeta poderoso se ha levantado entre nosotros» y «Dios ha visitado hoy a su pueblo».

LUCAS 7:15-16

Matthew Arnold concluyó el prefacio a la edición de 1883 de su obra monumental, *Literatura y dogma*, con la audaz afirmación: «Los milagros no ocurren». Quienes están más interesados en los deportes que en la literatura o el dogma no están de acuerdo. Insisten en que la era de los milagros continuó hasta 1969, ¡cuando los Mets de Nueva York ganaron el campeonato de la Liga Nacional y luego conquistaron la Serie Mundial! Arnold, por supuesto, hablaba en serio. La multitud deportiva simplemente estaba siendo sarcástica.

Pero ¿qué podemos decir *nosotros* sobre los milagros? Los milagros son aquellos acontecimientos para los cuales, según los patrones de pensamiento occidentales, no hay una explicación natural inmediata. Las personas reverentes no dudan en atribuirlos a la intervención divina. Razonan que Dios, quien creó el mundo y lo sostiene, es perfectamente libre y capaz de intervenir en sus asuntos y su funcionamiento cuando y como lo desee, con el fin de cumplir sus propósitos. Aquellos que, como Arnold, han decidido que un milagro no va a ocurrir, por cualquier razón, han descartado a Dios como realidad o lo han relegado a una posición de irrelevancia por lo que se refiere a este mundo y sus asuntos.

Las Escrituras hablan con frecuencia de los milagros, incluyendo algunos de los más asombrosos realizados por el propio Jesús. Sin duda, muchos de ellos fueron actos de compasión, como quedó claramente demostrado al resucitar al hijo único de una viuda desconsolada (Lucas 7:11-17). En la época de Cristo, sin embargo, también había muchas viudas afligidas con hijos muertos y una multitud de mendigos necesitados; y él no los resucitó ni los sanó a todos. No fue selectivo en su compasión, por lo que aparentemente sí lo fue en sus demostraciones de poder.

En el extremo opuesto de Matthew Arnold están quienes piensan que los milagros deberían ser algo normal, que Dios debería realizarlos constantemente. Pero los milagros, por definición, no son lo normal: ¡son extraordinarios! Tampoco el Señor los prometió a todas las personas cada vez que los deseen o necesiten. Además, no hay garantía de que quienes presencien un milagro sean llevados a vivir en devoción hacia quien lo realizó. Muchas de las personas que fueron testigos de los milagros de Jesús exigieron ver más, pero rehusaron permanecer a su lado en el momento de su rechazo.

Decir que los milagros no ocurren es ser dogmático sin fundamento. Insistir en que deberían ser comunes es ser expectante sin sabiduría. Pero creer que ocurren conforme a los propósitos de Dios y en su tiempo es ser reverente y adorador. Los milagros sí ocurren; incluso después de la Serie Mundial de 1969.

LECTURA: *Lucas 7:18-35*

DUDA

Los dos discípulos de Juan encontraron a Jesús y le dijeron: «Juan el Bautista nos envió a preguntarte: "¿Eres tú el Mesías a quien hemos esperado o debemos seguir buscando a otro?"».

LUCAS 7:20

Cada año, la revista *Time* identifica a una «Persona del año», y normalmente recibe una reacción mixta de los lectores. Por ejemplo, en el 2000, *Time* escogió a George W. Bush, el ganador de la lucha por la presidencia en 2000, tan controvertida y competida. A finales de 1999, sin embargo, escogieron a una «Persona del siglo»: Albert Einstein, el gran físico teórico cuya teoría de la relatividad cambió nuestro modo de pensar acerca del mundo. Aquí, nuevamente, la elección no recibió aprobación universal, porque no había acuerdo sobre los criterios utilizados para emitir el juicio.

Un día, Jesús eligió a su «hombre del milenio». Jesús dijo: «Les digo que de todos los que han vivido, nadie es superior a Juan» (Lucas 7:28). Hablaba de Juan el Bautista. Su propósito no era llenar de elogios a Juan, sino mostrar que «la persona más insignificante en el reino de Dios es superior a él» (7:28). El punto de Jesús era que, por extraordinario que fuera Juan, le faltaba la experiencia básica del más humilde de los que habían descubierto la realidad del reino de Dios mediante la fe en Cristo.

Todo esto no disminuye, sin embargo, la importancia de la estatura de Juan como hombre de sobresaliente capacidad e integridad. Es interesante notar, por lo tanto, que el comentario de Jesús surgió en el contexto de algo en la vida de Juan que indicaba que incluso él tenía un talón de Aquiles. Juan acababa de enviar un mensaje a Jesús a través de dos discípulos, preguntando: «¿Eres tú el Mesías a quien hemos esperado o debemos seguir buscando a otro?» (7:19). Juan era quien había señalado a Jesús y declarado con valentía: «¡Miren! ¡Ahí está el Cordero de Dios!» (Juan 1:36). Pero ahora tenía dudas. Su talón de Aquiles estaba apareciendo.

Quizás la razón de las dudas de Juan se encontraba en su experiencia personal. Él sabía que una de las señales de la llegada del Mesías sería que proclamaría «que los cautivos serán liberados» (Lucas 4:18). Pero Juan estaba languideciendo en una celda de prisión, ¡de la que nunca sería liberado! La respuesta de Jesús fue que había suficientes pruebas de que él estaba cumpliendo la profecía mesiánica de Isaías (Lucas 7:22; ver Isaías 61:1-2). Jesús se había referido a esta profecía al inicio de su ministerio (Lucas 4:18-19). Pero, aunque le habló específicamente a Juan acerca de sus milagros, «los ciegos ven, los cojos caminan bien, los que tienen lepra son curados, los sordos oyen, los muertos resucitan, y a los pobres se les predica la Buena Noticia» (Lucas 7:22), en consonancia con la situación de Juan, ¡no mencionó la liberación de los cautivos!

Jesús no ofreció respuestas fáciles para las dificultades personales de Juan, solo le dio suficientes evidencias para fortalecer su fe. Pero, aunque en ese momento no fuera fuerte, ¡Jesús todavía pensaba que era el más grande! Incluso los grandes hombres pueden tener debilidades, ¡incluyendo la de tener dudas!

LECTURA: *Lucas 7:36-50*

LÓGICA Y AMOR

Te digo que sus pecados —que son muchos— han sido perdonados, por eso ella me demostró tanto amor; pero una persona a quien se le perdona poco demuestra poco amor.

LUCAS 7:47

El amor puede ser bastante ilógico. Tiene su propio conjunto de reglas que son más emocionales que racionales. Y la lógica puede ser decididamente poco amorosa. Basada en premisas mayores y menores y llegando a conclusiones incontrovertibles, la lógica puede perder fácilmente de vista a los seres humanos y sus necesidades.

Tomemos como ejemplo la cena en la casa de Simón el fariseo, donde Jesús fue el invitado de honor. Una mujer de mala reputación (una «mujer de mala vida», Lucas 7:37), no bien recibida en compañía tan distinguida, se unió a la reunión (como permitía la costumbre) y avergonzó a los invitados al llorar sobre los pies de Jesús mientras él se reclinaba en la mesa, ungió sus pies con perfume costoso y los besaba y secaba con su cabello.

Aquí es donde la lógica de Simón tomó el control.

Premisa mayor: Los verdaderos profetas no tienen nada que ver con mujeres pecadoras.
Premisa menor: Jesús permite que esta mujer lo toque; ¡y lo acaricie!
Conclusión: Esto prueba que Jesús no es un profeta («Si este hombre fuera un profeta», 7:39).

La evidente pasión en el comportamiento de la mujer, su expresión desenfrenada de adoración y respeto y sus lágrimas sinceras de dolor y alegría; todo esto dejó a Simón el fariseo indiferente. La lógica triunfó sobre el amor en su corazón.

Jesús, con una visión precisa como un láser, leyó la mente de Simón y «respondió a los pensamientos del fariseo» (7:40), para consternación de Simón. De manera sutil y magistral, Jesús llevó a Simón a reconocer que, en un caso donde una persona es perdonada mucho y otra poco, no es raro que quien ha sido más perdonado sea quien más aprecie. ¡La mente lógica de Simón podía manejar eso sin problema! Pero lo que no podía manejar era la aplicación que Jesús hizo. Jesús señaló a Simón que el comportamiento de la mujer, que él encontraba tan desagradable, era en realidad mucho más apropiado que la fría y desalmada «bienvenida», sin ni siquiera las cortesías más básicas, que Jesús había recibido de Simón (7:43-46).

Pero Jesús no estaba comentando sobre las normas sociales, ni siquiera sobre su ausencia. Hablaba del amor. Jesús vio la diferencia entre el comportamiento de Simón y el de la mujer como una cuestión de amor, ¡y un tipo especial de amor! Es el amor que surge del conocimiento del perdón. Simón no sabía nada de esto porque no reconocía su propia necesidad. Su lógica, sin duda, lo mantenía aislado de la culpa y, por lo tanto, separado de la gracia. Pero la mujer, que no estaba aislada de la culpa ni separada de la gracia, se apoyaba únicamente en su experiencia del perdón. Abrumada de gratitud, mostró su amor. ¡De manera extravagante, hermosa e ilógica!

Los hombres no necesitan «conectar con su lado femenino» para experimentar y expresar el amor de Cristo. Solo necesitan pensar lógicamente sobre Jesús y su gracia y dejar que su amor recíproco se manifieste. Para su sorpresa, ¡podrían descubrir que sus expresiones de amor desafían su lógica masculina!

LECTURA: *Lucas 8:1-15*

ESCUCHA PRODUCTIVA

Sus discípulos le preguntaron qué significaba esta parábola. Él respondió: «A ustedes se les permite entender los secretos del reino de Dios, pero utilizo parábolas para enseñarles a los demás y para que se cumplan las Escrituras: "Cuando miren, no verán realmente. Cuando oigan, no entenderán"».

LUCAS 8:9-10

Un predicador dijo en una ocasión a un grupo de estudiantes que tenía tantas cosas que decirles, que no sabía por dónde comenzar. Al decir eso, ¡cometió un error fundamental! Esto se hizo evidente cuando un joven oyente inteligente sugirió: «Bueno, comience cerca del final». ¡La gente no necesita mucho ánimo para intentar dejar mal a los predicadores! Es muy fácil acusarlos de hablar demasiado o de curar el insomnio de las personas. ¡Y las bromas de buen humor a veces no están tan lejos de la verdad!

Pero ¿qué pasa con los oyentes que no cumplen su parte en el ejercicio de comunicación? La comunicación efectiva requiere tanto oír como hablar, tanto comprender como expresar.

Jesús abordó este tema directamente. Explicó que había decidido enseñar por medio de parábolas, que son historias simples con significados profundos, precisamente por las diferentes maneras en que los oyentes responden a lo que se dice (Lucas 8:9-10). Una parábola puede escucharse de manera muy superficial, sin que se perciba o aplique ningún significado moral o espiritual, pero también puede tener un impacto transformador en la vida del oyente si se toma la lección en serio. Así que el tema no es la efectividad del que habla, sino la atención del que escucha.

La ilustración del sembrador que siembra la semilla fue magistral. Todos los oyentes de Jesús estaban familiarizados con el proceso de esparcir la semilla porque eran agricultores. En la historia de Jesús, parte de la semilla cayó en el camino, parte en tierra poco profunda, parte entre espinos y parte en buena tierra. Esto sin duda coincidía con la propia experiencia de los oyentes al sembrar. Todos sabían que parte de la semilla tendría una respuesta muy superficial y no produciría nada, mientras que otra parte daría una cosecha abundante y fructífera. Pero el verdadero punto de Jesús se perdió para algunos de ellos. ¡Su enseñanza era que lo mismo ocurre con quienes lo escuchan! «La buena tierra», les explicó a sus discípulos en privado, representa «a las personas sinceras, de buen corazón, que oyen la palabra de Dios, se aferran a ella y con paciencia producen una cosecha enorme» (8:15).

La escucha productiva requiere dos cosas. Primero, tener la actitud correcta del corazón: una disposición positiva y una intención sincera de aplicar la verdad con honestidad. Segundo, implica estar dispuesto a trabajar en el largo plazo con lo que se dice, no solo por un momento. Hay un elemento de «aferrarse» a la verdad del mensaje, y debe haber una aplicación «paciente» o constante de lo que se escucha. De esta manera, grandes cosechas de bendición abundan en los corazones de los oyentes.

Se ha escrito mucho sobre el tema de hablar con efectividad pero poco sobre el papel de escuchar con atención. Sin duda, los predicadores en los púlpitos necesitan perfeccionar sus habilidades; pero las personas en los bancos también deben concentrarse mejor.

LECTURA: *Salmo 91*

LA SOMBRA DEL TODOPODEROSO

Los que viven al amparo del Altísimo encontrarán descanso a la sombra del Todopoderoso.

SALMO 91:1

En dos de sus libros, *Portales de esplendor* y *La sombra del Todopoderoso*, Elisabeth Elliot relata la historia de cinco misioneros estadounidenses, incluyendo a su esposo, Jim, que fueron martirizados en las junglas de Ecuador en 1956. El título del segundo libro fue tomado claramente del Salmo 91, el cual los cinco jóvenes se tomaron muy en serio cuando se embarcaron en la peligrosa tarea de establecer contacto con el primitivo pueblo auca. Después de varios contactos prometedores con los indígenas, logrados mediante un ingenioso método de bajar cubetas con regalos desde un avión que daba vueltas sobre la aldea, los hombres aterrizaron en una franja de arena junto a la orilla de un río de la jungla y esperaron la llegada de sus nuevos «amigos». Pero los misioneros fueron cruelmente asesinados y sus cuerpos quedaron en las aguas turbias del río.

Cualesquiera que fueran los temores naturales que estos jóvenes pudieran haber tenido, sin duda se vieron aliviados por las palabras: «No tengas miedo de los terrores de la noche ni de la flecha que se lanza en el día. No temas a la enfermedad que acecha en la oscuridad ni a la catástrofe que estalla al mediodía» (Salmo 91:5-6). Cualesquiera que fueran sus reservas, seguramente hallaron gran consuelo en las palabras: «Si haces al Señor tu refugio y al Altísimo tu resguardo, ningún mal te conquistará» (91:9-10). Y, sin embargo, la realidad es que estos jóvenes confiados fueron atravesados con lanzas pocos días después de llegar al territorio auca.

No sabemos cuánta advertencia, si es que hubo alguna, tuvieron los misioneros del ataque inminente, pero habían puesto su corazón en las palabras: «El Señor dice: "Rescataré a los que me aman. Protegeré a los que confían en mi nombre. Cuando me llamen, yo les responderé; estaré con ellos en medio de las dificultades. Los rescataré y los honraré"» (91:14-15). La pregunta obvia que muchos se hacían en el momento de la tragedia, y en los años posteriores, era: «¿Qué salió mal?». ¿No resistieron las promesas de Dios el peso de la confianza que se puso en él? ¿Faltó Dios a su compromiso de proteger a sus jóvenes siervos? ¿Habían malinterpretado ellos las Escrituras? Y la respuesta, aunque es difícil de encontrar, seguramente es que el Señor sí los «rescató» de su dolor terrenal y los «honró» en su presencia inmediata. Desde sus muertes, ellos han disfrutado de su promesa de recompensarlos «con una larga vida», tan larga como la eternidad, «y les daré mi salvación» (91:15-16). En verdad, encontraron «descanso a la sombra del Todopoderoso"» (91:1).

La fe mira a lo lejos: la sombra de Dios es una sombra larga.

LECTURA: *Jueces 7:1-22*

VALIOSO PERO PRESCINDIBLE

Fue apenas pasada la medianoche, después del cambio de guardia, cuando Gedeón y los cien hombres que iban con él llegaron al límite del campamento madianita. Entonces de un momento al otro, tocaron los cuernos de carnero y rompieron las vasijas de barro. Enseguida los tres grupos tocaron juntos los cuernos y rompieron las vasijas. Con la mano izquierda sostenían la antorcha ardiente, y en la mano derecha llevaban el cuerno, y todos gritaban: «¡Una espada por el SEÑOR *y también por Gedeón!».*

JUECES 7:19-20

El cristianismo está lleno de paradojas. Morimos para vivir, somos humillados para ser exaltados, el primero será el último y lo prescindible es lo valioso. ¡Paradojas!

Gedeón y sus hombres debieron haber sido los mayores indefensos en la historia militar cuando se propusieron batallas contra los madianitas. Superados en número y mal armados, habían sido reducidos a trescientos hombres, y su arsenal consistía en cántaros que contenían antorchas y una espada cada uno. Así equipados, rodearon el campamento de los madianitas en plena noche. A la señal, rompieron las vasijas de barro contra el suelo. El silencio se hizo pedazos; el cielo nocturno se llenó de luz. Los madianitas, presas del pánico, comenzaron a atacarse entre sí, y cuando los sobrevivientes huyeron, el ejército de Gedeón los remató con sus espadas.

El apóstol Pablo aparentemente se refería a este acontecimiento cuando explicó su manera de entender su trabajo como apóstol. Dijo que Dios había ordenado que la luz brillara en la Creación, así como había hecho brillar el conocimiento de Cristo en su corazón. Declaró: «Ahora tenemos esta luz que brilla en nuestro corazón, pero nosotros mismos somos como frágiles vasijas de barro que contienen este gran tesoro» (2 Corintios 4:7). Mientras la vasija de barro de su cuerpo físico permaneciera intacta, la luz no podría salir; pero si la vasija se agrieta y se rompe, la luz brillará a través de ella. Pablo se veía a sí mismo como alguien prescindible al servicio del Maestro. No le interesaba embellecer el exterior de su vida o ni siquiera reparar las grietas. Su interés era dejar que la gloria de Dios resplandeciera a través de su vida humilde. Si la manera en que soportaba la aflicción glorificaba a Dios, él daba la bienvenida a las aflicciones. Si su respuesta ante las presiones demostraba el poder de Dios, que las presiones continuaran.

¡Palabras valientes, sin duda! El hombre que se considera a sí mismo prescindible es, a fin de cuentas, el más valioso. El hombre que no se inclina para cuidar a un niño sucio conserva intacto su orgullo pero empobrece su alma; en cambio, el hombre que gasta el dinero de sus vacaciones para mantener a un huérfano o invierte su tiempo de televisión en un centro de rescate o deja pasar un ascenso para poder involucrarse en su iglesia quizás vea afectadas sus finanzas y su tiempo libre, pero conocerá la plenitud del gozo en su corazón. Son las vasijas rotas las que dejan brillar la luz; las intactas simplemente permanecen hermosas en su propia oscuridad.

LECTURA: *Jueces 9:1-21*

CODICIA DE PODER

Todos los árboles le dijeron al espino: «¡Reina sobre nosotros!». Y el espino les respondió a los árboles: «Si realmente quieren que yo sea su rey, vengan a refugiarse bajo mi sombra. Si no, que salga fuego de mí y consuma los cedros del Líbano».

JUECES 9:14-15

Un hombre sabio dijo una vez: «El poder corrompe, y el poder absoluto corrompe absolutamente». Pero el poder que corrompe tiene su atractivo. Los hombres lo siguen buscando porque sienten que pueden disfrutar la libertad que brinda el poder sin sufrir la esclavitud corrupta que impone.

Dios trató de advertir a su pueblo sobre este peligro. Ellos escucharon con oídos sordos. Israel había sido llamado a ser una teocracia: es decir, a vivir bajo el gobierno divino. Para que una teocracia funcione, sin embargo, el pueblo debe honrar al Señor y andar en sus caminos. Los hijos de Israel no tenían intención alguna de vivir de esa manera. Miraban con anhelo a las monarquías que los rodeaban y deseaban tener un sistema similar; por eso le pidieron a su héroe, Gedeón, que aceptara el papel de rey, pero él se negó y dijo: «Yo no los gobernaré ni tampoco mi hijo. ¡El SEÑOR los gobernará!» (Jueces 8:23).

Cuando Gedeón murió, su hijo Abimelec no tuvo los mismos escrúpulos. Quiso gobernar, así que comenzó a establecer su base de poder. Primero fue a Siquem, el lugar donde vivía su madre, la concubina de Gedeón. Allí jugó la carta del parentesco, diciéndoles a sus familiares que, por ser de su «misma sangre», podrían esperar un trato mejor de parte suya que de cualquiera de sus setenta medio hermanos, de quienes insinuó que deseaban apoderarse del mando. El resultado fue que obtuvo su apoyo, recolectó dinero y contrató mercenarios. Entonces asesinó a todos sus medio hermanos. ¡Qué agradable sujeto! De esa manera eliminó cualquier posible oposición; o eso creyó. Pero uno de sus hermanos, Jotam, escapó. Jotam apareció valientemente sobre una roca con vistas a Siquem y proclamó en voz alta una parábola sobre un arbusto inútil que quería ser rey. El mensaje era más que claro: el medio hermano inútil de Jotam ofrecía lo que no podía dar, ¡pero no se detendría ante nada para obtener poder!

El deseo de tener cierto grado de poder sobre nuestras propias vidas es comprensible; pero con frecuencia implica poder sobre otras personas, porque si otros nos controlan, realmente no tenemos el control. Es aquí donde comienzan los problemas. En el corazón humano, un deseo legítimo de libertad frente a la opresión puede convertirse rápidamente en una codicia de poder sobre los demás. Entonces, todo vale. Las profundidades a las que puede hundirse el alma humana son insondables. Los nobles ideales de la Revolución Francesa, «libertad, igualdad, fraternidad», degeneraron rápidamente en un baño de sangre. Aquellos que fueron liberados de la opresión oprimieron sin piedad a sus oponentes. Solo hay una manera segura de manejar la codicia de poder, y Gedeón la expresó claramente: «¡El SEÑOR los gobernará!».

LECTURA: *Jueces 13:1-14*

LÍMITES PARENTALES

Quedarás embarazada y darás a luz un hijo, a quien jamás se le debe cortar el cabello. Pues él será consagrado a Dios como nazareo desde su nacimiento. Él comenzará a rescatar a Israel de manos de los filisteos.

JUECES 13:5

Las mujeres en países desarrollados que quedan embarazadas saben que la salud y el bienestar de su hijo aún no nacido están directamente relacionados con el cuidado que sigan de sus propias dietas y estilos de vida. De hecho, las madres que esperan un hijo pueden ser acusadas de graves delitos si ponen en peligro el bienestar de su hijo no nacido aún.

Aunque en la época del Antiguo Testamento este tipo de información sobre la dieta y el estilo de vida no estaba fácilmente disponible, hubo situaciones en las que a las mujeres embarazadas se les indicó tomar precauciones especiales con su alimentación debido a la naturaleza especial del hijo que esperaban.

Tal fue el caso de la esposa de «Manoa, de la tribu de Dan» (Jueces 13:2). Ella no había podido tener hijos. Entonces fue visitada por un mensajero celestial que no solo le dio la buena noticia de su embarazo, sino que también le anunció que su hijo sería un nazareo, un hombre dedicado al Señor para un servicio especial. La esposa de Manoa recibió la instrucción: «No debes beber vino ni ninguna otra bebida alcohólica ni comer ninguno de los alimentos prohibidos» (13:4). Como señal de su condición y responsabilidad especiales, su hijo tampoco podría consumir esas cosas, y esto debía comenzar desde el vientre materno. Además, nunca debía cortarse el cabello. Como resultado, sería identificado fácilmente como un hombre consagrado a Dios. Manoa y su esposa obedecieron fielmente las instrucciones, y el niño, Sansón, nació. Sin duda, él fue instruido sobre las circunstancias únicas de su nacimiento y sobre sus privilegios y responsabilidades como nazareo.

Llegaría el día, por supuesto, en que el joven desarrollaría su propio criterio, y la capacidad de sus padres para controlarlo sería limitada. Comenzaría a tomar sus propias decisiones. Si decidía afeitarse la cabeza o consumir bebidas alcohólicas, habría poco que ellos pudieran hacer al respecto.

Los padres piadosos de todas las generaciones se han enfrentado a problemas similares. De buena fe dedican a sus hijos al Señor (¡aunque raras veces fomentan el crecimiento desmedido del cabello!) y se esfuerzan sinceramente en criarlos en el conocimiento y reconocimiento del Señor. Y eso es lo correcto. Pero llega un momento en que su papel se limita y la responsabilidad pasa al joven. En ese punto, se requiere mucho cuidado. Las declaraciones autoritarias pocas veces producen buenos resultados, y la frustración de los padres ante el incumplimiento de sus expectativas difícilmente cambiará la situación. Pero el ejemplo constante y una preocupación genuina, acompañados de una oración perseverante, obran maravillas. Porque los siervos dedicados no se pueden fabricar; ¡pero sí se puede ayudar a que se desarrollen!

LECTURA: *Jueces 14:1-20; 16:1-4*

LLAMAMIENTO Y CARÁCTER

Cierto día, estando Sansón en Timna, se vio atraído por una mujer filistea. Cuando volvió a su casa, dijo a su padre y a su madre: «Me gusta una joven filistea de Timna y quiero casarme con ella. Consíganmela». [...] Cierto día Sansón fue a la ciudad filistea de Gaza y pasó la noche con una prostituta. [...] Tiempo después, Sansón se enamoró de una mujer llamada Dalila, que vivía en el valle de Sorec.

JUECES 14:1-2; 16:1, 4

Cuando el presidente William Jefferson Clinton fue acusado de prevaricación, los Estados Unidos estaban todo menos unidos en su actitud hacia lo que estaba ocurriendo. Además de las maniobras políticas evidentes que estaban ocurriendo, se desarrollaba un gran debate sobre la naturaleza del liderazgo. Estaban quienes insistían en que el presidente claramente estaba haciendo un buen trabajo y que su vida personal no era asunto de nadie más. Otros, en cambio, argumentaban que una parte fundamental del trabajo de un presidente es ofrecer liderazgo moral a la nación, y en eso, sin duda, había fracasado. Detrás de este debate había una pregunta aún más profunda: ¿qué papel juega el carácter moral en la vida de un líder?

Esa misma pregunta podría haberse hecho sobre Sansón, el hombre fuerte y dotado del antiguo Israel. Dios había llamado a Sansón a ser nazareo, un hombre dedicado al servicio de Dios desde el vientre materno. Su misión era derrotar a los enemigos del pueblo de Dios, y para cumplir con ese llamado había sido dotado especialmente con una fuerza sobrenatural. La señal más evidente de su vocación nazarea era su cabello sin cortar. Como su don sobrenatural (su *carisma*) estaba directamente relacionado con su llamado, su fuerza permanecía intacta mientras su cabello no fuera cortado. Así que no había duda sobre su llamado ni sobre su carisma. Pero, tristemente, sí había serias dudas sobre su carácter moral.

En particular, las relaciones de Sansón con el sexo opuesto dejaban mucho que desear. Su fallido matrimonio con una mujer filistea (Jueces 14:1-20), su encuentro con una prostituta filistea (16:1-3) y su desdichado romance con Dalila, también filistea (16:4-22), dicen mucho acerca de su carácter. Lo más importante en la vida de Sansón debía haber sido mantener su voto nazareo; pero tan pronto como «se enamoró» de Dalila (16:4), ignoró el hecho de que el extraño interés que ella tenía por descubrir el secreto de su fuerza estaba directamente relacionado con un plan filisteo para destruirlo, y jugueteó imprudentemente con ella y con su voto hasta que fue derrotado. Sansón fue descuidado con su carácter, indiferente hacia su llamado, y, como resultado inevitable, perdió su *carisma*.

Cualquiera que sea la opinión de los políticos y del público sobre el papel del carácter en la vida de un presidente, no hay duda alguna de su importancia en la vida de un líder espiritual. Las palabras del doctor Peter Kuzmic, un destacado y poderoso líder cristiano de la antigua Yugoslavia, merecen ser recordadas. Dijo a un reportero en plena crisis de Bosnia: «El carisma sin carácter equivale al caos». ¡Lástima que Sansón nunca conoció a Peter Kuzmic!

LECTURA: *Jueces 16:4-22*

RESTAURACIÓN: ¿CON TIEMPO?

Dalila arrulló a Sansón hasta dormirlo con la cabeza sobre su regazo, y luego hizo entrar a un hombre para que le afeitara las siete trenzas del cabello. De esa forma, ella comenzó a debilitarlo, y la fuerza lo abandon. [...] Así que los filisteos lo capturaron y le sacaron los ojos. Se lo llevaron a Gaza, donde lo ataron con cadenas de bronce y lo obligaron a moler grano en la prisión. Pero en poco tiempo, el cabello comenzó a crecerle otra vez.

JUECES 16:19, 21-22

Recientemente, varios pastores muy visibles e influyentes han experimentado fracasos morales de alta visibilidad. Los efectos de esta trágica muerte de liderazgo espiritual siguen resonando. Cuando un líder cristiano experimenta un fracaso moral, los efectos colaterales son inmensurables. El líder es avergonzado, su familia queda desconcertada, sus seguidores se sienten confundidos, sus enemigos se regocijan y, lo más importante, la causa de Cristo sufre un retroceso. Tan grandes son las repercusiones que la credibilidad de la fe cristiana se pone en duda. Por lo tanto, se requiere gran cuidado para tratar adecuadamente a las partes involucradas.

Aquí radica un aparente problema. Algunas personas, citando a Pablo, dicen: «Amados hermanos, si otro creyente está dominado por algún pecado, ustedes, que son espirituales, deberían ayudarlo a volver al camino recto con ternura y humildad. Y tengan mucho cuidado de no caer ustedes en la misma tentación» (Gálatas 6:1). Desde ese punto de vista, parecería que el líder caído debería ser restaurado de inmediato a su posición, ¿no es así? El tema del que Pablo habla aquí, sin embargo, es la comunión, no el liderazgo. Ciertamente, se debe ayudar al hermano caído a reconocer su pecado, arrepentirse y buscar restauración, pero es una cuestión completamente distinta decidir si ese líder debe volver a ocupar su cargo. Si se da la impresión de que el líder «se salió con la suya», ¿qué mensaje se transmite a los seguidores confundidos que han sido engañados y desilusionados? ¿Cómo pueden los observadores externos tomar en serio las declaraciones morales de la iglesia si los líderes que las desafían son tratados con indulgencia cuando se descubre su falta? Una regla general podría ser esta: siempre es apropiado tomar medidas para restaurar a un hermano caído a la *comunión*, pero eso no significa que un líder descalificado deba ser restaurado al *liderazgo*.

El balance probablemente se encuentra en la historia de Sansón. Después de su aplastante derrota y caída, Sansón fue cegado, encarcelado, encadenado y humillado. Sin duda, tuvo tiempo suficiente para reflexionar sobre sus acciones, evaluar su conducta y reconocer de qué manera había abusado de su llamado y fallado en la tarea que Dios le había encomendado. No se nos dice cuál fue su actitud del corazón en ese momento, pero los acontecimientos posteriores dan a entender que probablemente llegó a un punto de arrepentimiento y deseó ser restaurado a su antigua fuerza y gloria. Pero eso tomaría tiempo.

Hay una declaración sutil pero poderosa en la historia: «Pero en poco tiempo, el cabello comenzó a crecerle otra vez» (Jueces 16:22). Se le estaba dando una oportunidad de mostrar, al dejar crecer su cabello, que estaba renovando sus votos. El cabello de un nazareo tarda en crecer. Y la restauración de un líder caído no ocurre de un momento a otro. Pero, si se maneja correctamente, un hermano caído puede ser restaurado. En algunos casos, incluso un líder que ha fallado puede ser reinstalado pero no de inmediato. Toma tiempo.

LECTURA: *Jueces 16:23-31*

FUERZA EN LA DEBILIDAD

Sansón oró al SEÑOR: «SEÑOR Soberano, acuérdate de mí otra vez. Oh Dios, te ruego que me fortalezcas solo una vez más. Con un solo golpe, déjame vengarme de los filisteos por la pérdida de mis dos ojos».

JUECES 16:28

Al haber sido capturado por los enemigos tradicionales de Israel, los filisteos, como resultado de su propia mala disciplina y descuido, Sansón fue cegado y puesto a trabajar en molino de grano. Los filisteos interpretaron la caída de Sansón como un triunfo para su deidad nacional: Dagón. Entonces organizaron una gran celebración en su honor. Alabaron a su dios diciendo: «¡Nuestro dios nos ha entregado a nuestro enemigo! ¡El que mató a tantos de nosotros ahora está en nuestro poder!» (Jueces 16:24). El fervor religioso, alimentado por el alcohol, agitó a la multitud hasta que exigieron que Sansón fuera sacado para ser más humillado todavía. Así, el lamentable antiguo hombre fuerte, ahora ciego, fue conducido de la mano hasta el centro de la multitud burlona, donde se burlaron de él y lo hicieron objeto de diversión.

Sansón había nacido con el propósito expreso de «rescatar a Israel de manos de los filisteos» (13:5). Esa era su razón de ser, el motivo de su existencia; pero su situación presente era un recordatorio brutal de su vergonzoso fracaso. Lejos de rescatar a Israel de manos de los filisteos, el hombre poderoso de Israel estaba siendo retenido por ellos, atado y ciego, con una vida marcada por la desgracia. Así que Sansón no solo se había convertido en objeto de ridículo, sino que también había arrastrado a Israel al nivel de una burla nacional. Aún peor, había dado a los seguidores de Dagón la oportunidad de creer que su ídolo hecho por manos humanas era más fuerte y superior al Dios creador, Jehová.

Mientras Sansón estaba en medio de la multitud, sin poder ver pero consciente de todo, ¡oró! «SEÑOR Soberano, acuérdate de mí otra vez. Oh Dios, te ruego que me fortalezcas solo una vez más. Con un solo golpe, déjame vengarme de los filisteos por la pérdida de mis dos ojos» (16:28). Al parecer, incluso en ese momento, Sansón seguía pensando en la venganza más que en el cumplimiento de su tarea divina de rescatar a Israel de manos de los filisteos. Pero reconoció que el Señor era la fuente de su fuerza y que su fracaso lo había alejado de su Dios; ahora deseaba ser fortalecido de nuevo.

Dios concedió su petición. Mientras Sansón buscaba venganza por sus ojos, Dios quería manifestar su propia majestad y superioridad sobre los ídolos hechos por el hombre; por lo tanto, en una impresionante demostración de poder, Sansón empujó las columnas principales del edificio. Tanto él como la multitud burlona fueron llevados a la eternidad entre gritos de terror y el estruendo de un colapso monumental.

Surgen naturalmente algunas preguntas. Por ejemplo: ¿ayudó Dios a un hombre vengativo o asistió un suicidio? Pero estas preguntas pasan por alto el punto central de la historia: Dios está dispuesto a usar a personas imperfectas para cumplir sus propósitos, siempre que reconozcan su dependencia de él. Fue cierto en el caso de Sansón, y también lo es para ti y para mí.

LECTURA: *Salmo 62*

INTENTAR SER RICO

No te ganes la vida mediante la extorsión ni pongas tu esperanza en el robo. Y si tus riquezas aumentan, no las hagas el centro de tu vida.

SALMO 62:10

Por primera vez, más del 50 % de los hogares estadounidenses invierten en el Mercado de Valores. Dadas las oportunidades para el comercio en línea y el atractivo de las inversiones para hacerte rico rápidamente, algunas familias jóvenes están vendiendo recuerdos de familia para invertir en el mercado lo obtenido. Algunos incluso sacan segundas hipotecas sobre sus casas con la intención de duplicar rápidamente su dinero en Wall Street. Otros hacen planes para ganar dinero suficiente como para poder jubilarse, a más tardar, a los cincuenta años. ¡Tal es el estado de frenesí financiero en el que muchos viven durante los tiempos de prosperidad y los mercados alcistas!

El rey David vivió en tiempos muy diferentes. No existía el Mercado de Valores, y hasta el cobro de intereses era visto con desaprobación. David reconocía, sin embargo, que al menos algunos de sus contemporáneos pensaban en hacerse ricos. Les advirtió que no intentaran enriquecerse mediante la «extorsión o el robo». Y, para aquellos que no tenían intención de involucrarse en prácticas ilícitas, añadió: «Y si tus riquezas aumentan, no las hagas el centro de tu vida». Al decir esto, el gran rey tocó un punto sumamente sensible.

La riqueza tiene un encanto propio y fascinante. Ofrece la promesa de «lo mejor de todo»: el mejor asiento en el estadio, la mejor mesa en el restaurante, el mejor automóvil en el estacionamiento, la mejor escuela en los suburbios. Seduce con ofertas de placeres innumerables, sugiere que puede curar todos los males y satisfacer todos los deseos, susurra que puede abrir puertas que de otro modo estarían cerradas y presume de que puede resolver los problemas más difíciles. ¿Es de extrañar que la gente vea en la riqueza a su salvador y la convierta en el centro de su vida?

No hay nada intrínsecamente malo en la riqueza. ¿Cómo podría haberlo, si es Dios quien da a las personas la capacidad de obtenerla? (ver Deuteronomio 8:18). Lo que suele estar mal es el lugar de prominencia que se le da en el corazón. La riqueza, ya sea en su búsqueda, en su control o en su uso, no pertenece al centro; en el mejor de los casos, debería ocupar un lugar periférico.

Por poderosa que sea la riqueza, ¿y quién puede negar su poder?, no puede hacer nada frente a un aspecto fundamental de la existencia humana. Los seres humanos son extremadamente frágiles; «si se les pesa juntos en una balanza, ambos son más livianos que un soplo de aire» (Salmo 62:9). La riqueza no puede resolver esta «insoportable levedad del ser», y cuando un hombre que ha hecho de la riqueza su centro es llevado a la eternidad, se va sin su centro. Está vacío. Y, al presentarse ante Aquel que es *el* centro de toda vida, comprende su error; pero demasiado tarde.

LECTURA: *Lucas 9:37-48*

ESTATUS

Los discípulos comenzaron a discutir entre ellos acerca de quién era el más importante.

LUCAS 9:46

Cuando se juntan varones, les encanta conversar: ¡acerca de sí mismos! Cuentan historias de guerra del campo de batalla o (más probablemente) de la cancha de fútbol. Hablan sobre el pez que pescaron (y el que se les escapó), el trato que cerraron, el aumento que negociaron, el auto que manejan o el ascenso que están esperando. El problema no es tanto la competencia como la competición. No necesariamente intentan demostrar que son grandes, sino que son más grandes. El instinto competitivo parece venir con la testosterona.

Cuando los discípulos de Jesús se juntaban, no era diferente. Lucas nos dice que los discípulos tuvieron dificultades para entender por qué Jesús, en el punto más alto de su popularidad y éxito, les dijo que sería traicionado. En sus mentes, Jesús estaba a punto de triunfar; en la de él, veía una cruz. Jesús trataba de enseñarles que estaba a punto de tomar el lugar más bajo (Lucas 9:44), pero ellos «comenzaron a discutir entre ellos acerca de quién era el más importante» (9:46). Tan seguros estaban de que Jesús expulsaría a los romanos y restauraría la independencia y gloria de Israel, con Jesús como soberano supremo, que lo único que quedaba por discutir era el papel que ocuparía cada uno en la nueva administración. Y eso bastó para encender los jugos competitivos.

Pero Jesús, que «conocía lo que ellos pensaban» (9:47, presumiblemente, cuando lo vieron llegar cambiaron de tema abruptamente), decidió no debatir quién sería el más importante. En cambio, en un nivel mucho más básico y necesario, ilustró lo que significa ser verdaderamente «importante». Puso delante de ellos a un niño pequeño, quien, en esa cultura, no tenía prácticamente ningún estatus social ni legal, y les dijo que una persona verdaderamente importante es aquella que se acerca a quienes la sociedad considera insignificantes. Al ministrar a los «insignificantes», en cierto sentido estamos ministrando al propio Señor.

Jesús no estaba divinizando a los pobres ni a los indefensos; estaba reiterando el valor de todas las criaturas de Dios. Si eso es así, el hombre verdaderamente importante no se deja llevar por la necesidad de competir o compararse. Está mucho más inclinado a tender la mano a los humildes que a aferrarse a los puestos más altos. Y, si alguna vez teme que su masculinidad esté en duda, ¡basta con que vuelva a mirar a Aquel que fue y sigue siendo el más importante de todos!

LECTURA: *Lucas 9:49-62*

EL COSTO DEL DISCIPULADO

Jesús le dijo: «El que pone la mano en el arado y luego mira atrás no es apto para el reino de Dios».

LUCAS 9:62

Dietrich Bonhoeffer, el brillante y joven teólogo alemán, fue ejecutado por los nazis en el campo de concentración de Flossenburg el 9 de abril de 1945. Este mártir moderno había pensado y escrito mucho acerca del costo del discipulado, en particular debido a los tiempos peligrosos en los cuales vivía. Estaba convencido de que el evangelio que Jesús predicó a sus discípulos no estaba exento de desafíos, pero tampoco carecía de un consuelo especial. Bonhoeffer dijo: «El mandato de Jesús es duro, indescriptiblemente duro, para aquellos que tratan de resistirlo. Pero para quienes se someten voluntariamente, el yugo es fácil y la carga ligera»[30].

Tenía razón. Jesús no dudaba en reprender a sus seguidores descarriados. Cuando trataron de detener a un exorcista que no pertenecía a su grupo, se les dijo: «¡No lo detengan! Todo el que no está en contra de ustedes está a su favor» (Lucas 9:50). Cuando quisieron exterminar a unos samaritanos, el Señor los reprendió por sugerir tal cosa (9:51-55). Y aquellos que respondieron a su llamado con tibieza, como el hombre que indicó que seguiría a Jesús siempre que no interfiriera con su vida familiar, recibieron la advertencia: «El que pone la mano en el arado y luego mira atrás no es apto para el reino de Dios» (9:62).

El problema de arar y mirar atrás al mismo tiempo no es tanto un cuello rígido como un surco torcido. Y el producto final de un cristiano que sigue a Cristo a medias es una vida torcida. Un cristiano a medias entrega parte de su vida a Cristo y maneja el resto por su cuenta.

Hay algo en el corazón del hombre que se resiste a un compromiso total con el señorío y el liderazgo de Cristo. Le resulta difícil mientras resiste, porque se libra una batalla de voluntades. Es una batalla que el hombre no puede ganar, pero insiste en pelear, para su propio desaliento y malestar. Sería mucho mejor aceptar la reprensión del Señor. Es infinitamente mejor ver las cosas a su manera. Y es maravillosamente liberador cambiar los duros grilletes del egoísmo por las benignas restricciones del llamado de Cristo, adondequiera que lleve.

Bonhoeffer enfrentó su muerte, a la que llamó «la más solemne de las fiestas en el camino hacia la libertad eterna»[31]. Estaba convencido de que este, el costo supremo del discipulado, era un precio que valía la pena pagar. Este es un enfoque del discipulado que lleva la marca de la autenticidad.

30 Dietrich Bonhoeffer, *El costo del discipulado*.
31 Dietrich Bonhoeffer, «Stations on the Road to Freedom» («Estaciones en el camino hacia la libertad»).

LECTURA: *Lucas 10:1-20*

LA OVEJA Y LOS LOBOS

Ahora vayan, y recuerden que los envío como ovejas en medio de lobos.

LUCAS 10:3

En el mundo del deporte profesional tenemos a los equipos de Osos, Leones, Jaguares o Carneros; pero nunca vemos a Ardillas o Corderos. Hay algo muscular, agresivo e intimidante en los primeros: esos nombres infunden respeto. Por otro lado, un equipo deportivo llamado Ardillas u Ovejas generaría lástima y risas.

La gente en la época de Jesús no practicaba deportes profesionales, pero aun así tenía un lado agresivo y no dudaba en imponer su voluntad, como osos y leones, sobre los demás. Esto, sin embargo, no le preocupaba a Jesús. Él dijo con franqueza que, en lo que respectaba a sus hombres, estaban a punto de ser enviados «como ovejas en medio de lobos» (Lucas 10:3). Su equipo de testigos no se llamaba los Guepardos de Capernaúm ni los Jaguares de Jerusalén. Eran las Ovejas, y sus oponentes en la primera ronda eran los Lobos. «Sin competencia», dirás. «Si fuera una pelea profesional, los árbitros la detendrían en el primer asalto».

Pero Jesús sabía más. Debían ser Ovejas, y lobos ciertamente serían sus oponentes. Pero la diferencia se encuentra en la declaración: «Los envío» (10:3). El secreto de un ministerio cristiano eficaz no reside en las habilidades extraordinarias de quienes son enviados, sino en la autoridad soberana de quien envía. Sin su envío, los setenta y dos nunca se habrían aventurado; y sin la seguridad de «les he dado autoridad sobre todos los poderes del enemigo» (10:19), las Ovejas nunca habrían salido a la cancha. ¡Pero lo hicieron! ¿Y cuál fue el resultado final? Ovejas 72, Lobos 0.

Jesús fue quien «eligió» a los setenta y dos (10:1). Él mismo es el «Señor que está a cargo de la cosecha» (10:2). Él es a quien los discípulos deben «orar» (10:2). Él, y solo él, puede «enviar» adecuadamente a las personas a donde necesitan ir para hacer lo que deben hacer. Él da instrucciones sobre el comportamiento de los discípulos, sobre técnicas de ministerio, sobre la solemnidad de la ocasión y sobre la urgencia del momento. A él regresan los discípulos cansados pero entusiasmados, y de él escuchan las palabras: «Pero no se alegren de que los espíritus malignos los obedezcan; alégrense porque sus nombres están escritos en el cielo» (10:20).

Entonces, ¿cuál es el papel de quienes son enviados por Jesús? Es estar dispuestos a ser *impulsados* a la acción, contra todo pronóstico, a veces contra un mejor juicio y ocasionalmente contra consejos concertados. Luego, su tarea es *proclamar*, dar a conocer a la gente a Jesús y su reino. ¡Su papel también incluye *orar* por refuerzos! Finalmente, deben *perseverar*. ¡De esta manera, las Ovejas derrotarán a los Lobos cada vez!

LECTURA: *Lucas 10:25-37*

BUENOS SAMARITANOS

Ahora bien, ¿cuál de los tres te parece que fue el prójimo del hombre atacado por los bandidos? —preguntó Jesús.
El hombre contestó:
—El que mostró compasión.
Entonces Jesús le dijo:
—Así es, ahora ve y haz lo mismo.

LUCAS 10:36-37

Al hombre promedio no le agradan quienes se muestran ser santurrones. Tiene poca paciencia para los «hacedores de buenas obras», pero suele tener espacio en su corazón para un «buen samaritano». Le agrada la idea de alguien muy servicial que ayuda a las ancianas a cruzar la calle y hace recados para quienes no pueden salir de su casa. ¿Realmente es eso, sin embargo, lo que Jesús tenía en mente cuando contó la que quizás sea su historia más famosa, la parábola del buen samaritano? ¡Difícilmente!

El contexto de la historia es crucial. «Cierto día, un experto en la ley religiosa se levantó para probar a Jesús [...]: "Maestro, ¿qué debo hacer para heredar la vida eterna?"» (Lucas 10:25). La historia del buen samaritano surgió a raíz de una pregunta sobre el destino eterno y la vida en el más allá, sobre la comunión eterna con Dios o la separación de él. Jesús le pidió al experto su comprensión de las instrucciones de Moisés de «ama al Señor tu Dios con todo tu corazón, con toda tu alma, con toda tu fuerza y con toda tu mente« y «ama a tu prójimo como a ti mismo» (10:27; ver también Deuteronomio 6:5; Levítico 19:18). La implicación clara era que el camino hacia la vida eterna pasa por un cumplimiento meticuloso y perfecto de la ley. Queriendo «justificar sus acciones», el experto preguntó: «¿Y quién es mi prójimo?». (10:29). En respuesta, Jesús contó su historia sobre el buen samaritano, dejando claro que era el modelo de vecindad.

El experto, sin duda, se había sintonizado con la enseñanza rabínica que limitaba convenientemente la definición de «prójimo» y «vecindad» a un grupo selecto de asociados. Jesús amplió la definición para mostrar que cualquiera puede ser un prójimo y que la vecindad debe mostrarse a todos. Las víctimas sangrantes en la cuneta son prójimos, y también lo son los samaritanos despreciados y marginados.

Más significativamente, Jesús señaló que los esfuerzos humanos, ya sea en la vecindad o en cualquier otra cosa prescrita por la ley, se quedan muy cortos de merecer la vida eterna. Comprendiendo esto, el hombre se ve impulsado a la gracia, su única esperanza de vida eterna. Jesús insistió, en sus encuentros con los legalistas, que no había «venido a llamar a los que se creen justos, sino a los que saben que son pecadores y necesitan arrepentirse» (Lucas 5:32).

Existe una idea muy extendida en la cultura occidental de que una «buena vida» aquí y ahora garantiza la vida eterna en el más allá. Pero la parábola del buen samaritano contradice este malentendido peligroso. Una palabra clara del apóstol Pablo lo deja fuera de duda: «Pues la paga que deja el pecado es la muerte, pero *el regalo que Dios da* es la vida eterna por medio de Cristo Jesús nuestro Señor» (Romanos 6:23, énfasis añadido). La vida eterna es un regalo gratuito, no una consecuencia de una buena vida, pero quienes reciben ese regalo tendrán un profundo deseo de vivir una buena vida. ¡Exactamente como el samaritano!

SEPTIEMBRE

LECTURA: *Lucas 10:38–11:13*

LA ESTERILIDAD DE LA OCUPACIÓN

El Señor le dijo: «Mi apreciada Marta, ¡estás preocupada y tan inquieta con todos los detalles! Hay una sola cosa por la que vale la pena preocuparse. María la ha descubierto, y nadie se la quitará».

LUCAS 10:41-42

Existe un peligro en ser vago y ocioso. Como escribió Isaac Watts:

Pues Satanás encuentra algún daño
Para que lo hagan las manos ociosas[32].

El trabajo bueno y honesto, aparte de ejercitar los músculos y poner comida sobre la mesa, también actúa como un disuasivo contra las tentaciones que se agrupan alrededor de una vida ociosa. Pero, si la ocupación es el antídoto contra la ociosidad, debemos ser conscientes de que también hay un efecto adverso en la ocupación excesiva.

Marta, la amiga de Jesús, es un gran ejemplo. Nadie puede reprocharle a esta mujer estar ocupada cuando descubre que Jesús y sus discípulos hambrientos han llegado a almorzar. Y su frustración con su hermana, que se sentaba a hablar cuando podría haber estado ayudando en la cocina, es perfectamente comprensible. Pero, cuando Marta reprendió a Jesús y sugirió que le dijera a María «que venga a ayudarme» (Lucas 10:40), él respondió que María había comprendido algo que Marta había pasado por alto. Pero ¿qué era eso?

Marta es la patrona de todos aquellos que están tan ajetreados que no tienen tiempo para cuidar la nutrición de sus propias almas. Lo que hacen es necesario, importante y útil, ¡pero al final destructivo! Mientras gastan energía física y emocional, descuidan la infusión de poder espiritual.

María era más sensata que permitir que eso le sucediera a ella. Aprovechó una oportunidad que era muy escasa para las mujeres de aquellos tiempos: sentarse «a los pies del Señor a escuchar sus enseñanzas» (10:39).

En términos sencillos, la ocupación y el ajetreo conducen a la esterilidad. La ocupación nos aleja de tomarnos el tiempo para leer, meditar, aprender y digerir internamente la Palabra de Dios. Ser nutrido por la Palabra de Dios es como una conversación entre dos amigos que se escuchan y responden mutuamente y se animan por el encuentro. La nutrición espiritual fluye a la vida de quien se toma tiempo regularmente para escuchar al Señor en su Palabra y luego responde en oración a lo que el Señor ha dicho.

Por supuesto, la oración basada en la Palabra de Dios tiene más probabilidades de estar cercana a la mente del Señor que la oración que surge únicamente del interés propio de quien ora. Esto se evidencia en la oración que Jesús enseñó a sus discípulos (11:1-4). Esta oración se preocupa primero porque el nombre del Señor «siempre sea santificado», luego porque su reino «venga pronto». Solo entonces la oración se dirige a asuntos legítimos de preocupación personal, como: «Danos cada día el alimento que necesitamos», las relaciones en las que pecamos y otros pecan «contra nosotros» y cuestiones espirituales como la «tentación».

Es cierto que la cura para la ociosidad es la ocupación. Pero hay que cuidarse de la esterilidad de la ocupación que ignora el secreto de la bienaventuranza.

32 Isaac Watts, *Divine Songs* (Canciones divinas).

LECTURA: *Lucas 11:14-28*

PERDIENDO EL PUNTO

Ustedes dicen que mi poder proviene de Satanás, pero si Satanás está dividido y pelea contra sí mismo, ¿cómo puede sobrevivir su reino? [...] Sin embargo, si yo expulso a los demonios por el poder de Dios, entonces el reino de Dios ha llegado y está entre ustedes.

LUCAS 11:18, 20

Desde que la Corte Suprema declaró su decisión en el caso de *Roe contra Wade*, legalizando el aborto en los Estados Unidos, el tema ha sido objeto de un intenso debate que no muestra señal alguna de apaciguarse. A quienes están a favor de la decisión les gusta clasificar a las partes en el argumento como quienes son «pro-elección» contra los que son «anti-aborto». ¡Sus elecciones descriptivas indican claramente sus prejuicios! ¿Por qué no describir las partes como quienes son «pro-vida» contrariamente a quienes son «anti-bebés»?

Los defensores del aborto presentan el argumento como una cuestión de libertad de elección por parte de la mujer y de rechazo a que el gobierno interfiera en las áreas más íntimas de la vida de una persona (la mujer). Al intentar contrarrestar esos argumentos, un punto destacado a menudo se pasa por alto; o se ignora. En los Estados Unidos, durante tres décadas, hasta 1,5 millones de bebés cada año han visto truncada su vida y se les ha negado el derecho a vivir antes incluso de nacer. En otras palabras, el argumento de la «libertad de elección» pasa por alto que 1,5 millones de personas al año están siendo privadas de la libertad de elegir.

A veces nos concentramos tanto en un aspecto relativamente menor de un tema, en este caso, el derecho de la mujer a decidir, que nos cegamos ante un aspecto monumental del mismo: en este caso, la exterminación de millones de bebés. Pero esta extraña aberración humana no es nueva. Por ejemplo, Jesús hizo milagros. Los hombres modernos tienden a descartar los relatos de los milagros, ya sea diciendo que «los milagros no ocurren» o afirmando que «la gente primitiva de la época de Jesús no entendía lo que nosotros entendemos y caracterizó como milagros lo que ahora sabemos que eran eventos perfectamente normales y explicables». ¡Entre los testigos presenciales, sin embargo, no hubo tal debate! Ellos no dudaron ni por un momento de que Jesús realizara milagros; solo debatían cómo lo hacía. Algunos dijeron: «Con razón puede expulsar demonios. Él recibe su poder de Satanás, el príncipe de los demonios» (Lucas 11:15). Otros, sin estar tan seguros, «exigían que les mostrara alguna señal milagrosa del cielo» (11:16).

Jesús expuso rápidamente las falacias de los argumentos de quienes lo veían como un emisario de Satanás al plantear la pregunta: «Si Satanás está dividido y pelea contra sí mismo, ¿cómo puede sobrevivir su reino?» (11:18). ¡Buen punto! ¿Por qué Satanás, el príncipe de los demonios, dedicaría tiempo y energía a destruir demonios? Como dijo Jesús: «Todo reino dividido por una guerra civil está condenado al fracaso» (11:17).

¡Quienes pensaban que Jesús era empoderado por Satanás estaban perdiendo el punto! El punto era sencillo: mientras ellos discutían sobre cómo realizaba los milagros, pasaban por alto el hecho de que los milagros demostraban inequívocamente que «el reino de Dios ha llegado» (11:20).

Es trágico discutir sobre la libertad de elección y la intervención del gobierno, aunque ambas son preocupaciones legítimas, mientras se pierde de vista que los bebés están muriendo. ¡Y es desastroso debatir sobre milagros y no percibir la llegada del reino!

LECTURA: *Salmo 85*

LA HISTORIA Y SU HISTORIA

Presto mucha atención a lo que dice Dios el Señor, pues él da palabras de paz a su pueblo fiel. Pero no le permitas volver a sus necios caminos.

SALMO 85:8

El pesimista dice: «Si la historia nos enseña algo, ¡la enseñanza es que no nos enseña nada!». Dependiendo del punto de vista, eso podría ser una afirmación que condena a la historia al cubo de la basura y a quienes la enseñan a la redundancia; y también podría ser una afirmación triste con respecto a la terquedad y la estupidez humanas. Sea cual sea la manera en que interpretemos el aforismo, debemos rechazar su conclusión porque la historia, enseñada correctamente y aprendida adecuadamente, es un depósito de gran verdad que tiene un valor inmenso. Por ejemplo, la persona que cree que Dios actúa en los asuntos de los hombres ve la historia como «su historia» y aprende a través de ella valiosas lecciones de él. La historia trata sobre las maneras en que el gran Creador y Redentor ha actuado, intervenido, cumplido sus propósitos y revelado su verdadera naturaleza a lo largo de los años, los siglos y los milenios.

Es ciertamente el caso, en los tratos históricos de Dios con Israel, que hay lecciones que aprender. Aquellos que tienen «ojos para ver» pueden discernir claramente las maneras en las que Dios tuvo el control, incluso en los días oscuros de la historia de Israel. Como resultado, los estudiantes de la historia de Israel, al mirar hacia atrás y reflexionar sobre las acciones de Dios en el pasado, se han preparado para mirar hacia adelante y anticipar su actividad en el futuro. El salmista, por ejemplo, escribió con gozo acerca de los tratos históricos de Dios: «¡Señor, tú derramaste bendiciones sobre tu tierra! Devolviste el bienestar a Israel. Perdonaste la culpa de tu pueblo; sí, cubriste todos sus pecados» (Salmo 85:1-2). Esto no era un pensamiento ilusorio ni una especulación ociosa por parte del salmista. Era un hecho históricamente verificable. Dios realmente había hecho todas esas cosas. De eso podían estar seguros, ¡y lo estaban!

Debido a que el salmista tenía claridad sobre el pasado, tenía confianza en el futuro. Por eso cantó: «Restáuranos, oh Dios de nuestra salvación [...] ¿No volverás a darnos vida para que tu pueblo pueda alegrarse en ti?» (Salmo 85:4, 6). ¿Cómo podía pedirle esto al Señor? ¡Porque Dios ya lo había hecho antes! Lo que Dios había sido, continuaría siéndolo y seguiría haciendo lo que había hecho.

El salmista había aprendido una lección importante: el Dios de la historia es el Dios del presente; y del futuro. Tan confiado estaba en que sus oraciones serían respondidas, que comenzó a hablar de ellas como si ya se hubieran cumplido. «El amor inagotable y la verdad se encontraron; ¡la justicia y la paz se besaron!» (85:10). Con gran confianza añadió: «Nuestra tierra dará una abundante cosecha» (85:12). Había aprendido los caminos de Dios a través de la historia y podía ver lo que llegaría.

La historia no es una sucesión interminable de eventos sin sentido, ni tampoco un ciclo continuo de repetición vacía. ¡Es la historia del Dios del cielo obrando en la tierra! Y es un tesoro de sabiduría para quienes aprenden sus lecciones.

LECTURA: *1 Samuel 1:1-28*

CUMPLIDOR DE PROMESAS

[Ana dijo]: Le pedí al SEÑOR que me diera este niño, y él concedió mi petición. Ahora se lo entrego al SEÑOR, y le pertenecerá a él toda su vida». Y allí ellos adoraron al SEÑOR.

1 SAMUEL 1:27-28

Las promesas que se hacen en momentos de angustia intensa en ocasiones se desvanecen en la memoria cuando la angustia se ha suavizado. Un hombre podría orar: *Dios, si traes de regreso a la casa a mi esposa, nunca más abusaré de ella. Señor, si me ayudas a encontrar un empleo, prometo que nunca más volveré a tocar una gota de licor.* También: *Padre, si haces que este avión aterrice con seguridad, dedicaré el resto de mi vida a ser o misionero o monje. Siempre que aterricemos sanos y salvos.* Todos hemos oído oraciones parecidas a esas, ¡o nosotros mismos las hemos hecho!

El problema con promesas como estas es que pocas veces nacen de una verdadera convicción; suelen ser más bien asuntos de conveniencia. Como no nos gusta ser incomodados, recurrimos a diversas técnicas para evitarlo, incluso hasta el punto de hacer un trato vacío con el Todopoderoso. Sin embargo pagar lo prometido o cumplir nuestra parte del «trato» puede convertirse en otra fuente de incomodidad, así que el cumplimiento suele racionalizarse hasta desaparecer. Es cierto que hay excepciones. Martín Lutero, después de sobrevivir a un encuentro con un rayo, ¡cumplió su promesa y se convirtió en monje! Pero hombres así son la excepción, no la regla.

Ana fue otra gran excepción. En su profundo deseo de tener un hijo, oró con fervor y prometió: «Oh SEÑOR de los Ejércitos Celestiales, si miras mi dolor y contestas mi oración y me das un hijo, entonces te lo devolveré. Él será tuyo durante toda su vida» (1 Samuel 1:11). En su caso, la dedicación de su hijo al Señor sería más que un simple rito. El niño dejaría su hogar y quedaría al cuidado de un sacerdote anciano cuya propia familia era un completo desastre (2:12-17). Ana podría haber encontrado muchas razones válidas para retractarse de su promesa, pero la cumplió fielmente. Así que, tan pronto como Samuel fue destetado, dejó su hogar y se fue a vivir al templo.

Elcana, el esposo de Ana, no era precisamente el hombre más sensible (1:8); pero mostró una preocupación apropiada por su esposa y por su monumental decisión de cumplir su promesa cuando le dijo: «Que el SEÑOR te ayude a cumplir tu promesa» (1:23). Esa era la clave. Si la promesa se había hecho al Señor, y el Señor había hecho lo que se le pidió, él también le daría a Ana la fuerza para cumplir su parte del acuerdo. Así como ella fue fiel, él también lo sería.

Hacer un trato con Dios bajo presión puede ser un acto cuestionable, pero hacer un voto solemne, como lo hizo Ana, no lo es. Lo verdaderamente cuestionable es la actitud que considera que una promesa hecha al Señor es algo que no obliga. Es mejor no prometer que prometer y no cumplir, y todavía mejor prometer y cumplir.

LECTURA: *1 Samuel 2:12-26*

EL AYUDANTE DEL SEÑOR

Samuel, aunque era solo un niño, servía al SEÑOR; vestía una túnica de lino como la del sacerdote. [...] Entonces el SEÑOR bendijo a Ana, y ella concibió y dio a luz tres hijos y dos hijas. Entre tanto, Samuel crecía en la presencia del SEÑOR.

1 SAMUEL 2:18, 21

Un viejo comerciante dijo en una ocasión: «Denme la ayuda de un niño y tendré la ayuda de un niño. Denme la ayuda de dos niños y tendré la ayuda de medio niño. Denme tres niños y no tendré ninguna ayuda». ¡El comerciante hablaba con la voz de la experiencia! Los muchachos y la utilidad no siempre van de la mano.

Por eso resulta sorprendente leer que «Samuel, aunque era solo un niño, servía al SEÑOR» (1 Samuel 2:18). Es sorprendente que el niño resultara tan útil, ¡pero es todavía más sorprendente que el Señor aceptara la ayuda de un niño! Después de todo, él es el Dios todopoderoso. ¿Por qué necesita la ayuda de un niño?

No hay aquí ninguna insinuación de que Dios tenga alguna deficiencia o limitación. Él es perfectamente capaz de gobernar el mundo que creó y no tiene ningún problema en manejar el universo que sostiene con su gran poder; pero permite que los seres humanos cooperen con él en sus propósitos. Aún más, delega tareas a las personas que ha diseñado específicamente para realizarlas.

Así que Samuel, desde muy joven, aprendió que su vida tenía un propósito importante. Aunque se perdió algunos aspectos de la vida familiar debido a su inusual crianza en el templo (las visitas de su familia ocurrían solo una vez al año), experimentó el privilegio invaluable de crecer «en la presencia del SEÑOR» (2:21). En cierto sentido, dado que Dios es omnipresente, todos crecemos en su presencia; pero una cosa es crecer en su presencia y otra muy distinta es reconocerlo y relacionarse con él. Muchos hombres y muchachos crecen sin tener conciencia de que viven bajo la protección divina, son sustentados por la provisión divina y están solamente a una oración de recibir capacitación divina. Pero no Samuel, el ayudante del Señor. Aunque estaba separado de su familia y fue criado en circunstancias tan poco comunes, no sufrió ningún daño: «Crecía en estatura física y en el favor del SEÑOR y en el de toda la gente» (2:26). ¡Un niño completamente equilibrado y, además, ¡ayudante del Señor!

No puede haber privilegio más grande en la vida que reconocer que uno coopera con Dios mientras él cumple sus propósitos eternos. Nada puede dar tanto sentido de grandeza a lo cotidiano como entender ¡que uno está actuando como ayudante del Señor. Siendo así, ¿qué mejor momento para que un hombre aprenda esto que cuando es joven? Las lecciones aprendidas en los años formativos quedan profundamente grabadas en el alma humana y nunca se olvidan aunque a veces se ignoren por un tiempo. ¿Qué más podrías desear para tus hijos?

LECTURA: *1 Samuel 3:1-21*

OÍR VOCES

Entonces [Elí] le dijo a Samuel:
—Ve y acuéstate de nuevo y, si alguien vuelve a llamarte,
di: "Habla, SEÑOR, que tu siervo escucha".
Así que Samuel volvió a su cama. Y el SEÑOR vino y llamó igual que antes:
—¡Samuel! ¡Samuel!
Y Samuel respondió:
—Habla, que tu siervo escucha.

1 SAMUEL 3:9-10

Las personas que afirman oír voces en nuestra época son consideradas normalmente con sospecha; y es comprensible, pues muchas de ellas utilizan las voces parar «explicar» acciones que fueron extrañas o incluso delictivas. A las personas que dicen que han visto una visión se les concede, por lo general, el beneficio de la duda, pero lo que afirman haber visto se trata con frecuencia con poca consideración. Por supuesto, el problema de afirmar que uno escucha voces o ve visiones es que generalmente resulta imposible para un tercero verificar la validez de tal afirmación.

Cuando el joven Samuel oyó una voz en medio de la noche, no sospechó nada fuera de lo común. Supuso que era Elí, el sacerdote anciano y ciego, llamándolo para pedir ayuda. Solo después de tres visitas de Samuel, comprendió el sacerdote que la voz provenía del Señor. «En esos días los mensajes del SEÑOR eran muy escasos y las visiones eran poco comunes» (1 Samuel 3:1). Tan escasos y poco comunes eran los mensajes y visiones del Señor, al parecer, que incluso Elí, el encargado del templo del Señor, ¡no esperaba oír nada de él! Afortunadamente, cuando Elí finalmente reconoció que el Señor había roto su silencio y trataba de llamar la atención de Samuel, le dio el consejo correcto: «Ve y acuéstate de nuevo y, si alguien vuelve a llamarte, di: "Habla, SEÑOR, que tu siervo escucha"» (1 Samuel 3:9).

La pregunta que el hombre moderno puede hacerse al leer esta historia es: «¿Habla Dios todavía a las personas en la actualidad?». Las respuestas variarán según la fuente. Algunos rechazarán la idea de inmediato. Otros afirmarán escuchar a Dios hablándoles con una voz tan clara como la de cualquier ser humano. Y otros serán más cautelosos, diciendo que, aunque nunca han oído una voz audible, creen que Dios se ha comunicado con ellos por medio de las Escrituras, de un amigo o incluso a través de un sueño.

Quienes afirman que Dios no habla a las personas hoy no tienen fundamentos para su incredulidad. No pueden afirmar con certeza: «él no puede hablar»; no tienen razón para decir: «él no querría hablar»; ni están en posición de asegurar: «él no habla». Del mismo modo, quienes afirman oír a Dios deben tener cuidado de no atribuirle a él sus propias impresiones. Deberían poner a prueba lo que creen haber escuchado comparándolo con lo que saben que Dios ha revelado en las Escrituras.

La clave para escuchar correctamente es una actitud adecuada. Como Samuel, el buen oyente reconoce que no es más ni menos que un siervo del Señor, y está dispuesto a decir: «Habla, SEÑOR», a lo que oye.

LECTURA: *1 Samuel 4:1-11*

EL ARCA PERDIDA

Terminada la batalla, las tropas se retiraron a su campamento, y los ancianos de Israel se preguntaban: «¿Por qué permitió el SEÑOR que los filisteos nos derrotaran?». Después dijeron: «Traigamos de Silo el arca del pacto del SEÑOR. Si la llevamos con nosotros a la batalla, nos salvará de nuestros enemigos». [...] Así que los filisteos pelearon con desesperación, y de nuevo derrotaron a Israel.

1 SAMUEL 4:3, 10

«Ofni» y «Finees» no son el tipo de nombres que las mamás ponen a sus hijos actualmente. No son nombres particularmente atractivos, y los varones que tenían esos nombres eran hombres singularmente poco atractivos. Junto con su padre, el anciano Elí, Ofni y Finees eran sacerdotes del Señor en el tabernáculo en Silo. Abusaban de su posición privilegiada seduciendo a las mujeres que acudían a adorar al tabernáculo, actos que en el mundo moderno les habrían llevado a la cárcel por mucho tiempo. Su padre, Elí, estaba perfectamente al tanto de lo que sucedía, y aunque los reprendió verbalmente, no tomó ninguna otra medida. Era un hombre débil y ellos eran irrespetuosos, así que no hizo nada.

Cuando los israelitas fueron derrotados por los filisteos en otra de sus frecuentes guerras, los líderes militares de Israel concluyeron que fue el Señor quien había permitido la derrota (1 Samuel 4:3). Entonces decidieron revertir la situación sacando el arca del pacto de su santuario y llevándola al campo de batalla. Los dos jóvenes sacerdotes corruptos no solo aprobaron esa petición vergonzosa, sino que también ayudaron personalmente a transportar el arca al lugar de combate. Los israelitas supusieron que, ya que el Señor había estado ausente, ahora estaría presente a través del arca; por lo tanto, la victoria estaba asegurada.

El arca pertenecía al Lugar Santísimo, no al campo de batalla, y los sacerdotes no tenían derecho a llevarla allí. Pero su llegada tuvo un efecto beneficioso parcial. Los filisteos, aunque conocían poco sobre la religión israelita, entendían que el arca representaba la presencia de Dios y que, históricamente, cuando Dios estuvo presente entre su pueblo, eran una fuerza imponente. Pero, sorprendentemente, en lugar de rendirse aterrorizados ante la presencia del Señor, los filisteos pelearon con más fuerza, ¡y ganaron! No solo derrotaron a Israel, sino que además capturaron el arca. ¡Lo impensable había ocurrido! Dios había sido «secuestrado» por paganos.

Desde el principio, los israelitas habían reconocido que su problema no era principalmente militar; era espiritual. Pero su solución fue completamente equivocada. Supusieron que, si realizaban un acto religioso, si exhibían un símbolo sagrado, eso resolvería el problema. Pero el arca contenía los diez mandamientos. Estos no eran símbolos que cargar, sino leyes que obedecer. Incluso los sacerdotes que llevaban el arca estaban violando esas leyes sin remordimiento. Israel estaba corrompido hasta la médula. Por eso habían perdido la batalla.

El simbolismo religioso nunca ha curado la corrupción espiritual. Solo el arrepentimiento y la obra de la gracia de Dios pueden hacerlo.

LECTURA: *1 Samuel 4:12-22*

ICABOD

Al niño le puso por nombre Icabod (que significa «¿dónde está la gloria?») porque dijo: «La gloria de Israel se ha ido». Le puso ese nombre porque el arca de Dios había sido capturada y porque murieron su suegro y su esposo. Y luego dijo: «La gloria se ha ido de Israel, porque el arca de Dios ha sido capturada».

1 SAMUEL 4:21-22

Durante el gran avivamiento de Gales de 1904, las iglesias y capillas de Gales estaban abarrotadas de adoradores que buscaban «estar en paz con Dios». Mineros cubiertos de polvo de carbón iban directamente desde las minas a la iglesia, y los valles resonaban con el grandioso sonido de voces galesas que entonaban los grandes himnos de la fe. Un turista estadounidense, familiarizado con las historias del avivamiento, tenía gran interés en visitar los pueblos y aldeas donde el Espíritu de Dios se había manifestado. Encontró a un anciano galés que lo llevó a varias de las capillas e iglesias, donde recordaba con emoción las grandes predicaciones y los cantos de aquellos días pasados. Pero luego, con un temblor en la voz, dijo: «La gloria se ha ido. Se podría escribir en letras grandes en la fachada de la iglesia la palabra "Knickerbocker"». Lamentablemente, la palabra que quería decir era «Icabod».

Aun así, hay que darle cierto crédito al anciano galés. Aunque estaba algo confundido, al menos conocía una historia bíblica que la mayoría de las personas nunca ha oído. Es la historia de lo que ocurrió cuando un mensajero llevó a Silo la noticia de la derrota de Israel en la batalla y de la captura del arca. Cuando el pobre anciano Elí (el sacerdote gordo y ciego) escuchó acerca del arca y de la muerte de sus hijos (parecía más preocupado por lo primero que por lo segundo), cayó de su asiento, se rompió el cuello y murió. La nuera de Elí, esposa de Finees, el sacerdote adúltero, dio a luz prematuramente a un hijo y murió en el parto. Antes de morir, sin embargo, murmuró: «La gloria de Israel se ha ido», y llamó a su hijo Icabod, que significa «¿Dónde está la gloria?» (1 Samuel 4:21).

El Medio Oriente está lleno de magníficas ruinas de antiguas ciudades cuya gloria hace mucho tiempo que desapareció. Muchas de esas ciudades fueron en su época los lugares de iglesias de los siglos primero y segundo, pero ahora no queda rastro de ellas. Ya no hay iglesia ni testimonio cristiano. La gloria se ha ido. En las grandes catedrales de Europa, donde antaño multitudes se congregaban para adorar, ahora solo abundan los turistas con cámaras, recorriendo sin pensar ni saber los pasillos antiguos y pisando las tumbas de los grandes hombres y mujeres de Dios que alguna vez se mantuvieron firmes por el Señor en esos lugares. La gloria se ha ido.

La iglesia nunca está a más de una generación de la extinción. En algunos lugares desaparece por causa de una persecución violenta. En otros, por una lenta erosión moral. Esa erosión comienza en los corazones de las personas que, como Ofni y Finees, cumplen con los ritos religiosos pero con el corazón alejado de Dios. Cuando eso sucede *en masa*, ¡Icabod! La gloria se va.

LECTURA: *1 Samuel 8:1-21*

CONFIANZA EN TUS PROPIOS INSTINTOS

Haz todo lo que te digan —le respondió el Señor—, porque me están rechazando a mí y no a ti; ya no quieren que yo siga siendo su rey.

1 SAMUEL 8:7

Los seres humanos tenemos una gran capacidad para confiar en nuestros propios instintos más que en los principios de Dios. Somos expertos en bloquear las advertencias divinas, y ninguna cantidad de indicación divina desviará la intención del alma de ir por la senda más atractiva. Por lo tanto, Dios permite que sus hijos sigan adelante y espera que enfrenten la realidad que él ha declarado y que ellos han pasado por alto.

Hacia el final de la vida de Samuel, el pueblo de Dios sintió que se estaba perdiendo algo bueno al hacer las cosas a la manera de Dios. Vieron que las religiones de sus vecinos eran mucho más permisivas que la adoración a Yahvé, y admiraban el poder político y la fuerza militar que ejercían los reyes de las naciones vecinas. En comparación, las estructuras religiosas y políticas que Dios había establecido para Israel parecían demasiado exigentes por un lado y poco seguras por el otro. Era fácil tener dioses que reflejaran los peores atributos de la humanidad caída y fomentaran un comportamiento similar entre sus seguidores, como ocurría en muchas de las naciones vecinas; pero adorar al Señor, quien llamaba a su pueblo a una vida santa, era un desafío serio. Resultaba difícil confiar en Dios cuando los enemigos llegaban a las puertas, mientras que parecía mucho más fácil recurrir a un rey humano que pudiera reunir un ejército y derrotar al enemigo.

Por lo tanto, Israel expresó su deseo de un cambio. Samuel se sintió molesto porque entendió las implicaciones: Israel estaba apartándose de la fe en el Señor y eligiendo la autosuficiencia: «Me están rechazando a mí y no a ti», le explicó el Señor (8:7). El Señor permitió que Israel obtuviera lo que quería, pero les advirtió sobre las consecuencias. Samuel transmitió el mensaje aunque no sirvió de nada. Querían lo que querían: un rey humano en lugar de un rey divino. Y no querían escuchar verdades divinas acerca de los reyes humanos.

Los instintos humanos no siempre están equivocados, pero los principios de Dios siempre son correctos. Si nuestros instintos contradicen claramente las instrucciones divinas, deben ser descartados. La clave está en someter nuestros instintos a su examen, en lugar de imponer nuestras intenciones sobre su soberanía. Si confiamos en él como nuestro Rey, puede que no siempre tengamos algo visible en lo cual poner nuestra confianza, pero siempre tendremos algo mucho mejor: el Dios eterno y todopoderoso que siempre actúa para nuestro bien.

LECTURA: *Salmo 29*

ADORA AL SEÑOR

Honren al Señor, oh seres celestiales; honren al Señor por su gloria y fortaleza. Honren al Señor por la gloria de su nombre; adoren al Señor en la magnificencia de su santidad.

SALMO 29:1-2

Históricamente, los adoradores han expresado su alabanza, han elevado sus peticiones, han comunicado su mensaje y han alentado sus corazones con música. Sin embargo, los estilos musicales cambian, de modo que la música como adoración ha adoptado muchas formas. En consonancia, a menudo la música ha sido el centro de la controversia. Esto era cierto incluso en la época de la Reforma: los reformadores, aunque estaban de acuerdo en muchas cosas, no llegaron a un consenso sobre el tema de la música. En la actualidad, la lucha sobre qué constituye música adecuada para la adoración es tan intensa en algunos ámbitos ¡que incluso se habla de «guerras de adoración»!

En el siglo XIX, William Booth irrumpió en la escena eclesiástica en Inglaterra. Como respuesta a la degradación económica y espiritual que se extendía por su país, fundó el Ejército de Salvación, un ministerio vibrante, enérgico y vanguardista que alcanzó a los más pobres entre los pobres con un mensaje integral de salvación por medio del Señor Jesús. Booth no era ajeno a la controversia. Entre otras cosas, adaptó melodías seculares para fines evangelísticos y de adoración. A quienes lo cuestionaban, les respondía: «¿Por qué habría de tener el diablo todas las mejores melodías?».

Sorprendentemente, hay razones para creer que David expresó sentimientos similares cuando compuso el Salmo 29. Los estudiosos indican que este salmo muestra evidencias de haber sido usado originalmente en la adoración a Baal, un dios falso de la antigua Palestina. Si esto fuera cierto, ¡el rey David y el general William Booth tendrían más en común de lo que imaginábamos!

Lo que sí puede afirmarse con certeza es que los adoradores de Baal atribuían a Baal características que David sabía que le pertenecían únicamente al Señor. El Señor era el Dios de la creación, y Baal no lo era; por lo tanto, David exhortó a los adoradores a reconocer que «la voz del Señor resuena sobre la superficie del mar; el Dios de gloria truena» (Salmo 29:3). Estas palabras señalan que en la naturaleza, especialmente en las tormentas violentas tan comunes en Palestina, hay un recordatorio de que «la voz del Señor es potente; la voz del Señor es majestuosa» (29:4).

Las almas reverentes reconocen que la mano del Señor se manifiesta en toda su creación, y que su voz se escucha en los sonidos poderosos y sutiles de la naturaleza. Tales almas no tienen dificultad en dirigir su corazón a la adoración. En el caso de David, animó a los ángeles a unirse a él para dar «honor al Señor por su gloria y fortaleza», y llamó tanto a los ángeles como a los seres humanos a adorar «al Señor en la magnificencia de su santidad» (29:2).

Necesitamos más hombres que, al resentirse de que «otros dioses» reciban el honor que solo le corresponde al Señor, le den gloria sin vergüenza y exhorten a otros a unirse en la adoración. ¿Por qué habría de tener el diablo todas las mejores melodías, y por qué habrían de recibir los dioses falsos toda la gloria?

LECTURA: *Mateo 10:16-42*

LAS ROSAS TIENEN ESPINAS

Los alumnos no son superiores a su maestro, y los esclavos no son superiores a su amo.

MATEO 10:24

Las figuras públicas y los publicistas a menudo hacen sus afirmaciones de tal modo que los puntos negativos quedan eclipsados por los positivos. Somos conscientes de eso, y recibimos con escepticismo gran parte de lo que se nos dice. Preguntamos: «¿Dónde está el truco?».

Las declaraciones de Jesús eran sorprendentemente diferentes. No había letra pequeña ni ocultamiento de los aspectos difíciles. Él dejó claro que cualquiera que se convirtiera en su discípulo podía esperar el mismo tipo de trato que él estaba recibiendo. Advirtió: «Los alumnos no son superiores a su maestro, y los esclavos no son superiores a su amo» (10:24). Sus discípulos no solo serían objeto de acoso y persecución, sino que gran parte de ello vendría de aquellos más cercanos y queridos (10:21-22, 34-36).

A pesar del costo, millones a lo largo de los siglos han decidido seguir a Jesús. Han descubierto una causa por la cual vivir en un mundo que carece de sentido y propósito. Han creído que Cristo es la única esperanza del mundo, y que identificarse con él y con su causa es formar parte de la única solución duradera a los males humanos. Han tomado en serio sus palabras: «No teman a los que quieren matarles el cuerpo; no pueden tocar el alma» (10:28). Han descubierto que las dificultades que Jesús predijo son soportables porque él también prometió la capacitación del Espíritu que habita en los creyentes. Han hallado gran consuelo en el hecho de que Dios, quien lleva cuenta de los gorriones y registra la caída del cabello de los hombres (10:29-30), no deja que nada se escape a su atención. Y, cuando todo termine, ¡esperan una recompensa prometida de proporciones eternas!

A veces la vida no nos trata tan amablemente como quisiéramos imaginar. A menudo se dice: «Nadie dijo que la vida sería un jardín de rosas». Pero, en un sentido muy real, ¡Jesús *sí* lo dijo! Los jardines de rosas están llenos tanto de rosas como de espinas. Rosas y espinas fue lo que él predijo, y eso es exactamente lo que sus seguidores experimentan. Nos da las rosas de su amor y su gracia, pero también experimentamos las espinas de la adversidad y la oposición. No se puede tener lo uno sin lo otro.

Cuando sientas la punzada de las espinas de la adversidad, recuerda que Jesús sintió el dolor de la Cruz para comprarte la dulce fragancia de su salvación. Él consideró sus espinas necesarias y valiosas para que las rosas pudieran florecer. Nosotros también deberíamos hacerlo. Así que ¡huele las rosas y cuídate de las espinas! Él te prometió ambas.

LECTURA: *Mateo 10:28-42*

PÉRDIDA DE CABELLO

No teman a los que quieren matarles el cuerpo; no pueden tocar el alma. Teman solo a Dios, quien puede destruir tanto el alma como el cuerpo en el infierno. [...] Cada cabello de su cabeza está contado. Así que no tengan miedo; para Dios ustedes son más valiosos que toda una bandada de gorriones.

MATEO 10:28, 30-31

Si hemos de creer los anuncios televisivos, la pérdida de cabello es un tema de grave preocupación para los hombres. Cuando aparecen puntos sin cabello y las entradas son más pronunciadas, los hombres pasan momentos de angustia al mirarse al espejo comprobando ansiosamente el progreso del cabello (¡o su retroceso!), preocupándose por la pérdida de juventud e intentando desesperadamente levantar su ánimo decaído y su autoestima deteriorada. Sin embargo, los anuncios nos dicen que, con el tratamiento adecuado, su cabello puede volver a crecer, la juventud y el vigor serán restaurados, y con una cabellera abundante podrán enfrentar nuevamente al mundo con confianza y despreocupación.

Si los hombres se preocupan por su peinado, Dios lo está todavía más. Jesús indicó que el cielo muestra un interés sorprendente por el cabello de un hombre. Dijo: «Cada cabello de su cabeza está contado» (Mateo 10:30). La importancia de lo que Jesús estaba diciendo no puede ser exagerada. Quería que los hombres supieran que son tan valiosos a los ojos de Dios, que sus vidas están bajo un monitoreo divino. Esto significa que deberían poder enfrentar los altibajos de la vida con confianza, no tanto porque su línea de cabello esté intacta, sino porque sus cabellos están contados; es decir, los más mínimos detalles de sus vidas son conocidos por Dios y a él le importan. ¿Cuánto le importan? Cambiando un poco la ilustración, Jesús dijo: «Ni un solo gorrión puede caer a tierra sin que el Padre lo sepa [...] Así que no tengan miedo; para Dios ustedes son más valiosos que toda una bandada de gorriones» (10:29, 31). Como dice el viejo espiritual:

Él cuida de las aves
y sé que cuida de mí[33].

La vida puede ser desconcertante y las circunstancias pueden ser inquietantes; pero las preocupaciones de la vida deben ponerse en el contexto adecuado. ¡Perder la cabeza importa mucho más que perder el cabello! Pero todavía más importante que perder la cabeza es perder el alma. Vale la pena destacar el comentario de Jesús sobre esto: «No teman a los que quieren matarles el cuerpo; no pueden tocar el alma. Teman solo a Dios, quien puede destruir tanto el alma como el cuerpo en el infierno» (Mateo 10:28).

Por lo tanto, la próxima vez que te mires al espejo para revisar tu línea de cabello, recuerda que cada cabello está registrado en el cielo porque cada detalle de tu vida es infinitamente precioso para Dios. Y no olvides que llegará el día en que tu cabello ya no importará; ¡lo único que importará será el cielo o el infierno!

33 Civilla Martin, «His Eye Is on the Sparrow» (Su ojo está sobre el gorrión).

LECTURA: *Mateo 13:1-23*

LA SEMILLA Y LOS TERRENOS

Yo planté la semilla en sus corazones, y Apolos la regó, pero fue Dios quien la hizo crecer.

1 CORINTIOS 3:6

La misión de la iglesia es difundir el evangelio. Esto se ha hecho con diversos grados de eficacia a lo largo de los siglos, pero recientemente se ha prestado más atención a comunicar la Buena Noticia a diferentes tipos de personas de maneras que la entiendan y la acepten. Jesús tenía algo que decir sobre este tema.

Los agricultores del Medio Oriente del primer siglo sembraban su semilla mientras caminaban de un lado a otro por su terreno, llevando una canasta de semillas en la cadera y esparciéndolas en un amplio movimiento de arco. La semilla caía en distintos tipos de suelo. Algunas crecían y prosperaban, mientras que otras nunca producían nada. Jesús usó esta situación común como ilustración de lo que ocurre cuando la Buena Noticia del reino es difundida por sus discípulos.

La Palabra de Dios debe esparcirse como la semilla. Cuando se presenta a hombres y mujeres, se encuentra con una variedad de respuestas. Algunos oyentes están tan bien preparados que responden con entusiasmo. Reciben el mensaje, lo creen y lo aceptan, y una nueva vida comienza a manifestarse (13:23). Pero, tristemente, otros oyentes están tan endurecidos, quizás desinteresados o incluso hostiles, que la verdad se pierde rápidamente en ellos (13:19). Algunos responden de manera superficial, con un asentimiento intelectual e incluso con una alegre aceptación de la verdad pero sin un corazón transformado (13:20-21). Otros no logran reconocer la importancia única del mensaje, ya que su significado se pierde entre todas las demás cosas que llenan sus vidas (13:22).

¿Qué significa esto para el discípulo que desea con fervor propagar la Buena Noticia? En primer lugar, debe tener confianza en el poder de la Palabra de Dios, así como el agricultor confía en la capacidad de su semilla para producir. En segundo lugar, el discípulo debe reconocer que su responsabilidad es comunicar la verdad, pero no puede controlar la respuesta. El agricultor es responsable de sembrar la semilla, pero no puede asegurar una buena cosecha, sin importar cuánto se prepare. En tercer lugar, el discípulo se encontrará con personas que desean «evaluar» el mensaje cuando en realidad es el mensaje el que las está evaluando a ellas. El suelo no «evalúa» la semilla; ¡es al revés! En cuarto lugar, el discípulo debe recordar que las personas, por naturaleza, son espiritualmente ciegas y sordas: necesitan la intervención milagrosa de Dios en sus vidas (13:12, 15).

Pablo lo expresó correctamente cuando dijo: «Yo planté la semilla en sus corazones, y Apolos la regó, pero fue Dios quien la hizo crecer» (1 Corintios 3:6). Nosotros somos responsables de sembrar, pero Dios es responsable de hacer crecer.

LECTURA: *Lucas 11:29-36*

LA SEÑAL DE JONÁS

Al apretujarse la multitud contra Jesús, él dijo: «Esta generación maligna sigue pidiéndome que le muestre una señal milagrosa, pero la única que le daré será la señal de Jonás».

LUCAS 11:29

Las personas que batallan con la fe dicen en ocasiones que, si realmente pudieran haber visto a Jesús actuando y haberlo oído con sus propios oídos, no tendrían ningún problema para creer. Aunque eso puede ser comprensible, es probable que no sea verdad. Algunas de las personas que vieron a Jesús actuar y que lo oyeron hablar ¡seguían batallando con creer! Discutían con él acerca de lo que había dicho, no estaban satisfechos con los milagros que él hacía y le seguían pidiendo que hiciera más señales milagrosas.

La respuesta de Jesús ante su falta de fe es reveladora. Él consideró su actitud no tanto una dificultad para creer, sino un síntoma de una «generación maligna» (Lucas 11:29). Estaba convencido de que sus contemporáneos habían recibido más que suficiente evidencia de que él era quien afirmaba ser. Su incredulidad era no una falta de fe desafortunada o inevitable, sino un acto deliberado de maldad. Eligieron no creer y exigieron más señales.

Un día, Jesús dijo que no habría más señales, excepto una: «la señal de Jonás» (11:29). Los oyentes de Jesús conocían bien la historia del profeta. Cuando Dios envió a Jonás hacia el oriente para predicar a la ciudad de Nínive, Jonás deliberadamente se dirigió hacia el occidente, rumbo a Tarsis. ¡Pero no por mucho tiempo! Dios envió una tormenta sobre el barco y Jonás fue arrojado al mar por la tripulación, que a regañadientes reconoció que él era el responsable de su desgracia, después de que remar y orar no sirvieron de nada. Entonces un gran pez se lo tragó y lo devolvió tres días después. Cuando Dios volvió a ordenarle ir a Nínive, ¡ya no hubo discusión! Jonás llegó a Nínive y predicó tal como se le había dicho. Causó un gran impacto: un avivamiento recorrió la ciudad.

Quizás algunos de los oyentes de Jesús comprendieron lo que él quería decir con «la señal de Jonás», pero muchos ciertamente no lo hicieron. Así que, para darles una pista más, Jesús añadió: «Ahora alguien superior a Jonás está aquí» (11:32). Se refería a sí mismo. Y la señal que él traería, la señal definitiva, sería semejante a lo que le ocurrió a Jonás. Jesús descendería a la muerte (en lugar del mar), permanecería sepultado tres días (en una tumba en vez de en un pez) y al tercer día resucitaría de entre los muertos (por su propio poder, en lugar de ser expulsado). Después se mostraría abiertamente y anunciaría la Buena Noticia del reino. Esa sería la señal final, que según Jesús es más que suficiente como base para la fe de todos los hombres en todos los tiempos.

La cuestión para la humanidad hoy en día es: «¿cómo respondo a la resurrección de Jesús de entre los muertos?». El cristianismo se sostiene o cae sobre este fundamento de la fe. Si Cristo ha resucitado, es todo lo que dijo ser: el Mesías, el Hijo de Dios y el Rey eterno. Si no ha resucitado, está muerto y es irrelevante. En cualquier caso, no necesitamos más señales. Necesitamos decidir creer en lo que la evidencia muestra claramente. Rehusar creer es, sencillamente, un acto de maldad.

LECTURA: *Lucas 12:1-12*

VIDA PÚBLICA, VIDA PRIVADA

Jesús primero se dirigió a sus discípulos y les advirtió: «Tengan cuidado con la levadura de los fariseos, es decir, su hipocresía. Llegará el tiempo en que todo lo que está encubierto será revelado y todo lo secreto se dará a conocer a todos».

LUCAS 12:1-2

Nunca deberían confundirse carácter y reputación. La reputación de un hombre es lo que la gente cree que él es. Su carácter es lo que Dios sabe que él es. Al vivir en una sociedad que es muy consciente de la imagen, se pone gran énfasis en cómo nos presentamos en público; por lo tanto, se les dice a los hombres de negocios que se vistan para el éxito y se les anima a vestir el tipo adecuado de trajes y corbatas. Los políticos escuchan a los grupos de enfoque y observan cuidadosamente las encuestas para detectar cualquier cambio necesario en su «imagen». Incluso los adolescentes, siempre conscientes de la presión de grupo y del deseo de aceptación, insisten en tener la ropa y los accesorios adecuados para proyectar la imagen correcta. Imagen, figura pública, reputación: eso es lo que realmente importa en nuestra cultura. Lo que una persona es en privado, lo que es ante los ojos de Dios (su carácter) no recibe la misma atención. De hecho, se nos dice repetidamente que la vida privada no le concierne a nadie más que al individuo; por lo tanto, según esta lógica, la imagen pública es asunto de todos, pero la vida privada es asunto de uno solo. ¿Correcto? ¡Error!

Jesús sabía muy bien que la imagen pública puede ser una proyección de algo que es palpablemente falso. De hecho, tenía frente a sí un claro ejemplo de esto. Por eso advirtió: «Tengan cuidado con la levadura de los fariseos, es decir, su hipocresía» (Lucas 12:1). Los fariseos eran maestros de la imagen; habían perfeccionado el arte de proyectar una piedad que no reflejaba la realidad interior. Jesús tenía un nombre para eso: lo llamó hipocresía. Sus vidas eran una actuación, una farsa, una parodia.

Jesús continuó: «Llegará el tiempo en que todo lo que está encubierto será revelado y todo lo secreto se dará a conocer a todos» (12:2). La barrera entre lo privado y lo público será derribada. La brecha entre lo que la gente piensa que somos y lo que Dios sabe que somos será cerrada. No habrá diferencia entre la vida privada y la pública: todo lo privado será hecho público. Seremos conocidos tan plenamente como Dios nos conoce.

Entonces, ¿cómo debe responder un hombre? Debería preocuparse más por cómo lo ve Dios que por cómo lo ven los demás. Lo que es en privado (su carácter) debería tener prioridad sobre cómo se muestra en público: su reputación. La reputación no es insignificante, pero puede ser inexacta. A veces se desprecia a las personas justas, mientras que los malhechores son elogiados sin medida. Pero en el cielo no será así. Lo que el mundo necesita son hombres de carácter íntegro que forjen una reputación sólida. Su carácter agrada a Dios, y su reputación bendice a la humanidad.

LECTURA: *Lucas 14:25-35*

CONSIDERAR EL COSTO

No puedes convertirte en mi discípulo sin dejar todo lo que posees.

LUCAS 14:33

Decir las cosas como son se considera, por lo general, un fuerte rasgo masculino. Nada de andarse por las ramas, tan solo una conversación clara de hombre a hombre. Eso es lo que los hombres dicen que quieren oír, y eso es exactamente lo que Jesús les declaró. A la hora de la verdad, sin embargo, ¡no todos querían escuchar!

Jesús sin duda tenía una gran popularidad. Había algo magnético en su personalidad, en su enseñanza y, en particular, en sus milagros. Su popularidad sirvió para difundir su mensaje a grandes multitudes, y su presencia entre la gente prometía bendiciones hasta entonces desconocidas. Pero el camino hacia la bendición pasaba por el valle de la sumisión a su señorío, y no todos estaban dispuestos a seguirlo. A medida que Jesús explicaba las implicaciones de su señorío, la gente comenzaba a darse cuenta de las profundas consecuencias de seguirlo.

Jesús no usó técnicas de venta llamativas que prometieran el mundo a precios rebajados. En cambio, ofreció una vida abundante sobre la base de reconocer que él es el Señor y Salvador. «No puedes convertirte en mi discípulo sin dejar todo lo que posees» (14:33). En respuesta al amor de Jesús, que no conoce límites, su pueblo debería amarlo sin reservas. Y si él, en su calidad de Señor de sus vidas, requiere que su pueblo entregue lo que antes había sido exclusivamente suyo, deberían renunciar con alegría a sus derechos y reconocer su autoridad para dirigir lo que, en realidad, le pertenece *a él*.

Precisamente porque las palabras de Jesús son tan firmes, algunas personas se sienten incómodas al decirles a los demás lo que él dijo. Nuestra cultura se especializa en la «venta suave», esa presentación que minimiza los inconvenientes del producto. La venta suave proclama palabras como «gratis», «sin compromiso», «devuélvalo si por cualquier motivo no satisface sus necesidades» y «sin pagos durante tres años». Tales técnicas son la norma, por lo que algunos creen que nadie respondería al enfoque de amor exigente del Maestro. Pero en eso están completamente equivocados. Hay innumerables personas que se alegran ante un desafío y se entusiasman con la posibilidad de ser diferentes y marcar una diferencia. Jesús no solo se interesaba en salvar a las personas de una eternidad desperdiciada; estaba comprometido con hacer que sus vidas desperdiciadas tuvieran sentido. Él había venido para cambiar el mundo, y las palabras que pronunció resonarían en quienes tenían el potencial de cambiarlo.

¡Palabras saladas, sí! Pero Jesús sabía que las palabras endulzadas nunca produjeron santos salados.

LECTURA: *Salmo 10*

DIOS Y LA CARRERA DE LOCOS

¿Por qué los malvados desprecian a Dios y quedan impunes?
Piensan: «Dios nunca nos pedirá cuentas».

SALMO 10:13

La vida es una carrera de locos; ¡y los locos están ganando! Muchos de nuestros contemporáneos piensan así, y algunas veces parecen tener la razón. Aunque es probable que el salmista no hubiera pensado de este mundo como una carrera de locos, y tampoco hubiera llamado locos a sus habitantes, esa descripción sin duda encajaría en su percepción de lo que estaba sucediendo a su alrededor.

Ateos funcionales son los locos que pueblan la carrera de locos. Los ateos funcionales no son ateos teóricos, es decir, personas que argumentan filosóficamente que Dios no existe. Más bien, son personas que viven y actúan como si Dios no existiera (10:4, 11-13). Para ellos, Dios es un factor inexistente, una completa irrelevancia. Los ateos funcionales desprecian por completo cualquier concepto de un Dios que gobierna el universo, que determina cómo deberíamos vivir y que nos hace responsables de nuestros actos. Pisotean con indiferencia toda idea de gobierno divino, orden divino o retribución divina. ¡Y parecen salirse con la suya! Para ellos, la vida es dulce.

Para el salmista, la vida era amarga. Mientras los locos disfrutaban de rosas, el salmista recogía espinas. Lo que le resultaba más difícil de aceptar era ver que los locos parecían estar ganando. Ya era bastante malo que vivieran como si Dios estuviera muerto o al menos incapacitado; pero era infinitamente peor que Dios pareciera confirmar sus conclusiones al mantenerse palpablemente ausente. Con arrogancia decían: «¡Jamás nos sucederá algo malo! ¡Estaremos para siempre sin problemas!» (10:6). Con ligereza afirmaban: «¡Dios no nos mira! ¡Ha cerrado los ojos y ni siquiera ve lo que hacemos!» (10:11). Y Dios parecía permitir que se salieran con la suya. Parecía que los locos estaban ganando ¡y que el árbitro ni siquiera estaba mirando!

Pero el salmista se aferró a dos verdades. Creía con todo su corazón: «¡El SEÑOR es rey por siempre y para siempre!» (10:16) y que el Señor hará «justicia» (10:18). Si eso es cierto, hay esperanza de que finalmente la justicia triunfará. Tal vez no lo veamos en nuestras vidas porque el Señor actúa en la eternidad. Quizás no lo experimentemos como deseamos, pero podemos tener presente que el Señor conoce «las esperanzas de los indefensos» y «escucharás sus clamores y los consolarás» (10:17). Él se asegurará de que, al final, se haga justicia (ver Lucas 16:19-31).

Podemos enfrentar la carrera de locos sabiendo que Dios gana, ¡no los locos! Podemos correr la carrera a la manera de Dios, no a la de ellos. Y podemos concentrarnos en Dios, que nos espera en la meta, en lugar de fijarnos en los locos que nos muerden los talones.

LECTURA: *Génesis 4:1-16*

DECISIONES Y CONSECUENCIAS

Serás aceptado si haces lo correcto, pero si te niegas a hacer lo correcto, entonces, ¡ten cuidado! El pecado está a la puerta, al acecho y ansioso por controlarte; pero tú debes dominarlo y ser su amo.

GÉNESIS 4:7

Al hombre le gustaría mucho ser libre para tomar sus propias decisiones y estar exento de las consecuencias de las mismas. Por ejemplo, le gusta la libertad sexual pero no le gustan las enfermedades de transmisión sexual; por lo tanto, busca maneras de diseñar el «sexo seguro». El hombre quiere libertad sin consecuencias.

Adán, el primer hombre, era libre para obedecer o desobedecer a Dios, pero no era libre de las consecuencias de su decisión. Dios le había dado mucha libertad en el jardín: Adán podía comer de cualquier árbol excepto de uno. Y se le había advertido que, si desobedecía, ciertamente moriría (2:17). En lugar de escuchar a Dios y permanecer dentro de los límites de la libertad que Dios le había concedido, Adán escuchó la voz del mal, abrazó el pecado y siguió adelante en su desobediencia. Tal vez supuso que Dios no haría lo que había dicho que haría, o quizás pensó que disfrutar de su «libertad» valdría la pena a cambio de cualquier consecuencia que pudiera llegar. Pero se equivocó, porque la consecuencia de su decisión fue la muerte: la muerte espiritual en su relación con Dios y la muerte física de su cuerpo. Pero las consecuencias no terminaron ahí.

En la siguiente generación, el hijo de Adán, Caín, también se apartó de Dios. Él también ignoró la advertencia divina, escuchó la voz del mal y abrazó el pecado. Luego se quejó: «Me has expulsado de la tierra y de tu presencia; me has hecho un vagabundo sin hogar» (4:14). Pero ¿por qué estaba en esa condición y por qué se quejaba? Simplemente porque, al igual que su padre, se había rebelado contra el mandato de Dios y había elegido el camino de la «libertad». Dios le había advertido: «Serás aceptado si haces lo correcto, pero si te niegas a hacer lo correcto, entonces, ¡ten cuidado! El pecado está a la puerta, al acecho y ansioso por controlarte; pero tú debes dominarlo y ser su amo» (4:7). Caín decidió no «tener cuidado» y siguió adelante. Tan comprometido estaba con su libertad de elección que tuvo dificultad para aceptar que su pecado tenía consecuencias. Su queja demuestra que quería no solo el derecho a pecar libremente, sino también el derecho a estar libre de toda responsabilidad y exento de las consecuencias.

La libertad del hombre para elegir sus acciones es un lado de la ecuación, y la libertad de Dios para determinar las consecuencias es el otro. Podemos ser libres para elegir, pero no somos libres de las consecuencias. El pecado puede durar solo un momento, pero las consecuencias pueden durar toda una vida o incluso para siempre.

LECTURA: *Génesis 17:1-14*

¿QUÉ IMPORTANCIA TIENE UN NOMBRE?

Cuando Abram tenía noventa y nueve años, el SEÑOR se le apareció y le dijo: «Yo soy El-Shaddai, "Dios Todopoderoso". Sírveme con fidelidad y lleva una vida intachable. [...] Además, cambiaré tu nombre. Ya no será Abram, sino que te llamarás Abraham, porque serás el padre de muchas naciones.

GÉNESIS 17:1, 5

Abram tenía noventa y nueve años cuando el Señor se le apareció y se presentó como «Dios Todopoderoso», *El-Shaddai* en hebreo. Que Dios se presentara por nombre significaba que no solo quería que Abram supiera quién es él, sino también estaba invitando a Abram a experimentar cercanía con él. En efecto, Dios estaba diciendo: «Puedes llamarme El-Shaddai, Abram». Abram descubrió que Dios Todopoderoso anhelaba ser conocido de manera cercana e íntima.

Cuando El-Shaddai, Dios Todopoderoso, invitó a Abram a una relación de pacto íntima, le dio un nuevo nombre, un nombre que contenía en su significado la promesa del pacto de Dios. El-Shaddai quería que su nuevo amigo comprendiera lo que sucedería en el futuro. Había decidido que Abram sería el medio por el cual todas las naciones del mundo serían bendecidas, con una familia que contaría con millones de descendientes. Para reforzar este mensaje, Abram recibió un cambio de nombre: de *Abram*, que significa «padre exaltado», a *Abraham*, que significa «padre de muchos».

Junto con un nuevo nombre, Dios Todopoderoso les dio a Abraham y a su familia una nueva identidad como un pueblo apartado para tener una relación con él. La señal de esta relación sería que Abraham y sus descendientes serían circuncidados. Tanto el nombre como la señal indicaban la misma identidad: ser el pueblo de Dios.

Dios quizás no nos dé ahora un nuevo nombre, pero sí promete un nuevo nombre en el cielo a todos los que tienen una relación de pacto con él (Apocalipsis 2:17). Ese nombre representa la nueva identidad de una persona transformada por Cristo. Y un hombre cambiado que se dedica al estudio cuidadoso de la Palabra de Dios adquiere un conocimiento más profundo del Señor y una comprensión más clara de sí mismo. (Solo cuando nos vemos como Dios nos ve y nos conocemos en relación con él, nuestra comprensión de nosotros mismos es precisa). Esta profundidad de entendimiento y entusiasmo por el descubrimiento produce a su vez frescura en el mensaje y claridad en el propósito, y el hombre que vive en el poder de El-Shaddai se convierte en un padre para muchos.

Los nombres son importantes. Expresan quiénes somos y a quién pertenecemos. Por eso, cuando se trata de poner nombres a nuestros hijos, es una buena idea darles nombres que les recuerden nuestras aspiraciones para ellos. Sus nombres pueden ayudarlos a comprender su identidad. Mucho puede expresarse en un nombre.

LECTURA: *Génesis 28:10-22*

LA PRESENCIA DE DIOS

Jacob se despertó del sueño y dijo: «¡Ciertamente el SEÑOR está en este lugar, y yo ni me di cuenta!»; pero también tuvo temor y dijo: «¡Qué temible es este lugar! No es ni más ni menos que la casa de Dios, ¡la puerta misma del cielo!».

GÉNESIS 28:16-17

Jacob, que iba huyendo de su hermano y estaba solo en un territorio inhóspito, se detuvo a pasar la noche teniendo una piedra como almohada, ¡un conjunto de circunstancias de lo más incómodo! Pero él mismo había producido esa situación. No sabemos cuáles eran sus pensamientos cuando se acostó a dormir, pero sí sabemos que no pudo haber anticipado lo que sucedió. En un sueño, se le dio un recordatorio en imagen de que Dios y sus ángeles participan activamente en los asuntos de los hombres en la tierra. El Señor le dijo en ese sueño que podía contar con la presencia del Señor en todo momento, y que el Señor tenía grandes planes para él que estaba comprometido a cumplir.

Al despertar, Jacob exclamó: «¡Ciertamente el SEÑOR está en este lugar, y yo ni me di cuenta!» (28:16). No es sorprendente que no se diera cuenta de la presencia del Señor, ya que, sin duda, estaba absorto en sus propios planes y preocupaciones. Fue necesario un sueño dramático, estando completamente solo, para captar su atención y enfocar su mente en la presencia de Dios.

Es asombroso, ¿cierto?, que nosotros, los hombres que creemos saber tanto, a veces ni siquiera reconozcamos la presencia del Señor. En nuestro mundo hay muchas distracciones, muchas más que en los días de Jacob. El hombre que pasa todo su tiempo en medio de las tensiones y el bullicio de la vida puede no ser consciente de la presencia del Señor, en particular si lleva sobre sí las preocupaciones y las consecuencias de sus acciones pasadas. El hombre cuya conciencia está cargada por lo que ha hecho y cuya vida está agobiada por las consecuencias, por lo general no es muy consciente de la presencia de Dios. Pero el Señor está presente, de todos modos.

Los hombres necesitamos encontrar un lugar tranquilo donde el Señor pueda hablarnos la verdad en amor. Si el único momento en el que puede captar nuestra atención es mientras dormimos, es probable que estemos demasiado ocupados y nuestras mentes demasiado llenas de «las preocupaciones, las riquezas y los placeres de esta vida» (Lucas 8:14). Pero si él logra captar nuestra atención, quedaremos impactados por la grandeza del Señor. Y entonces, sin duda, responderemos como Jacob, con un renovado compromiso de servicio y lealtad al Dios que estuvo ahí todo el tiempo aunque nosotros no nos dimos cuenta.

LECTURA: *Génesis 39:1-23*

SECRETOS DEL ÉXITO DE JOSÉ

El SEÑOR estaba con José, por eso tenía éxito en todo mientras servía en la casa de su amo egipcio. Potifar lo notó y se dio cuenta de que el SEÑOR estaba con José, y le daba éxito en todo lo que hacía.

GÉNESIS 39:2-3

La primera época de la vida José podría describirse como: «Desde el pedestal hasta el pozo, el palacio y la cárcel». ¡Eso sí que es un viaje en una montaña rusa! Tras ser vendido como esclavo por sus hermanos, llegó a la casa de un hombre de influencia. En lugar de quejarse de su destino, José se propuso utilizar los dones obvios que Dios le había confiado. El resultado fue reconocimiento y avance. Por desgracia, el factor reconocimiento actuó en más de una dirección. La esposa del jefe se fijó en José y trató de seducirlo, pero él rechazó sus insinuaciones para no deshonrar a su amo ni pecar contra su Dios. Como sabemos, «no hay furia como la de una mujer despreciada», y así fue como José terminó en la cárcel, culpable de haber sido honorable. Incluso allí, sin embargo, se condujo con gran integridad y diligencia. Muy pronto, José estaba no solo administrando la prisión, sino también aconsejando a algunos de los hombres del faraón que habían caído en desgracia.

Hay varios principios de éxito que se pueden aprender de la historia de José. Primero, mientras languidecía en prisión supo aprovechar el momento. Segundo, nunca permitió que su visión de éxito nublara su visión de lo que era éticamente correcto. Tercero, se adaptó a las circunstancias cambiantes en lugar de gastar su energía resistiéndolas. Cuarto, veía en cada problema una posibilidad. Quinto, sabía cómo arrebatar la victoria de las fauces de la derrota. Sexto, entendía que no hay sustituto para el trabajo arduo. Y séptimo, mucho antes de que Pablo les dijera a los siervos de su tiempo: «Trabajen de buena gana en todo lo que hagan, como si fuera para el Señor y no para la gente» (Colosenses 3:23), José ya lo hacía.

Todos los «secretos del éxito» de José estaban arraigados en su relación con el Señor. Fue el Señor quien estuvo con él en el pozo y quien fue la fuente de todos sus dones. Fue el Señor quien determinó lo que era correcto, fue el Señor quien estaba cumpliendo sus propósitos eternos y fue al Señor a quien José habría de rendir cuentas un día. Cuando la vida se vive reconociendo a Dios como el Señor, el lugar es de importancia secundaria; ya sea el pedestal o el pozo, la prisión o el palacio. Lo que realmente importa es que la vida se viva en, por, delante de y a causa del Señor. Esa es la verdadera forma de éxito, porque solo el Señor puede hacer que un hombre sea exitoso, dondequiera que esté.

LECTURA: *Éxodo 6:1-8*

EL YO SOY

Dile al pueblo de Israel: «Yo soy el SEÑOR. Te libertaré de la opresión que sufres y te rescataré de tu esclavitud en Egipto. Te redimiré con mi brazo poderoso y con grandes actos de juicio. Te tomaré como pueblo mío y seré tu Dios. Entonces sabrás que yo soy el SEÑOR tu Dios, quien te ha librado de la opresión de Egipto».

ÉXODO 6:6-7

En África, los padres ponen a sus hijos nombres de acontecimientos que coinciden con el nacimiento del niño. En los Estados Unidos, los padres a veces ponen a sus hijos los nombres de sus celebridades favoritas. En mi Inglaterra natal, los padres generalmente ponen a sus hijos el nombre de otro familiar. En la antigüedad, sin embargo, los nombres tenían un significado especial. A menudo, describían la personalidad y la importancia de quien los llevaba. Por ejemplo, Jacob necesitó un nuevo nombre cuando Dios transformó su vida, y pasó a ser Israel; y a Jesús se le dio su nombre precisamente porque *Jesús* significa «Dios es el Salvador».

Moisés y Aarón acababan de enfrentarse al faraón y le habían exigido que dejara salir a Israel para adorar a Dios en el desierto. El faraón respondió aumentando la carga de su esclavitud. Los líderes de Israel culparon a Moisés y a Aarón por sus desgracias. ¡Qué situación tan difícil! Pero, como siempre, Moisés buscó la ayuda del Señor.

En respuesta, Dios le recordó a Moisés: «Yo soy el SEÑOR» (Éxodo 6:6). La palabra hebrea traducida como «SEÑOR» es *Yahvé* o *Jehová*, un nombre tan sagrado para el judío devoto que ni siquiera lo pronuncia. El nombre está relacionado con el verbo *ser*, lo cual es significativo cuando recordamos que Dios también le dijo a Moisés que su nombre es «YO SOY EL QUE SOY» (3:14). Moisés necesitaba saber que el Señor es el inmutable, el que siempre es, sin principio ni fin, totalmente autosuficiente y completo en sí mismo: no dependiente, no condicionado, sin carencias, perfecto y eterno.

«¿Qué importancia tiene un nombre?», preguntó Shakespeare. *Todo*, si se trata del nombre del gran YO SOY. El nombre de Dios es una revelación de quién es él. Nosotros, criaturas frágiles y falibles, necesitamos que nos recuerden constantemente que el Señor es el que es. Cuando entendemos esto, no importa que las cosas cambien, que el futuro sea incierto, que los temores nos asalten o que las dudas nos persigan. Él no cambia, y en él encontramos nuestra seguridad y confianza. Recuerda que las últimas palabras de Jesús a sus discípulos fueron: «Estoy con ustedes siempre, hasta el fin de los tiempos» (Mateo 28:20). Porque él está con nosotros, podemos tener total confianza en él.

LECTURA: *Éxodo 23:1-13*

LOS QUE TIENEN Y LOS QUE NO TIENEN

No le negarás la justicia al pobre. [...] No oprimas a los extranjeros. Tú sabes lo que es ser extranjero, porque tú también fuiste extranjero en la tierra de Egipto.

ÉXODO 23:6, 9

Una persona pobre y desfavorecida parece emerger en toda cultura. Los científicos sociales teorizan acerca de los motivos de este fenómeno sociológico, pero las antiguas Escrituras pasan menos tiempo teorizando y más tiempo dando instrucciones a los privilegiados con respecto a sus responsabilidades con los pobres y desfavorecidos.

Los hijos de Israel habían pertenecido a la categoría de los desfavorecidos durante muchos años de esclavitud en Egipto, pero cuando fueron liberados de su esclavitud y se dirigían hacia la Tierra Prometida, era momento de que recordaran sus obligaciones sociales hacia aquellos que no eran tan afortunados como ellos. Estas personas (los pobres, las viudas, los huérfanos y los extranjeros) eran extremadamente vulnerables a los explotadores y debían ser protegidas de quienes, con crueldad, podrían empeorar todavía más su triste situación. Estas personas vulnerables se encontraban en graves dificultades por diversas razones, pero en todos los casos debían ser tratadas con justicia y amor porque también eran personas con dignidad, hechas a imagen de Dios.

Los principios aquí establecidos (prohibir la explotación y exigir justicia) se aplican igualmente a nuestra realidad actual aunque las instrucciones específicas no se apliquen. La prohibición de cobrar intereses por préstamos, por ejemplo, se diseñó para garantizar que los pobres tuvieran la oportunidad de salir de la pobreza; probablemente no se refería a los préstamos comerciales. La restricción de no quedarse con el manto de un hombre durante la noche simplemente significaba que, incluso en los préstamos sin intereses, se requería una garantía; pero si la única garantía disponible era el «poncho» de un hombre pobre, no debía privársele de él durante las frías noches. Incluso los negocios más estrictos deben tener un rostro humano.

Nuestra preocupación por los vulnerables y necesitados no proviene de una ideología política, como podríamos ser tentados a suponer en el mundo moderno, sino de una profunda convicción teológica de que todas las personas, creadas a imagen de Dios, deben ser tratadas con respeto, amor bíblico y compasión. La aplicación de estas leyes antiguas al mundo de los negocios actuales es clara: los poderosos no deben explotar a los débiles; los que tienen deben preocuparse por los que no tienen; y los negocios no deben regirse únicamente por el afán de lucro. Las buenas prácticas empresariales deben incluir justicia, compasión y generosidad. Es aleccionador recordar que, para Dios, el resultado final no siempre es la máxima prioridad.

LECTURA: *Salmo 19*

ALABANZA A DIOS

Que las palabras de mi boca y la meditación de mi corazón sean de tu agrado, oh SEÑOR, mi roca y mi redentor.

SALMO 19:14

Hay muchas cosas equivocadas en nuestro mundo; ¡pero también hay muchas cosas correctas! Las cosas equivocadas señalan a la devastadora Caída, en la que el hombre arrogante pensó que era más inteligente que Dios y sumergió al mundo en el caos. Las cosas correctas nos recuerdan que el mundo, aunque está manchado, sigue dando testimonio de su grandioso Creador.

Los cielos hablan en silencio. Sin pronunciar sonido ni palabra, proclaman poderosamente las maravillas de su Creador. Mañana tras mañana, el glorioso sol se levanta y declara la fidelidad constante de un Dios totalmente confiable. Noche tras noche, las estrellas brillan y nos recuerdan su inmensidad resplandeciente. Para quienes tienen oídos para oír y ojos para ver, «los cielos cuentan la gloria de Dios» (19:1).

Pero, para muchos, el mensaje es indistinto. El lenguaje silencioso no les dice nada, y los mensajes sin palabras les comunican muy poco. Por eso Dios dio su Palabra. Ella complementa la revelación y la glorificación de Dios expresadas en la Creación. Habla donde la Creación guarda silencio; comunica a aquellos a quienes el sol dice poco acerca de Dios y las estrellas nada acerca de la divinidad. Es «más dulce que la miel» (19:10) para quienes se sumergen en sus riquezas. Allí encuentran verdades que reaniman y fortalecen, advertencias que protegen y preservan, instrucciones que ordenan y dirigen, y promesas que alegran y deleitan. Las Escrituras hablan, y sus mismas palabras dan gloria a Dios.

Pero la tinta negra sobre el papel blanco dice poco a algunos, porque están demasiado ocupados para leer o demasiado desinteresados para indagar. Es ahí donde entramos tú y yo. Dios debe ser glorificado y su verdad debe ser proclamada, ya sea por el sol silencioso y las estrellas brillantes, por la palabra escrita o por la verdad hablada y vivida. Los seres humanos podemos hacer lo que la Creación y la palabra escrita no pueden hacer: solamente nosotros podemos tomar la verdad y explicarla en términos vivos y apasionantes que ayuden a otros a ver, y nada en el mundo puede expresar la alabanza de Dios como el ser humano.

Por eso Dios nos capacita para proclamarlo en adoración, y por eso nos envía a difundir su verdad como testimonio. Por eso debemos orar, como el salmista: «Que las palabras de mi boca y la meditación de mi corazón sean de tu agrado, oh SEÑOR, mi roca y mi redentor» (19:14). Somos sus portavoces únicos, ¡algo incomparable en toda la tierra!

LECTURA: *Éxodo 31:1-11*

OFICIOS

Lo he llenado del Espíritu de Dios y le he dado gran sabiduría, capacidad y destreza en toda clase de artes manuales y oficios.

ÉXODO 31:3

Un poeta inusualmente humilde escribió en una ocasión: «Los poemas están hechos por tontos como yo, pero solo Dios puede hacer un árbol». Él no era un tonto, porque reconocía sus limitaciones, pero estaba en lo cierto acerca de que solamente Dios hace árboles. Sin embargo, Dios ha transmitido a los hombres parte de su habilidad creativa. Dios crea y el hombre confecciona.

Todo comenzó con un hombre llamado Jubal. Él fue «el primero de todos los que tocan el arpa y la flauta» (Génesis 4:21). Dios le dio un don. Podía escuchar el sonido del viento entre los árboles y el canto de los pájaros en las ramas, y quizás pensó: *eso es hermoso*; entonces, algo en su corazón anheló reproducir ese sonido. Así que, con dedos hábiles y una originalidad divinamente inspirada, creó una flauta. Luego, tal vez escuchó el sonido del arroyo al correr sobre los guijarros. Con gran ingenio, imitó aquel bello sonido en un arpa. Su medio hermano Tubal-caín era diferente. Era más artesano que artista, pero también creaba cosas hermosas, pues «se hizo experto en forjar herramientas de bronce y de hierro» (Génesis 4:22).

Después apareció Bezalel, un hombre lleno del Espíritu, cuyas habilidades divinas abarcaban toda clase de oficios. Se sentía igualmente cómodo trabajando con metales, madera o piedras preciosas. Hacía cosas esencialmente prácticas pero siempre bellas. Para él no bastaba con fabricar objetos funcionales. Su arte reflejaba algo de su deleite en las cosas que Dios había hecho. Su trabajo manual era una expresión de alabanza y gratitud: una obra que en sí misma era un acto de adoración.

Por desgracia, la música puede volverse fea, y el bronce y el hierro pueden convertirse en instrumentos de tortura. Pero no tiene por qué ser así. Hay belleza por todas partes en la obra de Dios. El hombre que sirve a Dios la verá, la apreciará y, con talento dado por Dios, la reproducirá para su gloria y para deleite del hombre. Hay demasiada fealdad y sordidez en el mundo, de las cuales los hombres son responsables. Necesitamos más hombres como Jubal, Tubal-caín y Bezalel, productores de belleza y transmisores de deleite. Necesitamos más hombres para quienes la creación sea un deleite tan grande que deseen preservarla, representarla y recolectar su abundante riqueza. Necesitamos más hombres que comprendan que Dios es el Creador supremo, quien los ha llamado a ser artesanos consumados. Muchos hombres tienen tendencia a destruir. Se necesitan más hombres que embellezcan nuestro mundo y glorifiquen a su Señor.

LECTURA: *Éxodo 39:32-43*

FIDELIDAD EN LOS DETALLES

Así que los israelitas siguieron todas las instrucciones que el SEÑOR le había dado a Moisés. Luego Moisés revisó todo el trabajo. Cuando verificó que todo se había llevado a cabo tal como el SEÑOR le había ordenado, los bendijo.

ÉXODO 39:42-43

Probablemente hayas oído la frase: «El diablo está en los detalles». Lo que puede que no hayas oído es que ¡al Señor le interesan los detalles! Él espera que quienes se toman en serio sus vidas espirituales muestren su fidelidad no solo en los asuntos importantes, sino también en los detalles menores.

Dios Todopoderoso dejó claro que tenía la intención de habitar entre el pueblo de Israel, al que había escogido. Incluso durante sus viajes por el desierto, indicó que su presencia en medio de ellos era vital para su identidad y supervivencia; por lo tanto, Dios ordenó a su pueblo construir una estructura que se adaptara a su entorno: una tienda en medio del desierto. Más importante aún, debía ser una estructura digna de su presencia. Dios comunicó a Moisés detalles minuciosos acerca del tamaño, la estructura, los materiales y las decoraciones.

Dadas las difíciles circunstancias bajo las cuales trabajaba ese pueblo, es notable que no tomaran atajos, no usaran materiales de baja calidad y se esmeraran en cumplir las instrucciones tal como estaba estipulado. Las personas que construyeron el tabernáculo en el desierto hacían su labor como para el Señor; para ellas, un trabajo bien hecho era lo mínimo que su Dios merecía. La calidad de su trabajo era testimonio de su compromiso fiel con él. Al inspeccionar la obra terminada, Moisés observó que «los israelitas siguieron todas las instrucciones», y reunió a los obreros; y cuando «verificó que todo se había llevado a cabo tal como el SEÑOR le había ordenado, los bendijo» (39:42-43).

Los trabajadores modernos no siempre son tan diligentes. Faltan al trabajo sin estar enfermos, hacen trampa si nadie los observa, contratan un material y entregan otro. Algunos empleados defraudan a sus jefes y algunos jefes abusan de sus empleados. Muchas personas sienten que el lugar de trabajo es una carrera de locos y que los locos van ganando. ¡Qué buen lugar para que el hombre de Dios demuestre que sigue un ritmo distinto!

Somos llamados a vivir nuestro discipulado siendo fieles a Dios en los detalles de nuestra vida. El Señor merece ser bien servido; quienes lo hacen en su vida diaria simplemente están siendo fieles. La fidelidad se manifiesta de muchas maneras, pero nunca incluye atajos, materiales de mala calidad ni esfuerzos a medias. La fidelidad, incluso y especialmente en los detalles de nuestra vida, es lo que Dios desea.

LECTURA: *Levítico 4:22-35*

PERDÓN SACRIFICIAL

Si alguien de la gente común peca al violar uno de los mandatos del SEÑOR, pero no se da cuenta de ello, aun así es culpable.

LEVÍTICO 4:27

Algunos hombres parecen sorprenderse cuando hacen algo equivocado... como si pensaran que son incapaces de participar en un acto así; pero, normalmente, se recuperan con bastante rapidez y se olvidan de ello. O, si el asunto permanece en su memoria, ¡son alentados a «perdonarse a sí mismos»! Ahora bien, ese concepto es tan extraño como común. Piénsalo. ¿Cómo puede un hombre perdonarse a sí mismo? Si se ha cometido una falta y alguien ha sido ofendido, solo la persona ofendida puede perdonar al que hizo el mal. El culpable no puede perdonarse a sí mismo, ni tampoco puede hacerlo un tercero. Si me das un golpe en la nariz, solo yo puedo perdonarte; tú no puedes absolverte, y ni siquiera tu mamá cariñosa puede hacerlo.

Aquí está el punto en cuanto al pecado del hombre. Aunque es cierto que la mayoría de los pecados afectan negativamente a otros y somos responsables del daño que causamos, la persona realmente ofendida es Dios. El pecado es una negación de la autoridad de Dios, un repudio de su derecho a determinar lo que está bien y lo que está mal, un rechazo a su guía bondadosa sobre nuestra conducta. Por lo tanto, el pecado es principalmente contra Dios; y si él es quien ha sido ofendido, solo él puede perdonar.

Esto nos conduce a dos preguntas monumentales. Primero, si solo Dios puede perdonar el pecado, ¿lo hará? ¡La respuesta es SÍ! ¡Él lo hará! Lo demostró al perdonar a los israelitas mediante sus sacrificios y nos lo ha demostrado al perdonarnos por medio de Cristo. Segundo, ¿qué precio exige Dios para que el perdón esté disponible? Más de lo que la suma total del esfuerzo humano podría pagar jamás. Nunca podremos pagar por nuestros propios pecados, así que Dios los pagó por nosotros.

El Nuevo Testamento trata el tema del sacrificio de la siguiente manera: «Bajo el antiguo pacto, el sacerdote oficia de pie delante del altar día tras día, ofreciendo los mismos sacrificios una y otra vez, los cuales nunca pueden quitar los pecados; pero nuestro Sumo Sacerdote se ofreció a sí mismo a Dios como un solo sacrificio por los pecados, válido para siempre. Luego se sentó en el lugar de honor, a la derecha de Dios» (Hebreos 10:11-12). No supongas que puedes perdonarte a ti mismo; ¡no puedes! Deja que Dios sea quien perdona; ¡él puede! Y lo hará.

LECTURA: *Levítico 16:1-22, 29-34*

YOM KIPPUR

En ese día, se presentarán ofrendas de purificación por ustedes, y serán purificados de todos sus pecados en la presencia del SEÑOR.

LEVÍTICO 16:30

Dios decidió vivir con su pueblo en el desierto. El tabernáculo (la casa que hizo que construyeran para él) era una obra maestra. Estaba diseñado meticulosamente hasta el último detalles y simbolizaba su santa presencia en medio de ellos. El pueblo era invitado a visitar la casa y se le permitía al sumo sacerdote entrar en el Lugar Santísimo, pero como eran pecadores, su presencia contaminaba el lugar de morada de Dios. Como resultado, el día del Perdón se requería una limpieza ceremonial del lugar, el sacerdote y el pueblo.

Ese día, celebrado hoy como el Yom Kippur, el sumo sacerdote debía lavarse cuidadosamente y luego ofrecer un toro en sacrificio por sus propios pecados y los de su familia. Después se presentaban dos machos cabríos ante el sacerdote recién purificado. El primero era sacrificado para limpiar el tabernáculo: el lugar de adoración. Entonces, después de colocar simbólicamente los pecados confesados del pueblo sobre la cabeza del segundo macho cabrío, el sacerdote lo enviaba al desierto.

Por extraños que estos rituales puedan parecernos hoy, el simbolismo era inconfundible para el pueblo de Israel: el juicio de Dios por el pecado recaía sobre un sustituto inocente y los pecados del pueblo eran quitados de la vista y del recuerdo. Ningún israelita que presenciara estos solemnes procedimientos podía suponer que el Dios santo tomaba el pecado a la ligera. Al mismo tiempo, podía ver claramente que ese mismo Dios, aunque profundamente ofendido por el pecado de su pueblo, se esforzaba mucho en hacer posible la reconciliación y el perdón.

Los elaborados sistemas del tabernáculo y del templo cumplieron su propósito y quedaron atrás. Señalaban a Cristo, y él ha cumplido todo lo que aquellos símbolos prometían. Ya no es necesario ofrecer machos cabríos ni derramar sangre. Cristo lo ha hecho todo. Con su muerte se ofreció el sacrificio final. Por medio de su muerte, el lugar donde Dios habita (la iglesia) ha sido purificado y hecho santo, y por su muerte los pecados son perdonados y apartados de la vista y de la memoria de Dios. El día en que Cristo murió es nuestro permanente y eterno día del Perdón, por lo que ya no necesitamos ese ritual anual. Al mirar detrás de aquel antiguo ritual israelita, sin embargo, podemos ver la realidad de Cristo y podemos responder con gozo reverente.

LECTURA: *Levítico 19:1-19*

SANTIDAD Y RECOLECCIÓN DE UVAS

Cuando recojas las cosechas de tu tierra, no siegues el grano en las orillas de tus campos ni levantes lo que caiga de los segadores. Harás lo mismo con la cosecha de la uva, no cortes hasta el último racimo de las vides ni recojas las uvas que caigan al suelo. Déjalas para los pobres y para los extranjeros que viven entre ustedes. Yo soy el SEÑOR tu Dios.

LEVÍTICO 19:9-10

Aunque unir la santidad de Dios y la recolección de uvas puede ser algo un poco forzado, Dios lo hizo, y por eso necesitamos que se nos fuerce un poco.

La santidad de Dios se refiere no solo a que no tiene pecado, sino, más fundamentalmente, a su «otredad». Dios declaró que cosas como el suelo, ciertos recipientes y días especiales fueran santos no porque fueran sin pecado (¿cómo podría un recipiente ser «sin pecado»?), sino porque eran apartados, consagrados, «especiales». Así también Dios, siendo completamente distinto y apartado, llama a su pueblo a ser santo. Esto no significa que espera que ellos sean sin pecado (¡sabe que no lo son!), pero sí requiere que sean «diferentes», separados, distintos. Esto incluye no participar en los estilos de vida pecaminosos de sus vecinos. Pero ¿cómo se ve esa santidad?

La santidad es esencialmente práctica. Se manifiesta en las relaciones familiares, en los hábitos de trabajo y descanso, en la convivencia con los vecinos y en asuntos de compasión y justicia. Esto nos lleva a las uvas. Cuando los israelitas finalmente llegaron a la Tierra Prometida y disfrutaron de los viñedos que ya estaban allí, podían haberse dejado llevar tanto por la cosecha que pasaran por alto a los pobres que miraban con anhelo la abundancia o que trabajaban duramente en los viñedos a cambio de salarios insuficientes. Dios, que siempre se identifica con la causa de los desfavorecidos, estableció que algunas uvas debían dejarse sin recoger especialmente para esas personas, y que parte de las cosechas debía reservarse deliberadamente en beneficio de quienes no tenían su propio campo. Hacer esto era un acto de santidad porque mostraba cuán diferentes eran los hijos de Dios de las naciones vecinas, que a menudo no mostraban compasión por los pobres. Así que, como ves, ¡existe una conexión muy clara entre ser santo y recolectar uvas!

También hay una conexión entre la santidad y abrir la puerta a una persona mayor, retirar latas vacías en el campo, cuidar a pacientes con SIDA, revisar cómo pagas a tus empleados, tratar con cortesía a un encargado de equipaje y mostrar respeto a un mesero. En algunos aspectos, la santidad no es fácil. En nuestra cultura, sin embargo, donde tanta gente se comporta mal, no es tan difícil destacar, ser diferente, ser santo... ¡simplemente tratando bien a las personas!

LECTURA: *Levítico 23:1-22*

MANTENERNOS UNIDOS

Tienes seis días en la semana para hacer tu trabajo habitual, pero el séptimo es un día de descanso absoluto, un día oficial de asamblea santa. Es el día de descanso del SEÑOR, *y tendrás que guardarlo dondequiera que vivas.*

LEVÍTICO 23:3

A Dios le encantas las celebraciones, ¡y anima a su gente a disfrutar de ellas también! Cuando Dios terminó su obra de creación, descansó. Desde entonces, su pueblo recibió la instrucción de descansar también el séptimo día: el día de descanso. Algunos de sus vecinos paganos hacían algo parecido, pero lo hacían porque creían que el séptimo día daba mala suerte. Los israelitas, por su parte, creían que era santo: especial. Un día santo especial apartado para el descanso, la adoración y la celebración. El descanso por sí solo no era el propósito del día de descanso. En ese día, y en otras ocasiones especiales, el pueblo de Dios era llamado a celebrar «un día oficial de asamblea santa» (23:3).

Es importante que observemos el papel que el descanso regular, la adoración constante y la celebración comunitaria desempeñaban en el estilo de vida de Israel. Se daba gran énfasis a que todo el pueblo dejara de trabajar y se reuniera en ciertos momentos para reconocer colectivamente al Señor. La celebración comunitaria servía para unir al pueblo con un sentido de raíces, aspiraciones, objetivos y orientación comunes, todos ellos centrados en el propio Señor. A lo largo de los años, mientras se observaban los días de descanso, los hijos de Israel se mantenían fuertes en el Señor y victoriosos frente a sus enemigos en un mundo hostil. Pero cuando la celebración común dejaba de ser prioridad, la fricción, la división y la fragmentación se volvían frecuentes.

Hay una lección aquí para el hombre moderno. Ahora es un hecho bien establecido que el descanso regular es beneficioso para el hombre, pero no se presta suficiente atención a la necesidad de la adoración y la celebración comunitaria. Nuestra cultura, a diferencia de la de Israel, es pluralista. Carecemos de puntos en común, y las fisuras y divisiones son evidentes y alarmantes. Las comunidades sin elementos comunes son una contradicción en sí mismas. Pero, si existe poca unidad, debemos crear más mediante la organización de eventos que reúnan a las personas, dándoles tiempo para convivir, ofreciendo oportunidades para aprender diferentes costumbres y observar distintas tradiciones. Esto es cierto no solo en la sociedad secular, sino también en la comunidad de creyentes. Algunos cristianos no ven una gran importancia en pertenecer a una comunidad de creyentes, y muchas comunidades cristianas muestran poco o ningún interés en unirse en alabanza y servicio común. Los redactores de la Declaración de Independencia conocían el valor de la comunidad. Benjamín Franklin, uno de ellos, dijo: «Debemos ciertamente mantenernos unidos o, con toda seguridad, todos nos mantendremos separados». Su preocupación era la supervivencia personal; nuestra preocupación debería ser la cohesión y el bienestar colectivo de nuestra comunidad.

OCTUBRE

LECTURA: *Salmo 40*

ESPERAR CON PACIENCIA

Con paciencia esperé que el SEÑOR me ayudara, y él se fijó en mí y oyó mi clamor.

SALMO 40:1

No son solamente las personas quienes ponen a prueba nuestra paciencia; también lo hacen las situaciones. Nos encontramos en lugares donde no queremos estar, haciendo cosas que no deseamos hacer, en circunstancias que no queremos aceptar, y hay muy poco o nada que podamos hacer al respecto; por lo tanto, nos ponemos furiosos y nuestras frustraciones se intensifican.

David sabía muy bien de esto. Era un hombre de Dios, pero pasó demasiado tiempo huyendo de sus enemigos. El trono le pertenecía por derecho, pero fue en el desierto donde pasó muchas noches (ver 1 Samuel 16:13; 18:1–24:22). Él dijo: «Pues me rodean las dificultades, ¡son demasiadas para contar! Es tal la acumulación de mis pecados que no puedo ver una salida. Suman más que los cabellos de mi cabeza y he perdido toda mi valentía. Por favor, SEÑOR, ¡rescátame! Ven pronto, SEÑOR, y ayúdame» (Salmo 40:12-13). No sorprende que acudiera al Señor en busca de ayuda y es totalmente comprensible que la quisiera «pronto». Los hombres suelen desear que las soluciones lleguen de inmediato, si no antes. Pero observa cómo David comenzó este salmo: «Con paciencia esperé que el SEÑOR me ayudara» (40:1). Su deseo natural de soluciones rápidas había sido moderado por una larga experiencia en el modo en que Dios actúa. El deseo natural de David de una respuesta inmediata fue balanceado por su disposición a esperar «con paciencia». Sabía por experiencia previa que solo era cuestión de tiempo antes de poder testificar nuevamente: «Me sacó del pozo de desesperación, del lodo y del fango. Puso mis pies sobre suelo firme y a medida que yo caminaba, me estabilizó» (40:2).

Dios no es el Dios de las soluciones instantáneas; tampoco es el Señor de lo inmediato. Se toma su tiempo para hacer crecer un roble a partir de una bellota y permite que el largo invierno prepare la tierra para el calor de la primavera. Pero es precisamente la promesa de la primavera lo que hace que el invierno sea más soportable, y la certeza de que dentro de la bellota está oculto el roble lo que hace más llevadera la espera mientras el árbol crece.

¿Por qué nos preguntamos si Dios se toma su tiempo? Sin duda, sus razones son muchas y profundas, pero quizás sea porque solo podemos apreciar cuán firme es la roca que él nos da cuando hemos experimentado plenamente el lodo y el fango.

LECTURA: *Números 5:11-31*

SOSPECHA

Esta es la ley ritual para lidiar con los celos. Si una mujer se descarría y se contamina mientras está bajo la autoridad de su marido, o si un hombre siente celos y sospecha que su esposa le fue infiel, el marido debe presentar a su esposa delante del SEÑOR *y el sacerdote aplicará esta ley ritual en su totalidad.*

NÚMEROS 5:29-30

En nuestra cultura, la moralidad sexual se considera puramente un asunto personal. Nuestro modo de vivir se considera nuestro propio asunto, y los problemas de adulterio e infidelidad se resuelven en privado entre un hombre y su esposa. Para Israel, sin embargo, la infidelidad matrimonial y la moralidad sexual eran asuntos de la comunidad. Desde el principio de la Creación, Dios había establecido que un hombre y una mujer formaran una familia, y que la familia se convirtiera en el fundamento sobre el cual se edificaría la sociedad; por lo tanto, cualquier cosa que pusiera en peligro el bienestar de los matrimonios y las familias era mucho más que un asunto privado. Se consideraba una amenaza para el tejido mismo de la sociedad y, en consecuencia, era una preocupación para toda la comunidad.

Entonces, ¿cómo intervenía la comunidad cuando un esposo sospechaba que su esposa le había sido infiel? Si un hombre tenía sospechas de infidelidad, debía llevar a su esposa ante el sacerdote, quien realizaba un procedimiento complejo para determinar su culpabilidad o inocencia. Este procedimiento estaba diseñado para proteger a la esposa, que era la parte más vulnerable. El marido no tenía libertad para juzgar por su propia cuenta. En cambio, el asunto debía tratarse «delante del SEÑOR» en el Lugar Santo, con pleno conocimiento de la comunidad y bajo la dirección de los líderes religiosos. En realidad, el procedimiento de Israel era muy misericordioso hacia la mujer. En los estados vecinos, una mujer en circunstancias similares debía arrojarse al río; si sobrevivía, era inocente; si se ahogaba, era culpable; ¡y estaba muerta!

Los asuntos de sospecha entre esposo y esposa deben tratarse con honestidad y apertura mutua delante del Señor. Esto requiere disposición para hablar sobre temas personales profundos y voluntad para orar juntos por su bienestar espiritual y moral. Por supuesto, las parejas deben comenzar aprendiendo a hablar y orar abiertamente sobre asuntos menores; así, cuando surjan problemas más graves, tendrán una base más sólida para encontrar una solución.

La moralidad sexual es esencial para el bienestar de una sociedad, y por lo tanto no es un asunto puramente personal. Las culturas estables requieren familias estables, y las familias estables se construyen sobre matrimonios estables. Los matrimonios estables prosperan con la fidelidad conyugal, y la fidelidad conyugal se fortalece mediante la apertura entre los esposos. Por eso, se debe comenzar con una comunicación abierta, honesta y veraz entre ambos.

LECTURA: *Números 6:22-27*

LA PAZ DE DIOS

Que el SEÑOR *te muestre su favor y te dé su paz.*

NÚMEROS 6:26

Dios bendice a su pueblo. Recibimos grandes beneficios de nuestra relación con él. Esos beneficios están diseñados para enriquecer nuestras vidas, y este enriquecimiento se hace evidente para quienes viven dentro de nuestra esfera de influencia. Por lo tanto, Dios bendice a su pueblo ¡para que ellos sean una bendición!

Era costumbre que los israelitas fueran «bendecidos» por el sumo sacerdote. Dios había llamado a los israelitas para que fueran su pueblo especial, y esta bendición los designaba como tales. A medida que los pueblos vecinos observaban las condiciones bajo las cuales vivía el pueblo de Dios y las maneras particulares en que conducían sus vidas, se hacía evidente que no eran un pueblo común y que su Dios no era un dios común. El pueblo manifestaría el favor divino demostrando que Dios les había dado «su paz». La palabra *paz* significa literalmente «integridad» o «bienestar», y no se trataba de un bienestar ordinario el que disfrutarían. Era el bienestar que proviene únicamente de Dios mismo: ¡su paz!

Pablo habló acerca de «la paz de Dios, que supera todo lo que podemos entender» (Filipenses 4:7). La «la paz de Dios» no debería confundirse con «la paz con Dios». La «paz de Dios» es el estado interior de bienestar que pertenece a quienes han respondido a la oferta de perdón de Dios y han sido llevados a una posición llamada «paz con Dios». La paz *de* Dios es el resultado de tener paz *con* Dios; la primera es un resultado de la segunda.

Esta sensación interior de plenitud es algo que no puede explicarse en términos puramente humanos. Cualquiera puede parecer estar en paz cuando ha eliminado todo estrés y puesto fin a toda hostilidad, pero la paz de Dios es aquella que disfrutamos mientras el estrés continúa y la hostilidad persiste. ¿Cómo es posible? Funciona cuando comprendemos que, al habernos comprometido con el Capitán de nuestra salvación en obediencia constante y confiada, él hará de nuestro bienestar su responsabilidad personal. Así, podemos descansar seguros en su bondad y en su poder, aun en medio de las tormentas de la vida. Podemos vivir con una serenidad que desafía toda descripción y supera todo lo que podemos entender.

LECTURA: *Números 11:1-15*

QUEJAS SOBRE LA CENA

La gentuza extranjera que viajaba con los israelitas comenzó a tener fuertes antojos por las cosas buenas de Egipto. Y el pueblo de Israel también comenzó a quejarse: «¡Oh, si tuviéramos un poco de carne! —exclamaban—. Cómo nos acordamos del pescado que comíamos gratis en Egipto y teníamos todos los pepinos, los melones, los puerros, las cebollas y los ajos que queríamos».

NÚMEROS 11:4-5

Viajar por tierras extranjeras puede ser todo un desafío. La comida está a menudo por debajo de lo aceptable, los alojamientos pueden dejar mucho que desear, la organización del viaje es, por lo general, caótica y no hay aire acondicionado. ¡Una receta segura para las quejas!

Cuando los hijos de Israel emprendieron su viaje hacia tierras extranjeras, ciertamente comenzaron a quejarse. La novedad y la emoción de haber sido liberados de la esclavitud en Egipto empezaron a desvanecerse cuando entraron en su segundo año de libertad. El desierto no era un lugar fácil para vivir, incluso cuando estaban acampados, pero bastaron tres días de marcha para que el pueblo comenzara a quejarse ante el Señor por sus dificultades. Parte de «la gentuza extranjera» en el grupo se mostró bastante abierta en expresar su preferencia por la comida egipcia, y los israelitas se unieron a ellos quejándose de su dieta constante de maná. Sospecho que muchos de nosotros, acostumbrados a nuestro estilo de vida cómodo, ¡también habríamos participado en las quejas de aquellos viajeros del desierto!

Podemos sorprendernos por la severidad con que Dios respondió a las quejas de su pueblo, pero debemos recordar que Dios tenía un gran plan para ellos. Este plan incluía redimirlos de Egipto (lo cual ya había hecho milagrosamente), sostener a decenas de miles de personas en un desierto inhóspito, llevarlos a la Tierra Prometida y capacitarlos para vencer a los pueblos que allí habitaban. Para que ese plan se cumpliera, el Señor requería de su pueblo obediencia inquebrantable y confianza absoluta. Él buscaba, y sigue buscando, a aquellos que cooperen en lugar de quejarse, que cuenten sus bendiciones en lugar de enumerar sus quejas, pero de ellos no obtuvo ninguna de las dos cosas. Mientras Dios se ocupaba de asuntos monumentales, su pueblo se lamentaba por la comida.

En el largo plazo, la decisión más sabia es alinearse con lo que Dios está haciendo, nos resulte cómodo o no. La mejor manera de hacerlo es confiar en que él sabe lo que hace, obedecer lo que nos dice que hagamos y mantener una actitud agradecida por todo lo que nos ha dado. Si no lo hacemos, él podría enojarse con hijos tan ingratos y desobedientes. Podría incluso darnos lo que pedimos, y entonces podemos descubrir que no lo queremos realmente. Pero, si nos alineamos con Dios, llegaremos a la Tierra Prometida y eso es mucho mejor que puerros, cebollas y ajos.

LECTURA: *Números 14:1-25*

LA PACIENCIA ES UNA VIRTUD

Por favor, SEÑOR, demuestra que tu poder es tan grande como lo has declarado. Como lo has dicho: «El SEÑOR es lento para enojarse y está lleno de amor inagotable y perdona toda clase de pecado y rebelión; pero no absuelve al culpable. Él extiende los pecados de los padres sobre sus hijos; toda la familia se ve afectada, hasta los hijos de la tercera y la cuarta generación». En conformidad con tu magnífico e inagotable amor, por favor, perdona los pecados de este pueblo, así como lo has perdonado desde que salió de Egipto.

NÚMEROS 14:17-19

Cuando pensamos en virtudes masculinas, no pensamos inmediatamente en la paciencia. Quizás se debe a que a los hombres les gusta arreglar las cosas y hacerlo rápidamente. Nos gusta tener el control: hacer que sucedan cosas. Hay momentos en el plan divino, sin embargo, en los que hay cosas que no podemos arreglar o situaciones que no responden a nuestras soluciones. Entonces ¿qué? La reacción natural es intentarlo con más fuerza y aumentar la presión arterial. Pero no es así en el plan divino. Con Dios, ¡la palabra es paciencia!

Sin duda, el mayor ejemplo de paciencia se encuentra en la manera en que el Señor trata con sus criaturas. Durante la larga historia del pueblo escogido, Dios tuvo incontables oportunidades para demostrar su paciencia con ellos. Él había declarado que es «lento para enojarse» (Salmo 103:8). Incluso cuando consideró la posibilidad de destruirlos y comenzar de nuevo con Josué y Caleb, Dios permaneció fiel a su pueblo rebelde y le dio una nueva oportunidad. ¡Qué paciencia! Esto no significa que cerrara los ojos ante su rebeldía. Al contrario, Dios insistía en castigar el mal pero siempre en un contexto de paciencia y gran tolerancia.

La necesidad de paciencia de Dios no se agotó cuando introdujo a su pueblo en la tierra que les había prometido. Todavía hoy sigue siendo provocado cuando la gente dice: «¿Qué pasó con la promesa de que Jesús iba a volver? Desde tiempos antes de nuestros antepasados, el mundo sigue igual que desde el principio de la creación» (2 Pedro 3:4). Dios, por supuesto, podría resolver esa situación enviando a su Hijo de inmediato, y no hay duda de que podría tratar rápidamente con los burladores. Pero decide no hacerlo. ¿Por qué? Pedro explica: «No es que el Señor sea lento para cumplir su promesa, como algunos piensan. Al contrario, es paciente por amor a ustedes. No quiere que nadie sea destruido, quiere que todos se arrepientan» (2 Pedro 3:9). En lugar de reaccionar ante la provocación, Dios elige esperar. Él sabe lo que planea hacer y actuará cuando sea el momento adecuado.

Podemos aprender de esto. No todo se puede resolver de la manera que creemos correcta, pero eso no significa que no pueda surgir algo bueno de la situación. Si Dios, que puede arreglar cualquier cosa cuando quiera, elige vivir con circunstancias que son menos que ideales mientras cumple sus propósitos, nosotros también podemos hacerlo. La paciencia de Dios ciertamente nos beneficia; ¿dónde estaríamos sin ella? Y ser pacientes también nos conviene. No podemos imaginar dónde terminaríamos sin ella.

LECTURA: *Números 22:4-41*

PLANES OCULTOS

¿Por qué le pegaste a tu burra tres veces? —le preguntó el ángel del SEÑOR—. Mira, he venido a impedirte el paso porque con terquedad te me opones.

NÚMEROS 22:32

«Lo que ves es lo que obtienes» no siempre es verdad, en particular en el mundo de los negocios. Tomemos a Balaam, por ejemplo. Él es uno de los personajes más desconcertantes del Antiguo Testamento.

Cuando el rey Balac de Moab vio que los hijos de Israel se acercaban a la Tierra Prometida (¡atravesando su territorio!) envió a llamar a Balaam para que pronunciara una maldición sobre ellos y así detener su avance. Balaam consultó al Señor y se le dijo que no debía acceder a la petición del rey aunque la oferta económica fuera muy atractiva. Al enterarse del rechazo de Balaam, el rey Balac aumentó la oferta. En respuesta, Balaam buscó y recibió permiso del Señor para ir, con la condición de que solo dijera lo que el Señor le ordenara decir. Luego, cuando Balaam emprendió el camino, el Señor se enojó porque él iba, ¡aunque el propio Señor le había dicho que podía hacerlo! O bien el Señor estaba siendo increíblemente cambiante, o Balaam ocultaba algo y el Señor lo sabía. Esta última explicación concuerda mejor con lo que conocemos sobre el carácter de Dios.

Después de ser reprendido por su asna y por el Señor por resistirse «con terquedad» a él, Balaam finalmente hizo lo correcto. Parece que siguió luchando entre obedecer o desobedecer al Señor; de otro modo, no habría motivo para que respondiera repetidamente a las peticiones de Balac de maldecir al pueblo. Además, aunque Balaam bendijo verbalmente a Israel, más tarde fue responsable de hacer que el pueblo se rebelara contra el Señor (31:16; ver 25:1-3; Apocalipsis 2:14). Por fuera, Balaam aparentaba hacer lo correcto, pero por dentro coqueteaba con el deseo de hacer lo malo (ver 2 Pedro 2:15-16). En este caso, el punto de presión era el dinero y el motivo era la codicia.

Eso no es nada nuevo. Cuando el dinero entra en la ecuación, los principios se ponen a prueba. La tendencia natural es optar por lo que es cómodo, rentable y popular. A veces la elección está entre lo cómodo y lo correcto, lo popular y lo verdadero o lo rentable y lo bueno. La elección correcta es optar por lo que es bueno, correcto y verdadero. Los hombres de negocios deben examinar constantemente sus motivos internos y tomar estas decisiones difíciles. Un corazón dividido puede latir bajo un traje bien cortado, pero Dios conoce el corazón y examina los motivos, y él es quien emite el juicio. Es mejor ser pobre y estar en lo correcto que ser rico y estar equivocado.

LECTURA: *Números 32:1-42*

DE TODO CORAZÓN

El Señor se enojó con los israelitas y los hizo vagar en el desierto durante cuarenta años hasta que murió la generación entera que había pecado a los ojos del Señor. ¡Pero ahora aquí están ustedes, raza de pecadores, haciendo exactamente lo mismo! Ustedes están provocando que el Señor se enoje aún más con Israel. ¡Si ustedes se alejan de él y él abandona nuevamente al pueblo en el desierto, ustedes serán responsables de la destrucción de la nación entera!

NÚMEROS 32:13-15

Llega un momento en la vida cuando somos llamados a «actuar o hacernos a un lado», cuando se nos requiere «hacer algo o no decir nada». Ese momento había llegado para el pueblo de Dios cansado del desierto. Por fin, al haber dejado a sus espaldas sus travesías por el desierto, los hijos de Israel se acercaban rápidamente al momento en que entrarían en la Tierra Prometida. Había llegado el momento de demostrar que creían en Dios y estaban comprometidos con sus propósitos. Cruzarían el Jordán, vencerían a los habitantes y dividirían la tierra conforme se les asignara. Entonces recibirían su herencia. No era momento de vacilaciones ni de falta de carácter. ¡Era tiempo de un compromiso total!

Por lo tanto, podemos entender la decepción y el disgusto de Moisés cuando las tribus de Rubén y Gad pidieron permiso para establecerse al oriente del Jordán, ya que preferían esa tierra a la que se encontraba al otro lado. ¡La reacción de Moisés fue violenta! Se enfureció por su aparente falta de compromiso; comparó su actitud con la de la generación anterior, que había decidido no cruzar el Jordán y, como resultado, vagó cuarenta años en el desierto; y los acusó de destruir la moral del pueblo y poner en peligro toda la empresa. Luego les recordó con firmeza que, de toda la generación anterior, solo Josué y Caleb entrarían en la tierra, porque habían «seguido al Señor de todo corazón» (32:12).

Después de que Moisés se calmó un poco, la delegación pudo asegurarle que no estaban renunciando a sus responsabilidades hacia el resto del pueblo. Cumplirían todas sus obligaciones militares y solo entonces regresarían a sus hogares. Así que Moisés les concedió su petición bajo esa condición.

Moisés tenía razón al reconocer los peligros potenciales que implica la falta de compromiso. Sabía que las lealtades divididas conducen a compromisos a medias, los cuales producen convicciones superficiales y, finalmente, pueden llevar al compromiso con el mal y a la derrota. Estaban entrando en una época que requería hombres de carácter firme.

Nuestros tiempos son semejantes, y nuestras necesidades son las mismas. Este es el momento para que los Caleb y Josué de hoy se levanten y muestren el camino a los indecisos, fortalezcan las rodillas debilitadas y guíen a los inseguros lejos de los anchos caminos de las concesiones hacia las sendas estrechas del compromiso verdadero. Este es el momento para un compromiso de todo corazón.

LECTURA: *Salmo 51*

CULPA, VERGÜENZA Y CONFESIÓN

Lávame de la culpa hasta que quede limpio y purifícame de mis pecados. Pues reconozco mis rebeliones; día y noche me persiguen.

SALMO 51:2-3

No todo el que es culpable siente vergüenza. Es posible anestesiar la conciencia, de modo que la falsa inocencia no es poco común. Aun así, no todo el que siente vergüenza es culpable; el ignorante o el abusador puede imponer una falsa culpa. Cuando hacemos lo que Dios prohíbe y somos culpables delante de él, sin embargo, sentirnos culpables y avergonzados es una respuesta apropiada. Cuando un hombre ha hecho mal, nunca debería avergonzarse de sentirse avergonzado. La verdadera vergüenza es la falta de vergüenza que niega el mal y, por lo tanto, ni busca ni recibe perdón.

El rey David había hecho lo que Dios prohíbe. Durante muchos meses después de su adulterio, su complicidad en un asesinato y sus constantes esfuerzos por ocultar la verdad y eludir la responsabilidad, David no hizo nada para arreglar las cosas con su Señor (ver 2 Samuel 11). Entonces apareció el valiente Natán y lo confrontó (2 Samuel 12:1-14). David debió haber imaginado con cariño que lo que había hecho se había perdido en la niebla del tiempo, olvidado por Dios y desconocido para los hombres. ¡Pero no era así! Lo que había hecho estaba escrito con tinta roja y brillante en una página abierta del libro de Dios, la cual Dios leyó en voz alta a Natán, su profeta. Pero David, cuando fue confrontado, enfrentó con valentía y humildad lo que había hecho. Entonces le suplicó al Señor: «Lávame de a culpa hasta que quede limpio y purifícame de mis pecados. Pues reconozco mis rebeliones; día y noche me persiguen» (Salmo 51:2-3). Una vez que David enfrentó su culpa, las palabras adecuadas brotaron de sus labios: culpa, maldad, pecado, vergüenza. David invocó la misericordia, el amor y la compasión del Señor. No hubo una sola palabra de excusa ni una insinuación de justificación.

David era culpable, estaba avergonzado y angustiado, pero deseaba un nuevo comienzo. ¡Y lo consiguió! Los huesos rotos de su vida destrozada fueron sanados, su espíritu dispuesto fue restaurado, el antiguo vigor regresó, la alegría resurgió y el hombre perdonado siguió su camino gozándose y sirviendo. (Aunque no escapó de las consecuencias; ver 2 Samuel 12:10).

Los hombres nunca deberían avergonzarse de admitir su culpa y nunca deberían ser culpables de negar sus acciones vergonzosas. A los hombres les cuesta decir: «Estaba equivocado, lo siento. ¡Por favor, ayúdame!». Quizás tenga que ver con el ego masculino. Al parecer, tenemos una profunda necesidad de proyectar una imagen de confianza, competencia y control, pero debemos comprender que los verdaderos hombres no se esconden detrás de egos frágiles; se sinceran acerca de sus faltas y se fortalecen al reconocer sus fracasos.

LECTURA: *Deuteronomio 1:19-33*

EL CAMINO HACIA ADELANTE

Les dije: «Han llegado al territorio montañoso de los amorreos, el cual el SEÑOR nuestro Dios nos da. ¡Miren! El SEÑOR su Dios ha puesto esta tierra delante de ustedes. Vayan y tomen posesión de ella como les dijo en su promesa el SEÑOR, Dios de sus antepasados. ¡No tengan miedo ni se desanimen!».

DEUTERONOMIO 1:20-21

Si no aprendemos de la historia, probablemente la repetiremos. Quizás por eso Moisés se ocupó de recordarles a los hijos de Israel que sus antepasados experimentaron un fracaso de osadía y de fe, y como resultado habían desperdiciado cuarenta años en el desierto. Si el pueblo no aprendía de esa experiencia y repetía el fracaso de osadía y la falta de fe, no había manera de saber dónde podrían terminar. Moisés no tenía ningún interés en regresar al desierto a repetir otro patrón de espera. Para el pueblo de Israel, el camino hacia adelante era el camino de la fe.

Cuarenta años antes, al enfrentarse con la imponente tarea de avanzar hacia un territorio ocupado por el enemigo, el pueblo había enviado espías para reconocer la tierra. El reporte de los exploradores los dejó ante un dilema. Por un lado, la tierra estaba llena de promesas, ¡tal como estaba prometido! Pero, por otro lado, también estaba llena de gigantes, tanto reales como imaginarios. Los hijos de Anac eran grandes y muy reales. Los temores exagerados de los israelitas, sin embargo, carecían de fundamento, y sus problemas imaginarios no tenían base en la realidad. No lograron imaginar cuán grande y real es su Dios todopoderoso. Como resultado, retrocedieron en lugar de avanzar.

Un repaso cuidadoso de las acciones de Dios en el pasado debería llevar a una persona confiada a tener seguridad en su poder salvador para el futuro. Pero algunos somos más cautelosos que otros, algunos más calculadores que los demás. Algunos pueden reconocer oportunidades en cada dificultad, mientras que otros ven dificultades en cada oportunidad. Todos estamos hechos de manera diferente, pero hay un factor que debería tener más peso que la personalidad o el temperamento: ¡el factor Dios! Cuando reconocemos quién es Dios y lo que ha prometido, no deberíamos tener problema en confiar en que cumplirá también en el futuro.

Quién es Dios, lo que ha hecho y lo que ha prometido hacer están plenamente documentados, así que nos enfrentamos al desafío de decidir si él es digno de confianza continua y si elegiremos confiar en él. Observa la palabra *elegir*. Al final, todo se reduce a una decisión. La generación anterior de israelitas se negó a «confiar en el SEÑOR su Dios» (1:32). Ahora, la generación siguiente tenía su oportunidad de elegir o rechazar. Nosotros tenemos la misma oportunidad cada día de nuestras vidas. Elegimos confiar o nos negamos a confiar. Y ¿el resultado? Vivir en la tierra de la promesa o vagar en el desierto.

LECTURA: *Deuteronomio 4:1-14*

LAS LEYES ESPIRITUALES DE LA GRAVEDAD

¡Pero cuidado! Asegúrate de nunca olvidar lo que viste con tus propios ojos. ¡No dejes que esas experiencias se te borren de la mente mientras vivas! Y asegúrate de transmitirlas a tus hijos y a tus nietos. Jamás te olvides del día que estuviste ante el SEÑOR tu Dios en el monte Sinaí, donde él me dijo: «Convoca al pueblo para que se presente ante mí, y yo mismo lo instruiré. Entonces ellos aprenderán a temerme toda su vida y les enseñarán a sus hijos que también me teman».

DEUTERONOMIO 4:9-10

Obedecer leyes no nos resulta natural, ¡ni tampoco fácil! A veces sentimos que las leyes son malas leyes o que son injustas, ¡o no nos gusta el gobierno que las aprobó! Por lo tanto, encontramos maneras de rodearlas en lugar de someternos a ellas; pero ¿y las leyes de Dios? ¿Por qué tendríamos problema con ellas? Quizás porque no reconocemos que son para nuestro beneficio.

Cuando Moisés les recordó a los hijos de Israel la importancia de obedecer las leyes y los estatutos de Dios, dijo: «Obedécelos para que vivas y para que puedas entrar y poseer la tierra que el SEÑOR, Dios de tus antepasados, te da» (4:1). El camino para que el pueblo de Dios disfrute de todo lo que el Señor le ha provisto era, y sigue siendo, obedecer las leyes de Dios.

Tomemos las leyes de Dios para el universo físico. Si «obedecemos» las leyes de la termodinámica, nos mantenemos calientes. Si las «desobedecemos», nos quemamos o nos congelamos. Si nos «sometemos» a la ley de la gravedad, permanecemos estables y seguros, pero si intentamos desafiar esta ley, podemos ponernos en peligro a nosotros mismos o a otros.

Lo mismo sucede con las leyes morales y sociales que Dios ha establecido para el bienestar humano. Imagina un vecindario donde los vecinos realmente se tratan con amor y respeto. ¡Piensa en la diferencia que habría si nadie robara, matara o mintiera! Nuestras relaciones serían transformadas. Y eso es precisamente lo que ocurriría si las personas obedecieran las leyes de Dios.

Abandonados a sí mismos, los seres humanos caen en la ignorancia de las leyes divinas y cosechan los terribles resultados de vivir en desacuerdo con el Creador. Es necesario recurrir constantemente a las leyes de Dios. Incluso una lectura superficial del Antiguo Testamento muestra que Dios envió repetidamente a sus siervos para ayudar a su pueblo a recordar el valor de sus leyes.

Si una generación entera cría a sus hijos sin las leyes de Dios, la sociedad vivirá en la ignorancia de la verdad, lo que conducirá al colapso social y al desastre individual. Esto es exactamente lo que vemos hoy en día. Por eso, el llamado a enseñar a nuestros hijos a obedecer a Dios debe escucharse con urgencia. Enseñar las leyes de Dios a los niños puede que no sea algo popular, ¡pero es sabio! El propio Moisés dijo que quienes enseñan a sus hijos las leyes de Dios demuestran «sabiduría e inteligencia». ¿Qué mejor motivación que esa?

LECTURA: *Deuteronomio 9:1-21*

REALIDAD ALECCIONADORA

¡Pero cuidado! Asegúrate de nunca olvidar lo que viste con tus propios ojos. ¡No dejes que esas experiencias se te borren de la mente mientras vivas! Y asegúrate de transmitirlas a tus hijos y a tus nietos. Jamás te olvides del día que estuviste ante el Señor tu Dios en el monte Sinaí, donde él me dijo: «Convoca al pueblo para que se presente ante mí, y yo mismo lo instruiré. Entonces ellos aprenderán a temerme toda su vida y les enseñarán a sus hijos que también me teman».

DEUTERONOMIO 9:6

El hombre que camina con la nariz en alto corre el riesgo de meterse en problemas; o, si se prefiere: «El orgullo va delante de la destrucción» (Proverbios 16:18). En cambio, el hombre humilde camina con la mirada baja y los ojos puestos en el camino porque reconoce su tendencia a equivocarse y su capacidad para dar pasos en falso.

No habría sido sorprendente que los hijos de Israel pensaran que merecían el trato extraordinariamente generoso que Dios les había dado. Dios los había liberado de su esclavitud en Egipto, había tomado la iniciativa de hacer un pacto único con ellos y los había alimentado y protegido durante cuarenta años llenos de peligros en un desierto desolado. Y, finalmente, les estaba entregando la tierra que antes pertenecía a otros pueblos. ¡Debían de ser muy justos!

La realidad es que los israelitas estaban lejos de ser justos; por eso Moisés tomó medidas para enfrentarlos con la realidad, lo que los llevaría a la humildad apropiada. Les dijo: «No digas en tu corazón: "¡El Señor nos ha dado esta tierra porque somos muy buena gente!" [...] El Señor su Dios no te da esa buena tierra porque tú seas bueno. No, porque no lo eres; eres un pueblo terco» (Deuteronomio 9:4, 6). Luego hizo un largo recuento de los acontecimientos que demostraban, sin lugar a duda, que no merecían en lo más mínimo las bendiciones que les fueron concedidas. Pensar que eran bendecidos porque lo merecían habría sido pura fantasía.

Dios no fue cruel al recordarles a los israelitas su falta de mérito. Sabía que, cuanto más satisfechos estuvieran de sí mismos, más peligro corrían de caer en el orgullo espiritual y, finalmente, en la ruina. En cambio, cuanto más reconocieran la gracia y la misericordia de Dios, más se conmoverían sus corazones por su amor, serían movidos por su gracia y tocados por su compasión. Corazones afectados de ese modo se vuelven amorosos y obedientes. Es ahí donde se encuentra la verdadera bendición, y eso es lo que Dios quería para su pueblo.

Hoy en día, es difícil para los hombres ser humildes, ya que se consideran muy inteligentes y han logrado muchas cosas; pero unos momentos de reflexión bastan para darnos cuenta de que la humildad es necesaria y que cualquier otra actitud sería totalmente inapropiada. El hombre reflexivo sabe que, si Dios no le da aire para respirar, alimento para comer y materiales con los cuales trabajar, no puede producir nada. Y el hombre sabio reconoce que, si Dios no le concede bendiciones completamente inmerecidas, ¡ni siquiera puede existir! La realidad es aleccionadora, pero aquellos que se humillan hacen que Dios se sienta orgulloso.

LECTURA: *Deuteronomio 15:1-18*

LA GENEROSIDAD ES COSA SERIA

Da al pobre con generosidad, no de mala gana, porque el
SEÑOR tu Dios te bendecirá en todo lo que hagas.

DEUTERONOMIO 15:10

Las empresas modernas existen «para obtener ganancias» y «para ofrecer un servicio». Algunas incluso añaden «para cuidar el bienestar» de su fuerza laboral. Pero, con frecuencia, esta preocupación es más pragmática que genuina; ¡un trabajador feliz es un trabajador más productivo! Se trata más de un interés por el resultado final que por la persona que está en la línea de producción.

El Señor le entregó a Israel un conjunto único de principios para hacer negocios. Tomemos, por ejemplo, la ley del año de remisión. Cada séptimo año, la tierra debía dejarse sin cultivar para que «descansara» y así pudiera ser más productiva. La ley de remisión también establecía que, cuando llegara el año sabático, las personas que estaban endeudadas recibieran liberación de sus deudas. Se ha debatido si esta liberación era una cancelación permanente o una prórroga temporal. En cualquier caso, los empresarios astutos, sabiendo que se acercaba el año de remisión, no querrían conceder préstamos que tal vez no se reembolsaran ¡o se cancelaran por completo! Pero Dios les ordenó que no fueran «mezquinos» (Deuteronomio 15:9) y que hicieran el préstamo de todos modos. Una disposición similar se aplicaba a la situación de quienes, en estado de bancarrota, no tenían otra opción que considerarse a sí mismos (su único recurso restante) esclavos. La ley de remisión estipulaba que, cuando llegara el año sabático, dichos esclavos debían ser liberados. Comprensiblemente, algunos empresarios se mostraban reacios a perder mano de obra gratuita, pero Dios les ordenó no solo dejarlos libres, sino también darles un generoso regalo «como despedida» (15:14).

¿Cuál debería ser la actitud del empresario cristiano? Si no ofrece un producto o servicio saldrá del mercado; y si no obtiene ganancias irá a la quiebra. Esos dos objetivos se dan por sentados. Pero ¿cuál debería ser su actitud hacia las personas con quienes trabaja o que trabajan para él? Para responder a esta pregunta debemos recordar que el hombre cristiano de negocios es cristiano primero y empresario después. Sus actividades comerciales son el entorno en el que sus convicciones cristianas deben brillar. Esto será más evidente, sobre todo, en la manera en que trata a las personas. Pero ¿cómo debería tratarlas? Debería recordar que está tratando no simplemente con una máquina humana, sino con una persona: una persona creada por Dios, por quien Cristo murió y cuyo bienestar es uno de los intereses de Dios; por lo tanto, el principal interés del empresario cristiano debería ser cómo tratar a las personas, que tienen un valor eterno, de una manera que agrade a Dios. Para Dios, la generosidad es una prioridad, y con Dios, ¡la generosidad es cosa seria!

LECTURA: *Deuteronomio 24:10-22*

INTEGRIDAD EN LOS NEGOCIOS

Jamás te aproveches de los obreros pobres y desamparados, ya sean hermanos israelitas o extranjeros que vivan en tu ciudad. Debes pagarles lo que les corresponde al final del día, antes de que caiga el sol, porque son pobres y cuentan con esa paga para vivir. De lo contrario, ellos podrían clamar al SEÑOR *en tu contra, y tú serías culpable de pecado.*

DEUTERONOMIO 24:14-15

La integridad es el resultado cuando las cosas están integradas: cuando cosas como creencia y conducta encajan o coinciden. Por ejemplo, la integridad en los negocios significa que el hombre de negocios cumple lo que promete y respalda lo que dice. Promesa y conducta están en consonancia.

La integridad moral del pueblo de Dios era claramente una gran preocupación para Moisés mientras daba instrucciones finales acerca de la vida en la Tierra Prometida. Explicó que la legislación estaba diseñada para «limpiar la maldad» de entre ellos, y que el Señor los consideraría justos si seguían esos preceptos (Deuteronomio 24:7, 13). En otras palabras, había una profunda dimensión espiritual en la manera en que los israelitas conducían sus vidas diarias. No se trataba solo de ser buenos por el simple hecho de serlo o de ser amables porque sus vecinos eran buenas personas. ¡Era algo más importante que eso! Se trataba de vivir conforme a los dictados divinos para que la maldad fuera desterrada y para que el Señor fuera honrado entre ellos.

Desde nuestra perspectiva moderna, estas leyes parecen notablemente detalladas, pero el factor esencial en la mayoría de ellas era la integridad en las relaciones. La maldad que debía ser limpiada era la de las relaciones equivocadas, y la justicia consistía en tratar correctamente a los demás. Esto debía aplicarse especialmente en el área de los tratos de negocios. Se daba gran énfasis a tratar correctamente a los desfavorecidos y una fuerte condena a quienes no lo hacían.

La integridad en los negocios es de suma importancia porque ayuda a salvar a la sociedad de la contaminación moral, a asegurar un cuidado apropiado hacia los oprimidos y ayuda a proteger a los poderosos de la degeneración espiritual causada por el uso indebido de su poder. Al tratar correctamente a las personas, los que tienen abundancia son protegidos de la codicia debilitante y los que tienen poco son librados de la envidia destructiva. Entonces, el lugar de trabajo se convierte en un mejor ambiente, y esas actitudes cambiadas llegan además al hogar, donde la familia también se beneficia.

En disputas acerca de condiciones laborales o remuneración en nuestra cultura, por lo general se buscan soluciones a través de sindicatos, huelgas y arbitrajes; y en muchos casos se encuentran soluciones justas. Pero en el antiguo Israel había otro factor poderoso: un trabajador descontento siempre podía «clamar al SEÑOR en tu contra», y si estabas equivocado, «tú serías culpable de pecado». Esa manera de ver las cosas sigue siendo muy apropiada hoy en día. El cielo también lleva cuentas de nuestros tratos comerciales.

LECTURA: *Deuteronomio 28:1-24*

DELICIOSA OBEDIENCIA

Si obedeces los mandatos del SEÑOR tu Dios y andas en sus caminos, el SEÑOR te confirmará como su pueblo santo, tal como juró que haría. Entonces todas las naciones del mundo verán que eres el pueblo elegido por el SEÑOR y quedarán asombradas ante ti.

DEUTERONOMIO 28:9-10

No existe tal cosa como «un favor gratis». Esa es la fuerte convicción de muchos hombres: «Si quieres algo, ¡tienes que ganártelo!». Parece que el Señor estaba diciéndole eso a su pueblo, que la mejor manera de conseguir lo que querían era ser buenos, y entonces Dios los recompensaría. Después de todo, él sí dijo: «Si obedeces al SEÑOR tu Dios, recibirás las siguientes bendiciones» (28:2). Esta manera de ver las cosas encaja muy bien en la percepción, demasiado común, de que «no existen los favores gratis»: la idea de que la bendición de Dios debe ganarse. Pero ese no es el significado de este versículo.

Todos los versículos deben leerse en su contexto y en armonía con otros pasajes. El contexto de toda la legislación mosaica era el pacto. El pacto fue una iniciativa divina por la cual Dios ofreció libremente a personas indignas bendiciones que jamás podrían merecer y que sin duda nunca podrían ganar. Lo hizo por puro amor y gracia soberana. Se requería que Israel respondiera a la «sublime gracia» de Dios con confianza humilde y después, por gratitud, viviera una vida de obediencia amorosa. La gracia conduciría a una fe demostrada en obediencia.

El mismo principio se aplica a nosotros hoy y está claramente explicado en el Nuevo Testamento. Pablo les dijo a los efesios: «Dios los salvó por su gracia cuando creyeron. [...] La salvación no es un premio por las cosas buenas que hayamos hecho [...]. Él nos creó de nuevo en Cristo Jesús, a fin de que hagamos las buenas obras que preparó para nosotros tiempo atrás» (Efesios 2:8-10). La obediencia, tanto para los antiguos israelitas como para nosotros, no es el medio por el cual ganamos bendición. Es la evidencia de que estamos agradecidos por las bendiciones recibidas.

La obediencia motivada por la gratitud es cálida, sincera y total. La obediencia nacida de la obligación suele ser renuente, terca y calculadora. Tristemente, incluso quienes han recibido gracia pueden caer en la actitud de aquellos que desconocen tal misericordia. Entonces se convierten en candidatos para la disciplina y la corrección, pero el propósito siempre es que redescubran los beneficios inmerecidos de la gracia y las bendiciones ilimitadas de la obediencia.

No hay gozo para Dios, ni para nosotros, en una actitud que diga: «Lo haré si no tengo más opción» o «Haré esto si tú haces aquello». Pero sí hay gozo en decir: «Haré esto, Señor, porque tú has hecho mucho por mí. Estoy agradecido, y sé que esto te agrada. Gracias. Te amo». Muchos hombres consideran la obediencia una carga, pero los hombres consagrados encuentran deleite en hacer lo que Dios pide.

LECTURA: *Salmo 74*

ORACIÓN POR UNA TIERRA OSCURA

Oh Dios, ¿por qué nos has rechazado tanto tiempo? ¿Por qué es tan intensa tu ira contra las ovejas de tu propia manada? Recuerda que somos el pueblo que elegiste hace tanto tiempo, ¡la tribu a la cual redimiste como tu posesión más preciada! Y acuérdate de Jerusalén, tu hogar aquí en la tierra.

SALMO 74:1-2

La Tierra Prometida, antes tan llena de promesa, ahora estaba «llena de oscuridad y violencia» (74:20). El templo tan hermosamente diseñado y exquisitamente fabricado ya no estaba ahí, y las murallas de la ciudad estaban en ruinas, las puertas derribadas y convertidas en leña (74:3-8). El pueblo de la tierra languidecía lejos, en el Destierro, lamentando su destino, derramando lágrimas amargas de arrepentimiento y elevando oraciones profundas llenas de anhelo. Todo lo que habían esperado había fallado, y no podían culpar a nadie más que a sí mismos.

Pero había algo que inquietaba a los desterrados de Israel (74:1): ¿había decidido Dios finalmente abandonarlos para siempre? No había milagros que indicaran que el Señor aún se interesaba por ellos, ni profetas poderosos transmitiendo palabras desde el trono de Dios (74:9). Los cielos estaban en silencio y la tierra estaba desolada. ¿Había abandonado Dios a su pueblo de manera definitiva e irreversible?

La pregunta es válida. ¿Existe un punto en la historia de una nación donde el Señor diga: «¡Ya basta! Ya no trataré más con esta gente»? La historia del pueblo de Dios, que el salmista menciona, sugiere claramente que Dios está dispuesto a perdonar y restaurar una nación en respuesta a las oraciones de su pueblo (ver también 2 Crónicas 7:14).

El autor de este salmo le recordó al Señor que él tenía una gran historia de liberación (74:2), que su santo nombre estaba siendo profanado (74:7, 10), que su pueblo estaba en una situación desesperada (74:19), que sus enemigos estaban disfrutando su triunfo (74:18) y que él había hecho ciertas promesas que no debía olvidar cumplir (74:20).

Y ¿qué de las naciones del mundo? ¿Hay lugares oscuros donde debería brillar la luz? ¿Predomina la violencia donde debería haber paz? ¡Por supuesto que sí! Y ¿qué deberían hacer los hijos de Dios? Deberían clamar al Señor, recordar la historia de sus obras, contar las promesas de su gracia y confrontar a sus enemigos. Como palomas humildes entre depredadores, el pueblo de Dios debería vivir con sabiduría y gracia en su poder, listos no solo para orar, sino también para participar activamente en las respuestas a sus propias oraciones. Es «el pobre y el necesitado» quienes finalmente alabarán (Salmo 74:21), son los débiles y necios a través de quienes Dios obra (1 Corintios 1:26-29) y son los que invocan su nombre quienes se convierten en instrumentos de su obra (ver Nehemías 1:11).

Cuando Dios se mueve en una tierra oscura y violenta, comienza con su pueblo y actúa a través de ellos; por lo tanto, en lugar de maldecir la oscuridad, clamemos al Señor y preparémonos para actuar: ¡por él!

LECTURA: *Deuteronomio 30:1-20*

ELIGE LA VIDA

Hoy te he dado a elegir entre la vida y la muerte, entre bendiciones y maldiciones. Ahora pongo al cielo y a la tierra como testigos de la decisión que tomes. ¡Ay, si eligieras la vida, para que tú y tus descendientes puedan vivir! Puedes elegir esa opción al amar, al obedecer y al comprometerte firmemente con el SEÑOR tu Dios. Esa es la clave para tu vida. Y si amas y obedeces al SEÑOR, vivirás por muchos años en la tierra que el SEÑOR juró dar a tus antepasados Abraham, Isaac y Jacob.

DEUTERONOMIO 30:19-20

La vida está llena de elecciones. Algunas las deciden por ti y el resto las decides tú mismo. No puedes elegir nacer, pero puedes elegir cómo vivir. No eres libre para seleccionar tu ADN, pero puedes elegir estudiar una maestría. Las decisiones que tomas dan forma a la vida que vivirás.

Antes de que los hijos de Israel entraran en la Tierra Prometida, Moisés les pidió que eligieran cómo responderían a Dios y enfrentaran lo que sucedería como resultado: elecciones y consecuencias. También explicó que, si se desviaban del camino de Dios y eran disciplinados por él, debían regresar y reconciliarse con él. Pero, tarde o temprano, la elección entre la vida y la muerte quedaba clara: amar a Dios significaba vida, mientras que apartarse de él significaba muerte.

Hoy en día todavía debemos enfrentar con valentía la elección entre vida y muerte, bendición y maldición. La bendición no es automática; no fluye libremente hacia la vida de una persona. La bendición llega cuando respondemos afirmativamente al llamado del Señor a vivir en obediencia. Reafirmando lo dicho por Moisés, Jesús dijo: «Ama al SEÑOR tu Dios con todo tu corazón, con toda tu alma y con toda tu mente» (Mateo 22:37), y ordenó a los posibles discípulos: «Sígueme». En palabras similares a las de Moisés, Jesús advirtió: «Solo puedes entrar en el reino de Dios a través de la puerta angosta. La carretera al infierno es amplia y la puerta es ancha para los muchos que escogen ese camino. Sin embargo, la puerta de acceso a la vida es muy angosta y el camino es difícil, y son solo unos pocos los que alguna vez lo encuentran» (Mateo 7:13-14). Dios sigue poniendo delante de nosotros las opciones de obediencia confiada o desobediencia deliberada, y expone claramente las consecuencias: vida eterna por un lado y perdición por el otro.

Dios otorga al ser humano el privilegio supremo de elegir libremente el camino que tomará. Por supuesto, no habría elección posible si Dios no hubiera decidido primero acercarse a nosotros; por lo tanto, la libertad humana para elegir es un regalo de gracia. Dios eligió ofrecernos vida y luego eligió permitirnos decidir. ¡Ahora la elección es nuestra! Dios ofrece el regalo de la vida eterna a cualquiera que se arrepiente y cree. Dios nos llama a responder. Si obedecemos su llamado, si elegimos ir por su camino, recibimos el regalo. Y es el regalo más grande jamás ofrecido a quienes enfrentan la elección más importante de la vida.

LECTURA: *Jueces 4:1-24*

LIDERAZGO VISIONARIO

Barac le dijo:
—Yo iré, pero solo si tú vienes conmigo.
—Muy bien —dijo ella—, iré contigo. Pero tú no recibirás honra en esta misión, porque la victoria del SEÑOR sobre Sísara quedará en manos de una mujer.
Así que Débora fue con Barac a Cedes.

JUECES 4:8-9

El liderazgo se realiza con muchos estilos, y hay líderes de todas las formas y tamaños. No todos los líderes son osados, ruidosos y mandones. Algunos son callados, humildes, amables y considerados. Algunos líderes se desarrollan cuando llegan a ancianos, mientras que otros parecen ser líderes dotados desde la adolescencia. Dios no tiene favoritos cuando se trata de liderazgo. De hecho, en ocasiones parece deleitarse en levantar a los inesperados y comisionar a los menos probables. ¡Como Débora!

El rey Jabín había sido una espina en el costado de Israel por veinte años. Durante ese tiempo, Débora surgió como una figura destacada, actuando como jueza y profetisa. Entonces los hijos de Israel clamaron al Señor en su angustia. En respuesta, Dios habló por medio de Débora y ordenó a Barac luchar contra el ejército del rey Jabín. Dios incluso prometió darle la victoria a Barac. Pero Barac no quiso ir solo; dijo que iría a la batalla únicamente si Débora lo acompañaba. Ella aceptó, la batalla fue ganada, el rey Jabín fue destruido e Israel vivió en paz durante cuarenta años.

Este incidente dice mucho acerca del liderazgo. El Señor claramente le había dado a Débora dones de discernimiento y comunicación. Al ejercer esos dones, fue confirmada como jueza y profetisa. Por sus palabras a Barac, parece claro que era inusual que una mujer ocupara ese cargo en aquella cultura. Algunos dicen que ella solo estaba en esa posición porque Barac era un hombre débil, pero ella ya era jueza mucho antes de que Barac apareciera en escena. Sería más apropiado decir que Dios, en su soberanía, levantó a una mujer como líder ¡porque él quería que esa mujer liderara!

Por otro lado, Barac suele ser descrito como débil e ineficaz, pero reunió a diez mil hombres que lo siguieron cuando los dirigió a la batalla, ¡y sí que venció! Nada mal para alguien considerado débil e ineficaz. Sería más justo decir que Barac puso más «confianza en esfuerzos humanos» (Filipenses 3:3) que en el Espíritu de Dios. Sus ojos de fe estaban quizás un poco nublados, mientras que la visión de Débora era fuerte y clara. Como resultado, Débora le advirtió que el honor de la victoria recaería en una mujer y no en él, y eso fue exactamente lo que ocurrió.

De esto podemos aprender que el liderazgo tiene más que ver con la visión que con el género. Los líderes consagrados están dispuestos a caminar por fe y no por vista. Pueden lanzarse a lo desconocido confiando en la Palabra de Dios. Las personas siguen a ese tipo de líderes, y como el liderazgo se basa en que otros sigan, esto es fundamental. Si no te están siguiendo, no estás liderando.

LECTURA: *1 Samuel 13:1-14*

HACER LO CORRECTO BAJO PRESIÓN

Durante siete días Saúl esperó allí, según las instrucciones de Samuel, pero aun así Samuel no llegaba. Saúl se dio cuenta de que sus tropas habían comenzado a desertar, de modo que ordenó: «¡Tráiganme la ofrenda quemada y las ofrendas de paz!». Y Saúl mismo sacrificó la ofrenda quemada.

1 SAMUEL 13:8-9

Más de un buen hombre ha fallado al estar bajo presión. Su flujo de dinero se ha agotado y tiene facturas urgentes por pagar, así que «toma prestados» fondos de su jefe con la intención de devolverlos en un par de días. Quizás con su trabajo en riesgo y la productividad bajando, «flexibiliza» las reglas, altera los datos y sale del apuro; o eso parece hasta que es descubierto.

El rey Saúl es un gran ejemplo. Había recibido instrucciones de Samuel, su mentor espiritual, de ir a Gilgal y esperar siete días hasta que Samuel llegara para bendecir a las tropas y guiarlas en adoración antes de que fueran a la batalla (10:8). Gilgal estaba en un lugar remoto, un refugio seguro lejos de sus enemigos mortales, los filisteos, por lo que podían usar ese tiempo en preparación cuidadosa y sin interrupciones; pero los filisteos reunieron un enorme ejército y fueron tras Saúl. Acamparon en Micmas, a muy poca distancia de Gilgal. Entonces las tropas de Saúl comenzaron a inquietarse y a desertar. Al ver cómo se reducía su fuerza militar, Saúl entró en pánico. En desobediencia manifiesta a las instrucciones del Señor, Saúl siguió adelante con los actos espirituales, algo que no le correspondía hacer. Justo cuando estaba terminando llegó Samuel, lo reprendió duramente por su acción y le dijo que sus días como rey estaban contados.

La presión reveló los fallos. Saúl tenía tendencia a entrar en pánico en lugar de confiar, y una inclinación a actuar por cuenta propia en lugar de creer que el Señor tenía todo bajo control. Pasó por alto la obediencia cuando pensó que el fin justificaba los medios. Su falta de fe lo llevó a la desobediencia directa a Dios, una receta segura para el desastre en el líder del pueblo elegido. Tenía que ser reemplazado.

Los defectos fatales de Saúl no eran ni raros ni inusuales. Fallas similares aparecen con frecuencia en hombres bajo presión. En momentos de estrés, sustituir la obediencia confiada y la fe obediente por agendas personales y esfuerzo humano es como un paracaidista que decide saltar sin paracaídas y tratar de sustituirlo moviendo sus brazos. Ambos harán un espectáculo valiente, pero ninguno logrará el resultado deseado. Ambos caen directamente al desastre. Es mucho mejor mantener abierto el paracaídas de la fe.

LECTURA: *1 Samuel 17:32-51*

LA BATALLA DE LA FE

David le respondió al filisteo: «Tú vienes contra mí con espada, lanza y jabalina, pero yo vengo contra ti en nombre del Señor de los Ejércitos Celestiales, el Dios de los ejércitos de Israel, a quien tú has desafiado».

1 SAMUEL 17:45

La vida de fe es una batalla. Jesús advirtió a sus discípulos que el mundo en el que vivían lo había rechazado y perseguido a él, así que ellos debían esperar ser rechazados y perseguidos. Además, un creyente reconoce que sus motivos no siempre son puros, y que sus deseos pueden degenerar fácilmente en pasiones que debe contrarrestar. A esto se suma que el maligno, cuyo objetivo es subvertir los propósitos de Dios, odia a quienes se han convertido en obstáculos para sus planes al unirse a Cristo. Por eso, nuestros enemigos habituales (el mundo, la carne y el diablo) aseguran que la vida de fe sea una batalla.

Pero ¿cómo debe librarse esta batalla espiritual? El relato de David frente a Goliat ofrece muchas claves. No hay ninguna duda sobre la inmensidad del desafío que enfrentaba David; si no fuera así, Saúl habría resuelto el asunto mucho antes de que el joven David llegara al campo de batalla. Pero Saúl y sus hombres estaban profundamente impresionados por el poder del gigante, y por eso estaban aterrados. David, en cambio, no tenía miedo. Su confianza estaba basada no en su propia fuerza, sino en el poder de Dios, a quien consideraba superior. También interpretó la arrogancia de Goliat como una afrenta directa contra el ejército de Dios y, por lo tanto, contra Dios mismo. David no podía aceptar pasivamente tal desafío, así que decidió actuar. Ignorando a los que intentaban disuadirlo de que se enfrentara a Goliat, David les recordó su propia experiencia: el Señor es capaz de salvar. Estaba firmemente convencido de que el Señor actuaría también en esa situación. Luego, rechazando la armadura que Saúl intentó ponerle, David seleccionó cuidadosamente cinco piedras lisas para su honda. Con ese arsenal mínimo, se acercó al gigante «en nombre del Señor de los Ejércitos Celestiales» (17:45). Es importante observar que no se quedó simplemente esperando que el Señor derribara al gigante. Usó lo que tenía en la mano, puso en práctica las habilidades que había desarrollado en los campos solitarios de Belén y lanzó la piedra. ¡El resultado fue asombroso! Luego tomó la espada del gigante caído y lo remató.

Los enemigos de nuestras almas son reales y no deben subestimarse; no deben evitarse, sino enfrentarse, y deben ser combatidos utilizando las cinco piedras lisas: las Escrituras, la oración, la comunión con otros creyentes, la adoración y la disciplina espiritual. Como David, debemos desarrollar nuestras habilidades en usar nuestras propias piedras lisas en el poder del Señor. Los resultados también serán sorprendentes.

LECTURA: *1 Samuel 20:1-15*

AYUDA A QUIENES TIENEN PROBLEMAS

Y que tú me trates con el fiel amor del SEÑOR *mientras yo viva. Pero si muero, trata a mi familia con este fiel amor, aun cuando el* SEÑOR *elimine a todos tus enemigos de la faz de la tierra.*

1 SAMUEL 20:14-15

Ayudar a personas que tienen problemas puede ser desafiante, incómodo, desgastante, peligroso y caro, pero también es correcto, bueno, satisfactorio y da honra a Dios. David tenía algo más que su porción de problemas, de los cuales su relación con el rey Saúl no era el menor. El rey Saúl era prácticamente un museo de enfermedades emocionales. Propenso a arrebatos de melancolía que lo sumían en ataques de ira homicida, vivía una existencia marcadamente paranoica. Por desgracia para David, el odio y los celos del rey estaban dirigidos principalmente hacia él. Esto convirtió la experiencia de David en algo bastante incómodo, hasta el punto de ser considerado persona non grata en la corte y verse obligado a huir al desierto en busca de algo de seguridad.

Afortunadamente para David, el joven príncipe Jonatán ayudó con gusto a su atribulado amigo. Jonatán era consciente de la inmensa popularidad de David, y sin duda reconocía en él a un posible rival al trono: un joven héroe carismático. De hecho, desde un punto de vista meramente político, ¡tener a David muerto habría sido mucho más conveniente para Jonatán que tenerlo con vida! Cuando Jonatán insistió en que David interpretaba la situación de manera equivocada, quizás David se preguntó por un momento si Jonatán en secreto deseaba quitarlo del camino.

Pero los dos jóvenes, cuyas posiciones y circunstancias eran tan diferentes, tenían cosas importantes en común. Ambos valoraban profundamente su amistad. Ambos tomaban en serio su compromiso con el Señor, a quien reconocían como el Dios de «fiel amor» (20:14), y entendían que los seguidores del Señor debían tratar a los demás con ese mismo «fiel amor» (20:15). No se trataba solo de una amistad personal, aunque sin duda era muy fuerte; era cuestión de tratar a las personas con justicia y reconocer que el propio Señor estaba observando y cuidando.

Servimos a un Señor que se distinguió por ayudar a una humanidad indefensa y en graves problemas. Como Jonatán, él vio nuestra condición perdida, fue movido a compasión y se comprometió a ayudarnos. Cristo no dudó en ofrecer el sacrificio supremo. Alcanzándonos en nuestro estado de aflicción, nos atrajo hacia él y nos otorgó un lugar en su familia real. Por lo tanto, la próxima vez que no tengas ganas de ayudar, ¡recuerda a Aquel que te ayudó a ti!

LECTURA: *2 Samuel 5:17-25*

CONSULTA AL SEÑOR

David le preguntó al Señor:
—¿Debo salir a pelear contra los filisteos? ¿Los entregarás en mis manos?
El Señor le contestó a David:
—Sí, adelante. Te aseguro que te los entregaré.

2 SAMUEL 5:19

Un consultor es generalmente alguien que ha demostrado mediante una larga experiencia que sabe qué hacer, y está dispuesto a cambio de un precio a compartir sus ideas y perspectivas con quienes buscan su ayuda. El Señor tiene más experiencia y perspectiva que ningún consultor humano. Las credenciales del Señor son impecables, está deseoso de que lo consulten y ofrece sus perspectivas sin ningún costo. Tristemente, no siempre se consulta con él ni tampoco se busca su consejo.

David era demasiado inteligente para cometer un error tan grave. Los filisteos, al enterarse de que David había ascendido al trono de Israel, decidieron que necesitaban controlarlo rápidamente, así que enviaron sus ejércitos para capturarlo. Esto le presentó al nuevo rey una crisis inmediata. David no era ajeno a la acción militar y había demostrado muchas veces que no carecía de estrategia práctica ni de valor. Además, contaba con muchos veteranos experimentados en guerras extranjeras, así que no le faltaba información militar disponible, pero David era lo suficientemente sabio como para saber que necesitaba algo más que eso: necesitaba la guía divina. Con la sabiduría propia de un rey, consultó al Señor sobre lo que debía hacer.

Muchos hombres han tropezado en este punto. Algunos confían demasiado en sí mismos y no desean consultar al Señor, mientras que otros no saben cómo hacerlo. Confían en sus propios instintos y su experiencia en lugar de confiar en el Señor, y luego toman decisiones que los conducen a problemas. No se dan cuenta de que el Señor sabe lo que es mejor para ellos y desea actuar en sus vidas.

La clave, entonces, es consultar al Señor. Pero ¿cómo? Los métodos de David no están especificados. Quizás recibió un mensaje por medio del Urim y Tumim (un método de comunicación del que sabemos muy poco) o de un vidente, o un profeta le transmitió una palabra de parte del Señor. Puede que no conozcamos los métodos de David, pero ciertamente podemos seguir su ejemplo ¡porque estamos hablando del mismo Dios! Podemos llevar nuestras decisiones al Señor en oración, estudiar la Palabra de Dios para encontrar principios guía, escuchar el consejo de personas sabias en nuestra vida y, usando nuestras capacidades de razonamiento dadas por Dios, llegar a la dirección que tomaremos, pidiéndole al Señor que nos detenga si estamos tomando una decisión equivocada. No hay nada más reconfortante que saber que podemos llevar nuestras decisiones al Señor de esta manera y luego avanzar con la certeza de que él está al mando y nos guía mediante su Espíritu Santo.

LECTURA: *Salmo 78:11-57*

EL CORAZÓN ROTO DE DIOS

Oh, cuántas veces se rebelaron contra él en el desierto y entristecieron su corazón en esa tierra seca y baldía. Una y otra vez pusieron a prueba la paciencia de Dios y provocaron al Santo de Israel.

SALMO 78:40-41

¿Te has preguntado cómo se siente Dios acerca de la conducta humana? Sabemos que nosotros sufrimos cuando la gente nos hace daño, y si causamos dolor nos sentimos mal por haberlo hecho. Pero ¿qué impacto tiene nuestra conducta en Dios?

En la época de Noé se nos dice: «El SEÑOR vio la magnitud de la maldad humana en la tierra y que todo lo que la gente pensaba o imaginaba era siempre y totalmente malo. Entonces el SEÑOR lamentó haber creado al ser humano y haberlo puesto sobre la tierra. Se le partió el corazón» (Génesis 6:5-6). Al parecer, el pecado humano quebró el corazón divino.

Después del Diluvio las cosas no mejoraron mucho. En la larga y tortuosa historia del pueblo de Israel, Dios sufrió una constante desilusión. El ciclo de pecado, arrepentimiento, renovación, restauración, apatía, decadencia, opresión, arrepentimiento y nuevo compromiso continuó sin detenerse. Esto revelaba la terquedad humana y la paciencia de Dios mientras el comportamiento humano provocaba continuo dolor en el corazón del Señor.

El Salmo 78 registra para siempre los muchos pecados de la antigua Israel y los muchos actos misericordiosos de Dios. Sin importar cuánto bien hacía Dios por su pueblo o cuánta disciplina les enviaba, «no cumplieron el pacto de Dios y se negaron a vivir según sus enseñanzas» (78:10; ver 78:11-16, 31-33). A veces sí se arrepentían y regresaban a Dios, pero su fervor duraba poco y a menudo era poco sincero (78:36-37). El escritor de este salmo resumió la situación diciendo: «Oh, cuántas veces se rebelaron contra él en el desierto y entristecieron su corazón en esa tierra seca y baldía. Una y otra vez pusieron a prueba la paciencia de Dios y provocaron al Santo de Israel» (78:40-41).

Haremos bien en reflexionar sobre el impacto de la conducta humana en el corazón de Dios. El pecado humano es una ofensa para él. Es negar su soberanía. Es una declaración de parte de alguien hecho del polvo de que tomará control sobre el Creador. Eso rompe el corazón de Dios. Cuando las acciones pecaminosas predominan en nuestra vida, demuestran la profundidad de la caída humana. Cuando el corazón de una persona está corrompido, su humanidad está contaminada. Es comprensible que Dios se indigne por la condición y las acciones humanas, por lo cual disciplina a sus hijos desobedientes. Pero incluso su disciplina nace de un amor lastimado.

Una visión del corazón de Dios puede ablandar y quebrantar el corazón humano más endurecido. Y eso puede conducir a que nuestros corazones sean moldeados para aquello para lo que él nos creó y nos redimió. Nuestras vidas pueden ser expresiones de su amor y su bondad, en lugar de ser ejemplos de maldad humana; ¡para siempre!

LECTURA: *2 Samuel 11:1-27*

UN BRILLO SEDUCTOR

En la primavera, cuando los reyes suelen salir a la guerra, David envió a Joab y al ejército israelita para pelear contra los amonitas. Destruyeron al ejército amonita y sitiaron la ciudad de Rabá. Sin embargo, David se quedó en Jerusalén. Una tarde, después del descanso de mediodía, David se levantó de la cama y subió a caminar por la azotea del palacio. Mientras miraba hacia la ciudad, vio a una mujer de belleza singular que estaba bañándose.

2 SAMUEL 11:1-2

Una tentación es una oportunidad de errar; y es también una oportunidad de hacer lo correcto. Una tentación es una seducción potencial, pero si se maneja correctamente da como resultado un fortalecimiento real. Esto puede verse claramente cuando comparamos incidentes similares en la vida de José y David. Ambos hombres fueron puestos ante oportunidades de cometer adulterio. Ambos sabían que el adulterio era malo. José, en consecuencia, resistió los avances de la tentadora y, con gran costo para sí mismo, preservó su integridad. David, por otro lado, no solo sucumbió, sino que también se vio atrapado en una espiral de decisiones egoístas que lo arrastraron a una culpabilidad cada vez más profunda.

La caída de David no fue repentina. Al parecer, había estado indisciplinado durante algún tiempo. No estaba liderando a sus hombres en la batalla, sino que se quedaba en su casa y dejaba que ellos pelearan sus batallas por él. Y parece extraño que se levantara de la cama al atardecer. ¿Qué había pasado con el joven guerrero valiente, el siervo consagrado del Señor, el hombre conforme al corazón de Dios? ¿Se había vuelto descuidado? ¿Se había vuelto perezoso y complaciente en su mediana edad?

Tal vez no sabía que Betsabé estaría bañándose a plena vista, y es posible que sus motivaciones tampoco fueran puras, por lo que nadie podría hacerlo a él responsable por verla. Pero ciertamente sí era responsable de mirar fijamente, desearla, mandar llamarla y tener relaciones sexuales adúlteras con ella. En cualquier momento podría y debería haber dicho no; pero la erosión de principios y disciplina ya había ocurrido, y el fracaso moral terminó en desastre.

Todos podemos aprender de los errores, pero aprender de los errores de otros es menos doloroso que vivir con las consecuencias de los nuestros. La caída de David nos muestra que no revertir la erosión espiritual conduce a debilitar los principios morales. Entonces, cuando somos sometidos al estrés de la tentación, el fracaso y el colapso se producen rápidamente.

Los hombres fuertes saben mantenerse firmes, pero incluso el hombre más fuerte se vuelve débil si ignora las precauciones prudentes básicas y comienza a jugar con la tentación bajo el supuesto de que puede detenerse en cualquier momento.

Las polillas aman la luz de las velas. Son atraídas por su brillo seductor y coquetean con su cálido abrazo. Cada vez se acercan más hasta que sus alas se queman y caen destruidas. Aprende la lección de David o, si lo prefieres, contempla la desgracia de la polilla. Prepárate para resistir la tentación o tú también podrías caer y ser destruido.

LECTURA: *1 Reyes 2:1-12*

LAS ÚLTIMAS PALABRAS

Yo voy camino al lugar donde todos partirán algún día. Ten valor y sé hombre.

1 REYES 2:2

El modo de morir de un hombre dice mucho sobre cómo vivió. Sus últimas palabras revelan mucho. Las últimas palabras de John Wesley fueron: «Lo mejor de todo es que Dios está con nosotros». Mientras moría, Ludwig van Beethoven dijo: «Se terminó la comedia». ¡Vaya diferencia! Wesley murió no solo siendo consciente de adónde iba, sino también vívidamente consciente de que Aquel con quien había vivido por tanto tiempo cruzaría las aguas de la muerte a su lado. Beethoven murió sin tener una seguridad como esa, solamente con palabras que indicaban que su vida había sido una cínica decepción.

El rey David, acostado en su lecho de muerte, dijo mucho con pocas palabras a su hijo Salomón. «Ten valor y sé hombre», le dijo, resumiendo su propia vida e identificando sus deseos para su hijo (2:2). Pero ¿qué se necesitaba para «ser hombre» según la evaluación de David?

En primer lugar y sobre todo, ser hombre requiere tener la valentía suficiente para reconocer que el éxito depende de la obediencia a la voluntad y el propósito de Dios. David ordenó a su heredero obedecer a Dios y le prometió que, si lo hacía, sería exitoso (2:3). Se necesita valentía para tomar una postura firme en los caminos de Dios, especialmente cuando se enfrenta a opiniones contradictorias y fuerzas contrarias. «Hacerlo a mi manera» es un lema mucho más común y popular que «Hacerlo a la manera *de Dios*», pero este último es el camino hacia un éxito duradero.

En segundo lugar, ser hombre incluye confiar en las promesas de Dios. David señaló a su hijo las promesas de Dios como fuente de seguridad y fortaleza (2:4). El hombre que sabe «confiar y obedecer» puede estar seguro de que Dios será proactivo en sus asuntos y se involucrará profundamente en su vida.

En tercer lugar, ser hombre incluye administrar justicia (2:5-9). Puede parecer que David estaba instando a Salomón a vengarse de sus enemigos para resolver rencores personales, pero en realidad se trataba de administrar la justicia de Dios y no de buscar revancha. Esta misma preocupación por la justicia llevó a David a encargar a Salomón la responsabilidad de mostrar bondad a quienes la merecían (2:7).

Las últimas palabras tienen un peso extraordinario porque son memorables; como a menudo resumen una vida, contienen un impacto adicional; por lo tanto, asegurémonos antes de morir, y antes de que nuestros hijos vivan demasiado, que vean y escuchen lo que deberían tener como prioridades más altas.

LECTURA: *1 Reyes 3:1-15*

EL GRAN OCÉANO DE VERDAD

Dame un corazón comprensivo para que pueda gobernar bien a tu pueblo, y sepa la diferencia entre el bien y el mal. Pues, ¿quién puede gobernar por su propia cuenta a este gran pueblo tuyo?

1 REYES 3:9

Sir Isaac Newton, el brillante científico, dijo hacia el final de su vida: «Me siento como un niño pequeño que juega en la orilla de la playa mientras el gran océano de verdad se extiende delante de mí sin ser descubierto». A pesar de sus logros en el campo de las matemáticas y las ciencias físicas, Newton era consciente de que lo que conocía era infinitesimal comparado con lo que no sabía. Y la humildad era la única respuesta apropiada.

El rey Salomón, al comenzar la tarea de gobernar al pueblo de Dios, también era consciente de cuánto desconocía acerca de gobernar y reinar. La humildad era apropiada en su caso también. Algunos hombres en situaciones similares se derrumban bajo el aplastante sentimiento de incapacidad y se distinguen por su ineficacia. Otros intentan ocultar su ignorancia y convencerse de su autosuficiencia. Pero Salomón no. Él sabía qué hacer con sus limitaciones y dónde llevar sus deficiencias. ¡Adoró! Se volvió hacia Aquel en quien se encuentra todo conocimiento, la fuente de toda sabiduría. El Señor respondió invitando a Salomón a pedir lo que quisiera, prometiéndole que se lo daría. Esto parecería algo arriesgado de parte de Dios, pero Dios, habiendo visto a Salomón en adoración, conocía su corazón. Y, cuando Salomón respondió pidiendo sabiduría, «al SEÑOR le agradó» (3:10).

Salomón no estaba interesado en engrandecerse a sí mismo. Su principal preocupación era estar equipado para hacer lo que Dios lo había llamado a hacer. Tenía suficiente sabiduría para saber que necesitaba sabiduría, y era lo bastante inteligente para saber que no era lo bastante inteligente. También sabía que recibir sabiduría del Señor era más importante que obtener más riquezas o más poder. Las riquezas y el poder sin la sabiduría para administrarlos pueden conducir a todo tipo de maldad, e incluso una vida larga sin sabiduría puede ser amarga o inútil.

Las riquezas, el poder y la larga vida tienen atractivo para los hombres de todas las épocas, pero los inteligentes le piden a Dios sabiduría para vivir como deberían. Como Salomón, muchos descubren que Dios, después de darles sabiduría, también les otorga esas otras cosas como un bono adicional porque sabe que serán lo suficientemente sabios para manejarlas correctamente. Por lo tanto, ¡sé inteligente y busca sabiduría!

LECTURA: *1 Reyes 19:1-18*

«BASTA YA»

Luego siguió solo todo el día hasta llegar al desierto. Se sentó bajo un solitario árbol de retama y pidió morirse: «Basta ya, Señor; quítame la vida, porque no soy mejor que mis antepasados que ya murieron».

1 REYES 19:4

Todos los hombres tienen su punto de quiebre. En algún momento, bajo las circunstancias adecuadas, un hombre dirá: «Basta ya». A menudo, cuando llega ese momento es casi una sorpresa, y los sentimientos repentinos de desaliento pueden ser debilitantes, incluso hasta el punto de querer morir.

Este fue ciertamente el caso con Elías. Él había enfrentado sin problema al poderoso rey Acab, había confrontado y derrotado con facilidad a los cuatrocientos cincuenta profetas de Baal y había desafiado sin temor a una nación apóstata en el nombre del Señor. No había señal de agotamiento ni indicio de un colapso emocional inminente. Pero aun así, colapsó.

Fue Jezabel, una mujer formidable con hábitos feroces e influencia de gran alcance, quien resultó ser la gota que derramó el vaso para Elías. Jezabel no intentó matarlo, aunque sin duda tenía el poder para hacerlo. Simplemente lo amenazó y le dio veinticuatro horas para salir de la ciudad, cosa que él hizo rápidamente.

Solo podemos suponer por qué Elías se asustó tanto. Sin duda, los años de tensión habían pasado factura. La lucha emocional contra los sacerdotes de Baal habría agotado incluso a la persona más fuerte. La altura espiritual alcanzada en el monte lo dejó vulnerable a una baja espiritual en el valle, y la enorme inversión de energía espiritual durante un período prolongado seguramente lo había dejado debilitado. Luego, el esfuerzo físico de correr delante del carro del rey tampoco habría ayudado. Pero quizás lo que finalmente quebró a Elías fue el hecho de que Dios no hiciera un milagro para eliminar a Jezabel, y Elías comprendió que este enemigo no desaparecería. Ella era su espina en la carne.

Finalmente, Elías se acostó, molesto, desanimado y deprimido, y declaró que había terminado; pero el Señor lo cuidó con ternura y le dio una inolvidable lección práctica. Una comida milagrosa, una fortaleza sobrenatural, un poderoso viento, un violento terremoto, un fuego ardiente y una suave brisa mostraron a Elías que Dios no está limitado solamente a lo poderoso y espectacular. Él puede ser igualmente efectivo a través de lo débil. Después de esta lección práctica, Dios le dijo a Elías que se levantara, siguiera adelante y continuara con su tarea. Y así lo hizo, entendiendo finalmente que el Señor hace cosas grandes por medio de recursos pequeños y hombres frágiles.

Cuando Elías dijo: «Basta ya», estaba listo para aprender que Dios es suficiente. Cuando pensó: «¡No soy capaz!», descubrió que Dios sí puede. Por lo tanto, su depresión no fue del todo mala. De hecho, solo cuando cayó más bajo fue elevado más alto. Y el mensaje para todos los hombres en todo tiempo sigue siendo: «El camino hacia arriba comienza hacia abajo».

LECTURA: *2 Reyes 1:1-18*

INTENSO Y ATERRADOR

Cierto día Ocozías, el nuevo rey de Israel, se cayó por la reja de la ventana de una habitación en el piso superior de su palacio en Samaria y quedó gravemente herido. Entonces envió mensajeros al templo de Baal-zebub, dios de Ecrón, para que consultaran si iba a recuperarse. Entonces el ángel del SEÑOR le dijo a Elías, quien era de Tisbé: «Ve y enfrenta a los mensajeros del rey de Samaria, y pregúntales: "¿Acaso no hay Dios en Israel? ¿Por qué recurren a Baal-zebub, dios de Ecrón, a consultarle si el rey va a recuperarse? Por lo tanto, esto dice el SEÑOR: nunca te levantarás de la cama donde estás; ten por seguro que morirás"». Entonces Elías fue a transmitirles el mensaje.

2 REYES 1:2-4

En ocasiones, la vida se vuelve alarmante y peligrosa. Cómo se comporte un hombre en tales momentos dice mucho acerca de lo que cree. Tomemos como ejemplo a Elías y Ocozías. Sus reacciones a una situación tensa nos muestran una buena perspectiva acerca de qué estaban hechos.

Elías «era un hombre velludo» (1:8), y vivía en tiempos alarmantes. El rey Acab había llevado a Israel a rechazar a Yahvé y abrazar la religión de Baal. Luego Ocozías sucedió a Acab, su padre, como rey y continuó con la apostasía. Cuando sufrió una grave lesión al caer por una ventana, inmediatamente buscó ayuda espiritual en Baal-zebub, no en el Señor. En respuesta, Dios envió a Elías a interceptar a los mensajeros del rey con un mensaje profético que lo reprendía y predecía su muerte. El rey no recibió el mensaje con agrado, sino que, furioso, envió un destacamento de soldados para arrestar a Elías. Ante las amenazas del rey, Elías respondió con calma, dejando espacio para que la ira de Dios actuara.

El contraste entre el profeta y el rey es profundo. Elías confiaba plenamente en la palabra de Dios y en su poder para intervenir en los asuntos del rey. Ocozías consideró al Señor irrelevante. Se mostraron dos cosmovisiones opuestas. Una se basaba en reconocer a Yahvé como Dios el Creador, quien había elegido al pueblo de Israel como su tesoro especial, les había dado la tierra en la que vivían y había prometido bendecirlos y bendecir al mundo como respuesta a su obediencia amorosa. La otra se basaba en la adoración de Baal, un dios de la naturaleza y la fertilidad, cuyo culto exigía apaciguamiento para que el pueblo prosperara. La primera creencia afirmaba que Yahvé era soberano y digno de confianza, mientras que la otra creencia sostenía que Baal estaba a cargo. Era un asunto de uno u otro, no de ambos. No había espacio para el compromiso. O Yahvé era Dios, o Baal lo era. Elías dejó claro de qué lado estaba, ¡y Ocozías también! El resultado fue un enfrentamiento: una escena intensa y aterradora. Y Yahvé demostró una vez más que «¡el SEÑOR es Dios!» (1 Reyes 18:39).

Hoy en día, los hombres se encuentran muchas veces en situaciones similares. Abundan las alternativas a adorar al Señor. Algunos lo descartan como irrelevante, y otros lo rechazan sin pensarlo. Otros quieren aceptarlo a él y al mismo tiempo seguir a los dioses que están en su contra, sin ver contradicción y sin importarles. Pero todo hombre debe enfrentar la pregunta de quién es verdaderamente el Señor, porque algún día caerá a través de la «reja de su ventana» y necesitará a alguien que le ayude o un lugar al cual acudir. Aquello o aquel en quien confíe en ese momento lo sostendrá o se desmoronará como una reja podrida. ¡Eso sí es aterrador!

LECTURA: *2 Reyes 19:1-19*

NO ES MOMENTO DE FLAQUEAR

Ahora, oh SEÑOR nuestro Dios, rescátanos de su poder; así todos los reinos de la tierra sabrán que solo tú, oh SEÑOR, eres Dios.

2 REYES 19:19

«Este no es momento de flaquear, George». Ese fue el mensaje que Margaret Thatcher, primera ministra del Reino Unido, envió a George Bush, presidente de los Estados Unidos, en el punto álgido de la Guerra del Golfo. Ella, sin duda, tenía razón. En momentos de angustia nacional, un liderazgo resolutivo se necesita desesperadamente. Los líderes, sin embargo, también son humanos sujetos a las dudas y vulnerables a las amenazas.

El rey Ezequías necesitaba el mismo tipo de ánimo para mantenerse firme cuando Jerusalén fue sitiada por Senaquerib y sus ejércitos asirios. El pueblo estaba en una situación desesperada, y su líder bajo una presión severa. Pero él manejó bien la situación. Senaquerib, con arrogancia y agresividad, puso en duda tanto las capacidades de Ezequías como la relevancia de Yahvé. Ezequías rápidamente dejó de lado sus vestiduras reales y se puso ropa áspera, la vestimenta de quienes están angustiados y devastados. No intentó fingir valentía ni emitir propaganda para el pueblo. La situación era crítica, él lo sabía y se lo hizo saber a la nación. Vestido apropiadamente, el rey se dirigió a la casa de oración y envió mensajeros para pedir consejo y apoyo al profeta Isaías. Reconoció correctamente que la situación era más que un problema militar o político; era una cuestión espiritual que requería una respuesta espiritual. También era una afrenta directa al Señor. Dado que la reputación de Dios estaba en juego, Ezequías le rogó al Señor que librara a su pueblo.

¡Y qué respuesta recibió! En efecto, Isaías le dijo a Ezequías que «no flaqueara» porque Yahvé tenía el control. Senaquerib había afirmado que todos los dioses eran irrelevantes en comparación con su poder, pero Isaías le recordó a Ezequías que Yahvé está muy lejos de ser una irrelevancia impotente; Yahvé es el Creador y Sustentador de todas las cosas, el Señor de la historia y el Dios del pacto de su pueblo. Y, debido a quién es, Dios desafiaría al desafiante y defendería al indefenso. Él demostraría su poder a favor de su pueblo.

Los líderes, bajo la presión de dar dirección a creyentes atribulados y conscientes de su propia debilidad y de la magnitud de la adversidad, necesitan saber dónde están sus recursos. Como Ezequías, necesitan enfrentar la realidad y buscar al Señor, esperando una palabra de él que señale el camino correcto. Y deben rodearse de personas que los apoyen y fortalezcan en las horas solitarias del liderazgo. Tales alentadores pueden recordarles que, debido a quién es el Señor en esa situación, «no es momento de flaquear».

LECTURA: *Salmo 80*

EL ROSTRO BRILLANTE DE DIOS

Oh Dios, haznos volver a ti; haz que tu rostro brille sobre nosotros. Solo entonces seremos salvos.

SALMO 80:3

Los seres humanos han ideado multitud de maneras impersonales para comunicarse entre unos y otros. Teléfono, telégrafo, fax, correo electrónico y el antiguo correo postal sirven todos ellos para transmitir información. Sin excepción, sin embargo, carecen del toque personal y de la cercanía de la presencia. Nos dicen solo lo que el remitente quiere decirnos, dejándonos adivinar lo que siente. Para conocer realmente toda la historia necesitamos más: ¡debemos encontrarnos cara a cara!

El rostro está controlado por una gran cantidad de músculos. Puede contorsionarse de mil maneras diferentes y reproducir una enorme variedad de expresiones: ceños fruncidos y muecas, indiferencia o atención total, gruñidos o sonrisas. ¡Sonrisas! Eso es lo que anhelamos ver.

Dios ordenó a Aarón y al resto de los sacerdotes pronunciar una bendición específica sobre los hijos de Israel (Números 6:22-27). Esta bendición incluía las palabras: «Que el Señor sonría sobre ti» (Números 6:25). Versiones más antiguas de la Biblia dicen: el Señor «haga resplandecer su rostro sobre ti» (RVR60). Resplandecer o sonreír: la imagen es maravillosa. Transmite la expresión radiante y aprobadora del Señor, mostrando su profunda satisfacción con su pueblo.

Pero el escritor de este salmo lamentaba que no podía ver una sonrisa en el rostro del Señor (80:3-4). El pueblo no estaba disfrutando de su mirada aprobadora; estaba alejado de él. Y ellos tampoco estaban sonriendo, sino que estaban bebiendo «lágrimas en abundancia» (80:5). Entonces, ¿qué podía hacerse? Necesitaban pedirle al Señor: «Oh Dios, haznos volver a ti; haz que tu rostro brille sobre nosotros. Solo entonces seremos salvos» (80:3).

Es físicamente imposible ver una sonrisa si le das la espalda a quien sonríe. Debes voltearte hacia esa persona para verla cara a cara. De la misma manera, no puedes experimentar la aprobación de Dios si estás caminando en dirección contraria a su voluntad. El niño más pequeño aprende pronto que la sonrisa de un padre es mucho mejor que una expresión de disgusto, así que ajusta su conducta. Los hombres adultos necesitan recordar que son hijos de Dios, si es que tienen fe en Cristo. Por lo tanto, antes de actuar deberían pensar: «Esta acción ¿dará alegría o dolor a mi Padre? ¿Provocará una sonrisa o merecerá una expresión de desaprobación?».

La mayoría de nosotros sabemos en nuestro corazón lo que agrada al Señor. Si tenemos dudas, siempre podemos consultar las Escrituras. ¡Qué maravilloso será experimentar el rostro brillante y sonriente de Dios!

LECTURA: *1 Crónicas 28:1-21*

¿DE TAL PALO TAL ASTILLA?

De entre mis hijos —porque el SEÑOR me ha dado muchos— eligió a Salomón para sucederme en el trono de Israel y para gobernar el reino del SEÑOR. Me dijo: «Tu hijo Salomón edificará mi templo y sus atrios, porque lo he elegido como mi hijo, y yo seré su padre».

1 CRÓNICAS 28:5-6

Algunos padres no dudan en decirles a sus hijos qué hacer con sus vidas; y a menudo se equivocan. Un padre que ha trabajado duro para levantar su negocio supone que su hijo estará deseoso de tomar el mando, solo para descubrir que el hijo no tiene ni el ánimo ni la cabeza para esa tarea. Otro padre, frustrado por su propia carrera deportiva, presiona a su hijo para que sobresalga con la esperanza de disfrutar indirectamente lo que él mismo no pudo lograr, solo para descubrir que su hijo prefiere los escenarios a los estadios y las obras de Shakespeare a las jugadas de fútbol.

David también tenía planes para su hijo Salomón; pero había una diferencia. Dios le había dicho a David lo que quería que su hijo hiciera, ¡e incluso le dio a David instrucciones detalladas! (28:19). David entonces elaboró los planos y comenzó a reunir los materiales para la obra de su hijo (22:1-5), y habló con Salomón con certeza y autoridad acerca del trabajo que debía hacer (22:6-19; 28:20-21). David no estaba imponiendo sus propios sueños a Salomón, como hacen muchos padres. Estaba transmitiendo los planes de Dios para su hijo, de acuerdo con la voluntad de Dios. Y eso era exactamente lo correcto.

Los padres hoy en día también pueden descubrir los planes de Dios para sus hijos, pueden comenzar a reunir los «materiales» que ayudarán a sus hijos a cumplir esos planes y pueden instruirlos en ellos. Al estudiar la Palabra de Dios con oración y diligencia, los padres pueden encontrar principios generales para guiar a sus hijos; y al observar con atención y oración las aptitudes, habilidades, oportunidades e intereses de sus hijos, pueden ayudarlos a descubrir detalles más concretos del plan de Dios para sus vidas. Los padres de hoy deberían recordarles a sus hijos que, cualquiera que sea su ocupación, su llamado es ser siervos del Señor; y que, cualquiera que sea su éxito, sus capacidades provienen de Dios. Deberían recordarles que todo lo que tienen lo han recibido de Dios y que su vida en la tierra los prepara para la eternidad. Los padres deberían enseñarles que, en cualquier área en la que trabajen, si buscan la voluntad del Señor con entusiasmo pueden confiar en su presencia y en su capacidad para sostenerlos.

Vergüenza para los padres que imponen su voluntad e ignoran la voluntad de Dios en las vidas de sus hijos; pero bendito el hombre que observa a sus hijos con atención y busca el camino de Dios para ellos con todo su corazón. Esos hombres entienden la diferencia entre imponer su voluntad e influir en sus hijos, la diferencia entre intimidación e inspiración.

LECTURA: *2 Crónicas 1:1-13*

SI TE FALTA SABIDURÍA...

Oh Señor Dios, ¡te ruego que sigas manteniendo la promesa que le hiciste a David mi padre, pues me has hecho rey sobre un pueblo tan numeroso como el polvo de la tierra! Dame la sabiduría y el conocimiento para guiarlo correctamente, porque, ¿quién podrá gobernar a este gran pueblo tuyo?

2 CRÓNICAS 1:9-10

Si heredaras un millón de dólares, ¿qué harías con ese dinero? Si pudieras tener cualquier cosa que pidieras, ¿qué sería? Preguntas como estas pocas veces se plantean en serio y, por lo tanto, pocas veces se responden con sensatez. Sin embargo, Salomón recibió una invitación seria de parte del Señor a responder a esa pregunta.

Cuando el Señor invitó al nuevo rey a pedir lo que deseara su corazón, la respuesta fue memorable. Salomón no pidió enriquecimiento personal, seguridad ni longevidad, sino las herramientas necesarias para ser lo que Dios lo había llamado a ser. «Oh Señor Dios, ¡te ruego que sigas manteniendo la promesa que le hiciste a David mi padre, pues me has hecho rey sobre un pueblo tan numeroso como el polvo de la tierra! Dame la sabiduría y el conocimiento para guiarlo correctamente, porque, ¿quién podrá gobernar a este gran pueblo tuyo?» (1:9-10). La petición de Salomón fue tan inusual que el Señor no solo lo elogió y le concedió lo que pidió, sino que también lo llenó de bendiciones adicionales no solicitadas.

La solicitud de sabiduría y conocimiento reflejaba la madurez de Salomón. El conocimiento es la acumulación de información, mientras que la sabiduría es saber cómo aplicar esa información y tomar buenas decisiones. Nadie necesitaba decirle a Salomón que la tarea que había recibido era más de lo que él podía manejar por sí solo. Era consciente de su propia insuficiencia, y por eso pidió concretamente conocimiento para entender los problemas y sabiduría para saber qué hacer con respecto a ellos. Muchos hombres han sido demasiado listos para su propio bien, demasiado impresionados con sus habilidades como para reconocer sus deficiencias. Salomón no era un necio. Ya era lo suficientemente sabio para saber que necesitaba ayuda y suficientemente inteligente para saber dónde encontrarla.

Todo hombre debe reconocer los desafíos particulares y especiales de su llamado; y todo hombre debe entender que, por su propia fuerza, no tiene lo necesario para ser todo lo que Dios lo llama a ser. Los hombres inteligentes conocen sus limitaciones y saben de dónde viene su ayuda. Identifican sus debilidades y acuden al Señor, la fuente de sabiduría y conocimiento, encontrando en él los recursos necesarios para la tarea. Y descubren que «si necesitan sabiduría, pídasenla a nuestro generoso Dios, y él se la dará; no los reprenderá por pedirla» (Santiago 1:5). Los hombres inteligentes saben que son poco inteligentes. Los sabios saben cuánta sabiduría les falta y son lo suficientemente sabios para pedir más.

NOVIEMBRE

LECTURA: *2 Crónicas 7:11-22*

EL MURO DE LOS LAMENTOS

Pero si mi pueblo, que lleva mi nombre, se humilla y ora, busca mi rostro y se aparta de su conducta perversa, yo oiré desde el cielo, perdonaré sus pecados y restauraré su tierra.

2 CRÓNICAS 7:14

El muro de los Lamentos en Jerusalén es uno de los lugares más tristes de la tierra. Día tras día, judíos fieles se colocan delante de esta ruina imponente para derramar su alma delante del Señor, pidiéndole que envíe al Mesías prometido. Aparte de la tristeza que provoca su fracaso en reconocer que Jesús es el Mesías, el muro mismo, único remanente del majestuoso templo de Israel, habla por sí solo de una tristeza solemne. Habla en silencio de glorias pasadas ya perdidas, de pactos rotos y sueños hechos pedazos, de pecado y juicio y de falsas esperanzas.

Cuando Salomón finalmente terminó de construir el templo y su propio palacio, el Señor se le apareció una noche. Le dijo a Salomón que, si el pueblo de Israel alguna vez se apartaba del Señor, enviaría una serie de calamidades cada vez más alarmantes (7:19-22). Si el pueblo se negaba a responder al Señor y lo abandonaba, al final ellos serían arrancados de la tierra y el templo sería destruido. Entonces, generaciones futuras pasarían y se asombrarían ante la devastación de un edificio tan magnífico. El pueblo de Israel sí se apartó del Señor, se cumplió la promesa de juicio de Dios y el templo ya no existe; solo queda el muro de los Lamentos. Cada día se mantiene como testimonio mudo de las consecuencias de la negativa de Israel a honrar al Señor.

Pero el Señor no solo prometió juicio sobre el pecado. También ofreció un camino hacia el perdón y la purificación. El propósito de las calamidades prometidas no era simplemente castigar al pueblo por su desobediencia. Dios diseñó los desastres para provocar arrepentimiento. Si en algún momento el pueblo regresaba a Dios con humildad y verdadero arrepentimiento, Dios restauraría sus bendiciones sobre ellos (7:14). Este tipo de arrepentimiento consistiría no solo en promesas llorosas, sino también en un dolor genuino, un duelo sincero, un abandono completo del pecado y un clamor ferviente al Señor. Este tipo de arrepentimiento liberaría las bendiciones prometidas, no solo para los individuos que se arrepienten, sino también para las comunidades de las que forman parte.

Principios similares aplican hoy en día. El pecado voluntario es una ofensa a Dios y tiene graves consecuencias. Estas consecuencias constituyen juicio divino, el cual debería conducir al arrepentimiento y la restauración. Muchas personas reconocen la necesidad de un cambio en las tendencias morales de sus comunidades, pero no logran reconocer el papel que el pueblo de Dios debe desempeñar. Para que haya un cambio en la comunidad, debe haber avivamiento en la iglesia. Para que haya avivamiento en la iglesia, debe haber renovación en el cristiano. Cambio, avivamiento y renovación esperan en línea: ¡por el arrepentimiento!

LECTURA: *2 Crónicas 34:1-13*

VIGOR JUVENIL

Durante el octavo año de su reinado, siendo aún joven, Josías comenzó a buscar al Dios de su antepasado David. Luego, en el año doce, empezó a purificar a Judá y a Jerusalén, destruyendo todos los santuarios paganos, los postes dedicados a la diosa Asera, los ídolos tallados y las imágenes fundidas.

2 CRÓNICAS 34:3

La mayoría de los muchachos de dieciséis años no son conocidos por su piedad. Sí por su inmadurez, irresponsabilidad o quizás travesuras, y también por un apetito voraz, energía, actividad e incluso diligencia, pero normalmente no por su piedad incluso si son monarcas reinantes.

El joven rey Josías era diferente. No se nos dice qué llevó a Josías a desear sinceramente una experiencia con el Señor. Sin duda, no fue el ejemplo de su padre, el rey Amón, ni de su abuelo, el rey Manasés, pues ambos fueron reyes malvados. Algo nació en el corazón de Josías que lo llevó a tomar en serio tanto su propio bienestar espiritual como su obligación real hacia el bienestar de su pueblo. En pocos años, utilizó su poder y prestigio real para eliminar de su territorio la infame idolatría que afligía a su pueblo y para encargar la restauración del templo descuidado (34:8). ¡Todo esto antes de cumplir veintiséis años!

La devoción de Josías al Señor y su liderazgo espiritual se desarrollaron sin el beneficio de las Escrituras, lo que hace que sus logros sean más notables todavía. Luego, cuando el sacerdote Hilcías descubrió las Escrituras perdidas (34:14), Josías se horrorizó al descubrir cuán lejos su pueblo y él se habían apartado de los mandamientos del Señor. Inmediatamente ordenó un estudio más profundo e hizo consultas a la profetisa Hulda. Cuando comprendió la importancia de la Palabra del Señor, la puso en práctica y llamó al pueblo a seguir su ejemplo.

Antes del redescubrimiento de las Escrituras, Josías sabía lo suficiente sobre el Señor para reconocer que necesitaba aprender más, y había visto suficiente de la adoración a ídolos para saber que eso era claramente equivocado. Logró grandes cosas actuando conforme a la información limitada que tenía, pero cuando recibió la Palabra del Señor, su visión se amplió y su experiencia se enriqueció.

Todo hombre está llamado no solo a responder a lo que sabe, sino también a asegurarse de conocer lo que debe. Conocer la Palabra y no obedecerla es incorrecto. Tener la Palabra y no leerla ni conocerla no es mejor. Para parafrasear a Mark Twain: «Quien no lee ni obedece no tiene ventaja sobre quien no sabe leer o responder». Josías no podía saber lo que estaba oculto en el libro perdido. El hombre moderno no tiene ese problema: el Libro está disponible. Por eso debemos hacer lo que sabemos y leer el Libro. Quienes lo lean serán llamados a hacer algunos cambios, algunos de los cuales serán incómodos. Pero cada paso que demos hacia Dios nos conducirá a la bendición.

LECTURA: *Esdras 3:1-13*

ENTUSIASMO Y EXPERIENCIA

Muchos de los sacerdotes, levitas y otros líderes de edad avanzada que habían visto el primer templo lloraron en voz alta al ver los cimientos del nuevo templo. Los demás, en cambio, gritaban de alegría.

ESDRAS 3:12

Los jóvenes miran adelante; los ancianos miran atrás. La juventud abraza el futuro, donde está la mayor parte de su vida; la edad avanzada reverencia el pasado, donde ha quedado la mayor parte de su vida. La juventud tiene poco en el pasado a lo cual referirse; la edad avanzada no tiene mucho en el futuro para lo cual hacer planes. Por lo tanto, cuando juventud y edad avanzada están juntos en el mismo lugar, miran en direcciones opuestas y ven diferentes escenarios. Los ancianos ven los buenos tiempos del pasado; los jóvenes ven solamente horizontes brillantes. ¡No es extraño que a menudo estén en desacuerdo y frecuentemente tengan choques!

En el día en que se colocaron los nuevos cimientos del templo en ruinas en Jerusalén, después de setenta años de destierro, las reacciones de las generaciones fueron marcadamente diferentes. Los jóvenes estaban tan emocionados por lo nuevo y fresco que cantaban, gritaban y danzaban de alegría. Sus rostros estaban llenos de sonrisas. Pero los gritos se mezclaron con sollozos porque, mientras los jóvenes estaban encantados, los ancianos estaban consternados. Sus mejillas no mostraban sonrisas, sino que estaban bañadas en lágrimas (3:12). Ellos recordaban y lamentaban el antiguo templo, los tiempos pasados y la forma en que eran las cosas; y miraban con pesar aquello que estaba destinado a reemplazarlo. En sus mentes, lo nuevo era muy inferior a lo viejo.

Los sonidos mezclados de alegría y tristeza eran aparentemente indistinguibles desde lejos (3:13). Eso era bueno, porque habría sido desafortunado que solo se escucharan los gritos de la juventud y habría sido imperdonable que prevalecieran los lamentos de los ancianos. Ambos tenían razón. Los ancianos tenían la experiencia, que daba entendimiento sobre lo que había sido; los jóvenes tenían entusiasmo, que prometía impulso para lo que estaba por llegar.

El entusiasmo sin las advertencias de la experiencia puede llevar a que los proyectos se prendan en llamas. La experiencia sin el fuego del entusiasmo puede impedir que los proyectos despeguen. Las personas de edad avanzada insistiendo en cómo eran las cosas pueden matar la esperanza del futuro, mientras que los jóvenes adorando cómo serán las cosas pueden resultar heridos si no se toman en cuenta las lecciones de la historia.

Dios hizo la juventud y la vejez por una razón: ¡se necesitan mutuamente! Así que agradezcamos por la juventud y alabemos por la vejez, y oremos para que el entusiasmo y la experiencia se encuentren y vivan juntos felizmente.

LECTURA: *Esdras 4:1-5; 5:1-5; 6:1-18*

LOS ROSTROS DE LA MALDAD

Los ancianos de los judíos continuaron la obra y fueron muy animados por la predicación de los profetas Hageo y Zacarías, hijo de Iddo. Por fin el templo quedó terminado, como lo había ordenado el Dios de Israel y decretado Ciro, Darío y Artajerjes, reyes de Persia.

ESDRAS 6:14

La maldad tiene muchos rostros. En algunas ocasiones sonríe seductoramente y atrae al incauto. En otras ocasiones gruñe con furia e intimida al inseguro. Algunas veces la maldad habla con dulzura y con ofertas de ayuda y cooperación, mientras que otras gritan sus exigencias y amenazas de destrucción. Debido a que la maldad aparece de diferentes maneras, debe ser contrarrestada de diferentes maneras. Pero primero debe ser reconocida como lo que es.

La maldad tiene muchos rostros pero un solo objetivo: frustrar los propósitos de Dios. El mal y la oposición a veces usan una cara amistosa. A los reconstructores del templo se les ofreció la cooperación de sus enemigos. Estos enemigos afirmaban adorar al Señor, pero no mencionaron que también adoraban a muchos otros dioses (ver 2 Reyes 17:24-34). Permitirles ayudar les habría dado acceso igualitario al templo y habría comprometido la pureza de la adoración del pueblo al Señor. Los líderes de Judá y Benjamín reconocieron correctamente que estos enemigos no tenían nada en común con ellos y les negaron «ninguna parte ni derecho legal o reclamo histórico en Jerusalén» (Nehemías 2:20).

Rechazados así, los enemigos de Judá y Benjamín se volvieron aún más abiertos en su oposición (Esdras 4:4-5). Amenazas más fuertes requerían respuestas más firmes. Más adelante, cuando la construcción se detuvo por orden del rey Artajerjes en respuesta a declaraciones falsas sobre los constructores, fue necesaria la predicación desafiante de los profetas para contrarrestar la maldad y reactivar la obra.

Cuando el gobernador Tatnai llegó al lugar para cuestionar a los reconstructores sobre sus actividades (5:3-5), fue civil y cortés, pero aun así estaba decidido a detener la construcción. Tomó los nombres de los constructores, un acto burocrático con tonos amenazantes, y envió cartas al rey Artajerjes para verificar la historia de los desterrados que habían regresado. Cuando llegó la respuesta confirmando que los judíos estaban autorizados a reconstruir el templo, Tatnai no tuvo más opción que permitir que continuaran. Aunque deseaba concluir la restauración del templo, estaba dispuesto a actuar dentro del marco de la ley; así pasó el peligro. El pueblo de Dios a veces se ha beneficiado del hecho de que algunos de los enemigos de Dios respetan la ley y el orden.

Los hombres sabios reconocen la maldad tanto en una sonrisa como en una mueca, y le arrancan la máscara para enfrentarla cara a cara. Pero tal es la sutileza de la maldad que los sabios hacen bien en buscar consejo de otros con ideas similares, no sea que por error llamen bueno a lo malo y malo a lo bueno.

LECTURA: *Salmo 84*

DEVOCIÓN TOTAL

Anhelo y hasta desfallezco de deseo por entrar en los atrios del SEÑOR*. Con todo mi ser, mi cuerpo y mi alma, gritaré con alegría al Dios viviente.*

SALMO 84:2

Los hombres pueden meterse en los deportes de veras. Solo obsérvalos cuando el tiro ganador de tres puntos entra limpiamente justo al sonar la bocina. Saltan de sus asientos con sus brazos levantados, gritan y celebran: saltando, sonriendo y abrazando al fan más cercano. ¡Alegría sin límites! ¡Gozo sin inhibiciones! ¡Emoción sin vergüenza! Todo está ahí. Mientras tanto, en la iglesia... la historia es diferente. El entusiasmo no siempre se transfiere.

Pero el salmista es una excepción. Él parecía involucrarse en la adoración de manera intensa: «Con todo mi ser, mi cuerpo y mi alma, gritaré con alegría al Dios viviente» (84:2). Miraba con tanto anhelo el templo y sus atrios, los símbolos de la presencia de Dios (84:3-4), que incluso envidiaba a las aves que hacían allí sus nidos. Tenía tanta hambre de la oportunidad de adorar y disfrutar de la comunión con el pueblo de Dios que podía decir con sinceridad: «Un solo día en tus atrios ¡es mejor que mil en cualquier otro lugar! Prefiero ser un portero en la casa de mi Dios que vivir la buena vida en la casa de los perversos» (84:10).

El escritor de este salmo no ignoraba los atractivos de la vida que llevan los malvados. Estaba dispuesto incluso a describirla como «la buena vida»: una vida de comodidad y disfrute, entretenimiento y exceso. Pero tenía poco atractivo para él porque había descubierto las cosas buenas que el Señor derrama sobre sus siervos (84:11): gracia para vivir cada día con sabiduría y bien y la promesa de gloria en la vida venidera.

El salmista eligió bien. Muy a menudo «la buena vida» carece de profundidad y propósito, y al final deja un sentimiento vacío de desilusión, un sabor amargo de desencanto. La «buena vida» ofrece champán en la noche, pero no dice nada del dolor real en la mañana. En marcado contraste, el salmista prefería la vida dura de un peregrino, y enfrentaba con valentía las realidades del valle de lágrimas en lugar de crear entretenimiento escapista diseñado para ayudarlo a negar la realidad. Sabía que «la buena vida» no es tan buena.

El salmista estaba cautivado por el Señor, y con todo su ser lo dejaba saber. Así también sucede hoy en día con el hombre que hace lo correcto, que confía en el Señor y nutre su espíritu en adoración alegre y alabanza. Para él no hay timidez ni reservas, sino mucha alegría con todo su ser, su cuerpo y su alma.

LECTURA: *Nehemías 1:1-11*

«ME EQUIVOQUÉ»

¡Escucha mi oración! Mírame y verás que oro día y noche por tu pueblo Israel. Confieso que hemos pecado contra ti. ¡Es cierto, incluso mi propia familia y yo hemos pecado!

NEHEMÍAS 1:6

A los hombres no les resulta fácil decir: «Me equivoqué» y «Lo siento». Pero necesitamos aprender. A menos que admitamos culpabilidad y nos disculpemos, nuestras relaciones sufrirán.

Nehemías era el copero del rey. Mucho más que un servidor de vino exaltado, él era un miembro del círculo íntimo del rey, un asesor confiable y un hombre clave en los asuntos de estado. También era un hombre profundamente espiritual que sabía cómo orar al Dios del cielo. Cuando escuchó acerca del triste estado de las cosas en la lejana Jerusalén, Nehemías utilizó ambos canales (1:4; 2:1-8). El hombre culto que sabía presentar vino a un rey terrenal también sabía presentar oraciones al Señor celestial, con un efecto notable.

La oración de Nehemías era profundamente emocional, nacida del reconocimiento de que la situación en la que se encontraba el pueblo de Dios era consecuencia directa de sus propias acciones. No hubo quejas en sus labios, ni preguntas en su corazón ni tampoco reproches en su pensamiento. Dios había dicho de manera clara e inequívoca que si su pueblo obedecía sería bendecido, y si desobedecía sufriría las consecuencias. El caos en el que estaban era simplemente la acumulación de consecuencias por las cuales eran responsables. La oración de Nehemías reflejaba esta comprensión.

Nehemías confesó pecado en nombre del pueblo en general. Por sí misma, esta confesión podría haber sido demasiado difusa, borrosa o imprecisa. Era cierto que el pueblo había pecado colectivamente; pero, como Nehemías reconoció, la culpa colectiva es la suma de la culpa individual. La culpa de Israel incluía la culpa personal de Nehemías. La confesión colectiva tiene su lugar, pero debe estar junto a la confesión individual y personal. Es la respuesta lógica a la culpa individual, no un sustituto conveniente para admitir culpabilidad propia.

El mismo Señor que prometió que las acciones tienen consecuencias también garantizó que la confesión conduce al perdón y que el perdón es el camino hacia la restauración. Nehemías lo sabía muy bien; por eso su oración, aunque profundamente confesional, también era tranquilamente confiada.

Nosotros deberíamos estar tan dispuestos a acercarnos al Señor como lo estamos para hacer contactos de negocios, y tan preparados para presentar nuestras preocupaciones del corazón a Dios como lo estamos para ofrecer nuestros productos a posibles clientes. Y, como Nehemías, también deberíamos estar listos para confesar nuestros pecados, confiando en que Dios escuchará y perdonará. Entonces, cuando presentemos nuestras peticiones, podremos tener la confianza de que Dios nos escuchará y responderá.

LECTURA: *Nehemías 4:1-23*

TERMINAR LA TAREA

Mientras revisaba la situación, reuní a los nobles y a los demás del pueblo y les dije: «¡No le tengan miedo al enemigo! ¡Recuerden al SEÑOR, *quien es grande y glorioso, y luchen por sus hermanos, sus hijos, sus hijas, sus esposas y sus casas!».*

NEHEMÍAS 4:14

Hay más tareas que comienzan que las que terminan. Hay más proyectos que se conciben de los que después se completan. El entusiasmo inicial se desgasta, el capital se agota y la energía se disipa. Obstáculos imprevistos levantan su fea cabeza, problemas no anticipados se vuelven enormes y factores indeseables terminan dominando. Las personas se cansan, se aburren, se disgustan, se decepcionan, se vuelven deshonestas, enojadas, envidiosas, celosas, conflictivas, competitivas y combativas. Los proyectos mueren antes de salir del papel. «Renuncio» se convierte en un mantra.

Todo eso pudo haber sido la experiencia de Nehemías. Si alguna vez hubo un proyecto diseñado para desalentar a sus trabajadores y agotar sus recursos, ¡fue el proyecto de reconstrucción de Nehemías! Mala paga, largas horas, problemas constantes, condiciones de trabajo peligrosas, poco personal, escasez de materiales, ningún beneficio, supervisión limitada, poca satisfacción laboral; lo que sea, ahí estaba. Pero, de alguna manera, Nehemías logró terminar el trabajo. ¿Cómo lo hizo? Nehemías tuvo éxito solo porque Dios lo fortaleció y lo protegió. Dependía de Dios constantemente para recibir ayuda y fortaleza y no quedó decepcionado (4:4-5, 9, 14-15, 20).

Nehemías también inculcó en sus trabajadores un interés por el bienestar de la comunidad. El proyecto en el que estaban involucrados era importante porque significaba algo más que intereses personales. Más allá del salario y los beneficios, Nehemías dirigió la atención de sus trabajadores hacia el bienestar de aquellos de quienes eran responsables: sus familias y hogares (4:14). Debían trabajar duro para proveer y proteger a quienes estaban bajo su cuidado.

Además de estos motivos había una visión más elevada, un propósito más noble. «Recuerden al SEÑOR», dijo Nehemías. Él sabía que el proyecto de reconstrucción, a fin de cuentas, servía a Dios. Sabía que la reconstrucción de la ciudad cumpliría el propósito divino; por lo tanto, él y sus trabajadores se unieron en el esfuerzo físico y constante que resultaría en que la voluntad de Dios se cumpliera en la tierra como en el cielo.

Los trabajadores cuyo enfoque es estrictamente egoísta sufren cuando las condiciones no son ideales, y con prisa abandonan el barco si pueden mejorar su propia situación y obtener lo que creen que merecen. Los hombres y las mujeres inspirados por una causa que trasciende lo personal, sin embargo, soportan más y se conforman con menos. Terminan la tarea que se les ha encomendado porque saben que hacer la voluntad de Dios y suplir las necesidades de otros reviste las realidades cotidianas del trabajo con una gloria que hace que todo valga la pena.

LECTURA: *Ester 1:10-20; 3:1; 4:1-17*

EL RESPETO DEBE GANARSE

Ve y reúne a todos los judíos que están en Susa y hagan ayuno por mí. No coman ni beban durante tres días, ni de noche ni de día; mis doncellas y yo haremos lo mismo. Entonces, aunque es contra la ley, entraré a ver al rey. Si tengo que morir, moriré.

ESTER 4:16

El respeto debe ganarse. Puede exigirse pero nunca imponerse. El miedo puede ser forzado y la obediencia puede ser impuesta, pero el respeto fluye libremente de un corazón lleno de aprecio por cualidades y conductas admirables.

El rey Jerjes de Persia aparentemente no sabía esto. Se enfureció cuando Vasti, su hermosa reina, se negó a ser exhibida ante los amigos ebrios de Su Majestad (1:10-12). En su opinión, Vasti no le mostró el respeto adecuado, así que fue destituida como reina y desterrada de por vida (1:19). Esto, decidieron el rey y sus consejeros (1:20), ¡garantizaría que los hombres fueran respetados por sus esposas! Hay pocas mujeres que respeten a un hombre así.

Algún tiempo después, un personaje turbio llamado Amán fue elevado a la segunda posición del reino (3:1-6). Exigía respeto y esperaba que todos se inclinaran ante él; pero un funcionario decidido, un judío llamado Mardoqueo, no tenía ningún respeto por Amán y se negó a inclinarse. ¡La respuesta de Amán fue ordenar la aniquilación de todos los judíos! Esto, determinó él, enseñaría a los judíos el significado del respeto. Una mente torcida ordena la «limpieza étnica» como respuesta a una ofensa.

Algunos líderes tienen egos que no soportan la más mínima ofensa. Abusan del poder y sus castigos no guardan proporción con los crímenes imaginados. Tales líderes reciben solamente odio y desprecio.

Pero luego estaba Ester. Ester era la sucesora de Vasti como reina de Persia. También era prima de Mardoqueo. Como reina, permaneció en secreto como judía porque Mardoqueo le había dicho que no revelara su nacionalidad (2:10, 20). Ester fue informada de la destrucción inminente de su pueblo y se le recordó que estaba en una posición para hacer algo al respecto. Debía presentarse ante el rey, un acto ilegal y peligroso (4:11). Debía usar su posición elevada como plataforma para la justicia. Debía revelar su origen y quizás firmar su propia sentencia de muerte. Ella sabía cuán desesperadamente necesitaba tanto el apoyo de su pueblo como la ayuda del Señor (4:16).

Jerjes y Amán, con sus mentes pequeñas y egos frágiles, ansiaban respeto pero solo generaban miedo. Ester, con su silenciosa valentía, sentido del deber y fe sencilla, rescató a su pueblo y se ganó su respeto. Los líderes que exigen respeto a menudo no lo reciben; pero sí se puede respetar a un líder que guía con el ejemplo y demuestra dignidad.

LECTURA: *Job 1:6-22*

OCURREN COSAS MALAS

Muy bien, puedes probarlo —dijo el SEÑOR a Satanás—. Haz lo que quieras con todo lo que posee, pero no le hagas ningún daño físico. Entonces Satanás salió de la presencia del SEÑOR.

JOB 1:12

En un mundo perfecto todo sería dulce y luminoso... o eso queremos imaginar. Pero nuestro mundo es a menudo feo y oscuro. Soñamos y trabajamos para lograr nuestra utopía, pero nunca llega. Ocurren cosas malas. Y les ocurren de manera continua, implacable y cruel, tanto a personas malas como a personas buenas. A veces parece que les suceden más a los buenos que a los malos. ¿Por qué?

El mundo de Job era dulce y luminoso. Tenía mucho dinero, un negocio exitoso, una gran familia, reconocimiento y una buena reputación. Y, con todo eso, Job era un hombre justo y profundamente religioso, lo mejor de lo mejor. Luego llegó una calamidad tras otra, hasta que solo le quedaron tumbas recientes, graneros destruidos, rebaños diezmados, una enfermedad crónica y una esposa amargada. Lo mejor de Dios había recibido lo peor de la vida. Pero ¿por qué?

Un escéptico respondería rápidamente: «Ocurren cosas malas porque no existe un Dios bueno que las impida». El escéptico piensa que tiene un argumento irrefutable; pero, si se argumenta que la presencia de cosas malas apunta a la ausencia de Dios, también debe admitirse que la presencia de cosas buenas apunta a la presencia de Dios. «Sí», podría responder el escéptico, «y ¿qué clase de Dios es, si es que existe? Si es totalmente bueno, ¿por qué tolera el mal? Si es todopoderoso, ¿por qué no lo detiene?».

La historia de Job señala en otra dirección. Dios, nuestro Creador, gobierna todas las cosas con su gran poder, y él es bueno. Satanás, nuestro acusador, es malvado. Por razones que no entendemos, Dios permite que Satanás ejecute funciones malignas pero solo bajo control divino estricto; aun así, Dios hace que *todo*, incluso la maldad, sirva a su propósito y produce bien eterno a partir del mal temporal.

Puede ser una verdad difícil de aceptar, una píldora amarga de tragar. Pero, a fin de cuentas, los caminos de Dios están más allá de nuestra comprensión. «El SEÑOR nuestro Dios tiene secretos que nadie conoce» (Deuteronomio 29:29). En algún momento tenemos que aceptar con humildad lo que Dios nos ha revelado y confiar en que él está haciendo lo correcto. Aunque «nubes oscuras lo rodean», podemos confiar en que «la rectitud y la justicia son el cimiento de su trono» (Salmo 97:2). Y no podemos ignorar el hecho de que puede surgir bien de la maldad.

Miremos la cruz de Jesucristo. Fue un mal temporal, pero de ella surgió un bien eterno. Satanás hizo lo peor. ¡Dios hizo lo mejor! ¡Qué mal tan terrible pero qué bien tan glorioso! Lo mejor de todo es que Dios no observa nuestro dolor con indiferencia; ¡él mismo lo soportó en Cristo!

LECTURA: *Job 22:1-30*

EN DESACUERDO CON DIOS

Sométete a Dios y tendrás paz, entonces te irá bien. Escucha las instrucciones de Dios y guárdalas en tu corazón. Si te vuelves al Todopoderoso, serás restaurado; por lo tanto, limpia tu vida.

JOB 22:21-23

A Elifaz, un amigo de Job, se le daba muy bien llegar a conclusiones; y arribar al lugar equivocado. Por ejemplo, cuando fue testigo del sufrimiento de Job, supuso que su amigo debía haber hecho cosas terribles para merecer tal catástrofe (22:6-7). «Debes haber» hecho esto y «debes haber» hecho aquello, razonó, aunque no había ninguna base para construir tal acusación. Al parecer, Job era inocente de todo lo que se le acusaba.

Pero Elifaz no se equivocó en todo. Si Job realmente hubiera sido culpable de lo que se le acusaba, habría sido prudente que tomara en serio las palabras de Elifaz, porque sus instrucciones representaban el camino correcto para un hombre culpable. «Sométete a Dios y tendrás paz, entonces te irá bien. Escucha las instrucciones de Dios y guárdalas en tu corazón. Si te vuelves al Todopoderoso, serás restaurado» (22:21-23). Buen consejo, especialmente para quienes están en desacuerdo con Dios.

Dudo mucho que Job necesitara ese consejo, pero estoy seguro de que muchos hombres sí lo necesitan. Muchos están en conflicto consigo mismos y con el mundo porque están en conflicto con Dios. Nada les sale bien. Están desbalanceados e irritados y ni siquiera saben por qué. Experimentan turbulencia interna, sus relaciones son frágiles y casi no encuentran satisfacción en nada de lo que hacen. Es posible que interpreten el problema como físico y decidan tomar más descanso, o puede que concluyan que la raíz del conflicto es relacional y cambien de trabajo, de pareja o ambos. Pero ese hombre necesita reconocer que su falta de orden exterior nace de una falta de paz interior. Y esto es evidencia de que su relación con el Señor está rota: con Aquel de quien vino, a quien pertenece y por quien y para quien existe. Sin el Señor queda muy poco, y ése vacío interior produce falta de paz.

Decidir «someterte a Dios» (22:21), la fuente de toda verdad y sabiduría, es simple sentido común; y «dejar de pelear con Dios» es sin duda lo más sensato. No se puede ganar una discusión contra Dios. Dejar de intentarlo conduce a la paz interior de la cual surge una sensación profunda de orden. Entonces, la satisfacción y el contentamiento no tardan en llegar. Pablo lo llamó «paz con Dios» (Romanos 5:1).

LECTURA: *Job 40:1-14*

MUESTRA TU HOMBRÍA

Prepárate, muestra tu hombría porque tengo algunas preguntas para ti y tendrás que contestarlas.

JOB 40:7

A los niños les encanta preguntar *por qué* a sus padres, pero los padres no siempre son capaces de dar una respuesta. Dios es siempre capaz de dar una respuesta, pero no siempre decide hacerlo. Esto plantea problemas para los hombres. Como sus propios hijos, los hombres no solo esperan una respuesta a cada pregunta; también esperan que la respuesta sea de su aprobación.

El silencio de Dios había sido insoportable para Job. Sin respuesta a sus *¿por qué?* ni a sus ruegos de *por favor*, Job recurrió a sacar sus propias conclusiones, mientras que sus amigos recurrieron a sus propias teorías. Ambos se equivocaron. Hubo destellos de comprensión y elementos de verdad, pero al final Job acusó a Dios y los amigos abusaron de Job.

Por fin llegó el momento de que Dios hablara. «Prepárate», le dijo Dios a Job, y es bueno que lo advirtiera. La petición de Job de una audiencia con el Señor había sido concedida, y fue abrumadora: Job fue envuelto en un torrente de preguntas. El Creador dejó claro que las preguntas de Job, así como las explicaciones de sus amigos (42:7), habían estado llenas de necedad. Dios es Dios: solo él tiene el poder, la sabiduría y la justicia necesarios para ser Dios. En respuesta, Job reconoció su imprudencia y se llevó la mano a la boca en silencio. Al final, como al principio, el silencio era la mejor postura en la presencia del Dios todopoderoso.

El hombre moderno no siempre es tan reservado. ¿Acaso no ha explorado las galaxias con sus telescopios, pisado la luna y enviado sus ingeniosas máquinas a recorrer Marte? ¡Claro que sí! Pero solo para descubrir que, cuanto más encuentra, más queda sin descubrir. Su conocimiento acumulado sirve para demostrar la profundidad de su ignorancia; su examen de la mecánica de la Creación simplemente lo hunde más en la oscuridad de sus misterios. El hombre moderno debería prepararse para preguntas sobre los vacíos de *su* conocimiento y los límites de *su* experiencia, y luego aprender humildemente a postrarse a los pies de Dios. Tristemente, la mayoría de las veces el ser humano prefiere presumir de sí mismo antes que prepararse; decir: «¡Qué increíble soy!» en lugar de: «¡Ay de mí!».

Cuando el gran Creador cuestiona a una de sus diminutas criaturas sobre cuánto sabe o puede hacer en comparación con Dios, la única respuesta adecuada es inclinarse humildemente en total reconocimiento de la propia nada. Como dijo una vez el gran sabio Salomón: «Dios está en el cielo, y tú estás aquí en la tierra. Por lo tanto, que sean pocas tus palabras» (Eclesiastés 5:2).

LECTURA: *Salmo 95*

PEQUEÑOS DIOSES Y EL GRAN CREADOR

Vengan, adoremos e inclinémonos. Arrodillémonos delante del SEÑOR, nuestro creador, porque él es nuestro Dios. Somos el pueblo que él vigila, el rebaño a su cuidado. ¡Si tan solo escucharan hoy su voz!

SALMO 95:6-7

Nuestro mundo está lleno de pequeños dioses. Estos dioses no solo se encuentran en templos en el oriente; residen en garajes en el occidente, en playas en el sur y en alojamientos de esquí en el norte. Podemos encontrarlos ocultos en bóvedas, guardados en áticos polvorientos, colgados en paredes y puestos sobre hombros. Algunos están amarrados junto a un muelle y otros rodean nuestro cuello con sus brazos. ¿Piensas que no tiene sentido? Considera lo siguiente: los dioses son objetos de veneración, artículos que exigen y reciben nuestra adoración desbordada. Son cosas y personas que apartan nuestra mente de Dios mismo y usurpan su lugar en nuestra vida.

¿Qué lugar le corresponde exactamente a Dios? El lugar central, la posición superior, el trono supremo de autoridad en lo más profundo de nuestro ser. ¿Por qué debería esperar ese lugar superior? La respuesta es que él es superior a todas las cosas. Dios hizo todas las cosas; es tan superior a todas ellas como un artesano lo es a sus herramientas. Se eleva por encima de todo, incluyendo a las diminutas personas que se han convertido en dioses. Él los creó para ser sus siervos, no para adorar cosas o personas, sino para adorarlo a él, ¡su Creador! Las personas tienen la temeridad y la audacia de aceptar veneración y la insensatez de adorar cosas creadas. Deberían saber que el Creador es mucho mayor.

Nuestro mundo, lleno de pequeños dioses, necesita escuchar el llamado: «Vengan, adoremos e inclinémonos. Arrodillémonos delante del SEÑOR, nuestro creador, porque él es nuestro Dios. Somos el pueblo que él vigila, el rebaño a su cuidado. ¡Si tan solo escucharan hoy su voz!» (95:6-7). Pero existe una resistencia para hacerlo. No solo implicaría arrancar algunos pequeños dioses de los lugares que han usurpado, sino que también prevalece la idea de que, si uno se involucra demasiado con Dios, podría encontrarlo tiránico y volverse fanático.

Afortunadamente, quienes conocen a Dios saben que no es así. Lo conocen no solo como el gran Rey, sino también como el amoroso pastor que tiene «el rebaño a su cuidado» (95:7). ¿Quién podría cuidar mejor de la creación de Dios que Dios, el Creador? ¿Quién merece más confianza que él? Y ¿quién es más digno de nuestra adoración y veneración que él? Así que terminemos con los pequeños dioses. «Vengan, adoremos e inclinémonos. Arrodillémonos delante del SEÑOR, nuestro creador»: ¡el Creador que cuida!

LECTURA: *Job 42:1-17*

CUESTIONAR A DIOS CON IGNORANCIA

Tú preguntaste: «¿Quién es este que pone en duda mi sabiduría con tanta ignorancia?». Soy yo y hablaba de cosas sobre las que no sabía nada, cosas demasiado maravillosas para mí.

JOB 42:3

Dios cree en la libertad de expresión. Él nos hizo capaces de pensar y nos dio las herramientas para expresar nuestros pensamientos, y espera que usemos estos dones que él nos ha impartido. Nos permite decir lo que pensamos sobre él, incluso pensamientos poco amables y erróneos. Increíblemente, él nos da la libertad de blasfemarlo y cuestionar su justicia, rectitud e integridad. Pero también nos hace responsables por lo que decimos.

Después de escuchar las preguntas y quejas de Job, y de soportar las respuestas de los amigos de Job, Dios le preguntó directamente: «¿Quién es este que pone en duda mi sabiduría con palabras tan ignorantes?» (38:2). La pregunta exigía una respuesta, y la respuesta de Job fue breve y directa: «Soy yo y hablaba de cosas sobre las que no sabía nada [...]. Me retracto de todo lo que dije, y me siento sobre polvo y ceniza en señal de arrepentimiento» (42:3, 6).

La poderosa autorrevelación de Dios sirvió para mostrar a Job la profundidad de su ignorancia: «Hasta ahora solo había oído de ti, pero ahora te he visto con mis propios ojos» (42:5). No es simplemente que Dios sea demasiado grande para caber en la mente humana, aunque lo es, sino que la manera en que Dios hace las cosas es tan diferente de cómo pensamos que debería hacerlas, que cuando apenas comenzamos a rozar los bordes de sus obras no deberíamos pensar que comprendemos la maravilla total. Como dijo Job: «Hablaba de cosas sobre las que no sabía nada, cosas demasiado maravillosas para mí».

No tenía sentido que Job negara que había cuestionado a Dios, o más importante aún, que sus preguntas provenían de la ignorancia. Aunque Job nunca recibió una respuesta completa al *porqué* de su sufrimiento, sí recibió una revelación de *quién* tiene el control. Y su respuesta fue apropiada: sumisión humilde ante el Dios a quien ahora conocía mucho mejor pero de quien sabía que jamás comprendería por completo.

Como Job, también nosotros podemos hablar con aparente autoridad desde lo más profundo de nuestra ignorancia y pronunciar supuestas verdades que una mayor revelación demuestra que son falsas. Por eso debemos ser lentos para especular y cautelosos al cuestionar a Dios. Es correcto hablar con autoridad cuando las Escrituras hablan con claridad, pero en otros temas deberíamos ejercer una modestia apropiada en nuestras opiniones. De lo contrario, podemos dirigirnos muy fácilmente hacia asuntos «demasiado maravillosos» para nosotros.

LECTURA: *Proverbios 1:1-9*

LLEGAR A SER SABIO

Estos proverbios darán inteligencia al ingenuo, conocimiento y discernimiento al joven.

PROVERBIOS 1:4

Ha llegado la era de la información; por lo tanto, ahora podemos «surfear por la web». No hace mucho tiempo, surfear era algo que hacían jóvenes rubios que se adentraban en el mar, y las redes eran cosas que las arañas trabajaban duro para crear. Pero ahora uno surfea la red desde la comodidad del hogar para buscar información. «Entramos», «la descargamos» y la guardamos en computadoras que nos permiten recopilar vastas cantidades de información acerca del mundo en el que vivimos.

Pero acumular información no es lo mismo que ser sabio. La información nos informa, sin duda, pero la sabiduría nos dice qué hacer con esa información. La información recopilada te dice lo que es posible, mientras que la sabiduría te dice lo que es prudente. No todas las personas con conocimiento son sabias; algunas hacen cosas malas con buena información. Y no todas las personas sabias están entre las más instruidas del mundo; algunas no saben mucho pero logran cosas maravillosas con muy poco. La sabiduría no puede operar sin información, pero la información no garantiza sabiduría.

Los proverbios son dichos breves que permanecen en la mente y transmiten una verdad necesaria. Los proverbios conducen a la sabiduría. Algunos de ellos generan disciplina. Por ejemplo: «Si buscas el bien, hallarás favor; pero si buscas el mal, ¡el mal te encontrará!» (11:27). Buena información ahí; pero la sabiduría dice: «¡Ah! Más vale que cuide lo que busco». Otros proverbios enseñan buena conducta. Aquí hay uno útil en ese sentido: «Es mejor tener poco con justicia, que ser rico y deshonesto» (16:8). Un hombre sabio toma eso en serio, reconoce su verdad y decide que la honestidad es no solo la mejor política, sino la única política para el sabio; por lo tanto, actúa con honestidad.

Los proverbios deben leerse, recordarse, meditarse y practicarse. Imparten conocimiento puro, ofrecen dulces recompensas, administran severas advertencias y exigen respuestas disciplinadas. Cuando los proverbios se consideran cuidadosamente y se abrazan de todo corazón, alimentan profundamente, reorientan convicciones y transforman vidas de modo radical.

El ser humano corre el peligro de convertirse en un gigante en información y un pigmeo en sabiduría. Mientras se concentra en asimilar hechos, corre el riesgo de descuidar los asuntos de fe. Está en peligro de vestirse de información sin nada con qué vestir su vida. Por eso necesitamos aprender los proverbios: ellos «darán inteligencia al ingenuo, conocimiento y discernimiento al joven» (1:4). La sabiduría nos coronará de gracia y vestirá nuestras vidas de honor (1:9). ¡Eso es mucho mejor que simple información vacía!

LECTURA: *Proverbios 5:1-23*

LIBERTAD SEXUAL

Un hombre malvado queda preso por sus propios pecados; son cuerdas que lo atrapan y no lo sueltan. Morirá por falta de control propio; se perderá a causa de su gran insensatez.

PROVERBIOS 5:22-23

«Gran insensatez»: así se describe el adulterio en Proverbios 5:23. En la sociedad secular, sin embargo, el adulterio se caracteriza con términos más brillantes: «libertad sexual», «entretenimiento adulto», «aventura madura», «amor libre». ¿Quién tiene la razón con respecto al adulterio? ¿Es algo a aceptar o algo a evitar?

Examinemos los hechos. El adulterio puede significar que «perderás el honor» además de tus bienes (5:9). Después de haber pasado años construyendo una sólida reputación de integridad y ganando respeto en la comunidad, el adúltero se encuentra expuesto como un engañador. Ha engañado a su esposa y a sus hijos y ha demostrado que no está por encima de mentir para salvar su propio pellejo. Si su esposa decide legítimamente terminar el matrimonio: «Gente extraña consumirá tus riquezas, y otro disfrutará del fruto de tu trabajo» (5:10). Descubre que su supuesto «amor libre» ¡no es nada barato!

Luego está la desagradable realidad de que las enfermedades de transmisión sexual son comunes entre los infieles, así que el adúltero puede gemir «de angustia cuando la enfermedad consuma tu cuerpo» (5:11). Sin duda cargará con su parte de vergüenza y tendrá motivo para reflexionar sobre su falta de disciplina. Incluso puede llegar a ser lo bastante sabio como para admitir: «He llegado al borde de la ruina y ahora mi vergüenza será conocida por todos» (5:14).

La sociedad moderna es bastante indiferente al adulterio, pero la vergüenza y el estigma, la ruina y el arrepentimiento siguen siendo parte del paquete. El atractivo del adulterio oculta la realidad de la ruina moral, social, espiritual y financiera. Por eso, un hombre sabio toma medidas para evitar el camino del adulterio, para desterrar el pensamiento adúltero y disciplinar el deseo adúltero. También nutrirá el amor romántico y sexual por su esposa de modo que la tentación del adulterio no sea atractiva, porque sus deseos estarán siendo satisfechos correctamente y sus compromisos plenamente cumplidos.

El egoísmo es la causa principal del estrés en todos los aspectos del matrimonio. La falta de egoísmo es la mejor cura para los males matrimoniales. Las personas egoístas quieren que se satisfagan sus necesidades sexuales, mientras que las personas desinteresadas desean satisfacer las necesidades de su pareja. Las personas egoístas exigen, mientras que las desinteresadas dan satisfacción. Cualquier hombre cuya esposa satisfaga sus necesidades sexuales mientras él satisface las de ella descubrirá que no tiene deseo de desviarse y el adulterio estará lejos de su mente. Él apreciará a su esposa y será apreciado a cambio. Su honor permanecerá intacto; su integridad sin mancha. Cualquier cosa menos que eso es «gran insensatez».

LECTURA: *Proverbios 7:1-27*

SEDUCCIÓN

Ama a la sabiduría como si fuera tu hermana y haz a la inteligencia un querido miembro de tu familia. Deja que ellas te prevengan de tener una aventura con una mujer inmoral y de escuchar las adulaciones de una mujer promiscua. [...] Su casa es el camino a la tumba. Su alcoba es la guarida de la muerte.

PROVERBIOS 7:4-5, 27

La seducción se viste de muchos vestidos, todos ellos atractivos. Algunas veces su vestido es seductor; otras veces huele a dinero. Algunos días lleva puesto su atuendo de poder. La seducción significa dinero, sexo y poder.

La seducción tiene que usar mucho maquillaje para ocultar las imperfecciones. Desea transmitir un mensaje que es fundamentalmente falso. Presenta su mensaje de manera impecable: dulce como la miel, más suave que el aceite, cargado de halagos y ofreciendo grandes recompensas a bajo costo.

«Ven conmigo», dice la seducción con su vestido costoso. «Puedo ofrecerte un negocio que te hará rico. Sin riesgos, sin preguntas, sin pérdidas; solo ganancias. Juntos nos reiremos de camino al banco». Y las palabras seductoras funcionan. ¿Acaso no había sido elegido él especialmente para esta oportunidad por sus habilidades únicas? ¿No era esa oferta solo para él porque había sido tan buen amigo? La oferta es demasiado buena para ser verdad; porque no lo es. Por más inteligente que sea, la seducción lo hace actuar como un joven ingenuo al que le faltaba «sentido común» (7:7).

Más tarde, la seducción se presenta ante el hombre vestida para matar, perfumada con atractivo irresistible y susurrando promesas de placeres inimaginables. ¿Necesita él confirmación de que su hombría sigue intacta, de que sigue siendo atractivo? Ella dice encontrarlo irresistible y su esposo está lejos, así que nadie sabrá nada. Para tranquilizar su conciencia, ella asegura que también es religiosa: «Acabo de hacer mis ofrendas de paz y de cumplir mis votos» (7:14). Entonces él va con ella, «como un ave que vuela directo a la red, sin saber que le costará la vida» (7:23).

Más adelante, la seducción llega ofreciendo poder a precio de ganga. Solo hay que cortar algunas esquinas y el resultado será prestigio y posición que lo colocará entre los influyentes. Solo hay que pensar en todo el bien que podría hacer desde allí. Es una oferta irresistible.

Pero debería resistirla porque abrazar la seducción conduce al pecado. Y «la paga del pecado es muerte» (Romanos 6:23). Así, el hermoso vestido de la seducción se convierte en sudario. «Su casa es el camino a la tumba. Su alcoba es la guarida de la muerte» (Proverbios 7:27).

El hombre sabio sabe lo suficiente como para resistir los halagos de la seducción. Abraza las instrucciones de Dios, ordena su vida de acuerdo con los mandatos de su Señor y permanece firme en el poder del Espíritu. Al permanecer firme, el hombre sabio es fortalecido en resolución y carácter, en reputación y honor.

LECTURA: *Proverbios 10:1-22*

HACERSE RICO

Los perezosos pronto se empobrecen; los que se esfuerzan en su trabajo se hacen ricos. El joven sabio cosecha en el verano, pero el que se duerme durante la siega es una vergüenza.

PROVERBIOS 10:4-5

«Los perezosos pronto se empobrecen; los que se esfuerzan en su trabajo se hacen ricos» (10:4). Por lo general, proverbios como este son verdad pero parecen ser la excepción de la regla. Hay algunos perezosos que parecen tener el toque del rey Midas: hacen muy poco pero lo que tocan se convierte en oro. Igualmente, hay quienes se esfuerzan en su trabajo y parece que nunca son capaces de salir del agujero de su infortunio económico.

Dicho esto, hay gran sabiduría en recordarles a quienes eligen no trabajar que el resultado será la pobreza, y «la pobreza del pobre es su ruina» (10:15). La persona perezosa puede culpar de su calamidad a todo excepto a sí misma; pero la raíz de su problema está entre sus dos oídos: su actitud hacia el trabajo es completamente errónea. No ve el trabajo como un privilegio ni reconoce la nobleza del esfuerzo. No le gusta trabajar y siente que debe evitar todo lo que no le gusta. No le importa que Dios trabajó ni que Jesús pasó la mayor parte de su vida en labor honesta. Es ajeno a los beneficios de usar su tiempo y los talentos que Dios le ha dado, y no está interesado en producir algo de valor que pueda enriquecer la vida de una persona necesitada. Verdaderamente, un hombre «que se duerme durante la siega es una vergüenza» (10:5).

Por otro lado, el hombre que enfrenta su trabajo con energía y determinación normalmente provee en abundancia para aquellos a su cargo y produce lo suficiente para dar generosamente a los necesitados. «Las ganancias de los justos realzan sus vidas» (10:16). Tiene los medios para ofrecerle al Señor el fruto de su labor, y al hacerlo con un corazón de adoración, la obra del Señor prospera a través de sus manos. Tal hombre reconoce que, aunque su trabajo produce, pues «la bendición del SEÑOR enriquece a una persona» (10:22), ¡es el Señor quien le da al hombre la capacidad de obtener riqueza! El hombre sabio lo sabe, utiliza las habilidades que se le han dado, y mezcla su sudor con alabanza y sus energías con gratitud.

Por lo tanto, aunque existen pobres nobles y ricos sinvergüenzas, por regla general los perezosos se estancan y los productivos prosperan. Quienes trabajan duro pueden deleitarse en un trabajo bien hecho y disfrutan los beneficios de lo ganado justamente, pero aquellos que yacen perezosamente en una pobreza autoinducida encuentran poco placer porque tienen muy poco que disfrutar.

LECTURA: *Eclesiastés 2:1-12*

DINERO Y SIGNIFICADO

Pero al observar todo lo que había logrado con tanto esfuerzo, vi que nada tenía sentido; era como perseguir el viento. No había absolutamente nada que valiera la pena en ninguna parte.

ECLESIASTÉS 2:11

Los hombres son más que animales; pero eso no significa que sean más felices. Los animales buscan comida mientras los hombres buscan sentido y significado. Los animales son impulsados por instinto y los hombres lo son por deseo. Los animales buscan alimento felices en el lodo mientras los hombres miran las estrellas y reflexionan sobre la existencia. Los animales duermen tranquilos en agujeros en la tierra mientras los hombres se revuelven inquietos en camas de comodidad. Los animales encuentran contentamiento con poco, pero los hombres encuentran insatisfacción incluso con mucho. ¿Qué nos falta?

Los hombres encuentran *cierta* satisfacción en trabajar arduamente, pero siempre buscan algo más. Convertimos el trabajo en dinero y canalizamos el dinero hacia todo lo que el corazón desea. Con dinero, un hombre puede poner comida en la mesa y un techo sobre su cabeza. Con más dinero puede llenar su estómago con manjares, su casa con tesoros, su garaje con autos clásicos y su bodega con vino añejo. El dinero compra abundante placer, pero el placer genera apetito por más: experiencias mayores, emociones más intensas y aventuras más costosas. Entonces, después de perseguir desesperadamente el placer y adquirir todo lo que el dinero puede comprar, se retira a su cama preguntándose por qué no está satisfecho todavía, por qué la vida parece tan vacía.

Estas suelen ser las reflexiones de un hombre exitoso. Sorprendentemente, estas eran las mismas preguntas que Kohelet, cuyo nombre significa «el Maestro», tenía acerca de sus experiencias en la antigüedad. Estas preguntas no son nuevas; inquietaron a los hombres del pasado tanto como a los del presente. Esto sugiere que estas luchas por significado y plenitud no provienen tanto de las circunstancias como de la experiencia humana compartida de insatisfacción.

Es verdad que Dios «nos da en abundancia todo lo que necesitamos para que lo disfrutemos» (1 Timoteo 6:17). Entonces, ¿por qué al hombre le cuesta tanto disfrutarlo? ¡Porque olvida al Dios que da las cosas y sustituye las cosas por Dios! Con demasiada frecuencia, el hombre confía en cosas temporales que pasan en lugar de confiar en el Señor eterno de quien proviene todo.

Entonces, ¿qué debería hacer un hombre? Debería trabajar como un acto de adoración al Señor, quien le da la capacidad de trabajar. Luego debería tratar sus ganancias como tesoros que Dios le ha confiado para administrar y manejar esos recursos de una manera que agrade al Señor. Descubrirá que el propósito de la vida no es hacer dinero, ¡sino servir y disfrutar al Dios que hizo todas las cosas!

LECTURA: *Salmo 103*

TIERNAS MISERICORDIAS

Que todo lo que soy alabe al SEÑOR; que nunca olvide todas las cosas buenas que hace por mí. Él perdona todos mis pecados y sana todas mis enfermedades. Me redime de la muerte y me corona de amor y tiernas misericordias.

SALMO 103:2-4

El aprecio genuino es entusiasta: alista con entusiasmo a otros en el reconocimiento y la celebración gozosa. David es un buen ejemplo. Él dijo: «El SEÑOR ha hecho de los cielos su trono; desde allí gobierna sobre todo» (103:19). David encontró esto tan alentador y una razón tan grande para gozarse que disfrutó alabando y exhortó a todo el orden creado a reconocer a Dios y alegrarse de que él está firmemente en el trono.

El único problema con las visiones de Dios, alto y exaltado en su trono, es que puede parecer distante e inaccesible, apartado de nosotros e indiferente a las vicisitudes de la vida que soportamos; pero nada podría estar más lejos de la verdad. De hecho, la maravilla de la relación entre Dios y el ser humano es que el Señor trascendente es también inmanente (cercano). Aquel que gobierna los cielos y la tierra no es ni inconsciente ni indiferente a los detalles íntimos de nuestras vidas.

Tan tiernos son los pensamientos de Dios hacia nosotros que continuamente tiene presente que somos frágiles, caídos y finitos. «El SEÑOR es como un padre con sus hijos, tierno y compasivo con los que le temen. Pues él sabe lo débiles que somos; se acuerda de que somos tan solo polvo» (103:13-14). Dios es plenamente consciente de nuestras limitaciones. Conoce todo sobre nuestra disposición al pecado y reconoce cuán frágil es nuestro agarre a la vida; y por eso trata con nosotros en consecuencia: con firmeza y ternura.

Esto no significa que Dios pase por alto nuestros fracasos o excuse nuestro pecado. Al contrario, él nos hace responsables, pero provee un camino para que seamos perdonados mediante la obra misericordiosa de Cristo en la cruz. De hecho: «Él perdona todos mis pecados y sana todas mis enfermedades» (103:3). Debemos recordar que nuestros pecados serán finalmente perdonados, nuestras enfermedades finalmente sanadas y finalmente seremos rescatados de la muerte cuando estemos con él en el cielo. Todo esto es gracias a Cristo. Mientras tanto, podemos decir con David: él «colma mi vida de cosas buenas» (103:5), y podemos estar agradecidos.

Necesitamos recordarnos continuamente a nosotros mismos las tiernas misericordias de Dios porque tenemos una tendencia arraigada a olvidar. Debemos tomar medidas para no olvidar nunca «todas las cosas buenas que hace» por nosotros (103:2). Al considerar estas cosas, cada uno, sea cual sea su estado de ánimo, debería detenerse y decir: «Que todo lo que soy alabe al SEÑOR» (103:22). Recordar las tiernas misericordias de Dios calienta el corazón, y los corazones cálidos inspiran a otros corazones a alabar «su santo nombre» (103:1).

LECTURA: *Cantar de los Cantares 4:1-5:1*

INTIMIDAD Y ÉXTASIS

¡Despierta, viento del norte! ¡Levántate, viento del sur! Soplen en mi jardín y esparzan su fragancia por todas partes. Ven a tu jardín, amado mío; saborea sus mejores frutos. ¡He entrado en mi jardín, tesoro mío, esposa mía! Recojo mirra entre mis especias, y disfruto del panal con mi miel y bebo vino con mi leche. Oh amante y amada: ¡coman y beban! ¡Sí, beban su amor hasta saciarse!

CANTAR DE LOS CANTARES 4:16-5:1

Los hombres son estimulados por lo que ven, mientras que las mujeres con más frecuencia son estimuladas por lo que oyen y sienten. La excitación masculina está mucho más cerca de la superficie, y los apetitos sexuales de los hombres se satisfacen con mayor rapidez que los de su ser amado. Hasta el grado en que estas generalizaciones son verdad, abundan las posibilidades de que haya malentendidos, decepción y frustración.

El joven en este poema está cautivado por los atributos físicos de su esposa y está ansioso por expresarle todo lo que siente por ella. El simple acto de manifestar su aprecio calienta su corazón y despierta en ella el deseo por él.

Los hombres de hoy pueden aprender una lección en este punto. En lugar de iniciar el acto íntimo sin preámbulo, advertencia o preparación, el esposo considerado tomará el tiempo para comprender a su pareja y llevarla con él hacia la intimidad y el éxtasis. No supone que ella se moverá a su ritmo ni que estará satisfecha al mismo tiempo que él. Sabe muy bien que no debe apresurarla antes de que esté lista ni darse media vuelta para dormir justo cuando ella comienza a interesarse.

En el poema, no hay duda de que la joven está interesada en la intimidad con su amado. En respuesta a él exclama: «¡Despierta, viento del norte! ¡Levántate, viento del sur! Soplen en mi jardín y esparzan su fragancia por todas partes. Ven a tu jardín, amado mío; saborea sus mejores frutos» (4:16). ¡No cabe duda de que el hombre responderá con entusiasmo a la invitación! Ella está lista, y él está listo, para disfrutar un cumplimiento y satisfacción mutuos. «Oh amante y amada, ¡coman y beban! Sí, ¡beban su amor hasta saciarse» (5:1).

El lenguaje del poema puede que no sea exactamente de nuestro gusto (por ejemplo, 4:1-11). Es poco probable que la mayoría de las mujeres occidentales modernas se emocionen al escuchar que sus dientes recuerdan a ovejas recién esquiladas ¡o que su cabello es comparable a rebaños de cabras! Necesitamos emplear un lenguaje erótico propio, pero no hay duda del legítimo erotismo de aquellos antiguos amantes. Tampoco hay confusión acerca de los límites de su disfrute sexual. Ellos se consideraban mutuamente un «jardín privado» reservado exclusivamente para el otro (4:12). Nadie más tenía permiso de disfrutar esos frutos.

La intimidad en el matrimonio tiene que ver con el disfrute sin reservas, la expresión sin vergüenza y la exclusividad absoluta. En este tipo de intimidad conyugal se encuentra una satisfacción duradera y mutua. Sin ella, la experiencia del matrimonio puede volverse más marcial que marital.

LECTURA: *Isaías 6:1-13*

ADMITIR DEBILIDAD

Dije: «¡Todo se ha acabado para mí! Estoy condenado, porque soy un pecador. Tengo labios impuros, y vivo en medio de un pueblo de labios impuros; sin embargo, he visto al Rey, el SEÑOR de los Ejércitos Celestiales».

ISAÍAS 6:5

La mayoría de los hombres son conscientes de sus debilidades. Puede que no pasen mucho tiempo flagelándose por ellas, pero si se ven confrontados con una evidencia obvia de que han fallado, por lo general admitirán que no son perfectos y puede que, incluso a regañadientes, concederán que tienen un problema en esa área. Incluso un hombre fuerte, en sus momentos más nobles, confesará tener un tendón de Aquiles.

Isaías era diferente. Confesó que era deficiente en lo que otros probablemente consideraban su mayor fortaleza: su manera de hablar. Isaías tenía reputación de ser un maestro con las palabras, un comunicador hábil, un hombre capaz de expresiones sublimes y expresión poética exquisita. De sus labios y su pluma fluían verdad y belleza. Pero Isaías confesó que tenía un problema con sus labios: «Tengo labios impuros» (6:5). ¡Incluso su mayor fortaleza estaba marcada por debilidad!

Parece que Isaías era consciente de que sus labios eran capaces de decir cosas «impuras»: palabras crueles, falsas, inútiles e inaceptables. Había al menos dos razones para esta triste situación. Primero, según su propia confesión, él era un hombre «pecador» (6:5): tenía una tendencia innata hacia la conducta desviada, una tendencia que se expresaba a través de sus labios. Segundo, vivía en una sociedad donde el hablar pecaminoso era aceptado: «Y vivo en medio de un pueblo de labios impuros» (6:5); y él había participado pasivamente en esa conducta. Como resultado, la culpa de Isaías no estaba tanto en su debilidad, ¡sino en su fortaleza!

Pero esta consciencia no llegó a Isaías al compararse con sus contemporáneos. No podía, porque ellos no eran mejores que él. Él necesitaba un punto de referencia externo, y lo recibió al tener su visión del Señor (6:1-4). Ver al Señor en su santidad ayudó a Isaías a ver su propia condición caída.

El arrepentimiento llega en diferentes formas y niveles. Algunos tipos de «arrepentimiento» no son más que tristeza por haber sido descubierto. Otros son simplemente lamentar que sufro debido a lo que hice. Otros son remordimiento por hacer cosas malas. Pero el arrepentimiento profundo, el verdadero arrepentimiento, va más allá de estar molesto por lo que he hecho y llega a estar afligido por lo que soy. Este tipo de arrepentimiento reconoce que soy un hombre caído y marcado por la desviación. El arrepentimiento profundo me lleva no solo a decir: «He hecho cosas malas», sino a confesar: «Soy un hombre pecador». Implica reconocer que soy un ser caído; *especialmente* en mis fortalezas.

LECTURA: *Isaías 9:1-7*

DIOS NO ES UN POLÍTICO

Nos ha nacido un niño, un hijo se nos ha dado; el gobierno descansará sobre sus hombros, y será llamado: Consejero Maravilloso, Dios Poderoso, Padre Eterno, Príncipe de Paz. Su gobierno y la paz nunca tendrán fin. Reinará con imparcialidad y justicia desde el trono de su antepasado David por toda la eternidad. ¡El ferviente compromiso del SEÑOR *de los Ejércitos Celestiales hará que esto suceda!*

ISAÍAS 9:6-7

Cuando los políticos se postulan para un cargo, pocos, excepto los seguidores más fervientes, toman en serio sus promesas. A menudo existe un gran abismo entre las promesas políticas y las garantías confiables.

No sabemos si la gente en la época de Isaías había llegado a tal punto de escepticismo, pero sí sabemos que tenían pocas razones para sentirse confiados. La época gloriosa de David y Salomón había quedado atrás; las hordas asirias estaban a las puertas. El futuro parecía sombrío. Entonces el Señor habló por medio de Isaías.

Dios prometió a su pueblo que su tierra sería invadida y que la nación que alguna vez fue grande quedaría como «un tocón» en la tierra (6:13). Pero el término *tocón*, aunque cargado de advertencia y destrucción, contenía un rayo de esperanza: el pueblo sabía que un tronco podado, con el tiempo, brotaría, florecería y daría fruto. Se les dijo que «el tocón de Israel será una semilla santa» que crecería nuevamente (6:13).

Más adelante, Dios prometió que la dinastía de David no desaparecería; sería devastada pero resurgiría y se extendería por el mundo, trayendo paz y prosperidad y perdurando hasta la eternidad (9:1-7). ¡Un reino universal y eterno! El gobierno de ese reino descansaría sobre los hombros de un «niño», un niño muy inusual que sería llamado «Consejero Maravilloso, Dios Poderoso, Padre Eterno, Príncipe de Paz» (9:6).

Los israelitas podrían haberse sentido tentados a pensar que Isaías había perdido el sentido de la realidad. ¿Podían esperar no solo sobrevivir, sino también experimentar un avivamiento? ¿Y eso ocurriría por medio de un niño que demostraría cualidades divinas? Increíble. Pero Isaías no había perdido el contacto con la realidad; ¡había estado en contacto con el autor de la realidad! Y la realidad es que «su gobierno y la paz nunca tendrán fin. Reinará con imparcialidad y justicia [...] por toda la eternidad. ¡El ferviente compromiso del SEÑOR de los Ejércitos Celestiales hará que esto suceda!» (9:7).

Cuando Dios da garantías apasionadas, la gente sensata debería prestar atención. Dios no es un político en campaña; sus declaraciones merecen una respuesta mejor que escepticismo o desprecio. Cuando él habla, la humanidad debería escuchar. La historia demuestra que Dios cumple lo que promete; cuando garantiza algo con «compromiso apasionado», él lo realiza. A diferencia de cualquier político, Dios tiene el poder para llevar a cabo lo que promete. En su garantía encontramos la confianza para disipar la oscuridad de la desesperación; encontramos esperanza en un mundo que, de otro modo, carecería de esperanza.

LECTURA: *Isaías 35:1-10*

PROGRAMA POSTERIOR AL JUEGO

Digan a los de corazón temeroso: «Sean fuertes y no teman, porque su Dios viene para destruir a sus enemigos; viene para salvarlos».

ISAÍAS 35:4

Los seguidores de los deportes apartan una porción importante de sus vidas para seguir las vicisitudes de su equipo favorito. Para ellos, no basta simplemente con ver el juego. Los seguidores realmente involucrados deben prestar atención con cuidado al «programa previo al juego», en el cual se entregan a la especulación y la anticipación. Luego sigue el juego mismo, en el que participan como si algo significativo estuviera ocurriendo. Y entonces, el silbato final es solo la señal de que el «programa posterior al juego» debe comenzar. A este análisis póstumo el seguidor se entrega con seria devoción mientras analiza y critica el juego. El juego comienza antes de empezar y continúa después de terminar. ¡Los seguidores nunca se cansan!

Nuestra salvación también comenzó mucho antes de que naciéramos y continuará mucho después de nuestro fin terrenal. La salvación tiene tres tiempos, y la historia tiene tres fases. La salvación nos permite contemplar el pasado, mirando atrás a lo que Dios ha hecho. También podemos celebrar el presente, saboreando lo que Dios está haciendo. Y, sobre la base de las promesas de Dios podemos anticipar el futuro, esperando lo que él hará. Los tres tiempos de nuestra salvación también se conectan con las tres fases en la historia de la salvación. En el pasado los profetas anunciaron que Cristo vendría; eso podemos contemplarlo. Ahora Cristo ha venido; eso podemos celebrarlo. Y en el futuro, como nos recuerda Isaías, Cristo vendrá de nuevo; eso podemos anticiparlo.

Contemplamos los inicios de nuestra salvación por lo que Cristo hizo cuando vino, y anticipamos la conclusión de nuestra salvación, que él cumplirá en su regreso. Cuando Cristo vuelva en gran gloria, consumará todo lo que ha comenzado. No solo unos cuantos ojos ciegos, piernas cojas y oídos sordos fueron sanados cuando vino por primera vez, sino que esos fueron solo anticipos de lo que hará cuando regrese (35:5-6). Entonces hará nuevas todas las cosas.

Armados con esa anticipación, debemos animarnos unos a otros. Hay manos cansadas que necesitan ser fortalecidas, rodillas débiles que necesitan aliento. A los temerosos hay que decirles: «Sean fuertes y no teman, porque su Dios [...] viene para salvarlos» (35:4). A diferencia de los seguidores del deporte, sin embargo, podemos disfrutar nuestro programa posterior al juego ahora: sabemos quién gana, y podemos saborear su victoria incluso mientras el «juego» todavía está en progreso.

LECTURA: *Isaías 40:1-31*

VUELA ALTO

Él da poder a los indefensos y fortaleza a los débiles. Hasta los jóvenes se debilitan y se cansan, y los hombres jóvenes caen exhaustos. En cambio, los que confían en el SEÑOR encontrarán nuevas fuerzas; volarán alto, como con alas de águila. Correrán y no se cansarán; caminarán y no desmayarán.

ISAÍAS 40:29-31

Algunos hombres comienzan bien y terminan mal; otros hacen un inicio lento y terminan con un estilo grandioso. Ezequías era uno de los primeros. Es verdad que estaba enfrentando problemas monumentales, pero tenía a su lado a Isaías predicando bastantes mensajes con respecto a lo que el Señor haría por Ezequías. Después de su sanidad milagrosa, sin embargo, Ezequías se alejó del Señor y cayó en el ensimismamiento, que alcanzó su punto más bajo cuando Isaías anunció que todas las posesiones de Ezequías serían llevadas finalmente a Babilonia (39:5-7). Ezequías pensó con indiferencia: «Por lo menos habrá paz y seguridad mientras yo viva» (39:8).

El trágico retroceso de Ezequías probablemente fue provocado por su conocimiento inadecuado del Señor. Sin duda, este fue el caso de muchos de sus súbditos. Isaías les preguntó: «¿Cómo puedes decir que el SEÑOR no ve tus dificultades? [...] ¿Cómo puedes decir que Dios no toma en cuenta tus derechos? ¿Acaso nunca han oído? ¿Nunca han entendido?» (40:27-28). Puede que hubieran oído hablar de Dios, pero al parecer no habían entendido. Un conocimiento inadecuado del Señor condujo a una comprensión deficiente de sus propósitos y a una experiencia inferior de su amor.

¿Qué les faltaba a Israel y a Ezequías? «El SEÑOR es el Dios eterno, el Creador de toda la tierra. Él nunca se debilita ni se cansa; nadie puede medir la profundidad de su entendimiento» (40:28). Necesitaban recordar que el Señor es el Creador de todas las cosas, ¡incluyendo a Israel! Dondequiera que el pueblo de Israel mirara había evidencia de la majestad y la gloria de Dios el Creador. Debieron recordar que el glorioso Creador los había formado como su pueblo con la misma certeza con la que creó el sol, la luna y las estrellas. Eso debería haber sido suficiente para confiar plenamente en él y servirle con gozo; pero no fue así, y la calamidad estaba a punto de seguir a su infidelidad.

El gran Creador también quería que su pueblo entendiera, incluso mientras pasaba por profundas pruebas que se acercaban, que «él da poder a los indefensos y fortaleza a los débiles [...] En cambio, los que confían en el SEÑOR encontrarán nuevas fuerzas. Volarán alto, como con alas de águila. Correrán y no se cansarán. Caminarán y no desmayarán» (40:29, 31).

Estas son palabras alentadoras para todo el que tiene ojos para ver las maravillas del Creador en la creación, y oídos para oír que su Creador está listo para bendecir y proveer. Quienes creen esto vuelan alto, «como con alas de águila». Los demás vagan como ovejas que no tienen pastor.

LECTURA: *Isaías 48:12-22*

PAZ Y ORDEN

Esto dice el SEÑOR, tu Redentor, el Santo de Israel: «Yo soy el SEÑOR tu Dios, que te enseña lo que te conviene y te guía por las sendas que debes seguir. ¡Ah, si solo hubieras hecho caso a mis mandatos! Entonces habrías tenido una paz que correría como un río manso y una justicia que pasaría sobre ti como las olas del mar».

ISAÍAS 48:17-18

Los diplomáticos trabajan hacia lograr una «paz duradera» en los puntos problemáticos del mundo. Los padres preocupados anhelan «paz mental» cuando sus hijos tienen problemas. Y el hombre de negocios preocupado que navega en su yate no desea nada más que «un poco de paz». No hay nada más atractivo para la raza humana que la paz; y nada más escurridizo.

Dios tenía problemas con su pueblo escogido. No siempre lograba que lo escucharan, y cuando lo hacían, a menudo eran incapaces de entender lo que él decía. Incluso cuando entendían, no necesariamente hacían lo que él ordenaba. El resultado era caos. Ahora sabemos que Dios no es un Dios de confusión, sino de orden (1 Corintios 14:33, 40); así que el caos no proviene de su deseo ni de su diseño.

Dios abordó este asunto por medio de su profeta Isaías: «Ah, si solo hubieras hecho caso a mis mandatos! Entonces habrías tenido una paz que correría como un río manso y una justicia que pasaría sobre ti como las olas del mar» (48:18). La promesa de paz de Dios está directamente relacionada con la obediencia a sus principios. Si la humanidad quiere paz, puede tenerla; pero tiene un precio. El precio es rechazar hacer las cosas a la manera del hombre y estar dispuesto a hacerlas a la manera de Dios.

Deberíamos prestar atención hoy a este mensaje para el antiguo pueblo de Dios. Hemos creado bastante caos, y Dios nos llama al orden: a la paz. Tendemos a cuestionar lo que Dios declara bueno y a dudar del camino que él señala, así que seguimos nuestro propio camino y hacemos lo que queremos, lo cual produce distintos niveles de caos. Tendemos a considerar los mandamientos de Dios pesados y sus reglas restrictivas, si no destructivas para la felicidad humana. La gente invierte enorme energía resistiendo los mandamientos de Dios: discutiendo con ellos, quebrantándolos y participando con entusiasmo en actitudes y acciones que van directamente en su contra. Un breve repaso de los mandamientos lo confirma. Cuando Dios dio les los mandamientos a su pueblo, sin embargo, Moisés les dijo: «Debes obedecer siempre los mandatos y los decretos del SEÑOR que te entrego hoy para tu propio bien» (Deuteronomio 10:13). ¡Los mandatos de Dios son para nuestro propio bien!

Cuando las cosas se hacen a la manera de Dios, esa es la manera correcta y todo funciona como él lo diseñó, como una máquina bien mantenida. La desobediencia, sin embargo, arroja una herramienta dentro del engranaje y llena las piezas de arena. ¡Entonces surge un profundo desorden! Y el desorden es lo opuesto a la paz. Pero ¿de dónde viene el orden? De ordenar nuestra vida según las órdenes del Dios del orden; ¡y esa es una orden!

LECTURA: *Salmo 104*

TODO HERMOSO

Oh Señor, ¡cuánta variedad de cosas has creado! Las hiciste todas con tu sabiduría; la tierra está repleta de tus criaturas.

SALMO 104:24

El cielo en el verano solía estar lleno de mariposas multicolor que revoloteaban y jugueteaban con ligereza en sus alas suaves, pero ahora muchas están en peligro de extinción. ¡Qué tristeza! Nuestros nietos tal vez nunca las persigan como nosotros lo hicimos. Algunas cosas se están perdiendo irremediablemente de nuestro mundo y nunca más adornarán el cielo. Y ¿quién tiene la culpa? El «magnífico ser humano», que no hizo lo que él y la mujer fueron creados para hacer: «reinar» sobre todas las criaturas (Génesis 1:26).

El mandato era claro. Dios delegó la supervisión de su creación asombrosa y hermosa a los seres humanos y nos dijo que gobernáramos «sobre los peces del mar, las aves del cielo y todos los animales que corren por el suelo» (Génesis 1:28). Quizás pensamos que gobernar significaba ser tiranos y ejercer fuerza bruta. Y quizás malinterpretamos el mandato: «Sean fructíferos y multiplíquense. Llenen la tierra y gobiernen sobre ella» (Génesis 1:28), creyendo que nos daba libertad absoluta para perseguir nuestros propios fines sin considerar el bienestar de la obra de Dios. ¡No es así!

Pero no todo está perdido. Todavía hay tiempo para volver a mirar con asombro a los peces, las aves y los animales; estudiarlos como hizo nuestro primer padre, quien les dio nombre (Génesis 2:19-20); y verlos como los vio el salmista: «Oh Señor, ¡cuánta variedad de cosas has creado! Las hiciste todas con tu sabiduría; la tierra está repleta de tus criaturas» (Salmo 104:24). Los océanos están llenos de vida; los bosques rebosan de criaturas; los pastos y las montañas son hogar de su obra. Cigüeñas entre los abetos, tejones entre las rocas, leones jóvenes en la maleza y cabras en las montañas (104:17-22): todo esto testifica silenciosamente de las maravillas de la mente creadora de Dios, la gloria de su habilidad maravillosa y la belleza de todo lo que ha hecho.

Al ver esto, el ser humano debería aprender a adorar (104:33), uniéndose a la Creación para reconocer a Aquel de quien venimos y por quien «vivimos, nos movemos y existimos» (Hechos 17:28). Tal actitud no solo llevará a preservar lo que nos fue confiado, sino que también contribuirá a nuestra adoración de Dios al ejercitar nuestra capacidad dada por él de percibir algo de la grandeza de Aquel que está oculto a los ojos naturales pero se revela a los ojos de la fe en las cosas que ha hecho.

Cada vez que el hombre de fe vea pasar una mariposa volando, debería ver una revelación del asombro de Dios y elevar su: «¡Alabado sea el Señor!" (104:35).

LECTURA: *Isaías 53:2-12*

EL PLAN Y EL SUFRIMIENTO DE DIOS

Formaba parte del buen plan del Señor *aplastarlo y causarle dolor. Sin embargo, cuando su vida sea entregada en ofrenda por el pecado, tendrá muchos descendientes. Disfrutará de una larga vida, y en sus manos el buen plan del* Señor *prosperará.*

ISAÍAS 53:10

Cuando llega la tragedia y la gente sufre, la pregunta inevitable es: *¿Por qué?* Dolor y sufrimiento son tan contrarios a nuestros deseos que, cuando llegan, quedamos sorprendidos e incluso ofendidos porque pudieran sucedernos esas cosas. Pero suceden, y seguirán sucediendo. Muchas veces, preguntar *por qué* no tendrá una respuesta satisfactoria. ¿Debemos entonces suponer que el sufrimiento no tiene sentido? ¿Deberíamos concluir que vivimos en un mundo absurdo sin razón ni propósito, y expresar nuestro resentimiento o adoptar un estoicismo frío e impasible?

Las Escrituras, aunque no dan todas las respuestas que quisiéramos, sí ofrecen lo suficiente para asegurarnos que el sufrimiento no es ni inútil ni carece de valor. El mayor ejemplo del sufrimiento más profundo se encuentra en el relato de Isaías sobre el Siervo Sufriente (52:13–53:12). En medio de esta descripción intensa del dolor del siervo leemos: «Formaba parte del buen plan del Señor aplastarlo y causarle dolor» (53:10). La brutalidad y crudeza del sufrimiento del siervo nos hace estremecer, pero la afirmación de que fue «el buen plan del Señor» sin duda nos hace preguntar: *¿Por qué?* Por fortuna, no tenemos que especular. Su vida fue «ofrenda por el pecado» (53:10). Había una razón para el sufrimiento del siervo: encargarse del problema del pecado.

Aunque a menudo se le resta importancia al pecado, las Escrituras muestran que el pecado es una ofensa contra Dios y merece muerte y separación eterna de él. Ningún ser humano podía sufrir la consecuencia del pecado (la muerte eterna) y sobrevivir para experimentar comunión con Dios. Por eso fue necesario que un sustituto sin pecado pagara el castigo, para que el ser humano pecador pudiera ser perdonado y reconciliado con Dios. Eso es lo que el siervo, el Señor Jesucristo, logró al morir en la cruz para quitar nuestro pecado. Fue agonía que produjo expiación. Y los beneficios han fluido a todos los redimidos y seguirán fluyendo hasta que el tiempo llegue a su fin.

Ningún sufrimiento nuestro podrá jamás redimir a otra persona (ver Salmo 49:7-9); ningún dolor que soportemos limpiará la vida manchada por el pecado de otro. Pero si Dios quiso el sufrimiento del siervo, quizás podamos reconocer la posibilidad de que Dios saque un bien, que de otra manera no hubiéramos conocido, de nuestro propio sufrimiento (ver Romanos 8:28). Esto debería llevarnos a una dependencia más profunda de Dios y estimular en nosotros una compasión mayor por quienes sufren.

LECTURA: *Isaías 55:1-13*

COMIDA PARA EL ALMA

¿Por qué gastar su dinero en alimentos que no les dan fuerza? ¿Por qué pagar por comida que no les hace ningún bien? Escúchenme, y comerán lo que es bueno; disfrutarán de la mejor comida.

ISAÍAS 55:2

Hay comida, y hay comida chatarra. Hay comida que fortalece los huesos y los músculos, y hay comida que obstruye las arterias. Hay comida que da energía, y hay comida que añade grasa. En resumen, hay buena comida y mala comida. ¿Por qué la gente gasta su dinero en mala comida? Probablemente les gusta el sabor y no tienen en cuenta las consecuencias.

Dios hizo una pregunta similar hace dos mil setecientos años acerca de cómo su pueblo alimentaba su alma. Parecía que estaban más interesados en complacer su paladar que en recibir una dieta espiritual saludable. Así que Dios les preguntó: «¿Por qué gastar su dinero en alimentos que no les dan fuerza? ¿Por qué pagar por comida que no les hace ningún bien? Escúchenme, y comerán lo que es bueno; disfrutarán de la mejor comida» (55:2). Estaba hablando de comida para el alma.

Pero ¿dónde se encuentra específicamente esa «mejor comida»? ¡En la Palabra de Dios! Donde la Palabra de Dios se toma en serio, donde el pueblo de Dios acude a ella constantemente, se alimenta de ella con hambre, la digiere interiormente y permite que produzca su energía transformadora en sus vidas, esa vida prosperará, y ellos también (55:10-13). Cuando acudimos al Señor con entusiasmo, sin reservas, con expectativa, arrepentimiento y confianza, podemos participar de la comida abundante de su Palabra. El alimento no es barato; ¡es gratis! Alguien más lo pagó. El acceso a Dios y a su provisión ha sido dado y pagado, y los beneficios valiosos están disponibles para todos sin costo.

El delicioso menú incluye un pacto eterno y amor infalible (55:3), la promesa de una vida fructífera (55:10-12) y una experiencia «gloriosa» (55:5). Pero, para beneficiarnos de este banquete, debemos abstenernos de la comida chatarra del pensamiento incorrecto, de «hasta el más mínimo pensamiento de hacer el mal» (55:7). Es en el vientre del pensamiento donde el pecado es concebido; por lo tanto, «que los malvados cambien sus caminos» (55:7). Debemos adoptar un nuevo régimen de acudir al Señor y descubrir sus pensamientos y deseos. El cambio de dieta pronto producirá nuevo alimento, nueva energía y vitalidad.

Cuando las arterias del alma están obstruidas por una mala dieta espiritual, ser produce un paro cardíaco del espíritu. En lugar de latir de manera firme y potente con amor por Dios, el corazón se vuelve frío y pesado, el flujo de energía se vuelve lento y la actividad espiritual se detiene. Hay una mejor manera mediante una dieta saludable de alimento divino que nutre el alma. Así que piensa con claridad y come sabiamente.

LECTURA: *Jeremías 1:4-19*

CUANDO CORRO, SIENTO QUE ÉL SE AGRADA

Te conocía aun antes de haberte formado en el vientre de tu madre; antes de que nacieras, te aparté y te nombré mi profeta a las naciones.

JEREMÍAS 1:5

Eric Liddell fue uno de los deportistas más grandes que Escocia ha producido jamás. Jugador internacional de rugby, campeón olímpico y velocista de récord mundial, era también un hombre de una profunda convicción espiritual. Atribuía su velocidad al hecho de que Dios lo había hecho rápido, y sabía que Dios sonreía ante su destreza atlética y su éxito. Dijo: «Cuando corro, siento que él se agrada». Eric Liddell nació atleta.

Jeremías nació para ser profeta (1:5). Jeremías no ganó carreras ni llevó una corona de vencedor. Ninguna sonrisa triunfante iluminó su rostro. En cambio, lágrimas de angustia corrían por sus mejillas, pero él también sintió el agrado de Dios cuando hizo aquello para lo que había nacido. Incluso en los días más oscuros se sostuvo con la certeza: «¡El fiel amor del Señor nunca se acaba!» y se decía: «El Señor es mi herencia» (Lamentaciones 3:22-24).

Sin este profundo sentido de propósito divino, es poco probable que Jeremías hubiera comenzado su obra de vida, y mucho menos que la hubiera terminado. Su tarea de anunciar el juicio de Dios inevitablemente produjo más rechazos que abrazos. A nadie le agrada la impopularidad; todos preferimos la aceptación antes que el aislamiento. Pero Jeremías sabía que había sido designado para esa tarea.

El llamado de Jeremías era una cosa; su preparación era otra. El Señor tocó su boca, le dio palabras para hablar, fortaleció su resolución, le otorgó inmunidad ante los ataques que enfrentaría y, sobre todo, prometió estar a su lado para cuidarlo (Jeremías 1:9-10, 18-19). Armado con tales promesas, Jeremías enfrentó al enemigo y corrió su carrera.

Dios llama y equipa. Nunca hace una cosa sin la otra. Nadie esperaría que Dios llamara a un hombre a ser campeón olímpico de velocidad sin hacerlo rápido. Tampoco llamaría Dios a un hombre a ser profeta sin darle palabras y voluntad, valor y constancia.

No muchos de nosotros nacimos campeones deportivos, y aún menos fuimos llamados a ser profetas de calamidad, pero todos nacimos para algo. Debemos creerlo, descubrirlo y abrazarlo, sea lo que sea. Si al principio no nos agrada ese llamado, deberíamos recordar que quien llama es quien crea. En su providencia, Dios nos hizo exactamente adecuados para lo que tenía en mente. Que seamos o hagamos otra cosa no sería correcto. Correr la carrera que tenemos por delante significa saber hacia dónde vamos. Y sentimos que él se agrada.

LECTURA: *Jeremías 3:6-25*

LA ENFERMEDAD DEL CORAZÓN EXTRAVIADO

«Vuelvan a mí, hijos descarriados —dice el Señor—, y les sanaré el corazón extraviado».
«Sí, ya vamos —responde el pueblo—, porque tú eres el Señor nuestro Dios».

JEREMÍAS 3:22

La enfermedad del corazón que no se trata puede resultar fatal. No siempre son evidentes los síntomas de la enfermedad. Se ha sabido que deportistas excepcionales, aparentemente ejemplos perfectos de salud y vigor, colapsaron y murieron en medio del estadio. Bronceados y bien musculosos, altamente entrenados y preparados, mostraban todas las señales de estar en excelente condición física; pero desconocían al asesino silencioso: una enfermedad cardíaca sin diagnosticar ni tratar.

Existe otra enfermedad mortal del corazón que también puede pasar desapercibida. Solo Dios, el gran médico, puede diagnosticarla con precisión, como lo hizo en la antigua Judá. Ellos sufrían de un trastorno de «corazón extraviado» (3:22). Judá mostraba todas las señales exteriores de buena salud espiritual. Al igual que su hermana, Israel, Judá le había sido infiel al Señor. Aunque había declarado que regresaba a él en arrepentimiento, «solo fingió estar apenada» (3:10).

El reino del norte, Israel, era mucho más descarado en cuanto a su conducta. Era completamente infiel y no lo ocultaba; era evidente que estaba enfermo. Pero Judá era como un deportista bronceado y en excelente forma física con un corazón enfermo: exteriormente fuerte, interiormente en peligro. La preocupación de Dios fue evidente cuando comparó a los dos y dijo: «¡Hasta la infiel Israel es menos culpable que la traidora Judá!» (3:11).

Por fortuna, hay esperanza para quienes sufren de un corazón extraviado, porque Dios no solo diagnostica la condición, sino que también ofrece sanidad. «Vuelvan a mí y les sanaré el corazón extraviado», promete (3:22). Para que Judá hiciera esto se requería un gran nivel de honestidad: tenían que admitir que solo habían estado fingiendo lealtad al Señor. En contraste, el reino del norte solo necesitaba confesar su evidente rebeldía y apartarse de sus malos caminos.

La sanidad de un corazón extraviado solo puede ser realizada por el Señor, y solo cuando hombres y mujeres anhelan su toque sanador. El gran Médico está dispuesto y es capaz de sanar, pero el paciente debe estar listo y dispuesto a presentarse para la cirugía, respondiendo a la invitación del Señor: «Vuelvan a mí y les sanaré el corazón extraviado». Por lo tanto, ya sea que nuestros síntomas sean obvios o estén ocultos, necesitamos examinar nuestro corazón en busca de señales de extravío. Necesitamos dejar de fingir y ofrecer nuestro ser a su toque sanador. La cirugía puede que sea incómoda y la recuperación dolorosa, pero la sanidad es profunda y transformadora, y el resultado es una salud espiritual fuerte y robusta.

DICIEMBRE

LECTURA: *Jeremías 10:1-16*

CONFUSIÓN

¡Señor, no hay nadie como tú! Pues eres grande y tu nombre está lleno de poder.

JEREMÍAS 10:6

Dejado a su suerte, el hombre es como una persona ciega que está sola en un espeso bosque una noche sin estrellas. Gobernado por sus propios instintos, no podría estar más confundido.

El hombre está confundido acerca de Dios. ¿Cuán confundido está? Lee su futuro en las estrellas. Luego corta un árbol, talla un ídolo, lo viste con adornos y lo clava a la pared para asegurarse de que no se caiga. ¡Entonces lo adora! Los ídolos hechos por hombres están «como inútiles espantapájaros en un campo de pepinos» (10:5), y frente a ellos están los hombres que los crearon: suplicantes desesperados y confundidos. No se necesita mucha inteligencia para darse cuenta de que eso no es inteligente. Aunque el hombre sabe instintivamente que Dios es el Creador, sigue adorando cosas hechas por sus propias manos en lugar de adorar a Aquel que lo creó.

Si alguien protesta diciendo que el hombre moderno jamás haría algo así, solo basta con observar la devoción entregada a automóviles y computadoras, medicina y tecnología, para ver que incluso hoy el ser humano busca gracia salvadora en el trabajo de sus manos. Podríamos sentir la tentación de pensar que el hombre actual no sería tan tonto como para desconfiar del Señor y confiar en lo que repetidamente lo ha decepcionado. Aun conociendo la fragilidad de los políticos, sin embargo, sigue esperando que ellos resuelvan sus problemas. Y, aunque sabe que el mercado bursátil se mueve por fuerzas tan inestables como el miedo y la codicia, sigue buscándolo como fuente de seguridad. ¡Eso es confusión!

Afortunadamente, Dios no deja al hombre en su confusión. Jeremías les recordó a sus contemporáneos: «¡Señor, no hay nadie como tú!» (10:6); y cuando Cristo vino dijo: «Yo soy la luz del mundo. Si ustedes me siguen, no tendrán que andar en la oscuridad porque tendrán la luz que lleva a la vida» (Juan 8:12). Cristo, en su vida terrenal, iluminó perfectamente quién es Dios y cómo es realmente.

Al mismo tiempo, Cristo disipó la oscuridad en la mente humana acerca de su verdadera condición y reveló con claridad que el hombre es tanto valioso como perverso, caído pero perdonable, reprobado pero redimible. Cuando un hombre comprende esto, por fin encuentra orientación y comienza a vivir conociendo a Dios y conociéndose a sí mismo, entendiendo de dónde viene y hacia dónde va, reconociendo que el Señor es el Maestro y él es siervo. Entonces se empeña en seguir al Señor en lugar de vagar por el pantano de sus propias ideas equivocadas y deseos destructivos. Eso es mucho mejor que vivir en confusión perpetua.

LECTURA: *Jeremías 17:5-18*

GUARDA TUS ESPALDAS

Esto dice el Señor: «Malditos son los que ponen su confianza en simples seres humanos, que se apoyan en la fuerza humana y apartan el corazón del Señor».

JEREMÍAS 17:5

En nuestra cultura se nos aconseja constantemente guardar nuestras espaldas y cubrirnos las espaldas. La sabiduría popular dice que no se puede confiar en la gente y que abusará de cualquier confianza que se le dé. Esta es una situación triste, pero no es nueva. El propio Dios expresó esa idea cuando le dijo a Jeremías: «Malditos son los que pone su confianza en simples seres humanos, que se apoyan en la fuerza humana y apartan el corazón del Señor» (17:5). El hombre moderno cree que es inteligente no confiar en simples humanos. Tiene razón; ¡será maldito si lo hace!

Esto no significa que nadie deba confiar jamás en otra persona. Más bien, es una condena a transferir la confianza que le pertenece al Señor hacia los seres humanos, como si no hubiera otra fuente de apoyo más que la humanidad.

El problema es el corazón humano: las personas no son confiables porque tienen corazones pecaminosos. El hombre resiste y rechaza esta idea, incluso mientras se esfuerza en protegerse de aquellos en quienes no puede confiar completamente. Pero el Señor dice: «El corazón humano es lo más engañoso que hay, y extremadamente perverso. ¿Quién realmente sabe qué tan malo es?» (17:9).

El Señor mismo respondió su pregunta: «Pero yo, el Señor, investigo todos los corazones y examino las intenciones secretas. A todos les doy la debida recompensa, según lo merecen sus acciones» (17:10). Si las personas no confían en el Señor ni someten sus acciones a su evaluación, sus relaciones humanas serán deficientes; o, más correctamente, «malditas».

Por fortuna, el Señor hace algo más que examinar los corazones: también los transforma. Por eso Jeremías clamó al Señor para que lo bendijera en su difícil y peligrosa situación: «Oh Señor, si me sanas, seré realmente sano; si me salvas, seré verdaderamente salvo» (17:14).

En este mundo es una buena idea cuidar tus espaldas. Todos tenemos corazones perversos, así que no es una necedad estar en guardia. Pero para ser verdaderamente bendecido necesitas confiar en el Señor, como un árbol plantado junto a un río, poniendo tus raíces de confianza en las aguas frescas de su fidelidad inquebrantable (17:7-8). Eso significa confiar en que él tiene razón en lo que dice, razón en lo que hace, razón cuando promete, y confiar en que él revelará tus motivos torcidos y te advertirá cuando comiences a confiar demasiado en el hombre y demasiado poco en Dios. Solo en él debes confiar plenamente. Así que guarda tus espaldas; y guarda tu corazón.

LECTURA: *Salmo 110*

EL SEÑOR VICTORIOSO

El SEÑOR le dijo a mi Señor: «Siéntate en el lugar de honor a mi derecha, hasta que humille a tus enemigos y los ponga por debajo de tus pies».

SALMO 110:1

El rey David y sus sucesores vivieron en una parte del mundo muy inestable. Sus reinados, la mayoría de las veces, los vieron tomar las armas de guerra; pero había algo diferente con respecto al modo en que salían a la batalla. Demostraban seguridad. Como el salmista había recordado al rey ungido del Señor, se sentaba en un lugar de honor a la derecha de Dios desde el cual podía observar a Yahvé obtener la victoria. Además, el rey sabía que era solo cuestión de tiempo para que él ganara porque la batalla era del Señor. Esto no significaba, por supuesto, que él y su pueblo no estarían involucrados; de hecho, al rey se le dijo: «Tu pueblo te servirá por voluntad propia» (110:3). Tampoco significaba que el rey pudiera ser indiferente, perezoso o actuar según su propia voluntad y salir ileso. Después de todo, sentarse a la derecha de Dios implica estar completamente en armonía con el plan de Dios.

Pero este salmo es mucho más que una promesa al rey de una nación física. De hecho, tiene la distinción de ser uno de los pasajes del Antiguo Testamento más citados en el Nuevo Testamento (ver, por ejemplo, Mateo 22:43-45; Hebreos 5:6; 7:17, 21; y 10:12-13). Los apóstoles no tuvieron ninguna dificultad en ver en este salmo una predicción de la manera en que el Señor todopoderoso finalmente obtendría la victoria total a través de su Hijo, nuestro Señor Jesús. Los apóstoles vieron en la muerte, resurrección y ascensión de Cristo el cumplimiento de todas las afirmaciones de Dios sobre la victoria final y universal sobre sus enemigos. Nuestro Señor resucitado está ahora sentado a la derecha del Padre, el lugar de prestigio y autoridad. Y no solo está intercediendo por sus hijos, sino también esperando el día de su regreso triunfal en gloria.

Esta comprensión fortalece profundamente al creyente. Mientras el creyente vive hoy en un mundo inestable, lleno de peligros y distracciones, recuerda que Jesús, su Señor, está en la presencia inmediata del Padre, con acceso directo a él, capaz y dispuesto a hacer uso de los recursos del cielo a favor del hombre atribulado. Y el creyente nunca debe olvidar que los enemigos son adversarios derrotados; solo es cuestión de tiempo para que sean completamente vencidos. Puede avanzar con confianza en su camino, anticipando día a día el regreso del Rey victorioso.

Es bueno saber quién gana al final. Es todavía mejor saber que estás de su lado; y, si no lo estás, ¡más vale que lo estés!

LECTURA: *Lamentaciones 3:1-24*

COMIENZA EL DÍA RENOVADO

¡El fiel amor del Señor nunca se acaba! Sus misericordias jamás terminan. Grande es su fidelidad; sus misericordias son nuevas cada mañana.

LAMENTACIONES 3:22-23

No hay nada tan bien recibido como un nuevo amanecer, fresco y brillante, tras una noche oscura y tormentosa. La paz y la tranquilidad ocupan el lugar de la agitación y el estrés, y todo parece ir bien en el mundo. Los nervios alterados se calman, los espíritus angustiados se alivian, la inquietud se hace a un lado y la esperanza se restaura. ¡Un nuevo comienzo está a la vuelta de la esquina!

La oscuridad de la noche del profeta Jeremías fue aterradora. No solo había sufrido los abusos y las indignidades de hombres crueles, sino que esos sufrimientos lo habían llevado a la más profunda oscuridad espiritual y a la noche más amarga del alma. Su dolor era intensamente físico y emocional, y la angustia de su espíritu atormentado era casi insoportable. Después de su descripción de su turbulenta, tormentosa y temible noche, sin embargo, viene una declaración extraordinaria sobre las misericordias de Dios cada mañana: «¡El fiel amor del Señor nunca se acaba! Sus misericordias jamás terminan. Grande es su fidelidad; sus misericordias son nuevas cada mañana» (3:22-23). ¡Misericordias nuevas cada día! No se enumeran estas misericordias, pero sabemos que provienen de la fidelidad de Dios y están ocultas en él mismo.

Jeremías insistió: «El Señor es mi herencia, por lo tanto, ¡esperaré en él!» (3:24). Al parecer, Jeremías había descubierto el secreto de poder volver una mañana tras otra a renovar su relación con el Señor y beber profundamente de su «fiel amor». Este amor era fiel porque era la fuente y la esencia del pacto que Dios había hecho con su pueblo. Ese pacto era un acuerdo y una promesa de nunca abandonarlos ni dejarlos desamparados, un compromiso que garantizaba que Dios sería siempre Dios para su pueblo, en todo momento y en toda circunstancia.

Al igual que Jeremías, los hombres necesitan hoy comenzar cada día con una nota fresca, recordando el amor fiel de su Dios que hace pactos y cumple promesas, cuyas misericordias son nuevas cada mañana. Algunos hombres tratan de sobrevivir a una semana tormentosa basándose en las misericordias recibidas frescas desde el púlpito el domingo, pero que desgraciadamente ya están rancias para el miércoles. El resto de la semana luchan por recordar lo que escucharon y cómo aplicar eso a las tormentas más recientes de la vida. Dios ofrece misericordias nuevas cada mañana, las cuales se encuentran en comunión con él mediante su Palabra, la oración y la convivencia con su pueblo. Las noches oscuras entonces dan paso a nuevas mañanas, y las misericordias de Dios producen nuevas fuerzas y vigor para enfrentar el día. Por lo tanto, ¡los hombres sabios comienzan el día renovados!

LECTURA: *Ezequiel 3:16-27*

EL SISTEMA DE AVISO AVANZADO DE DIOS

Si les aviso a los perversos: «Ustedes están bajo pena de muerte», pero tú no les das la advertencia, ellos morirán en sus pecados; y yo te haré responsable de su muerte.

EZEQUIEL 3:18

Ahora es posible con los satélites rastrear un huracán en desarrollo que se dirige a una zona densamente poblada y calcular con precisión la cantidad de lluvia estimada. Dada esta información y los medios para comunicarla, puede evitarse una gran pérdida de vidas; dado que las personas escuchen y actúen en consecuencia.

En la época de Ezequiel no había satélites, pero sí había profetas: el regalo especial de Dios para su pueblo aunque el pueblo no siempre los valorara. Un profeta era un centinela, designado para avisar al pueblo de un peligro inminente, por lo que sus mensajes con frecuencia estaban cargados de advertencias sombrías. A las personas, sin embargo, no siempre les gusta escuchar acerca del juicio, así que muchas veces ignoraban el mensaje o maltrataban al profeta.

Dios le dio a Ezequiel un mensaje de juicio inminente para el pueblo de Israel, y le dijo que debía entregarlo incluso si el pueblo no escuchaba (3:17, 27). ¿Cómo hizo Dios para que Ezequiel sintiera la urgencia de su mensaje? El bienestar de innumerables personas estaba en juego, y Ezequiel era responsable de si entregaba o no el mensaje de Dios: «Si [...] no les das la advertencia, ellos morirán en sus pecados; y yo te haré responsable de su muerte» (3:18). No es que él soportara toda la responsabilidad solo; el pueblo era responsable de cómo respondía al mensaje.

Existe un paralelismo entre el antiguo profeta/centinela y el creyente moderno. Una vez que los ojos de un creyente han sido abiertos a la verdad en Cristo Jesús, verdad que incluye el atractivo mensaje del perdón de pecados y la advertencia menos agradable del juicio venidero, ese creyente es responsable de compartir lo que sabe con quienes todavía no lo saben. Esto puede ser desconcertante y sin duda implica un desafío, pero el creyente debería ver su papel como una designación misericordiosa, un privilegio además de un deber.

Ezequiel fue dramáticamente atado con cuerdas y su lengua quedó pegada a su paladar una vez que recibió su comisión (3:24-26). El único momento en que Ezequiel podía hablar era cuando Dios le daba un mensaje para el pueblo (3:27). El creyente de hoy no debe esperar ese tipo de trato. El punto tanto para Ezequiel como para el creyente es este: no salgas apresuradamente a decir lo primero que se te ocurra. Espera hasta que el impulso del Espíritu te dirija, y entonces comparte con quienes están en tu esfera de influencia lo que él te haya dicho.

Si las personas pueden decirme: «Nunca me lo dijiste», yo soy responsable. Si, en cambio, la verdad es que ellos nunca escucharon, la responsabilidad es totalmente suya.

LECTURA: *Ezequiel 18:1-24*

UVAS AGRIAS

¿Por qué citan ustedes ese proverbio acerca de la tierra de Israel, que dice: «Los padres comieron uvas agrias, pero la boca de sus hijos se frunce por el sabor»?

EZEQUIEL 18:2

Cuando suceden cosas malas, la pregunta que se hace normalmente es: *¿Por qué?* Por lo general se supone que suceden cosas malas debido a las acciones de alguien. Muchas veces, ese es el caso: pueden rastrearse causa y efecto. Aunque eso es cierto, sin embargo, no deberíamos culpar a otro de todo lo que ocurre.

Eso era lo que el pueblo de Israel tendía a hacer. Mientras estaban sentados en el destierro, repetían el antiguo proverbio: «Los padres comieron uvas agrias, pero la boca de sus hijos se frunce por el sabor» (18:2). En esencia estaban diciendo: «Estamos en esta situación por lo que hicieron nuestros antepasados. ¿Dónde está la justicia en eso?». En el fondo, esta pregunta desafiaba la justicia del Señor y cuestionaba su santidad. El Señor, por medio de Ezequiel, respondió de inmediato. Les indicó: «Tan cierto como que yo vivo, dice el Señor Soberano, que dejarán de citar ese proverbio en Israel» (18:3). ¿Por qué? Porque, como Dios explicó después: «Todos los seres humanos son míos para juzgar [...] Esta es mi regla: la persona que peque es la que morirá [...] Los justos serán recompensados por su propia conducta recta y las personas perversas serán castigadas por su propia perversidad» (18:4, 20). Sin duda, esta instrucción fue impactante para los israelitas, en especial porque el Señor les había enseñado: «Extiendo los pecados de los padres sobre sus hijos; toda la familia de los que me rechazan queda afectada, hasta los hijos de la tercera y la cuarta generación» (Éxodo 20:5).

Hay cierto consuelo en poder culpar a otros por la desgracia propia. Y, dado que nuestras vidas están inevitablemente entrelazadas, hay un sentido en el que las acciones de uno afectarán la experiencia del otro. Las acciones de un padre sin duda contribuirán a la formación del hijo, y esa formación incluirá inclinaciones que pueden llevarlo a actuar mal; pero esto no exime a ningún individuo de las consecuencias de su propio pecado. Cada persona es plenamente responsable de lo que elige hacer.

Necesitamos entender claramente este principio. En nuestra época, vemos la conexión entre nuestra genética, nuestro entorno y nuestra conducta, y tendemos a culpar de todo a la genética y al entorno. Más allá de nuestra «naturaleza o crianza», sin embargo, la mala noticia es que somos individualmente responsables por nuestras acciones. La buena noticia, por otro lado, es que podemos ser individualmente perdonados. Si aceptas responsabilidad personal, puedes disfrutar de perdón personal. Dios lo ofrece porque él no solo es justo, sino también misericordioso.

LECTURA: *Ezequiel 36:16-38*

CARÁCTER Y REPUTACIÓN

Los rociaré con agua pura y quedarán limpios. Lavaré su inmundicia y dejarán de rendir culto a ídolos. Les daré un corazón nuevo y pondré un espíritu nuevo dentro de ustedes. Les quitaré ese terco corazón de piedra y les daré un corazón tierno y receptivo. Pondré mi Espíritu en ustedes para que sigan mis decretos y se aseguren de obedecer mis ordenanzas.

EZEQUIEL 36:25-27

Hay una gran diferencia entre carácter y reputación. Carácter es lo que eres, y reputación es lo que la gente cree que eres. La reputación es menos importante que el carácter, aunque es importante. Lo que la gente crea sobre ti podría ser totalmente falso, pero de todos modos puede ser dañino.

El carácter de Dios está más allá de cualquier reproche. En la época de Ezequiel, sin embargo, la reputación de Dios estaba siendo cuestionada entre las naciones debido a lo que su pueblo, Israel, había hecho (36:16-20): ellos habían manchado su nombre con su conducta malvada. Conforme a su promesa, Dios los había dispersado «por varios países para fin de castigarlos por su mala manera de vivir» (36:19). Pero las naciones vecinas interpretaron eso como señal de debilidad de parte de Dios. Su reputación estaba siendo afectada, así que le dijo a su pueblo: «Los llevaré de regreso [...] para proteger mi santo nombre, que deshonraron» (36:22).

Pero Dios no llevaría de regreso a Israel solo para que volvieran a sus viejas prácticas. Él cambiaría sus corazones. «Cuando revele mi santidad por medio de ustedes ante los ojos de las naciones [...] entonces ellas sabrán que yo soy el Señor» (36:23). Y ¿cómo lograría Dios un cambio tan radical? Llevaría a cabo su programa de restauración, que incluía limpiar su «inmundicia», darles «un corazón nuevo y un espíritu nuevo», quitarles su «terco corazón de piedra» y prometer: «Pondré mi Espíritu en ustedes para que sigan mis decretos y se aseguren de obedecer mis ordenanzas» (36:25-30).

Desde que el Espíritu Santo vino en Pentecostés, ha estado realizando esta obra en las vidas de las personas. Dios «nos salvó [...] quitando nuestros pecados y nos dio un nuevo nacimiento y vida nueva por medio del Espíritu Santo» (Tito 3:5). Al confiar en Dios para ser salvados de nuestros pecados «por medio de Jesucristo nuestro Salvador», Dios «derramó su Espíritu sobre nosotros en abundancia» (Tito 3:6). Él nos da un corazón nuevo y un espíritu nuevo para que podamos obedecerlo y cumplir su voluntad (ver Romanos 8:1-17; 12:2). Dios hace todo esto por nosotros, no porque lo «merezcamos» (Ezequiel 36:32), sino para demostrar su santidad, poder y misericordia.

Si la reputación de Dios ha de mantenerse sin mancha entre las naciones, su pueblo debe vivir de acuerdo con su carácter. Esto puede suceder cuando han sido transformados por el poder regenerador del Espíritu Santo, quien toma residencia en lo más profundo de su ser y los vivifica, apasiona, fortalece y capacita. Entonces, sus vidas les producen alegría y le dan honra al Señor.

LECTURA: *Daniel 6:1-28*

LA FORMACIÓN DE UN MAESTRO

Cuando Daniel oyó que se había firmado la ley, fue a su casa y se arrodilló como de costumbre en la habitación de la planta alta, con las ventanas abiertas que se orientaban hacia Jerusalén. Oraba tres veces al día, tal como siempre lo había hecho, dando gracias a su Dios.

DANIEL 6:10

La señora de la alta sociedad le dijo al brillante pianista: «Maestro, es usted un genio». El maestro respondió con una sonrisa: «Gracias, señora, pero antes de ser un genio era un pesado». Su genialidad aparentemente sin esfuerzo era el producto de horas y horas de práctica invisible y disciplinada. Nuestro mundo aplaude el brillo del genio, pero no siempre aprecia lo tedioso de la disciplina.

Cuando llega la dificultad, reaccionamos a veces con valor y otras veces con cobardía. En ocasiones, cuando la presión aumenta, instintivamente sabemos qué hacer exactamente. En otras, nos sentimos perdidos. En gran medida, nuestra reacción ya ha sido determinada antes de que llegue la presión. Como en el caso del artista que ha practicado, son las horas ocultas de disciplina las que determinan nuestro desempeño bajo presión.

Daniel estaba bajo ataque. Su conducta intachable y sus habilidades extraordinarias, su firme compromiso con los principios y su éxito notable le habían ganado muchos amigos; y no pocos enemigos. Sus enemigos, llenos de ira y de celos, manipularon al rey para deshacerse de él. Daniel enfrentó persecución cuando su libertad religiosa fue eliminada con una simple firma (6:6-9).

Pero Daniel había sido preparado por la disciplina constante. Aunque se interesaba por el bienestar de Babilonia, la tierra de su destierro, jamás ocultó su compromiso con Jerusalén. Tres veces al día abría las ventanas de su habitación para orar en dirección a la ciudad que amaba, expresando públicamente su devoción a Yahvé, el Señor, quien había elegido Jerusalén como el centro de sus propósitos en la tierra. Por lo tanto, cuando llegó la dificultad, la disciplina tomó el control: «Cuando Daniel oyó que se había firmado la ley, fue a su casa y se arrodilló como de costumbre en la habitación de la planta alta, con las ventanas abiertas que se orientaban hacia Jerusalén. Oraba tres veces al día, tal como siempre lo había hecho, dando gracias a su Dios» (6:10). En la hora de prueba de Daniel, el hábito formado por la práctica disciplinada lo mantuvo fiel.

Podemos minimizar los peligros que enfrentó Daniel porque sabemos que escapó de la muerte en el foso de los leones, pero la realidad es que Daniel enfrentó prejuicio, intolerancia, odio, persecución e injusticia sin ceder ni un centímetro en su fidelidad. Y lo logró porque la disciplina había producido hábitos, y los hábitos habían sido transformados en carácter. Él sabía cómo mantenerse firme y erguido, ¡sobre rodillas bien usadas!

LECTURA: *Daniel 9:1-19*

IMPULSO PARA LA ORACIÓN

Durante el primer año de su reinado, yo, Daniel, al estudiar la palabra del Señor, según fue revelada al profeta Jeremías, aprendí que Jerusalén debía quedar en desolación durante setenta años.

DANIEL 9:2

En ocasiones, la gente habla de «batallar en oración». Se refieren al hecho de que la oración no es fácil. Puede que no sea difícil pronunciar oraciones si eso significa simplemente recitar lo que aprendimos de niños. Sin embargo, orar realmente, aferrarnos a Dios realmente, derramar nuestras almas realmente con fervor y sinceridad no se produce sin batallas. Por lo tanto, necesitamos ayuda.

Daniel identificó el gran recurso para estimular la oración: fue «al estudiar la palabra del Señor, según fue revelada al profeta Jeremías» cuando sintió el impulso de volverse al Señor y suplicarle (9:2). Daniel leyó la predicción de Jeremías de que el Destierro duraría setenta años (Jeremías 25:11-12). Daniel no entendía completamente lo que esto significaba, así que oró. Mientras lo hacía, comenzó a reflexionar sobre el comportamiento del pueblo de Dios, que había provocado la retribución divina, y su corazón fue movido a confesar los pecados que los habían llevado a la situación de destierro.

Vale la pena observar que la oración de Daniel estaba llena de referencias a las Escrituras que había estado leyendo. Por ejemplo, cuando exclamó: «Hemos pecado y hemos hecho lo malo. Nos hemos rebelado contra ti y hemos despreciado tus mandatos y ordenanzas» (Daniel 9:5), probablemente estaba pensando en Jeremías 14:7. Cuando afirmó: «Señor, tú tienes la razón; pero como ves, tenemos el rostro cubierto de vergüenza» (9:7), quizás tenía en mente Jeremías 3:25 y 23:6. La conversación de Daniel con Dios fue el resultado directo de que Dios le hablara primero. Así es exactamente como debería ser, porque solo así podemos tener la seguridad de que estamos orando como debiéramos.

Puede parecernos extraño que Daniel se incluyera en la oración aunque él había llevado una vida tan ejemplar, pero debemos recordar que, aunque somos individualmente responsables por nuestras acciones, también somos producto de nuestra cultura y, si esta es corrupta, nosotros también estamos corrompidos.

Daniel oró con un corazón tocado por las Escrituras. Era consciente de la justicia de Dios y de la pecaminosidad humana porque así lo enseñan las Escrituras, y esperaba que las promesas de Dios en su Palabra se cumplieran. Su oración no fue impulsiva; fue una respuesta a la Palabra de Dios.

La relación y comunión entre Dios y sus hijos, como cualquier relación, necesita comunicación, y la comunicación implica escuchar y hablar. En la relación entre Dios y el ser humano, Dios nos habla a través de su Palabra y nosotros debemos escuchar. Entonces nosotros hablamos con él en oración, ¡y él *sí* escucha!

LECTURA: *Salmo 119:1-24*

VERDADES MARAVILLOSAS

Abre mis ojos, para que vea las verdades maravillosas que hay en tus enseñanzas.

SALMO 119:18

Los ojos cerrados y los ojos sin vista tienen algo en común: ninguno puede ver belleza. La belleza está ahí para verla, pero sin ojos para contemplarla, la belleza brilla sin ser apreciada como un diamante en las arenas del desierto.

Los corazones tienen ojos, ventanas que dejan entrar la luz de la vida; pero si los ojos del corazón están cerrados, la verdad sigue brillando sin ser vista. El corazón se oscurece, la mente se confunde, los deseos se distorsionan y se toman malas decisiones. La diferencia entre lo correcto y lo incorrecto se vuelve borrosa e indistinta, hasta que lo correcto parece incorrecto y lo incorrecto parece correcto. Al final, se cuestiona la existencia misma de una verdad objetiva y la persona tropieza en un pantano subjetivo de sensualidad y pecado. Mientras tanto, la verdad sigue brillando sin detenerse; y sin ser apreciada.

Cualquier hombre, joven o anciano, que se preocupa porque su vida parece ir cuesta abajo porque sus principios están siendo comprometidos y su moral se está erosionando, por lo menos tiene parcialmente abiertos los ojos de su corazón, pero necesita pedirle al Señor que abra completamente sus ojos a las «verdades maravillosas» que se encuentran en la Palabra de Dios (119:18); verdades que han brillado intensamente a lo largo de los siglos, señalando con precisión quién es Dios, quiénes somos nosotros, qué espera él, qué hemos hecho, qué ha hecho Dios al respecto, qué deberíamos hacer y cómo deberíamos vivir como resultado. ¡Estas son verdades maravillosas!

Cuando los ojos de un hombre son abiertos a la verdad de la Palabra de Dios, comienza a percibir panoramas de verdad antes inimaginables: misterios antes ocultos, ideas que nunca había considerado. Descubre respuestas a preguntas que nunca pensó formular, y cuestiona opiniones que jamás había examinado. ¡Más verdades maravillosas!

Estas verdades son cuidadosamente guardadas en el corazón y meditadas (119:11, 15). Como resultado, la mente se instruye en los principios y las promesas de Dios (119:7), las emociones son estimuladas hacia un deleite sano y un deseo piadoso (119:16), y la voluntad se mueve a tomar decisiones que reflejan consistentemente los principios divinos. Así, un hombre puede vivir la vida en plenitud.

Feliz es el hombre cuyos ojos están bien abiertos para discernir, desear y hacer la voluntad de Dios.

LECTURA: *Amós 5:18-6:7*

ALARMISTAS

¡Qué aflicción les espera a ustedes que están a sus anchas en medio de lujos en Jerusalén, y a ustedes que se sienten seguros en Samaria! Son famosos y conocidos en Israel, y la gente acude a ustedes en busca de ayuda.

AMÓS 6:1

Los alarmistas ven peligro y conspiración en cada oportunidad. Sus alarmas son descartadas con un gesto de la mano, y la complacencia se establece como una cálida manta sobre predicciones heladoras. Cuando los alarmistas tienen la razón, sin embargo, están en lo cierto. Y, cuando el autocomplaciente se equivoca, ¡está muy equivocado! Con frecuencia, el pueblo consideraba a los profetas de Dios, como Amós, unos alarmistas, y el pueblo perfeccionó la complacencia hasta llegar a ser un arte. Pero los profetas siempre tenían la razón.

En la época de Amós, la gente que vivía en Jerusalén (en el reino del sur) y quienes residían en Samaria (en el reino del norte) se sentían completamente seguros. ¿Acaso no eran el pueblo de Dios? ¿No eran la nación más importante? ¿No tenían sistemas de práctica religiosa incomparables, y no había Dios recompensado su arduo trabajo con prosperidad y abundancia? ¿No estaban seguros de que Dios juzgaría a sus enemigos y causaría un castigo merecido sobre ellos? La vida era buena, y los profetas que decían lo contrario eran, en el mejor de los casos, una molestia y, en el peor, perturbadores de la paz.

Pero Amós tenía razón: no todo estaba bien. El día del juicio, que el pueblo esperaba que cayera sobre sus enemigos, también caería sobre ellos. Y sería una calamidad; no habría escape. ¿La razón? Habían administrado de manera desastrosa sus bendiciones, negando justicia a los necesitados y misericordia a los oprimidos (5:7; ver 5:24). Habían desarrollado una religión abundante en rituales pero pobre en realidad. Habían reemplazado la revelación de Dios por sus propias especulaciones y habían sustituido la adoración del Dios verdadero por la adoración de sus propios ídolos (5:25-26). Se habían cegado con su autosuficiencia y se habían vuelto sordos a las advertencias de los profetas.

El Dios de gracia, misericordia y amor es también el Dios de justicia, santidad y juicio. Cuando su misericordia es abusada, su gracia despreciada y su amor dado por sentado, su santidad es ofendida, su justa indignación es provocada y su juicio se vuelve inevitable. No es necesario aceptar todas las predicciones alarmistas de desastre y destrucción, pero las advertencias de Dios sobre las consecuencias del pecado no deberían ser ignoradas. La complacencia da por sentado lo que él nunca prometió, mientras que la confianza genuina abraza todo lo que él ofrece, escucha todo lo que él dice y toma en serio todo lo que él anuncia y proclama. En esa posición podemos descansar, como dijo Elisha Hoffman, «seguros y protegidos de todas las alarmas».

LECTURA: *Jonás 3:1-4:11*

ESCOGE TUS ENEMISTADES

Le reclamó al SEÑOR: «SEÑOR, ¿no te dije antes de salir de casa que tú harías precisamente esto? ¡Por eso hui a Tarsis! Sabía que tú eres un Dios misericordioso y compasivo, lento para enojarte y lleno de amor inagotable. Estás dispuesto a perdonar y no destruir a la gente».

JONÁS 4:2

Nosotros podemos escoger a nuestros amigos, pero debemos aceptar a nuestros familiares. Y nuestros enemigos aparecen con frecuencia en el horizonte de modo inesperado y sin invitación. La pregunta es entonces: y ahora, ¿qué hacemos? Los enemigos, al igual que los amigos y los familiares, pocas veces se alejan por voluntad propia.

La ciudad de Nínive estaba llena de personas que vivían «en oscuridad espiritual» (4:11), por lo que Dios envió a Jonás a predicar y avisarlos de las consecuencias de sus acciones. El pueblo respondió y se arrepintió, y el Señor detuvo su mano de juicio. Y Jonás estaba furioso. «Entonces le reclamó al SEÑOR: SEÑOR, ¿no te dije antes de salir de casa que tú harías precisamente esto? ¡Por eso hui a Tarsis! Sabía que tú eres un Dios misericordioso y compasivo, lento para enojarte y lleno de amor inagotable. Estás dispuesto a perdonar y no destruir a la gente» (4:2). Debemos observar que, en los idiomas bíblicos, *lento para enojarse* significa «paciente». ¡Jonás estaba enojado porque Dios no estaba lo suficientemente enojado! Dios era demasiado paciente para el gusto de Jonás, pero Dios no estaba ni pasando por alto el pecado ni ignorando la injusticia. Estaba reteniendo su juicio para darles a los ninivitas la oportunidad de poner en orden sus vidas. ¡Eso es lo que hace la paciencia! Pero Jonás era tan hostil hacia los ninivitas que quería que fueran castigados como merecían. Esta actitud era comprensible, dada la reputación de crueldad de los ninivitas y su enemistad hacia el pueblo de Jonás: Israel. Pero aquí es donde la paciencia de Dios y las actitudes humanas toman caminos distintos.

Dios al final juzgará si las personas rechazan repetidamente su oferta de misericordia, pero nuestro papel al tratar con una esposa insistente, un jefe difícil o incluso un adolescente rebelde es asegurarnos de no negarles lo que Dios les concede: la oportunidad de ser perdonados y la posibilidad de arreglar las cosas. Necesitamos recordar la paciencia que Dios ha tenido con nosotros. En lugar de esperar que las personas que hacen la vida difícil «reciban lo que merecen», animémoslos pacientemente a recibir lo que él ofrece: su perdón. Aquellos que reciben lo que merecen debido a sus malas acciones encontrarán sus vidas arruinadas. Quienes se apropien de la paciencia de Dios como una oportunidad de oro para comenzar de nuevo encontrarán sus vidas bendecidas. Una señal de madurez espiritual es el deseo de que los enemigos sean bendecidos, no arruinados.

LECTURA: *Habacuc 3:1-19*

ESCOGE LA ALEGRÍA

¡Aun así me alegraré en el Señor! ¡Me gozaré en el Dios de mi salvación!

HABACUC 3:18

Algunas personas son incorregiblemente alegres. Los problemas les resbalan por su espalda, y nada oscurece su amanecer o cubre de sombras su mediodía; pero para el resto de nosotros, el gozo y la alegría no llegan con tanta facilidad. Entonces, ¿qué deberíamos hacer?

Habacuc había recibido entendimiento sobre los propósitos de Dios, los cuales mostraban con claridad que él y sus compatriotas estaban en graves problemas. Dios había decidido entregar a su pueblo a los babilonios, esa nación amarga e implacable que había ideado métodos de crueldad nunca antes vistos. El juicio de Dios sobre el pueblo de Dios estaba dentro del plan de Dios ¡para ser ejecutado a través de los enemigos de Dios! El valor de Habacuc, comprensiblemente, se debilitó al considerar estas cosas (3:16), y las preguntas se acumularon en su mente.

Habacuc había orado: «He oído todo acerca de ti, Señor. Estoy maravillado por tus hechos asombrosos. En este momento de profunda necesidad, ayúdanos otra vez como lo hiciste en el pasado. Y en tu enojo, recuerda tu misericordia» (3:2). Los temores de Habacuc no fueron calmados de inmediato y su visión de lo que iba a suceder no cambió; pero su confianza en un Dios justo, que actúa con equidad y misericordia, permaneció firme, llevándolo a decir, a pesar de las dificultades y calamidades que sabía que llegarían: «¡aun así me alegraré en el Señor! ¡Me gozaré en el Dios de mi salvación!» (3:18).

Hay muchos días en los que no podemos alegrarnos de nuestras circunstancias. ¡Pregúntale a Habacuc! Pero en esos días podemos recordar alegrarnos «en el Señor». ¡Hay una gran diferencia entre alegrarnos en el Señor y alegrarnos en nuestras circunstancias! Si permitimos que nuestras circunstancias dominen nuestro pensamiento, agotaremos nuestras fuerzas tratando de cambiarlas y terminaremos sin alegría y sin esperanza; pero si reconocemos que Dios, quien trasciende nuestras circunstancias y actúa a través de ellas, tiene el control incluso en medio de ellas, *él* ocupará nuestras mentes. La confianza y la seguridad que surgen se convierten en el lugar donde renace nuestro gozo; pero esto no ocurre automáticamente. Como Habacuc, debemos tomar una decisión y decir: «Me alegraré en el Señor; me gozaré en el Dios de mi salvación». Tener alegría es una elección.

LECTURA: *Hageo 1:1-15*

PRENDIDO DE ENTUSIASMO

Vayan ahora a los montes, traigan madera y reconstruyan mi casa. Entonces me complaceré en ella y me sentiré honrado, dice el SEÑOR.

HAGEO 1:8

Vince Lombardi, legendario entrenador de los Green Bay Packers, les dijo una vez a sus jugadores: «Si no están prendidos de entusiasmo, serán despedidos: ¡con entusiasmo!». Nada de importancia puede lograrse sin entusiasmo.

Tras setenta años de destierro en Babilonia, el pueblo de Judá regresó a su tierra natal guiado por Zorobabel, el gobernador, y Jesúa, el sumo sacerdote. Tan pronto como se establecieron, comenzaron de inmediato a reconstruir el templo (Esdras 3:1-7): ¡con entusiasmo! Creían que habían sido llamados a realizar algo significativo y, con gran energía, se pusieron manos a la obra; pero el entusiasmo inicial por el programa de reconstrucción se fue desgastando poco a poco. El pueblo se había ofrecido voluntariamente para un proyecto que era tan demandante como valioso. Con el paso del tiempo, llegaron los desánimos, y el sacrificio comenzó a ser menos atractivo que el interés personal. Seguramente se preguntaron: *¿Por qué deberíamos gastar tanta energía construyendo un lugar de adoración cuando ni siquiera tenemos viviendas adecuadas para nosotros mismos?* Por lo tanto, dejaron de construir el templo y comenzaron a construir sus propias casas lujosas (Hageo 1:2-4).

Esto continuó hasta que Hageo apareció y condenó abiertamente el fracaso del pueblo en completar la obra que había comenzado. Al reconocer que su entusiasmo por el templo había disminuido en la misma proporción en que aumentaba su interés personal, Hageo atacó precisamente esa motivación egoísta. Señaló que todo aquello en lo que estaban tan interesados terminaba siendo una decepción (1:5-11). Había un vacío en su experiencia, y Hageo veía una causa clara en su ensimismamiento. El remedio que propuso era sencillo: ordenen sus prioridades y pongan al Señor primero. «Vayan ahora a los montes, traigan madera y reconstruyan mi casa. Entonces me complaceré en ella y me sentiré honrado, dice el SEÑOR» (1:8).

El mensaje de Hageo prendió el ánimo de los líderes y del pueblo. Su entusiasmo fue reavivado, adoraron al Señor con sinceridad porque «el pueblo temió al SEÑOR» (1:12), y comenzaron de nuevo la obra de reconstrucción del templo de Dios (1:14). Y la obra fue terminada (ver Esdras 6:15).

Dentro de la comunidad de creyentes, las personas son motivadas de maneras distintas. Es un desafío para el liderazgo saber cómo prender el entusiasmo y sostenerlo. Algunos trabajarán duro motivados por una gran visión; otros, por razones menos nobles. Los líderes sabios saben cómo mantener viva la llama del entusiasmo mientras evitan llevar a las personas al agotamiento.

LECTURA: *Juan 1:1-18*

LA PALABRA ENCARNADA

La ley fue dada por medio de Moisés, pero el amor inagotable de Dios y su fidelidad vinieron por medio de Jesucristo. Nadie ha visto jamás a Dios; pero el Único, que es Dios, está íntimamente ligado al Padre. Él nos ha revelado a Dios.

JUAN 1:17-18

Mientras más sofisticado se vuelve el hombre, más fascinado está con sus orígenes. Echa un vistazo con una erudición cada vez mayor al universo y descubre nuevas galaxias y maravillas nunca antes conocidas. La pregunta que capta la atención del hombre es la siguiente: «¿cómo comenzó todo?». La respuesta científica es: «No lo sabemos exactamente». Por lo tanto, la búsqueda continúa: de los orígenes, de importancia y de significado.

Lo que la ciencia y la especulación no están equipadas para determinar, la revelación divina lo revela con certeza. La revelación divina declara: «En el principio la Palabra ya existía». Esta «Palabra» era Dios, y lo creó todo (1:1-3).

Los judíos que leyeran «la Palabra» pensarían en autoridad. Cuando «Dios dijo», «así fue». Cuando Dios proclamaba: «Así dice el SEÑOR», así ocurría. ¡La autoridad de la Palabra! Pero los griegos que leyeran sobre la «Palabra» pensarían en la «razón» siendo comunicada, que es precisamente lo que las palabras deben hacer. La Palabra es razón autoritativa comunicada a los hombres.

Pero ¿quién es esta Palabra? Se hizo humana, vivió entre los hombres, estuvo llena de amor inagotable y de fidelidad y fue identificada por el apóstol Juan como Jesucristo, el Hijo de Dios (1:17-18). La Palabra era eternamente Dios. Por medio de ella y para ella fue creado el mundo. Luego vino al mundo, habitado por hombres que nunca han visto a Dios, para mostrarles cómo es Dios en realidad. La ciencia no puede hacer eso. La especulación no puede hacer eso. Solo Dios puede mostrar a Dios al hombre, y lo hizo. Pero ¿puedes creer que la mayoría de los hombres han rechazado esa revelación, prefiriendo vivir en la oscuridad de sus creencias establecidas? Sin embargo, Jesús, todavía lleno de amor inagotable, sigue ofreciendo a quienes creen en él y lo reciben «el derecho de llegar a ser hijos de Dios» (1:12).

Admiramos a los miembros de las fuerzas armadas que sacrifican su comodidad y seguridad, dejan hogar y familia, y viajan a tierras lejanas para defender lo que consideran valioso. Respetamos a los valientes misioneros que enfrentan soledad, enfermedad, peligros desconocidos y malentendidos para llevar el mensaje de esperanza y libertad a personas en esclavitud. ¡Cuánto más deberíamos reverenciar a Jesús, la Palabra hecha carne, que conoció la gloria eterna con el Padre y voluntariamente dejó todo privilegio, se vistió de nuestra humanidad, cargó nuestros dolores, sintió realmente nuestro sufrimiento y murió nuestra muerte! Qué triste que tantos no lo hayan reconocido ni honrado. ¡Qué felices son los que sí lo hacen!

LECTURA: *Juan 5:1-30*

EL HIJO DE DIOS

Jesús respondió: «Mi Padre siempre trabaja, y yo también».

JUAN 5:17

La historia de la iglesia está plagada de vergüenzas como la Gran Inquisición y las Cruzadas. También ha habido muchos fracasos bien documentados por parte de cristianos individuales profesantes. Aunque no debemos ignorar a la ligera fracasos y contradicciones, es importante recordar que la validez del cristianismo depende únicamente de la validez de Jesucristo. Los seres humanos necesitan considerarlo a él: sus afirmaciones, su vida, sus obras, su muerte, su resurrección y su impacto en la historia humana.

Un día, Jesús visitó el estanque de Betesda, un lugar donde multitudes de personas enfermas esperaban ser llevadas al agua. Creían que en ciertas ocasiones esas aguas los sanarían (ver 5:3-4, nota al pie). Jesús se acercó a un hombre y le hizo una pregunta penetrante: «¿Te gustaría recuperar la salud?» (5:6). ¿Por qué si no estaría el hombre allí? Pero fue una pregunta muy acertada. Quizás el hombre ya se había acostumbrado a ser cargado por otros. Tal vez estaba tan habituado a la mendicidad que no sabría cómo ganarse la vida. La respuesta del hombre no fue una respuesta; simplemente se quejó. Pero cuando Jesús le ordenó con autoridad que se levantara, lo hizo; ¡y fue sanado!

Pero era día de descanso, y las reglas decían que no se debía trabajar ese día. Para los opositores de Jesús, sanar era trabajar, así que Jesús había profanado el día de descanso y debía ser responsabilizado (5:16). En un instante, la situación dio un giro dramático. Jesús afirmó: «Mi Padre siempre trabaja, y yo también» (5:17). Esta afirmación no dejó dudas para sus oyentes. Lo entendieron como una declaración de igualdad con el Padre: una afirmación de ser Dios. ¡Eso merecía la muerte!

Sin intimidarse, Jesús insistió en que solo hacía lo que veía hacer a su Padre (5:19). El Padre lo había enviado (5:30), el Padre le había dado un ministerio para resucitar a los muertos (5:21), el Padre había prometido o concedido vida eterna a quienes creyeran su mensaje (5:24) y el Padre lo había autorizado para ser el juez supremo de toda la humanidad (5:26-27). ¡Afirmaciones superlativas!

Muchos insisten hoy en día en que Jesús nunca afirmó ser Dios. Si este discurso no es una afirmación de su divinidad, ¿qué es entonces? La respuesta a esa pregunta es crítica. El cristianismo no es nada si Cristo no es Dios encarnado; pero, si él es Dios, el cristianismo lo es todo. Dios vino a buscarnos, se dio a conocer, murió por nosotros, resucitó ¡y un día nos llevará con él!

LECTURA: *Salmo 119:89-112*

CONFIAR Y OBEDECER

¡Qué dulces son a mi paladar tus palabras! Son más dulces que la miel. Tus mandamientos me dan entendimiento; ¡con razón detesto cada camino falso de la vida!

SALMO 119:103-104

Las palabras son como las personas. Tienen familiares que se les parecen, y algunas veces comparten intereses comunes. Tomemos, por ejemplo, las palabras «discípulo» y «disciplina». Estas dos palabras están muy relacionadas. Un discípulo es una persona que entiende la disciplina de la obediencia. Pero el discipulado no se trata solo de obedecer; también se trata de confiar en el maestro. El discipulado no es posible sin obediencia y sin confianza. El balance adecuado está expresado en el viejo himno: «Confiar y obedecer, pues no hay otra manera de ser feliz en Jesús, sino confiar y obedecer».

La obediencia no siempre hace feliz a la gente; ¡a veces sucede lo contrario! Obedecer a veces significa hacer exactamente lo que no queremos hacer, y eso puede hacernos sentir muy *in*felices. Entonces la pregunta es: ¿puede un discípulo ser feliz cuando aprende a ser obediente, incluso cuando obedecer no resulta agradable? Al parecer, el salmista pensaba que sí. Él dijo: «¡Qué dulces son a mi paladar tus palabras! Son más dulces que la miel. Tus mandamientos me dan entendimiento» (119:103-104).

¿Mandamientos más dulces que la miel? ¿Cómo puede ser esto? Primero, el salmista dijo: «Jamás olvidaré tus mandamientos, pues por medio de ellos me diste vida» (119:93). Cuando los mandamientos de Dios parecen pesados, muchos los dejan a un lado y sienten una falsa libertad al hacer lo que desean en lugar de lo que Dios quiere. Pero esa alegría dura poco porque pronto aparecen las consecuencias negativas para su salud y su bienestar. El gozo duradero y el verdadero bienestar se encuentran al hacer las cosas a la manera de Dios.

Obedecer los mandamientos de Dios le da ventaja al hombre. Ver las cosas desde una perspectiva divina es claramente superior a la visión limitada del secularista. Como dijo el salmista: «Tus mandatos me hacen más sabio que mis enemigos» (119:98). ¡Esa es una gran posición donde estar!

Es muy fácil equivocarse en el camino de la vida (119:104), pero los mandamientos de Dios nos ayudan a ver el rumbo correcto y evitar el camino equivocado. Ese conocimiento puede ahorrarnos mucho dolor. Los mandamientos de Dios son realmente dulces, ¡y obedecerlos es realmente el mejor camino!

Los mandamientos de Dios son indudablemente buenos y dulces, pero también pueden ser difíciles de cumplir. Por fortuna, Dios nunca da un mandamiento sin proporcionar también el poder para cumplirlo. Con una mano entrega la instrucción y con la otra da la fuerza. Por lo tanto, confiamos en él para recibir el poder mientras obedecemos su mandato. De esa manera, ¡el discípulo que aprende la disciplina de obedecer también aprende a ser feliz!

LECTURA: *Mateo 5:1-16*

EL EJE DE LA FE, LA PALANCA DEL AMOR

Ustedes son la sal de la tierra. Pero ¿para qué sirve la sal si ha perdido su sabor? ¿Pueden lograr que vuelva a ser salada? La descartarán y la pisotearán como algo que no tiene ningún valor. Ustedes son la luz del mundo, como una ciudad en lo alto de una colina que no puede esconderse.

MATEO 5:13-14

Arquímedes dijo que, si le dieran un eje, una palanca lo bastante larga y algún lugar donde pararse, podría mover el mundo; pero nunca lo hizo. Jesús mostró que si le daban la dedicación sincera de un insignificante grupo de personas comunes, también él podría mover el mundo. ¡Y lo hizo!

Cuando grandes multitudes fueron atraídas a Jesús como resultado de su dramático ministerio de sanidad, él comenzó a enseñarles el mensaje que había venido a entregar; pero no les enseñó de la manera que podríamos haber esperado. Comenzó separando a un pequeño grupo de hombres y entrenándolos.

A primera vista, esto parece un método lento y complicado. Jesús podría haber alcanzado a más personas personalmente si hubiera ido directamente a las multitudes en lugar de pasar tanto tiempo con un grupo pequeño. Pero él sabía que tenía un tiempo limitado en la tierra, y su estrategia era movilizar a personas que no solo continuarían su obra después de que él se fuera, sino que además entrenarían a futuras generaciones que seguirían proclamando el mensaje a través de los siglos.

Mientras Jesús invertía en «unos pocos hombres buenos», buscaba calidad y cantidad a través de ellos. La calidad estaría en su bienaventuranza, la cual llegaría por medio de sus actitudes hacia el Señor, hacia sí mismos y hacia otros. La descripción de Jesús sobre actitudes bienaventuradas, o «Bienaventuranzas», se convirtió en una de las piezas clave de su enseñanza y sigue siendo hoy en día una declaración fundamental del discipulado.

Si la calidad iba a verse en las actitudes bienaventuradas de los discípulos, la cantidad se manifestaría en la manera en que esa bendición sería esparcida como sal entre otros y difundida como luz en la oscuridad al vivir sus vidas en el mundo. Jesús no llamó a sus discípulos a ser bendecidos dentro de una caja; les dijo que estaban llamados a ser la sal de la tierra y la luz del mundo. Ellos serían su medio elegido para llevar la Buena Noticia. Hombres que conocen la bendición de Dios, que tienen las «actitudes bienaventuradas» y que se unen para el bien del reino, se convierten en sal que da sabor a la sociedad y en luz que ilumina la oscuridad y muestra a otros el camino. De esta manera Jesús obtiene calidad *y* cantidad.

Cuando Jesús toma su lugar en los corazones de los hombres, recibe el eje de su devoción en sus vidas. Entonces, al usar la palanca de su amor todopoderoso, mueve el mundo en el que viven sus discípulos; y ese movimiento siempre es hacia arriba.

LECTURA: *Mateo 20:1-16*

¿UN DÍA DE SALARIO HONESTO?

Él le respondió a uno de ellos: «Amigo, ¡no he sido injusto! ¿Acaso tú no acordaste conmigo que trabajarías todo el día por el salario acostumbrado? [...] ¿Acaso es contra la ley que yo haga lo que quiero con mi dinero? ¿Te pones celoso porque soy bondadoso con otros?».

MATEO 20:13, 15

Discriminación, diferenciales y arbitraje son temas candentes en el mercado laboral actual. ¡No tenemos que buscar muy lejos los motivos! La gente tiene tendencia a ser egoísta, codiciosa, perezosa, deshonesta y muchas otras cosas que hacen que la vida en el lugar de trabajo sea un desafío. Por lo tanto, a lo largo de los años se ha creado mucha legislación en un esfuerzo por manejar estos asuntos. Cuán exitosamente lo hace es cuestión de debate.

Dadas todas estas preocupaciones, la historia de Jesús sobre las condiciones laborales en su tiempo parece extrañamente anticuada y totalmente desconectada de las realidades modernas del trabajo. Pero lo que dijo sigue siendo relevante.

Jesús contó la historia de un dueño de un viñedo que contrató trabajadores por la mañana por la tarifa habitual, luego contrató a otros más tarde en el día a las nueve, al mediodía, a las tres y a las cinco y les prometió pagar una cantidad justa. Al final del día, como lo exigía la ley del país, reunió a los hombres para pagarles. El grupo de las cinco recibió primero un pago equivalente a un día completo de trabajo, así que los demás supusieron que ellos recibirían un extra; pero no fue así, y protestaron. El dueño desafió a sus trabajadores descontentos a explicar por qué debían enojarse simplemente porque él estaba siendo generoso (20:13). Les dijo que había pagado lo que había prometido y que, si deseaba ser generoso con alguien, era su derecho, pues estaba usando su propio dinero (20:15).

Ahí se encuentra el punto de la historia: Dios trata a todos sobre la base de su justicia y, cuando lo decide, añade muestras de bondad totalmente inmerecidas. ¿Quién puede discutir con eso? Podemos estar muy agradecidos de que Dios no nos «pague» lo que merecemos, sino que nos dé gratuitamente el regalo de la vida eterna (ver Romanos 6:23).

Un hombre que ve su experiencia laboral como parte de su discipulado reconocerá la validez del viejo dicho: «Un día de trabajo honesto por un día de salario honesto». Este dicho aplica tanto a empleadores como a empleados. Los empleadores deberían asegurarse de pagar justamente a sus trabajadores por la labor realizada, y los empleados deberían asegurarse de realizar honestamente el trabajo por el cual se les paga. Entonces se hará justicia.

En el lugar de trabajo se debe hacer justicia. Pero la gracia en el trabajo nunca debería estar lejos de la mente del creyente, y la bondad en el trabajo jamás estará fuera de lugar.

LECTURA: *Mateo 24:37-25:13*

PRONÓSTICO Y PREPARACIÓN

¡Así que ustedes también deben estar alerta! Porque no saben el día ni la hora de mi regreso.

MATEO 25:13

Cada generación de cristianos ha esperado que Cristo regrese durante su vida. Y ha tenido una cosa en común: todos se han equivocado.

El Señor Jesús sí prometió regresar para llevar a su pueblo a casa, pero no dijo cuándo ocurriría ese evento. De hecho, les dijo específicamente a sus discípulos: «No saben ni el día ni la hora de mi regreso» (25:13). Esto no ha detenido a algunos pronosticadores que dicen que, aunque no saben el día ni la hora, ¡han calculado el mes y el año! Todos ellos también se han equivocado.

¿Por qué comparó Jesús su regreso con el Diluvio en la época de Noé (24:37-39), cuando, a pesar de incontables oportunidades para ver y escuchar que algo iba a suceder, los contemporáneos de Noé evitaron cuidadosamente responder a sus advertencias y continuaron con sus vidas como de costumbre? ¿Por qué comparó Jesús su regreso con la llegada de un ladrón (24:43-44), explicando que su regreso no sería anunciado más de lo que se publicita de antemano el robo de una casa? Sus múltiples ilustraciones tenían el propósito de recalcar tanto la inevitabilidad del evento como la incertidumbre del *cuándo* será.

Supongamos que Jesús hubiera dicho: «Les daré tres milenios para evangelizar el mundo, y entonces, el 1 de enero del 3001, regresaré exactamente a las nueve de la mañana». ¿Qué habría significado esa promesa para las generaciones de creyentes que vivieron en los siglos anteriores? En medio de su sufrimiento, destierro y martirio, ¿qué consuelo habrían obtenido sabiendo que él no regresaría pronto? Y ¿cuál habría sido el efecto en la iglesia si hubiera sabido que todavía tenía tiempo para hacer lo que quisiera antes de obedecer lo que él mandó? ¿Dónde habría quedado la sensación de urgencia, el llamado a la santidad y la actitud de expectación atenta?

El punto de Jesús era que todos sus discípulos debían vivir con una sensación de anticipación, trabajando activamente, esforzándose por cumplir sus propósitos y viviendo vidas consistentes para no avergonzarse en su regreso. Sus instrucciones no pudieron ser más claras: «¡Así que ustedes también deben estar alerta! Porque no saben el día ni la hora de mi regreso» (25:13).

Especular sobre el regreso de Cristo puede ser interesante, pero no es productivo. Participar en prepararse para su regreso es imprescindible y produce beneficios eternos.

LECTURA: *Marcos 16:1-20*

EL SEPULCRO VACÍO

El ángel les dijo: «No se alarmen. Ustedes buscan a Jesús de Nazaret, el que fue crucificado. ¡No está aquí! ¡Ha resucitado! Miren, aquí es donde pusieron su cuerpo».

MARCOS 16:6

Prácticamente todo el mundo coloca a Jesús en la categoría de «el mejor hombre que jamás vivió»; muchos están de acuerdo en que él es «el mayor maestro que el mundo ha conocido»; no pocos insisten en que él «nos mostró cómo debiéramos vivir»; y algunos creen que él «demostró cómo enfrentar la muerte». Sin importar lo ciertas que sean estas opiniones, sin embargo, todas ellas se quedan muy cortas de lo que dicen las Escrituras acerca de él.

Después de la crucifixión de Jesús, su cuerpo fue colocado con reverencia en un sepulcro. Un grupo de mujeres valientes se dio cuenta de que su cuerpo no había sido preparado adecuadamente con especias funerarias, así que temprano en la mañana del domingo, con temor y temblor, fueron al sepulcro para brindarle el cuidado apropiado. Cuando llegaron, se encontraron con un sepulcro vacío y con un mensajero angelical que proclamó: «¡No está aquí! ¡Ha resucitado!» (16:6). Después de darles instrucciones adicionales y la promesa de que verían a Jesús, las mujeres dejaron el lugar «y no dijeron nada a nadie porque estaban muy asustadas» (16:8). Pero hablaron cuando se encontraron con los discípulos. La noticia se difundió rápidamente, el Señor apareció, y la evidencia se acumuló de que Jesús, quien realmente había estado muerto, había sido literalmente resucitado y estaba completamente vivo. Incluso los discípulos, que habían abandonado a Jesús y que con razón dudaban del testimonio de las mujeres, finalmente fueron convencidos por las apariciones personales de Cristo y «fueron por todas partes y predicaron» la Buena Noticia de la resurrección (16:20).

Basta un momento de reflexión para darse cuenta de que esta serie de acontecimientos coloca de inmediato a Jesús más allá de todas las opiniones anteriormente mencionadas, en una posición que solo él puede ocupar. Él es infinitamente más que un maestro venerado, un ejemplo admirable, un valiente frente a la muerte o un modelo moral impecable. Su resurrección se convierte en el respaldo del Padre a todas sus afirmaciones y en el sello que valida que su muerte quita nuestros pecados. Su vida después de la muerte declara la realidad de la existencia eterna, y su victoria sobre la muerte es un recordatorio sólido de que la muerte no debe causar temor a quienes confían su destino eterno a Jesús.

En resumen, las opiniones favorables sobre la vida de Jesús no bastan si no están acompañadas de una fe gozosa en su resurrección. La reverencia, por sincera que sea, hacia un Cristo muerto, por noble que parezca, no tiene valor para un pecador destinado a una eternidad perdida. Solo una experiencia personal con el Cristo resucitado será suficiente.

LECTURA: *Lucas 16:1-18*

LA ESCUELA DE LA CALLE

Usen sus recursos mundanos para beneficiar a otros y para hacer amigos. Entonces, cuando esas posesiones se acaben, ellos les darán la bienvenida a un hogar eterno.

LUCAS 16:9

La gente se incomoda en los bancos cuando los predicadores hablan de dinero, y muchos predicadores se incomodan en el púlpito cuando llega el momento de hablar de finanzas. Jesús no tenía tal reticencia. ¡Él habló sobre el tema abiertamente, sin disculpas, con firmeza y con bastante frecuencia! La mayoría de las veces se enfocó en mostrar cómo la búsqueda y posesión del dinero podía tener un efecto negativo en la vida de una persona. Pero no siempre consideró el dinero de manera negativa; aunque puede convertirse en una trampa espiritual y una desventaja, también puede ser una herramienta útil y un recurso valioso. Para ilustrar este punto, contó una historia que levantó tanto cejas como incomodidad: cejas entre los lectores modernos e incomodidad entre sus oyentes de aquel tiempo.

La historia relata los manejos turbios del administrador de un hombre rico. Cuando el administrador se dio cuenta de que su malversación estaba a punto de ser descubierta, comenzó a hacer ciertos arreglos que harían su vida más fácil cuando perdiera su empleo. Los arreglos eran esencialmente deshonestos, y cuando su jefe se enteró tanto de ellos como de la malversación original, en lugar de explotar de indignación movió la cabeza con cierta admiración y reconoció que su administrador, si algo era, era astuto al manejar las finanzas en su propio beneficio. Esta reacción sugiere que hay razones para sospechar que el hombre rico tampoco era precisamente un modelo de virtud.

Esta historia levanta cejas porque, aunque Jesús nunca aprueba la deshonestidad del administrador, sí lo utiliza como ejemplo positivo para sus discípulos en cuanto al manejo inteligente del dinero. Parece lamentar que sus discípulos no sean más sabios en cómo administran su dinero. No ven los beneficios positivos de una buena gestión financiera. El administrador deshonesto sabía cómo usar el dinero para hacer amigos. Jesús quiere que sus discípulos usen el dinero para crear amistades que duren por la eternidad.

Pero ¿cómo? El dinero invertido en llevar el evangelio a un grupo indígena y guiarlo hacia la salvación eterna creará muchas amistades eternas; y el dinero invertido en las vidas de huérfanos, contribuyendo a su bienestar temporal y eterno, es dinero bien invertido.

La cuestión es si usas tu dinero para servir a Dios o lo usas solo para servirte a ti mismo, ¡y terminar sirviendo al dinero! Tú manejas tu dinero o tu dinero te maneja a ti. Claro, puedes invertir en Wall Street, pero asegúrate también de invertir en las calles de oro. ¡Te sorprenderán los amigos que encontrarás allá arriba que nunca conociste aquí abajo!

LECTURA: *Hechos 1:1-11*

HOMBRES, MOVIMIENTO Y MONUMENTOS

Recibirán poder cuando el Espíritu Santo descienda sobre ustedes; y serán mis testigos, y le hablarán a la gente acerca de mí en todas partes: en Jerusalén, por toda Judea, en Samaria y hasta los lugares más lejanos de la tierra.

HECHOS 1:8

En la historia de los esfuerzos humanos hay una progresión natural desde «hombre» a «movimiento» y «monumento». Un individuo carismático suele aparecer, moviliza a otros para unirse a él y logra grandes cosas. Cuando el líder muere o se marcha, sus seguidores continúan por un tiempo con su espíritu; pero el movimiento generalmente carece del dinamismo del fundador y termina perdiendo impulso. Después, o fracasa por completo o se convierte solo en un monumento a una gloria pasada. Hombre, movimiento, monumento.

El cristianismo no siguió el patrón de «hombre-movimiento-monumento». El carisma de Jesús es innegable; pero, cuando murió, murió solo. Además, después de resucitar tuvo que aparecer repetidamente a sus discípulos para convencerlos de que realmente había resucitado (1:3). Tuvo que explicarles nuevamente que su reino era muy diferente de lo que ellos imaginaban (1:3, 6; ver Juan 18:36). Incluso cuando hizo su salida dramática hacia el cielo, ellos se quedaron mirando fijamente al cielo (Hechos 1:11). Al parecer, todavía no entendían que su partida era parte del plan y que su regreso era inevitable.

¡No parece un comienzo prometedor! Aun así, la «causa» de Jesús no solo sobrevivió, sino que prosperó a tal grado que los cuatro rincones del mundo y los lugares más remotos resuenan con alabanzas al Señor Jesús dos mil años después. ¿Qué sucedió?

Antes de su partida, Jesús les dijo a sus discípulos: «En unos cuantos días ustedes serán bautizados con el Espíritu Santo [...] recibirán poder cuando el Espíritu Santo descienda sobre ustedes; y serán mis testigos, y le hablarán a la gente acerca de mí en todas partes» (1:5, 8). Este poder del «Espíritu de Dios, quien levantó a Jesús de los muertos» (Romanos 8:11) les impartió poder sobrenatural que los convirtió en testigos impactantes de Cristo.

En lugar de perder impulso después de la primera generación, este movimiento del Espíritu Santo ha continuado, capacitando a los seguidores de Cristo para servirlo. El Espíritu Santo ha llevado su mensaje al corazón de muchos y ha realizado obras poderosas de gracia, convirtiendo a las personas «del poder de Satanás a Dios» (Hechos 26:18).

Es innegable que el cristianismo, en algunos casos, ha degenerado en un monumento y sus lugares de adoración en museos; pero también es verdad que, donde hombres y mujeres comunes, en el poder del Espíritu, han proclamado la Buena Noticia de la gracia salvadora de Cristo, la iglesia ha seguido creciendo y prosperando. Cuando eso sucede, no hay síndrome de hombre-movimiento-monumento. El Hombre, Cristo Jesús, sigue actuando mediante el Espíritu Santo, haciendo lo que solo él puede hacer... ¡y haciéndolo bien!

LECTURA: *Salmo 141*

¡SEÑOR, APRESÚRATE!

Oh SEÑOR, clamo a ti. ¡Por favor, apresúrate! ¡Escucha cuando clamo a ti por ayuda!

SALMO 141:1

Las tentaciones llegan cuando menos lo esperas: cuando no estás en guardia, cuando te sientes desanimado, cuando te gozas en un triunfo o cuando lames tus heridas tras la derrota. Sin advertencia, sin consideración, sin remordimiento y sin pedir permiso, llegan con fuerza como un torbellino o se deslizan como una serpiente. Abiertas o encubiertas, obvias o insidiosas, las tentaciones tienen un solo objetivo: derribarte.

Cuando llegan las tentaciones, el tiempo de reacción se reduce al mínimo. Por eso la oración debe ser instantánea y urgente: «Oh SEÑOR, clamo a ti. ¡Por favor, apresúrate!» (141:1).

«Por favor, apresúrate, Señor, porque si te demoras puede ser demasiado tarde. Puede que ya haya dicho lo que no debía decir. Por malicia tal vez dije una verdad a medias; por ira tal vez respondí con dureza. Mis palabras quizás ya fueron disparadas hacia su objetivo sin posibilidad de retorno, avanzando como una flecha hacia un corazón desprevenido. Puede que ya hayan envenenado los pensamientos de alguien contra una persona inocente, arruinado una reputación o abierto una herida apenas cicatrizada.

»Apresúrate, Señor, o tal vez ya haya alimentado deseos lujuriosos hasta el punto de haber disfrutado de los manjares del mal. ¿Cómo pude hacerlo, Señor? ¿Cómo pude pensar que esos deseos eran deliciosos y participar de tales males sabiendo cuán incorrectos son? Pero soy capaz de eso, Señor. Necesito tu ayuda porque después de probar lo que parecía delicioso, casi no puedo librarme del sabor persistente y repugnante que queda.

»Señor, mi oración es tan urgente que casi suena brusca, pero sale de un corazón que confía en que tú la recibirás como una ofrenda agradable de necesidad y anhelo. ¡Una declaración de dependencia!

»Señor, si consideras apropiado responder a mi oración enviando a un hermano que me corrija, estará bien. Puede doler, quizás arda, pero salvará la situación. Recibiré lo que me diga como una palabra tuya, y haré lo que diga como si tú estuvieras allí mismo. Pero por favor, envíalo pronto. El tiempo de reacción es desesperadamente corto».

Cuando las tentaciones levantan su fea cabeza, si Dios no se apresura, el diablo causará estragos. Pero la única razón por la que Dios no se apresuraría es porque no hemos pedido ayuda.

LECTURA: *Hechos 19:21-41*

EL CAMINO AL CORAZÓN DEL HOMBRE

Como han visto y oído, este tal Pablo ha convencido a mucha gente al decirles que los dioses hechos a mano no son realmente dioses; y no solo lo ha hecho en Éfeso, ¡sino por toda la provincia! Por supuesto que no solo hablo de la pérdida del respeto público para nuestro negocio. También me preocupa que el templo de la gran diosa Artemisa pierda su influencia y que a Artemisa —esta magnífica diosa adorada en toda la provincia de Asia y en todo el mundo— ¡se le despoje de su gran prestigio!

HECHOS 19:26-27

Muchos tienen la opinión de que «el camino al corazón del hombre es a través de su estómago». Según esta teoría, si satisfaces las necesidades básicas de un hombre, ¡él será bastante dócil y dispuesto! Sin embargo, hay un camino más rápido al corazón de un hombre, y es a través de su billetera. Pocas cosas pueden provocar pasión en un hombre más rápidamente que el dinero. Pablo descubrió esto sin duda durante su ministerio en la gran ciudad de Éfeso.

Alrededor del templo de Artemisa en Éfeso habían surgido varios negocios muy lucrativos. Un artesano llamado Demetrio tenía un negocio rentable fabricando pequeños templos de plata de la diosa (19:23-24). Cuando la enseñanza de Pablo comenzó a apartar a la gente de la adoración de Artemisa, Demetrio se enfureció al ver que su negocio estaba en peligro. Reunió entonces a los demás artesanos, junto con otros hombres cuyos ingresos también estaban siendo afectados (19:25), y se quejó de lo que la enseñanza de Pablo estaba haciendo a su negocio y a la reputación de la diosa (19:27). Eso provocó un estallido de ira entre los hombres, se organizó una manifestación y las multitudes se unieron, incluso cuando «la mayoría ni siquiera sabía por qué estaba allí» (19:32). La situación se volvió fea y peligrosa, pero el alcalde intervino con sabiduría y evitó un desastre.

Demetrio, al menos, fue lo suficientemente honesto como para admitir que primero estaba preocupado por su billetera, luego por su prestigio y finalmente por el estatus de Artemisa. Claro, la multitud no gritó: «¡Grande es la billetera de Demetrio!». Su grito fue: «¡Grande es Artemisa de los efesios!». Pero detrás de la supuesta devoción por la diosa había un profundo temor por las billeteras amenazadas.

Es comprensible que un hombre reaccione con pasión si está en peligro de perder su sustento. Pero muchos tienen el mismo problema que Demetrio: su preocupación apasionada por su dinero eclipsa todos los demás intereses y prioridades. Tales hombres pueden usar un lenguaje religioso apropiado, pero sus motivaciones reales son financieras y no espirituales. Puede que muestren cierto interés en las cosas de Dios, pero poca pasión. La pasión está reservada para su bolsillo. Devoran con entusiasmo los reportes del Dow Jones, exhiben sus posesiones con orgullo y disfrutan profundamente los beneficios de lo que poseen.

Tristemente, estos hombres han olvidado que «el Señor tu Dios [...] es quien te da las fuerzas para obtener riquezas» (Deuteronomio 8:18). Quizás, si recordaran esa verdad, ¡podrían llegar a apasionarse por él!

LECTURA: *Hechos 26:1-32*

APROVECHA LAS OPORTUNIDADES

Agripa lo interrumpió:
—¿Acaso piensas que puedes persuadirme para que me convierta en cristiano en tan poco tiempo?
Pablo contestó:
—Sea en poco tiempo o en mucho, le pido a Dios en oración que tanto usted como todos los presentes en este lugar lleguen a ser como yo, excepto por estas cadenas.

HECHOS 26:28-29

La diferencia entre un optimista y un pesimista es que el pesimista ve una dificultad en cada oportunidad, mientras que el optimista reconoce una oportunidad en cada dificultad.

Cuando Pablo enfrentaba dificultades, reconocía oportunidades y no tardaba en aprovecharlas. Sus dificultades eran muchas y graves. Había estado a punto de perder la vida a manos de la multitud en Jerusalén. Rescatado por los romanos y sacado de la ciudad en secreto, Pablo quedó detenido en prisión. Un día fue llamado a presentarse ante el rey Agripa. Rodeado de su séquito, el rey se sentó con esplendor. Frente a él estaba el apóstol: ¡encadenado! En una situación tan intimidante, Pablo no se dejó intimidar. Su preocupación principal no era salvar su propia vida, sino salvar las almas de sus oyentes.

La manera en que Pablo arrancó una oportunidad de las fauces de la dificultad es instructiva. Fue impecablemente cortés, habló con profunda convicción y su mensaje estuvo centrado en Cristo. Elogió al rey por su conocimiento experto de «costumbres y controversias judías» (26:3), y expresó su aprecio por la oportunidad de hablarle. Cuando Festo lo acusó groseramente de estar loco, Pablo respondió con cortesía: «No estoy loco, excelentísimo Festo» (26:25). Su defensa no fue un discurso seco, ni teológico ni político, sino una sincera explicación de su experiencia personal. Señaló la atención de todos hacia el Señor Jesús, con énfasis particular en su muerte y resurrección.

Jesús les encargó a sus discípulos que «hablaran a la gente de [él] en todas partes» (1:8). Ni el mensaje ni la manera de presentarlo han cambiado. Un respeto cortés por los sentimientos, opiniones, objeciones y malentendidos de la persona que escucha no debe perderse en el entusiasmo ni en la presión del momento. Y no hay sustituto para la convincente sencillez del testimonio personal de la gracia salvadora en la vida del creyente. Pero todo debe estar centrado en una explicación clara de quién es Jesús, lo que ha hecho, lo que ofrece y lo que desea, merece y exige.

Agripa se retiró de su encuentro con Pablo sabiendo exactamente cuál era la intención del apóstol (26:28). El testigo no es responsable de la reacción del oyente, sino únicamente de presentarle un mensaje inconfundible y claro. Con esto en mente, debemos aprender a reconocer oportunidades y aprovecharlas, como Pablo: con claridad, cortesía y convicción.

LECTURA: *Romanos 1:1-5, 16-20*

QUIEN NO QUIERE VER

Pues, desde la creación del mundo, todos han visto los cielos y la tierra. Por medio de todo lo que Dios hizo, ellos pueden ver a simple vista las cualidades invisibles de Dios: su poder eterno y su naturaleza divina. Así que no tienen ninguna excusa para no conocer a Dios.

ROMANOS 1:20

Mi mamá solía decirme cuando yo no podía encontrar algo: «No hay nadie tan ciego como el que no quiere ver». ¡Ella imaginaba que yo no *quería* encontrar el objeto del delito! A veces, daba a entender que era una aberración masculina peculiar. ¡Puede que tuviera razón!

Dios tiene una queja similar acerca de la humanidad. Todas las personas pueden «ver a simple vista las cualidades invisibles de Dios: su poder eterno y su naturaleza divina» (1:20) en la creación que los rodea. La Creación rebosa de evidencia clara del ser y el carácter de Dios. Como resultado, «conocen la verdad acerca de Dios, porque él se la ha hecho evidente» (1:19). Pero los hombres rechazan lo que es claro para ellos; apartan la verdad de sí mismos. No es que el hombre *no pueda* conocer a Dios; es que *no quiere* responder al conocimiento que está disponible en todo lugar. No hay peor ciego que el que no quiere ver.

Y hay más. El hombre ha llevado su negativa a ver a Dios un paso perverso más allá. Ha creado teorías alternativas sobre la realidad que niegan y rechazan a Dios. Ha puesto en el lugar de Dios cosas que nunca podrían ser responsables de la Creación (1:23). ¡El hombre prefiere lo que Dios ha hecho por encima del Dios que lo hizo! En todo el mundo el hombre es culpable de adorar materiales y rechazar al Creador. Esto es la máxima necedad, pero el hombre no lo ve. ¡Considera a esta locura evidencia de la superioridad de la sabiduría humana! ¡No hay peor ciego que el que no quiere creer!

Un hombre sabio examinará la complejidad de toda la Creación y determinará si parece un accidente o un orden creado. Luego debería preguntarse si ese orden sugiere una inteligencia detrás de él. Aparentemente, Dios espera que el hombre vea lo suficiente en la Creación para convencerlo de su existencia y poder. Si un hombre llega a la conclusión de que existe un Creador, debería ver si hay más información disponible acerca del Ser Supremo. Si lee, aprende y asimila profundamente las Escrituras, encontrará respuestas a preguntas acerca de su origen, propósito, razón de ser, anhelos personales y mucho más, ¡todo en Cristo nuestro Señor!

Nada es más crucial para el bienestar del hombre, tanto en esta vida como en la eternidad, que encontrar a Dios. El Dios que se reveló parcialmente en la Creación guía al hombre que lo busca a descubrir más de su autorrevelación en Cristo. Finalmente, el hombre llega a ver la verdad en Cristo y a experimentar la salvación que solo se encuentra en él.

No hay peor ciego que el que no quiere ver, y no hay más bendecido que aquel que quiere ver, ¡y lo hace!

LECTURA: *Romanos 15:1-13*

DEVOCIÓN

Le pido a Dios, fuente de esperanza, que los llene completamente de alegría y paz, porque confían en él. Entonces rebosarán de una esperanza segura mediante el poder del Espíritu Santo.

ROMANOS 15:13

El hombre que es devoto de la pesca sabe que, si quiere disfrutar las delicias de pescar, debe aceptar las demandas de levantarse antes del amanecer, capear los elementos y pasar largas horas sin pescar nada. El pescador devoto, sin embargo, considera que todo eso vale la pena.

Existen deleites incontables en estar dedicado a Cristo. Aquellos que «confían en él» pueden anticipar que Dios los llenará «completamente de alegría y paz» y que «rebosarán de una esperanza segura mediante el poder del Espíritu Santo» (15:13). Pero la devoción a Cristo tiene sus propias exigencias.

Cristo estaba tan entregado a la voluntad del Padre que «no vivió para agradarse a sí mismo» (15:3). La voluntad del Padre era intensamente desafiante en ocasiones: el huerto de Getsemaní viene inmediatamente a la mente. Allí, Jesús retrocedió ante el horror de su misión, pero se entregó al Padre y cumplió su voluntad de todos modos.

Jesús también se dedicó a las necesidades de quienes lo rodeaban. Incluso los marginados de la sociedad encontraban en él un amigo y apoyo. Sus brazos estaban abiertos para quienes respondían a su invitación, y no rechazaba a ninguna persona verdaderamente arrepentida (Mateo 11:28-30). Por eso Pablo podía decir: «Cristo los aceptó» (Romanos 15:7) y enfatizó que el Señor Jesús «vino a servir» (15:8).

La dedicación al Señor requiere que el devoto se comporte «como corresponde a los seguidores de Cristo Jesús» (15:5). Esta actitud se demuestra más claramente cuando estamos dedicados al bienestar de los demás, ¡incluso de aquellos con quienes no estamos de acuerdo! Debemos acercarnos a quienes no conocen a Cristo para que «den la gloria a Dios por la misericordia que él tuvo con ellos» (15:9).

Si el creyente se siente nervioso ante las exigencias de la devoción, debe recordar que entre las delicias de la devoción está la experiencia de ser lleno de alegría y paz. Servir a otros, acercarse, aceptar a las personas y no buscar agradarse a sí mismo ciertamente no suena como una receta de felicidad para el hombre secular; pero para quien ha estudiado la vida de Cristo y se ha dedicado a su causa, hay suficiente seguridad de que este es el camino hacia la plenitud de vida.

El pescador devoto que recoge su pesca no considera sus esfuerzos como un sacrificio. El creyente que encuentra su felicidad en dar la gloria a Dios y bendiciones a la humanidad ve las exigencias de la devoción a Cristo como una verdadera delicia.

LECTURA: *Filemón 1:1-25*

MEDIADORES DE PAZ

Te suplico que le muestres bondad a mi hijo Onésimo. Me convertí en su padre en la fe mientras yo estaba aquí, en la cárcel.

FILEMÓN 1:10

Algunas personas están orientadas a las tareas, mientras que otras se orientan a la gente. Aunque todos tenemos nuestras inclinaciones y propensiones, todos necesitamos, hasta cierto grado, estar orientados tanto a las tareas como a las personas. Una vida equilibrada es aquella en la que las cosas que deben hacerse se hacen. Esto incluye asegurarse de que las relaciones que deben cultivarse sean atendidas.

En su mayor parte, Pablo estaba orientado a las tareas; su ambición declarada era «predicar la Buena Noticia donde nunca antes se ha oído el nombre de Cristo» (Romanos 15:20), y persiguió esa meta incansablemente, pero también se entregaba a desarrollar y mantener relaciones duraderas.

La relación de Pablo con Filemón, el piadoso empresario colosense, es un buen ejemplo. Tal vez Filemón había tratado a Onésimo de maneras que fracturaron su relación, o quizás Onésimo simplemente deseaba vivir su propia vida. Sea cual fuere el caso, ahora Pablo le pedía a Filemón que «muestre bondad» a Onésimo (versículo 10) para restaurar su relación rota. Al hacer esta petición, Pablo confiaba en gran medida en la relación que él mismo había establecido con Filemón.

Algunas personas hacen cosas que rompen la paz. Quienes hemos intentado promover la paz y a veces nos hemos sentido frustrados podríamos preguntarnos: ¿por qué esforzarse en tratar de reconciliar a personas que no están interesadas? Hay dos respuestas claras. Primero, «como miembros de un solo cuerpo, todos ustedes son llamados a vivir en paz» (Colosenses 3:15). Segundo, «Dios los ha llamado a ustedes a vivir en paz» (1 Corintios 7:15). Dios ha hecho la paz con quienes son sus hijos, y sus vidas deben caracterizarse por relaciones pacíficas. El profundo deseo de Dios para sus hijos es que sean conocidos no como personas contenciosas, sino como pacificadores. Esto es razón suficiente para que pongamos nuestra energía en ello.

No todos responderán a nuestros esfuerzos por la paz. Las Escrituras lo tienen en cuenta e instruyen: «Hagan todo lo posible por vivir en paz con todos» (Romanos 12:18). Aquí se reconoce que no todos los intentos de pacificación tendrán éxito, pero también es una clara directiva para que hagamos nuestra parte. Incluso Jesús no tuvo éxito con quienes estaban totalmente en su contra, pero eso no lo detuvo de entregarse a la tarea de acercarse a ellos. Su responsabilidad era acercarse; ellos eran responsables de su propia negativa a responder.

No faltan quienes rompen la paz. Necesitamos personas que, como Pablo, sean mediadores de paz.

LECTURA: *2 Pedro 3:8-18*

EL DÍA DEL SEÑOR

El día del Señor llegará tan inesperadamente como un ladrón. Entonces los cielos desaparecerán con un terrible estruendo, y los mismos elementos se consumirán en el fuego, y la tierra con todo lo que hay en ella quedará sometida a juicio.

2 PEDRO 3:10

Cuando Saddam Hussein, el dictador iraquí, decidió ocupar Kuwait, una coalición de naciones decidió que debería ser derrocado y castigado. La antigua ciudad de Bagdad estuvo sujeta a un bombardeo aéreo masivo, y la televisión mostraba imágenes de «bombas inteligentes» que llegaban a objetivos seleccionados con una precisión devastadora. Las personas en todo el mundo miraban desde la comodidad de sus hogares. Pero había poca comodidad en los hogares del pueblo atribulado de Saddam; para ellos, el «espectáculo de fuegos artificiales» significaba destrucción y devastación.

Así será en el «día del Señor». El profeta Joel dijo que el día del Señor será «algo imponente y pavoroso» (Joel 2:11). Pero Pedro, predicando en Jerusalén, lo llamó «el grande y glorioso día del Señor» (Hechos 2:20). ¿Cuál será: grande y glorioso o imponente y pavoroso? Todo dependerá de dónde te encuentres. Quienes están seguros y protegidos en la salvación de Cristo se alegrarán al ser introducidos a la plena gloria de su presencia por toda la eternidad; quienes no están en Cristo experimentarán el asombroso y aterrador juicio de Dios.

Muchos hombres luchan al enfrentarse a estas verdades tan serias. ¿Realmente Dios traerá un juicio ardiente sobre su propia creación? ¿Realmente pretende crear «cielos nuevos y tierra nueva»? ¿Las personas realmente perecerán en el juicio venidero? ¿Cuándo sucederá todo esto?

El momento del «día del Señor» es un secreto conocido solo por Dios. Estamos seguros de que ese gran día sucederá, pero no conocemos el momento (2 Pedro 3:10). ¿Por qué la incertidumbre? ¿Por qué no nos dijo Dios cuándo ocurrirá? ¡Tal vez porque conoce la naturaleza humana! Aquellas personas que han sufrido por el reino de Dios y que han perseverado esperando su pronto regreso probablemente se habrían desesperado si hubieran sabido el momento exacto. Y quienes han mostrado poco interés en alcanzar a los perdidos habrían tenido todavía menos interés si hubieran sabido que el Señor no regresaría pronto. Dado que somos egoístas, podríamos haber vivido como quisiéramos hasta el último momento antes de dedicarnos a ser lo que debíamos haber sido.

Estas ideas parecían estar en la mente de Pedro cuando dijo que la promesa del día del Señor, y la incertidumbre de su momento, deberían motivarnos a vivir «una vida santa y vivir en obediencia a Dios» (3:11). Deberíamos «esperar con ansias» este gran acontecimiento, y la anticipación debería inspirarnos a «apresurar que este llegue» (3:12). De una cosa podemos estar seguros: ¡el día del Señor llegará!

LECTURA: *Salmo 147*

LA NATURALEZA DE DIOS

¡Qué grande es nuestro Señor! ¡Su poder es absoluto! ¡Su comprensión supera todo entendimiento!

SALMO 147:5

Una de las ventajas de vivir en un país relativamente poco desarrollado como el antiguo Israel era que la gente, por necesidad, vivía cerca de la naturaleza. Sabían que la leche no se origina en los cartones, que el pan no viene rebanado y que las gallinas ponen huevos. No pasaban horas interminables viendo televisión o navegando por internet. Había trabajo que hacer y debía hacerse al aire libre, enfrentando los elementos. Miraban las nubes, no las noticias, para discernir el clima. Y veían a Dios enviar la lluvia, sin la cual no podrían sobrevivir. Cuando llegaban la nieve y el hielo, no iban a las pistas de esquí: observaban cómo Dios quebraba la tierra dura, sin la cual no podrían sembrar ni cosechar. Y cuando llegaba el deshielo, celebraban la primavera y se dirigían a los campos, anticipando una cosecha que solo el Señor podía hacer posible. Cercanos a la naturaleza, estaban cercanos al Dios de la naturaleza. En los detalles pequeños y cotidianos de la vida, tenían motivos para alegrarse.

Para el antiguo Israel no existía la electricidad, la combustión interna ni la energía atómica. Su fuente de poder más grande era de seis caballos de fuerza: ¡literalmente! Cuando los caballos se esforzaban en sus tareas y movían las cargas, la gente agradecía a Dios por haberles dado un animal tan magnífico, pero sabían que incluso el caballo era impotente comparado con su Dios. Y si el caballo era insignificante frente a Dios, el hombre era simplemente débil (147:10). Por eso no tenían a dónde acudir más que al Señor, y en él encontraban los recursos para la vida que solo él podía dar.

Hoy somos más civilizados pero menos sabios; más educados pero menos astutos. Los antiguos agricultores conocían a Aquel de quien dependían, mientras que nosotros lo olvidamos. Ellos sabían a quién agradecer; nosotros nos confundimos. Necesitamos tomar unos momentos, horas, o incluso días para reflexionar sobre la Creación y recordar a Aquel a través de quien fluye todo poder y de quien se origina toda creatividad. Si dejamos por un momento nuestras sofisticadas herramientas y juguetes, y contemplamos los lirios, estudiamos a las aves, escuchamos el viento en los árboles y olemos la fragancia de las lilas en la brisa de la tarde, podremos recordar la poderosa obra de Dios y cantar humildemente: ¡Qué grande es nuestro Señor! ¡Su poder es absoluto! ¡Su comprensión supera todo entendimiento!» (147:5). Como declara el salmista: «¡Qué agradable y apropiado!» (147:1).

Bibliografía

BELLAH, ROBERT, ET AL. *Habits of the Heart.* Nueva York: Harper and Row Publishers, 1985. Publicado en español como *Hábitos del corazón.*

BLOOM, ALLAN. *The Closing of the American Mind* (El cierre de la mente estadounidense). Nueva York: Simon & Schuster, 1987.

BONHOEFFER, DIETRICH. *The Cost of Discipleship.* Nueva York: Simon & Schuster, 1995. Publicado en español como *El costo del discipulado.*

DAVIES, NORMAN. *Europe: A History* (Europa: Una historia). Oxford: Oxford University Press, 1996.

ELLIOTT, ELISABETH. *The Shadow of the Almighty.* Nueva York: Harper & Brothers, 1958. Publicado en español como *La sombra del Todopoderoso.*

ELLIOT, ELISABETH. *Through Gates of Splendor.* Carol Stream, IL: Tyndale House Publishers, 1981. Publicado en español como *Portales de esplendor.*

ENCYCLOPAEDIA BRITTANICA. 15th ed.

GUINNESS, OS. *The Call.* Nashville, TN: Word, 1998. Publicado en español como *El llamamiento.*

HERBERT, GEORGE. *Selected Poems* (Poemas seleccionados). Editado por Gareth Reeves. Nueva York: Barnes and Noble, 1971.

HARMAN, CARTER. *A Popular History of Music* (Una historia popular de la música). Nueva York: Dell Publishing, 1969.

JOHNSON, SAMUEL. *Letters of Samuel Johnson* (Cartas de Samuel Johnson). Editado por Bruce Redford. Vol. 1. Princeton: Princeton University Press, 1992.

JOHNSON, SAMUEL. *The Rambler* (El vagabundo), *No. 2.* http:// etext.lib.virginia.edu/toc /modeng/public/Joh1Ram.html.

LACTANTIUS. *Divine Institutes.* Washington: Catholic University of America Press, 1964. Publicado en español como *Instituciones divinas.*

LEWIS, C. S. *Surprised by Joy.* Nueva York: Harcourt Brace, 1955. Publicado en español como *Cautivado por la alegría.*

MOTYER, ALEC. *The Prophecy of Isaiah* (La profecía de Isaías). Downers Grove, IL: InterVarsity Press, 1993.

OXFORD DICTIONARY OF QUOTATIONS, 2nd ed. Editado por Elizabeth Knowles. Oxford: Oxford University Press, 1999.

PASCAL, BLAISE. *Pensées.* Traducido por W. F. Trotter. 1660. http://www.ccel.org.

POPE, ALEXANDER. *The Dunciad in Four Books.* Editado por Valerie Rumbold. Nueva York: Longman, 1999.

RUSSELL, BERTRAND. «A Free Man's Worship» (La adoración de un hombre libre). En *Bertrand Russell on God and Religion* (Bertrand Russell en cuanto a Dios y a la religión). Editado por Al Seckel. Buffalo: Prometheus Books, 1986.

SANTAYANA, GEORGE. *Life of Reason,* vol. 1. Buffalo: Prometheus Books, 1998. Publicado en español como *La vida de la razón.*

STOTT, JOHN R. W. *God's New Society* (La nueva sociedad de Dios). Downers Grove, IL: InterVarsity Press, 1979.

TANNEN, DEBORAH. *That's Not What I Meant!* (¡Eso no es lo que quise decir!). Nueva York: Morrow, 1986.

TANNEN, DEBORAH. *You Really Don't Understand* (De verdad no entiendes). Nueva York: Morrow, 1990.

TOCQUEVILLE, ALEXIS DE. *Democracy in America*. Traducido y editado por Harvey C. Mansfield y Delba Winthrop. Chicago: University of Chicago Press, 2000. Publicado en español como *La democracia en América*.

TWAIN, MARK. *The Unabridged Mark Twain* (Mark Twain sin abreviar). Editado por Lawrence Teacher. Philadelphia: Running Press, 1976.

WESLEY, JOHN. *The Journal of John Wesley* (El diario de John Wesley). Editado por Percy Livingstone Parker. Chicago: Moody Press, 1951.

WORDSWORTH, WILLIAM. *William Wordsworth: Selected Poems* (Poemas seleccionados de William Wordsworth). Editado por Walford Davies. Londres: Everyman's Library, 1975.

Índice de referencias

Índice de temas

☆

Acerca de

Telling the Truth, el ministerio de enseñanza bíblica de Stuart, Jill y Pete Briscoe, existe para utilizar todas las formas de medios de comunicación con el fin de predicar a Cristo a las naciones mediante la enseñanza clara y expositiva de la Palabra de Dios, de modo que las personas puedan llegar a conocerlo a él, quien es el único Camino, la única Verdad y la única Vida, y ayudar a cada persona a experimentar la vida de Cristo en toda su plenitud.

El programa diario de radio de media hora de *Telling the Truth* (Diciendo la verdad) se transmite en casi quinientas emisoras alrededor del mundo y en tellingthetruth.org.

Mantente en contacto con los Briscoe registrándote para recibir tanto actualizaciones semanales por correo electrónico como el devocional diario del ministerio, *Experiencing Life Today* (Experimentado la vida hoy), en TellingTheTruth.org/email (disponible solo en inglés).